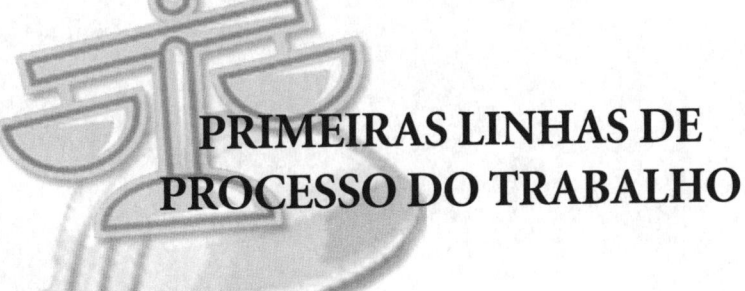
PRIMEIRAS LINHAS DE PROCESSO DO TRABALHO

EDILTON MEIRELES
*Juiz do Trabalho na 5ª Região (Bahia). Mestre e Doutor em Direito (PUC/SP).
Professor da Faculdade de Direito da Universidade Federal da Bahia (UFBA).
Professor Pesquisador no Mestrado da Universidade Católica de Salvador (UCSal).*

LEONARDO DIAS BORGES
Juiz Federal do Trabalho(1993). Titular da 18ª Vara do Trabalho do Rio de Janeiro. Mestre em Direito Político pelas Faculdades Integradas Bennet-RJ. Professor na Universidade Candido Mendes (UCAM/RJ). Professor da Escola de Magistratura do Trabalho do Rio de Janeiro (EMATRA I). Coordenador e Professor da Pós-graduação da Universidade de Direito de Valença-RJ. Membro Titular da Sociedade Latino-Americana de Direito do Trabalho e Seguridade Social. Coordenador de parte da área de Direito e Processo do Trabalho da Fundação Getúlio Vargas (FGV/RJ). Coordenador Acadêmico da Pós-graduação de Ensino Jurídico da Fundação Educacional D. André Arcoverde — Valença/RJ.

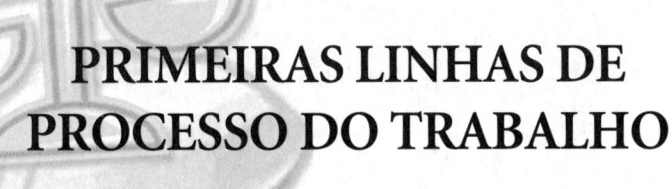

PRIMEIRAS LINHAS DE PROCESSO DO TRABALHO

EDITORA LTr
SÃO PAULO

Dados Internacionais de Catalogação na Publicação (CIP)
(Câmara Brasileira do Livro, SP, Brasil)

Meireles, Edilton
    Primeiras linhas de processo do trabalho / Edilton Meireles, Leonardo Dias Borges. — São Paulo : LTr, 2009.

Bibliografia.
ISBN 978-85-361-1296-1

    1. Direito processual do trabalho — Brasil 2. Direito processual do trabalho — Legislação — Brasil I. Borges, Leonardo Dias. II. Título.

09-00095   CDU-347.9:331(81)

Índices para catálogo sistemático:
1. Brasil : Direito processual do trabalho   347.9:331(81)
2. Brasil : Processo do trabalho : Direito do trabalho   347.9:331(81)

© Todos os direitos reservados

EDITORA LTDA.

Rua Apa, 165 — CEP 01201-904 — Fone (11) 3826-2788 — Fax (11) 3826-9180
São Paulo, SP — Brasil — www.ltr.com.br

LTr 3814.2   Março, 2009

*Dedico este livro, em primeiro lugar, a minha esposa,
Simone Borges, uma vez que sem a sua compreensão e
das horas furtadas de seu convívio, nada seria possível.*

*Dedico este livro também as minhas maravilhosas filhas,
Nathalia Borges e Bruna Borges, razão maior do meu viver.
Quando para elas eu olho, acredito que o futuro existe.
Pena que o tempo não pára...*

Leonardo Dias Borges

*Primeiramente, dedico esta obra aos meus filhos, Carolina e André,
que continuam a me alimentar a esperança de que
a justiça social ainda venha a prevalecer neste nosso país.
Por eles ainda sonho.*

*À minha esposa, Ana Cristina, também dedico este livro,
por tudo que representa em minha vida e só ela sabe o quanto.*

Edilton Meireles

SUMÁRIO

CAPÍTULO I — O DIREITO PROCESSUAL E SEU DESENVOLVIMENTO

1. Introdução 25
2. O desenvolvimento do direito processual 27
3. Formas de resolução dos conflitos 29
   3.1. Introdução 29
      A) Autodefesa 29
      B) Autocomposição 30
      C) Arbitragem 32
      D) Da ação judicial *32*

CAPÍTULO II — A JUSTIÇA DO TRABALHO

1. Introdução 34
2. Organização da Justiça do Trabalho 36

CAPÍTULO III — COMPETÊNCIA

1. Introdução 38
2. Da conciliação e das ações 41
3. Da competência material 41
   3.1. As ações oriundas da relação de trabalho 41
      3.1.1. Relação de trabalho (inciso I do art. 114 da CF). Conceito e objeto da relação de trabalho 45
      3.1.2. Dos contratos de trabalho (de atividade) 51
      3.1.3. Contrato de trabalho e de consumo 52
      3.1.4. Administrador da pessoa jurídica de direito privado 56
      3.1.5. Agentes públicos 58
         3.1.5.1. Definições e espécies de agentes públicos 58
         3.1.5.2. Da relação de trabalho com os agentes públicos 61
      3.1.6. Prestação de serviços sem relação de trabalho 64

3.1.7. Litígios pré-contratuais e pós-contratuais 66
3.1.8. Candidatos em concurso público 73
3.2. Ações de indenizações (inciso VI do art. 114 da CF) 77
3.2.1. Ações de acidente de trabalho 80
3.3. Outros litígios decorrentes da relação de trabalho (inciso IX do art. 114 da CF) 81
3.4. As ações que envolvam o exercício do direito de greve (inciso II do art. 114 da CF) ... 83
3.5. Representação sindical (inciso III) 85
3.6. Mandados de segurança, *habeas corpus* e *habeas data* (inciso IV) 86
    3.6.1. Mandado de segurança 87
        3.6.1.1. Mandado de segurança na relação de emprego 88
    3.6.2. *Habeas corpus* 90
    3.6.3. *Habeas data* 91
    3.6.4. Competência funcional 92
        3.6.4.1. Mandado de segurança 92
        3.6.4.2. *Habeas corpus* 93
        3.6.4.3. *Habeas data* 94
3.7. Conflitos de competência (inciso V do art. 114 da CF) 95
3.8. Execução previdenciária (inciso VIII do art. 114 da CF) 97
3.9. Ações relativas às penalidades administrativas impostas aos empregadores (inciso VII do art. 114 da CF) 99
3.10. Dissídio coletivo de natureza econômica 99
3.11. Dissídio coletivo de greve 104

CAPÍTULO IV — FONTES E PRINCÍPIOS DO PROCESSO DO TRABALHO

1. Fontes do direito processual do trabalho 108
    1.1. Aplicação subsidiária das normas processuais 110
2. Conflitos e soluções 117
3. Princípios 117
    3.1. Conceito de princípio 117
    3.2. Princípios processuais 119
        3.2.1. Princípio da efetividade da justiça 120
        3.2.2. Princípio do acesso à justiça 120
            3.2.2.1. Regra de competência territorial e acesso à justiça 122

3.2.2.2. Garantia do emprego e o acesso à justiça 124
3.2.2.3. Formalidades excessivas 128
3.2.3. Duração razoável do processo (celeridade) 130
3.2.4. Princípio da adequação 131
3.2.5. Princípio do contraditório 132
3.2.6. Princípio da proteção 134
4. Da pseudoautonomia do processo do trabalho 135

CAPÍTULO V — SUJEITOS DO PROCESSO

1. Os sujeitos do processo 141
2. O juiz 141
    2.1. Deveres dos juízes 143
    2.2. Formas de recrutamento dos juízes 145
    2.3. Dos vícios da capacidade subjetiva do julgador 146
3. Partes e capacidade 148
    3.1. Capacidade de ser parte 151
    3.2. Capacidade para estar em juízo (capacidade processual) 151
    3.3. Legitimidade 152
    3.4. Legitimidade *ad processum* ou substituição processual 153
    3.5. Grupo econômico como parte processual 155
4. Representação das partes na audiência trabalhista 158
    4.1. Representação do empregado 158
        4.1.1. Representação pelo sindicato 159
    4.2. Representação do empregador 160
        4.2.1. O preposto do empregador 160
        4.2.2. A responsabilidade dos atos praticados pelo preposto 162
        4.2.3. A representação do condomínio de propriedade horizontal na Justiça do Trabalho 163
        4.2.4. O advogado e a função cumulativa de preposto 165
        4.2.5. A questão da parte no mandado de segurança 165
5. O Ministério Público do Trabalho 167
6. Litisconsórcio 175
7. Assistência 177
8. Oposição 179

9. Nomeação à autoria 180
10. Denunciação da lide 181
    10.1. A denunciação e as ações de responsabilidade civil decorrentes de acidente do trabalho 183
    10.2. Denunciação da lide ao INSS 184
    10.3. Denunciações sucessivas 185
    10.4. Argumento contrário ao cabimento 185
11. Chamamento ao processo 190

CAPÍTULO VI — AÇÕES E PROCEDIMENTOS TRABALHISTAS

1. Procedimento ordinário trabalhista 195
    1.1. Introdução 195
    1.2. Uma visão do "procedimento ordinário" 195
2. Procedimento sumaríssimo 201
    2.1. Introdução 201
    2.2. Regras subsidiárias 202
        2.2.1. No processo de conhecimento 203
        2.2.2. Regras do procedimento sumário 204
        2.2.3. Regras do Juizado Especial Cível 206
    2.3. Campo de aplicação 208
    2.4. Valor da causa 210
        2.4.1. Fixação do valor da causa. Regras gerais 211
        2.4.2. Prestações vencidas e vincendas 211
        2.4.3. Impugnação ao valor da causa 212
        2.4.4. Mudança do valor da causa e modificação do rito 213
        2.4.5. Valor excedente 214
    2.5. Legitimação 215
    2.6. Petição inicial. Requisitos 216
        2.6.1. Regras gerais 216
        2.6.2. Pedido líquido 217
        2.6.3. Nome e endereço do reclamado 218
        2.6.4. Conciliação prévia 218
        2.6.5. Aditamento 219
    2.7. Notificação 219

2.8. Produção de provas 221
    2.8.1. Regras gerais 221
    2.8.2. Regras de experiência 222
    2.8.3. Prova documental 223
    2.8.4. Prova testemunhal 224
        2.8.4.1. Prova testemunhal na carta precatória 226
    2.8.5. Prova pericial 227
2.9. Audiência e julgamento 229
    2.9.1. Da defesa 230
    2.9.2. Reconvenção e pedidos contrapostos 231
2.10. Ata 232
2.11. Sentença 233
    2.11.1. Valor da condenação 234
2.12. Processo de alçada 235
3. Do inquérito para apuração de falta grave 236
    3.1. Introdução 236
    3.2. Situações alcançadas pelo inquérito 236
    3.3. Procedimento do inquérito 237
4. Ação de cumprimento 239
    4.1. Introdução 239
    4.2. Legitimidade 240
    4.3. Objeto da ação de cumprimento 241
    4.4. O paradoxo da definitividade provisória 241
    4.5. Liquidação da sentença em ação de cumprimento 242

CAPÍTULO VII — PETIÇÃO INICIAL

1. Regras gerais 243
2. Inépcia da inicial 245
3. Interpretação do pedido 246
4. Pedidos implícitos 248
5. Pedidos inclusos 248
6. Princípio da congruência ou princípio da adstrição 251
    6.1. O pagamento da dívida reconhecida 251
    6.2. As *astreintes* 252

6.3. Multa pelo atraso na concessão de férias 254
6.4. A sanção relativa à litigância de má-fé 255
7. Formas 256
8. Despacho liminar ordinatório ou supletivo 257
9. Aditamento 258

CAPÍTULO VIII — DA RESPOSTA DO RÉU

1. Introdução 260
2. Formas de resposta do réu 261
3. Espécies de defesa 261
4. Defesa contra o processo 262
   4.1. Das exceções 262
      4.1.1. Da exceção de incompetência 262
      4.1.2. Da exceção de suspeição e de impedimento do juiz 265
      4.1.3. Suspeição dos órgãos auxiliares e do Ministério Público 269
      4.1.4. Conflito de competência. Procedimento 269
   4.2. Defesa direta contra o processo (preliminares) 270
      4.2.1. Dos pressupostos processuais 271
         4.2.1.1. Ausência do autor. Arquivamento 271
         4.2.1.2. Citação nula ou inexistente 271
         4.2.1.3. Incompetência absoluta 271
         4.2.1.4. Litispendência 272
            4.2.1.4.1. Litispendência com a ação coletiva 272
         4.2.1.5. Coisa julgada 275
            4.2.1.5.1. Coisa julgada e a ação coletiva 275
         4.2.1.6. Conexão 276
         4.2.1.7. Continência 277
            4.2.1.7.1. Outras hipóteses de prevenção 278
         4.2.1.8. Perempção e suspensão do direito de ação 278
            4.2.1.8.1. Procedimento 279
         4.2.1.9. Convenção de arbitragem 279
         4.2.1.10. Falta de caução ou de outra prestação 280
         4.2.1.11. Esgotamento das vias administrativas 281
            4.2.1.11.1. Tentativa de prévia conciliação 281

4.2.1.12. Inépcia da inicial 282
4.2.1.13. Inexistência dos requisitos da petição inicial 283
    4.2.1.13.1. Requisitos no procedimento sumaríssimo 284
4.2.1.14. Documento indispensável à propositura da ação 284
4.2.1.15. Inadmissibilidade de cumulação de pedidos (art. 292 do CPC). Cumulação objetiva 285
4.2.1.16. Falta de interesse de agir 285
4.2.1.17. Impossibilidade jurídica do pedido 286
4.2.1.18. Ilegitimidade passiva e ativa 286
4.2.1.19. Incapacidade da parte 287
4.2.1.20. Defeito de representação e falta de autorização 287
4.2.1.21. Defeito de representação processual 288
4.2.1.22. Defeito de representação postulatória 288
4.2.1.23. Inadmissibilidade do litisconsórcio ativo ou passivo (art. 842, CLT) 288
4.2.1.24. Litisconsórcio passivo necessário 289
    4.2.1.24.1. Limites ao litisconsórcio facultativo ativo. Procedimento 289
5. Defesa de mérito 289
  5.1. Defesa direta 290
    5.1.1. Negação específica dos fatos alegados pelo autor 290
    5.1.2. Impugnação genérica 290
    5.1.3. Contestação no litisconsórcio passivo 291
  5.2. Defesa indireta 291
    5.2.1. Objeções 292
        5.2.1.1. Transação e renúncia 292
    5.2.2. Exceções substanciais 292
        5.2.2.1. Prescrição e decadência 292
        5.2.2.2. Compensação e retenção 293
        5.2.2.3. Da negativa de relação de emprego 294
6. Possíveis alegações de defesa formuladas após a contestação 295
7. Revelia e ausência de defesa 296
  7.1. Revelia e seus efeitos 297
  7.2. Ausência do preposto e presença do advogado 298
  7.3. Ausência de contestação e seus efeitos 298
  7.4. A revelia e os entes de direito público 298
  7.5. A revelia e a ação rescisória 299

7.6. A revelia e o litisconsórcio 299
7.7. A revelia e a ação cautelar 300
8. Da contestação trabalhista 300
9. Da reconvenção 301
   9.1. A reconvenção e a execução 302
   9.2. A reconvenção e a ação cautelar 302
   9.3. A reconvenção e a ação declaratória 303
   9.4. A reconvenção, a ação dúplice e o pedido contraposto 303
   9.5. Reconvenções simultâneas 304
   9.6. A reconvenção e a revelia 304
   9.7. Diferença entre a reconvenção e a ação declaratória incidental apresentada pelo réu ... 304

CAPÍTULO IX — A PROVA NO PROCESSO DO TRABALHO

1. Conceito 306
2. Princípios 306
3. Finalidade da prova 307
4. Ônus da prova 308
5. Convenção sobre ônus da prova 310
6. A inversão do ônus da prova 310
   6.1. Inversão do ônus da prova no processo trabalhista 311
7. A iniciativa do juiz do trabalho quanto à produção de provas 321
8. Objeto. Fato controvertido, relevante e determinado 322
9. Fatos que independem de prova 323
   9.1. Fatos notórios 323
   9.2. Confessados 324
   9.3. Incontroversos 324
   9.4. Fato em cujo favor milita presunção legal de existência ou de veracidade 324
   9.5. Direito municipal, estadual, estrangeiro ou consuetudinário 325
10. Interrogatório e depoimento pessoal 325
11. Prova testemunhal 327
   11.1. Conceito e classificação da testemunha 327
   11.2. Admissibilidade 327
   11.3. Produção da prova testemunhal 327
        11.3.1. Da recusa de depor e do não comparecimento à audiência e suas consequências para a testemunha 329

11.3.2. Da intimação da testemunha para comparecer à audiência 331
11.4. Quem pode depor 333
    11.4.1. Da suspeição da testemunha no processo do trabalho 334
11.5. Contradita 337
11.6. Obrigações e direitos da testemunha 337
12. Da prova documental 338
    12.1. Conceito e espécies 338
    12.2. Da força probante dos documentos 338
        12.2.1. Documento público 338
        12.2.2. Documento particular 339
    12.3. Iniciativa. Momento. Procedimento 341
    12.4. Incidente de falsidade 342
        12.4.1. Cabimento na Justiça do Trabalho 342
    12.5. Contestação à assinatura e excesso de mandato 343
    12.6. Ação de exibição incidental 344
        12.6.1. Contra a parte 344
        12.6.2. Contra terceiros 344
    12.7. Ação cautelar de exibição 345
13. Prova pericial 345
    13.1. Procedimento 345
    13.2. Ônus da despesa. Sucumbência e honorários periciais 347
    13.3. Obrigatoriedade da prova pericial 348
    13.4. Impedimento e suspeição 348
14. Motivação do laudo pericial 348
15. Inspeção judicial 350
16. Presunções, indícios e máximas de experiência 351
17. Prova ilegítima 352
18. Prova emprestada 353
19. Outros meios de prova 354
20. Produção de provas 354
21. Prova antecipada 355
22. Na revelia 355
23. Prova em recurso 356
24. No agravo de instrumento 356

25. No agravo regimental 356
26. No recurso de revista 357
27. Em mandado de segurança 357
28. Em ação rescisória 357
29. Na ação monitória 357
30. Em artigos de liquidação. Ônus 358
31. Nos embargos à execução 358
32. Valoração da prova 359
    32.1. Livre convicção e a fundamentação 359

CAPÍTULO X — AUDIÊNCIA E CONCILIAÇÃO

1. Audiência 361
2. Conciliação 366

CAPÍTULO XI — DESPESAS PROCESSUAIS, GRATUIDADE DA JUSTIÇA E ASSISTÊNCIA JUDICIÁRIA

1. Conceito 372
2. Classificação 372
3. Despesas na Justiça do Trabalho 374
    3.1. Taxa judiciária no processo de conhecimento e dissídio coletivo ... 375
        3.1.1. Incidência 375
        3.1.2. Responsabilidade passiva 376
        3.1.3. Pagamento 376
        3.1.4. Execução da taxa judiciária 377
        3.1.5. Isenção 380
        3.1.6. Falência e liquidação extrajudicial 381
4. Custas processuais no processo de execução 382
    4.1. Responsabilidade passiva das custas em execução 384
    4.2. Pagamento, isenção e execução das custas na ação de execução .. 384
5. Emolumentos 385
6. Despesas voluntárias 386
7. Regras subsidiárias aplicáveis 387
8. Justiça gratuita 390
    8.1. Justiça gratuita à pessoa jurídica 392
9. Assistência judiciária 393

CAPÍTULO XII — SENTENÇA E COISA JULGADA

1. Sentença. Introdução 396
2. Novo conceito de sentença 397
   2.1. Natureza das decisões judiciais sem resolução do mérito 398
   2.2. Decisão com resolução do mérito 399
   2.3. Princípio da igualdade 404
3. Da técnica redacional da sentença 406
4. Relatório 406
5. Fundamentação 408
6. Dispositivo 410
7. Outros requisitos: clareza, precisão, certeza e liquidez 411
8. Procedimento 412
9. Efeitos da sentença 413
10. Tutela judicial nas obrigações de fazer e não-fazer e de entregar coisa ... 414
    10.1. Obrigação de fazer ou não-fazer 414
    10.2. Da tutela nas obrigações de entregar coisa 420
    10.3. Das multas cominatórias 420
11. Homologação judicial da transação extrajudicial 421
12. Da coisa julgada 424
    12.1. Conceito e espécies 424
    12.2. Limites 426
13. A medida provisória, a sentença normativa e a coisa julgada 426
    13.1. Da sentença normativa 427
    13.2. Da medida provisória 428

CAPÍTULO XIII — TEORIA GERAL DOS RECURSOS

1. Introdução 431
2. Breves noções acerca do recurso 433
3. Fundamentos que amparam a existência do sistema recursal 433
   3.1. O fator psicológico 434
   3.2. O fator pluralidade de julgadores 434
   3.3. O fator acuidade 435
   3.4. O fator maior experiência 435
   3.5. O fator necessidade de controle interno 435

3.6. O fator uniformização da interpretação e da aplicação da lei 435

3.7. O fator distanciamento 436

3.8. O fator custo x benefício 436

4. Fundamentos para a modificação radical do sistema recursal vigente 436

4.1. O fator desprestígio do Poder Judiciário, além da perda de tempo e dinheiro 436

4.2. O fator indiferença 437

4.3. O fator excludente da experiência 437

4.4. O fator violação aos princípios da oralidade, da imediação e da identidade física 438

4.5. O fator confirmação 438

5. Duplo grau de jurisdição 439

6. Características dos recursos 440

7. Efeitos dos recursos 441

7.1. Prolongamento da causa 441

7.2. Efeito substitutivo 441

7.3. Efeito devolutivo 442

7.4. Efeito suspensivo 444

7.5. Efeito expansivo 444

7.6. Efeito translativo 445

7.7. Efeito iterativo 445

8. Princípios gerais dos recursos 446

8.1. Princípio da lesividade 446

8.2. Princípio da taxatividade 447

8.3. Princípio da documentação 448

8.4. Princípio da unirrecorribilidade 448

8.5. Princípio da fungibilidade 449

8.6. Princípio da motivação 450

8.7. Princípio da não complementaridade 452

8.8. Princípio da variabilidade 452

8.9. Princípio da irrecorribilidade 453

8.10. *Non reformatio in pejus* 457

8.11. Princípio da personalidade 458

9. Juízo de admissibilidade 459

9.1. Momentos em que é feito o juízo de admissibilidade 460

9.1.1. Admissibilidade feita pelo juízo que recebe o recurso 460

9.1.2. Admissibilidade feita pelo juízo que irá julgar o recurso 460
9.1.3. Requisitos de admissibilidade extrínsecos e intrínsecos 461
9.1.4. Forma de materialização do juízo de admissibilidade 461
9.1.5. Natureza jurídica da decisão em juízo de admissibilidade 462
10. Do preparo 462
    10.1. O depósito recursal 463
    10.2. Das custas 470
    10.3. Jurisprudência do TST 471
    10.4. Das formalidades exageradas 474
11. Tempestividade 477
12. Desistência, renúncia e aquiescência 479
13. Legitimidade para recorrer 480
14. O recurso e a sentença normativa 480
15. O prequestionamento 482
16. Recurso adesivo 484
    16.1. Outras considerações sobre o recurso adesivo 485
17. Princípio do contraditório e requisitos recursais 487
18. Da ordem dos processos no Tribunal 489
19. Uniformização da jurisprudência 490
20. Incidente de declaração de inconstitucionalidade 491
21. Poderes do relator 491
22. Revisor nos recursos trabalhistas 495

CAPÍTULO XIV — RECURSOS E SUCEDÂNEOS RECURSAIS EM ESPÉCIES

1. Recurso Ordinário (RO) 500
    1.1. Devolução da matéria não decidida 503
2. Recurso Ordinário Constitucional (ROC) trabalhista 506
3. Agravo de Instrumento (AI) 507
4. Agravo contra decisão interlocutória nas causas trabalhistas contra Estado estrangeiro ou organismo internacional 509
5. Recurso de Revista (RR) 510
    5.1. Cabimento 510
    5.2. Revista por divergência 512
    5.3. Revista por violação à lei 512
    5.4. Decisão liminar 513

5.5. A importância do Tribunal Superior do Trabalho na formação do Direito 514

5.6. Inconstitucionalidade do recurso de revista em matéria constitucional. Usurpação de competência do STF 515

5.7. Do recurso de revista em face de decisão de Tribunal Regional do Trabalho proferida em agravo de instrumento 518

5.8. A necessidade de indicação do preceito legal violado, para fins de interposição do recurso de revista 519

5.9. O recurso de revista e a execução 521

5.10. O recurso de revista quando parcialmente admitido pelo Presidente de Tribunal Regional do Trabalho 525

5.11. O recurso de revista e a divergência jurisprudencial 526

5.12. O prequestionamento e o recurso de revista 527

6. Recurso de embargos no TST 529

   6.1. Não-cabimento dos embargos em face de decisão proferida em agravo de instrumento 530

7. Recurso Extraordinário (RE) 533

   7.1. Cabimento 533

   7.2. Causa 534

   7.3. Decisão única ou de última instância 535

   7.4. Hipóteses de cabimento do recurso extraordinário no processo de conhecimento trabalhista 536

   7.5. Hipóteses de cabimento do recurso extraordinário na execução trabalhista 537

   7.6. Do processamento do recurso extraordinário 540

   7.7. Repercussão geral 540

   7.8. Recursos sobre matérias com jurisprudência dominante do STF 543

   7.9. Efeitos múltiplos 543

   7.10. Recursos múltiplos nos Juízos recorridos 544

   7.11. Do agravo de instrumento em recurso extraordinário 545

   7.12. Agravos de instrumento sujeitos à repercussão geral 546

   7.13. Do processamento do recurso de revista, dos embargos e do recurso extraordinário . 546

8. Embargos de Divergência no STF (EDiv) 547

9. Agravo de Petição (AP) 548

   9.1. Cabimento 548

   9.2. Regras do agravo de petição contra decisão interlocutória 551

   9.3. Agravo de petição contra decisão definitiva ou de mérito 553

   9.4. Agravo de petição que impugna contas de liquidação 553

   9.5. Agravo de petição por instrumento 554

10. Agravo inominado (agravinho ou agravo interno) 554
11. Embargos de Declaração (ED) 556
　11.1. A preclusão pela falta de embargos de declaração e o recurso de revista 556
　11.2. Os embargos de declaração e a possibilidade de se alterar o julgado 558
　11.3. Os embargos de declaração em face de decisão monocrática 561
12. Recurso de revisão 563
13. Remessa necessária 563
14. Ações de impugnações 563
15. Correição parcial 564
16. Da reclamação constitucional 568

CAPÍTULO XV — PROCEDIMENTOS ESPECIAIS NA JUSTIÇA DO TRABALHO

1. Introdução 570
2. Dos procedimentos e do procedimento trabalhista 570
　2.1. Do procedimento da CLT 573
3. A busca equivocada da autonomia e o esquecimento do processo do trabalho 574
4. A nova Justiça do Trabalho: novas ações e procedimentos. 575
5. Conclusões preliminares 582
6. Procedimentos especiais em espécies 583
7. Ação de consignação 583
　7.1. Introdução 583
　7.2. Cabimento 583
　7.3. Legitimação 584
　7.4. Consignação extrajudicial 584
　7.5. Competência 585
　7.6. Efeitos da consignação 585
　7.7. Procedimento da consignação judicial 585
　7.8. Objeto da consignação e coisa julgada 587
8. Ação monitória 587
　8.1. Introdução 587
　8.2. Cabimento 588
　8.3. Facultatividade 588
　8.4. Legitimidade ativa e passiva 589
　8.5. Foro competente 589

8.6. Natureza da ação monitória 590
8.7. Prova escrita 590
8.8. Decisão inicial 596
8.9. Honorários advocatícios 599
8.10. Do mandado inicial 600
8.11. Satisfação da ordem monitória 602
8.12. Dos embargos monitórios 603
8.13. Sentença e seus efeitos 604
8.14. Recurso e efeitos 605
8.15. Desistência da ação monitória 605
8.16. Revelia 606
8.17. Conversão do título. Declaração 606
8.18. Atos de apreensão e satisfação coercitiva 607
8.19. Novos embargos 607
8.20. Parte incontroversa 608
8.21. Contra a Fazenda Pública 608
8.22. Na Justiça do Trabalho 608
    8.22.1. Cabimento 608
    8.22.2. Procedimento 609
9. *Habeas corpus* 610
    9.1. Introdução 610
    9.2. Competência 611
    9.3. Cabimento 612
    9.4. Procedimento 613
10. *Habeas data* 615
    10.1. Introdução 615
    10.2. Cabimento 615
    10.3. Procedimento e peculiaridades 617
    10.4. Decisão 618
    10.5. Recurso 618
    10.6. Competência 618
11. Ação de prestação de contas 619
    11.1. Introdução 619
    11.2. Legitimação 619

11.3. Procedimento 619
11.4. Na Justiça do Trabalho 621
12. Mandado de segurança 621
    12.1. Cabimento 621
    12.2. Espécies e legitimação 627
    12.3. Direito líquido e certo 628
    12.4. Autoridade 629
    12.5. Procedimento 629
    12.6. Medida liminar 630
    12.7. Recurso 630
    12.8. Recurso contra liminar e suspensão de segurança 631
    12.9. Prazo 632
    12.10. Preparo 632
    12.11. Mandado de segurança na relação de emprego 632
    12.12. Do ato de gestão como ato de autoridade 633
    12.13. Competência 636
    12.14. Súmulas e orientações jurisprudenciais 639
        12.14.1. Súmulas do STF 639
        12.14.2. Súmulas do TST 640
        12.14.3. Orientações jurisprudenciais da SDI-II do TST 641
13. Ações possessórias 645
    13.1. Introdução 645
    13.2. Das possessórias e seu procedimento 646
    13.3. Do interdito proibitório 648
14. Procedimentos de jurisdição voluntária 648
15. Alvará judicial 649
    15.1. Do procedimento para expedição do alvará judicial 649
    15.2. Alvará judicial para recebimento do FGTS e dos créditos trabalhistas 650
    15.3. Ordem judicial para recebimento do seguro-desemprego 651

Referências bibliográficas 655

Capítulo I

O DIREITO PROCESSUAL E SEU DESENVOLVIMENTO

1. Introdução

O regramento legal nem sempre é cumprido de modo espontâneo, havendo, pois, necessidade de se invocar o cumprimento da lei por intermédio de uma ordem judicial. Esta ordem judicial advém da atuação dos Tribunais, orientados pelo Direito, mediante a aplicação de princípios e normas, tudo dentro de um sistema destinado a manter em funcionamento a estrutura do Estado. Isso tudo se dá em decorrência do surgimento de um conflito de interesses. Estes conflitos podem ser subjetivos ou intersubjetivos.

Como conflito subjetivo de interesses temos as hipóteses em que alguém tem várias necessidades, como vestir-se, alimentar-se ou adquirir bens materiais; todavia, suas economias só permitem a satisfação de uma delas. Como se trata de vários interesses de uma mesma pessoa, o conflito se resolve com sacrifício do interesse menor em favor do interesse maior. O conflito subjetivo de interesses não ultrapassa os limites do próprio indivíduo nele envolvido, resolve-se quando este faz uma opção. Assim, feita esta opção, cessa o conflito e o indivíduo continua a viver, ainda que um pouco traumatizado psicologicamente.

Pode ocorrer, também, ante a limitação dos bens e as ilimitadas necessidades dos homens, a hipótese de um conflito entre interesses de duas pessoas, ao qual *Carnelutti* chamou de conflito intersubjetivo de interesses. Este conflito tem particular importância para o Estado, pelo perigo que representa de uma solução violenta, quando ambos os interessados recorrem à força, para fazer com que o seu interesse prevaleça sobre o interesse do outro[1].

Quando o conflito se manifesta entre interesses de diversos homens, adquire uma gravidade bem distinta do que quando se refere a interesses de um mesmo homem. Se dois homens têm fome e o alimento só basta para satisfazer à necessidade de um, o conflito resolve-se sem dificuldade, por exemplo e em regra, quando se trata de pai e filho, porque a vida do filho é, normalmente, um interesse também do pai; mas, se os dois são estranhos, e como a satisfação da necessidade de um não importa a do outro, ninguém sabe até onde pode chegar e como terminar o conflito.

---

(1) CARNELUTTI, Francesco. *Teoría general del derecho*. Madrid: Revista de Derecho Privado, 1941. p. 51.

Felizmente, o conflito intersubjetivo de interesses tende a diluir-se no meio social, mas, se isso não acontece, levando os contendores a disputar, efetivamente, determinado bem da vida, para a satisfação de suas necessidades, delineia-se aí uma pretensão[2].

Analisando o conceito de pretensão, que muitos juristas empregam ao longo do tempo, pode se ter a ideia de uma tensão prévia (*praetendo*), como de quem quer ir adiante apesar dos obstáculos[3].

A resistência, por sua vez, é a "não-adaptação à (situação de) subordinação do interesse próprio ao interesse alheio", ou sinteticamente, a "oposição a uma pretensão"[4]. A resistência pode consistir em que, sem lesionar o interesse, o adversário contesta a pretensão ou, pelo contrário, sem contestar a pretensão, lesiona o interesse; pode ocorrer, também, que a resistência se estenda a uma e outra (contesta e lesiona o interesse). Tanto a contestação como a lesão da pretensão, do mesmo modo que a pretensão, são dois atos jurídicos, mas de espécie diversa: a contestação, como a pretensão, é uma declaração; a lesão, pelo contrário, uma operação jurídica (ato jurídico de evento físico). Assim se distinguem, em razão da qualidade da resistência, a lide de pretensão contestada e a lide de pretensão insatisfeita[5].

Pode acontecer que, diante da pretensão de um dos sujeitos, o titular do interesse oposto decida pela subordinação, caso em que basta a pretensão para determinar a resolução pacífica do conflito[6].

Quando, porém, à pretensão do titular de um dos interesses em conflito, opõe o outro a resistência, o conflito assume feições de uma verdadeira lide[7] (do latim, *lis, litis*) ou litígio.

A lide nada mais é do que um modo de ser do conflito de interesses, pelo que *Carnelutti* definiu-a como "o conflito de interesses, qualificado pela pretensão de um dos interessados e pela resistência do outro", ou, resumidamente, "o conflito de interesses, qualificado por uma pretensão resistida (discutida) ou insatisfeita"[8].

---

(2) "A pretensão é um ato, não um poder; algo que alguém faz, não que alguém tem; uma manifestação, não uma superioridade da vontade. Não só a pretensão é um ato e, portanto, uma manifestação de vontade, como é um daqueles atos a que se denomina declarações de vontade; também esta é outra das noções que o aluno deve tomar da Teoria Geral. Dito ato não só não é, como nem sequer supõe o direito (subjetivo); a pretensão pode ser proposta tanto por quem tem, como por quem não tem direito e, portanto, pode ser fundada ou infundada. Tampouco, o direito reclama necessariamente a pretensão; como pode haver pretensão sem direito, assim também pode haver direito sem pretensão; ao lado da pretensão infundada temos, como fenômeno inverso, o direito inerte", CARNELUTTI, Francesco. Sistema di diritto processuale civile. Padova: Cedam, 1936. v. I, p. 40.
(3) CARNELUTTI, Francesco. *Instituciones del proceso civil*. Buenos Aires: Ejea, 1950. v. I, p. 31.
(4) CARNELUTTI, Francesco. *Teoría general del derecho*. Madrid: Revista de Derecho Privado, 1941. p. 59.
(5) CARNELUTTI, Francesco. *Instituciones del proceso civil*. Buenos Aires: Ejea, v. I, p. 31-32.
(6) CARNELUTTI, Francesco. *Sistema del diritto processuale civile*. Padova: Cedam, 1936. v. I, p. 40.
(7) *Idem*, p. 44. Na sua Teoria Geral do Direito, assim se expressou Carnelutti: "Ao conflito de interesses, quando atua com a pretensão e com a oposição, poder-se-ia dar o nome de contenda ou também de controvérsia. Parece-me mais conveniente, e adequado ao uso da linguagem, o de lide (ou litígio)". CARNELUTTI, Francesco. *Teoria geral do direito*. São Paulo: LEJUS, 1999. p. 108.
(8) *Idem*, p. 40.

A lide tem um elemento material, que é o conflito de interesses, e um elemento formal, que são, a um só tempo, a pretensão e a resistência (ou oposição)[9]. A lide é um conflito de interesses, mas qualificado ou juridicamente transcendente (*Alcalá-Zamora y Castilho*)[10]. O conflito de interesses é uma lide, enquanto uma das pessoas formula, contra a outra, uma pretensão, e esta outra opõe-lhe uma resistência[11].

Cumpre finalizar que o conceito de lide, sobre o qual *Carnelutti* constituiu todo o seu Sistema, é muito controvertido, entendendo alguns[12] que não se trata de um conceito essencialmente processual, porque todo processo pressupõe uma lide, mas nem toda lide desemboca, necessariamente, num processo; o conceito seria, assim, mais sociológico do que jurídico.

A lide precisa ser solucionada, para que não seja comprometida a paz social e a própria estrutura do Estado, pois o conflito de interesses é o germe de desagregação da sociedade.

2. O desenvolvimento do direito processual

O processo como hoje conhecemos é fruto de evolução histórica, paralela à própria existência e desenvolvimento do Estado, de que é ela uma das expressões mais notáveis.

O processo nem sempre foi considerado como uma ciência. Apenas recentemente o processo passou a ser visto como ramo autônomo da ciência do direito. Isto aconteceu na segunda metade do século XIX, ocasião em se pôde definir seu objeto específico e estabelecido seu método próprio[13]. O processo recebia um tratamento de mero apêndice do direito civil, chegando mesmo a ser chamado de direito adjetivo.

Também já se chamou o processo civil de Direito Judiciário Civil, pois a ele, processo, se atribuiu singular e central importância ao Poder Judiciário, no quadro do processo civil. Tanto que se chegou a definir o Direito Judiciário como um ramo da ciência jurídica que tinha como escopo demonstrar os princípios e regras da atividade do Poder Judiciário, além de compreender o estudo das leis da organização judiciária[14].

---

(9) CARNELUTTI, Francesco. *Instituciones del proceso civil*. Buenos Aires: Ejea, 1950. v. I, p. 28.
(10) À situação de conflito originadora do processo, Alcalá-Zamora y Castilho denomina litígio, entendida a palavra na mesma direção de Carnelutti, mas em termos mais amplos, ou seja, como conflito juridicamente tanscendente e suscetível de solução, também jurídica, mediante a autodefesa, autocomposição ou processo, que permitam sua extensão às esferas civil, penal, administrativa, etc. CASTILHO, Niceto Alcalá-Zamora y. *Proceso, autocomposicón y autodefensa*. México: UNAM, 1970. p. 12 e 18.
(11) CARNELUTTI, Francesco. *Derecho y proceso*. Buenos Aires: Ejea, 1971. v. I, p. 62.
(12) LARA, Cipriano Gómez. *Teoría general del proceso*. México: Textos, 1976. p. 13.
(13) DINAMARCO, Cândido Rangel. *Instituições de direito processual civil*. 2. ed. São Paulo: Malheiros, 2002. v. I.
(14) MENDES JÚNIOR, João. *Direito judiciário brasileiro*. Rio de Janeiro: Forense, 1918. Cap. II, p. 21.

Foi com a obra de *Oskar Von Bullow* que o direito processual civil teve o seu registro de nascimento, 1868[15].

O processo já era utilizado em Roma segundo ritos que satisfaziam plenamente aos ideais de justiça da época (dar a cada um o que é seu), quando ocorreu a queda do Império Romano do Ocidente, invadido pelos bárbaros, povos vindos do norte, possuidores de uma cultura ainda primitiva, provocando um verdadeiro choque entre dois métodos completamente diferentes de se fazer justiça. De um lado, o processo romano, altamente aprimorado e, de outro, o germânico, um processo rudimentar de fundo místico-religioso. Os invasores, como não poderia deixar de ser, procuraram impor aos vencidos o seu método de resolução dos conflitos, infinitamente inferior ao processo romano, que, contudo, continuou resistindo ao desaparecimento. Houve época, inclusive, em que esses dois tipos de processo chegaram a conviver, sobretudo pelos esforços da Igreja, preocupada com a manutenção das instituições romanas (direito romano-canônico).

Com a criação das Universidades, a primeira das quais a de Bolonha (século XI da nossa Era), surgiu a escola dos glosadores e, posteriormente, a dos pós-glosadores, que muito se preocuparam com o estudo do direito romano, procurando adaptá-lo às necessidades do seu tempo. Em consequência desses estudos, surgiu um tipo de processo denominado processo comum medieval, de fundo romano-canônico, mas impregnado de elementos germânicos e de novos institutos espontaneamente formados pelo uso.

Com o passar dos tempos chegou-se, finalmente, a uma definição quanto ao processo. O direito processual constitui hoje uma disciplina autônoma na árvore da ciência do direito, mas essa autonomia é fruto de uma grande evolução por que passou o direito processual, sobretudo na segunda metade do século XIX.

O direito processual constitui-se de princípios e normas que regulam a resolução processual das lides, incidindo, portanto, sobre uma atividade estatal, vez que a jurisdição constitui, de ordinário, monopólio do Estado[16].

Vale lembrar que o processo se publicizou a partir do momento em que não tinha mais por escopo a tutela de interesses das partes, mas a atuação do direito objetivo, de sorte a possibilitar a solução dos conflitos de interesses em resguardo da paz social, como um dos interesses fundamentais da manutenção da própria sobrevivência da estrutura do Estado. Se ao Estado cabe a tarefa de resolver ou compor os conflitos emergentes no meio social, este objetivo é alcançado mediante exercício de uma atividade que se denomina jurisdicional, toda ela regulada pelo direito processual e, qualquer que seja o caminho (civil, trabalhista ou penal), compreende-se no campo do direito público.

---

(15) BULLOW, Oskar Von. *Die Lebre von den prozebeinredem und die prozebvoraussetzungen*. Alemanha: Giessen, 1868. Cap. I, em vernáculo: A teoria das exceções processuais e os pressupostos processuais.
(16) Diz-se "de ordinário", em razão de assistirmos hoje a jurisdição exercida por particulares, fora do âmbito do Estado, como é o caso dos chamados Juízos Arbitrais (Lei n. 9.307/96).

3. Formas de resolução dos conflitos

3.1. Introdução

Os conflitos em geral e os trabalhistas em especial, possuem várias formas de solução. Dentre elas podemos destacar a autodefesa, a autocomposição, a heterocomposição e a ação judicial.

A) Autodefesa

Entendida em sua concepção vernacular mais simplista, a autodefesa estaria a indicar o ato pelo qual uma pessoa faz a sua própria defesa, supondo-se, pois, a defesa pessoal. É considerada como sendo a forma mais primitiva de resolução conflitual.

Esta forma de resolução dos conflitos é apontada como a mais primitiva, quando ainda não existia, acima dos indivíduos, uma autoridade capaz de decidir e impor a sua decisão aos contendores, pelo que o único meio de defesa do indivíduo (ou do grupo) era o emprego da força material ou força bruta contra o adversário para vencer a sua resistência[17].

Nos primórdios da humanidade, aquele que pretendesse determinado bem da vida e encontrasse obstáculos à realização da própria pretensão, tratava de removê-lo pelos seus próprios meios, afastando os que se opunham ao gozo daquele bem. Imperava a lei do mais forte, em que o conflito era resolvido pelos próprios indivíduos (isoladamente ou em grupo).

Nessa época, não se tinha ainda uma noção clara da individualidade da culpa, de modo que o ataque a um membro de determinada tribo era considerado uma agressão à tribo inteira, e vice-versa. Por isso, provocava uma reação em massa da tribo agredida, que procurava impor uma sanção à tribo agressora, aprisionando seus integrantes, matando-os, ou reduzindo-os à condição de escravos.

Por revelar-se uma solução "egoísta" (dos litígios), em que a satisfação da necessidade de um dos sujeitos não interessa à do outro, os Estados modernos geralmente a proíbem, consentido-a em casos excepcionais, e, mesmo assim, tornando necessário um processo ulterior, justamente para declarar a ilicitude da mesma no caso concreto.

---

(17) Nos agrupamentos primitivos, quando não existia acima dos indivíduos uma autoridade superior, capaz de decidir e de impor a sua decisão, os meios para resolver os conflitos de interesses entre seus membros era: o acordo voluntário entre os dois interessados, destinado a estabelecer amigavelmente qual dos dois interesses opostos devia prevalecer, ou (não chegando eles a um acordo voluntário) o choque violento entre os dois interessados, empregando, um contra o ouro, a própria força individual, para constrangê-lo a abandonar a pretensão sobre o bem discutido. Como até hoje falta um poder supraestatal capaz de impor, pela força, as próprias decisões aos Estados (soberanos), a *extrema ratio* para resolver os conflitos entre os países é a guerra, isto é, o recurso à violência armada. Acontece como nos agrupamentos primitivos, quando o único meio de defesa do indivíduo (ou do grupo) era o emprego da força material contra o competidor, para vencê-lo, ou seja, a autodefesa privada, que transforma todo conflito numa rixa aberta.

Alcalá-Zamora y Castillo[18] aponta como notas essenciais da autodefesa: a ausência de um juiz, distinto das partes litigantes e a imposição da decisão por uma das partes à outra[19]. A esse tempo, não havia nenhum critério a nortear a resolução dos conflitos; se algum critério existia, era a "razão do sujeito mais forte".

Os Estados modernos, reconhecendo que, em determinadas circunstâncias, não podem evitar que se consume uma lesão de direito, permitem que o próprio indivíduo defenda seus interesses, mesmo com o emprego, se necessário, da força material, nos limites traçados à atividade individual (delimitação legal).

Exemplos típicos de autodefesa podem ser citados no direito moderno: a legítima defesa, no âmbito do direito penal; o desforço incontinenti e o penhor legal, no âmbito do direito civil; e o direito de greve, no âmbito trabalhista.

Repita-se que em muitos casos de autodefesa a ação judicial não é afastada definitivamente; o indivíduo é dispensado de dirigir-se ao juiz, mesmo porque não haverá tempo para isso, mas, posteriormente, o Estado-juiz poderá ser chamado a exercer o controle do ato e o fará por meio da ação judicial.

Esta forma de resolução de conflitos é altamente perniciosa, a uma, porque não satisfaz aos ideais de justiça, visto que o mais forte logrará sempre a satisfação do próprio interesse, e, a outra, porque, envolvendo inicialmente dois contendores, pode transformar o conflito numa verdadeira guerra.

À medida que os homens foram compreendendo que os bens, pela sua importância e limitação, e pela sua quantidade e qualidade, não justificavam uma disputa, com risco de perder tudo, o bom senso e a razão passaram a ocupar o lugar da força bruta, ocorrendo uma evolução para aquela forma de resolução dos conflitos denominada de "autocomposição".

B) *Autocomposição*

A expressão "autocomposição" por si só já demonstra qual é o seu escopo. Supõe-se o ato pelo qual um indivíduo faz sua defesa por sua própria conta. É, pois, a forma mais rudimentar, primitiva, de solução dos conflitos. Trata-se da imposição da vontade do mais forte, com o sacrifício não consentido da parte contrária.

---

(18) *Idem*, p. 53.
(19) *Idem*, p. 53. "A decisão imposta será, no geral, egoísta, mas esta terceira nota não é absoluta. Na legítima defesa de terceiro, a decisão provém de quem não é parte no litígio e pode ser que a decisão, imposta por quem seja alheio a ele, o seja com riscos de sua própria vida para resolvê-lo, pelo que não se pode qualificá-la de egoísta. Faltando à legítima defesa de terceiros as duas notas essenciais, ela só pode ser incluída no gênero autodefesa em atenção a duas considerações: uma, de direito penal, que a trata com uma variante da legítima defesa própria, e outra, de direito processual, ou seja, a pessoa que resolve o conflito não um juiz estatal, senão um julgador ocasional, que, neste sentido, se aproxima dos árbitro, pois resolve um litígio e não a generalidade dos litígios; mas que se distingue dos juízes privados (árbitros), porque não é designado pelas partes, mas instituído por si mesmo, em virtude da circunstância imprevista do caso que lhe toca intervir. Esta figura não poderia aproximar-se da autocomposição, porque, sendo o terceiro alheio ao interesse em conflito, não tem a que renunciar, embora sua conduta seja altamente altruísta: mas seu altruísmo refere-se à decisão e não ao litígio, e poderia ser qualificado de externo, em contraste com o interno, peculiar à autocomposição." *Idem*, p. 53-54.

Consoante *Alcalá Zamora y Castilho*, este meio de resolução dos conflitos teria convivido com a autodefesa, mas representa uma forma mais evoluída do que esta.

Este termo, autocomposição, deve-se a *Carnelutti*[20], que, ao tratar dos equivalentes jurisdicionais, aí a incluiu. É integrado, também, do prefixo auto (próprio) e do substantivo composição, que, na linguagem carneluttiana, equivale à solução, resolução ou decisão do litígio por obra dos próprios litigantes[21].

A autocomposição, ao contrário da autodefesa, aparece como uma expressão altruísta, pois traduz atitude de renúncia ou reconhecimento a favor do adversário. "A" desiste de reclamar o pagamento de seu crédito, ou "B" acede em satisfazer a dívida; a vítima de um delito contra a honra perdoa o seu ofensor, ou o acusado concorda com a pena pedida contra ele, como admitem os códigos criminais.

Alcalá-Zamora y Castillo, seguido de *Carnelutti*[22], aponta três formas autocompositivas: a) renúncia (ou desistência); b) submissão (ou reconhecimento); e c) transação.

A atitude altruísta pode provir do atacante (de quem deduz a pretensão), do atacado (de quem se opõe à pretensão), ou de ambos (mediante concessões recíprocas). As duas primeiras são unilaterais: a que procede do atacante denomina-se renúncia ou desistência; a que emana do atacado chama-se submissão ou reconhecimento. A terceira é bilateral e denomina-se transação.

A espontaneidade, que deveria ser o requisito essencial de toda modalidade autocompositiva, pode estar ausente; muitas vezes, a desigual resistência econômica dos litigantes, a lentidão e a carestia dos procedimentos, dentre outras causas, conduzem as partes a autocomposições que são, no fundo, verdadeiras rendições, nas quais a decisão altruísta é provocada pela imposição egoísta da parte contrária. Sendo uma forma altruísta de composição dos conflitos, poderia parecer a mais recomendável, mas não o é, porque, além das razões apontadas, oculta ou dissimula atos de autodefesa em que o litigante mais fraco, não podendo resistir, prefere renunciar.

Não só, com frequência, a espontaneidade do sacrifício do próprio interesse é apenas aparente, pois, na verdade, envolve uma capitulação do litigante de menor resistência, como também pode acontecer que a renúncia do próprio interesse obedeça a uma errônea interpretação do mesmo por parte do seu titular, que o leva a considerar a sua posição mais desfavorável do que na verdade o é.

A autocomposição não desapareceu dos ordenamentos jurídicos modernos, sendo consentida e até estimulada em muitos casos. Como exemplos de formas autocompositivas, podem ser citados: a transação, no âmbito civil; o perdão do ofendido, no âmbito penal; e a conciliação, nos âmbitos trabalhista e civil.

---

(20) CARNELUTTI, Francesco. *Sistema del diritto processuale civile*. Padova: Cedam, 1936. v. I, p. 55.
(21) CASTILLO, Niceto Alcalá-Zamora y. *Op. cit.*, p. 77.
(22) CASTILLO, Niceto Alcalá-Zamora y. *Op. cit.*, p. 80.

A autocomposição pode ocorrer "antes" ou "depois" da ação judicial[23], ao contrário da autodefesa, que acontece sempre antes. E mais, a autocomposição pressupõe que o litigante possua a faculdade de disposição sobre o direito material, pois, quando se trata de direitos indisponíveis ou de hipóteses em que o legislador imponha, obrigatoriamente, a via processual com finalidade de verificação judicial, não pode ter lugar esta modalidade autocompositiva; justamente por isso, são raras as autocomposições fora das esferas civil e trabalhista.

C) Arbitragem

Com o evoluir dos tempos, os homens compreenderam a excelência de um outro método, segundo o qual a solução dos conflitos era entregue à terceira pessoa, desinteressada do objeto da disputa entre os contendores, surgindo, então, a arbitragem facultativa, em tudo superior aos métodos anteriores. Primeiramente, a arbitragem foi exercida pelos sacerdotes, pois se acreditava, em razão da formação místico-religiosa desses povos, que eles tinham ligações com os deuses e a sua decisão era a manifestação viva da vontade divina; depois, a solução dos conflitos passou a ser entregue aos membros mais idosos do grupo social (anciãos), na crença de que, conhecendo eles os costumes de seus antepassados, estavam em melhores condições de decidir o conflito[24].

D) Da ação judicial

De facultativa, a arbitragem, pelas vantagens que oferece, torna-se obrigatória, e, com o arbitramento obrigatório, surge a ação judicial como última etapa na evolução dos métodos compositivos do litígio.

Abstratamente considerada, a ação judicial aparece como o melhor método para se resolver litígios, pela nota de imparcialidade que a caracteriza e pela força que se empresta às decisões nela proferidas, respaldadas pelo mecanismo coativo do Estado.

A ação judicial se apresenta como meio que maiores probabilidades oferece de uma resolução justa e pacífica dos litígios, porque o conflito é resolvido por um terceiro sujeito, a ele estranho, segundo determinadas regras.

Para que a ação judicial produza resultados, é preciso que esse terceiro imparcial que decide o conflito seja mais forte do que as partes litigantes, para que possa impor a sua vontade, coativamente, em face de qualquer intuito de desobediência ou descumprimento por parte dos contendores. Compreende-se, pois, que este terceiro seja o Estado.

---

(23) Classificação do ponto de vista da relação da autocomposição como o processo: extraprocessual, intraprocessual e pós-processual. CASTILLO, Niceto Alcalá-Zamora y. *Op. cit.*, p. 81.
(24) CINTRA, Antônio Carlos de Araújo; GRINOVER, Ada Pellegrini e DINAMARCO, Cândido Rangel. *Teoria geral do processo*. 6. ed. São Paulo: RT, p. 8-10.

A ação judicial, por sua vez, é exercida por meio de um processo ou procedimento. A denominação processo é relativamente moderna e provém etimologicamente do latim *processus* (de proceder: avançar, seguir caminhando).

O processo é o instrumento de que se serve o Estado para, no exercício da função jurisdicional, resolver os conflitos de interesses, solucionando-os; o instrumento previsto como normal pelo Estado para a solução de toda classe de conflitos jurídicos.

Capítulo II

A Justiça do Trabalho

1. Introdução

A existência de um foro específico para dirimir as questões trabalhistas tem sua justificativa de ser por inúmeros fundamentos. Eles seriam: a) os conflitos de trabalho apresentam caráter econômico e social, além do jurídico; b) os dissídios entre empregados e empregadores reclamam célere solução, pois repercutem sobre a economia geral, podem paralisar por algum tempo as atividades produtivas e se alastrarem, perturbando, assim, a harmonia social, além de avivar a perniciosa luta entre o capital e o trabalho; c) a própria natureza das questões suscitáveis demanda o concurso de magistratura de equidade, exigindo dos juízes trabalhistas uma orientação larga e desembaraçada, particularmente compreensiva, conciliatória e humana; d) a constante situação precária do litigante assalariado torna-o inapto para enfrentar e custear pleitos longos e dispendiosos, como os habituais na Justiça comum.

Não é recente a instituição de entidades próprias para fins de solucionar os conflitos entre o capital e o trabalho: data de mais de um século.

Em França, por exemplo, a Lei de 18 de março de 1806 criou os *Conseils de Prud' hommes*, com atribuições conciliadoras e julgadoras, a respeito dos dissídios entre os empregadores e os empregados.

Na Itália, uma lei datada de 15 de janeiro de 1893 instituiu os Colégios de Probiviri, com escopo de resolverem as discórdias individuais emanadas dos contratos de emprego e aprendizagem.

No Brasil, poderíamos dizer que tudo começou com as Comissões Mistas de Conciliação, em 1932, compostas de representantes de empregados e de empregadores, de modo paritário, presidida por uma pessoa distante dos interesses dos litigantes, que poderia ser indicada pela Ordem dos Advogados do Brasil, ser um Magistrado de carreira da Justiça Comum ou mesmo um alto funcionário Federal. Estas comissões não exerciam a jurisdição, tinham atribuições meramente arbitrais. Por esta razão talvez, não tenham feito muito sucesso.

Mais tarde, sem o exercício da atividade jurisdicional, com natureza meramente administrativa, o Poder Executivo instituiu duas Câmaras voltadas para matéria trabalhista: a) a Câmara da Justiça do Trabalho; e b) a Câmara de Previdência Social.

Foi, contudo, com o advento da Constituição Federal de 1946[1] que a Justiça do Trabalho passou a integrar o Poder Judiciário e aos seus juízes foram asseguradas, no plano constitucional, as garantias previstas para as demais magistraturas, como a vitaliciedade, a inamovabilidade e a irredutibilidade de vencimentos. Todavia, a estrutura paritária foi mantida[2].

A Justiça do Trabalho já possuiu competência para processar e julgar os processos oriundos de questões que envolvessem diaristas e mensalistas da União, dos Estados, do Distrito Federal, dos Territórios, dos Municípios e das entidades autárquicas, que trabalhassem nas suas organizações econômicas, comerciais ou industriais em forma de empresa, desde que não fossem funcionários públicos ou não gozassem de garantias especiais, até que a Lei n. 1.890, de 13.6.1953, retirou diversas destas questões do âmbito da competência material da Justiça do Trabalho.

Diversas matérias relativas ao Instituto de Previdência Social já foram objeto de apreciação da Justiça do Trabalho. A Lei n. 5.638, de 3.12.1970, modificada pela Lei n. 6.825, 22.9.80, passou a atribuir à Justiça Federal Comum a competência para decidir ações trabalhistas em que fossem partes a União, suas autarquias e as empresas públicas federais. O Estatuto do Trabalhador Rural, anterior à Lei n. 4.214, de 2.3.1963, pretendeu instituir um Conselho Arbitral para dirimir as questões trabalhistas[3].

Ao ser criada, como efetivo órgão jurisdicional, se deu à Justiça do Trabalho uma composição funcional paritária[4], pois se partiu da premissa que as razões sociais que envolviam as classes litigantes (empregadores e empregados), poderiam sofrer uma análise mais aprofundada e mais realística se leigos, representantes das respectivas categorias, auxiliassem um magistrado togado. Foi então que surgiram os vogais. O tempo cuidou de demonstrar que os vogais em muito pouco contribuíam para uma melhor prestação jurisdicional. Em verdade, apenas oneravam desnecessariamente o erário público[5].

Tal assertiva veio a se confirmar com o advento da Emenda Constitucional n. 24, do ano de 1999, na qual extinguiu com a representação classista, dando, a partir de então, à Justiça do Trabalho uma conotação mais técnica e menos política, sem a ocorrência da perda das características que justificam a manutenção de uma Justiça voltada para todas as matérias que tratam do trabalho.

Aliás, com a extinção da representação classista não seria errado dizer que houve um ganho na qualidade da prestação jurisdicional, tanto é verdade que isto se confirmou com aumento da competência material da Justiça do Trabalho que veio a lume com a Emenda Constitucional n. 45, de 2005.

---

(1) Dispunha o art. 94 da Constituição Federal de 1946: "O Poder Judiciário é exercido pelos seguintes órgãos: (...) V — Juízes e tribunais do trabalho".
(2) A Constituição Federal de 1937 tratava da Justiça do Trabalho, porém, como órgão não judicial.
(3) Este Conselho jamais chegou a funcionar.
(4) A exemplo do que já ocorria na Itália.
(5) Vale registrar que a Constituição Federal de 1988 passou a chamar os vogais de juízes classistas (antiga redação do art. 111).

2. Organização da Justiça do Trabalho

A Justiça do Trabalho, atualmente, é divida em Regiões, na verdade em 24 (vinte e quatro), a saber:

1ª Região — Rio de Janeiro; 2ª Região — São Paulo; 3ª Região — Minas Gerais; 4ª Região — Rio Grande do Sul; 5ª Região — Bahia; 6ª Região — Pernambuco; 7ª Região — Ceará; 8ª Região — Pará e Amapá; 9ª Região — Paraná; 10ª Região — Distrito Federal; 11ª Região — Amazonas e Roraima; 12ª Região — Santa Catarina; 13ª Região — Rio Grande do Norte; 14ª Região — Rondônia e Acre; 15ª Região — Campinas; 16ª Região — Maranhão; 17ª Região — Espírito Santo; 18ª Região — Goiás; 19ª Região — Alagoas; 20ª Região — Sergipe; 21ª Região — Rio Grande do Norte; 22ª Região — Piauí; 23ª Região — Mato Grosso; e 24ª Região — Mato Grosso do Sul.

A Justiça do Trabalho, em primeiro grau de jurisdição, é composta por um Juiz Togado, cujo ingresso na magistratura se dá mediante a aprovação em concurso público, de provas e títulos. O ingresso se dá na qualidade de juiz substituto, posteriormente ocorrendo a promoção, por antiguidade e merecimento, ao cargo de juiz titular[6].

No segundo grau de jurisdição, encontramos os Tribunais Regionais do Trabalho, cuja quantidade de seus juízes varia por Região. Os Tribunais Regionais do Trabalho, contudo, compõem-se de, no mínimo, sete membros. Ao contrário do ingresso na magistratura em primeiro grau, nos Tribunais, a nomeação do magistrado é feita pelo Presidente da República dentre brasileiros com mais de trinta e menos de sessenta e cinco anos, sendo que: a) um quinto dentre advogados com mais de dez anos de efetiva atividade profissional e membros do Ministério Público do Trabalho com mais de dez anos de efetivo exercício, sendo que os advogados devem possuir notório saber jurídico e possuírem reputação ilibada; b) os demais membros escolhidos mediante promoção de juízes do trabalho de primeiro grau, levando em conta a antiguidade e merecimento, alternadamente.

A Constituição Federal[7] permite que os Tribunais Regionais do Trabalho possam promover o exercício da atividade jurisdicional móvel, a chamada "justiça itinerante", com a realização de audiências e demais funções judicantes, nos limites territoriais da respectiva jurisdição, servindo-se, para tanto, de equipamentos públicos e comunitários[8].

Os Tribunais Regionais do Trabalho também poderão funcionar descentralizadamente, mediante a constituição de Câmaras regionais, tudo com o escopo de assegurar o pleno acesso do jurisdicionado à justiça em todas as fases do processo.

---

(6) A Emenda Constitucional n. 24, de 1999, alterou o nome das Juntas de Conciliação e Julgamento, para Varas do Trabalho, em razão da antiga composição paritária, para o atual funcionamento monocrático.
(7) Art. 115, § 1º, da Constituição Federal.
(8) Na prática, a instalação da "justiça itinerante" tem se mostrado muito difícil.

Na cúpula do Judiciário trabalhista, temos o Tribunal Superior do Trabalho, que se compõe de vinte e sete Ministros, escolhidos dentre brasileiros com mais de trinta e cinco e menos de sessenta e cinco anos, e, assim como os membros dos Tribunais, nomeados pelo Presidente da República.

O indicado pelo Presidente da República, no entanto, deve passar por uma sabatina no Senado Federal. Assim, somente após aprovação pela maioria absoluta dos Senadores, estará o cidadão apto ao exercício do cargo de Ministro do Tribunal Superior do Trabalho.

Os Ministros do Tribunal Superior do Trabalho[9] também são escolhidos dentre advogados e membros do Ministério Público do Trabalho. Sendo um quinto dentre advogados com mais de dez anos de efetiva atividade profissional, com notório saber jurídico e reputação ilibada e os membros do Ministério Público com mais de dez anos de efetivo exercício. Os demais são escolhidos dentre juízes integrantes dos Tribunais Regionais do Trabalho, oriundos da magistratura da carreira, escolhidos a partir de uma lista tríplice elaborada pelo próprio Tribunal Superior do Trabalho[10].

A Emenda Constitucional n. 45, de 2005, permitiu a criação de um Conselho Superior da Justiça do Trabalho, cabendo-lhe exercer, na forma da lei, a supervisão administrativa, orçamentária, financeira e patrimonial da Justiça do Trabalho de primeiro e segundo graus, como órgão central do sistema, cujas decisões terão efeito vinculante[11].

Vale lembrar que em algumas cidades desse nosso enorme Brasil, com dimensões continentais, a Justiça do Trabalho ainda não se instalou. Nestes casos, os juízes do Estado exercem a jurisdição trabalhista.

---

(9) Temos duas questões: a primeira é que não é possível o acesso ao Tribunal Superior do Trabalho de Juízes de primeiro grau. A norma constitucional é clara ao somente permitir a efetivação, no cargo de Ministro do TST, daqueles que são efetivos no Tribunal Regional. A segunda, para uma reflexão, é se aqueles que não são oriundos da magistratura da carreira poderiam chegar ao cargo de Ministro. E por que? Simplesmente porque o inciso II, do art. 111-A, somente autoriza, literalmente, o ingresso ao TST dos juízes oriundos da magistratura da carreira, ou seja, daqueles que tenham ingressado no Judiciário pelo primeiro grau e não mediante o quinto constitucional. A questão merece uma reflexão.
(10) Art. 111-A e seus parágrafos, da Constituição Federal, com a Emenda n. 45/04.
(11) Inciso II, do § 2º, do art. 111-A, da Constituição Federal.

Capítulo III

COMPETÊNCIA

1. Introdução

Pelas mais variadas razões — que vão de critérios políticos às questões de ordem prática — fez-se necessário dividir a atividade jurisdicional dentro do território brasileiro. Assim, todos os juízes da nação estão aptos ao exercício da atividade judicante; entrementes, este exercício encontra-se limitado. Esta limitação é denominada de competência. Não seria errado dizer que a competência é o limite da jurisdição.

De um modo geral, as regras definidoras da competência são encontrada na Constituição Federal (tanto da Justiça Federal Comum, da Justiça Federal do Trabalho ou das Justiças estaduais), nas Constituições estaduais (em se tratando exclusivamente da Justiça estadual), no Código de Processo Civil, na Consolidação das Leis do Trabalho, em leis federais não codificadas, nos Regimentos Internos ou nos Códigos de Organização Judiciária estaduais. Com isso, podemos perceber que a matéria quanto à distribuição da competência nem sempre é tão simples assim.

A competência constitui um dos pressupostos processuais de validade do processo, devendo o próprio magistrado, de ofício, examinar a sua própria competência.

A multiplicação de ações, aliada à necessidade de se distribuir a jurisdição, de sorte a aplicar melhor as leis, criou elementos objetivos que servem de critério para a distribuição da competência, em geral.

Pode-se afirmar que as diversas teorias procuram assentar as suas bases, de um modo geral, nos seguintes elementos: a) matéria — segundo a natureza da relação jurídica, objeto da causa; b) valor da causa — segundo o valor econômico da relação jurídica, objeto da demanda; c) pessoas — segundo a condição dos sujeitos em lide; d) território — segundo o lugar onde se encontram os sujeitos ou o objeto da relação jurí-dica que constitui objeto do processo; e) função — segundo a função que o órgão jurisdicional é chamado a exercer em relação a uma determinada demanda.

Com as variantes próprias de cada sistema, estes elementos constituem o seu fundamento.

Comecemos pela competência em razão da matéria.

No que diz respeito à competência em razão da matéria, temos que a Emenda Constitucional n. 45/04 ampliou a atividade jurisdicional da Justiça do Trabalho.

Há mais de meio século veio a lume a Consolidação das Leis do Trabalho (em 1943), época em que o Brasil vivia sob o império da Constituição de 1937. Nesta ocasião, tínhamos uma Justiça do Trabalho que não era considerada como um ramo do Poder Judiciário[1].

Interessante notar que a competência em razão da matéria, de fato, pode variar de acordo com os interesses políticos, sociais e econômicos de determinadas épocas. Assim dizemos porque a Justiça do Trabalho já possuiu uma gama maior de competência, que foi perdida na linha do tempo e, posteriormente, houve um enorme acréscimo competencial. Em seus primórdios, por exemplo, a Justiça do Trabalho já dirimiu conflitos que envolviam diaristas e mensalistas da União, dos Estados, do Distrito Federal, dos Territórios, dos Municípios e das entidades autárquicas, que trabalhavam nas suas organizações econômicas, comerciais ou industriais em forma de empresa, desde que não fossem funcionários públicos ou não gozassem de garantias especiais, até que a Lei n. 1.890, de 13.6.1953, retirou diversas destas questões do âmbito da competência material da Justiça do Trabalho.

Diversas matérias relativas ao Instituto de Previdência Social já foram objeto de apreciação da Justiça do Trabalho. A Lei n. 5.638, de 3.12.1970, modificada pela Lei n. 6.825, de 22.9.1980, passou a atribuir à Justiça Federal Comum a competência para decidir ações trabalhistas em que fossem partes a União, suas autarquias e as empresas públicas federais. O Estatuto do Trabalhador Rural, anterior à Lei n. 4.214, de 2.3.1963, pretendeu instituir um Conselho Arbitral para dirimir as questões trabalhistas.

Como se vê, estes são alguns exemplos de que a competência material pode funcionar como uma verdadeira gangorra.

Ocorre que a história mais uma vez demonstrou que todas as questões que envolvem, direta ou indiretamente, a relação de trabalho — e não apenas a relação de emprego — deve ficar concentrada em único lugar, sendo este a Justiça do Trabalho.

A Emenda Constitucional n. 45, promulgada em 8.12.2004, apenas cuidou de realizar um acerto de contas histórico, devolvendo para a Justiça do Trabalho matérias que dela jamais deveriam ter saído, além de ter-lhe acrescido outras tantas questões competenciais.

Houve uma época em que a ideia era a de manter (*rectius* — restringir) a competência material da Justiça do Trabalho, para limitá-la ao campo apreciativo das relações entre empregados e empregadores. Mas, como se pode perceber, tal visão não mais se sustenta. Não há mais, no atual estágio em que vivemos, justificativa plausível

---

(1) A Constituição Federal de 1937, em seu art. 139, que tratava da Justiça do Trabalho, declarava que "para dirimir conflitos oriundos das relações entre empregadores e empregados, reguladas na legislação social, é instituída a Justiça do Trabalho, que será regulada em lei e à qual não se aplicam as disposições desta Constituição relativas à competência, ao recrutamento e às prerrogativas da justiça comum". A Constituição Federal de 1934 também fez menção expressa à Justiça do Trabalho, mas igualmente a Constituição de 1937 também não a considerou como um órgão do Poder Judiciário. A Justiça do Trabalho somente veio a ser erigida ao patamar constitucional de órgão do Poder Judiciário com a Constituição Federal de 1946.

para a manutenção do entendimento no sentido de se considerar a restritividade da Justiça do Trabalho no campo de sua atuação jurisdicional.

O legislador já vinha se mostrando sensível a essa nova realidade. Em termos constitucionais, há pouco tempo[2] recebemos a missão de executar as contribuições sociais previstas no art. 195, I, alínea "a" e inciso II, da Constituição Federal.

Com a reforma do Poder Judiciário, não há como negar que a Justiça do Trabalho foi a mais prestigiada. A começar pelo acréscimo do número de Ministros do Tribunal Superior do Trabalho[3], o término da discussão acerca da competência para processar e julgar *habeas corpus*, a manutenção do chamado poder normativo, entre tantas outras questões. Mas o destaque mesmo fica por conta do aumento da competência material da Justiça do Trabalho. Inúmeras matérias que até então eram da competência da Justiça estadual, como as ações que envolviam a representação sindical, as ações que versavam sobre a relação de trabalho e matérias a ela conexas, agora fazem parte da Justiça do Trabalho. Questões processadas na Justiça Federal comum passaram para a Justiça do Trabalho, como as execuções fiscais trabalhistas, seus mandados de segurança e as ações declaratórias de negação do débito.

É preciso, todavia, ter cuidado com algumas questões, que, com certeza, trarão inicialmente mais perplexidades e dúvidas, do que soluções; entretanto, o tempo cuidará de colocar tudo em seu devido lugar e os eventuais excessos cometidos por este ou aquele magistrado serão adequados pela superior instância. Tudo como deve ser ...

Assim, é que cabe lembrar que, conforme o atual art. 114 da Constituição Federal de 1988, com redação dada pela Emenda Constitucional n. 45, de 2004, compete à Justiça do Trabalho processar e julgar:

"I — as ações oriundas da relação de trabalho, abrangidos os entes de direito público externo e da administração pública direta e indireta da União, dos Estados, do Distrito Federal e dos Municípios;

II — as ações que envolvam exercício do direito de greve;

III — as ações sobre representação sindical, entre sindicatos, entre sindicatos e trabalhadores e entre sindicatos e empregadores;

IV — os mandados de segurança, *habeas corpus* e *habeas data*, quando o ato questionado envolver matéria sujeita à sua jurisdição;

V — os conflitos de competência entre órgãos com jurisdição trabalhista, ressalvado o disposto no art. 102, I, *o*;

VI — as ações de indenização por dano moral ou patrimonial decorrentes da relação de trabalho;

VII — as ações relativas às penalidades administrativas impostas aos empregadores pelos órgãos de fiscalização das relações de trabalho;

VIII — a execução, de ofício, das contribuições sociais previstas no art. 195, I, *a* e II, e seus acréscimos legais, decorrentes das sentenças que proferir;

IX — outras controvérsias decorrentes da relação de trabalho, na forma da lei."

---

(2) Emenda Constitucional n. 20, de 15.12.1998.
(3) De dezessete Ministros voltaram aos vintes e sete que existiam antes do término da representação classista.

Adiante passamos a tratar de cada uma dessas hipóteses. Antes, porém, cabe destacar uma questão preliminar.

2. Da conciliação e das ações

Ao conjugarmos o *caput* do atual art. 114, com a parte inicial de seu primeiro inciso, podemos verificar uma radical modificação em face da redação anterior à Emenda Constitucional n. 45, de 2004.

Dizia o texto constitucional antigo que "compete à Justiça do Trabalho conciliar e julgar os dissídios individuais". Pela nova redação encontramos que "compete à Justiça do Trabalho processar e julgar as ações". Com isso, podemos perceber que a conciliação foi deslocada do patamar constitucional para o infraconstitucional.

Assim, não há mais a antiga exigência constitucional de se tentar conciliar a todo custo e em todas as ações. Não significa dizer, com isso, que a tentativa de conciliação tenha sido abolida do processo trabalhista, em matéria de relação de trabalho, apenas que não fica mais o legislador ordinário preso à observância de se criar sempre um procedimento em que a conciliação tenha que ocorrer.

Imaginemos que numa ação de execução fiscal tenha que se tentar, a todo custo, a conciliação, porque assim foi o desejo do legislador. Agora, o legislador constitucional cuidou de adaptar o texto constitucional à nova realidade da Justiça do Trabalho.

A outra mudança permite o implemento da jurisdição graciosa na Justiça do Trabalho ou a confecção de acordos ou transações extrajudiciais para que o magistrado apenas homologue a referida transação.

Entendia-se anteriormente que a expressão "dissídios", posta no texto constitucional antes da Emenda n. 45, impedia a possibilidade das partes resolverem seus conflitos por meio de transações extrajudiciais. Logo, somente após o ajuizamento de uma reclamação trabalhista é que se poderia tentar a conciliação.

Qual, entretanto, a diferença, em termos práticos, de se realizar uma transação extrajudicial para que seja homologada pelo juiz, de um acordo judicial, feito nos mesmos moldes daquela? Ora, se o juiz verifica tanto uma como a outra, controlando-a em seus aspectos formais, não há motivo para se impedir as transações extrajudiciais. Estas, se não forem ilegais, até auxiliarão os Juízos, descongestionando as pautas, já tão assoberbadas. Houve, portanto, uma correção de direção.

3. Da competência material

3.1. As ações oriundas da relação de trabalho

Inicialmente, cumpre-nos destacar que o texto do inciso I, do art. 114, ao ser apreciado pelo Senado Federal, foi alterado para conter a seguinte redação:

"as ações oriundas da relação de trabalho, abrangidos os entes de direito publico externo e da administração pública direta e indireta da União, dos Estados, do Distrito Federal e dos Municípios, incluídas suas autarquias e fundações públicas".

Interessante notar que a publicação final do texto constitucional do inciso I, do art. 114, foi truncada. Houve alteração substancial do texto do projeto de emenda constitucional, na votação do Senado Federal em primeiro turno, que não foi observada na votação do segundo turno e consequente aprovação. Tal situação tem gerado uma certa confusão no alcance normativo interpretativo do referido dispositivo.

Façamos um breve retrospecto histórico acerca do temário.

Com efeito, a proposta de emenda constitucional que cuidava da reforma do Judiciário chegou à Câmara dos Deputados pelo então Deputado Hélio Bicudo, isto em 26 de março de 1992, tendo sido esta proposta autuada sob o n. 96/92.

Durante muitos anos a proposta de reforma do Judiciário ficou tramitando na Câmara dos Deputados, sem que houvesse muito interesse político, até que num dado momento assumiu a relatoria a Deputada Zulaiê Cobra, conseguindo impor celeridade à reforma do Judiciário e em pouco tempo após assumir a referida relatoria, em 19 de outubro de 1999, tivemos a aprovação, na Comissão de Constituição e Justiça da Câmara, da proposta de reforma do Judiciário, que, no particular, trazia como grande novidade o aumento da competência material da Justiça do Trabalho.

Como deve ser, a PEC[4] foi encaminhada para o Senado da República, passando a receber o n. 29/00, tendo como primeiro relator o Senador Bernardo Cabral. Ocorre que este Senador não conseguiu ser reeleito e, juntamente com ele, mais de 50% (cinquenta por cento) do Senado foi renovado. Tal situação, sem precedentes na história da República, levou o então Presidente do Senado, o Senador José Sarney, com aval do Plenário, a determinar o retorno da matéria à Comissão de Constituição e Justiça do Senado, tendo sido designado, desta feita, como relator, o Senador José Jorge.

A partir daí, inúmeras PEC's tramitaram juntas, em torno de 17 (dezessete), com a realização de 14 (quatorze) audiências públicas, delas tendo participado Ministros do Supremo Tribunal Federal, Ministros do Tribunal Superior do Trabalho, membros da Ordem dos Advogados do Brasil, vários juristas, membros de associações, dentre outros. Tudo acabou por culminar no Parecer n. 451/04, ocorrendo a transformação das 17 (dezessete) emendas em 4 (quatro). Tal circunstância, aliada à pressão social de ver aprovada, o quanto antes, a reforma do Judiciário, levou o Senado a realizar um sistema de votação até então inédito, pois que além de manter o texto básico, ainda levaram à votação mais três propostas.

Na ocasião da apreciação pelo Plenário, a Presidência do Senado comunicou ao Plenário que dividiria em duas votações a conclusão do Parecer, que agora já não era mais um, mas dois (Parecer de EC n. 250 e Parecer de EC n. 251): a primeira votação destinada à primeira parte da emenda, cujo texto era o destinado à promulgação (Pare-

---

(4) PEC é o nome que se dá à Proposta de Emenda à Constituição.

cer n. 251); e, uma segunda, destinada ao retorno à Câmara dos Deputados (Parecer n. 250).

Na tumultuada votação, as pretensões não saíram, aparentemente, como previsto. Todavia, tal situação somente pôde ser observada às vésperas da promulgação da Emenda Constitucional n. 45, de 2004. Neste momento, a Mesa da Câmara dos Deputados noticiou ao Presidente do Congresso Nacional que não poderia autografar a referida Emenda, diante da divergência entre o texto votado e aprovado nas duas Casas e aquele que se apresentava, pois que constava do texto básico da PEC a competência ampla da Justiça do Trabalho para processar e julgar todas as ações decorrentes da relação de trabalho, inclusive as que envolvessem os funcionários públicos, regidos pelos seus respectivos regimes jurídicos únicos. Tal era mesmo a ideia inicial, como veio da Câmara dos Deputados, inclusive.

Foi no Senado Federal que se resolveu incluir no texto do inciso I, do art. 114 a exceção à competência da Justiça do Trabalho. Assim, tivemos num primeiro momento o seguinte texto constitucional publicado no Diário Oficial da União, quanto à competência material da Justiça do Trabalho:

"as ações oriundas da relação de trabalho, abrangidos os entes de direito público externo e da administração pública direta e indireta, exceto os servidores ocupantes de cargo criado por lei, de provimento efetivo ou em comissão, da União, dos Estados, do Distrito Federal e dos Municípios, incluídas suas autarquias e fundações públicas."

Notado o erro, como já dito, pela Mesa da Câmara dos Deputados, houve uma nova publicação, desta feita, com o texto que se encontra em vigor e inserido na Constituição Federal, vejamos:

"as ações oriundas da relação de trabalho, abrangidos os entes de direito público externo e da administração pública direta e indireta da União, dos Estados, do Distrito Federal e dos Municípios."

Diante da última redação conferida ao texto constitucional, que foi justamente aquela que veio da Câmara dos Deputados, a Justiça do Trabalho passaria a ter competência para todas as questões que envolvessem a relação de trabalho, inclusive as estatutárias e não apenas as contratuais. Todavia, a AJUFE — Associação dos Juízes Federais apressou-se à vigência da Emenda Constitucional n. 45 e ingressou com uma Ação Declaratória de Inconstitucionalidade, no sentido de impedir a Justiça do Trabalho de processar e julgar os feitos dos servidores estatutários. A referida ADIn teve a sua liminar concedida pelo Ministro Nelson Jobim e agora, mais recentemente, confirmada, por maioria, pelo Plenário do Supremo Tribunal Federal.

Assim, enquanto o Supremo não apreciar o mérito da ADIn ou a Câmara dos Deputados não se manifestou acerca do alcance da competência da Justiça do Trabalho para processar e julgar os estatutários, no particular, nada mudou, ou seja: os servidores civis e militares regidos pelo direito administrativo têm suas ações processadas no âmbito da Justiça estadual ou da Justiça Federal Comum.

Na Justiça do Trabalho, deveriam ter ficado todos os feitos relacionados ao tema "trabalho", independentemente de ter sido o trabalho contratado pelo regime "contratual" (relação de emprego ou relação de trabalho) ou pelo regime "estatutário". Se a unificação do tema trabalho originou o aumento da competência da Justiça do Trabalho, não faz sentido não provê-la de competência para o julgamento dos estatutários. Enfim ...

De qualquer modo, para pensarmos a nova Justiça do Trabalho é indispensável, antes de tudo, que esqueçamos o que ela era em matéria de competência material. O que era, provavelmente, jamais voltará a ser. É preciso ter a mente aberta para repensar e entender a nova Justiça do Trabalho, sem preconceitos e sem medo para bem cumprir a missão constitucional originada do constituinte derivado.

Lembra-se, também, que não podemos cair no equívoco de interpretar as normas constitucionais à luz da CLT, numa inversão descabida da lógica hierárquica. Da mesma forma, não se pode interpretar a atual Constituição Federal, com o texto inserido pela Emenda Constitucional n. 45, à luz do direito constitucional anterior.

Fazendo uma comparação um tanto quanto forçada, diria que antes a Justiça do Trabalho era um médico especializado. Ao lado dela, tínhamos (e ainda temos) um médico clínico (a Justiça Estadual, grosso modo, com competência para todas as ações, contra todos) e um médico clínico especializado (a Justiça Federal, com competência para todas as ações em face de uma categoria de pessoas).

Com a Reforma do Judiciário, o juiz do trabalho, em sua nova competência, contudo, deixa de ser um médico especializado, para se tornar, tal como o juiz federal, um médico clínico especializado (grosso modo, em face da matéria). Seria uma espécie de médico geriatra ou pediatra: clínico (para todas as ações/doenças) e, ao mesmo tempo, especializado (diante de determinadas pessoas em suas relações de trabalho, em regra geral).

Pensando o nosso Judiciário como um todo, em relação ao processo civil (em contraposição ao processo penal), diria que o juiz federal ocupa uma vara especializada da Fazenda Nacional, o juiz do trabalho uma vara especializada social (ou do trabalho em sentido amplo) e o juiz estadual uma vara com competência remanescente (ou vara de família, vara comercial, etc.). E, a essa conclusão chegamos a partir da análise do novo art. 114 da CF, que transformou a Justiça do Trabalho numa nova Justiça.

E o principal sintoma dessa mudança se constata logo no *caput* do art. 114 da CF. É que antes, a Justiça do Trabalho era competente para *conciliar e julgar* os litígios decorrentes das relações de emprego. Agora, ela passa a ter competência para *processar e julgar* os litígios elencados nos seus nove incisos.

Antes, era uma Justiça conciliadora, até por mandamento constitucional, tendo em vista a sua principal competência (relação de emprego). Agora, igualou-se aos demais órgãos judicantes do Poder Judiciário Nacional, tendo competência para, simplesmente, processar e julgar as diversas causas elencadas no art. 114 da Constituição Federal.

Isso não quer dizer, no entanto, que os processos sujeitos à Justiça do Trabalho não estejam sujeitos à conciliação. Não. Seja por mandamento consolidado, seja pelo disposto no art. 331 do CPC, nas causas que admite transação, a tentativa de conciliação é imperativo legal.

É, no entanto, sobre as novas competências da Justiça do Trabalho que passamos a tratar.

Cumpre, porém, relembrar, a bem da verdade, que a Emenda Constitucional n. 45/04, ressuscitou, ampliando-a, parte da competência da Justiça do Trabalho. É que, tanto perante a Constituição Federal de 1946 (art. 123) como a de 1967 (art. 134), a Justiça do Trabalho era competente para "conciliar e julgar os dissídios individuais e coletivos entre empregados e empregadores, e as demais controvérsias oriundas de relações de trabalho regidas por legislação especial" (art. 123 da CF/1946) ou "... por lei especial" (art. 134 da CF/1967).

Por tais dispositivos, a Justiça do Trabalho era competente para julgar, não só os litígios entre empregados e empregadores, mas, também, "as demais controvérsias oriundas de relações de trabalho regidas por legislação especial". E foi com base nestes dispositivos que o STF chegou a considerar que o avulso poderia reclamar na Justiça do Trabalho[5] e mesmo o sindicalista para reclamar do sindicato a remuneração para exercício do mandato sindical (parágrafo único do art. 521 da CLT)[6].

A Constituição Federal de 1969, no entanto, reduziu essa competência, na matriz constitucional, ao estabelecer que competia à Justiça do Trabalho julgar, "mediante lei, outras controvérsias oriundas de relação de trabalho" (art. 142). Fórmula esta repetida no texto original da Carta Magna de 1988 (art. 114).

A Emenda Constitucional n. 45/04, portanto, retoma o caminho da ampliação da competência da Justiça do Trabalho, que, originariamente, conforme textos constitucionais, somente tinha a atribuição de julgar os conflitos oriundos das relações entre empregados e empregadores (art. 139 da CF/1937).

3.1.1. Relação de trabalho (inciso I do art. 114 da CF). Conceito e objeto da relação de trabalho

A primeira grande mudança, quiçá a mais importante, introduzida pela Emenda Constitucional n. 45/04, em relação à Justiça do Trabalho, deu-se com a ampliação do rol das relações de trabalho submetidas ao seu julgamento. Antes, tínhamos que, em regra geral, somente os litígios envolvendo trabalhadores e empregadores estavam submetidos à Justiça do Trabalho. Esta era nossa tradição, desde a criação da Justiça do Trabalho na década de trinta do século XX.

---

(5) CJ n. 2.662-RJ, Rel. Min. Victor Nunes Leal.
(6) CJ n. 2.923, Rel. Min. Evandro Lins e Silva.

Agora, no entanto, todas "as ações oriundas da relação de trabalho, abrangidos os entes de direito público externo e da administração pública direta e indireta da União, dos Estados, do Distrito Federal e dos Municípios" passam a ser da competência da Justiça do Trabalho.

No que diz respeito ao alcance da expressão "relação de trabalho", a questão ainda não se encontra bem definida. Os operadores do direito de um modo geral não encontram diferença entre as expressões "relação de emprego" e "relação de trabalho". Embora exista nítida distinção, a própria Consolidação das Leis do Trabalho é imprecisa quanto à utilização dessas expressões, utilizando-se, por diversas vezes da "relação de trabalho", para designar "relação de emprego".

Tudo isso conjugado é evidente que tem gerado uma grande confusão. Para muitos, a cobrança de honorários de advogado, pessoa física, em face de seu cliente, por ser relação de trabalho, deve ser feita na Justiça do Trabalho; para outros não. Para alguns, a cobrança de honorários de um escritório contábil deve ser feita na Justiça comum, pois que não houve relação de trabalho, mas prestação de serviços; para outros não. O fato é que a interpretação deve ser a extensiva.

Neste caminho, aliás, a própria legislação infraconstitucional muito antes da Emenda Constitucional n. 45 já trilhava. São exemplos da apreciação pela Justiça do Trabalho, em matéria de relação de trabalho, devidamente autorizada por norma infraconstitucional, a que trata das lides entre os contratos de empreitadas em que o empreiteiro seja operário ou artífice (CLT, art. 652, III); as ações entre trabalhadores portuários e os operadores portuários ou o Órgão Gestor de Mão-de-Obra — OGMO decorrentes da relação de trabalho[7] (MP n. 2.161-41, de 24.8.01), ou caso da Lei n. 8.984, de 7 de fevereiro de 1995, que estendeu a competência da Justiça do Trabalho para julgar as ações que tinham origem no cumprimento de convenções coletivas de trabalho ou acordo coletivos de trabalho mesmo quando ocorriam entre sindicatos ou entre sindicato de trabalhadores e empregador.

Temos, assim, que ao se adotar a tese da amplitude da competência material, passa agora a Justiça do Trabalho a ter legitimidade constitucional para processar e julgar todas as questões relativas à prestação de serviços autônomos; as questões relativas às relações de consumo, quando estas estiverem diretamente ligadas à prestação de serviços. Há, neste passo, necessidade de se estabelecer um balizamento conceitual acerca do que venha a ser relação de trabalho, para fins de sujeição à jurisdição trabalhista, não bastando mais a antiga dicotomia trabalho-emprego. Ora, antes da Emenda Constitucional, que alterou a competência da Justiça do Trabalho, todas as matérias que se encontravam diretamente relacionadas com o contrato de emprego, não importando se eram ou não originárias de institutos de Direito Civil, eram julgadas pela Justiça do Trabalho, posto que a relação de emprego era o norte de conduta a ser seguido. Agora tudo mudou. Além das questões tradicionalmente afetas à jurisdição

---

(7) Assim mesmo diz a lei: "relação de trabalho".

trabalhista (relação de emprego), temos agora todo o espectro que envolva a relação de trabalho (gênero e não mais a espécie).

Numa definição bem aceita, e bastante objetiva, tem-se uma relação de trabalho quando uma pessoa física presta serviços a outrem. Cabe lembrar — para ficar bem claro —, que relação de emprego é a relação de trabalho na qual a pessoa física presta serviços a outrem de forma subordinada (salariado). Aquela (relação de trabalho) gênero, esta (relação de emprego) espécie.

Conforme ensina *Cláudio Mascarenhas Brandão*, "a expressão utilizada (relação de trabalho) representa o vínculo que se estabelece entre a pessoa que executa o labor — o trabalhador propriamente dito, o ser humano que empresta a sua energia para o desenvolvimento de uma atividade — e a pessoa jurídica ou física que é beneficiária desse trabalho, ou seja, aufere o resultado proveniente da utilização da energia humana por parte daquele"[8].

Aqui devemos, de logo, destacar que a expressão utilizada na Constituição Federal ("relação de trabalho"), por óbvio, não pode interpretada a partir de conceitos postos pela legislação ordinária, como se pudesse interpretar a constituição à luz da CLT, por exemplo.

Assim, ainda que a CLT se refira ao contrato de emprego como "contrato individual de trabalho" (art. 442) e faça menção à "relação contratual de trabalho" como sinônimo de contrato de emprego (art. 444), não se pode querer dar à expressão constitucional o mesmo significado dado pelo legislador ordinário, especialmente quando se tem que aquele diploma legal foi editado há mais de sessenta anos e sob a égide de outra Constituição.

A incorreção do uso da expressão "contrato de trabalho" por parte do legislador consolidador das leis trabalhistas, aliás, é ressaltado há tempo pelos juslaboralistas. Tornou-se corrente, em verdade, que a CLT disciplina o contrato de emprego, que é espécie de contrato de trabalho ou de atividade[9].

De qualquer modo — retomando o fio da meada —, não basta à mera prestação de serviços a outrem, por parte de uma pessoa física, para que daí surja uma relação de trabalho. É preciso que o objeto ou conteúdo da relação jurídica seja *o trabalho*.

Para uma melhor compreensão, podemos nos valer da classificação dos contratos quanto ao objeto, conquanto estejamos a tratar das relações de trabalho e não, tão-somente, dos contratos de trabalho.

Carlos Alberto Bittar, por exemplo, classifica os contratos quanto ao objeto em: de alienação de bens, de transmissão de uso e de gozo, de prestação de serviços, de conteúdo especial e os associativos[10]. Tal classificação, aliás, também é adotada por *Maria Helena Diniz*, com base na doutrina de *Karl Larenz*[11].

---

(8) *Relação de trabalho: enfim, o paradoxo superado*, p. 59.
(9) Neste sentido e por todos, CATHARINO, José Martins. *Contrato de emprego*, p. 14-15.
(10) *Direito dos contratos e dos atos unilaterais*, p. 96.
(11) *Curso de direito civil brasileiro*, p. 99.

Carlos Alberto Bittar esclarece, ainda, que "os contratos de prestação de serviços são os que envolvem a utilização de energia pessoal alheia, em si, ou na consecução de coisas materiais ou imateriais definidas (produção de bens, ou criações intelectuais)"[12]. Compreendem, não só o contrato de emprego, como o de "serviço, ou a obra final (como na empreitada, ou na encomenda de obra intelectual, em que o objetivo é o resultado específico do trabalho: a obra ou a criação)"[13].

Já *Orlando Gomes* — no que nos interessa — classifica os contratos pela sua função econômica (objeto) em: de troca, associativos, de prevenção de riscos, de crédito e de atividade[14], advertindo que "o mesmo negócio é incluído em categorias distintas, se exerce dupla função ... Mas, como a disciplina dos negócios se particulariza de acordo com a sua função prática, o conhecimento e a classificação das principais categorias interessam ao jurista para a fixação do regime a que se devem subordinar"[15]. Essa mesma advertência, aliás, é ressaltada por *Carlos Alberto Bittar*, que reconhece que "cada grupo de contratos conserva certos pontos de contato"[16].

Dentre os contratos de atividade, o mestre *Orlando Gomes* exemplifica com o de prestação de serviços, de empreitada, de mandato, de agência, de comissão, de corretagem e o de depósito[17]. Destaca, porém, que os de fazer (prestar um serviço) também se incluem na categoria de contratos de troca (fazer algo em troca de outro fazer ou em troca de uma obrigação de dar)[18], já que "realizam-se para a circulação de riquezas"[19], sem que, com isso, deixem de ser, também, contratos de atividade.

Importante destacar, outrossim, que nos contratos associativos (de sociedade, de parceria, etc.) a eventual "prestação de um dos contratantes não é a causa da contraprestação do outro"[20], já que as partes "reúnem-se em torno de objetivos comuns, comungando esforços e bens para a sua consecução e mantendo-se, sob liames espirituais e patrimoniais, vinculados à pessoa jurídica decorrente (na sociedade), ou à relação originária"[21], daí por que eles não são tidos como contratos de atividade.

Assim, encontra-se acobertado pela definição da relação de trabalho, todo e qualquer tipo de contrato de atividade em que o prestador de serviço seja uma pessoa física. Nesta categoria, portanto, incluem-se, por exemplo, os contratos de emprego, de estágio, de trabalho voluntário, de trabalho temporário, de prestação de serviço, de empreitada, etc.

A Carta Magna — como ressaltado —, não fala, contudo, em *contrato* de trabalho (de atividade), mas sim, em *relação de trabalho*, o que faz pressupor que procura

---

(12) *Op. cit.*, p. 96.
(13) *Ibidem*, p. 96-97.
(14) *Contratos*, p. 93-94.
(15) *Ibidem*, p. 98.
(16) *Op. cit.*, p. 97.
(17) *Op. cit.*, p. 98.
(18) *Ibidem*, p. 94-95.
(19) *Ibidem*, p. 94.
(20) *Ibidem*, p. 96.
(21) BITTAR, Carlos Alberto. *Op. cit.*, p. 97.

acobertar outras situações jurídicas que envolvem a prestação de serviço e que não se revelam por meio do contrato de atividade.

Cabe esclarecer, inclusive, que relação jurídica "é qualquer relação social — e que por isso envolve pelo menos dois sujeitos — disciplinada pelo direito, entendendo-se como tal aquela que está inserida em uma estrutura normativa"[22].

"A relação jurídica pressupõe, assim, que existam dois sujeitos e, ainda, que o vínculo entre eles corresponda a uma hipótese normativa, do que resultará consequências também jurídicas"[23].

Da mesma forma, é pressuposto "que o objeto da relação jurídica sempre será um comportamento humano e só mediatamente algum bem material ou imaterial. Esse comportamento poderá referir-se expressamente a pessoas determinadas ou pode consistir no dever de respeitar determinada situação jurídica, como ocorre nos direitos reais e nos de personalidade"[24].

Este vínculo jurídico (relação jurídica), por sua vez, tem como fato propulsor uma série de circunstâncias valoradas pelo direito como aptas a gerar a relação jurídica (do qual a lei extrai consequências). A essa série de circunstâncias, o Direito dá o nome de fato jurídico, que pode ser um fato natural (exemplo: tempestade) ou um fato decorrente diretamente da vontade humana (contrato, casamento, etc.). O contrato (acordo de vontade), portanto, é apenas um dos fatos jurídicos capazes de gerar uma relação jurídica.

Assim, *relação jurídica de trabalho* seria o vínculo entre pessoas provocado pelo contrato ou qualquer outra causa que tenha sido eficiente para gerar o trabalho (fato jurídico) prestado por uma pessoa física a outrem. Exemplo de outra causa eficiente geradora da relação de trabalho é a nomeação (e posse) do servidor em cargo público.

De outro modo, podemos afirmar — sem rigor científico — que ocorrendo o fato prestação de serviços (trabalho, atividade), surge, daí, uma relação jurídica de trabalho entre o dador do labor e o tomador dos serviços.

Essa definição prévia é importante, pois não só do contrato se extrai uma relação de trabalho. Assim, por exemplo, a depender do caso concreto, as relações jurídicas decorrentes da gestão de negócios (arts. 861 a 875 do CC) e da promessa de recompensa ("do desempenho de certos serviços", art. 854 do CC), enquanto atos unilaterais de vontade, podem ser tidos como formadores de *relações de trabalho*.

Inclui-se, portanto, no conceito de relação de trabalho todas as situações jurídicas nas quais haja um ser humano prestando serviço a outrem[25], tendo por objeto *o trabalho*.

---

(22) MEIRELES, Ana Cristina. *As normas programáticas de direitos sociais e os direitos subjetivos*, p. 133.
(23) *Ibidem*.
(24) *Ibidem*.
(25) Neste sentido, do trabalho humano, FONTES, Saulo Tarcísio de Carvalho. *Acidente de trabalho — competência da Justiça do Trabalho*: os reflexos da Emenda Constitucional n. 45, p. 370.

José Affonso Dallegrave Neto entende, ainda, que se inserem na competência da Justiça do Trabalho também as relações nas quais o dador dos serviços seja a "firma individual" e as pessoas jurídicas que atuam de forma unipessoal[26].

Cumpre, porém, distinguir. A antiga denominada firma individual não é uma pessoa jurídica. Em verdade, nesta hipótese, tem-se uma pessoa física exercendo o comércio, hoje denominado empresário (art. 966 do Código Civil).

Pessoas jurídicas de direito privado são a associação, a sociedade, a fundação, as organizações religiosas e os partidos políticos (art. 44 do Código Civil).

O empresário (antiga firma individual), em verdade, é a própria pessoa física que exerce os atos de comércio. E, tão-somente, para fins de registro, é que ele precisa se inscrever na Junta Comercial (art. 967 do Código Civil).

Já quanto àquelas pequenas sociedades, na qual, de fato, apenas um dos sócios exerce os atos de comércio, prestando, muitas vezes, serviços a outros, por intermédio da pessoa jurídica, é preciso distinguir as situações de fraude.

Se a pessoa jurídica apenas serve de máscara ou instrumento para fraude, por óbvio que o interessado que labora para outrem pode pedir, em verdade, que aquela seja desconsiderada para fins de reconhecimento da relação de trabalho firmado, em realidade, com a pessoa física do sócio.

Situação diversa, no entanto, ocorre quando os serviços são, de fato, prestados pela sociedade. Neste caso, não nos parece que a intenção do constituinte tenha sido incluir no conceito de relação de trabalho aquelas situações nas quais a pessoa jurídica seja a prestadora dos serviços.

Parece-nos que a intenção do constituinte derivado foi o de dar maior proteção ao trabalho humano, isto é, aquele assumido pela pessoa física[27].

Estão fora, portanto, do âmbito do conceito acima mencionado, as relações jurídicas nas quais o prestador de serviços é uma pessoa jurídica.

O Min. João Oreste Dalazen entende, ainda, que se insere na competência da Justiça do Trabalho, por força do disposto no inciso I do art. 114 da CF, os dissídios interobreiros, interpatronais e entre outras pessoas desde que os direitos e obrigações decorram da relação de emprego[28]. Exemplos dos primeiros temos entre empregados que celebram contrato de equipe, a respeito do salário; quanto aos segundos, cita-se o litígio entre empresa sucedida e sucessora quanto à responsabilidade do débito trabalhista; por fim, quanto aos terceiros, as lides em que o terceiro busca a satisfação de uma vantagem previdenciária ou mesmo quando o trabalhador se dirige contra a entidade de previdência privada instituída pelo empregador.

---

(26) *Primeiras linhas sobre a nova competência da Justiça do Trabalho fixada pela Reforma do Judiciário (EC n. 45/04)*, p. 198-203.
(27) No mesmo sentido, ARAÚJO, Francisco Rossal de. *A natureza jurídica da relação de trabalho (Nova competência da Justiça da Trabalho — Emenda Constitucional n. 45/04)*, p. 106.
(28) *A reforma do Judiciário e os novos marcos da competência da Justiça do Trabalho no Brasil*, p. 153-154.

Data venia, acreditamos que tais litígios não são da competência da Justiça do Trabalho por força do inciso I do art. 114 da CF, já que seus sujeitos são distintos daqueles que mantêm a relação de trabalho.

Ao que nos parece, este primeiro dispositivo do art. 114 da CF apenas está se referindo às lides entre os sujeitos que mantêm uma relação de trabalho. Outros litígios, porém, que decorrem da relação de trabalho podem ser da competência da Justiça do Trabalho, só que com base no disposto no inciso IX do art. 114 da CF, desde que haja lei neste sentido. E é a este respeito que remetemos o leitor para os comentários pertinentes.

3.1.2. Dos contratos de trabalho (de atividade)

O principal fato gerador da relação jurídica de trabalho é, sem dúvida, o contrato de trabalho, aqui entendido em sua acepção ampla (contrato de atividade, sendo esta desenvolvida por uma pessoa física).

Como já definido anteriormente, por tal se entende os contratos "que envolvem a utilização de energia pessoal alheia, em si, ou na consecução de coisas materiais ou imateriais definidas (produção de bens, ou criações intelectuais)"[29]. Compreendem, não só o contrato de emprego (CLT), como o de estágio (Lei n. 6.494/77), de estágio de mãe-social (art. 8º da Lei n. 7.644/87), de trabalho voluntário (Lei n. 9.608/98), de trabalho temporário (Lei n. 6.019/74), de atleta não-profissional (inciso II do parágrafo único do art. 3º da Lei n. 9.615/98), de prestação de serviço (arts. 593 a 609 do CC), de empreitada (arts. 610 a 626 do CC), de depósito (arts. 627 a 652 do CC), de mandato (arts. 653 a 692 do CC)[30], de comissão (arts. 693 a 709 do CC), de agência e distribuição (arts. 710 a 721 do CC), de corretagem (arts. 722 a 729 do CC), de mediação, de transporte (arts. 730 a 756 a 609 do CC), de representação comercial (Lei n. 4.886/65), de projeto[31] e outros porventura existentes.

É certo que muitos desses contratos podem ser firmados por pessoas jurídicas. E, em tal hipótese, não estaremos diante de uma relação de trabalho, pois o serviço não é devido por uma pessoa física. É imprescindível, portanto, para ser considerado um contrato de trabalho, que uma das partes — aquela que se obriga a prestar o serviço — seja uma pessoa física.

Francisco Rossal de Araújo entende, todavia, que o trabalho gratuito não se insere na competência da Justiça do Trabalho[32]. Assim, entretanto, não nos parece, pois a norma constitucional não faz qualquer distinção entre trabalho oneroso e gratuito.

---

(29) BITTAR, Carlos Alberto. *Op. cit.*, p. 96.
(30) Discordando quanto ao contrato de mandato, cf. NASCIMENTO, Amauri Mascaro. *A competência da Justiça do Trabalho para a relação de trabalho*, p. 35.
(31) Cf. SANTORO-PASSARELLI, Giuseppe. *Dal conttrato d'opera al lavoro autônomo economicamente dipendente, attraverso il lavoro a progetto*, p. 557-561.
(32) *Op. cit.*, p. 108-109.

Dessa maneira, por exemplo, do contrato voluntário pode surgir um litígio que haverá de ser resolvido na Justiça do Trabalho[33].

Em relação ao contrato de parceria, é preciso destacar que, como lembrado por *Carlos Alberto Bittar*, a eventual "prestação de um dos contratantes não é a causa da contraprestação do outro"[34], já que as partes "reúnem-se em torno de objetivos comuns, comungando esforços e bens para a sua consecução e mantendo-se, sob liames espirituais e patrimoniais, vinculados à pessoa jurídica decorrente (na sociedade), ou à relação originária"[35], daí por que eles não são tidos como contratos de atividade.

Na parceria, em verdade, um dos parceiros não presta serviços em favor do outro. Na realidade, eles unem esforços em prol do empreendimento do qual são, verdadeiramente, sócios ou coparceiros. E a eventual prestação de serviços por parte de um deles não transforma esse vínculo associativo ou societário numa relação de trabalho.

3.1.3. Contrato de trabalho e de consumo

Sói ocorrer que muitos dos contratos de trabalho, citados anteriormente, assumem a qualidade de contrato de consumo, ficando sujeito, assim, às regras especiais pertinentes.

Tal ocorre sempre que um dos contratantes for uma pessoa física prestadora de "qualquer atividade fornecida no mercado de consumo, mediante remuneração" (§ 2º do art. 3º do CDC), a uma outra pessoa que atua como destinatária final dos serviços (art. 2º do CDC)[36].

Vale frisar: de consumo será o contrato quando o fornecedor oferecer seus serviços no mercado de consumo mediante remuneração a um destinatário final. Remuneração de qualquer espécie, não só em dinheiro.

Oferecer os serviços no mercado é se dispor a prestar serviços a todos que desejam tomá-lo, consumi-lo. É fazer do serviço oferecido instrumento de obtenção de renda.

Assim, por exemplo, o médico em seu consultório se lança no mercado de consumo. Já o médico aposentado que atende um parente, um conhecido, um amigo, ainda que venha a ser remunerado (em dinheiro, com um presente, uma "lembracinha"), não oferece seus serviços ao mercado de consumo. Logo, o contrato que celebra (de prestação de serviços médicos) não está sujeito às regras de defesa do consumidor. O mesmo se diga, aliás, do profissional que presta serviços a outrem sem

---

(33) Neste sentido, MELHADO, Reginaldo. *Da dicotomia ao conceito aberto:* as novas competências da Justiça do Trabalho, p. 322.
(34) BITTAR, Carlos Alberto. *Op. cit.*, p. 96.
(35) BITTAR, Carlos Alberto. *Op. cit.*, p. 97.
(36) Cabe ressaltar que a expressão "relações trabalhistas", citada ao final do § 2º do art. 3º do CDC quer se referir, tão-somente, às relações de emprego.

exigir remuneração (a um parente, um amigo, um colega de profissão, etc.). A ausência de remuneração, neste caso, desqualifica o contrato como de consumo.

É fato, entretanto, que o enquadramento do contrato no microssistema de defesa do consumidor, não modifica a sua natureza, que era e continua a ser de atividade (de trabalho). Só que, agora, também sujeito às outras regras. Torna-se um contrato qualificado, de trabalho e de consumo. E, enquanto tal, sujeito à jurisdição da Justiça do Trabalho[37].

Poderíamos fazer uma comparação com o crime de homicídio. Matar alguém é crime de homicídio simples (art. 121 do CP). Matar alguém "por motivo fútil", no entanto, é um homicídio, só que qualificado pela conduta, mas, ainda, sim, homicídio (inciso II do § 2º do art. 121 do CP).

O mesmo ocorre com a relação de trabalho. Se ela se regula apenas pelas leis civis, ela é uma relação de trabalho simples; se regida pelo Código de Defesa do Consumidor, uma relação de trabalho qualificada quanto à conduta do trabalhador-fornecedor (oferecer seus serviços no mercado de consumo), mas que continua sendo uma relação de trabalho. O mesmo se pode afirmar da relação de emprego, que é uma relação de trabalho qualificada quanto à forma do trabalho (subordinado), mas, ainda assim, uma relação de trabalho.

A incidência das regras de defesa do consumidor, por sua vez, dá origem a um fenômeno que altera por completo o princípio que norteia a jurisdição especial trabalhista. É que a jurisdição trabalhista é justificada pelo fato da relação de trabalho envolver uma pessoa humana que presta, pessoalmente, serviços a outrem, daí por que merecedor de especial atenção do julgador. Em suma, por envolver a atividade humana, é justificável a especialização da Justiça.

Ocorre, porém, que, subjacente à relação de trabalho, tem-se a possibilidade de se aplicar o princípio da proteção, em decorrência do princípio constitucional da "valorização do trabalho humano" (*caput* do art. 170 da CF), que pode contaminar os contratos de atividade, já que estes podem envolver a prestação de serviços por um ser humano. E é fato, se um dos contratantes merece proteção, este há de ser o contraente prestador de serviços.

Na relação de consumo, entretanto, essa lógica se inverte, pois o contratante protegido pela norma é o tomador dos serviços (consumidor) prestados pelo fornecedor da atividade humana.

Tal característica, por sua vez, tem reflexo no procedimento a ser adotado nas ações em que o tomador dos serviços seja o consumidor, pois não tem lógica se aplicar a estas demandas um rito processual contaminado pelo princípio da proteção do trabalho humano. E o rito da reclamação trabalhista foi criado em face da relação jurídica de direito material subjacente à mesma, qual seja, a relação de emprego, que tem como princípio basilar o da proteção do trabalhador.

---

(37) Neste sentido, MELHADO, Reginaldo. *Op. cit.*, p. 240-243.

De qualquer modo, o que cabe concluir, por ora, é que o fato de ser aplicado ao contrato de trabalho as regras de proteção ao consumidor, tal não altera a natureza jurídica daquele, que continua a gerar uma relação de trabalho.

Em algumas situações, no entanto, a competência revelar-se-á de tormentosa definição. Isso porque, em diversas hipóteses, a prestação de serviços é contratada junto à pessoa jurídica, mas efetivada pela pessoa física. Exemplos que podem gerar controvérsia: um médico que presta serviços em seu consultório celebra uma relação de trabalho com seu paciente. Já o médico que presta serviços por intermédio de uma clínica ou hospital, não firma um contrato de trabalho com o paciente. Este último, em verdade, contrata os serviços da clínica ou do hospital. Relação, portanto, tipicamente civil-empresarial-consumidor.

Lógico, no entanto, que, nesta última hipótese, pode restar demonstrada uma situação de fraude. Assim, somente no caso concreto definir-se-á a existência da relação de trabalho ou não.

Pode-se, contudo, afirmar que se a prestação de serviços é realizada por intermédio da pessoa jurídica, não estamos diante da relação de trabalho. Cabe lembrar, todavia, que o empresário (antiga firma individual) não é pessoa jurídica.

Quanto ao direito material a ser aplicado, óbvio que, a cada contrato ou relação jurídica, aplicam-se as regras próprias que os disciplinam. E se o serviço é lançado no mercado de consumo, tendo como destinatário final o tomador dos serviços, ao vínculo de trabalho respectivo ainda se aplicam as regras do Código de Defesa do Consumidor.

O Min. João Oreste Dalazen sustenta que duas distinções podem ser feitas em relação à competência da Justiça do Trabalho para essas relações de trabalho e de consumo.

Entende o ilustre Ministro do Colendo TST que o litígio do consumidor, "nesta condição", em face do trabalhador-fornecedor, "visando à aplicação do Código de Defesa do Consumidor, escapa à competência da Justiça do Trabalho, pois aí não aflora disputa emanada de relação de trabalho. É lide cujo objeto é a defesa de direitos do cidadão na condição de consumidor de um serviço e, não, como prestador de um serviço"[38].

Já "sob o enfoque do prestador de serviços (fornecedor), é forçoso convir que firma ele uma relação jurídica de trabalho com o consumidor/destinatário do serviço: um se obriga a desenvolver determinada atividade ou serviço em proveito do outro mediante o pagamento de determinada retribuição, ou preço". Daí por que entende que, neste caso, "se e enquanto não se tratar de lide envolvendo a aplicação do Código de Defesa do Consumidor", a competência será da Justiça do Trabalho[39].

---

(38) *Op. cit.*, p. 156.
(39) *Ibidem*, p. 156-157.

Com todas as vênias, assim não concordamos. Basta citar um exemplo: admita-se que o fornecedor-trabalhador pactuou, conforme autoriza o Código Civil, a realização de um serviço a um consumidor-tomador dos serviços. Este não paga o acordado. Pode, então, o trabalhador cobrar seus salários (expressão utilizada no inciso I do parágrafo único do art. 599 do CC) na Justiça do Trabalho.

Ocorre, porém, que o tomador do serviço-consumidor também pode alegar vício de qualidade dos serviços prestados, pedindo o abatimento proporcional ao preço, a reexecução dos serviços ou a restituição da parcela já paga, tudo com base no disposto no art. 20 do CDC.

A se aplicar o entendimento sustentado pelo eminente Ministro, a primeira lide acima citada será da competência da Justiça do Trabalho; já a segunda, na qual se discute justamente a remuneração devida ou não ao trabalhador, seria da Justiça Comum!

Não pode, assim, ser a regra a ser aplicada (se o CDC ou se o CC) o divisor de águas.

Em verdade, pode-se afirmar que o divisor de águas é a relação de trabalho, pois pode ocorrer do trabalhador já se inserir numa relação de consumo sem que tenha sido firmada aquela (relação de trabalho). Isso ocorrerá sempre que o fornecedor se defrontar com os equiparados ao consumidor, ou seja, "a coletividade, ainda que indetermináveis, que haja intervindo nas relações de consumo" (parágrafo único do art. 2º do CDC).

É o que corre, por exemplo, entre o fornecedor de serviços e a coletividade destinatária da propaganda ou publicidade produzida por aquele. Sempre que esta se mostre abusiva ou enganosa, qualquer prejudicado poderá demandar contra o fornecedor-trabalhador. Só que, *in casu*, não estaremos diante de uma relação de trabalho, mas já numa relação de consumo por equiparação. O litígio, então, nesta hipótese, salvo melhor juízo, há de ser dirimido pela Justiça Comum.

Tal situação, por sua vez, já se distingue daquela em que o fornecedor-trabalhador faz uma oferta, obrigando-se a tanto (art. 30 do CDC). Neste caso, já estamos na fase pré-contratual da relação de trabalho, atraindo-se a competência da Justiça do Trabalho. Isto porque, nesta hipótese, o interessado, diante da oferta, pode exigir a prestação do serviço, celebrando o contrato respectivo.

O mesmo se diga em relação aos atos relacionados ao orçamento dos serviços (art. 40 do CDC), já que fase pré-contratual à relação de trabalho.

Assim, parece-nos que somente na hipótese em que a relação ainda esteja no plano da equiparação do consumidor, sem individualização deste, inexistindo oferta, é que se pode concluir que a Justiça do Trabalho não é competente para dirimir o conflito.

3.1.4. Administrador da pessoa jurídica de direito privado

No rol das relações de trabalho, podemos, ainda, incluir, as relações decorrentes da prestação de serviços do diretor ou do administrador da sociedade, dos membros dos conselhos fiscais e de administração das pessoas jurídicas e do administrador das fundações e associações[40].

A natureza jurídica das relações mantidas pelos administradores, diretores e membros de conselhos dessas pessoas jurídicas são controversas. Pode-se pensar que o vínculo mantido entre os dirigentes e as empresas seja contratual — e daí não se teria dúvida quanto ao caráter trabalhista da relação — ou institucional ou orgânico, já que aqueles acabam por constituir o órgão da pessoa jurídica e com poderes decorrentes da lei, "cuja fonte não reside na vontade do mandante, ou assembleia geral dos sócios" na hipótese da sociedade anônima[41].

Predomina, no entanto, o entendimento de que o administrador celebra contrato de administração com a pessoa jurídica, tendo por conteúdo "uma prestação de serviço, que se traduz no exercício de uma forma peculiar de trabalho — que é precisamente a gestão e representação de empresas — e que envolve também um tipo peculiar de remuneração"[42].

Diga-se, ainda, que os ocupantes dos conselhos de administração também celebram o contrato de administração[43].

Mesmo na segunda hipótese acima mencionada (relação orgânica), contudo, é sem dúvida que o dirigente é selecionado (nomeado, admitido, eleito, etc.) para prestar um serviço. A relação jurídica formada pelo dirigente e a pessoa jurídica dirigida tem, por conseguinte, como objeto o labor, a prestação de serviços, a ser desenvolvido por aquele. É uma relação de trabalho, portanto.

Assim, por exemplo, a ação de responsabilidade civil da companhia em face do administrador (art. 159 da Lei n. 6.404/76) passa a ser de competência da Justiça do Trabalho. Da mesma forma, a ação em que o administrador busca, por exemplo, o pagamento de eventuais honorários devidos também deve ser ajuizada nesta Justiça especializada.

Nesta categoria, no entanto, excluímos o sócio-administrador das sociedades, já que o labor desenvolvido pelo mesmo tem por fundamento o contrato de sociedade firmado com os demais sócios e não, propriamente, de uma relação de trabalho celebrada com a pessoa jurídica. A direção da sociedade, portanto, é um dos objetos do contrato de sociedade firmado entre os sócios.

---

(40) Quanto aos administradores das pessoas jurídicas públicas, inclusive autarquias e empresas públicas, trataremos adiante, quando nos referirmos aos agentes públicos.
(41) XAVIER, Alberto. *Administradores de sociedades*, p. 22
(42) *Ibidem*, p. 23. No mesmo sentido, NASCIMENTO, Amauri Mascaro. *Op. cit.*, p. 33.
(43) *Ibidem*, p. 24.

Ademais, o sócio estaria a administrar seu próprio patrimônio, em seu próprio proveito.

O mesmo se pode afirmar do associado administrador da associação da qual faça parte, desde que seja titular de quota ou fração ideal do patrimônio desta (parágrafo único do art. 56 do CC). Isso porque o associado titular de quota ou fração ideal do patrimônio da associação, neste caso específico, estaria a gerir a sua própria coisa (que é comum a outros). Tanto é verdade que, dissolvida a associação, essa fração ideal retorna ao patrimônio do associado, enquanto o remanescente tem outra destinação (art. 61 do CC).

Diversa é a situação do associado não titular de quota ou fração ideal do patrimônio da associação. Neste caso, o associado administrador não está a gerir coisa própria comum, não mantém qualquer contrato com os demais associados, nem perante a estes tem direitos e obrigações (parágrafo único do art. 53 do CC). Logo, ao ser admitido para gerir a associação, com esta passa a manter uma relação de trabalho, já que se obriga, sob pena de responsabilidade civil, a prestar o labor respectivo, ainda que gratuitamente (trabalho voluntário).

Ressalte-se, no entanto, que estamos falando do associado escolhido para administrar a associação sem qualquer obrigação estatutária. Situação diversa, todavia, é do associado que, em face dos objetivos da associação e em cumprimento ao encargo assumido quando da filiação, presta serviços naquela qualidade em favor da associação. Aqui estamos diante de um vínculo que, antes de ser trabalhista, é de natureza associativa, ainda que, eventualmente, o associado preste serviços.

Igualmente, o acionista-dirigente também não mantém uma relação de trabalho quando do exercício das funções de direção (inclusive nos conselhos administrativo e fiscal). Isso porque, também nesta hipótese, o acionista, em última análise, estaria a gerir seu próprio patrimônio (coisa comum a outros), tanto que, além de fazer jus aos lucros sociais, tem direito a participar do acervo da companhia quando da liquidação (art. 109, incisos, I e II, da Lei n. 6.404/76).

O fato do acionista, sócio e associado-quotista serem coproprietários dos bens da pessoa jurídica que dirigem, exclui a possibilidade deles manterem relação de trabalho quando estão a geri-la. Isso não impede, no entanto, dos mesmos manterem outras relações de trabalho com a pessoa jurídica (exemplo: o acionista ser empregado da companhia, etc.).

Situação peculiar, ainda, ocorre com os dirigentes dos partidos políticos e as organizações religiosas.

Em relação aos partidos políticos, o dirigente partidário não mantém uma relação de trabalho com a pessoa jurídica correspondente. Isso porque o exercício da função de dirigente partidário decorre da atuação política (vitoriosa) interna do filiado e, não, propriamente, de uma eventual relação de trabalho que passa a manter com o partido. Em suma, é da própria natureza da atividade interno-partidária o exercício das funções de direção. Pode-se afirmar que o exercício da direção partidária é um dos objetos do vínculo surgido da filiação ao partido político.

O mesmo se diga do dirigente da organização religiosa. Isso porque, antes de manter uma relação de trabalho com a entidade religiosa, o seu dirigente presta o serviço de direção em face da própria natureza do vínculo que mantém com esta última.

O exercício da direção da organização religiosa, portanto, também é um dos objetos da relação surgida a partir da vinculação da pessoa física àquela (entidade religiosa).

3.1.5. Agentes públicos[44]

3.1.5.1. Definições e espécies de agentes públicos

De logo, para melhor compreensão, é preciso apontar algumas definições, ao menos utilizadas neste trabalho, de forma didática.

Por agente público, devemos ter toda e qualquer pessoa que exerce uma atribuição pública em sentido lato, seja ocupante de função, cargo ou de emprego público.

Na definição do art. 3º da Lei n. 8.112/90, cargo público "é o conjunto de atribuições e responsabilidades previstas na estrutura organizacional que devem ser cometidas a um servidor".

É necessário, porém, deixar claro que cargo público deve sempre criado por lei. Ele pode ser em caráter efetivo, provido com ou sem prévia aprovação em concurso público, para função permanente (o tradicional servidor público) ou para função de confiança (art. 37, V, CF), ou em caráter precário, sem concurso, para cargo em comissão (art. 37, II, CF).

Cargo público provido após prévia aprovação em concurso público é, por exemplo, aquele ocupado pelos servidores civis em sentido restrito (antigos estatutários). Já os cargos públicos providos sem prévia aprovação em concurso público são, por exemplo, os cargos de ministros dos tribunais superiores, dos membros dos tribunais de contas e dos juízes e desembargadores dos tribunais estaduais (TJ's) ou regionais (TRF's, TRT's e TRE's).

Todos os ocupantes de cargo público estão submetidos ao regime administrativo próprio, de acordo com a legislação específica, e são denominados de servidores civis ou militares.

---

(44) Na ADIn n. 3.395, o Presidente do STF concedeu liminar, interpretando a Constituição Federal, de modo a suspender "toda e qualquer interpretação dada ao inciso, que inclua na competência da Justiça do Trabalho a apreciação de causas que sejam instauradas entre o poder público e seus servidores, a ele vinculados por típica relação de ordem estatutária ou de caráter jurídico-administrativo". Esta decisão liminar, no entanto, não impede os comentários que se seguem.

Emprego público, por outro lado, pode ser definido, por analogia, como sendo o conjunto de atribuições e responsabilidades previstas na estrutura organizacional que devem ser cometidas a um empregado.

O emprego público na Administração Pública Direta deve ser criado por lei. Também pode ter caráter efetivo, com provimento após prévia aprovação em concurso público, ou ter caráter precário, provido sem necessidade de prévia aprovação em concurso público, seja por excepcional interesse público (art. 37, IX, CF), seja para funções de confiança (art. 19, § 2º, ADCT) ou em comissão (art. 19, § 2º, ADCT).

Na Administração empresarial (indireta), o emprego deve ser criado por regulamento interno da empresa. Ele também pode ser em caráter efetivo, provido após prévia aprovação em concurso público, ou em caráter precário, sem necessidade de prévia aprovação em concurso público; neste último caso, também, por excepcional interesse (art. 37, IX, CF) ou para ocupar função (emprego) de confiança (art. 19, § 2º, ADCT) ou (emprego) em comissão (art. 19, § 2º, ADCT).

Todos empregados públicos, admitidos em caráter efetivo ou precário, estão submetidos à legislação trabalhista federal.

A nossa legislação, no entanto, além dos cargos e empregos acima referidos, contempla outra espécie de agente público. São os ocupantes de *funções públicas* que não são vinculados a um cargo ou emprego público (tais como definidos acima). Podemos, aqui, e para fins didáticos, definir esses agentes públicos como aqueles que, não ocupando cargo ou emprego público, são responsáveis por uma atribuição pública. Ou, parafraseando a definição de cargo público, pode-se conceituar a função pública como sendo o *conjunto de atribuições e responsabilidades previstas na estrutura organizacional que devem ser cometidas a um funcionário*. E, por serem exercentes de funções públicas, sem ocuparem cargo público (reservado ao servidor civil em sentido restrito e ao militar) ou emprego público (reservado ao empregado público), podemos denominá-los atualmente de "funcionários públicos".

As funções públicas são providas, em regra, sem prévia aprovação em concurso público (nada impede que seja provido por concurso público em algumas situações) e são várias as espécies de vínculos, contratuais ou institucionais, que seus ocupantes mantêm com a Administração Pública. Elas se regem pelas leis específicas, de natureza civil-administrativa. Nesta categoria, se enquadram os contratados pelo regime administrativo de trabalho por excepcional interesse (art. 37, IX, CF) e os locadores de serviços por excepcional interesse (art. 37, IX, CF).

Da mesma forma, exercem funções públicas os dirigentes empresariais (membros das diretorias das empresas públicas e das sociedades de economia mista, ocupantes de órgãos diretores) e os trabalhadores, sem vínculo institucional ou administrativo, contratados sem configuração da relação de emprego, a exemplo dos estagiários e dos avulsos.

São, ainda, ocupantes de funções públicas as pessoas que mantêm uma relação institucional com a Administração Pública, a exemplo dos membros de comissões (de licitação, de concurso, etc.), os membros de conselhos (da Criança e Adolescentes, etc.), os agentes políticos, eleitos (presidente, vice-presidente, governador, vice-governador, senador, deputados, prefeito, vice-prefeito e vereador) ou nomeados (ministros e secretários estaduais ou municipais), os jurados, os juízes classistas (já extintos), os membros da mesa receptora de votos, os membros da junta apuradora de votos, os que exercem funções honoríficas e os demais auxiliares da justiça (perito, depositário, administrador, etc.), sem exclusão de outros na mesma situação jurídica.

Podemos, assim, classificar os ocupantes das funções públicas em três espécies:

• os agentes políticos, eleitos ou nomeados (presidente, ministros, etc.);

• os contratados, entre eles, os que firmam contrato administrativo de trabalho (por excepcional interesse público, art. 37, IX, CF), os dirigentes empresariais (diretores e membros dos conselhos de administração ou fiscal das autarquias, fundações, empresas públicas e das sociedades de economia mista) e os trabalhadores sem relação de emprego (estagiário, avulso, etc.); e

• os que mantêm uma relação institucional, a exemplo dos membros de comissões (licitação, concurso, etc.), membros de conselhos (da Criança e Adolescentes, etc.), auxiliares da Justiça e os ocupantes de funções honoríficas.

Vale frisar, por fim, que as entidades da Administração Indireta podem criar algumas das espécies de funções públicas acima mencionadas, a exemplo daquelas ocupadas por estagiários, avulsos e membros de comissões (de concurso, de licitação, etc.), e que serão regidos pela legislação própria e específica, que não a trabalhista (o ocupante de uma comissão de concurso que não seja empregado de uma empresa pública, por exemplo, mantém com esta uma relação civil de prestação de serviços, regida pelo Código Civil).

A partir dessas classificações, pode-se afirmar, ainda, que, na Administração empresarial (Indireta) temos:

a) os agentes sociais (os diretores e os membros dos conselhos de administração e fiscal);

b) os empregados públicos:

b.1) efetivo (contratados após prévia aprovação em concurso público); ou

b.2) contratados a título precário (sem prévia aprovação em concurso público) em caráter excepcional (art. 37, IX, CF), para ocupar emprego de confiança (art. 19, § 2º, ADCT) ou para emprego em comissão (art. 19, § 2º, ADCT); e

c) outros trabalhadores, meros ocupantes de funções públicas e sem vínculo empregatício, a exemplo dos estagiários, avulsos, prestadores de serviços, membros de comissões, etc.

3.1.5.2. Da relação de trabalho com os agentes públicos

Como sabido, ao estabelecer a competência da Justiça do Trabalho para "as ações oriundas da relação de trabalho, abrangidos os entes de direito público externo e da administração pública direta e indireta da União, dos Estados, do Distrito Federal e dos Municípios", o constituinte derivado não excluiu os agentes públicos deste rol.

É preciso, no entanto, verificar quais dos agentes públicos mantêm relação de trabalho com os entes públicos.

É certo que no conceito de relação de trabalho se incluem os serviços prestados pelos servidores estatais (em sentido amplo), que mantêm uma relação de trabalho de natureza profissional, em caráter não eventual ou eventual, sob vínculo de dependência com a Administração Pública. São os servidores públicos civis ocupantes de cargos e os empregados públicos. Nesta mesma categoria, incluímos também os contratados por excepcional interesse público, os que firmam contratos de prestação de serviços com a Administração Pública, os dirigentes empresariais e os que celebram outros contratos de atividade (empreiteiros — desde que pessoa física —, etc.).

Neste rol, no entanto, não se incluem os agentes políticos, já que estes não mantêm com o Estado uma relação "de natureza profissional, mas de natureza política. Exercem múnus público. Vale dizer, o que os qualifica para o exercício das correspondentes funções não é a habilitação profissional, a aptidão técnica, mas a qualidade de cidadãos, membros da *civitas* e, por isto, candidatos possíveis à condução dos destinos da Sociedade"[45].

O mesmo se diga dos "requisitados para prestação de atividade pública, quais os jurados, membros de Mesa receptora ou apuradora de votos quando das eleições, recrutados para o serviço militar obrigatório, etc. Estes agentes exercem um múnus público"[46], além dos "delegados de função ou ofício público, quais os titulares de serventias da Justiça não oficializadas"[47].

Destaque-se que, dentre os "requisitados" pelo Poder Público, podem ser incluídos os membros de comissões (de licitação, de concurso, etc.), membros de conselhos (da Criança e Adolescentes, etc.), o interventor nas liquidações extrajudiciais, os ocupantes de funções honoríficas e os auxiliares da justiça (perito, depositário, administrador, perito, conciliador, síndico da massa falida, jurados, juízes temporários, etc.).

Quanto aos auxiliares da Justiça, cumpre destacar que eles exercem um *munus* público, não decorrendo daí, entretanto, qualquer relação jurídica de emprego ou mesmo outra relação contratual com a Administração. O encargo é imposto em decorrência do dever de todos colaborarem com a Justiça (arts. 148 do CPC e 645 da CLT).

---

(45) MELLO, Celso Antônio Bandeira de. *Curso de direito administrativo*, p. 229-230.
(46) *Ibidem*, p. 232.
(47) *Ibidem*, mesma página.

Eles não firmam, também, qualquer "contrato administrativo" com a Administração ao assumir essa função.

Tratando do depositário, a doutrina ensina, em lições aplicáveis aos demais auxiliares, que ele não firma qualquer contrato com a Administração "porque o Estado, quando apreende bens do devedor, e os guarda em depósito, para segurança da execução, age no uso do seu poder sancionador. Isto é, agride o patrimônio do devedor, com a faculdade que lhe assiste de fazer atuar a sanção contida no título de crédito. Consequentemente, põe sob sua ressalva os bens especificados para responderem pelos ônus da responsabilidade executória. E se confia a um agente seu, ou ao mesmo executado, o *munus* de guardar, zelar e conservar as coisas, não firma com este nenhuma avença, senão investe numa função pública. O investimento é um ato unilateral, gerado pelo *nutum* da administração judiciária. Ao nomeado compete, apenas, anuir na investidura, ou não"[48].

A relação jurídica formada, por conseguinte, "é um ato administrativo de nomeação para o exercício eventual de uma função pública"[49]. Uma "relação de direito público, constituída pelo ato do órgão judicial que nomeia o depositário. Não há sequer contrato de direito público, pois se houvesse não seria possível ao juiz substituir o depositário"[50] ou perito ou administrador judicial ou síndico da massa falida, etc.

Daí por que, no magistério de *Celso Antônio Bandeira de Mello*, servidores estatais "abarca todos aqueles que entretêm com o Estado e suas entidades da Administração indireta, independentemente de sua natureza pública ou privada (autarquias, fundações, empresas públicas e sociedade de economia mista), relação de trabalho de natureza profissional e caráter não eventual sob vínculo de dependência"[51].

Importante, pois, ter em conta que esses servidores, incluídos os ocupantes de cargos, mantêm uma relação de trabalho com o Estado, ainda que sujeita à regra que a distingue da relação contratual de trabalho.

E bem servindo como parâmetro interpretativo da regra geral estabelecida no inciso I do art. 114 da Constituição Federal, pode-se lembrar da exceção incluída no texto da proposta de emenda constitucional aprovada pelo Senado Federal, e que retornou para reapreciação pela Câmara dos Deputados. Por esta exceção, ficariam excluídas da competência da Justiça do Trabalho as ações em que sejam partes "os servidores ocupantes de cargo criado por lei, de provimento efetivo ou em comissão, da União, dos Estados, do Distrito Federal e dos Municípios, incluídas suas autarquias e fundações públicas". Essa exceção confirma que os servidores efetivos e em comissão também mantêm relação de trabalho com os tomadores de seus serviços (o

---

(48) SILVA, Antonio Carlos Costa e. *Tratado do processo de execução*, p. 874-875.
(49) *Ibidem*, p. 875.
(50) LIEBMAN, Enrico Tulio. *Processo de execução*, p. 195.
(51) *Ibidem*, p. 230.

Poder Público)[52] embora, eventualmente, os litígios respectivos deixem de ser acobertados pela competência da Justiça do Trabalho.

Ocupante de cargo público, portanto, é o trabalhador que firma uma relação de trabalho com a Administração Pública, submetido ao regime administrativo.

Creio, no entanto, que devemos excluir desse rol os militares, pois eles não são simples prestadores de serviços profissionais. A relação dos militares é muito mais institucional, haja vista a possibilidade da obrigação compulsória da prestação dos serviços respectivos, seja em tempo de paz, como durante a guerra.

Além disso, é preciso destacar que os militares não são admitidos no serviço público em face dos seus conhecimentos profissionais prévios. Em verdade, ao contrário do que ocorre nas demais relações de trabalho, nas quais os tomadores dos serviços se beneficiam dos préstimos profissionais do dador dos serviços, o militar é incorporado ao serviço público para aprender o ofício militar.

Assim, tem-se que somente as ações envolvendo os servidores ocupantes de cargos civis em suas relações de trabalho com o Estado passam para competência da Justiça do Trabalho.

Em relação aos empregados públicos, não se tem qualquer dúvida quanto à competência da Justiça do Trabalho.

Já em relação aos demais agentes públicos, classificados acima como ocupantes de funções públicas, mencionamos que os agentes políticos não mantêm relação de trabalho com o Estado. O mesmo se disse em relação aos que mantêm uma relação institucional com o Estado, a exemplo dos membros de comissões (licitação, concurso, etc.), membros de conselhos (da Criança e Adolescentes, etc.), auxiliares da Justiça e os ocupantes de funções honoríficas.

Diferentemente, no entanto, ocorre com os contratados para ocupar uma função pública, a exemplo dos admitidos por excepcional interesse público, os dirigentes empresariais (das autarquias, fundações, empresas públicas e sociedades de economia mista) e os demais trabalhadores contratados sem vínculo empregatício (estagiário, avulso, etc.), já que todos estes mantêm verdadeira relação de trabalho com a Administração Pública. Isso porque eles são contratados tendo em vista suas habilidades profissionais.

Assim, didaticamente, em relação aos agentes públicos, podemos concluir que:

— os agentes públicos (ocupantes de função pública em sentido lato) podem ser classificados:

• em servidor estatal ocupante de cargo público (criado por lei), admitido a título efetivo ou precário;

• em empregado público, contratado a título efetivo ou precário; e

---

(52) Ao contrário do que decidiu o STF na ADIn n. 492.

• em agente ocupante de função pública.

— os ocupantes de função pública se dividem entre:

• os agentes políticos, eleitos ou nomeados (presidente, ministros, etc.);

• os contratados, entre eles, os que firmam contrato administrativo de trabalho, os dirigentes empresariais e os trabalhadores contratados sem relação de emprego (estagiário, avulso, etc.); e

• os que mantêm uma relação institucional, a exemplo dos membros de comissões (licitação, concurso, etc.), membros de conselhos (da Criança e Adolescentes, etc.), auxiliares da Justiça e os ocupantes de funções honoríficas.

— os agentes políticos, os militares e os que ocupam uma função pública a título institucional não mantêm uma típica relação de trabalho com o Estado;

— a Justiça do Trabalho é competente para apreciar as ações que tenham origem nas relações de trabalho mantidas:

• entre a Administração Pública e os servidores públicos civis (ocupantes de cargos a título efetivo ou precário);

• entre a Administração Pública e os empregados públicos; e

• entre a Administração Pública e os demais trabalhadores contratados ou admitidos pelo Estado, inclusive os dirigentes empresariais.

— a Justiça do Trabalho não é competente para apreciar as ações que tenham origem nas relações mantidas pela Administração Pública:

• com os agentes políticos;

• com os militares; e

• com os ocupantes de funções públicas de natureza institucional.

3.1.6. Prestação de serviços sem relação de trabalho

Outrossim, por não ter por objeto *o trabalho*, não se inclui no conceito de relação de trabalho as relações jurídicas formadas por laços matrimoniais ou de companheirismo (união estável), as decorrentes do exercício do poder familiar, inclusive em face da adoção, da tutela e da curatela.

Da mesma forma, não formam relação de trabalho os serviços que decorrem das relações societárias (inclusive em cooperativas), associativas (relação de associação ou filiação) e de gestão da coisa comum (condomínio e copropriedade), ainda que, nessas hipóteses, uma pessoa física possa prestar serviços a outrem.

É sabido que um dos deveres do casamento (e da união estável por equiparação) é o de mútua assistência entre os cônjuges (inciso III do art. 1.566 do CC).

Ora, para cumprir tal dever, o cônjuge ou companheiro, muitas vezes, acaba por prestar serviços ao consorte, seja assistindo-o, *v. g.*, na doença, ou mesmo ajudando-o em seu trabalho.

A prestação desses eventuais serviços, pois, decorre da própria relação jurídica formada com o casamento (ou união estável). E como a relação matrimonial e de companheirismo não têm por objeto a prestação de serviços, é certo que deles não decorre qualquer relação de trabalho.

O mesmo se diga do exercício do poder familiar. Isso porque é dever dos pais criar, educar, guardar e representar os filhos (art. 1.634 do CC). Logo, tais serviços decorrem do exercício do poder familiar e não, de eventual relação de trabalho firmada entre pais e filhos.

Da mesma forma, os eventuais trabalhos prestados pelos filhos decorrem da relação de filiação e do exercício do poder familiar, já que daqueles podem ser exigidos "serviços próprios de sua idade e condição" (inciso VII do art. 1.634 do CC).

Situação semelhante ocorre no exercício da tutela e da curatela. Isso porque, ainda que o tutor e o curador prestem serviços remunerados (arts. 1.752 e 1.781 do CC), é certo que eles devem agir como verdadeiros pais do tutelado ou da curatela (inciso III do art. 1.740 c/c. e art. 1.781 do CC), inclusive, no que couber, quanto à exigência dos "serviços próprios de sua idade e condição" (inciso VII do art. 1.634 do CC).

A relação jurídica formada com o tutor ou o curador, portanto, não é de trabalho, conquanto dela decorra a prestação de serviços, já que essa atividade não é o objeto daquele vínculo.

As relações societárias, inclusive as cooperativas (art. 1.093 do CC), decorrem da celebração de contrato de sociedade entre os sócios, nos quais eles se obrigam, reciprocamente, a contribuir com bens ou serviços, para o exercício da atividade econômica (art. 981 do CC).

Em tal espécie de relação, o objeto do contrato não é a prestação de serviços de um sócio em favor do outro, mas, sim, o desenvolvimento de esforços recíprocos para o êxito da atividade econômica que passam a explorar.

E pelo simples fato de um sócio não prestar serviços ao outro, mas, sim, à coisa comum (à empresa), conclui que inexiste qualquer relação de trabalho entre eles.

A essa mesma conclusão se chega à relação aos coproprietários ou condôminos. Nesta hipótese, caso o administrador da coisa comum seja o próprio condômino, é óbvio que os serviços respectivos decorrem da própria natureza da relação jurídica de propriedade mantida em conjunto. Isso porque, é inerente à propriedade o direito de administrá-la (art. 1.228 c/c. e art. 1.323 do CC). Óbvio, no entanto, que se o administrador for um terceiro, estranho ao condomínio, este manterá uma relação de trabalho com os condôminos.

Essas mesmas lições, aliás, aplicam-se ao condomínio edilício (art. 1.347 do CC), sendo que, se o síndico for estranho ao condomínio, com esta manterá relação de trabalho.

Situação semelhante ao do sócio se tem em relação aos filiados da associação. É que, a depender o objeto da associação, o labor prestado pelo associado em favor desta decorra do compromisso ou encargo (deveres) assumido por aquele como possível de ser executado como condição para ingresso e permanência nesta.

Neste caso, então, não estaremos diante de uma relação de emprego, pois o objeto da relação associativa não será o trabalho em si, conquanto ele possa ser exigido ou prestado.

Situação diversa, no entanto, ocorrerá se o associado não assume nenhuma obrigação de prestar serviços em favor da associação. Neste caso, prestando-o, manterá com aquela uma típica relação de trabalho.

3.1.7. Litígios pré-contratuais e pós-contratuais

Muito já se discutiu se a Justiça do Trabalho tinha a competência para dirimir os conflitos pré-contratuais e pós-contratuais. Creio, no entanto, que, diante da abrangência da competência conferida à Justiça do Trabalho, não se tem motivos para afastar essa atribuição, até porque, os conflitos pré ou pós relações de trabalho se inserem no conceito desta, já que delas derivam.

Quanto ao contrato de emprego, na doutrina, *Campos Batalha* e *Délio Maranhão* se manifestavam a favor da competência da Justiça do Trabalho para conhecer os conflitos surgidos do pré-contrato. O primeiro entende que "tudo quanto se relacione com o contrato de trabalho, quer tenha havido, quer não tenha havido prestação de serviços, está sujeito à jurisdição especial, como também a fase pré-contratual — as consequências do pré-contrato não cumprido — (p. ex., empregados contratados no exterior que não são admitidos a emprego quando chegados ao País), e a fase ultracontratual (p. ex., complementação de aposentadoria e hipóteses análogas)"[53].

Já *Délio Maranhão* entende ser da Justiça do Trabalho por considerar uma controvérsia decorrente da relação de trabalho, "embora no nascedouro". Como ensina o mestre, "dir-se-á que essa relação não se chegou a completar. Mas o dano se apura, na hipótese, em função de sua previsível formação e a culpa ocorre na fase preliminar de um contrato de trabalho"[54].

Em sentido contrário — pela incompetência da Justiça do Trabalho — manifestavam-se *Lamarca*[55] e *Oreste Dalazen*[56]. Ambos entendiam que, inexistindo a rela-

---

(53) BATALHA, Wilson de Campos. *Tratado de direito judiciário do trabalho*, p. 340.
(54) MARANHÃO, Délio et al. *Instituições de direito do trabalho*, p. 241.
(55) LAMARCA, Antonio. *O livro da competência*, p. 118.
(56) DALAZEN, João Oreste. *Competência material trabalhista*, p. 105.

ção de emprego, não se pode falar em litígio dela decorrente, de modo a atrair a competência da Justiça do Trabalho.

Na jurisprudência, há manifestação neste mesmo sentido[57].

Cumpre-se, entretanto, fazer-se algumas distinções. Não podemos confundir a simples promessa de contratar, do contrato preliminar ou pré-contrato. *Orlando Gomes* é quem bem cuida de traçar a distinção entre essas figuras ao tratar do compromisso de compra e venda.

Assim, conforme ensinamentos do mestre baiano, a promessa de contratar se destina a "apenas criar obrigação de um futuro *contrahere*". Neste caso, fica mantida a possibilidade de arrependimento, resolvendo-se a sua inexecução em perdas e danos[58]. Isso porque, não há ainda vontade de contratar, mas apenas promessa de contratar. E a noção de contrato repele o suprimento da vontade por decisão judicial, daí por que se resolve, neste caso, em perdas e danos a inadimplência do promitente.

Já o contrato preliminar ou pré-contrato, conforme doutrina de *Frederico de Castro*, seria "um negócio jurídico pela qual as partes estipulam a faculdade de exigir a eficácia imediata de outro contrato já delineado em seus elementos fundamentais. Entende-se desnecessária nova declaração de vontade, pois, ao celebrarem o pré-contrato, tudo o que é necessário ao estabelecimento do vínculo contratual definitivo já foi estipulado. Basta, portanto, providenciar a sua execução. Enfim, contrato definitivo está contido no contrato preliminar. Se, por qualquer circunstância, o vínculo se desata, esgota-se a relação jurídica preliminar ... De acordo com essa concepção, o pré-contrato não obriga à nova oferta, à nova aceitação, nem a novo consentimento contratual"[59].

Desse modo, a parte interessada, no pré-contrato, pode exigir judicialmente a execução do contrato. "O juiz não se substitui à parte na conclusão do contrato; determina, apenas, a execução específica do pré-contrato. A noção de contrato repele evidentemente suprimento judicial, para sua formação"[60].

Assim, por exemplo, no contrato denominado "promessa de compra e venda de imóvel" com cláusula de irretratabilidade o que se tem é um pré-contrato, onde "as partes estipulam a faculdade de exigir a eficácia imediata de outro contrato já delineado em seus elementos fundamentais". Assim, ao promitente-comprador caberá, na recusa do vendedor em passar a escritura, exigir esse registro judicialmente (ou sua adjudicação compulsória). A ele não cabe exigir, por exemplo, a devolução do preço pago, pois irretratável o compromisso de compra e venda. Da mesma forma, ao promitente-vendedor, no inadimplemento do preço por parte do promitente-comprador, não caberá exigir a resolução contratual, mas, sim, cobrar judicialmente o valor da venda.

---
(57) TST, 1ª T., Ac. n. 873/92, Rel. Min. Ursulino Santos, DJU 12.6.92, p. 9131.
(58) GOMES, Orlando. *Contratos*, p. 264 e segs.
(59) *Ibidem*, p. 151-152.
(60) *Ibidem*, p. 152.

Trazendo essas lições para o direito do trabalho: se, por exemplo, em pré-contrato, celebrado em 1º de janeiro, uma empresa se compromete a ter determinada pessoa como seu empregado a partir de 1º de fevereiro e se, nesta data, não aceitar a inserção do trabalhador, a este estará reservado o direito de exigir a execução do contrato, qual seja, que a empresa seja impelida a lhe dar serviços e a lhe pagar salários. Por outro lado, à empresa pré-contratante caberá exigir do trabalhador pré-contratado a prestação de serviços a partir da data aprazada, em caso de recusa desse[61].

Analisando essas questões, o próprio *Orlando Gomes*, inclusive à luz da legislação portuguesa que trata do assunto, chega à conclusão de que, na promessa de contratar, "a promessa de trabalho não deve ser qualificada como um contrato trabalhista, nem estar submetida à jurisdição da magistratura especial do trabalho. Não lhe é aplicável qualquer preceito da CLT. O processo trabalhista não é propício, também, a ações dessa natureza". Isso porque sequer haveria a formação de um pré-contrato; o promitente-devedor seria inadimplente apenas da obrigação de contratar[62].

Quando, porém, "o começo de execução do contrato de trabalho é obstado por uma das partes, não se cogita de descumprimento de uma promessa de trabalho típica, mas de inexecução do próprio contrato. Neste caso, sustenta-se a competência dos tribunais trabalhistas para apreciar e julgar a lide, argumentando-se que possuem-na *ratione materiae*[63].

Daí se tem que o pré-contrato (enquanto espécie de contrato) é contrato trabalhista (gênero). E se caracteriza como contrato individual de trabalho porque "já delineado em seus elementos fundamentais", bastando, tão-somente, sua execução.

E o pré-contrato, neste caso, é de emprego, por ser de sua característica básica a prestação de serviços subordinado. E é pelo seu conteúdo principal que se define a espécie contratual, ainda que contenham cláusulas acessórias estabelecendo obrigações de natureza diversa[64].

---

(61) Nada impedirá, entretanto, das partes, ao invés de exigirem a execução do contrato, considerarem-no rescindido em face da inadimplência da obrigação de prestar serviços (pelo trabalhador) ou de dar ou de pagar salário (pelo empregador). Nestes casos, entretanto, o trabalhador sendo culpado, não terá direito a receber qualquer indenização, e, sendo do empregador a culpa, este será responsável por pagar indenização pelo rompimento injusto (ainda que de forma indireta).
Da mesma forma, nada impedirá do empregador, no primeiro dia predeterminado da execução do contrato, despedir imotivadamente o trabalhador contratado. Mas, neste caso, haverá de pré-avisar o empregado, assumindo a responsabilidade pelo pagamento de todas as verbas decorrentes da despedida injusta (pagamento de aviso prévio, 1/12 salário, 1/12 de férias, etc.). Ao trabalhador, em contrapartida, restará assegurado pedir demissão, o que lhe obrigará a pré-avisar o empregador.
(62) GOMES, Orlando. *Questões de direito do trabalho*, p. 215.
(63) *Ibidem*, p. 215.
(64) Assim, se o conteúdo for a compra e venda, será contrato de compra e venda, ainda que se contenha cláusula de reserva de usufruto; se for a locação de coisa, será de locação, ainda que se insira cláusula obrigando o locatário a transportar a coisa locada de um lugar para outro; se for o empréstimo gratuito, será contrato de comodato, ainda que se inclua cláusula outorgando mandato ao comandatário; e, se o conteúdo for a prestação de serviços subordinado, será contrato de emprego, ainda que a ele se incorpore a obrigação do empregador em pagar prestação de previdência privada após o fim da prestação de serviços;

Pode-se, entretanto, levantar oposição a essa construção doutrinária com o argumento de que o contrato de emprego somente se aperfeiçoa com a sua execução, ou seja, "com a ocupação, pelo trabalhador, do seu posto de trabalho", tal como alguns contratos reais que somente se consideram perfeitos e acabados com a tradição da coisa. "Antes deste acontecimento, ter-se-ia um contrato-promessa de trabalho"[65].

Parece, contudo, ser tranquilo o entendimento de que pode haver contrato de emprego mesmo sem sua execução (prestação de serviços e pagamento de salários), ou seja, há contrato de emprego mesmo que o empregado não preste serviços, da mesma forma que há contrato de emprego, ainda que não seja pago o salário. Ele, portanto, não se aperfeiçoa com a prestação de serviços ou com o pagamento de salário, mas, sim, com a simples manifestação de vontade — haja vista ser um contrato obrigacional.

Isso porque, nada impede das partes celebrarem contrato onde, por exemplo, o trabalhador se comprometa a prestar serviços, tão-somente, após trinta dias, e o outro contratante, por sua vez, obriga-se a pagar salário somente com o início da prestação do labor. Atingida a data preestabelecida, tem-se iniciada a execução do contrato de emprego, podendo qualquer das partes exigir do outro a satisfação das obrigações assumidas, resguardado o direito a *exceptio non adimpleti contractus*.

As regras da CLT, no entanto, apenas se aplicariam a partir do surgimento da execução do contrato (prestação de serviços e pagamento de salários), já que esse diploma legal preocupa-se, apenas, com a relação de emprego. Isso, contudo, não retira a competência da Justiça do Trabalho, já que a esta foi reservada a obrigação de apreciar os litígios decorrentes do contrato de emprego (em sentido amplo, como gênero contratual), ainda que não esteja iniciada sua execução propriamente dita.

Para melhor vislumbrarmos essa distinção, devemos lembrar a construção teórica do contrato-realidade desenvolvida por *Mário de La Cueva*. Nos ensinamentos do mestre mexicano, o contrato de emprego é contrato-realidade porque subordinado à sua execução. Ainda que preexistente o acordo de vontade, a perfeição do ato jurídico somente ocorre com o adimplemento das obrigações, no seu primeiro instante, quando o trabalhador passa a prestar serviços. Assim, a relação de emprego somente existiria a partir da troca efetiva das prestações.

Assim, haverá contrato (e não relação de emprego) a partir do momento em que as partes manifestam a vontade de celebrá-lo, ainda que em forma de pré-contrato. A relação de emprego, porém, somente passa a existir quando esse contrato começa a ser executado, ainda que o empregado apenas fique à disposição do empregador.

Essa distinção, contudo, não conduz à conclusão de que, enquanto não iniciada a execução do contrato (formação da relação de emprego), não haverá contrato de emprego. *Orlando Gomes*, mais uma vez, procura aclarar essa situação:

---

(65) GOMES, Orlando. *Questões de direito do trabalho*, p. 215.

"o contrato de trabalho é um novo tipo qualificado como contrato realidade no sentido de que seus efeitos específicos só se produzem quando a prestação do trabalhador começa a ser executada. A expressão 'efeitos específicos' aclara o conteúdo da teoria mexicana, pois esclarece que outros efeitos se produzem pelo só acordo de vontade das partes. Há, realmente, duas ordens de efeitos: os comuns e os específicos, ou típicos. Os primeiros podem ser assim denominados porque o inadimplemento das obrigações geradas pelo puro acordo de vontades faz incidir nos contraentes as regras e princípios do direito comum. As normas trabalhistas só atuam quando tal acordo se efetiva através da prestação de trabalho, exatamente, precisamente, justamente porque esta é o pressuposto necessário à aplicação do direito do trabalho. Tal distinção é substancial. Não se preestabelecendo, chegar-se-ia ao absurdo de considerar o acordo de vontade uma superfetação. Com a diferença entre os efeitos comuns e efeitos típicos significa-se que o 'acordo de vontade' e o 'começo de execução' produzem efeitos jurídicos próprios, os quais, por sua diversidade, estão submetidos a regimes jurídicos distintos, os primeiros disciplinados pelo direito comum e os segundos, pelo direito do trabalho"[66].

Frise-se, porém, que, antes de iniciada a relação de emprego, em regra, não se aplicam os preceitos do direito do trabalho, salvo estipulação em contrário. Assim, não será devido o pagamento do salário, como não se poderá exigir a prestação de serviços. Da mesma forma, este período anterior à relação de emprego não se conta como de efetivo tempo de serviço.

E o simples fato de se aplicar as regras do direito comum não quer dizer que inexista contrato de emprego, pois, como já decidiu o excelso STF, "para saber se a lide decorre da relação de trabalho não 'se tem' como decisivo, *data venia*, que a sua composição judicial penda ou não de solução de temas jurídicos de direito comum, e não, especificamente, de direito do trabalho. O fundamental é que a relação jurídica alegada como suporte do pedido esteja vinculada, como o efeito à sua causa, à relação empregatícia ...", em suma, "a determinação da competência da Justiça do Trabalho não importa que dependa a solução da lide de questões de direito civil, mas sim, 'o direito reclamado'... tenha sido feito em razão da relação de emprego, inserindo-se no contrato de trabalho"[67].

Daí se verifica que o contrato individual de trabalho é mais do que simples relação de emprego, apesar do preceituado no art. 442 da CLT. Aliás, devemos interpretar esse dispositivo ("contrato individual de trabalho é o acordo tácito ou expresso, correspondente à relação de emprego") apenas como marco do que cuida o direito do trabalho: *da relação de emprego*. De resto, às obrigações contraídas por meio do contrato de emprego, aplicam-se as regras gerais do direito comum[68].

---

(66) GOMES, Orlando. *Direito do trabalho — Estudos*, p. 78-79.
(67) STF, Rel. Min. Sepúlveda Pertence, CJ n. 6.959-6, DJ 22.2.91.
(68) cf. GOMES, Orlando. *Direito do trabalho — Estudos*, p. 74 e segs.

Essa construção doutrinária, aliás, explica a competência da Justiça do Trabalho para apreciar os litígios fundados em prestações devidas após a extinção da relação de emprego (complementação de aposentadoria, por exemplo).

Em verdade, nestas hipóteses em que o empregador se compromete a prestar uma obrigação após a rescisão do "contrato", não ocorre, propriamente, a extinção do vínculo contratual. O contrato, em si, continua a existir, tanto que gerador de obrigações e direitos. O que se extingue, sim, é a *relação de emprego*. Ou melhor, o que se extingue é a execução das obrigações decorrentes da relação de emprego.

Em suma, nestas hipóteses, o que ocorre é a celebração de um contrato de emprego onde o empregado se compromete a prestar serviços (prestação) mediante pagamento de salário (contraprestação), formando-se a relação de emprego. Como cláusula acessória, entretanto, insere-se, ainda, neste contrato, a obrigação do pagamento de uma contribuição pelo empregado (prestação) em favor do empregador ou de uma entidade de previdência privada criada pelo mesmo, sob a promessa de lhe ser paga uma complementação de aposentadoria (contraprestação) a partir do momento em que passar à inatividade.

O simples fato da prestação de serviços se encerrar, desobrigando o empregador do pagamento dos salários, no entanto, não rompe o contrato firmado entre as partes, que, em verdade, continua a viger nas suas demais cláusulas previamente pactuadas (obrigação do empregador em pagar complementação de aposentadoria). Podemos, inclusive, nestes casos, afirmar que, com a inexecução dos serviços e do pagamento dos salários, tem-se a extinção da relação de emprego, mas não do contrato de trabalho (de emprego).

O dissídio surgido daí, entretanto, decorreria do contrato individual do trabalho, atraindo a competência da Justiça do Trabalho (art. 652, alínea "a", inciso IV, CLT). "Nesse dissídio, no entanto, não se debate a relação de emprego, porque já extinta, mas postulam-se os efeitos daquela condição regulamentar estatuída para vigência ulterior pelo regulamento da empresa empregadora"[69]. Esta cláusula, em si, "passa a integrar a relação contratual com o empregador", atraindo a competência da Justiça Laboral, pois "dissídios concernentes ao contrato individual de trabalho"[70].

Como decidiu o excelso STF, em relato do Min. Cordeiro Guerra, à luz do texto constitucional anterior, mas plenamente aplicável ao atual, "a Constituição da República, é certo que estabelece a competência da Justiça do Trabalho para dissídios entre empregados e empregadores; mas estende-a também a outras controvérsias oriundas da relação de emprego, desde que a lei disponha sobre essa competência extraordinária; e esta norma de lei, exigida para o caso de complemento a aposentados e viúvas, encontra-se na regra de competência das JCJ no art. 652, *a*, n. IV, que a estabelece para os "demais dissídios" concernentes ao contrato individual de trabalho, como é o caso

---

(69) STF, AIRg n. 82.214-3-ES, Rel. Min. Clóvis Ramalhete. In: MACIEL, José Alberto Couto. *Comentários às decisões do STF em matéria trabalhista*, p. 190-193, v. I.
(70) GOMES, Orlando. *Direito do trabalho — Estudos*, p. 192.

destes suprimentos financeiros pelo empregador, oriundos de norma estatutária da empresa, com eficácia residual após extinta a relação de emprego"[71].

Daí se verifica a plena distinção entre "relação de emprego" e *"contrato individual do trabalho"*. E a Justiça do Trabalho é competente para apreciar os dissídios que tenham por fundamento essas espécies negociais, por força do quanto estabelecido no art. 652, alínea "a", inciso IV, da CLT.

O pagamento das "parcelas rescisórias", por sua vez, nestas hipóteses em que o contrato continua a viger, explica-se pela vontade da lei. Como a CLT regula a relação de emprego, tem-se, como consequência de sua extinção, o pagamento das parcelas ditas como rescisórias, por força de lei. É um efeito gerado pela lei trabalhista.

Essa consequência da vontade legal, no entanto, nem sempre tem o condão de extinguir a relação contratual (no que se refere à obrigação de pagar complementação de aposentadoria, por exemplo). Podemos, então, afirmar que há, na realidade, por força de lei, uma espécie de rescisão parcial do contrato, nestas hipóteses onde as partes ficam desobrigadas de prestar serviços e pagar salários, mas continuam a manter um vínculo contratual.

Assim, as cláusulas contratuais que não decorrem diretamente da relação de emprego, mas, sim, de forma indireta dela (existentes, não como corolário lógico, legal e direto da relação de emprego — derivação direta —, mas, sim, como consequência indireta, decorrente da vontade das partes e a partir da existência da relação de emprego — derivação indireta), continuam a subsistir, mantendo-se vivo o contrato (de trabalho, agora sem relação de emprego).

Tem-se, assim, que o pré-contrato, enquanto espécie contratual, onde se pactua a vontade de se aperfeiçoar a relação de emprego em data futura, é contrato de trabalho (gênero), só que sujeito à execução somente quando corrente seu termo preestabelecido.

Por via de consequência, a existência do pré-contrato atrai a competência da Justiça do Trabalho, já que existente *contrato individual trabalhista* de emprego, ainda que não formada a *relação de emprego*.

Tais lições, por sua vez, aplicam-se a todo e qualquer contrato de trabalho, não só o de emprego.

Lembre-se, ainda, que o atual Código Civil regula o contrato preliminar em seus arts. 462 a 466, destacando que, no art. 463, resta estabelecido que "concluído o contrato preliminar, com observância do disposto no artigo antecedente, e desde que dele não conste cláusula de arrependimento, qualquer das partes terá o direito de exigir a celebração do definitivo, assinando prazo à outra para que o efetive".

---

(71) STF, RE n. 91.259-2-São Paulo, Rel. Min. Cordeiro Guerra. MACIEL, José Alberto Couto. *Comentários às decisões do STF em matéria trabalhista*, v. II, p. 116.

Em suma, parece-nos induvidoso de que, firmado o contrato preliminar, é inquestionável a competência da Justiça do Trabalho.

De qualquer modo, cremos que, mesmo inexistindo a formação do contrato preliminar, as tratativas pré-contratuais são geradoras de obrigações, ainda que em decorrência da aplicação do princípio da boa-fé[72]. Daí decorre que o lesado pode, por exemplo, buscar a responsabilidade civil por culpa na formação do contrato, já que, por meio desta "tutela-se directamente a confiança fundada de uma das partes em que a outra conduza as negociações segundo a boa fé"[73]. Isso porque, estamos diante de uma fase em que as partes buscam a formação da relação de trabalho e não faria sentido assegurar a outro órgão a competência do Poder Judiciário dirimir os conflitos daí surgidos.

Já quanto à competência para os litígios pós-contratuais, parece-nos induvidoso que, sempre que o conflito tenha origem na relação de trabalho extinta, a competência para dirimi-lo será da Justiça do Trabalho, especialmente quando se trata de violação a dever contratual que se projeta no tempo, a exemplo do dever de guardar segredo.

Estamos diante, portanto, da responsabilidade pós-contratual em face da eficácia ulterior dos contratos ou eficácia posterior das obrigações[74].

3.1.8. Candidatos em concurso público

Toda discussão anterior conduz, ainda, a outro tema correlato, qual seja, das ações oriundas dos concursos públicos.

Cumpre-nos, entretanto, inicialmente, definir que relação jurídica mantém o concursando e a entidade que realiza o concurso público para seleção de pessoal, dando-se ênfase à seleção de empregados (pelo regime celetista, de natureza privada; negocial).

Essa relação é regida, em regra, por meio do edital, ou seja, o ato pelo qual a Administração torna público seu propósito de selecionar empregado, estabelecendo os requisitos exigidos dos concursando, disciplinarão os termos em que os avaliará e, em regra, já fixando algumas cláusulas do eventual contrato a ser travado. Em suma, por exemplo, tornar público o desejo de contratar bacharel em direito, inscrito na OAB (requisito), que será avaliado mediante prova escrita e de títulos (avaliação), estabelecendo que ao eventual selecionado e contratado restará assegurado o pagamento de determinada quantia a título de salário, para prestação de serviços em jornada de 4 horas (cláusulas do eventual contrato).

A partir do edital, *salvo expresso preceito em contrário, contido ou não no edital*, não se forma o pré-contrato. Isso porque, em regra, a entidade selecionadora não se obriga, desde já, a executar o contrato com o concursando aprovado.

---

(72) COSTA, Mário Júlio de Almeida. *Direito das obrigações*, p. 267.
(73) *Ibidem*, p. 271.
(74) *Ibidem*, p. 323.

Ela, *salvo melhor juízo*, em verdade, apenas se compromete a celebrar um futuro contrato com o candidato aprovado. Mas, nesta promessa, reserva-se no direito de estabelecer quando irá celebrar o contrato (de acordo com a conveniência da entidade) e com quantos dos aprovados (limitado às vagas existentes ou não).

Sendo assim, o não cumprimento da promessa, em relação àqueles não convocados a celebrar o contrato, não gera direito a qualquer indenização por perdas e danos. Isso porque, em regra, a entidade apenas se obriga a contratar os aprovados na ordem de classificação, de acordo com o número de vagas existentes, e, mesmo assim, a seu juízo de conveniência. Em suma, ainda que haja candidatos aprovados, a entidade não é obrigada a celebrar o contrato com todos, ainda que os selecionados estejam classificados dentro do número de vagas anunciado.

Entendemos, porém, que a indenização por perdas e danos far-se-á obrigatória se a entidade selecionadora não celebrar contrato com qualquer dos aprovados, deixando caducar o prazo do concurso. Isso porque, parece-nos que se configurará abuso de direito da entidade a realização do concurso para seleção de pessoal e não contratação de qualquer candidato. Para que, então, o concurso? Para angariar recursos dos candidatos?

Desse modo, a entidade pública que não convocar qualquer dos candidatos aprovados, deve ser impelida, ao menos, a devolver a taxa de inscrição e a indenizar todos os inscritos pelas despesas realizadas. Isso porque, todo ato público há de ter uma finalidade. Selecionar e não contratar ninguém é ato abusivo, pois realizado em desvio de finalidade. Ainda que a contratação fique sujeita ao critério da conveniência da entidade pública, este poder discricionário não pode chegar a ponto de impor a realização do concurso por mero capricho ou sem qualquer finalidade. Realizar o concurso, tão-somente por querer realizá-lo, é abuso de direito, gerando responsabilidade, civil e criminal, para o agente que pratica o ato sem qualquer finalidade ou interesse público, assim como gera a obrigação de indenizar os terceiros prejudicados.

Fatos supervenientes, entretanto, podem justificar a exclusão da responsabilidade nestes casos (extinção da empresa, por exemplo, por força de lei)[75].

Diante disto, tem-se, então, que, na fase de seleção de pessoal, as partes envolvidas (entidade selecionadora e concursandos) apenas mantêm uma relação jurídica onde a entidade selecionadora promete contratar o aprovado, resguardados os direitos acima mencionados (contratar quando bem entender, respeitado o prazo de caducidade, a critério de seu juízo de conveniência e sem responsabilidade por perdas e danos, desde que não configurado o abuso de direito).

Por via de consequência, não podemos falar em contrato de trabalho.

De qualquer modo, já estamos na fase pré-contratual, que atrai a incidência do princípio da boa-fé e todas as regras da responsabilidade civil.

---

(75) O que não isenta, a princípio, o poder público do eventual pagamento das perdas e danos sofridos pelos concursandos.

Esse panorama, contudo, é modificado quando a entidade manifesta sua vontade de contratar. E esta vontade (sujeita ao juízo de conveniência) é manifestada quando convoca o candidato selecionado e aprovado para se apresentar na empresa de modo a formalizar o contrato de trabalho, dando início à sua execução.

O ato de convocação, em si, é de direito privado, negocial, pois ele se configura numa manifestação de vontade de celebrar um contrato. Uma proposta, ou seja, "firme declaração receptícia de vontade dirigida à pessoa com a qual pretende alguém celebrar um contrato, ou ao público"[76].

É a "proposta" que obriga o proponente (art. 427 do Código Civil). Evidentemente que, em se tratando de concurso público para contratação de empregado, essa proposta há de se referir à contratação pelo regime da CLT, seja pela Administração Direta ou Indireta.

Proposta, por sua vez, não se confunde com oferta, que fica condicionada à ulterior declaração de vontade do ofertante-proponente. O ato de convocação é proposta de contratar porque "determinada de tal sorte que, em virtude da aceitação, se possa obter o acordo sobre a totalidade do contrato". Em suma, por "conter, portanto, todas as cláusulas essenciais, de modo que o consentimento do oblato implique a formação do contrato"[77].

Basta, assim, o convocado manifestar sua aceitação, ainda que pelo modo como lhe seja exigido no edital, para que o contrato de trabalho se aperfeiçoe.

Duas situações, porém, devem ser tratadas separadamente: a primeira, do ato de convocação à aceitação; e, a segunda, da aceitação à prestação dos serviços (execução do contrato).

Na primeira fase, podem surgir conflitos de interesses, como, por exemplo, quando o convocante se retrata ou mesmo impede do convocado formalizar sua aceitação pelo modo imposto no edital do concurso (não apresenta o instrumento onde o convocado deve declarar a sua vontade; onde deve assinar manifestando sua vontade).

Nestas situações, onde o pacto negocial principal ainda não foi firmado, seja em decorrência da retratação ou pela não manifestação de vontade do convocado (sempre antes do prazo estipulado), não se pode falar, como é óbvio, em contrato do trabalho já existente.

Pensamos, contudo, que com o ato de convocação se tem aperfeiçoado um pré-contrato, pelo qual as partes se comprometem a firmar a relação de trabalho. Esse pré-contrato é celebrado no momento em que a entidade realizadora do concurso público convoca o candidato aprovado. Por ele, obrigam-se — a entidade convocante e o convocado —, a firmar o contrato, sem direito a arrependimento.

(76) GOMES, Orlando. *Contratos*, p. 65.
(77) *Ibidem*.

A vontade do convocado em firmar esse pré-contrato, por sua vez, é preexistente, ainda que presumida ou de antemão manifestada quando de sua inscrição no concurso. Com a simples inscrição, o concursando já manifesta sua vontade em celebrar esse pré-contrato, onde se obriga a firmar posteriormente o contrato individual e a prestar serviços (relação de emprego).

O pré-contrato, porém, somente será concretizado (aperfeiçoado) no momento da convocação do candidato, ou seja, quando a entidade selecionadora manifesta sua vontade em firmar o pré-contrato, já que antes havia apenas a vontade daquele primeiro (do candidato em celebrar o pré-contrato).

Aqui, então, o que até então era simples promessa de contratar, transforma-se em pré-contrato. Com o ato de convocação, pois, tem-se celebrado o pré-contrato de emprego.

Já a segunda situação se apresenta de forma mais simples, conforme linhas mestras traçadas acima.

Pode ocorrer, e a lei não impede, que, mesmo depois de formalizado o contrato, a prestação de serviços somente se inicie em data posterior.

No direito administrativo, essas situações se distinguem entre "posse" e "exercício do cargo". *Posse* ocorre quando o nomeado assume o cargo, assinando o termo respectivo. Já o *exercício* é o efetivo desempenho das atribuições do cargo.

Fazendo um paralelo com o direito privado, temos que o convocado pode celebrar o contrato (tomar *posse* em direito administrativo), formalizando-o ou não num instrumento escrito, iniciando, de logo, sua execução (entrar em exercício), como, ainda, pode somente começar a prestar serviços em data posterior (até trinta dias depois, por exemplo).

Celebrado o pacto negocial (a posse), tem-se o contrato de trabalho. Iniciado o seu exercício, ou seja, sua execução mediante prestação dos serviços subordinados, tem-se o início da relação de emprego. E os direitos assegurados pela legislação trabalhista somente são assegurados a partir da formação da relação de emprego. Antes disso, entretanto, aplicam-se as regras do direito comum, salvo convenção em contrário.

Conforme acima defendido, contudo, todo e qualquer litígio que decorra dessas relações jurídicas — firmadas sempre após o ato de convocação, em pré-contrato ou em contrato de trabalho, ainda que antes de iniciada a relação de emprego — atrai a competência da Justiça Laboral, já que em vigor típico contrato de emprego.

Por fim, é de se lembrar, ainda, que o concursando aprovado em melhor colocação e que é preterido no seu direito de preferência, tem direito adquirido à nomeação, ou melhor, à contratação. Esse, aliás, é o entendimento revelado pela Súmula n. 15 do excelso STF ("Dentro do prazo de validade do concurso, o candidato aprovado tem direito à nomeação, quando o cargo for preenchido sem observância da classificação").

Daí se tem que, ainda que não convocado, não celebrado o pré-contrato, não firmado o contrato individual de trabalho ou não iniciada a relação de emprego, o candidato preterido tem direito adquirido à contratação.

Bastará, pois, a sua manifestação de vontade em querer prestar serviços para a entidade da Administração Pública, para se ter configurado o contrato de emprego.

Assim, declarada essa vontade do concursando, tem-se como existente o contrato de emprego, ainda que no mundo da ficção jurídica, pois direito adquirido do candidato. Configurada, por sua vez, a existência desse contrato, com a declaração de vontade do candidato preterido, caberá a este ajuizar a ação competente para impor a sua execução (do contrato de emprego), já que direito adquirido, além de se lhe abrir a possibilidade de cobrar as perdas e danos.

Conclui-se, assim, que é induvidosa a competência da Justiça do Trabalho quando já firmado o contrato preliminar ou pré-contrato.

Outrossim, em relação aos atos propriamente pré-contratuais, parece-nos que a intenção do legislador também é colocar sob o manto da competência da Justiça do Trabalho a atribuição de dirimir os conflitos daí surgidos, pois estar-se-á na fase de formação de relação de trabalho.

3.2. Ações de indenizações (inciso VI do art. 114 da CF)

Indo além da competência prevista no inciso I do art. 114 da CF, com redação dada pela Emenda Constitucional n. 45/04, o reformador constitucional ainda preceituou que à Justiça do Trabalho cabe julgar "as ações de indenização por dano moral ou patrimonial, decorrentes da relação de trabalho" (inciso VI do art. 114).

Inicialmente, afirmamos e podemos pensar que esse dispositivo serviria muito mais para acabar com as controvérsias quanto à competência para julgamento dos feitos em que se pede o ressarcimento de danos morais e materiais, inclusive quando decorrentes do acidente de trabalho, do que propriamente a inovar (ampliando a competência) em relação ao disposto no inciso I do art. 114 da CF. Isso porque, quando se diz que a Justiça do Trabalho é competente para "as ações oriundas da relação de trabalho, abrangidos os entes de direito público externo e da administração pública direta e indireta da União, dos Estados, do Distrito Federal e dos Municípios", é óbvio que entre aquelas (ações) se inclui a que busca o ressarcimento por danos morais e materiais fundados na responsabilidade civil.

É, contudo, regra de interpretação que a lei não dispõe de palavras inúteis. E seria por demais imaginar que o reformador constitucional quis ser redundante apenas para pacificar o dissenso jurisprudencial.

Cumpre-nos, assim, buscar a verdadeira interpretação desse dispositivo, afastando o entendimento de que ele seria redundante em face do disposto no inciso I do art. 114 da CF.

Frise-se, porém, e de logo, que o dispositivo em comento não se dirige apenas ao contrato de emprego, mas a todas as relações de trabalho.

Esse dispositivo, entretanto, deve ser interpretado em conjunto com os incisos I e IX do art. 114 da Constituição Federal para evitar contradições, buscando, ao mesmo tempo, seu verdadeiro sentido.

O inciso I do art. 114 da CF se refere às ações "oriundas das relações de trabalho". Já o inciso IX faz menção às "controvérsias decorrentes das relações de trabalho", enquanto o inciso VI trata das ações indenizatórias "decorrentes da relação de trabalho".

Como leciona o jusfilósofo *Reginaldo Melhado*, comentando os incisos I e IX, "oriundo tem o sentido de originário, natural ... decorrente significa aquilo que decorre, que se origina. Vale dizer: no inciso I está a relação de trabalho antologicamente considerada; ela própria em seu estado natural. O substrato é o próprio trabalho. Já no inciso IX há menção à controvérsia decorrente dela, numa relação mediata e indireta"[78].

No inciso I, se cuida dos litígios que encontram respaldo imediato e direto na relação de trabalho, vinculada ao seu núcleo essencial. Já o inciso IX trata dos litígios que decorrem da relação de trabalho, só que de maneira indireta e mediata, por reflexo e conexão.

A pergunta, todavia, que se faz é: quais seriam essas "outras controvérsias decorrentes da relação de trabalho" não abrangidas pelo inciso I do art. 114 da CF e que precisam, para ser da competência da Justiça do Trabalho, de uma lei assim preceituando ("na forma da lei"), conforme previsão do inciso IX?

A resposta é simples, respondida pelas hipóteses já existentes. Basta lembrar o litígio que decorre do cumprimento de normas coletivas envolvendo, por exemplo, o sindicato profissional e a empresa-empregadora, na cobrança das receitas sindicais, cuja competência é da Justiça do Trabalho (Lei n. 8.984/95)[79].

Neste exemplo (sindicato x empresa), não estamos diante de uma relação de trabalho. Contudo, o pressuposto fático-jurídico que dá origem ao conflito sindicato-empresa é uma relação de trabalho (a relação de emprego). Em suma, não existisse uma relação de emprego, na qual é gerada a receita sindical, não haveria litígio entre sindicato e empresa. Logo, em última análise, este litígio (sindicato-empresa) decorre de uma relação de trabalho[80].

---

(78) *Op. cit.*, p. 314.
(79) "Art. 1º Compete à Justiça do Trabalho conciliar e julgar os dissídios que tenham origem no cumprimento de convenções coletivas de trabalho ou acordos coletivos de trabalho, mesmo quando ocorram entre sindicatos ou entre sindicato de trabalhadores e empregador."
(80) STF, RE n. 287.227-0, Rel. Min. Sepúlveda Pertence, DJU de 2.3.2001. Cabe esclarecer, todavia, que em face do disposto no inciso III do art. 114 da Constituição Federal pode-se afirmar que a competência da Justiça do Trabalho para tais conflitos agora tem matriz no próprio texto constitucional, conforme veremos adiante.

Podemos, assim, concluir que o inciso I do art. 114 da CF trata das ações oriundas das relações de trabalho, inclusive as ações indenizatórias, fundadas em litígio direta e imediatamente vinculado às obrigações dos sujeitos titulares, ou que detém igual qualidade jurídica, do respectivo vínculo (de trabalho).

Já o inciso IX cuida das ações decorrentes de litígio indireta e mediatamente vinculado à relação de trabalho, envolvendo um terceiro e, pelo menos, um dos sujeitos titulares, ou que detém igual qualidade jurídica, do respectivo vínculo de trabalho.

Neste caso, entretanto, será necessária uma lei dispondo sobre a competência da Justiça do Trabalho.

Ocorre, porém, que o inciso VI do art. 114 da CF também se refere às ações decorrentes das relações de trabalho. E, desde logo, assegura a competência da Justiça do Trabalho para conhecer dessas ações indenizatórias "decorrentes da relação de trabalho". Nesta hipótese, portanto, a competência tem matriz constitucional, dispensando-se a edição de lei infraconstitucional tratando dessa matéria.

Daí, então, podemos concluir que:

a) as ações indenizatórias oriundas das relações de trabalho, fundadas em litígio direta e imediatamente vinculado às obrigações dos sujeitos titulares, ou que detêm igual qualidade jurídica, do respectivo vínculo (de trabalho) são da competência da Justiça do Trabalho por força do disposto no inciso I do art. 114 da Constituição Federal;

b) as ações indenizatórias decorrentes de litígio indireta e mediatamente vinculado à relação de trabalho, envolvendo um terceiro e, pelo menos, um dos sujeitos titulares, ou que detêm igual qualidade jurídica, do respectivo vínculo de trabalho, também já é da competência da Justiça do Trabalho por força do disposto no inciso VI da Constituição Federal; e, ações, salvo as indenizatórias, decorrentes de litígio indireta e mediatamente vinculado à relação de trabalho, envolvendo um terceiro e, pelo menos, um dos sujeitos titulares, ou que detêm igual qualidade jurídica, do respectivo vínculo de trabalho, na forma da lei podem ser da competência da Justiça do Trabalho.

Assim, por exemplo, para dirimir dúvidas, celebrado um contrato de prestação de serviços entre o paciente e o médico, eventual litígio decorrente dessa relação de trabalho deve ser julgado pela Justiça do Trabalho. Se se pretender, outrossim, uma indenização decorrente de erro médico, da mesma forma, competirá à Justiça do Trabalho o julgamento da ação de ressarcimento respectiva. O mesmo se diga quanto a qualquer outra relação de trabalho, a exemplo daquela formada pelo advogado e seu cliente, podendo o causídico, por exemplo, cobrar seus honorários na Justiça do Trabalho ou o cliente pedir indenização por danos causados por aquele.

Todas essas ações serão de competência da Justiça do Trabalho por força do disposto no inciso I do art. 114 da CF, já que oriundas da relação de trabalho.

Nesta mesma linha, a ação de indenização proposta pela sociedade contra o seu administrador será da competência da Justiça do Trabalho, as ações de responsabilidade civil pré ou pós-contratual, etc.

O inciso VI do art. 114 da CF, por sua vez, respalda a competência da Justiça do Trabalho para, por exemplo, a ação de um empregado em face de outro empregado por ato praticado por este em decorrência de uma relação de emprego. Imaginem a hipótese do empregado assediado, que pode exigir do assediante, seu colega de trabalho, uma indenização por danos morais e materiais.

Neste caso, o pressuposto fático para a ação de indenização será a relação de trabalho mantida pelo assediado com seu empregador, cujo preposto (o outro empregado — assediante), dolosamente, concretizou os atos de assédio.

Não fosse o dispositivo em comento, o assediado que pretende haver indenização, tão-somente, do colega de trabalho, teria de propor sua ação na Justiça do Trabalho.

3.2.1. Ações de acidente de trabalho

É certo, ainda, que, na competência da Justiça do Trabalho, com base no inciso I do art. 114 da CF, inclui-se a ação de indenização por acidente de trabalho, já que o dano daí decorrente tem origem numa relação de trabalho[81].

Quanto a esta, outras reflexões devem ser lançadas.

Inicialmente, formou-se uma dúvida quanto ao alcance do regramento constitucional em apreço, posto que para alguns a Justiça do Trabalho não teria competência maior daquela que já lhe tinha sido outorgada antes da promulgação da Emenda Constitucional n. 45, de 2004.

Assim, as ações de danos morais e patrimoniais decorrentes de lesões acidentárias ocorridas aos empregados por culpa ou dolo do empregador, num primeiro momento, ficaram fora da Justiça do Trabalho, mesmo após a promulgação da referida Emenda Constitucional. O Supremo Tribunal Federal, em primeiro momento, chegou a decidir que a competência, no exemplo dado, seria da Justiça comum estadual. Todavia, reformulando este posicionamento, à unanimidade de votos, decidiu que a competência é da Justiça do Trabalho para apreciar questões relacionadas com o dano moral e dano material decorrentes de acidente do trabalho[82].

Temos que a norma constitucional, em harmonia com o disposto no inciso I, do art. 114, autoriza a reparação dos prejuízos causados à moral ou à patrimonialidade do trabalhador (note-se: trabalhador e não apenas empregado), em decorrência de uma atividade laborativa.

---

(81) Cf. RE n. 394.943/São Paulo, Rel. orig. Min. Carlos Britto, Rel. p/ acórdão Min. Eros Grau, j. 1º.2.2005.
(82) CC n. 7.207-1, Rel. Min. Carlos Ayres Britto.

3.3. Outros litígios decorrentes da relação de trabalho (inciso IX do art. 114 da CF)

Em aparente contradição, que pode conduzir a interpretações restritivas, o reformador dispôs, ainda, que compete à Justiça do Trabalho conhecer de "outras controvérsias decorrentes da relação de trabalho, na forma da lei". É preciso, portanto, para que a competência seja exercida pela Justiça do Trabalho em relação a estas outras controvérsias que haja uma lei (ordinária ou complementar — LOMAN, por exemplo) disciplinando a matéria.

Já esclarecemos anteriormente, ao comentar o inciso VI do art. 114 da CF, quais seriam essas outras ações decorrentes da relação de emprego.

De qualquer modo, sem querer ser repetitivo, mas para fins didáticos, podemos relembrar que as ações decorrentes da relação de trabalho são aquelas que encontram seu suporte fático-jurídico nesse vínculo jurídico.

Citamos, por exemplo, o litígio que decorre do cumprimento de normas coletivas envolvendo, por exemplo, o sindicato profissional e a empresa-empregadora, na cobrança das receitas sindicais, cuja competência é da Justiça do Trabalho (Lei n. 8.984/95)[83].

Neste exemplo (sindicato x empresa), não estamos diante de uma relação de trabalho. Contudo, o pressuposto fático-jurídico que dá origem ao conflito sindicato-empresa é uma relação de trabalho (a relação de emprego). Em suma, não existisse uma relação de emprego, na qual é gerada a receita sindical, não haveria litígio entre sindicato e empresa. Logo, em última análise, este litígio (sindicato-empresa) decorre de uma relação de trabalho[84].

Ressaltamos, porém, que em face do disposto no inciso III do art. 114 da Constituição Federal, tais conflitos (sindicato-empresa) podem ser considerados como da competência da Justiça do Trabalho, com matriz no próprio texto constitucional, conforme veremos adiante.

Aqui, então, devemos distinguir duas situações para melhor compreensão do inciso em comento.

O inciso I do art. 114 da CF se refere às ações "oriundas das relações de trabalho". Já o inciso em comento faz menção às "controvérsias decorrentes das relações de trabalho".

E, como já dito, nas lições de *Reginaldo Melhado*, "oriundo tem o sentido de originário, natural ... decorrente significa aquilo que decorre, que se origina. Vale di-

---

(83) "Art. 1º Compete à Justiça do Trabalho conciliar e julgar os dissídios que tenham origem no cumprimento de convenções coletivas de trabalho ou acordos coletivos de trabalho, mesmo quando ocorram entre sindicatos ou entre sindicato de trabalhadores e empregador."
(84) STF, RE n. 287.227-0, Rel. Min. Sepúlveda Pertence, DJU de 2.3.2001.

zer: no inciso I está a relação de trabalho antologicamente considerada; ela própria em seu estado natural. O substrato é o próprio trabalho. Já no inciso IX há menção à controvérsia decorrente dela, numa relação mediata e indireta"[85].

No inciso I, se cuida dos litígios que encontram respaldo imediato e direto na relação de trabalho, vinculada ao seu núcleo essencial. Referem-se às obrigações e direitos dos sujeitos da relação de trabalho. Já o inciso IX trata dos litígios que decorrem da relação de trabalho, só que de maneira indireta e mediata, por reflexo e conexão.

Saulo Tarcísio de Carvalho Fontes cita como exemplo de litígio que decorre da relação de trabalho aquele que pode surgir entre o beneficiário do seguro-desemprego e a entidade pública devedora dessa vantagem[86].

Aqui, ainda, podemos enquadrar as hipóteses mencionadas pelo Min. João Oreste Dalazen quanto aos litígios interobreiros, interpatronais e entre terceiros e uma das partes que firmam a relação de trabalho[87].

Reginaldo Melhado menciona, ainda, as ações previdenciárias, em que se discute o benefício devido pela Previdência Social ou mesmo as ações incidentais na execução trabalhista, a exemplo dos embargos de terceiros e embargos à arrematação, conquanto nestas duas últimas hipóteses o "liame com a relação de trabalho, é materialmente indireto colateral: os embargos não decorrem propriamente da relação de trabalho, mas da relação processual nascida do litígio oriundo dela"[88].

Podemos, igualmente, mencionar o litígio entre o sindicato dos avulsos e o tomador dos serviços e entre o avulso e o OGMO ou sindicato.

Em todas essas hipóteses, como já dito, o litígio não decorre diretamente da relação de trabalho, mas encontra nela seu pressuposto fático-jurídico, daí por que o legislador infraconstitucional está autorizado a conferir à Justiça do Trabalho a competência para as referidas ações.

É preciso, porém, destacar que, nas referidas ações, sempre será necessária a presença de, pelo menos, um dos sujeitos titular (ou quem detém essa qualidade) da relação de trabalho, em litígio com um terceiro a esse vínculo jurídico.

Situação que pode ser lembrada é a dos empregados e das empresas de previdência privada instituída pelo empregador, cujos litígios encontram respaldo numa relação de emprego. Como decidiu o excelso STF, em relato já citado acima do Min. Cordeiro Guerra, à luz do *texto constitucional anterior, mas plenamente aplicável ao atual*, "a Constituição da República, é certo que estabelece a competência da Justiça do Trabalho para dissídios entre empregados e empregadores; mas estende-a também a outras controvérsias oriundas da relação de emprego, desde que a lei disponha sobre essa competência extraordinária; e esta norma de lei, exigida para o caso de

---

(85) *Op. cit.*, p. 314.
(86) *Op. cit.*, p. 369.
(87) *Op. cit.*, p. 153-154.
(88) *Op. cit.*, p. 314 e nota de rodapé 12.

complemento a aposentados e viúvas, encontra-se na regra de competência das JCJ no art. 652, a, n. IV, que a estabelece para os 'demais dissídios' concernentes ao contrato individual de trabalho, como é o caso destes suprimentos financeiros pelo empregador, oriundos de norma estatutária da empresa, com eficácia residual depois de extinta a relação de emprego"[89].

O dissídio surgido daí decorre do contrato de emprego, atraindo a competência da Justiça do Trabalho (art. 652, alínea "a", inciso IV, CLT). "Nesse dissídio, no entanto, não se debate a relação de emprego, porque já extinta, mas postulam-se os efeitos daquela condição regulamentar estatuída para vigência ulterior pelo regulamento da empresa empregadora"[90]. Esta cláusula, em si, "passa a integrar a relação contratual com o empregador", atraindo a competência da Justiça Laboral, pois se concretiza como "dissídios concernentes ao contrato individual de trabalho"[91].

Cabe, portanto, destacar que inexiste qualquer incompatibilidade entre os incisos I e IX do art. 114 da CF, já que naquele primeiro se estabeleceu, com plena eficácia e aplicação imediata, a regra de competência da Justiça do Trabalho para os litígios que decorram diretamente da relação de trabalho (litígio diretamente vinculado à relação de trabalho). Já o inciso IX trata da possibilidade de, por meio de lei infraconstitucional, estabelecer-se essa mesma competência para outras controvérsias que tenham como pressuposto fático-jurídico uma relação de trabalho (litígio indiretamente vinculado à relação de trabalho).

É óbvio, portanto, que o inciso IX não iria contradizer a regra geral do inciso I do art. 114 da Constituição Federal, que, por sua vez, não está sujeita a qualquer regulamentação para sua eficácia ou aplicação pelos órgãos judicantes.

Lembramos, todavia, conforme comentários ao inciso VI do art. 114 da CF, que as ações indenizatórias, decorrentes (não só as oriundas) das relações de trabalho, já são de competência da Justiça do Trabalho. O inciso IX, portanto, cuida de outras ações, que não indenizatórias, que podem ser da competência da Justiça do Trabalho, a depender da lei.

3.4. As ações que envolvam o exercício do direito de greve (inciso II do art. 114 da CF)

O inciso II do novo art. 114 da CF assegura também à Justiça do Trabalho a competência para as ações que envolvam o exercício do direito de greve ("II — as ações que envolvam exercício do direito de greve").

As ações podem ser coletivas (conforme referência expressa do § 3º do art. 114 da CF) ou individuais. Aquelas serão tratadas adiante (os dissídios coletivos).

Quanto às ações individuais (em contraposição aos dissídios coletivos), não havendo qualquer restrição, sela qual for ela, poderá ser proposta na Justiça do Traba-

---

(89) STF, RE n. 91.259-2-São Paulo, Rel. Min. Cordeiro Guerra.
(90) STF, AIRg 82.214-3-ES, Rel. Min. Clóvis Ramalhete.
(91) *Ibidem.*

lho, envolvendo qualquer pessoa, desde que haja conexão com o exercício do direito de greve, inclusive as possessórias[92].

A interpretação, aqui, também não pode ser restritiva, já que se busca dar efetividade à tutela jurisdicional, enquanto dever do Estado. E quando se confere a um órgão especializado a competência jurisdicional, é certo que se tem em maior relevo o valor justiça, pois, quanto mais especializado for o órgão competente para processar e julgar a causa, mais provável é a efetivação da Justiça (justa e tempestiva).

Cabe observar, portanto, que as ações que decorrem do exercício do direito de greve nem sempre envolvem somente os empregados e os empregadores. Cabe lembrar, inclusive, que, por mandamento constitucional, o direito de greve é assegurado a todos os trabalhadores e não, só aos empregados (art. 9º da CF). Assim, por exemplo, os médicos credenciados a um plano de saúde podem fazer greve, recusando-se a prestar os serviços contratados.

Aliás, numa interpretação lógica, poder-se-ia afirmar que os litígios que decorrem do exercício do direito de greve já se encontram embutidas na competência referida no inciso I do art. 114 da CF (ações que decorrem das relações de trabalho) quando apenas envolvem os trabalhadores e os tomadores de serviços.

O dispositivo em comento, no entanto, foi mais longe. Ele atrai para a Justiça do Trabalho todos os litígios que decorrem do exercício do direito de greve, ainda que envolvam terceiros.

Assim, por exemplo, poderá o tomador dos serviços, prejudicado com a greve, ou qualquer outro interessado, propor a ação reparatória, decorrente de dano gerador pelo movimento paredista abusivo, em face dos responsáveis respectivos. Esta lide, por sua vez, poderá ser entre o tomador dos serviços e sindicato, entre aquele e os grevistas (lide empregatícia), entre o tomador e sindicalistas responsáveis pela greve, entre o usuário do serviço paralisado (e prejudicado) e o sindicato e/ou grevistas e/ou empresas, etc.[93].

Tudo na Justiça do Trabalho. Isso porque, em tais hipóteses, estar-se-á diante de uma ação que envolve o exercício do direito de greve. Em suma, nela há de se decidir se o movimento paredista, por exemplo, foi ou não abusivo. Se não, por exemplo, o usuário dos serviços paralisados não terá direito a qualquer indenização em face dos danos sofridos em decorrência da greve (já que os grevistas estariam a exercer legitimamente o direito de greve). Se o contrário — sendo a greve abusiva — o usuário, *v. g.*, poderá pleitear uma indenização.

É certo, ainda, que esse dispositivo atrai para a Justiça do Trabalho as ações que envolvem o exercício do direito de greve por parte dos servidores públicos, até por decorrer da relação de trabalho respectiva, mantida, por óbvio, a competência para julgar as causas referidas no inciso I do art. 114 da CF em relação aos "estatutários".

---

(92) DALAZEN, João Oreste. *Op. cit.*, p. 174.
(93) Neste sentido, MELHADO, Reginaldo. *Op. cit.*, p. 333.

3.5. Representação sindical (inciso III)

Em face da Reforma, a Justiça do Trabalho passou, ainda, a ter competência para "as ações sobre o direito de representação sindical, entre sindicatos, entre sindicatos e trabalhadores, e entre sindicatos e empregadores".

Aqui, em face mesmo de a matéria ser diretamente vinculada ao direito laboral, assegurou-se à competência ao juiz do trabalho para as causas em que se discute o poder de representação de uma entidade sindical. Esta competência, por sua vez, não desperta grandes controvérsias.

O texto constitucional, no entanto, é, aparentemente, restrito quando menciona apenas sindicatos. Fala em sindicato e não, em entidade sindical. Tal opção pode conduzir à interpretação de que se o litígio envolver outra espécie de entidade sindical (federação, confederação ou mesmo centrais sindicais), a matéria não estará sujeita à competência da Justiça do Trabalho, o que seria, *data venia*, uma contradição do sistema.

Vale lembrar, outrossim, que o art. 8º da CF também utiliza a expressão "sindicato", mas se entende que ela quis se referir às "entidades sindicais" quando tratou das questões ali postas.

Aqui, no entanto, cabe discutir quanto às possíveis interpretações que possam ser dadas a este dispositivo.

Pode-se aventar, pelo menos, três interpretações.

A primeira, mais restritiva, seria aquela que apenas se assegurou a competência para as ações sobre o direito de representação sindical, nas quais sejam parte os sindicatos, os sindicatos e os trabalhadores ou sindicatos e os empregadores[94].

Nesta primeira hipótese, a competência dar-se-ia em face da matéria (direito de representação sindical), desde que os sujeitos sejam os sindicatos, os empregados e os empregadores.

A segunda interpretação, mais ampliativa, que pode ser dada é a de que se assegurou a competência à Justiça do Trabalho para as ações sobre o direito de representação sindical, para as ações entre sindicatos, para as ações entre sindicatos e trabalhadores e para as ações entre sindicatos e empregadores.

Aqui, então, a competência seria, não só, em face da matéria (direito de representação sindical), como em relação aos sujeitos (sindicatos, os empregados e os empregadores).

A se dar essa interpretação mais ampliativa, poder-se-ia defender, então, a possibilidade, por exemplo, de um sindicato ajuizar uma ação de despejo em face de

---

[94] Neste sentido: TEIXEIRA FILHO, Manoel Antonio. *A Justiça do Trabalho e a Emenda Constitucional n. 45/04*, p. 17.

outro sindicato, com quem celebrou um contrato de locação, na Justiça do Trabalho, pois o litígio dar-se-ia entre entidades sindicais.

A terceira interpretação, intermediária e ao que parece a que teria sido a visada pelo constituinte derivado, é a de que a Justiça do Trabalho passaria a ter competência para as ações sobre o direito de representação sindical, bem como para as demandas em que sejam partes sindicatos, trabalhadores e empregadores, desde que o litígio envolva questões vinculadas ao direito sindical[95].

Nesta hipótese, então, a competência da Justiça do Trabalho também se estenderia às ações em que se discutem questões *interna corporis* à entidade sindical, a exemplo das eleições, filiação, exclusão de associado, cobrança de receitas, etc.

O mesmo se diga em relação à ação do dirigente sindical para haver seus créditos junto à entidade sindical[96].

Outrossim, a partir da segunda e terceira correntes interpretativas acima mencionadas, a Justiça do Trabalho também seria competente, por exemplo, para a ação proposta contra a União, quando esta se recusa a depositar os atos de constituição da entidade sindical, pois ela envolve questão de representação sindical.

Conquanto, inicialmente, tenhamos feito opção pela primeira corrente[97], repensando a matéria e numa interpretação sistemática e teleológica, cremos que esse terceiro entendimento seja o mais consentâneo com a intenção do constituinte derivado.

Afastamos, por outro lado, a segunda interpretação (a mais ampliativa) por ser ela incompatível com os valores que se buscou privilegiar com a Reforma do Judiciário em termos de ampliação da competência da Justiça do Trabalho.

3.6. Mandados de segurança, *habeas corpus* e *habeas data* (inciso IV)

Procurando consolidar velha jurisprudência, inclusive do STF, no que se refere ao mandado de segurança, ao mesmo tempo buscando respaldar o entendimento doutrinário e jurisprudencial dos juslaboralistas e tribunais trabalhistas, quanto à competência para conhecer do *habeas corpus*, a Reforma do Judiciário, expressamente, estabelece a competência da Justiça do Trabalho *"quando o ato questionado envolver matéria sujeita à sua jurisdição"*.

Inovando, porém, assegurou, ainda, a competência da Justiça do Trabalho para conhecer do *habeas data* também "quando o ato questionado envolver matéria sujeita à sua jurisdição".

---
(95) Neste sentido, DALAZEN, João Oreste. *Op. cit.*, p. 165-170, e MELHADO, Reginaldo. *Op. cit.*, p. 334-336.
(96) DALAZEN, João Oreste. *Op. cit.*, p. 168.
(97) A nova Justiça do Trabalho. Competência e procedimento. In: *Nova competência da Justiça do Trabalho*, p. 71-72.

Cumpre, ainda, destacar, nesta quadra introdutória, que o dispositivo constitucional em comento atribui a competência da Justiça do Trabalho para apreciar o mandado de segurança e o *habeas corpus* não em face da autoridade, mas em decorrência da matéria ("quando o ato questionado envolver matéria sujeita à sua jurisdição").

Daí se tem que estas ações constitucionais (mandado de segurança e *habeas corpus*), não são possíveis de ser impetradas na Justiça do Trabalho somente diante dos juízes e tribunais do trabalho, mas contra qualquer pessoa ou autoridade, desde que o "o ato questionado envolver matéria sujeita à sua jurisdição".

Exemplo que se pode citar é do *habeas corpus* perante o empregador que mantém empregado em cárcere privado. Ou, ainda, ante o fiscal do trabalho que eventualmente impõe restrição à liberdade do empregador ou do empregado quando da aplicação de penalidade administrativa.

3.6.1. Mandado de segurança

No que se refere ao mandado de segurança, este dispositivo, aliado ao estabelecido no inciso VII (quanto às penalidades administrativas aplicadas aos empregadores pelos órgãos de fiscalização), retira, em parte, a competência da Justiça Federal para conhecer dessa espécie de ação quando a autoridade coatora é a autoridade federal (inciso VIII do art. 109 da CF).

Ora, ainda que neste outro dispositivo constitucional não faça a ressalva tal como aquela existente no inciso I do art. 109 (no que se refere às ações de competência da Justiça do Trabalho), não é razoável supor que a emenda constitucional, ao atrair para a Justiça do Trabalho todas as "ações relativas às penalidades administrativas impostas aos empregadores pelos órgãos de fiscalização das relações de trabalho" (inciso VII) e o mandado de segurança "quando o ato questionado envolver matéria sujeita à sua jurisdição" (inciso IV), quis excluir o *mandamus* no qual a autoridade apontada como coatora é uma autoridade federal (lembrando que aqui não estamos tratando do mandado de segurança de competência dos tribunais superiores, expressamente elencados na CF).

Outrossim, é óbvio que as leis estaduais de organização judiciária não podem excluir da competência da Justiça do Trabalho os mandados de segurança, assim como os *habeas corpus* mencionados na CF, ainda que a autoridade coatora seja o governador, o prefeito ou qualquer outra autoridade estadual ou municipal.

Aqui, portanto, em face do mandamento constitucional, a competência é definida em face da matéria, seja qual for a autoridade apontada coatora.

Óbvio, porém, que, interpretando-se sistematicamente a Constituição, deve ser ressalvado que, quando ela define a competência diante da autoridade para atribuí-la aos Tribunais Superiores, esta, por ser mais especial, prevalece sobre a competência em decorrência da matéria (da Justiça do Trabalho). A competência do STJ e do STF, em verdade, é mais especial em relação a qualquer outra.

O mesmo não se diga em relação à competência dos juízes e tribunais que compõem a Justiça Federal — como se deduz do já dito acima. Isso porque, em relação à Justiça Federal, a Justiça do Trabalho é mais especializada.

Assim, numa interpretação que me parece razoável, é de se ter como excluída da competência da Justiça Federal os mandados de segurança quando o ato questionado envolver matéria sujeita à jurisdição trabalhista, ainda que a autoridade coatora seja federal (inciso VIII do art. 109 da CF).

3.6.1.1. Mandado de segurança na relação de emprego

Aqui cabe lembrar que o STF, em decisão datada de 1993, em acórdão elucidativo, decidiu, em mandado de segurança impetrado contra ato do Presidente da República, que, mesmo contra ato praticado na relação de emprego, é possível a impetração do *writ*. Isso porque, "a atividade Estatal é sempre pública, ainda que inserida em relações de Direito Privado e sobre elas irradiando efeitos; sendo, pois, ato de autoridade, o Decreto Presidencial que dispensa servidor público, embora regido pela legislação trabalhista, a sua desconstituição pode ser postulada em Mandado de Segurança. 2. Legitimação passiva do Presidente da República se a questionada dispensa do impetrante foi objeto de decreto, que o arrolou nominalmente entre os dispensados, reduzindo-se o ato subsequente de rescisão do contrato de trabalho a mera execução material de ordem concreta do Chefe do Governo. 3. Mandado de Segurança contra ato do Presidente da República, embora versando matéria trabalhista. A competência originária para julgar Mandado de Segurança é determinada segundo a hierarquia da autoridade coatora e não, segundo a natureza da relação jurídica alcançada pelo ato coator. A competência do Supremo Tribunal Federal, órgão solitário de cúpula do Poder Judiciário Nacional, não se pode opor a competência especializada, *ratione materiae*, dos seus diversos ramos"[98].

Em seu voto condutor, o Min. Rel. Sepúlveda Pertence adotou lições de *Agustin A. Gordillo*, para quem "a administração é sempre pessoa de direito público, que realiza operações públicas, com fins públicos e dentro dos princípios e das formas de direito público, ainda que revista seus atos com formas que são comuns ao direito privado e use dos meios que este autoriza e para objetos análogos"[99].

As mesmas lições são extraídas do administrativista baiano *Lafayette Pondé*, para quem "a vontade da Administração é formada sempre mediante um processo de direito público, ainda quando os efeitos do seu ato sejam definidos pelo direito privado. Da mesma forma que a vontade dos indivíduos não se altera, qualquer que seja o regime jurídico regulador dos seus efeitos, também a vontade da Administração é sempre obtida mediante o processo estabelecido na lei de sua organização. Esta lei específica o órgão, o modo de exercício desses poderes, os requisitos e formalidades de sua atuação".

---

(98) STF, MS n. 21.109–DF, TP, Rel. Min. Sepúlveda Pertence, DJU 19.2.1993.
(99) *Apud* MUKAI, Toshio. *Direito administrativo e empresas do Estado*. Rio de Janeiro: Forense, 1984. p. 36.

E, prossegue o professor baiano: "na atividade da Administração, a norma externa (norma de relação) é que pode ser de direito privado ou de Direito Administrativo. Mas a norma interna, que regula a composição e os poderes dos órgãos administrativos (norma de ação) é sempre, por definição, uma norma de direito público, pois dispõe sobre o funcionamento mesmo do Estado".

Daí por que — ensina *Lafayette Pondé* —, "numa hipótese, ou na outra, isto é, seja a relação externa de direito público ou de direito privado, a vontade jurídica é imputada à Administração em termos de direito público. Por isto mesmo, ainda quando submetida ao direito privado, a atividade é uma atividade da Administração, isto é, uma atividade administrativa, submetida, no seu processo de formação do Direito Administrativo"[100].

A partir de tais lições, portanto, é que o STF — como lembrado — asseverou que "sendo, pois, ato de autoridade, o Decreto Presidencial que dispensa servidor público, embora regido pela legislação trabalhista, a sua desconstituição pode ser postulada em Mandado de Segurança". E como afirmado pelo Min. Carlos Velloso, "o entendimento em sentido contrário seria meramente preconceituoso, *data venia*"[101].

E o entendimento acima mencionado, voltou a ser reafirmado, de forma implícita, pelo excelso STF, como, por exemplo, no AgRgMS n. 21.200-DF, quando decidiu que "a competência para processar e julgar mandado de segurança impetrado por ex-empregado contra o empregador, muito embora sociedade de economia mista, de estatura federal, em fase de liquidação, é da Justiça do Trabalho, por enquadrar-se no art. 114 da Constituição Federal"[102].

Esta competência, para o mandado de segurança, portanto, já vinha sendo reconhecida pelo próprio STF, para as causas estritamente trabalhistas (empregado x empregador), conquanto, contraditoriamente, encontrava resistência na própria Justiça do Trabalho.

No STJ, por sua vez, são encontradas diversas decisões no sentido de que sendo "pleito de natureza trabalhista competente é a justiça laboral. A matéria objeto da demanda é trabalhista, disciplinada por acordo coletivo de trabalho, irrelevantes as questões processuais discutidas nos autos. Competente é a justiça do trabalho de primeiro grau para apreciar o mandado de segurança originalmente proposto" (STJ — CC n. 21937 — DF — 2ª S. — Rel. Min. Bueno de Souza — DJU 14.12.1998 — p. 88).

Nessa esteira, pode ser citado, ainda, o seguinte aresto:

"COMPETÊNCIA — MANDADO DE SEGURANÇA IMPETRADO POR EMPREGADO DO BANCO DE BRASÍLIA S/A. CONTRA ATO DISCIPLINAR IMPOSTO

---

(100) Sobre o campo de aplicação do direito administrativo. In: *Estudos de direito administrativo*. Belo Horizonte: Del Rey, 1995. p. 80.
(101) Voto proferido no MS n. 21.109-DF, p. 463 dos autos.
(102) TP, Rel. Min. Marco Aurélio, DJU 10.9.1993.

PELA COMISSÃO DE ACUMULAÇÃO DE CARGOS DO EMPREGADOR — LIDE QUE SE REVELA DE CUNHO TRABALHISTA — PRECEDENTES — COMPETÊNCIA DA JUSTIÇA DO TRABALHO. Segundo reiterado entendimento da Seção, se a inicial expõe lide de natureza trabalhista, demarcada pela *causa petendi* e pelo pedido, competente é a Justiça Laboral para apreciar a espécie" (STJ, Ac. n. 199800321691, CC n. 22257-DF, 2ª S., Rel. Min. Sálvio de Figueiredo Teixeira, DJU 17.12.1999, p. 315).

Assim, não resta dúvida que, mesmo quando esteja atuando no campo do direito do trabalho, em relação de natureza privada, a Administração Pública, em seus atos, age como autoridade pública. Desse modo, sendo ilegal ou abusivo seu ato, ele é passível de ataque pela via mandamental.

Teríamos, assim, como exemplos de atos passíveis de reforma pelo mandado de segurança trabalhista, se ilegais ou abusivos, aqueles pertinentes ao rompimento contratual (exemplo que se extrai da decisão do STF acima citada), reclassificação, concessão de aumento ou extensão de vantagens (Lei n. 4.348/64, art. 5º), transferência, punição, etc.

3.6.2. Habeas corpus

Quanto ao *habeas corpus*, como já dito, a Emenda Constitucional n. 45 veio solucionar uma séria divergência então existente: quanto à competência para apreciar esse remédio heróico quando a autoridade coatora apontada era o juiz ou tribunal do trabalho. Isso porque, tanto o STF, como o STJ, sustentavam a competência da Justiça Federal, enquanto a Justiça do Trabalho, como um todo, reclamava para si essa atribuição.

Com o novo texto constitucional, no entanto, essa controvérsia restou solucionada.

Indo além — como destacado acima —, o constituinte derivado assegurou, contudo, a competência da Justiça do Trabalho para conhecer do *habeas corpus* "quando o ato questionado envolver matéria sujeita à sua jurisdição".

Essa competência, por conseguinte, não envolve, tão-somente, os atos praticados pela autoridade judiciária, mas de qualquer autoridade ou pessoa que esteja, ilegalmente ou em abuso do poder, restringindo a liberdade de outrem.

Assim, como já exemplificado, tem-se a possibilidade da Justiça do Trabalho julgar o *habeas corpus* impetrado em face do empregador que restringe a liberdade de locomoção do empregado (mantém o empregado no ambiente de trabalho quando do movimento grevista); o *habeas corpus* perante a utoridade policial que restringe a liberdade do grevista em face dos atos por este praticado durante o movimento paredista (ação que envolve o exercício do direito de greve, aliás); o remédio heróico diante da autoridade pública que restringe a liberdade de locomoção do servidor público (impede, ilegalmente ou em abuso do poder, dele se ausentar da cidade, da localidade, etc.).

Em suma, alargou-se a competência da Justiça do Trabalho para julgar o *habeas corpus* para além dos atos praticados pela autoridade judiciária trabalhista.

3.6.3. Habeas data

Inovando, em dispositivo sem precedente, o constituinte derivado assegurou, ainda, à Justiça do Trabalho, a competência para apreciar o *habeas data* "quando o ato questionado envolver matéria sujeita à sua jurisdição".

O *habeas data*, por sua vez, é passível de ser concedido para "assegurar o conhecimento de informações relativas à pessoa do impetrante, constantes de registros ou bancos de dados de entidades governamentais ou de caráter público" ou para "retificação de dados, quando não se prefira fazê-lo por processo sigiloso, judicial ou administrativo" (alíneas "a" e "b" do inciso LXXII do art. 5º da CF).

Essa ação constitucional, por sua vez, está disciplina pela Lei n. 9.507/97. E esta assegura a impetração do *habeas data* também "para a anotação nos assentamentos do interessado, de contestação ou explicação sobre dado verdadeiro, mas justificável e que esteja sob pendência judicial ou amigável" (inciso III do art. 7º).

Do texto constitucional, extrai-se que o conhecimento da informação deve constar de registros ou banco de dados de: a) entidades governamentais; ou b) de caráter público.

As entidades governamentais, como da própria expressão já se deduz, são aquelas vinculadas ao Poder Público. Já a de caráter público, na definição do parágrafo único do art. 1º da Lei n. 9.507/97, é "todo registro ou banco de dados contendo informações que sejam ou que possam ser transmitidas a terceiros ou que não sejam de uso privativo do órgão ou entidade produtora ou depositária das informações".

Nesta segunda hipótese, portanto, o *habeas data* pode se voltar também contra o particular. Exemplos que podem ser citados são os museus, arquivos particulares com acesso público, as agências de empregos, as entidades de proteção ao crédito e os bancos de dados jornalísticos, que mantêm registros contendo informações sobre terceiros.

Assim, sempre que queira ter conhecimento ou se deseje fazer a retificação do registro, e o ato contrário envolver matéria sujeita à jurisdição da Justiça do Trabalho, a esta competirá julgar o *habeas data*.

Frise-se, no entanto, que o STF já decidiu que a ficha do empregado não é registro de caráter público (RE n. 165.304-3, Rel. Min. Octavio Gallotti).

Destaque-se, ainda, que "os processos de *habeas data* terão prioridade sobre todos os atos judiciais, exceto *habeas corpus* e mandado de segurança". E, "na instância superior, deverão ser levados a julgamento na primeira sessão que se seguir à data em que, feita a distribuição, forem conclusos ao relator" (art. 19 da Lei n. 9.507/97), sendo gratuito o procedimento respectivo (art. 21 da Lei n. 9.507/97).

3.6.4. Competência funcional

3.6.4.1. Mandado de segurança

Até que lei venha suprir a lacuna legislativa, outra questão controvertida é quanto à definição da competência funcional para o julgamento dessas ações constitucionais.

É certo, porém, que a Constituição Federal, em relação a determinadas autoridades (presidente, ministros, etc.), estabelece expressamente o foro privilegiado, sem exceções, para julgar o mandado de segurança.

Assim, ao STF compete julgar o mandado de segurança contra atos do Presidente da República, das Mesas da Câmara dos Deputados e do Senado Federal, do Tribunal de Contas da União, do Procurador-Geral da República e do próprio Supremo Tribunal Federal (alínea "d" do inciso I do art. 102 da CF), ainda que se refira à matéria de competência da Justiça do Trabalho. Acrescentaria, ainda, o mandado de segurança contra atos do Conselho Nacional de Justiça e do Conselho Nacional do Ministério Público (alínea "r" do inciso I do art. 102).

Já ao STJ compete julgar o mandado de segurança quando a autoridade coatora for Ministro de Estado ou os Comandantes da Marinha, do Exército e da Aeronáutica ou o próprio tribunal (alínea "b" do inciso I do art. 105 da CF), ainda que se refira à matéria de competência da Justiça do Trabalho.

Em relação às demais autoridades, por força do disposto na LOMAN, sabe-se que a competência é dos Tribunais do Trabalho em relação aos atos praticados pelos "respectivos Presidentes e os de suas Câmaras, Turmas ou Seções" (inciso VI do art. 21 da LOMAN — LC n. 35/79).

Consolidou-se, ainda, a jurisprudência de que aos Tribunais do Trabalho compete julgar o mandado de segurança quando a autoridade coatora for o juiz do trabalho de primeiro grau ou um de seus membros, que não o Presidente (quanto a este último, há previsão expressa no inciso VI do art. 21 da LOMAN.

É bem verdade que o art. 678, inciso I, alínea "b", n. 3 da CLT, estabelece que, nos Tribunais do Trabalho divididos em Turmas, compete, especialmente, ao Pleno a competência para julgar o mandado de segurança.

Tal dispositivo, no entanto, deve ser bem interpretado.

Parece-nos que esse preceito não define a competência originária dos Tribunais para todo e qualquer mandado de segurança interposto na Justiça do Trabalho. Em verdade, esse comando legal define a competência interna do Tribunal para os mandados de segurança de competência do Regional. Trata-se, pois, de uma regra que apenas cuida da divisão de competência dentre os diversos órgãos fracionados do Tribunal. Já a competência do Tribunal para julgar mandado de segurança está estabelecida em outros dispositivos legais.

Assim, por exemplo, o inciso VI do art. 21 da LOMAN (LC n. 35/79) estabelece que compete aos Tribunais "julgar, originariamente, os mandados de segurança contra seus atos, os dos respectivos Presidentes e os de suas Câmaras, Turmas ou Seções". E, em face dessa competência, o art. 678, inciso I, alínea "b", n. 3 da CLT, enquanto regra de divisão interna das competências do Tribunal, estabelece que esse mandado de segurança referido na LOMAN deve ser julgado pelo Pleno do Colegiado.

A competência dos Tribunais para o julgamento originário do mandado de segurança, portanto, deve ser expressa, com referência explícita à matéria ou à autoridade coatora.

Já a competência remanescente será do juiz do trabalho de primeiro grau[103], quando o ato questionado envolver matéria sujeita à sua jurisdição e a autoridade apontada como coatora não for juiz ou tribunal do trabalho ou aquelas autoridades expressamente mencionadas na Constituição Federal como sujeitas à jurisdição do STF e do STJ.

Diante da lacuna e se socorrendo das normas existentes no nosso ordenamento jurídico, bem como dos princípios que norteiam a definição da competência para julgar o mandado de segurança, poder-se-ia, contudo, admitir, quando muito, que em relação aos atos do Governador do Estado e dos Secretários de Estado, a competência respectiva deve ser do Tribunal do Trabalho e não, do juiz de primeiro grau.

3.6.4.2. Habeas corpus

Situação semelhante se tem em relação ao *habeas corpus*.

Até que lei ulterior venha sanar a lacuna legislativa, somos forçados a definir a competência para julgar o *habeas corpus* a partir dos princípios que norteiam nosso ordenamento jurídico.

Interpretando-se sistematicamente a Constituição Federal, no entanto, é certo que compete ao STF julgar o *habeas corpus* quando o paciente for o Presidente da República, o Vice-Presidente, os membros do Congresso Nacional, os Ministros, o Procurador-Geral da República, os Comandantes da Marinha, do Exército e da Aeronáutica, os membros dos Tribunais Superiores, os do Tribunal de Contas da União e os chefes de missão diplomática de caráter permanente (alínea "d" do inciso I do art. 102 da CF), bem como quando o coator for Tribunal Superior ou quando o coator ou o paciente for autoridade ou funcionário, cujos atos estejam sujeitos diretamente à jurisdição do Supremo Tribunal Federal, ou se trate de crime sujeito à mesma jurisdição em uma única instância (alínea "i" do inciso I do art. 102 da CF).

Da mesma forma, acrescentaria à competência do STF o *habeas corpus* quando o coator for o Conselho Nacional de Justiça ou o Conselho Nacional do Ministério Pú-

---

(103) Neste sentido, DALAZEN, João Oreste. *Op. cit.*, p. 171.

blico (alínea "r" do inciso I do art. 102) ou quando o paciente for qualquer de seus membros.

De outra parte, compete ao STJ julgar o *habeas corpus* quando a autoridade coatora ou o paciente for o Governador do Estado e do Distrito Federal, os desembargadores dos Tribunais de Justiça dos Estados e do Distrito Federal, os membros dos Tribunais de Contas dos Estados e do Distrito Federal, os dos Tribunais Regionais Federais, dos Tribunais Regionais Eleitorais e do Trabalho, os membros dos Conselhos ou Tribunais de Contas dos Municípios e os do Ministério Público da União que oficiem perante tribunais, ou quando o coator for o Ministro de Estado ou os Comandantes da Marinha, do Exército e da Aeronáutica (alínea "c" do inciso I do art. 105 da CF).

Observe-se, portanto, que o *habeas corpus* impetrado em face dos ministros do TST e perante este Tribunal Superior, é da competência do STF. Já quando o coator é o juiz integrante do Tribunal Regional do Trabalho, a competência é do STJ.

Controvertida é a competência para o *habeas corpus* quando o coator é o Tribunal Regional do Trabalho (e não seus membros). Neste caso, por analogia à competência do STJ para julgar o *habeas corpus* quando o coator é tribunal sujeito à sua jurisdição (TRF's e TJ's), a teor do disposto na alínea "c" do inciso I do art. 105 da CF, deve-se assegurar ao TST a competência respectiva, ou seja, compete ao Tribunal Superior do Trabalho julgar o *habeas corpus* quando o coator é o Tribunal Regional do Trabalho.

De resto, a competência remanescente é do juiz do trabalho de primeiro grau, salvo quando for o próprio coator, hipótese em que o *habeas corpus* respectivo deve ser julgado pelo Tribunal a qual está vinculado.

3.6.4.3. Habeas data

Quanto ao *habeas data*, ao STF compete julgá-lo quando impetrado contra atos do Presidente da República, das Mesas da Câmara dos Deputados e do Senado Federal, do Tribunal de Contas da União, do Procurador-Geral da República e do próprio Supremo Tribunal Federal (alínea "d" do inciso I do art. 102 da CF), ainda que se refira a matéria de competência da Justiça do Trabalho.

Já ao STJ compete julgar o *habeas data* quando impetrado contra ato do Ministro de Estado ou dos Comandantes da Marinha, do Exército e da Aeronáutica ou do próprio tribunal (alínea "b" do inciso I do art. 105 da CF), ainda que se refira à matéria de competência da Justiça do Trabalho.

A Lei n. 9.507/97, por sua vez, em seu art. 20, estabelece que compete o julgamento do *habeas data*:

"c) aos Tribunais Regionais Federais, contra atos do próprio Tribunal ou de juiz federal;

d) a juiz federal, contra ato de autoridade federal, excetuados os casos de competência dos tribunais federais;

e) a tribunais estaduais, segundo o disposto na Constituição do Estado;

f) a juiz estadual, nos demais casos."

Verifica-se, a partir dos dispositivos acima mencionados, que a competência definida no art. 20 da Lei n. 9.50797 não prevalece, em face da Emenda Constitucional n. 45/04, quando o *ato questionado envolver matéria sujeita à jurisdição da Justiça do Trabalho*.

Assim, adotando tais parâmetros em analogia, sanando a lacuna legislativa, podemos concluir que, considerando o disposto no inciso IV do art. 114 da CF, compete o julgamento do *habeas data*:

a) ao Supremo Tribunal Federal, contra atos do Presidente da República, das Mesas da Câmara dos Deputados e do Senado Federal, do Tribunal de Contas da União, do Procurador-Geral da República e do próprio Supremo Tribunal Federal;

b) ao Superior Tribunal de Justiça, contra atos de Ministro de Estado ou dos Comandantes da Marinha, do Exército e da Aeronáutica ou do próprio tribunal;

c) ao Tribunal Superior do Trabalho, contra atos do próprio Tribunal ou de Tribunal Regional do Trabalho;

d) aos Tribunais Regionais do Trabalho, contra atos do próprio Tribunal ou de juiz do trabalho;

e) a juiz do trabalho, quando o ato envolver matéria sujeita à jurisdição da Justiça do Trabalho, excetuados os casos de competência do Tribunal Superior do Trabalho e dos Tribunais Regionais do Trabalho;

f) aos Tribunais Regionais Federais, contra atos do próprio Tribunal ou de juiz federal;

g) a juiz federal, contra ato de autoridade federal, excetuados os casos de competência dos tribunais federais e da Justiça do Trabalho;

h) a tribunais estaduais, segundo o disposto na Constituição do Estado, excetuados os casos de competência dos tribunais e juízes federais e da Justiça do Trabalho; e

i) a juiz estadual, nos demais casos, excetuados os casos de competência dos tribunais e juízes federais e da Justiça do Trabalho.

3.7. Conflitos de competência (inciso V do art. 114 da CF)

Quanto à solução dos conflitos de competência entre órgãos integrantes da Justiça do Trabalho, a Reforma do Judiciário não acrescentou qualquer novidade.

Vale observar, no entanto, que o dispositivo em comento contém uma contradição. É que ele se refere, em sua primeira parte, à competência para solucionar o conflito de competência entre os órgãos com jurisdição trabalhista. Ao estabelecer a exceção, no entanto, fazendo menção ao art. 102, inciso I, alínea "o", da CF, refere-se ao conflito que possa existir entre o STJ e quaisquer tribunais, entre tribunais superiores ou entre estes e qualquer outro tribunal, atribuindo a competência respectiva ao STF.

Ora, se a regra é ser da competência da Justiça do Trabalho a solução do conflito existente entre seus órgãos, não faz sentido a referência ao disposto no art. 102, I, "o", da CF, já que este faz menção ao conflito com órgãos que não integram o Judiciário Laboral.

É certo, outrossim, que, mesmo não havendo referência no dispositivo em comento, por óbvio, por envolver conflito com órgão não integrante da Justiça do Trabalho, permanece a regra de que compete ao STJ, com base no art. 105, inciso I, alínea "d", da CF, julgar o conflito

a) entre tribunais, salvo se envolver somente os regionais trabalhistas, ressalvado o disposto no art. 102, inciso I, alínea "o", da CF;

b) entre tribunal e juízes a ele não vinculados, salvo se envolver somente os trabalhistas; e

c) entre juízes vinculados a tribunais diversos, salvo se envolver somente os trabalhistas.

Assim, havendo conflito envolvendo Tribunal Superior, competirá ao STF julgar essa questão.

Se o conflito for entre juízes trabalhistas, compete ao TRT (se vinculados a ele) ou TST (se vinculados a regionais diversos) decidir essa questão; se for entre tribunais regionais trabalhistas, ao TST competirá decidir.

Se, porém, for entre juiz ou tribunal regional do trabalho e outro juiz ou tribunal regional ou estadual pertencente à outra "Justiça", caberá ao STJ decidir o conflito.

Cabe lembrar, ainda, que o juiz de direito investido na jurisdição trabalhista se equipara ao juiz do trabalho para todos os fins processuais[104].

Da mesma forma, tornou-se pacífico que entre juízos vinculados hierarquicamente (ex.: entre TRT e TST) inexiste conflito de competência, devendo prevalecer o entendimento do órgão superior[105].

Outrossim, julgando o STJ o conflito de competência, não pode o juízo a qual se atribuiu a competência, suscitar novo conflito, agora em relação aquele Tribunal Superior[106].

---

(104) Neste sentido: STF, CC n. 7.076-CE, TP, Rel. Min. Maurício Corrêa, DJU 8.2.2002, p. 261, e STF, CC n. 7.072-CE, TP, Rel. Min. Néri da Silveira, DJU 14.12.2001, p. 24.
(105) Neste sentido: STF, CC n. 6.990-1-DF, TP, Rel. Min. Maurício Corrêa, DJU 13.3.1998.
(106) Neste sentido: STF, CC n. 7.039/PE, Rel. Min. Octavio Gallotti, cuja ementa é a seguinte: "Tendo sido dirimido, pela instância constitucional competente (Superior Tribunal de Justiça), o conflito de competência entre a

3.8. Execução previdenciária (inciso VIII do art. 114 da CF)

Quanto à execução das contribuições previdenciárias decorrentes das sentenças que proferir, a Reforma do Judiciário não acrescentou qualquer novidade ("a execução, de ofício, das contribuições sociais previstas no art. 195, I, "a", e II, e seus acréscimos legais, decorrentes das sentenças que proferir"), já que a Emenda Constitucional n. 20/98 já atribuíra à Justiça do Trabalho essa competência.

Cabe lembrar, todavia, que a CLT já contém alguns dispositivos que cuidam da execução previdenciária na Justiça do Trabalho, dada a sua peculiar característica, mormente seu início *ex officio*. Tal matéria foi disciplina pela Lei n. 10.035/00.

Destaque-se, ainda, que, com a ampliação da competência da Justiça do Trabalho para solução de outros conflitos decorrentes das relações de trabalho, a execução da contribuição previdenciária também recairá sobre os créditos que não sejam aqueles pagos ou devidos pelos empregadores.

Frise-se, pois, que a execução previdenciária recairá sobre as seguintes contribuições sociais:

"Art. 195. ...

I — do empregador, da empresa e da entidade a ela equiparada na forma da lei, incidentes sobre:

a) a folha de salários e demais rendimentos do trabalho pagos ou creditados, a qualquer título, à pessoa física que lhe preste serviço, mesmo sem vínculo empregatício;

II — do trabalhador e dos demais segurados da previdência social, não incidindo contribuição sobre aposentadoria e pensão concedidas pelo regime geral de previdência social de que trata o art. 201 da CF."

Deve ser lembrado, ainda, que o texto constitucional não faz referência apenas às sentenças condenatórias. Ele menciona a execução das contribuições previdenciárias que decorrer das sentenças proferidas pela Justiça do Trabalho.

Assim, mesmo diante de uma sentença meramente declaratória será possível a execução previdenciária, especialmente quando definida uma relação jurídica que sobre as prestações pagas incide a contribuição previdenciária e que, eventualmente, não tenha sido recolhida (ou recolhida com base em outros critérios) por terem as partes dado outra qualificação jurídica ao vínculo.

Neste sentido, aliás, dispõe o § 9º do art. 276, Decreto n. 3.048/99.

Assim também caminha a jurisprudência do TST, *verbis*:

"COMPETÊNCIA DA JUSTIÇA DO TRABALHO. EXECUÇÃO. CONTRIBUIÇÕES PREVIDENCIÁRIAS. RELAÇÃO DE EMPREGO. DECISÃO DECLARATÓRIA. 1. Pon-

---

Justiça do Trabalho e a comum, não cabia ao Tribunal Regional do Trabalho pretender renová-lo perante o Supremo Tribunal Federal. Conflito de que, em conseqüência, não se conhece, restituídos os autos à Corte suscitante, para que prossiga no julgamento do feito". No mesmo sentido, cf.: STF, CC n. 7.059-PE, TP, Rel. Min. Sydney Sanches, DJU 21.2.2003, p. 28, e STF, CC n. 7.065-PE, TP, Rel. Min. Sydney Sanches, DJU 27.9.2002, p. 81.

tua o art. 114, § 3º, da CLT, que "compete ainda à Justiça do Trabalho executar, de ofício, as contribuições sociais previstas no art. 195, I, "a", e II, e seus acréscimos legais, decorrentes das sentenças que proferir". Já o art. 276, § 7º, do Decreto n. 3.048/99, regulamentando o art. 43 da Lei n. 8.212/91, dispõe que "se da decisão resultar reconhecimento de vínculo empregatício, deverão ser exigidas as contribuições, tanto do empregador como do reclamante, para todo o período reconhecido, ainda que o pagamento das remunerações a ele correspondentes não tenham sido reclamadas na ação". Não cabe ao intérprete distinguir onde a lei não o faz. Tal postulado, sendo valioso no que diz respeito ao ordenamento infraconstitucional, torna-se impositivo, quando se leva em conta a necessidade de se emprestar efeito ao regramento inscrito na Carta Magna. É patente que o art. 114, § 3º, da Constituição Federal alude, genericamente, a "sentenças", não excluindo, portanto, aquelas de cunho declaratório. Se há Justiça Especializada, não se justifica a bipartição de competência. O interesse público — e o bom senso — aconselharão que aquele que bate às portas do Judiciário, via Justiça do Trabalho, aí tenha solvidas todas as questões decorrentes de sua irresignação, quando acolhida. O pagamento das contribuições sociais e o consequente reconhecimento previdenciário do tempo de serviço são de fundamental importância para quem, contrastando o propósito irregular do mau empregador, vê reconhecida a existência de contrato individual de trabalho. Obrigá-lo (porque o interesse não pertencerá apenas à Autarquia) a reiniciar marcha processual, em outro ramo do Poder, seria desafio de discutível sobriedade. A interpretação sistemática leva à conclusão de que o art. 109, I, da Carta Magna, não persevera, perante a especificidade do art. 114, § 3º, do mesmo Texto. A edição de norma regulamentar, em tal sentido, enquanto chancela a interpretação, faz patente o interesse social que a deseja. 2. A condenação imposta pelo título executivo, ainda que consista, em tese, somente, em obrigação de fazer (registro de CTPS), decorre do prévio reconhecimento de relação de emprego, fato jurídico hábil ao surgimento do crédito da seguridade social. 3. Competência da Justiça do Trabalho reconhecida. Recurso de revista conhecido e provido" (TST, 3ª T., RR n. 1119-1999-002-24-40, Rel. Min. Conv. Alberto Luiz Bresciani Pereira, j. 26.11.2003, DJU 6.2.2004).

Lembre-se, ainda, que o art. 195 da CF não cuida das contribuições previdenciárias devidas pelo servidor público vinculado a regime previdenciário próprio. Cuida, tão-somente, das contribuições devidas ao Instituto Nacional de Previdência Social (INSS).

Cabe acrescentar, ainda, que compete à Justiça do Trabalho a execução das contribuições sociais incidentes sobre as verbas asseguradas em sentença, a teor do que dispõe o art. 880 da CLT, com redação dada pela Lei n. 11.457/07, que estabelece que na execução trabalhista se deva incluir as "contribuições sociais devidas à União".

Neste sentido, cabe esclarecer que a alíquota do SAT se inclui no conceito de contribuição social, pois visa a cumprir os gastos previdenciários com o seguro de acidente de trabalho.

Outrossim, as contribuições sociais repassadas a terceiros também são impostas pela União. Logo, de competência da Justiça do Trabalho a sua cobrança.

Aliás, quanto a estas contribuições, é preciso destacar que as mesmas foram instituídas, são cobradas e são devidas à União. Esta, por sua vez, enquanto credora das contribuições sociais respectivas, é que, por ato de vontade, cede-as a terceiros (repassa aos terceiros).

Sendo assim, tais contribuições também se enquadram no conceito de contribuições sociais devidas à União.

3.9. Ações relativas às penalidades administrativas impostas aos empregadores (inciso VII do art. 114 da CF)

Em face, ainda, da matéria de mérito discutida nas ações que cuidam das penalidades administrativas impostas aos empregadores pelos órgãos de fiscalização das relações de trabalho, entendeu-se por bem atribuir ao juiz do trabalho a competência respectiva.

Aqui, transfere-se para a Justiça do Trabalho a competência para a execução fiscal das multas respectivas (impostas em face da atuação do Ministério do Trabalho), bem como para qualquer ação na qual se discute essa matéria, inclusive o mandado de segurança contra ato da autoridade fiscal[107] e a ação declaratória de inexistência de débito.

Outro exemplo de ação que pode ser ajuizada é a proposta contra a União visando a anular atos praticados por seus agentes fiscais da Delegacia Regional do Trabalho no exercício do poder de polícia[108].

Em suma, qualquer ação em que se discute a aplicação de penalidade administrativa, inclusive a de embargo ou interdição do estabelecimento (art. 161 da CLT), passa a ser da competência da Justiça do Trabalho, tendo em um dos polos da relação processual a União.

Ficam, de fora, no entanto, da competência da Justiça do Trabalho as ações relativas às penalidades administrativas impostas aos prestadores de serviços (profissionais liberais) pelos órgãos de fiscalização das respectivas profissões, a exemplo da OAB e dos Conselhos de Medicina, Engenharia, Enfermagem, etc.

A lei ordinária, porém, com fundamento no inciso IX do art. 114 da CF, poderá atrair para a Justiça do Trabalho essas outras controvérsias, quando elas se refiram ao exercício da profissão numa relação de trabalho.

3.10. Dissídio coletivo de natureza econômica

Importante alteração se processou quanto à competência dos tribunais do trabalho para julgar os dissídios coletivos e que merecem interpretações cautelosas, a partir do texto do § 2º do art. 114 da CF.

---

(107) *Vide* comentários ao inciso IV.
(108) Exemplo extraído a partir da decisão do STJ no CC n. 4.2514, Rel. Min. Teori Albino Zavascki, j. em 22.9.2004.

O texto constitucional anterior estabelecia que, "recusando-se qualquer das partes à negociação coletiva ou à arbitragem, é facultado aos respectivos sindicatos ajuizar dissídio coletivo, podendo a Justiça do Trabalho estabelecer normas e condições, respeitadas as disposições convencionais e legais mínimas de proteção ao trabalho".

Já o novo texto constitucional dispõe que "recusando-se qualquer das partes à negociação coletiva ou à arbitragem, é facultado às mesmas, de comum acordo, ajuizar dissídio coletivo de natureza econômica, podendo a Justiça do Trabalho decidir o conflito, respeitadas as disposições mínimas legais de proteção ao trabalho, bem como as convencionadas anteriormente".

Do que se extrai do novo texto constitucional é que a intenção do constituinte derivado foi limitar, de forma extraordinária, a competência normativa da Justiça do Trabalho. Isso porque, quase que sem qualquer lógica, estabeleceu que o dissídio coletivo, salvo o de greve, somente pode ser ajuizado "de comum acordo" das partes em conflito. Ou seja, estabeleceu-se uma espécie de litisconsórcio ativo obrigatório entre as partes em conflito (entre autor e réu), distanciando-se completamente da lógica processual.

Diríamos até, que não tem qualquer lógica esse dispositivo, se se entendermos que os tribunais do trabalho exercem a jurisdição quando estabelecem novas normas e condições de trabalho.

Aliás, a competência normativa da Justiça do Trabalho restou evidenciada a partir da interpretação da parte final do § 2º do art. 114, quando se faz menção que devem ser "respeitadas as disposições mínimas legais de proteção ao trabalho, bem como as convencionadas anteriormente". Ou seja, quer dizer o constituinte, ao estabelecer as novas normas e condições de trabalho, que a Justiça do Trabalho deve respeitar "as disposições mínimas legais de proteção ao trabalho, bem como as convencionadas anteriormente".

Dissemos acima, no entanto, que a norma em comento não teria lógica se se entendermos que os tribunais do trabalho exercem a jurisdição quando estabelecem novas normas e condições de trabalho. Contudo, na verdade — conquanto as jurisprudência e doutrina caminham em outro sentido — a Justiça do Trabalho, ao exercer essa atribuição, está no exercício do poder legislativo que, constitucionalmente, lhe foi reservado. Em suma, quanto ao direito do trabalho, podemos afirmar que compete à União legislar, sendo que esta competência é repartida concorrentemente entre o Congresso Nacional e os Tribunais do Trabalho.

Sugerida por *Aristóteles, John Locke* e *Rousseau*, a separação de poderes do Estado tomou a forma mais atualmente aceita nos países democráticos a partir das lições de *Montesquieu*.

Em suma, a divisão dos poderes consiste em atribuir cada uma das funções básicas do Estado (legislativa, executiva e jurisdicional), a órgãos diferentes. Essa separação de poderes, por sua vez, tem por fundamento a procura da especialização funcional e a independência orgânica no exercício de cada uma dessas atribuições, evitando-se meios de subordinação[109].

A rigidez dessa separação de poderes, no entanto, há muito foi superada. Hoje, e no Brasil, desde o Império, delegam-se funções legislativas ao Poder Executivo, funções jurisdicionais ao Poder Legislativo e atribuições legislativas ao Poder Judiciário etc. Nossa atual Carta Magna, inclusive, é pródiga em atribuir a cada um dos Poderes do Estado outras funções governamentais básicas que não aquela que lhe é predominante.

Assim, por exemplo, é que ao Poder Legislativo é conferido o poder de julgar o Presidente e o Vice-Presidente da República nos crimes de responsabilidade (art. 52, I, CF/88), além de sua autoadministração (arts. 51, inciso IV, e 52, inciso XIII). Ao Poder Executivo é dado o direito, além de executar as funções administrativas inerentes ao Poder Público, de legislar (art. 84, inciso IV). Já ao Poder Judiciário, além de sua função típica, a atual Carta da República assegura a autonomia administrativa (art. 99), bem como tarefas legislativas (art. 96, inciso I, alínea "a").

Ainda, todavia, que essas confusões ocorram, o princípio da separação de poderes não perde sua razão de ser, pois cada um dos órgãos especializados (Poderes Executivo, Legislativo e Judiciário) exerce uma função predominantemente típica.

Deve-se ter em mente, no entanto, que, apesar de cada um dos órgãos especializados que exercem os poderes do Estado ter uma função típica (legislativa, executiva e jurisdicional), nada lhes impede de exercer outra que, a princípio, não lhes é reservada predominantemente.

Talvez presos aos ensinamentos de *Montesquieu,* as doutrina e jurisprudência pátrias, majoritariamente, sempre defenderam que a Justiça do Trabalho, no uso de sua atribuição normativa, em dissídios coletivos, exerce função jurisdicional. A lógica era: se a competência para apreciar o conflito pertence a um órgão do Poder Judiciário, logo, na sua tarefa de solucionar o dissídio, este organismo exerce função jurisdicional.

Tal conclusão, *data venia,* parece equivocada.

Ora, a função jurisdicional tem por objetivo a atuação da vontade da lei. Ela parte do direito preexistente para apreciar e solucionar os conflitos de interesses. No exercício dessa atribuição, o Poder Judiciário não cria direito, não legisla, mas, tãosomente, aplica o direito preexistente.

Tal peculiaridade, entretanto, não é encontrada quando a Justiça do Trabalho faz uso do seu poder normativo. Aqui, os tribunais trabalhistas estabelecem novas condições de trabalho; criam o direito a reger as relações individuais de trabalho. Como a própria denominação já demonstra, a Justiça do Trabalho, nos dissídios coletivos típicos, faz uso de um poder normativo ou legislativo.

---

(109) SILVA, José Afonso da. *Curso de direito constitucional positivo,* p. 99.

E o que é o poder normativo? A resposta é simples: é a atribuição que um órgão estatal possui de criar direito, de legislar, de disciplinar as relações jurídicas.

Essa função normativa ou legislativa, preponderantemente, é exercida pelo Poder Legislativo. Contudo, como lembrado acima, nada impede do legislador, especialmente o constituinte, de delegar tal atribuição a outros órgãos estatais. E foi justamente isso que ocorreu ao se assegurar à Justiça do Trabalho o poder normativo.

Tal fenômeno, aliás, não é único no âmbito do Poder Judiciário Nacional. Nossa legislação assegura, ainda, à Justiça Eleitoral o poder de legislar em matéria eleitoral (Código Eleitoral, art. 23, IX)[110]. E não era à toa que o Min. Victor Nunes equiparava o poder normativo da Justiça do Trabalho ao poder normativo da Justiça Eleitoral[111].

Daí se tem que, ao exercer o poder normativo, a Justiça do Trabalho não está no uso de qualquer função jurisdicional. Ela está, em verdade, exercendo função legislativa, tal como o Congresso Nacional a exerce em suas atribuições típicas. E a função legislativa da Justiça do Trabalho, ao contrário do que ocorre com a Justiça Eleitoral, tem matriz no próprio texto constitucional.

A partir dessas definições, podemos facilmente concluir — sem medo de cometer qualquer heresia jurídico-constitucional — que o constituinte estabeleceu a competência concorrente do Congresso Nacional e da Justiça do Trabalho para legislar sobre direito do trabalho. À União cabe legislar privativamente sobre direito do trabalho (art. 22, inciso I, CF/88). Essa competência legislativa da União é repartida entre o Congresso Nacional e a Justiça do Trabalho (ambos os órgãos da União). Ambos possuem, portanto, a atribuição de disciplinar as relações jurídicas do trabalho.

O fundamento dessa repartição de poderes normativos, entre o Poder Legislativo da União e a Justiça do Trabalho, é, ainda, simplório. O constituinte sabia que, diante da dinâmica das relações jurídicas de emprego, decorrentes do próprio conflito político de interesses entre os representantes do capital e do trabalho (a clássica luta de classes), seria muito difícil ao Poder Legislativo, isoladamente, disciplinar todas as situações postas à regulamentação. Muito melhor, então, atribuir-se a outro órgão essa mesma tarefa, ainda que concorrentemente.

Poderia, é bem verdade, atribuir tal função legislativa a um órgão que fosse integrante da estrutura do próprio Poder Legislativo. Preferiu, no entanto, o constituinte, conferir à Justiça do Trabalho essa tarefa, talvez porque ela, na sua função jurisdicional, já esteja mais perto das partes interessadas na regulamentação dos interesses coletivos do trabalho em conflito[112].

---

(110) A respeito, cf. ROSAS, Roberto. *Direito crocessual constitucional*, p. 60 e segs.
(111) *Apud* ROSAS, Roberto. *Op. cit.*, p. 60, nota de rodapé n. 20.
(112) Não à-toa, ainda, que, antes, a Justiça do Trabalho era composta por juízes classistas, o que, quer queira ou não, dava maior caráter democrático às decisões normativas. E, ainda hoje, pode-se lembrar que não é à-toa que, salvo em relação aos tribunais eleitorais, dos tribunais regionais ou estaduais, somente os trabalhistas têm seus membros escolhidos pelo chefe do executivo (pelo Presidente da República), o que se justifica em face do poder normativo. Em outras palavras, o poder político interfere na composição dos tribunais do trabalho porque estes exercem, também, uma função legislativa.

Ao atribuir à Justiça do Trabalho essa função normativa, porém, o constituinte não quis transfigurar a natureza dessa tarefa. Ela continua sendo uma atribuição legislativa, ainda que exercida por órgão integrante do Poder Judiciário.

Para deixar bem clara essa conclusão basta aventar dois questionamentos: primeiro, se o constituinte tivesse assegurado essa tarefa a um *tribunal administrativo do trabalho*, vinculado ao próprio Poder Legislativo (tal como ocorre com o Tribunal de Contas), estaria esse tribunal administrativo exercendo função jurisdicional? Óbvio que não. Ele estaria exercendo, em verdade, uma função legislativa que lhe foi outorgada constitucionalmente.

Segundo, qual a diferença entre o projeto de lei aprovado pelo Congresso Nacional, sancionado pelo Presidente da República, assegurando jornada especial de 6 horas para os petroleiros (empregados da Petrobrás) e a decisão normativa da Justiça do Trabalho, proferida em dissídio coletivo, pelo TST, no mesmo sentido? Nenhuma. Em verdade, ambas seriam normas de caráter geral e abstrata, disciplinadoras de relações jurídicas de emprego.

E é preciso ter essa conclusão em mente para melhor se aplicar a vontade do constituinte, porque foi a partir de entendimento contrário, majoritariamente predominante nos tribunais e na doutrina, que se acabou por criar, equivocadamente, todo um arcabouço legislativo disciplinando o dissídio coletivo como se este fosse um feito tendente a solucionar um conflito concreto de interesses, por meio do exercício da função jurisdicional.

O exercício do poder normativo da Justiça do Trabalho é, pois, fruto de uma atribuição legislativa exercida por órgão não integrante do Poder Legislativo. Não passa de expressão do exercício do poder legislativo assegurado à União.

Podemos acrescentar, ainda, que o poder normativo da Justiça do Trabalho, assim entendido, mostra-se como um instituto dos mais salutares e democráticos, pois aproxima o Estado-legislativo do legislados. Há verdadeira descentralização da produção legislativa, colocando o povo mais próximo dos legisladores.

Assim, os grupos interessados, ao invés de se dirigirem à Brasília, junto ao Congresso e ao Executivo Federal, buscando uma nova norma trabalhista, para a melhoria das condições de trabalho, podem se dirigir aos diversos tribunais regionais do trabalho, espalhados pelo Brasil, formulando idêntica pretensão.

As críticas — das mais fortes — que podem ser feitas é que membros dos tribunais do trabalho, por serem mais técnicos do que políticos, tendem a adotar posições mais "jurídicas" do que políticas e não possuírem legitimidade para legislar em nome do povo.

Quanto a esta última, pode-se rebater a crítica lembrando que os membros dos tribunais do trabalho são nomeados pelo Presidente da República. Logo, há, na formação dos tribunais do trabalho, um certo controle político, o que lhe dá maior legitimidade legislativa, pois se pode afirmar que, ao serem escolhidos pelo Presidente da

República, ocorre uma eleição, ainda que indireta, dos seus membros (ao menos em relação aos promovidos por merecimento).

Quanto ao caráter mais jurídico do que político das normas editadas pela Justiça do Trabalho, tudo se resolve pela maior sensibilidade do julgador-legislador.

Assim, entendido o dissídio coletivo de natureza econômica como um processo legislativo, tem-se que a norma constitucional que impõe que as partes provoquem a Justiça do Trabalho em comum acordo não guarda qualquer ilogicidade.

Em outras palavras, o que o constituinte estabeleceu foi que, para provocar o poder legislativo da Justiça do Trabalho, devem as partes interessadas agir em conjunto. Do contrário, resolvam suas pendências amigavelmente, mediante a arbitragem ou provocando o Poder Legislativo da União.

De outra parte, ao que deixa transparecer o novel texto do § 2º do art. 114 da CF, é que quis o constituinte restringir o dissídio coletivo ao de natureza econômica.

Conclui-se, assim, que não encontra respaldo na Carta Magna qualquer legislação que preveja a competência dos tribunais do trabalho para apreciar o dissídio coletivo de natureza jurídica, ou seja, aquele que apenas interpreta a norma preexistente, emitindo uma nova norma, de natureza declaratória. Quando muito, a parte dispõe da ação declaratória, quando cabível, de competência dos juízes de primeiro grau.

Igualmente, ao determinar que se respeitem "as disposições mínimas legais de proteção ao trabalho, bem como as convencionadas anteriormente", o constituinte, coerente com o *caput* do art. 7º da CF, mandou observar o princípio do não-retrocesso social[113].

Houve, portanto, neste aspecto, sensível redução da competência legislativa da Justiça do Trabalho.

3.11. Dissídio coletivo de greve

Situação diversa temos em relação ao dissídio coletivo suscitado em face de uma greve. Isso porque, quando os tribunais do trabalho apreciam tal procedimento, em verdade, estão agindo no exercício do poder jurisdicional.

Como se sabe, por meio do dissídio coletivo de greve se busca do tribunal uma decisão quanto à abusividade ou não da greve. Aqui, então, o tribunal estará a exercer sua função tipicamente jurisdicional. Isso porque, a partir das regras de direito preexistente, o tribunal dirá se a parada é abusiva ou não. E, para esta conclusão, o tribunal há de analisar se ocorreu ou não violação do direito preexistente por parte dos trabalhadores. Prolata, assim, uma decisão de natureza declaratória.

---

(113) CF. MEIRELES, Edilton. Princípio do não-retrocesso social no direito do trabalho. In: *Gênesis — Revista de Direito do Trabalho*, v. 129, Curitiba, 2003. p. 339-342.

Aqui, então, teríamos um típico dissídio jurisdicional coletivo do trabalho, a reclamar uma decisão jurisdicional quanto à abusividade ou não do uso do direito de greve. Seu objeto, portanto, será, tão-somente, essa questão e as que lhe forem conexas. Quando, porém, o tribunal, neste mesmo processo coletivo, estabelece regras de direito, criando novas condições de trabalho, ele passa a exercer a função normativa que lhe é constitucionalmente assegurada. Em outras palavras, estar-se-á, em verdade, diante de cumulação de procedimentos (diria: um jurisdicional, outro legislativo).

Tal entendimento deve ficar bem claro, pois, a partir de sua correta definição e objeto se poderá bem interpretar a Constituição, dando-lhe a máxima efetividade.

O objeto do dissídio coletivo de greve, portanto, é a resolução do conflito respectivo e não, o estabelecimento de novas normas e condições de trabalho.

Para tanto, ainda, é preciso lembrar que o direito de greve foi assegurado na Constituição a todos os trabalhadores (art. 9º da CF) e não, somente aos empregados, conquanto a Lei n. 7.783/89 somente discipline o seu exercício por parte destes últimos (empregados). Destaque-se, que, nesta conclusão, estamos em harmonia com a doutrina que sustenta que, em relação aos direitos fundamentais, deve-se interpretar a norma constitucional de modo a dar-lhe a maior eficácia possível. Jamais restringindo.

Pois bem. O § 3º do art. 114 da CF, com a redação dada pela Emenda Constitucional n. 45/04, estabelece que "em caso de greve em atividade essencial, com possibilidade de lesão do interesse público, o Ministério Público do Trabalho poderá ajuizar dissídio coletivo, competindo à Justiça do Trabalho decidir o conflito".

De logo, cabe observar que o texto constitucional não limita o dissídio de greve ao conflito entre empregados e empregadores. Logo, ele pode ser suscitado mesmo diante da greve promovida por qualquer outra categoria de trabalhadores, a exemplo dos servidores públicos ocupantes de cargo ou mesmo dos trabalhadores autônomos. Basta imaginar, conforme exemplo já mencionado, na possibilidade dos médicos credenciados a um plano de saúde resolverem cessar suas atividades clamando por reajuste nos seus honorários.

Em todas essas hipóteses, portanto, ou seja, diante da greve promovida por qualquer categoria de trabalhadores, o Ministério Público do Trabalho poderá ajuizar dissídio coletivo, competindo à Justiça do Trabalho decidir o conflito. Tal pode ocorrer, inclusive, diante da greve promovida por servidores públicos ocupantes de cargos.

Repita-se, no entanto, neste dissídio coletivo de greve, o Tribunal apenas irá decidir quanto à abusividade ou não do movimento paredista. Em seu objeto, portanto, não se inclui a possibilidade do tribunal estabelecer novas normas e condições de trabalho, o que é exclusivo do dissídio de natureza econômica.

Ressalte-se, ainda, que os destinatários do § 2º do art. 114 da CF são os empregados e empregadores e as entidades sindicais respectivas, ou seja, em outras palavras, o dissídio coletivo de natureza econômica é restrito aos que mantêm relação de emprego e os sindicatos das categorias profissional e econômica.

Daí se tem que, diante da greve dos servidores públicos ocupantes de cargo, pretendendo a Administração ver reconhecida a ilegalidade do movimento, competirá ao Tribunal do Trabalho deliberar a respeito.

Não descartamos, outrossim, que, neste dissídio coletivo de greve, até porque inexiste restrição constitucional para tanto, seja cumulado o pedido declaratório de abusividade da greve com outro de natureza prestacional (ou condenatória) relacionado ao exercício do direito de greve em si. Isto é, será possível, não só se pedir o reconhecimento da abusividade da greve, como, também, a condenação em uma obrigação de dar, fazer ou não-fazer relacionado ao exercício do direito de greve, tais como, voltar ao trabalho, manter, cautelarmente, parte do serviço essencial, etc.

Eventual pedido de indenização por danos decorrentes da greve abusiva, no entanto, somente poderá ser pedida em ação própria, de competência do primeiro grau.

Diga-se, porém, que o Ministério Público do Trabalho somente poderá suscitar o dissídio coletivo de greve quando paralisada uma atividade essencial, tal como definida em lei.

A Lei n. 7.783/89, por sua vez, pode servir como regulamentadora desta regra constitucional, conquanto ela apenas discipline o exercício do direito de greve dos empregados.

Assim, de acordo com o art. 10 da Lei n. 7.783/89, tem-se como essencial os serviços ou atividades essenciais de:

"I — tratamento e abastecimento de água; produção e distribuição de energia elétrica, gás e combustíveis;

II — assistência médica e hospitalar;

III — distribuição e comercialização de medicamentos e alimentos;

IV — funerários;

V — transporte coletivo;

VI — captação e tratamento de esgoto e lixo;

VII — telecomunicações;

VIII — guarda, uso e controle de substâncias radioativas, equipamentos e materiais nucleares;

IX — processamento de dados ligados a serviços essenciais;

X — controle de tráfego aéreo;

XI — compensação bancária."

Em sendo o dissídio coletivo de greve típica ação jurisdicional, é óbvio que a legitimidade para o seu ajuizamento, não havendo restrição constitucional, não se limita ao Ministério Público do Trabalho. Assim, qualquer pessoa que demonstre interesse para agir e tenha legitimidade poderá demandar em dissídio de greve.

Frise-se, porém, que, pretendendo as partes em litígio também provocar o poder normativo da Justiça do Trabalho (iniciar o dissídio coletivo de natureza econômica), este deverá observar o quanto disposto no § 2º do art. 114 da CF, ou seja, apenas poderá ser proposto em comum acordo.

Capítulo IV

FONTES E PRINCÍPIOS DO PROCESSO DO TRABALHO

1. Fontes do direito processual do trabalho

Por fonte de direito, devemos entender a origem, "o manancial de onde provém o direito"[1].

"Fontes do direito", em realidade, é uma expressão figurada, metafórica, utilizada para indicar a origem do direito. Como ensina *Franco Montoro*, "em sentido próprio, 'fonte' é o ponto em que surge um veio de água. É o lugar em que ele passa do subsolo à superfície, do invisível ao visível"[2]. Assim, fonte do direito 'é o próprio direito em sua passagem de um estado de fluidez e invisibilidade subterrânea ao estado de segurança e clareza'"[3].

Para *Washington de Barros Monteiro*, "fontes são meios pelos quais se formam ou pelo quais se estabelecem as normas jurídicas. São os órgãos sociais de que dimana o direito objetivo"[4].

Os doutrinadores classificam, em regra, as fontes do direito em fontes formais e fontes materiais.

Por fontes materiais, se entende "o conjunto de fenômenos sociais, que contribuem para a formação da substância, da matéria do direito"[5].

É a realidade social que contribui, em sua dinâmica, para formação do conteúdo do direito (elemento sociológico), assim como os valores que o direito procura realizar, sintetizado no conceito de justiça (elemento axiológico)[6].

A realidade social é representada pelos problemas econômicos, culturais, políticos, sociais e naturais que o direito deve resolver. São os fatores sociais que condicionam e impulsionam a formação da norma jurídica.

Assim, condicionam a formação do direito positivo, por exemplo, as condições econômicas da sociedade, a influência religiosa (cultura), o sentimento de moralida-

---

(1) MARANHÃO, Délio. *Instituições de direito do trabalho*. 11. ed. São Paulo: LTr, 1991. v. I, p. 148.
(2) MONTORO, André Franco. *Introdução à ciência do direito*. 20. ed. São Paulo: RT, 1991. p. 322.
(3) *Ibidem*.
(4) *Curso de direito civil*. São Paulo: Saraiva, 1975. v. I, p. 12.
(5) MARANHÃO. *Op. cit.*, p. 148.
(6) MONTORO. *Op. cit.*, p. 323.

de (cultura), as influências políticas (as ideias dominantes), assim como os fatores naturais, como uma seca prolongada, o clima, um terremoto, etc.

Além desses fatores sociológicos, entretanto, temos os valores de uma sociedade que condicional à formação da norma. Assim, por exemplo, o senso de justiça (do que é justo), da igualdade, da dignidade da pessoa, da solidariedade humana, são valores que influenciam a criação da norma. Constituem-se, assim, fontes materiais do direito.

Nesta linha de raciocínio, o direito processual do trabalho teria, em comum, as mesmas fontes materiais dos demais ramos da ciência jurídica.

Para cada ramo dessa ciência, contudo, sempre há uma fonte específica, determinante da formação do direito. Nesta esteira, a fonte material por excelência do direito processual, parece-nos ser, o senso de justiça (do que é justo). O direito processual, enquanto regra de conduta para realização do valor justiça, encontra amparo, mais remotamente, no nosso sentido de realização do que é justo.

Ao lado dessa fonte material, todavia, ao direito processual do trabalho se agrega outro de suma importância, qual seja, a luta dos trabalhadores por melhores condições de trabalho. Daí por que o princípio da proteção, própria do direito material, atinge o processo do trabalho, como veremos mais adiante de modo pormenorizado.

Já as fontes formais são as normas jurídicas, formalizadas em atos ou não, que dão caráter de direito positivo e obrigatório. Por elas, o direito se expressa formalmente.

No direito processual do trabalho, temos como exemplos de fontes formais:

a) a lei (em sentido amplo, envolvendo as leis complementares, a medida provisória, a Constituição Federal, etc.);

b) os regimentos internos dos Tribunais;

c) a jurisprudência;

d) as praxes processuais (usos e costumes processuais); e

e) as convenções e tratados internacionais que cuidam de normas processuais.

Os doutos, todavia, além das fontes acima mencionadas, costumam apontar a doutrina e os princípios gerais do direito como espécies de fontes.

A doutrina, entretanto, não se constitui propriamente uma fonte formal do direito, mas, sim, uma fonte material, pois fruto das ideias dominantes numa sociedade. A doutrina não passa, em realidade, da expressão material da cultura de um povo.

O mesmo podemos afirmar sobre os princípios gerais do direito. Os princípios são, em verdade, simples enunciados dos valores dominantes em uma sociedade. Constituem-se, assim, fontes materiais do direito.

1.1. Aplicação subsidiária das normas processuais

O art. 769 da CLT estabelece que "nos casos omissos, o direito processual comum será fonte subsidiária do direito processual do trabalho, exceto naquilo em que for incompatível com as normas deste título".

Em suma, a norma do direito processual comum se aplica desde que: a) não esteja regulado de outro modo na CLT (casos omissos); b) não seja incompatível com princípios e as regras mais especiais do processo laboral.

Quanto ao que seja "direito processual comum", tem-se entendido que este abrange não apenas as normas do Código de Processo Civil, mas também as demais disposições processuais existentes em nosso ordenamento jurídico, inclusive penais. Abrange não só o direito processual civil, como o direito processual penal, em contraposição ao direito processual trabalhista que é especial[7].

Tanto isso é verdade que quanto ao mandado de segurança, *habeas corpus*, mandado de injunção e ações civis públicas (estas de natureza eminentemente cognitivas), por exemplo, são aplicadas outras normas processuais que não aquelas constantes do Código de Processo Civil.

Da mesma forma, no *habeas corpus* se aplicam as regras do Código de Processo Penal.

Da mesma forma, como regra do Código de Processo Penal aplicável ao processo trabalhista, assim como ao processo civil, em face das lacunas destes, podemos citar aquelas que tratam do ato de busca e apreensão de coisas e pessoas (arts. 240 a 250, do CPP). As normas do CPP são bem mais detalhistas, o que, em face da lacunosidade do processo civil e trabalhista, servem de regras subsidiárias.

Outro exemplo que podemos lembrar é quanto ao ato de prisão do depositário judicial infiel. Na omissão do direito processual civil e trabalhista quanto às cautelas e formalidades essenciais para a realização desse ato de confinamento, devemos buscar no Direito Processual Penal as normas a serem observadas.

Destas primeiras assertivas, podemos, então, concluir que, quando omissa a CLT e existindo várias normas do direito processual comum tratando da matéria pertinente e que sejam compatíveis com os princípios processuais-laborais, deve o juiz aplicar aquela que mais se adequa ao procedimento trabalhista.

Vale destacar, no entanto, que não podemos confundir a simplicidade do processo do trabalho, com omissão ou mesmo lacuna da lei, com seu "silêncio eloquente" (*beredtes schweigen*), "que é o silêncio que traduz que a hipótese contemplada é a única a que se aplica o preceito legal, não se admitindo, portanto, aí o emprego da analogia" (STF, *in* RE n. 0130.552-5, Ac. 1ª T., Rel. Min. Moreira Alves, *in LTr* 55-12/1.442).

---

(7) Neste sentido, LIMA, Alcides de Mendonça. *Processo civil no processo trabalhista*. 3. ed. São Paulo: LTr, 1991. p. 26, e NASCIMENTO, Amauri Mascaro. *Elementos de direito processual do trabalho*. 2. ed. São Paulo: LTr, 1975. p. 19.

O processo do trabalho é simples por sua própria natureza e não poderia ser de outra forma quando se assegura aos leigos o *jus postulandi* e em face mesmo de sua natureza instrumental. Não seria admissível criar procedimentos demasiadamente formais, acessíveis apenas aos técnicos, e, ao mesmo tempo permitir que os leigos pudessem se dirigir, pessoalmente, à Justiça do Trabalho, seja como autor ou réu.

Além disso, a aplicação de normas que estabelecem ritos ou atos processuais excessivamente formais apenas desfiguram o processo do trabalho, burocratizando-o e fugindo à sua essência, qual seja, de servir de instrumento ágil e célere à satisfação do direito material trabalhista, tutelar por natureza.

Assim é que não podemos confundir a simplicidade do processo trabalhista com o que se diz ser "omissão" da CLT a respeito de determinados institutos ou procedimentos processuais.

Muitas vezes a pseudo "omissão" nada mais é do que o estabelecimento de um procedimento por meio do "silêncio eloquente" a respeito da matéria, ou seja, a "omissão" "traduz que a hipótese contemplada é a única a que se aplica o preceito legal", não se admitindo o emprego de normas subsidiárias ou por analogia.

Caso típico do "silêncio eloquente", *data venia*, é a inexistência de previsão de prazo para a parte contrária se manifestar sobre a prova documental produzida pelo *ex adverso* fora da audiência. Em verdade, a CLT não é omissa neste ponto, pois se seus atos são realizados em audiência, em regra; logo somente devemos admitir a manifestação da parte contrária na própria audiência.

Na prática trabalhista, no entanto, passou-se a entender que, da juntada de documentos, deve-se conceder à parte contrária o prazo de cinco dias para manifestação, em aplicação subsidiária do art. 398 do Código de Processo Civil.

Ocorre que, no processo do trabalho não há que se falar na concessão desse prazo de cinco dias, sob pena de se desrespeitar seus princípios mais comezinhos.

Em verdade, ao não prever a concessão de prazo (fora da audiência) para que a parte se manifeste sobre a prova documental apresentada pelo *ex adverso*, quis o legislador trabalhista fazer prevalecer os princípios da celeridade e da economia processual, sem esquecer o da concentração.

O rito procedimental da ação trabalhista foi bem delineado na CLT: em audiência, lida a reclamação, ou dispensada sua leitura, tenta-se a conciliação, o reclamado terá 20 (vinte) minutos para aduzir defesa (art. 846), apresentando suas provas (art. 845); terminada a defesa, havendo acordo, lavrar-se-á termo respectivo (art. 847, § 1º); não havendo acordo, seguir-se-á a instrução, com o interrogatório das partes, das testemunhas, dos peritos e dos assistentes técnicos, se houver (art. 848); terminada a instrução, as partes podem aduzir razões finais, renovando-se, em seguida, a tentativa de conciliação e, não concretizada esta, pelo Juiz será proferida a decisão.

A concessão de prazo para a parte se manifestar sobre "as demais provas" (art. 845, CLT) produzidas pelo *ex adverso*, não só desrespeita o rito procedimental previsto na CLT, acima descrito resumidamente, como, ainda, nega seus princípios elementares.

Ao não preceituar essa possibilidade, o legislador trabalhista não foi "omisso". Ao contrário, não quis, em verdade, estabelecer esse ato processual, mantendo-se em silêncio (eloquente) a respeito, tanto que definiu claramente quais as etapas procedimentais a serem observadas ao longo do processo do trabalho, excluindo essa hipótese.

O fato, pois, de nada dispor sobre a possibilidade do litigante se manifestar sobre a prova documental produzida pela parte contrária não implica em deduzir que a CLT tenha sido "omissa", mas, sim, que não quis estabelecer essa hipótese, mantendo-se em silêncio a respeito, até porque desnecessário afirmar a vedação.

A aplicação de norma processual subsidiária que desvirtue esse rito, portanto, não se respalda em lei (art. 769, CLT), já que desfigura o simplório procedimento trabalhista.

E mais, caso hoje houvesse de se aplicar norma processual subsidiária quanto a esta matéria, haveria de ser respeitada aquela estatuída no art. 29, § 2º, da Lei n. 7.244/84 (que trata dos Juizados de Pequenas Causas), que estabelece que "sobre os documentos apresentados por uma das partes, manifestar-se-á imediatamente a parte contrária, sem interrupção da audiência", por ser esta a única verdadeiramente compatível com a processualística laboral.

Estamos a falar dessa questão para chamar a atenção quanto às regras subsidiárias que devem ser adotadas.

É certo que o direito processual civil, é, por excelência, a fonte subsidiária maior do processo trabalhista, pois com este mantém maior afinidade.

Ocorre, entretanto, que, dentre as normas subsidiárias do direito processual civil, encontramos várias disposições distintas, aplicáveis aos mais diversos procedimentos cíveis.

Assim é que, no CPC — fonte principal do direito processual civil — encontramos normas sobre o processo de conhecimento, sobre a execução e sobre as medidas cautelares.

Obviamente, então, que, se estivermos diante de um processo cautelar, na Justiça do Trabalho, deveremos buscar no Título que trata das medidas cautelares no Código de Processo Civil as normas subsidiárias aplicáveis na omissão da CLT. E assim se deve agir com as demais espécies de ações (cognitivas e de execução, ressalvando-se, quanto a esta última, a preferência pela lei do executivo fiscal).

Outrossim, o direito processual civil sempre estabeleceu diversos ritos procedimentais para as ações comuns. Atualmente, eles seriam: o rito ordinário, o rito sumário e o dos Juizados Especiais, este último tratado inicialmente na Lei n. 9.099/95.

Ao lado desses ritos comuns, temos, ainda, os procedimentos especiais, que devem ter suas regras observadas quando ajuizados na Justiça do Trabalho (consignação, ação de depósito, habilitação, etc.).

É preciso primeiro, então, na aplicação da regra subsidiária, estabelecer, dentre os ritos procedimentais civis comuns, aquele que mais se harmoniza com o processo trabalhista.

Cabe, então, ao aplicador da norma processual trabalhista, na omissão da CLT, buscar, dentre as regras do direito processual civil, aquela que mais se harmoniza com os seus princípios. Não bastará a simples compatibilização, pois diversas são as regras compatíveis com o processo do trabalho. É preciso, ainda, existindo diversas normas compatíveis, que se faça a escolha pela regra que mais se harmoniza com o processo laboral.

Assim, verificamos que, dentre os diversos ritos procedimentais estabelecidos no direito processual civil, os que mais se aproximam do processo laboral são justamente o sumário e o estabelecido para os Juizados Especiais.

Diga-se, aliás, que o processo sumário (antigo sumaríssimo) sofreu influência do processo trabalhista, como bem assinala *Alcides Mendonça Lima*[8].

Daí temos, então, que, com a reforma processual civil, inclusive no Juizado Especial, várias são as novas regras subsidiárias a serem aplicadas ao processo trabalhista, por serem mais compatíveis e harmônicas com este.

Desse modo, a seguir, trataremos dessas novas regras, apontando aquelas que devem ser aplicadas subsidiariamente ao processo laboral, na omissão da CLT.

O procedimento sumário está, atualmente, regulado nos arts. 275 a 281 do CPC.

a) O art. 275 estabelece as hipóteses de cabimento do procedimento sumário sendo tais regras, pois, inteiramente incompatíveis com o processo trabalhista.

b) Já o art. 276 prevê que "na petição inicial, o autor apresentará o rol das testemunhas e, se requerer perícia, formulará quesitos, podendo indicar assistente técnico".

A princípio, poder-se-ia pensar que essa regra é incompatível com o processo do trabalho, já que a CLT, em seu art. 840, §§ 1º e 2º, estabelece os requisitos da petição inicial.

O novo art. 276 do CPC, entretanto, não estabelece novos requisitos para a petição, tanto que a omissão em indicar assistente técnico, apresentar rol de testemunhas ou a formular quesitos não conduz ao indeferimento da exordial, mas, sim, à perda dessas faculdades processuais.

Temos, assim, que essa regra se aplica plenamente ao processo trabalhista, já que, inclusive, torna-o mais célere, pois evita a concessão de prazo para que o autor indique assistente técnico ou apresente quesitos.

No que se refere à indicação do rol de testemunha, essa regra também se aplica, pois não incompatível com o art. 825 da CLT. Isso porque, o que a CLT determina é

---

(8) *Op. cit.*, p. 57.

que as partes compareçam à audiência acompanhada de suas testemunhas, enquanto a regra processual civil apenas determina que o rol respectivo seja apresentado com a inicial. Essa obrigação, pois, em nada é incompatível com aquele procedimento.

c) O art. 277 cuida da designação da audiência, os efeitos da revelia, a conciliação, a representação processual e a conversão do rito sumário em ordinário. Tais regras, entretanto, não se aplicam ao processo laboral, já que a CLT contém normas expressas a respeito.

d) O art. 278 do CPC dispõe, por sua vez, que "não obtida a conciliação, oferecerá o réu, na própria audiência, resposta escrita ou oral, acompanhada de documentos e rol de testemunhas e, se requerer perícia, formulará seus quesitos desde logo, podendo indicar assistente técnico".

Esta regra é plenamente aplicável ao rito trabalhista, tal como o art. 276 comentado acima.

No § 1º deste dispositivo, está prevista, por sua vez, a hipótese do réu, "na contestação, formular pedido em seu favor, desde que fundado nos mesmos fatos referidos na inicial".

Esta norma tornou desnecessário o ajuizamento de reconvenção. Poderá, pois, o réu, na própria contestação, deduzir demanda contraposta à do autor. A este, por sua vez, é assegurado o direito de resposta, em audiência, de imediato ou em outra a ser designada (parágrafo único, do art. 31 da Lei n. 9.099/95).

Essa regra, também, é aplicável ao processo trabalhista, já que o torna mais célere, atendendo, pois, a um dos mais importantes princípios que o norteia.

Já o § 2º do art. 278 prevê a hipótese de designação de nova audiência para instrução do feito, em caso de produção de prova oral.

Este dispositivo, no entanto, não é compatível com a CLT, já que esta determina a realização de audiência una, em regra, salvo por força maior (art. 849).

e) O art. 279 e seu parágrafo único estabelecem a necessidade de registro dos atos realizados em audiência.

Esse preceito, porém, não se aplica ao processo laboral, já que a CLT não é omissa a esse respeito, pois prevê o registro resumido dos trâmites de instrução e julgamento em ata (art. 851).

f) Temos, ainda, o art. 280 do CPC, que estabelece:

"I — que não será admissível ação declaratória incidental, nem intervenção de terceiros, salvo assistência, o recurso de terceiro interessado e a intervenção fundada em contrato de seguro."

No que se refere à inadmissibilidade da intervenção de terceiros e da propositura de ação declaratória, esta regra é plenamente compatível pois, com ela, evita-se a procrastinação do feito principal por conta dessas ações conexas. Não há, pois, neste dispositivo qualquer incompatibilidade com os princípios processuais trabalhistas.

No que se refere à assistência, preferimos aplicar a regra do art. 10 da Lei n. 9.099/95 que proíbe essa figura litisconsorcial, já que, em geral, a interveniência do assistente tende a tumultuar e procrastinar o feito, o que se incompatibiliza com o processo trabalhista.

g) Por fim, o art. 281 preceitua que, finda a instrução e os debates orais, o juiz proferirá sentença na própria audiência ou no prazo de 10 dias.

Essa regra, entretanto, não se aplica ao processo do trabalho, já que a CLT, neste tocante, não é omissa.

A Lei n. 9.099/95, por sua vez, que dispõe sobre os Juizados Especiais Cíveis e Criminais, estabeleceu, de forma mais sistemática, as regras aplicáveis ao que se tornou conhecida como as "pequenas causas".

Entre os arts. 1º e 51 desse diploma legal, regulamentou-se o procedimento civil no Juizado Especial, inovando-se em diversos aspectos.

Por ser extensa a mencionada lei, preferimos, neste ponto, trazer à baila somente as normas que entendemos como compatíveis com o processo do trabalho e, portanto, aplicáveis na Justiça do Trabalho nos feitos de natureza cognitiva, complementando com pequenos comentários, quando necessário, para maior clareza do que aqui se defende.

Essas regras seriam:

"Art. 9º, § 2º O Juiz alertará as partes da conveniência do patrocínio por advogado, quando a causar o recomendar.

Art. 9º, § 3º O mandato ao advogado poderá ser verbal, salvo quanto aos poderes espe-ciais.

Art. 10. Não se admitirá, no processo, qualquer forma de intervenção de terceiros nem de assistência. Admitir-se-á o litisconsórcio."

Quanto à assistência, remetemos o leitor aos comentários acima a respeito do art. 280 do CPC.

"Art. 13, § 2º A prática de atos processuais em outras comarcas poderá ser solicitada por qualquer meio idôneo de comunicação."

"Art. 17, parágrafo único. Havendo pedidos contrapostos, poderá ser dispensada a contestação formal e ambos serão apreciados na mesma sentença."

"Art. 19, § 2º As partes comunicarão ao juízo as mudanças de endereço ocorridas no curso do processo, reputando-se eficazes as intimações enviadas ao local anteriormente indicado, na ausência de comunicação."

"Art. 24. Não obtida a conciliação, as partes poderão optar, de comum acordo, pelo juízo arbitral."

Essa norma, por sua vez, compatibiliza-se com a regra estabelecida na LC n. 75/93, a qual, em seu art. 83, inciso XI, prevê a possibilidade do Ministério Público do Trabalho atuar como árbitro "nos dissídios de competência da Justiça do Trabalho".

"Art. 29. Serão decididos de plano todos os incidentes que possam interferir no regular prosseguimento da audiência. As demais questões serão decididas na sentença.

Art. 29, parágrafo único. Sobre os documentos apresentados por uma das partes, manifestar-se-á imediatamente a parte contrária, sem interrupção da audiência."

Essas normas, aliás, mais se compatibilizam com o processo do trabalho do que a regra estabelecida no art. 398 do CPC, que impõe a concessão de prazo de cinco dias para manifestação sobre os documentos. Essa regra do CPC, diga-se, não tem qualquer compatibilidade com o processo trabalhista, pois estabelece a cisão da audiência, quando esta deve ser una, salvo força maior.

"Art. 31. Não se admitirá a reconvenção. É lícito ao réu, na contestação, formular pedido em seu favor, ..., desde que fundado nos mesmos fatos que constituem objeto da controvérsia.

Art. 31, parágrafo único. O autor poderá responder ao pedido do réu na própria audiência ou requerer a designação de nova data, que será desde logo fixada, cientes todos os presentes."

"Art. 32. Todos os meios de prova moralmente legítimos, ainda que não especificados em lei, são hábeis para provar a veracidade dos fatos alegados pelas partes."

"Art. 33. Todas as provas serão produzidas em audiência de instrução e julgamento, ainda que não requeridas previamente, podendo o juiz limitar ou excluir as que considerar excessivas, impertinentes ou protelatórias."

"Art. 35. Quando a prova do fato exigir, o Juiz poderá inquirir técnicos de sua confiança, permitida às partes a apresentação de parecer técnico.

Art. 35, parágrafo único. No curso da audiência, poderá o Juiz, de ofício ou a requerimento das partes, realizar inspeção em pessoas ou coisas, ou determinar que o faça pessoa de sua confiança, que lhe relatará informalmente o verificado."

"Art. 49. Os embargos de declaração serão interpostos por escrito ou oralmente, no prazo de cinco dias, contados da ciência da decisão."

"Art. 51. Extingue-se o processo, além dos casos previstos em lei:

III — quando for reconhecida a incompetência territorial;" ...

A esse respeito, vale frisar que essa consequência processual (extinção do feito quando acolhida a exceção de incompetência territorial) parece completar o disposto no art. 799, § 2º da CLT, que prevê a possibilidade de recurso contra a decisão que reconhece a incompetência "se terminativa do feito".

Ora, para ser terminativa do feito, a exceção acolhida, necessariamente, deve extingui-lo. Isso porque, ao se remeter o processo ao Juízo considerado competente, não se estará diante de uma decisão extintiva do feito. Nesta hipótese, então, o recurso somente será cabível contra a decisão final (art. 799, § 2º, *in fine*, da CLT).

"Inciso V — quando, falecido o autor, a habilitação depender de sentença ou não se der no prazo de trinta dias.

Inciso VI — quando, falecido o réu, o autor não promover a citação dos sucessores no prazo de trinta dias da ciência do fato.

Art. 51, § 1º A extinção do processo independerá, em qualquer hipótese, de prévia intimação pessoal das partes."

2. Conflitos e soluções

É comum, entretanto, o choque das diversas fontes formais. Isso ocorre quando elas tratam da mesma matéria de forma diversa.

O legislador e a doutrina, porém, estabeleceram critérios para harmonizar as incompatibilidades surgidas.

O primeiro *critério* é o *cronológico* que estabelece que a lei posterior revoga a lei anterior.

O segundo *critério* é o *hierárquico*, pelo qual a lei superior revoga a inferior, assim como tem prevalência sobre esta.

Já o terceiro *critério* é o da *especialidade*, segundo o qual a lei especial revoga a lei geral.

É óbvio, entretanto, que esses critérios não são utilizados na ordem acima traçada. Pode ocorrer, por exemplo, da lei posterior tratar de maneira diversa sobre uma matéria — o que, a princípio, prevaleceria pelo critério cronológico —, mas ser hierarquicamente inferior à norma anterior. Neste caso, então, em face da posição hierárquica, a lei anterior teria prevalência sobre a posterior, que seria ilegal ou inconstitucional.

3. Princípios

3.1. Conceito de princípio

Para *Celso Antônio Bandeira de Mello*, "princípio ... é por definição, mandamento nuclear de um sistema, verdadeiro alicerce dele, disposição que se irradia sobre diferentes normas compondo-lhes o espírito e servindo de critério para sua exata compreensão e inteligência exatamente por definir a lógica e a racionalidade do sistema normativo, no que lhe confere a tônica e lha dá sentido harmônico"[9] ou, ainda, para o mestre administrativista, é "a disposição expressa ou implícita, de natureza categoria, em um sistema, pelo que conforma o sentido das normas implantadas em uma ordenação jurídica positiva"[10].

---

(9) *Curso de direito administrativo*, p. 537-538.
(10) Parecer, RDP 15/283.

São, os princípios, nas lições de *Miguel Reale*, "enunciações normativas de valor genérico, que condicionam e orientam a compreensão do ordenamento jurídico, quer para a sua aplicação e integração, quer para a elaboração de novas normas"[11].

Já para *Américo Plá Rodriguez*, princípios são as "linhas diretrizes que informam algumas normas e inspiram direta ou indiretamente uma série de soluções, pelo que, podem servir para promover e embasar a aprovação de novas normas, orientar a interpretação das existentes e resolver os casos não previstos"[12].

"É um enunciado lógico, implícito ou explícito, que, por sua grande generalidade, ocupa posição de preeminência nos vastos quadrantes do Direito e, por isto mesmo, vincula, de modo inexorável, o entendimento e a aplicação das normas jurídicas que com ele se conectam"[13].

Em suma, pode-se afirmar que princípio é um enunciado ou pensamento que, não só deve servir de inspiração para a criação das normas jurídicas, como também de orientação para aplicação e interpretação daquelas existentes.

O jurista, contudo, para sua revelação deve se ater não só ao direito positivado, mas também aos "materiais fornecidos pela ciência jurídica, pela filosofia do direito e pela sociologia"[14], até porque não se confundem "princípios gerais da legislação e os mais gerais princípios de direito"[15]. Daí por que eles "não formam um conjunto rigoroso, mas são compostos de topoi, lugares comuns, o que lhes confere um caráter tópico"[16].

O princípio, assim, não surge apenas a partir do direito positivado, mas nasce, muito mais, do senso comum, que, nas lições de *Theodor Viehweg*, "manipula o verossímil, contrapõe pontos-de-vista conforme os cânones da tópica retórica, ensinando a considerar um estado de coisas de ângulos diversos, isto é, como trama de pontos-de-vista"[17].

Tais princípios são alcançados a partir de raciocínios dialéticos, ou seja, "aqueles que têm como premissas opiniões acreditadas e verossímeis, que devem contar com a aceitação (*endoxa*). Endoxa — diz *Aristóteles* — são proposições que 'parecem verdadeiras a todos ou a maior parte ou aos sábios, e dentre estes também, a todos ou a maior parte ou aos mais conhecidos e famosos'"[18].

Os princípios não se confundem, assim, com as regras "concebidas de forma muito geral, às quais se pudessem subsumir situações de fato, igualmente de índole muito geral. Carecem antes, sem exceção, de ser concretizados"[19].

---

(11) *Op. cit.*, p. 300.
(12) *Princípios de direito do trabalho*, p. 16.
(13) CARRAZA, Roque Antônio. *Princípios constitucionais tributários e competência tributária*, p. 8.
(14) FILHO, Eduardo Spínola e. *A lei de introdução ao código civil brasileiro*. Atualizado por Silva Pacheco, p. 111.
(15) *Ibidem*, p. 117.
(16) FERRAZ JR., Tercio Sampaio. *Op. cit.*, p. 248.
(17) SOUZA, Luiz Sérgio Fernandes de. *O papel da ideologia no preenchimento das lacunas no direito*, p. 235.
(18) VIEHWEG, Theodor. *Tópica e jurisprudência*, p. 45.
19 LARENZ, Karl. *Op. cit.*, p. 674.

Esclarece *Karl Larenz*, ao se referir aos princípios que formam o sistema interno (sistema de valores), que "no grau mais elevado, o princípio não contém ainda nenhuma especificação de previsão e consequência jurídica, mas só uma 'ideia jurídica geral', pela qual se orienta a concretização ulterior como por um fio condutor"[20].

Esses princípios, no mais elevado grau, não se confundem com aqueles que começam a gerar consequência jurídica e, portanto, dão início à formação de regras. *Larenz* chama esses outros de subprincípios, tais como os da boa-fé, da igualdade e da culpa[21].

Por sua vez, os princípios positivados, nas lições de *Larenz*, podem ser os explicitados e os inerentes, quando extraídos pelas exceções. Estes últimos o legislador não explicitou por que os considerou tão evidentes que não precisavam ser mencionados, salvo quando se referiam às exceções. Exemplo de princípio positivado seria o da liberdade da forma contratual, que, ainda que não fosse mencionado na lei, a partir das regras excepcionais que exigem a realização de atos solenes para validade de algumas espécies contratuais, seria extraído de forma indireta dos textos legais.

Esse mesmo mestre alemão lembra que os 'princípios com forma de proposição' assumem uma posição intermediária entre os princípios abertos e as normas jurídicas. Distinguem-se destas últimas, sobretudo, porque lhes cabe uma importância destacada no contexto global de uma regulação, mas não deixam de ser normas, conquanto, quando a lei acolhe os princípios, "dá-lhes força cogente, mas não lhes altera a substância, constituindo um *jus* prévio e exterior à *lex*"[22].

Cabe lembrar, ainda, que temos os princípios contingentes que seriam os que podem sofrer modificações, a depender do momento, meio e circunstâncias. Em suma, sofreriam alterações de acordo com os valores culturais, políticos, filosóficos, etc. preponderantes em cada momento.

3.2. Princípios processuais

São inúmeros os princípios processuais indicados pela doutrina. Difícil, pois, seria mencionar todos eles.

Alguns doutrinadores, por sua vez, indicam certos princípios que seriam peculiares ao processo do trabalho, como, por exemplo, o princípio da proteção. Entendemos, no entanto, que o processo do trabalho não contém um princípio próprio, que lhe seja exclusivo, o que, aliás, revela a sua falta de autonomia.

Cuidaremos, assim, adiante, em citar os que nos parecem ser os principais princípios processuais aplicáveis aos processo do trabalho, a partir da Constituição Federal.

---

(20) *Ibidem*, mesma página.
(21) *Ibidem*, p. 675.
(22) REALE, Miguel. *Op. cit.*, p. 301.

3.2.1. Princípio da efetividade da justiça

Talvez o mais importante princípio processual, não expresso, mas inerente ao texto constitucional, seja o da efetividade da justiça, desdobrando-se, a partir dele, diversos outros subprincípios.

Por tutela efetiva, tem-se a satisfação concreta do direito, pelo Estado, por meio da jurisdição, com respeito à ordem constitucional, em tempo razoável.

Todos esses valores estão gasalhados na Constituição Federal. Isso porque, ela não se preocupa apenas em assegurar o direito à jurisdição, mas, sim, o de satisfação dos direitos, especialmente os fundamentais (inclusive o de realização da justiça), de forma concreta, substancial, material.

É predominante na doutrina, ainda, que a Carta Magna não assegura tão-somente a tutela formal. Em verdade, mais do que simplesmente assegurar formalmente o direito, o constituinte busca a efetividade desse direito fundamental à justiça. E, lógico, de forma célere, pois de nada adianta assegurar ao lesado seu direito quando este não mais lhe serve ou já com a perda da oportunidade de gozá-lo a contento tal como possível contemporaneamente na época de sua aquisição.

O Estado, contudo, para alcançar a tutela efetiva, por óbvio, deve dar ao indivíduo todas as condições indispensáveis para tal. Daí por que, *v. g.*, o direito à gratuidade da justiça, pois se essa vantagem não for assegurada àquele que não tem condições de arcar com as despesas processuais, jamais poderá materialmente ter acesso à Justiça e, portanto, nunca alcançará a tutela efetiva.

Assegurar a tutela efetiva, portanto, não é apenas o Estado tornar concreta a prestação jurisdicional, é também, já antes, assegurar à pessoa condições dela poder alcançar a tutela efetiva. Fazer efetiva a tutela jurisdicional, por conseguinte, também significa assegurar todas as condições materiais para que a pessoa possa pedir e obter a prestação jurisdicional, ou seja, tenha material e efetivo acesso à Justiça.

Cabe esclarecer, ainda, que quando falamos em efetividade não queremos nos referir apenas à decisão judicial em si. Mas, sim, à decisão judicial e a sua concretude, satisfação, efetivação, cumprimento, num prazo razoável.

Diga-se, ainda, que essas mesmas lições se aplicam quando da interpretação da norma. Sempre que possível, ela deve ser interpretada de forma a se assegurar, ao máximo possível, o direito fundamental de acesso à Justiça; jamais para restringir esse direito fundamental.

3.2.2. Princípio do acesso à justiça

O princípio do acesso à justiça, previsto em norma constitucional, pode ser definido como aquele que assegura o acesso à jurisdição, ou seja, que garante à pessoa o direito de se dirigir ao Judiciário para pleitear a satisfação de seu direito.

É a partir do princípio do acesso à justiça que extraímos, por sua vez, o princípio da inafastabilidade do controle jurisdicional, sendo, este, aliás, também expresso na Constituição Federal.

Este último é subprincípio daquele outro, pois, ao certo, quando se assegura o acesso à justiça, por certo se assegura o direito à apreciação judicial de qualquer ato apontado como lesivo. Torna-se, assim, imperioso que nenhuma lesão ou ameaça de direito esteja excluída de apreciação do Judiciário enquanto desdobramento do princípio do acesso à justiça.

Para instrumentalizar esse direito, por sua vez, é que o direito processual regula o direito de ação. Mas, como dito acima, o princípio do acesso à justiça não apenas formalmente assegura a inafastabilidade do controle judicial ou o direito de ação. Ele, em verdade, somente se realiza quando, concretamente, esse acesso é assegurado. Não basta, pois, apenas formalmente abrir as portas do Judiciário. É preciso, sim, assegurar as condições para que o jurisdicionado possa materialmente adentrar no prédio, de modo a tornar concreto esse princípio.

O exemplo clássico é o da pessoa pobre que não tem condições de arcar com os custos do processo judicial. Neste caso, de nada lhe ficar assegurado o direito de ação, se dele não pode fazer uso por falta de dinheiro para pagar as custas processuais. Daí surge, então, o direito de assistência judiciária, com a isenção ou dispensa do pagamento das despesas processuais por quem não tem condições materiais de pagar pelas mesmas. Mediante essa isenção, portanto, assegura-se ao mais necessitado o direito de acesso à Justiça.

Observe-se, inclusive, que a Carta Magna assegura a gratuidade e a assistência jurídica aos necessitados (inciso LXXIV do art. 5º da CF). Isso porque, de nada adianta assegurar o acesso à justiça, se a pessoa não tem conhecimento técnico para postular ou não dispõe de recursos financeiros para arcar com as despesas respectivas.

Esse direito à gratuidade e à assistência jurídica, por conseguinte, servem de instrumento à concretização do princípio do acesso à justiça e da sua própria efetividade. Busca, em suma, concretizar a igualdade material.

E é a partir desse exemplo que se extrai uma regra basilar: a de que o legislador infraconstitucional não pode estabelecer condições ou requisitos de uso do direito de ação de modo a anular, na prática, esse direito fundamental.

É o exemplo de cobrança de custas ao pobre ou de custas elevadas às pessoas que não são consideradas pobres.

Assim, de logo, podemos apontar duas consequências decorrentes do princípio do acesso à justiça: a primeira, a inafastabilidade do controle jurisdicional, que resulta no direito de ação; a segunda, a vedação de regras ou atos que impedem o acesso à justiça, inclusive por meio de exigências de requisitos não-razoáveis ou impeditivos ao exercício do direito de ação, seja pela nulidade dos atos que criam dificuldades ou impedem o exercício do direito de ação.

Neste último sentido, o legislador infraconstitucional também não pode exigir outras condições ou requisitos a serem observados para que seja possível a tutela definitiva, ou seja, a tutela de mérito. Seria a hipótese de o legislador exigir que o autor da demanda efetuasse um depósito prévio correspondente ao valor de seu pedido de condenação pecuniária, para garantir o ressarcimento de danos ao réu caso a ação seja julgada improcedente.

Na prática, a exigência desse requisito anularia, na maior parte dos casos, ao certo, o direito de ação.

Daí se tem, então, que os requisitos ou condições processuais devem passar pelo crivo do princípio da razoabilidade. O que foge ao razoável, anulando na prática, o direito de ação, há se ser considerado inconstitucional.

É a partir desse princípio, por exemplo, que se pode questionar a constitucionalidade da norma que estabelece a prévia tentativa de conciliação antes do ingresso da ação trabalhista. A pergunta que se coloca é: será que essa regra não cria um obstáculo ao efetivo direito de ação (de acesso à justiça).

Da mesma forma, a partir desse princípio se pode questionar a regra de competência territorial. Será que a regra prevista na CLT, não estaria, em determinados casos concretos, impedindo o acesso à justiça?

E mais, será que alguns atos praticados pela empresa, ainda que sobre a forma de ameaça, não criariam impedimentos ao efetivo exercício do direito de ação por parte trabalhador?

Da mesma forma, estar-se-á diante da violação desse princípio quando se estabelecem excessivas formalidades para validade do ato.

Abordamos, assim, adiante, essas três últimas questões mencionadas.

3.2.2.1. Regra de competência territorial e acesso à justiça

Imaginem uma hipótese em que o trabalhador foi contratado e sempre prestou serviços em Porto Alegre, mas, depois de despedido, retornou à sua terra natal em João Pessoa, na Paraíba, e nesta última cidade ingressou com sua demanda trabalhista.

Aplicando-se a regra da competência territorial, teríamos que a demanda deveria ser ajuizada na capital gaúcha. A partir daí, no entanto, estaríamos, de fato, diante de uma situação na qual a aplicação da regra de competência territorial, prevista na CLT, se aplicável no caso concreto, resultaria na efetiva negativa de jurisdição ao autor da demanda.

Isso porque, em concreto, em geral, dada às condições econômicas do trabalhador, a ele se torna impossível ou de dificílima possibilidade, deslocar-se até à cidade distante da qual reside para poder ajuizar sua demanda em face do ex-empregador.

É certo que, em diversas situações, seria extremamente dispendioso para a empresa o seu deslocamento para responder e acompanhar a reclamação trabalhista no domicílio do autor. Contudo, o eventual deslocamento dessa competência para o local da prestação de serviços, resultará, diante do caso concreto, na própria negativa do acesso à Justiça, se o autor não dispõe de recursos financeiros suficientes para bancar as despesas respectivas.

Em outras palavras, ao se aplicar a regra da CLT, em situações como tais, estar-se-á diante de uma situação na qual o direito constitucional de acesso à jurisdição e de efetividade da Justiça restará totalmente violado, em seu aspecto material (substancialmente), pois não basta assegurar essas garantias formalmente. É preciso materialmente assegurar tais direitos fundamentais.

É certo, porém, que a demandada também tem o direito constitucional ao devido processo legal, inclusive com a aplicação da regra de competência territorial. Surge, no entanto, nestes casos, uma situação na qual estamos diante de dois direitos constitucionais fundamentais em conflito: o direito de acesso à Justiça em conflito com o direito ao devido processo legal.

Ensina, porém, em resumo, a doutrina que, diante do conflito entre dois direitos fundamentais, deve prevalecer aquele que impõe menor sacrifício à pessoa. E, *in casu*, entre o direito (substancial) de acesso à Justiça e o direito ao devido processo legal (com respeito às regras processuais infraconstitucionais), aquele primeiro deve prevalecer, até porque sem ele não se pode concretizar este outro.

É preciso ressaltar, ainda, que, antiga doutrina, já acolhida pelo STF, entende que, diante do caso concreto, a norma possa ser tida como inconstitucional (materialmente), sem a necessidade de declará-la em tese, em abstrato, de modo formal.

No Brasil, a doutrina sobre inconstitucionalidade formal e material foi introduzida pelo Min. Bilac Pinto, ao analisar a situação das leis fiscais que, na prática, têm carga fiscal tão exagerada sobre a atividade tributada que perturbam o seu ritmo, resultando ônus excessivo, dificultando-a, embaraçando-a ou desencorajando-a. Tal inconstitucionalidade, pois, teria a característica de só ocorrer no caso concreto apreciado e de poder coexistir com a constitucionalidade formal da lei em apreço. Esta ideia foi veiculada pelo Ministro Bilac Pinto em trabalho publicado na *Revista Forense* de junho de 1940, A Crise da Ciência das Finanças — Os Limites do Poder Fiscal do Estado — Uma Nota na Doutrina sobre a Inconstitucionalidade das Leis Fiscais, p. 547-562.

Posteriormente, o STF reconheceu que a inconstitucionalidade material poderia ocorrer também com relação a leis de outra natureza, sempre que, no caso concreto, verificasse que a sua aplicação violaria direito constitucionalmente protegido. Este reconhecimento se deu originariamente no RE n. 72.071-GB, cujo Relator foi o Ministro Thompson Flores, RTJ 58, p. 692-701.

Assim, em diversas hipóteses, aplicar a regra de competência territorial prevista na CLT, seria negar o direito constitucional de acesso à Justiça. Logo, diante do caso concreto, deve ser afastada a aplicação da regra infraconstitucional, tendo-a como inconstitucional materialmente, de modo a fazer valer a garantia estampada na Carta Magna do acesso à justiça.

3.2.2.2. Garantia do emprego e o acesso à justiça

Foi dito acima que assegurar a tutela efetiva não é apenas o Estado tornar concreta a prestação jurisdicional, é também assegurar à pessoa condições dela poder alcançar a tutela efetiva.

Fazer efetiva a tutela jurisdicional, portanto, também significa assegurar todas as condições materiais para que a pessoa possa pedir e obter a prestação jurisdicional, ou seja, tenha material e efetivo acesso à Justiça.

Neste sentido, é óbvio, ainda, que o uso da faculdade de fazer valer o direito à tutela judicial não pode acarretar ao indivíduo a perda de outro direito, pois se tal ocorrer, estar-se-á diante de uma tutela ineficiente e ineficaz.

Ora, quando se diz que o Estado deve assegurar a tutela efetiva se quer afirmar que com a sua satisfação o detentor do direito protegido não pode sofrer nenhuma perda, sob pena de não se concretizar a ordem jurídica de forma plena.

Não teria lógica, portanto, ao assegurar o direito à tutela efetiva, se o Estado não garantisse a proteção de direitos que podem ser atingidos pelo ato de demandar em Juízo. Do contrário, o direito constitucional à tutela efetiva seria mera balela, obra ficcional, pois quem tem algo de valor significativo a perder, em regra, não se sujeita a agir de modo a criar uma oportunidade ou pretexto para sofrer essa perda. Cabe ao Estado, portanto, fazer valer o direito de acesso à Justiça de forma integral, eficiente e eficaz, agindo de modo a impedir todos atentados a esse direito fundamental, ainda que preventivamente.

Em outras palavras, "para lograr dita efetividade plena da tutela judicial resulta imprescindível estabelecer algum mecanismo protetor que impeça que quem recorra aos tribunais para a tutela de seus direitos resulte prejudicado em seus interesses pessoais ou profissionais como consequência disso, pois, do contrário, só formalmente poderia se falar de tutela efetiva. Nesta perspectiva, a garantia de indenidade[23] viria a fechar o círculo de instrumentos básicos a serviço da efetividade da tutela judicial, cujo núcleo o forma o direito de execução das resoluções judiciais e as medidas cautelares, pois que resultaria incompleto sem a interdição de eventuais represarias por razões do exercício da ação judicial"[24].

---

(23) Indenidade é a "qualidade ou estado de indene; isenção de dano". Segundo, ainda, o *Dicionário Houaiss da Língua Portuguesa*, entre outras definições, indene é aquele "que não teve prejuízo, livre de perda, de dano". Rio de Janeiro: Objetiva, 2001. p. 1602-1603,
(24) ALONSO, Diego Alvarez. *La garantía de indemnidad del trabajador frente a represálias empresariales*. Albacete: Bomarzo, 2005. p. 54. Tradução livre do autor.

Daí por que se coloca a seguinte pergunta: será que o Estado assegura a tutela efetiva ao empregado que demanda seu empregador, no curso da relação de emprego, e, por tal ato, aquele vem a ser despedido arbitrariamente?

A resposta, necessariamente, do ponto de vista da substância do direito constitucional, há de ser negativa. Isso porque, na prática, por possível ato do provável demandado, o direito de ação do empregado será anulado. Em outras palavras, o empregado em face do provável ato de despedida do empregador que vem a ser demandado, em regra, não tem condições de fazer uso do direito de acesso à Justiça. Logo, o Estado, neste caso, não estaria assegurando o direito à tutela efetiva, justa e tempestiva, além de não garantir, na prática, o princípio do acesso à Justiça a todo e qualquer momento. Tais direitos apenas seriam assegurados, na prática, após a despedida do empregado.

Ora, quando a Constituição Federal assegura o direito de ação (princípio da inafastabilidade da jurisdição), por certo, não se preocupou apenas com seu aspecto formal, ou seja, de tão-somente, garantir o direito de a pessoa ingressar em Juízo com sua demanda. Em verdade, o que a Carta Magna assegura é o direito de, de fato, a pessoa poder ajuizar sua ação. E a pessoa somente poderá, de fato, exercer esse seu direito se reunir as condições indispensáveis para propositura da ação e, dentre estas, podemos mencionar a garantia de que não sofrerá qualquer perda em seus direitos.

Tem-se, assim, que o "direito ao livre acesso à jurisdição entranha a proibição de medidas coativas, impeditivas ou dissuasórias que excluam ou condicionem o livre acesso à Justiça"[25]. Isso porque as consequências que derivam do exercício do direito de ação contraria a tutela judicial efetiva na vertente do livre acesso à Justiça, já que atua como um evidente efeito desestimulador ou paralisante do acesso à jurisdição. Em suma, "é evidente que o temor a uma sanção ou um prejuízo de outro tipo pode ocasionar a chamada inibição ante a justiça, isto é, o sacrifício, a passividade, a resignação ou o aquietamento do cidadão frente à injustiça, ante a perspectiva de que, ao acudir à via judicial em defesa de seus interesses, tal iniciativa pode piorar sua situação"[26].

A garantia de indenidade, ou no caso do trabalhador, a garantia de não ser despedido arbitrariamente no curso da ação judicial proposta em face do seu empregador, é uma manifestação do direito à tutela efetiva, "entendendo-se este como um direito subjetivo de caráter fundamental que teria como corolário lógico a proibição de toda sanção ou menoscabo ao exercício desse direito, venha este de uma entidade de natureza pública ou de simples particulares"[27].

Não à toa, a alta Corte Constitucional da Espanha, reiteradamente, tem decidido que "a transgressão à tutela efetiva não só se produz por irregularidades ocorridas no processo, que ocasionam privações de garantias processuais, pois tal direito pode

---

(25) *Ibidem*, p. 55-56. Tradução livre do autor.
(26) *Ibidem*, p. 56. Tradução livre do autor.
(27) *Ibidem*, p. 57. Tradução livre do autor.

ser lecionado igualmente quando de seu exercício ou de sua realização por atos preparatórios quando se seguem consequências negativas para a pessoa dos protagonistas". Daí por que, "a impossibilidade de adotar medidas de represálias derivadas do exercício do exercício pelo trabalhador da tutela de seus direitos, donde se segue à consequência de que uma atuação empresarial motivada por fato de haver exercitado uma ação judicial tendente ao reconhecimento de uns direitos que o trabalhador crer lhe assistir deve ser qualificada como discriminatória e radicalmente nula por contrária a esse mesmo direito fundamental, já que entre os direitos laborais básicos de todo trabalhador se encontra o de exercitar individualmente as ações derivadas de seu contrato de trabalho"[28].

Observe-se, portanto, que essa garantia à não-despedida se justifica inclusive quando o empregado participa de atos preparatórios, como, por exemplo, atos ou atuações tendentes a evitar o processo judicial (reclamações de direitos diretamente à empresa), assim como qualquer outra ação, com o mesmo objeto, junto às autoridades administrativas, comissões de conciliação, entidades sindicais, etc.[29].

Da mesma forma, pouco importa o resultado da demanda (se apreciado ou não o mérito; se procedente ou improcedente), desde que haja o empregado exercido de forma legítima do direito à tutela judicial efetiva (do direito de ação). Fica, assim, excluído da proteção à indenidade o uso abusivo, temerário ou de má-fé do direito de ação[30].

Lembre-se, todavia, que não só se protege o empregado da despedida discriminatória, como também contra qualquer outro ato que revele uma represaria do empregador ao agir do trabalhador no exercício do seu legítimo direito de ação.

O processo judicial, consequentemente, deve servir à realização efetiva e real do direito material, mas de forma eficaz e tempestiva, a qualquer tempo e momento, inclusive diante de ameaças ao direito. Quando, então, ao sujeito faltar condições materiais para exercício do direito de ação, cabe ao Estado supri-las, ainda que seja mediante a adoção de medidas temporárias em face de particulares, pois não basta a existência de instrumentos formais.

É preciso que os instrumentos processuais sejam adequados à obtenção dos efeitos desejados pelos titulares do direito subjetivo, a tempo e hora. E, ao certo, na maior parte dos casos, de nada adianta ao empregado lhe ser assegurado o direito formal de demandar o empregador se este não estiver acompanhado de garantias de que possa ser utilizado efetivamente, isto é, de que não sofrerá perda de qualquer posição jurídica por fazer uso do seu direito constitucional de ação e obtenção de uma tutela jurisdicional efetiva, justa e tempestiva.

---

(28) FONS, Daniel Martinez. *La interpretación extensiva del alcance de la garantía de indemnidad en las relaciones laborales*. STC 16/2006, de 19 de enero de 2006. p. 3. In: <http://www.upf.edu/iuslabor/022006/STC16-2006.pdf> Acesso em: 8.5.2006. Tradução do autor.
(29) Cf. BAAMONDE, María Emilia Cass. *Tutela judicial efectiva y garantía de indemnidad*, p. 711-716.
(30) *Ibidem*, p. 723-724.

Do exposto até aqui se conclui, ainda, que a despedida do empregado por este demandar contra seu empregador constitui, também, ato discriminador, passível de nulidade, lembrando que a nossa Carta Magna veda qualquer espécie de discriminação.

Ora, como vem decidindo o Tribunal Constitucional espanhol, "não é admissível o exercício pelo empresário de suas faculdades organizativas e disciplinares para coagir, impedir ou sancionar o exercício legítimo pelo trabalhador de seus direitos fundamentais. Se o empresário, ao assim agir, sua decisão contraria a algum direito fundamental, ele será carente de efeito, e, se se trata de uma despedida, esta será radicalmente nulo com obrigação de reintegração do trabalhador, sem possibilidade de opção empresarial por uma indenização substitutiva à reintegração"[31].

Assim, ainda que não mencionado expressamente na Lei n. 9.029/95, mas certo de que as hipóteses ali mencionadas são apenas exemplificativas, do ato discriminatório (despedida em face do uso do direito de ação, por exemplo) se tem como consequência que o rompimento contratual em tal situação gera o direito do empregado a ser readmitido, "com ressarcimento integral de todo período de afastamento ..." (art. 4º, inciso I, da Lei n. 9.029/95)[32].

Poder-se-ia afirmar, inclusive, que nesta hipótese, estaríamos diante de um verdadeiro atentado processual, já que o demandado estaria praticando, no curso do processo, "uma inovação ilegal no estado de fato", numa interpretação ampliativa e teleológica desse dispositivo (inciso III do art. 879 do CPC).

É óbvio, ainda, que o direito apenas não assegura a reparação do dano causado por sua violação. Daí por que o empregado, sentindo-se ameaçado de sofrer qualquer represaria por seu ato de demandar o empregador, poderá, cautelarmente, pedir que lhe seja assegurada a garantia de emprego, de modo que se vede a despedida arbitrária no curso da demanda, até seu final, inclusive envolvendo, se for o caso, o tempo gasto nos atos de execução ou efetivação da decisão judicial.

Entendemos, ainda, que, em tal situação, se deva assegurar, por analogia a diversas outras hipóteses de estabilidade temporária, a garantia de emprego até um ano após o encerramento da demanda judicial (inclusive em sua fase de efetivação ou execução, se for o caso), assegurado, no entanto, o direito de rompimento contratual não arbitrário.

Somente assim, ao certo, será assegurado ao empregado o efetivo direito de acesso à Justiça.

---

(31) BRAVO-FERRER, Miguel Rodríguez-Piñero. *Tutela efectiva, garantía de indemnidad y represálias empresariales*, p. 638. Tradução livre do autor.
(32) Vale lembrar que o art. 5º, alínea "c" da Convenção n. 158 da OIT, expressamente exclui entre as causas válidas de extinção do contrato o fato de o empregado ter apresentado "uma queixa ou participado de um procedimento estabelecido contra um empregador por supostas violações de leis ou regulamentos, ou recorrer perante as autoridades administrativas competentes".

3.2.2.3. Formalidades excessivas

Foi dito acima também que o princípio do acesso à justiça veda que sejam criados requisitos não-razoáveis ou impeditivos ao exercício do direito de ação. Neste sentido, viola esse princípio a decisão judicial que se apega a formalidades excessivas.

Como já dito, nossa Carta Magna assegura o inafastável direito de acesso à Justiça.

Para realizar esse direito, no entanto, o Estado não apenas coloca à disposição dos jurisdicionados o aparelho Judiciário, como procura e tem o dever de criar as condições materiais para possibilitar o pleno uso desse direito. Do contrário, esse direito de acesso à Justiça não passará de uma mera ficção jurídica.

Neste sentido, viola também o direito de acesso à Justiça toda e qualquer exigência processual formal exagerada. Seria o caso de se indeferir a petição inicial porque ela não está com firma reconhecida. É razoável essa exigência?

Da mesma forma, violaria esse direito de acesso à Justiça toda e qualquer exigência dirigida ao leigo quanto à elaboração de petição conforme a boa técnica da advocacia forense. Uma coisa é exigir do advogado — profissional qualificado para tanto — que observe na confecção da petição a técnica prevista em lei; outra é exigir do leigo que tem capacidade postulatória essa mesma perfeição técnica.

Lembramos, então, que, na busca da efetividade da Justiça, com o fito de alcançar um processo justo, nosso direito constitucional garante, enquanto regra geral, o acesso ao tribunal mediante recurso (princípio do amplo acesso à Justiça).

Daí se tem que na aplicação das regras infraconstitucionais que estabelecem requisitos e formalidades para o conhecimento do recurso é indispensável também que o julgador interprete as normas pertinentes de modo a respeitar as exigências do princípio da razoabilidade.

Deve-se, assim, ao máximo, fazer valer a garantia constitucional fundamental de acesso ao tribunal, evitando-se interpretações que conduzem a exigências desproporcionais ou não-razoáveis.

Neste sentido, parece-me rigorosa a jurisprudência que sustenta a deserção do recurso quando a parte comprova o recolhimento das custas em documento inautêntico. Os Tribunais do Trabalho, aos milhares, assim vêm decidindo, a exemplo do TST no AIRR n. 253/2000-002-19-00, 1ª T., Rel. Min. Aloysio Corrêa da Veiga, DJU 24.9.2004.

Tal interpretação não respeita o princípio da proporcionalidade, na ponderação de valores, por negar o acesso ao tribunal por meio do recurso, apegando-se mais ao formalismo do que à substância. Sacrificando, desproporcionalmente, o direito de ação (de acesso ao tribunal, neste exemplo).

Observe-se, inclusive, que, no exemplo acima mencionado, não se trata de deserção por falta de prova do recolhimento ou mesmo no seu não-recolhimento, mas sim, da prova deficiente quanto ao seu pagamento.

Seria mais razoável, assim, neste exemplo dado, na busca da efetivação do direito de acesso ao tribunal, que se concedesse prazo à parte para que exibisse o referido documento no original ou em cópia autenticada. E, tão-somente depois, é que se poderia pensar em acolher a preliminar de deserção.

Esse exemplo, aliás, também vale para os depósitos recursais quando comprovados por cópias não autenticadas.

Esse mesmo raciocínio se pode ter em relação à deserção por simples erro no preenchimento das guias de recolhimento das custas, quando se constata o pagamento do tributo em favor da Fazenda Pública. Substancialmente, o tributo foi recolhido. Deixar de conhecer do recurso tão-somente porque incorretamente preenchida a guia de recolhimento é se apegar mais ao formalismo do que à substância, deixando em segundo plano o direito de acesso ao Tribunal (acesso a uma decisão de mérito).

Exemplo próximo a este temos quando as custas processuais, ao invés de recolhidas em favor da Fazenda Pública, erroneamente é deposita em conta à disposição do Juízo (como se fosse um depósito recursal). Neste caso, temos que, substancialmente o tributo foi satisfeito, ainda que não recolhido aos cofres da Fazenda Pública. É mais razoável, então, que o juiz determine seu recolhimento à Fazenda Pública (mande a ordem de transferência do crédito posto à sua disposição) do que não conhecer do recurso, sacrificando o direito de ação.

Pode-se exemplificar, ainda, em relação ao recolhimento a menor das custas ou do depósito recursal, em valor ínfimo. Não é razoável sacrificar o direito de acesso ao Tribunal por alguns poucos centavos ...

No que se refere à autenticação, deve ser lembrado, ainda, a hipótese em que não se conhece do recurso de agravo de instrumento quando desacompanhado de documentos autenticados. Aqui, também, estaremos diante de rigor excessivo quando a parte contrária não faz qualquer impugnação quanto à idoneidade ou conteúdo do documento. O mesmo se diga em relação a qualquer outro documento juntado em ação ou outro incidente processual, em cópia não autenticada e não impugnado pela parte contrária, mesmo em mandado de segurança.

Aliás, em mandado de segurança, aponta-se como argumento para indeferimento liminar da ação quando ele é impetrado acompanhado de prova documental inautêntica o fato dessa não se caracterizar pela liquidez e certeza. O documento inautêntico não seria assim prova líquida e certa. Mas qual é a diferença para a cópia autenticada se essa também pode ser impugnada com o argumento falsidade, seja do documento original, seja da cópia autenticada? Nas três hipóteses possíveis, seja diante do documento original, da cópia autenticada e da cópia não-autenticada, a parte contrária sempre poderá alegar a falsidade. Logo, de antemão, qualquer dessas provas estarão na mesma situação jurídica antes de submetida ao contraditório.

Quando muito, o documento original e a cópia autenticada apenas darão maior certeza ao juiz para deferimento de um pedido de concessão de medida cautelar sem ouvida da parte contrária.

Interessante, aliás, notar que a Justiça do Trabalho tem sido tolerante com as provas documentais produzidas pelas partes, dispensando, no mais das vezes, sua autenticação quando a parte contrária não impugna o documento em seus aspectos formais (OJ n. 36 da SDI-I do TST).

Assim, parece-me que, pela simetria das situações, diversa não pode ser a posição em relação à prova produzida com o agravo de instrumento.

Em todos os exemplos acima mencionados, portanto, *data venia*, os Tribunais têm se apegado mais aos formalismos exagerados do que à substância do ato. Sacrifica-se, assim, desproporcionalmente, o direito de ação ou de tutela definitiva, violando o princípio do acesso à justiça.

3.2.3. Duração razoável do processo (celeridade)

Relembrando, cabe ressaltar que o princípio do acesso à justiça apenas não veda os atos que impedem o exercício do direito de ação, mas também agasalha o princípio da duração razoável do processo. Isso porque, de nada adiante assegurar o direito de ação se esta não conduz a uma decisão judicial, ou a conduz de forma retardada, ou, ainda, quando esta não se efetiva.

O princípio do acesso à justiça, portanto, não só assegura a inafastabilidade do controle jurisdicional e veda regras ou atos que impedem o acesso à justiça, como também agasalha a efetividade da justiça em prazo razoável. Em suma, o princípio do acesso à justiça oferece as portas de entrada e as portas de saída. Assegura o acesso e garante a efetividade da decisão que se busca, pois de nada adianta apenas assegurar o direito de ação se este não está acompanhado da garantia de que a Justiça irá, num prazo razoável, oferecer resposta à demanda.

Deve ficar claro, ainda, que quando se fala em tutela tempestiva, também se quer se referir à possibilidade de realização da prestação jurisdicional ao tempo da lesão ao direito, e não apenas longos anos após. Não se pode reduzir o direito à tutela tempestiva, assim, ao simples término da demanda judicial em tempo razoável. Deve-se, incluir, neste preceito constitucional, também o direito do indivíduo ter efetivo acesso à tutela judicial em tempo e momento razoável, de modo que possa usufruir o direito de forma contemporânea à sua aquisição.

3.2.4. Princípio da adequação

Para satisfação dos princípios da efetividade, do acesso à justiça e da inafastabilidade da jurisdição, é preciso que o interessado faça uso do seu direito de ação.

Para alcançar, todavia, a satisfação do interesse do autor da demandada, é necessário que se observe um procedimento.

Lógico, no entanto, que esse procedimento deve ser o mais adequado à satisfação do bem da vida que se busca, sob pena, pela via do rito procedimental, de não se alcançar a efetividade da justiça, de se negar o acesso à justiça e de não se garantir, na prática, a apreciação judicial da lesão ou ameaça ao direito.

O procedimento, assim, deve ser o mais adequado.

O princípio da adequação do procedimento, pois, estabelece a regra de que o legislador deve regular o procedimento de modo mais favorável e adequado à efetividade da justiça, bem como é dever do juiz adotar aquele que é mais adequado à entrega efetiva da prestação jurisdicional.

É a partir desse princípio, por exemplo, que temos os procedimentos especiais. E os motivos que induzem a criação dos procedimentos especiais são diversos. Eles podem ser desde a modesta expressão econômica ou jurídica, a fatores de ordem política, social, vinculadas ao próprio direito material, etc., ou, ainda, dadas às peculiaridades que cercam a tutela jurisdicional pretendida.

Esse princípio da adequação (em sua vertente da adaptabilidade), todavia, não apenas se dirige ao legislador. Ele tem como destinatário, também, o juiz.

A partir dele, então, estabelece-se a possibilidade do juiz, enquanto reitor do processo, proceder nas devidas adaptações do procedimento formalmente previsto em lei para determinada demanda de modo que se alcance aquele que seja mais adequado à efetividade da justiça.

Alguns dispositivos de lei, inclusive, conferem esse poder ao juiz, a exemplo do art. 331 do CPC, que possibilita ao juiz designar ou não audiência de conciliação, a depender do direito em disputa. Em suma, ao juiz se conferiu, por lei, o poder de adotar o procedimento mais adequado (designar ou não audiência de conciliação).

Esse poder conferido ao juiz, por sua vez, é inerente ao princípio da efetividade e do acesso à justiça. E tal se dá por ser o juiz, em última instância, responsável por tornar concreta a Constituição. Logo, a ele cabe, diante do caso concreto, avaliar se o procedimento previsto em lei é ou não o mais adequado à satisfação dos princípios da efetividade e do acesso à justiça.

Em outras palavras, cabe ao juiz, com base neste princípio avaliar se a norma procedimental é materialmente constitucional perante o caso concreto em análise.

Assim, se da aplicação da lei procedimental surgir uma situação na qual os princípios constitucionais da efetividade e do acesso à justiça ficam em segundo plano, caberá ao juiz afastar a regra infraconstitucional, adequando o procedimento, seja adotando outro já previsto em lei, seja "criando" novo procedimento, tudo isso observado o princípio do contraditório.

Em outras palavras, neste caso, ao juiz cabe reconhecer a inconstitucionalidade material da regra procedimental sempre que, no caso concreto, verifique que a sua aplicação viola direito constitucionalmente protegido.

3.2.5. Princípio do contraditório

Pelo princípio do contraditório, tem-se a obrigação de se facultar às partes em litígio sua livre manifestação sobre as questões em debate no processo.

O contraditório, por sua vez, apresenta-se com dupla configuração: é garantia das partes, que devem ser ouvidas (princípio da bilateralidade da audiência), e garantia para o Estado-juiz, pois a partir do seu respeito estar-se-á diante de uma maior probabilidade para se alcançar a verdade real e a justiça, efetivando-se a ordem jurídica.

Já se disse, inclusive, que só se tem processo quando o procedimento se desenvolve em contraditório. É o "procedimento em contraditório", tão bem sustentado por *Elio Fazzalari*[33].

Daí se tem que, para cada alegação da parte ou prova produzida, deve se ouvir a parte contrária, de modo a se instalar sempre o contraditório.

Neste sentido, nosso código processual civil básico é farto em regras que dão aplicação ao princípio do contraditório, a exemplo do art. 398 quanto à produção da prova documental; do art. 327 determina que o autor seja ouvido sempre que o réu, em sua contestação, alega questões preliminares, relacionadas às condições da ação e aos pressupostos processuais; ou, ainda, a ouvida do autor quando alegado na contestação qualquer fato impeditivo, modificativo ou extintivo da pretensão posta na inicial (art. 326 do CPC).

Esses são exemplos de regras que revelam a bilateralidade na produção da prova e das alegações das partes. Tais dispositivos, portanto, dão eficácia ao princípio do contraditório no plano do processo judicial.

Sói ocorrer, no entanto, da legislação ser omissa em algumas hipóteses, o que, ao certo, não afasta a aplicação do princípio do contraditório, que sempre rege o processo judicial.

Exemplo se tem quando o juiz resolve decidir a causa por fundamento ou fato diverso daqueles alegados pelas partes.

---

(33) *Instituzioni di diritto processuale*, p. 81-89.

Ora, "se considerarmos que o fundamento essencial da garantia é evitar que as decisões judiciais sejam tomadas à margem da intervenção das partes que vão ser afetadas por elas, é lógico que se estime que se o próprio juiz traz ao processo um elemento jurídico não alegado pelas partes para fundar sua resolução, deva ouvi-las a respeito, dando-lhes a oportunidade de manifestar o que estimam conveniente"[34].

"A verdade é que é perfeitamente factível que o tribunal, no uso de seus próprios poderes derivados do exercício da jurisdição que naturalmente lhe corresponde, e para resolver adequadamente o assunto, plante uma tese jurídica distinta da sustentada por cada uma das partes. Pois bem, para que tal determinação seja legítima, o julgador deve submeter sua nova tese ao debate jurídico entre as partes, para não surpreendê-las com uma decisão cujos elementos haviam sido obtidos *inaudita parte*"[35]. Do contrário, essa decisão pode ser invalidada por implicar na violação do princípio do contraditório.

Neste mesmo sentido, aliás, leciona *Carlos Alberto Álvaro de Oliveira*, que, inclusive, lembra que a legislação processual civil alemã estabelece que "o juiz só pode apoiar sua decisão em um aspecto jurídico considerado insignificante pela parte, ou que lhe tenha passado desapercebido, se lhe tiver dado oportunidade de manifestar-se a respeito, salvo quando se tratar de uma questão meramente acessória"[36].

Essa norma tedesca, aliás, pode muito bem servir de regra a ser observada pelo juiz brasileiro na condução do processo na aplicação do princípio do contraditório em sua substância.

Nesta trilha, cabe destacar a aplicação do princípio do contraditório nos recursos.

É sabido que o recurso, para sua admissibilidade e conhecimento, deve preencher diversos requisitos (intrínsecos ou extrínsecos, condições ou pressupostos recursais). Eles seriam, em resumo, os requisitos de cabimento, legitimação, interesse, tempestividade, preparo e regularidade formal[37].

Desses requisitos, os extrínsecos (tempestividade, preparo e regularidade formal) são os que mais têm relevância para aplicação do princípio do contraditório. Isso porque, em relação aos requisitos intrínsecos ou condições recursais, os mesmos são inerentes ao próprio recurso. Eles devem ser satisfeitos no próprio recurso, não se admitindo emendas ou correções posteriores, apesar de, enquanto matérias vincu-ladas às preliminares recursais que podem ser alegadas pela parte recorrida ou conhecidas de ofício pelo juiz, devam ser tratadas de forma isonômica com os demais requisitos (os extrínsecos).

---

(34) PÉREZ, Alex Carocca. *Garantía constitucional de la defensa procesal*, p. 274. Tradução livre do autor.
(35) *Ibidem*, p. 275. Tradução livre do autor.
(36) *A garantia do contraditório*, p. 237 e nota de rodapé n. 26.
(37) Os fatos impeditivos e extintivos estão envolvidos pela categoria interesse de recorrer (renúncia, desistência e preclusão) ou estão afetos ao preparo (ex.: multa do parágrafo único do art. 538 do CPC, multa do § 2º do art. 557 e comprovação da interposição do agravo de instrumento junto ao juízo recorrido — art. 526, *caput*, do CPC).

Pois bem. Não se tem observado, no entanto, na praxe forense, o princípio do contraditório quando o recorrido, em suas contrarrazões recursais, suscita qualquer preliminar de não-conhecimento do recurso interposto pela parte contrária.

Observe-se o exemplo da regularidade formal. Admita-se que o recorrido sustente o não-conhecimento do recurso por algum vício formal no instrumento de mandato conferido ao advogado que assina a peça recursal e somente exibido com a mesma. Quando não observado o contraditório, a parte recorrente acaba por ser surpreendido no julgamento do recurso, quando o tribunal acolhe a preliminar de não-conhecimento, sem sequer lhe ter sido assegurado o direito de sustentar a regularidade da representação postulatória.

Observe-se que, nestes casos, salvo se o advogado do recorrente teve acesso aos autos antes do julgamento, de modo a ter conhecimento das contrarrazões, a violação do princípio do contraditório alcança maior relevo. Isso porque, nesta hipótese, a violação ao princípio do contraditório afeta diretamente o direito de defesa na sustentação oral, pois a parte sequer teria oportunidade de argumentar da tribuna em sentido oposto ao alegado pelo recorrido, já que não teria tido sequer oportunidade de conhecer da arguição sustentada nas contrarrazões.

Assim, em respeito ao princípio do contraditório, alegada qualquer matéria nas contrarrazões que possa conduzir ao não-conhecimento do recurso, deve ser dada oportunidade ao recorrente para replicar, ainda que analogicamente ao disposto no art. 327 do CPC.

Aliás, as lições acima se aplicam, literalmente, quando se alega, pela primeira vez, em contrarrazões, fatos novos impeditivos, extintivos e modificativos da pretensão do recorrente (art. 517 do CPC).

O mesmo se diga quando é o juiz que, de ofício, suscita questão preliminar para não-conhecer do recurso. Aqui, a violação ao princípio do contraditório se mostra mais grave, pois sequer uma das partes alegou a tese jurídica aventada pelo juiz, ainda que este, de ofício, deva conhecer da matéria.

3.2.6. Princípio da proteção

Costumam apontar as diferenças entre os processos civil e trabalhista a partir do princípio da proteção.

Assim é que *Humberto Theodoro Júnior* aponta como princípio característico do processo do trabalho o da finalidade social, que, em outras palavras, seria o princípio da proteção do hipossuficiente[38] aplicado ao processo judiciário. Princípio este inerente ao direito material do trabalho, mas que contaminaria o processo do trabalho[39].

---

(38) *Os princípios do direito processual civil e o processo do trabalho*, p. 62.
(39) A este respeito, cf. FERRAZ, Sérgio. *A norma processual trabalhista*. São Paulo: Revista dos Tribunais, 1983, *passim*.

Não temos dúvida de que esse princípio protetor atinge o processo do trabalho, de modo a justificar a incidência de regras processuais que acabam criando verdadeiros privilégios para o hipossuficiente.

A partir dele, por exemplo, é que apenas se exige do empregador o depósito recursal, se estabeleceu um procedimento trabalhista célere, concentrado, simples e oral, se previu o recurso por simples petição e mesmo se criou uma Justiça Especializada par as causas trabalhistas.

Aliás, podemos afirmar que o próprio procedimento das ações trabalhistas é fruto da aplicação desse princípio protetor no processo do trabalho. Isso porque, quando o legislador criou o procedimento previsto na CLT visou dotar o trabalhador de um instrumento jurídico processual mais adequado à satisfação de seu direito. Não fosse essa intenção de proteger, bastaria o legislador deixar à disposição do trabalhador o procedimento regulado pelo processo civil (mais formal e burocrático).

Da mesma forma, é em consequência desse princípio da proteção que a própria Justiça do Trabalho foi criada. Ela surgiu para servir de instrumento de proteção do direito do trabalho. Não fosse essa a intenção, bastaria deixar para a Justiça Comum a competência para as lides trabalhistas.

O legislador trabalhista, no entanto, neste ponto foi completo e fabuloso em sua ação. Isso porque, tendo em vista o princípio da proteção, ele não só criou as regras protecionistas materiais do direito do trabalho, como estabeleceu as regras de proteção processual-procedimental do direito do trabalho e atribuiu a um órgão próprio e especial a competência para apreciar as demandas surgidas a partir dos conflitos trabalhistas.

Diga-se, no entanto, que tal princípio não é exclusivo do direito processual do trabalho. Isso porque, em maior ou menor medida, ele também rege o processo civil na ação na qual seja parte o consumidor (que tem assegurado o direito à inversão do ônus da prova como instrumento de proteção ao direito material) ou, ainda, nas ações nas quais seja parte a Fazenda Pública, que goza de diversos privilégios processuais em proteção aos seus interesses materiais (prazo em quádruplo, em dobro, embargos à execução na fase de execução de sentença, precatório, etc). Da mesma forma, esse princípio da proteção também contamina o processo penal (*in dubio pro reo*).

4. Da pseudoautonomia do processo do trabalho

No Brasil, a ação trabalhista tem sido objeto de estudo de forma destacada em relação ao processo civil.

Fatores como uma legislação especial disciplinando o procedimento laboral e a existência de órgãos judicantes especializados, numa estrutura orgânica autônoma, contribuiu para o afastamento do processo do trabalho do denominado processo civil.

A partir daí, vários doutrinadores passaram a sustentar a autonomia do processo do trabalho em face do processo civil. Tal questão, no entanto, merece maior debate.

Sem querer se aprofundar nas diversas teorias que definem o processo e o procedimento, podemos ter este último, para fins de compreensão do que se fala, como o rito processual a ser observado em cada processo judicial, a partir da propositura da ação.

O procedimento civil, por sua vez, divide-se em comum e especial. Por força de lei, aquele primeiro, subdivide-se em ordinário e sumário (art. 272 do CPC); o segundo, em procedimentos especiais de jurisdição voluntária e de jurisdição contenciosa (arts. 890 a 1.210 do CPC).

Neste sentido, basta lembrar o disposto do parágrafo único do art. 272 do CPC, que impõe a regra subsidiária de aplicação das disposições que regem o procedimento ordinário.

Os motivos que induzem a criação dos procedimentos especiais são diversos. Eles podem ser desde a modesta expressão econômica ou jurídica, a fatores de ordem política, social, vinculadas ao próprio direito material, etc. ou, ainda, dadas às peculiaridades que cercam a tutela jurisdicional pretendida.

Em regra, os ordenamentos jurídicos criam um procedimento sumário para atender situações especiais ainda que não dispense a cognição exauriente. Ela é sumária, limitada, daí por que se dispensa solenidades, abreviam-se prazos, restringe-se a atuação das partes, podam-se recursos, etc.

Em suma, por ser o processo instrumental, "sempre, o procedimento deve ser adaptado à realidade dos conflitos e das soluções buscadas".[40]

E aqui cabe outra ressalva para melhor compreensão do debate.

A partir do disposto no parágrafo único do art. 272 do CPC, podemos, para fins didáticos, incluir o procedimento ordinário na categoria de procedimento comum. Já o procedimento sumário (que o CPC, no art. 272, *caput*, inclui dentre os procedimentos comuns) na categoria de procedimentos especiais. Procedimento especial, nesta nossa classificação didática, entendido como sendo aquele que não adota o rito comum-ordinário, valendo de regras mais especiais e tão-somente se socorrendo das regras do procedimento ordinário de forma subsidiária.

Assim, temos que todos os procedimentos previstos em lei que não adota o rito do procedimento comum-ordinário, tendo as disposições que regem este último procedimento como fonte subsidiária, são classificados como de rito especial, para fins didáticos e de compreensão do que se segue.

Daí se tem, então, que, considerando apenas a jurisdição civil, devemos incluir entre as ações com ritos especiais não só o procedimento sumário e os procedimentos

---

(40) *Ibidem*, p. 333.

especiais tratados no Livro IV do CPC, como, também, todas as outras ações de natureza civil que possuem ritos específicos, tratados na legislação esparsa e mesmo no CPC, e que têm as regras do procedimento comum-ordinário como fontes subsidiárias. Aqui, portanto, incluímos, dentre outros, o mandado de segurança, a ação rescisória, a ação cautelar, a ação de execução, a ação judicial que corre perante a Justiça Eleitoral, as ações perante os Juizados Especiais e a ação trabalhista (reclamação trabalhista, inquérito judicial, ação de cumprimento, procedimento sumaríssimo e dissídio coletivo de greve e de natureza jurídica).

Neste sentido, a ação trabalhista, em verdade, é um procedimento especial, disciplinado em legislação específica (esparsa, em relação ao CPC) e que tem, inclusive, expressamente, as regras do procedimento ordinário regidas pelo CPC como fonte subsidiária (art. 769 da CLT), desde a teoria geral do processo aos meios de impugnação às decisões judiciais, tal como ocorre em relação aos demais procedimentos especiais disciplinados por outras leis.

Feitos os esclarecimentos acima, excluindo-se o dissídio coletivo de natureza econômica do rol das ações jurisdicionais, cabe-nos investigar se os elementos essenciais do processo trabalhista distinguem-lhe dos demais procedimentos judiciais civis de modo a poder lhe afastar do âmbito deste último.

Jaime Guasp aponta cinco categorias distintas para essa análise: sujeitos, objeto, atos, procedimento e efeitos no processo[41].

Quanto aos sujeitos, são os mesmos que podem ser sujeitos em outro qualquer processo judicial: o órgão judicial e as partes em litígio. Parte, por óbvio, entendido em seu sentido processual, ou seja, como a pessoa titular de uma situação ativa ou passiva em relação à pretensão.

Quanto ao objeto, ele é idêntico a qualquer outro, isto é, a satisfação do direito.

Os atos processuais realizados no procedimento trabalhista não se diferenciam dos atos do processo civil, sendo apenas, em alguns casos, sujeitos às regras mais especiais. De um modo geral, aliás, o processo do trabalho se vale do processo civil para definição e realização desses atos.

Em relação ao procedimento, "o processo do trabalho e as diversas atividades que realizam seus objetos se ordenam em um procedimento igual a qualquer outro tipo processual"[42]. Aliás, há um paralelismo substancial nos procedimentos, especialmente quando comparado o processo do trabalho aos ritos sumários e dos Juizados Especiais[43].

---

(41) El proceso del trabajo en la teoría general del derecho procesal. In: *Estudios jurídicos*. Madrid: Civitas, 1996. p. 538.
(42) *Ibidem*, p. 541. Tradução livre do autor.
(43) Quanto ao procedimento sumaríssimo na Justiça do Trabalho, cf., do autor, Procedimento sumaríssimo na Justiça do Trabalho, LTr, *passim*.

Aliás, pode-se afirmar que o antigo rito sumaríssimo previsto no CPC, o atual rito sumário e aquele estabelecido para os Juizados Federais, em verdade, valeram-se da experiência trabalhista[44].

Por fim, quanto aos efeitos, ele é idêntico a qualquer outro, já que o processo do trabalho também busca a formação da coisa julgada.

E mais. Podemos afirmar que o estudo, em relação ao processo do trabalho, das regras de competência, legitimidade, capacidade, invalidade processual, procedimento, jurisdição, ação, relação jurídico-processual, provas, impugnações, dentre outros institutos de direito processual, não se diferiam em nada do estudo dessas mesmas figuras em relação ao processo civil. Quando muito, estudam-se as regras mais especiais, que dão tempero e eventualmente regime jurídico diverso a todos esses institutos.

Verificamos, acima, que, em seus elementos essenciais, o processo do trabalho, assemelha-se a qualquer outro feito civil.

Temos, ainda, para bem revelar essa identidade, que os conceitos fundamentais do processo civil também se aplicam ao processo do trabalho.

Assim, é que o processo do trabalho é mero instrumento de restauração da ordem jurídica, compondo o conflito laboral, assim como o processo civil é instrumento de satisfação do ordenamento civil, buscando a pacificação social na esfera não-trabalhista.

Em nada o processo do trabalho se diferencia, quanto ao conceito fundamental do processo civil, de busca da concretização da ordem jurídica.

Outrossim, como já destacado acima, os conceitos processuais mais fundamentais, que tratam da ação, jurisdição e processo, em nada se diferenciam.

A existência de órgãos próprios para apreciar a demanda trabalhista, por outro lado, não daria, por si só, autonomia ao processo do trabalho, até porque não se pode confundir regra de competência, com regra de processo[45]. Não é porque o processo tem curso na Justiça do Trabalho que ele muda de natureza. O mandado de segurança é uma demanda mandamental, que visa impugnar ato de autoridade, seja na Justiça do Trabalho, seja na Justiça Federal ou Estadual. Sua natureza não muda, ainda que a competência para apreciar a demanda seja afeta a outro Órgão Judiciário.

Aliás, podemos destacar que a típica demanda trabalhista — a reclamação trabalhista —, não passa de uma ação de cobrança de prestações pecuniárias, o mais das vezes. Ela, portanto, não se diferencia de qualquer ação ordinária de cobrança ajuizada na Justiça Comum, salvo quanto ao rito e à competência.

---

(44) Neste sentido, cf. LIMA, Alcides de Mendonça. *Processo civil no processo trabalhista*, passim.
(45) A este respeito, tratando do rito aplicável às ações cíveis de competência da Justiça do Trabalho, cf., do autor, *Competência e procedimento na justiça do trabalho. Primeiras linhas da reforma do judiciário*. São Paulo: LTr, 2005.

Costumam apontar as diferenças entre estes dois processos quanto aos princípios reitores. Apontam que o processo do trabalho teria princípios próprios, que lhe distanciaria do processo civil.

Neste sentido, lembram do princípio da proteção. E não temos dúvida de que, de fato, esse princípio protetor atinge o processo do trabalho, de modo a justificar a incidência de regras processuais que acabam criando verdadeiros privilégios para o hipossuficiente.

Tal princípio, no entanto, por si só, não daria a pretendida autonomia ao processo do trabalho, até porque, todos os demais princípios que regem a ação laboral são comuns ao processo civil, a exemplo do princípio da oralidade, dispositivo, inquisitivo, da conciliação, da economia, da concentração, etc., ainda que com maior ou menor ênfase.

Ademais, como já dito acima, o princípio protetor, em maior ou menor medida, também rege o processo civil na ação na qual seja parte o consumidor e nas ações nas quais seja parte a Fazenda Pública, sem se falar do processo penal.

Não é, pois, por esta outra razão, que se pode sustentar a autonomia do processo do trabalho.

Tudo isso, por sua vez, apenas conduz a uma busca equivocada da autonomia, com o consequente esquecimento do processo do trabalho.

Ao certo, qualquer estudioso do processo civil brasileiro já deve ter percebido que, apesar do processo do trabalho não ser autônomo, há um fosso enorme, e muitas vezes um esforço monumental, para separar um do outro.

Esse distanciamento do processo do trabalho em relação ao processo civil tem raízes na equivocada doutrina juslaboralista que sustenta sua autonomia, buscando distanciar o feito trabalhista das formalidades excessivas da demanda civil, bem como no não menos equívoco dos processualistas civis, que têm, em geral, ojeriza do processo laboral.

Ambas as posições, no entanto, são equivocadas, em prejuízo ao desenvolvimento do processo.

Esse prejuízo fica bem claro quando verificamos que as reformas processuais levadas a efeito nos últimos anos têm deixado de lado o processo do trabalho, que acaba por ficar "para trás", tendo que se socorrer a "malabarismos" para compatibilizar as regras processuais da CLT às novas normas do CPC, muitas vezes, quase que inconciliáveis.

Exemplo mais recente temos em relação ao fim da ação de execução por título executivo judicial, que foi retirada do CPC, mas ainda permanece na CLT! Isso sem esquecer que a liquidação por simples cálculos ainda continua a ser prevista na CLT.

Por outro lado, a falta de estudo do processo do trabalho por parte dos processualistas civis conduz à falta de percepção de práticas processuais que, transportadas para o processo civil, apenas contribuiriam para seu aperfeiçoamento. Podemos mencionar, como exemplo a ser seguido, a regra de contagem do prazo a partir da data da comunicação à parte e não, da juntada aos autos do mandado respectivo (com isso se evitam "custos por fora", perda de tempo e artimanhas abusivas). Essa é uma prática salutar do processo do trabalho, existente há mais de sessenta anos e que, ao certo, iria contribuir para celeridade do feito civil.

Aliás, estamos certos, hoje, que o processo civil precisa, antes de tudo, de uma reforma "cartorária", ou seja, é preciso mudar o processo civil em suas práticas burocráticas, cartorárias. Quanto mais se eliminar a atividade do servidor, ao certo mais o processo irá se desenvolver normalmente.

Assim, além da mudança da regra da contagem do prazo acima mencionado (eliminando um ato do servidor para início da contagem do prazo, lembrando que a juntada do mandado será indispensável para verificação do dia *a quo*), podemos destacar a regra da CLT que determina a citação do réu pelo distribuidor ou pelo diretor da vara quando este recebe diretamente a demanda, o que, ao certo, contribuiria para maior celeridade do feito cível.

Desse modo, podemos concluir, neste ponto, que em nada contribui para o aperfeiçoamento da legislação processual brasileira a tentativa de afastar o processo do trabalho do processo civil, além de faltar consistência científica a qualquer argumento neste sentido.

A partir do que foi dito acima em concisas palavras podemos, também em apertada síntese, concluir afirmando que o processo do trabalho não guarda autonomia em relação ao processo civil brasileiro, não passando aquele de mais um dentre muitos procedimentos especiais previstos em nosso ordenamento processual.

Por fim, concluímos que a tentativa de ressaltar a autonomia do processo do trabalho por parte dos processualistas trabalhistas e, por outro lado, o "esquecimento" do processo laboral por parte dos processualistas civis, somente têm contribuído para frear o desenvolvimento daquele e retardar a modernização deste outro.

Capítulo V

Sujeitos do Processo

1. Os sujeitos do processo

Para existência de uma relação jurídico-processual, é indispensável que haja pelo menos duas pessoas: o autor e o juiz, já que o processo existirá sem a presença do réu, desde que se tenha dado a ele a oportunidade de defender-se, por meio da citação. O que não existirá, no caso de revelia, é a lide.

Quando pensamos em sujeitos do processo, para efeitos deste Capítulo, haveremos de considerar não apenas o autor e o juiz, mas também o réu, já que é, entre essas pessoas, com quem haverá de se dar a relação jurídico-processual de forma completa. Por conseguinte, ao tratarmos das atividades desenvolvidas dentro do processo, torna-se imperativo conhecer mais de perto as pessoas diretamente responsáveis pelo êxito do mesmo. Afinal, como dito certa por *Calamandrei*, o processo deve ser comparado a uma peça teatral dramática, na medida em que trata do drama de cada indivíduo ou de certa coletividade. Assim, faz-se mister conhecer mais de perto quais são os seus "personagens", aqueles que tomam parte da "peça", quais são os seus "papéis", o que se espera de cada um no "drama judicial"[1].

Não podemos nos olvidar do Ministério Público, em especial o Ministério Público do Trabalho, pois que este atua diretamente no judiciário trabalhista.

2. O juiz

A história da humanidade tem-nos mostrado que o homem, salvo raras exceções, tende a uma vida social. Aliás, esta sociabilidade é essencial ao desenvolvimento das civilizações. O homem, durante toda a sua existência, encontra-se, obrigatoriamente, com outros homens. Isto não se dá por acaso: trata-se, em verdade, de um fato necessário e universal. Mas essa convivência social tem engendrado diversas dificuldades, já que cada indivíduo estabelece com os demais uma enorme gama de relações. Daí a necessidade de se estabelecerem regras de conduta, para que estas possam exercer, sobre os cidadãos pressões, de sorte a manter-se um padrão mínimo de conduta normal. São as normas sociais. É impossível a existência de uma sociedade sem organização. E, por sua vez, é inadmissível uma organização sem direito. Não é por outra

---

(1) CALAMANDREI, Piero. *Direito processual civil*. 1. ed. São Paulo: Bookseller, 1999. v. 2, p. 13.

razão que se diz que a principal finalidade do Direito é a manutenção da paz social, máxime se entendermos que a vida social gravita entre o individualismo e a coletividade.

Com efeito, nos primórdios da civilização, a função jurisdicional não era bem definida, havendo uma constante confusão entre os preceitos normativos jurídicos, religiosos e morais. Foi apenas com a evolução da sociedade que se pôde alcançar com mais clareza a distinção de tais normas. Todavia, como fazer para aplicar as normas estatais? A tripartição dos Poderes foi o método encontrado para que os papéis do Estado fossem bem definidos. O Estado não pode ser absoluto. Assim, sem ingressarmos na discussão acerca da necessidade de se manter a burguesia como classe social e a consequente teoria dos três Poderes, difundida por *Montesquieu*, o fato histórico relevante é que a tripartição dos Poderes consistiu em importantíssimo instrumento de construção do Estado de Direito, com as definições do Legislativo, Executivo e Judiciário.

Pois bem, partindo dessas breves premissas, afigura-nos como indispensável lembrarmos que o exercício da jurisdição, assim entendida como destinada a solucionar os conflitos de interesses, nascidos das relações entre os indivíduos ou entre estes e o Estado, com a aplicação de uma vontade concreta da lei é, segundo teoria pacificamente adotada pelos processualistas, de índole substitutiva, conforme magistral lição de *Chiovenda*[2]. Todavia, para que tal substituição ocorra, faz-se indispensável a existência de um órgão estatal, para que traduza a atividade substitutiva em uma qualidade, qual seja: imutabilidade da sentença. Exata, por conseguinte, a lição de *Arruda Alvim*, quando diz que a "função jurisdicional é aquela realizada pelo Poder Judiciário, tendo em vista aplicar a lei, a uma hipótese controvertida, mediante processo regular, produzindo, afinal, coisa julgada, com o que substitui, definitivamente, a atividade e vontade das partes"[3].

Quem, todavia, vai aplicar fisicamente a lei, em substituição à vontade das partes? O Juiz.

Foi árduo, longo e extremamente penoso o caminho percorrido pelo ser humano, até que conseguisse um juiz que viesse aplicar imparcialmente a lei. Nunca foi fácil realizar Justiça de forma justa e imparcial, distribuindo-a de acordo com a vontade da lei, de modo a impedir a incidência não só de leis injustas, como também evitar a injunção de outros poderes na atividade jurisdicional judiciária, ou até mesmo evitar a influência de poderosos indivíduos sobre o Judiciário, já que o juiz, em sua atividade jurisdicional, defende o primado da lei justa em benefício de toda a sociedade.

Lembra, a propósito, *Dalmo de Abreu Dallari*, com relação à Grécia antiga, que "o título de magistrado era dado a um cidadão que exercesse algum tipo de poder de comando, civil ou militar, no interesse público. Conforme registra *Aristóteles*, o ma-

---

(2) CHIOVENDA, Giuseppe. *Instituições de direito processual civil*. 1. ed. São Paulo: Bookseller, 1998. v. 2, p. 234.
(3) ALVIM, Arruda. *Comentários ao código de processo civil*. 3. ed. Rio de Janeiro: Forense, 1986. v. I, p. 36.

gistrado (*Arké*) poderia ser escolhido por eleição ou por sorteio e qualquer cidadão poderia ser escolhido, o que, obviamente, elimina a hipótese de exigência de conhecimentos especializados para ter acesso à magistratura"[4].

A caminhada percorrida pela humanidade para conseguir um juiz imparcial não foi fácil. Tudo se deu em um "ambiente de lutas que caracterizou grande parte da Europa do século XVII, governantes absolutos utilizaram os serviços dos juízes para objetivos que, muitas vezes, nada tinham a ver com a solução de conflitos jurídicos e que colocavam o juiz na situação de agente político arbitrário e implacável. Em tal circunstância, a escolha dos juízes era feita diretamente por quem detinha o comando político, o que deixava evidente que eles decidiam e praticavam outros atos, não decisórios, em nome e com respaldo dos chefes supremos. Mas, evidentemente, os juízes estavam obrigados a manter fidelidade, antes de tudo, aos interesses de quem os tinha escolhido"[5].

Quem, entretanto, é o juiz? O juiz é sujeito desinteressado, no sentido de não ter preferência pela vitória, sendo que qualquer litigante pode sair vencedor. As partes são, ao contrário do juiz, pessoas interessadas, uma vez que se empenharão ao máximo, para tentar demonstrar ao juiz que a razão está a seu lado.

Não é por outra razão que a doutrina inclina-se em dizer que o juiz é sujeito do processo, e não parte. Porém, desinteressado, no sentido de que apenas é constituído para aplicar a lei, sem ter interesse na vitória de qualquer uma das partes contendoras.

2.1. Deveres dos juízes

O magistrado moderno não deve mais ficar como um mero espectador do processo. Em verdade, deve procurar descer como uma força viva dentro da relação jurídico-processual, em busca da verdade real. Logo, aumenta ainda mais a responsabilidade do Juiz do Trabalho, já que dispõe de todos os mecanismos práticos para imprimir ao processo, ao menos na fase cognitiva, uma maior celeridade, como, aliás, dá-nos notícia o art. 765 da Consolidação das Leis do Trabalho[6].

Dentre os mais variados deveres outorgados por lei ao Magistrado, podemos destacar alguns, considerando-se um critério de importância, a saber:

a) o dever de prestar a tutela jurisdicional. Tal dever levou à construção da célebre frase popular: "o juiz está fadado ao trabalho". E é verdade. O juiz passa toda a sua vida profissional decidindo. Nem poderia ser diferente. Todavia, é preciso deixar claro que o julgamento deve ser realizado com observância de certas regras elementares, sob pena de viciar-se a atividade jurisdicional. Assim, por exem-

---

(4) DALLARI, Dalmo de Abreu. *O poder dos juízes*. 1. ed. São Paulo; Saraiva, 1996. p. 26.
(5) DALARI, Dalmo de Abreu. *Op. cit.*, p. 11.
(6) "Art. 765. Os juízes e Tribunais do Trabalho terão ampla liberdade na direção do processo e velarão pelo andamento rápido das causas, podendo determinar qualquer diligência necessária a esclarecimento delas."

plo, o juiz deve ater-se ao objetivo litigioso (arts. 128 e 460 do CPC); deve aguardar, de ordinário, a iniciativa da parte na propositura da ação (CPC, art. 2º); a imparcialidade do julgador haverá sempre de colocar-se sobre tudo e sobre todos;

b) o dever de fiscalizar a atividade de todos os que se relacionam diretamente com o processo é outra atividade de responsabilidade do magistrado. Assim, por exemplo, o juiz tem o dever de verificar os pressupostos processuais de existência e de validade; a observância no cumprimento dos prazos processuais pelas partes e pelos auxiliares da justiça; as matérias suscetíveis de serem alegadas como preliminar na contestação — as de ordem pública; a regularidade na representação processual; as condições da ação, entre outras;

c) a subordinação ao ordenamento jurídico. Em sistemas como o brasileiro, o juiz deverá precipuamente subordinar-se à lei e aos princípios, não podendo, de forma alguma, eximir-se de sentenciar ou de decidir qualquer que seja o incidente processual. Todavia, não apresentando o ordenamento jurídico solução para o caso concreto, e estando o juiz obrigado a decidir, deverá valer-se de todos os métodos conhecidos para suprir a aparente lacuna da norma, recorrendo, assim, às modalidades integrativas, por meio das quais alcançará a plenitude lógico-jurídica do sistema (como, por exemplo, analogia, costumes, princípios gerais do Direito, equidade, etc.);

d) a observância de sua qualidade pessoal. Tal questão é da mais alta relevância, já que se encontra diretamente ligada ao desempenho da atividade jurisdicional. A referência é feita para a imparcialidade do julgador. Por conseguinte, verificando o juiz que a imparcialidade pode ser maculada, deverá, sem pestanejar, abster-se de julgar;

e) por exercer atividade, cuja missão maior é a pacificação, o juiz tem o dever de emprestar autenticidade aos atos que pratica, conferindo-lhes validade irrefutável;[7]

f) o juiz deve respeitar a paridade de tratamento, dando aos contendores iguais oportunidades processuais;

g) no processo do trabalho, outro dever conferido ao magistrado, além de aplicar a lei ao caso concreto é-lhe confiado pela Constituição Federal, qual o de cuidar de exercer o chamado Poder Normativo da Justiça do Trabalho.

Não é à-toa, portanto, que, diante desses deveres, a lei dispõe que o juiz responderá por perdas e danos quando no exercício de suas funções, proceder com dolo ou fraude ou recusar, omitir ou retardar, sem justo motivo, providência que deva ordenar de ofício, ou a requerimento da parte (art. 133 do CPC).

---

(7) Dispõe o art. 164 do Código de Processo Civil: "os despachos, decisões, sentenças e acórdãos serão redigidos, datados e assinados pelos juízes. Quando forem proferidos, verbalmente, o taquígrafo ou o datilógrafos os redigirá, submetendo-os aos juízes para revisão e assinatura".

2.2. Formas de recrutamento dos juízes

O processo de recrutamento dos juízes encontra inúmeras variações. Podemos vislumbrar, em cada país, um método diferente de seleção dos magistrados. Isto tem uma razão simples: é que a magistratura moderna ainda sofre forte influência da sociedade, tal qual constituída no século XVIII, quando era basicamente dirigida por agricultores e comerciantes. Por conseguinte, havia um lento dinamismo e uma menor complexidade nas relações jurídicas que se apresentavam, ao compararmos com o atual século XXI. Assim, poderemos encontrar métodos para a seleção de magistrados com enorme grau de ineficiência.

Dentre as várias formas de recrutamento, encontramos, exemplificativamente, as seguintes:

- venda de cargos[8];
- seleção eleitoral;
- seleção a cargo do Poder Executivo;
- seleção a cargo do Poder Legislativo;
- seleção a cargo do Poder Judiciário;
- seleção a cargo de uma Escola de Magistratura;
- seleção realizada com intervenção dos colégios de magistrados;
- seleção realizada por acordo entre os governos nacionais e algum organismo internacional[9].

Os sistemas pelo qual o juiz é indicado, ou mesmo eleito, não nos parecem os mais recomendados, ao menos para o Brasil. Isto porque a indicação ou a eleição acabam por reduzir a independência do magistrado, já que, não raro, pode haver alguma espécie de comprometimento do juiz com o seu colégio eleitoral ou com o grupo ou a pessoa que o indicou para tão relevante função.

A mais indicada forma de recrutamento, com comprovados resultados, é o concurso público, por meio do qual todos podem, em igualdade de condições, concorrer.

Não basta apenas o ingresso mediante concurso, já que o candidato aprovado apenas demonstra possuir, no caso dos magistrados, um elevadíssimo grau de conhecimentos para o exercício do cargo, ou seja, técnico-jurídicos. Portanto, se mantida apenas essa premissa, o juiz será, no máximo, um eficiente burocrata. É preciso algo mais. No particular, cabe às Escolas de Magistratura desempenhar o papel de aperfei-

---

(8) Vale lembrar, no particular, que Montesquieu foi magistrado, tendo herdado, no ano de 1716 (século XVIII), o cargo de um tio. Todavia, por necessitar de dinheiro, no ano de 1726, vendeu-o
(9) Para um estudo mais detalhado sobre o tema, recomendamos a leitura de um artigo publicado em *Lecturas constitucionales andinas*, n. 3, Lima: Comisión Andina de Juristas, 1994, em que o jurista Cezar Azabache apresentou um artigo, intitulado "Procedimientos de selección de magistrados judiciales", no qual vislumbra trinta e dois modos de seleção de magistrados.

çoamento e aprimoramento dos magistrados, mostrando-lhes questões que estão fora do campo meramente técnico-jurídico.

No que se refere especificamente ao Juiz do Trabalho, é de bom alvitre lembrar que não pode perder de vista que "quando o patrão e trabalhador litigam, há uma evidente situação de desigualdade nas possibilidades econômicas de ambos, pois só um deles está lutando por seu alimento"[10]. Logo, o magistrado trabalhista não pode olvidar-se dos escopos que alimentam o processo do trabalho, ao menos quando a lide envolver a relação de trabalho, pois que, de ordinário, o trabalhador é a parte mais débil na relação, impondo-se ao julgador a aguda necessidade de ser sensível ao drama social que geralmente vive o autor, na Justiça do Trabalho.

O juiz do trabalho deve ser tolerante, humilde e persistente na eterna busca de uma conciliação razoável, e, se não for capaz de resolver o processo por meio de uma conciliação, que seja rápido sem suas decisões. Em 1938, *Oliveira Viana* já dizia que o "juiz de hoje é um órgão vivo de elaboração legal, com uma amplitude de poder no manejo dos textos que o permite ser um verdadeiro legislador, um legislador secundário: primeiro, no domínio do Direito Penal, e, depois, no Direito Social, através da processualística dos Tribunais do Trabalho"[11].

Nunca é demais lembrar o que já foi dito por *Rui Barbosa*, na sua "Oração aos moços", lembrando o ensinamento de São Paulo:

"boa é a lei, quando executada com retidão. Isto é: boa será, em havendo o executor a virtude, que na legislação não havia. Porque só a moderação, a inteireza e a equidade, no aplicar das más leis, as poderiam, em certa medida, escoimar da impureza, dureza e maldade que encerrem (...)."

2.3. Dos vícios da capacidade subjetiva do julgador

Nada é mais inimigo da verdadeira justiça do que a paixão. E nada mais a atropela do que a pressa. Os julgamentos apaixonados não são julgamentos, mas simples libelos. Assim, havendo nos autos qualquer motivo que possa ensejar a mácula à imparcialidade, deve o juiz afastar-se do feito.

Os vícios da capacidade subjetiva da pessoa do julgador podem ser encontrados da seguinte forma: incompatibilidade, impedimento e suspeição.

A incompatibilidade não foi tratada pela lei com este nome. Todavia, a doutrina costuma dizer que há incompatibilidade nos casos em que graves razões de conveniência, não-incluídas entre os casos de suspeição e impedimento, impedem a função jurisdicional.

O impedimento aparecerá toda vez em que existir a relação de interesse do magistrado com o objeto do processo. E, por último, evidenciam a suspeição as hipóteses que exsurgem o vínculo do juiz com qualquer das partes.

---

(10) COSTA, Coqueijo. *Direito processual do trabalho*. 4. ed. Rio de Janeiro: Forense, 1986. p. 75.
(11) VIANA, Oliveira. *Problemas do direito corporativo*. 1. ed. Rio de Janeiro: Forense, 1938. p. 22.

Conquanto todos os modos de parcialidade sejam condenados, somente o impedimento vicia o julgamento, de forma a autorizar a propositura de ação rescisória.

A recusa do magistrado pode dar-se mediante um procedimento próprio. Anteriormente à Emenda Constitucional n. 24/99 e até o ano 2002 (prazo-limite para a extinção dos cargos de classistas), quando as Varas do Trabalho ainda possuíam a composição paritária, podia-se dizer que tal recusa se dava de forma diversa do que ocorre no processo civil. Nas Varas em que o funcionam de modo monocrático, por sua vez, a recusa promove-se do mesmo modo procedimental do processo civil.

Vale lembrar, outrossim, que, em nenhuma hipótese, cabe à parte ou a quem quer que seja discutir os motivos que levaram o magistrado à declaração de suspeição por motivo de foro íntimo[12].

Assim, vale lembrar que o art. 134 do CPC dispõe que o juiz é impedido de atuar em qualquer contencioso ou voluntário quando:

• for parte;

• interveio como mandatário da parte, oficiou como perito, funcionou como órgão do Ministério Público, ou prestou depoimento como testemunha;

• conheceu em primeiro grau de jurisdição, tendo-lhe proferido sentença ou decisão;

• nele estiver postulando, como advogado da parte, o seu cônjuge ou qualquer parente seu, consanguíneo ou afim, em linha reta; ou na linha colateral até o segundo grau;

• for cônjuge, parente, consanguíneo ou afim, de alguma das partes, em linha reta ou, na colateral, até o terceiro grau;

• for órgão de direção ou de administração de pessoa jurídica, parte na causa.

Destaque-se, todavia, que, na hipótese da alínea "d" acima o impedimento só se verifica quando o advogado já estava exercendo o patrocínio da causa; é, porém, vedado ao advogado pleitear no processo, a fim de criar o impedimento do juiz.

Outrossim, o juiz é suspeito de parcialidade quando:

• for amigo íntimo ou inimigo capital de qualquer das partes;

• alguma das partes for credora ou devedora do juiz, de seu cônjuge ou de parentes destes, em linha reta ou na colateral até o terceiro grau;

• for herdeiro presuntivo, donatário ou empregador de alguma das partes;

---

(12) Urge ressaltar, contudo, que, no Regimento Interno do Tribunal Regional do Trabalho da Primeira Região (Rio de Janeiro), há previsão, tal como ocorria ao tempo de vigência do Código de Processo Civil de 1939, no sentido de que o juiz que se declarar suspeito por motivo de foro íntimo, poderá ser chamado, em segredo de justiça, pelo Desembargador Corregedor, para justificar seu afastamento.

• receber dádivas antes ou depois de iniciado o processo; aconselhar alguma das partes acerca do objeto da causa, ou subministrar meios para atender às despesas do litígio;

• for interessado no julgamento da causa em favor de uma das partes.

Além disso, o juiz pode se declarar suspeito por motivo íntimo.

Da mesma forma, quando dois ou mais juízes forem parentes, consanguíneos ou afins, em linha reta e no segundo grau na linha colateral, o primeiro, que conhecer da causa no tribunal, impede que o outro participe do julgamento; caso em que o segundo escusar-se-á, remetendo o processo ao seu substituto legal.

3. Partes e capacidade

Nem sempre é fácil a tarefa de se saber, no caso concreto, quem deve figurar como parte. A titularidade ativa e passiva é problema que "decorre da distinção entre a existência objetiva do interesse de agir e sua pertinência subjetiva", eis que o Código de Processo Civil ao mencionar que para propor ação é necessário ter interesse e legitimidade, parte do pressuposto de que o interesse "deve existir precisamente na pessoa que formula o pedido"[13].

Piero Calamandrei afirma que "se chamam partes os contendores do processo"[14].

Ugo Rocco diz que "parte, por conseguinte, é aquele que, estando legitimado para acionar ou para contradizer, pede em nome próprio a realização de uma relação jurídica, da qual se afirma titular, ou de uma relação jurídica da qual afirma ser titular outro sujeito que pode ou não estar em juízo"[15].

Para *Liebman,* partes são os sujeitos contrapostos: os sujeitos do contraditório instituído perante o juiz[16].

A noção de parte é processual. Não podendo, desta forma, se confundir com o de parte legítima nem tampouco de parte integrante da relação jurídica material controvertida[17]. Adquire-se a condição de parte pelo simples fato de integrar a relação jurídico-processual, quer por meio da petição inicial, pelo ingresso espontâneo, forçado ou pela sucessão.

Poderíamos, assim, dizer que legitimado ativo é a pessoa que por meio do processo se diz titular do interesse subjetivo material que se encontra elencado na

---

(13) LIEBMAN, Enrico Tullio. *Manual de direito processual civil.* Trad. Cândido Rangel Dinamarco. Rio de Janeiro: Forense, 1984. v. 1, p. 151.
(14) CALAMANDREI, Piero. *Direito processual civil.* Trad. Luiz Abezia e Sandra Drina Fernandez Barbery. Campinas: Bookseller, 1999. v. II, p. 226.
(15) ROCCO, Ugo. *Tratado de derecho procesal civil.* Trad. Santiago Sentis Melendo e Marino Ayerra Rendín. Bogotá-Buenos Aires: Temis-Depalma, 1970. v. II, p. 115.
(16) *Op. cit.,* p. 89.
(17) *Res in judicium deducta.*

petição inicial. Legitimado passivo é a pessoa que tem um interesse contraposto ao legitimado ativo.

Não seria, portanto, equivocado, de uma forma relativamente simples, dizer que partes são aquelas pessoas que solicitam e contra as quais se solicita, em nome próprio, a tutela estatal. Ao lado das partes principais (autor e réu), também temos as partes secundárias, que são as pessoas que participam da relação jurídico-processual, atingidas pelo resultado da lide, sem, contudo, encontrarem-se na posição de autor ou réu, como, por exemplo, o denunciado da lide, o opositor ou mesmo o nomeado à autoria.

No processo do trabalho, em razão do ranço administrativo, o autor é normalmente chamado de "reclamante", enquanto o réu, de "reclamado"[18]. É preciso, contudo, se ter cuidado, pois não importa que o trabalhador acione ou seja acionado, o que deve ser observado é que o autor é o reclamante e o réu, o reclamado. Por conseguinte, se o trabalhador for acionado, ou seja, se encontrar na posição de réu, será chamado de reclamado.

De qualquer modo, cabe lembrar que a CLT dispõe que as partes são os "empregados" e os empregadores" (art. 791).

Não podemos perder de vista que "toda pessoa que se acha no exercício dos seus direitos tem capacidade para estar em juízo" (CPC, art. 7º). É o que se chama de legitimação para o processo (*legitimatio ad processum*). Por outro lado, todo e qualquer indivíduo possui a qualidade de ser titular de um direito, por meio da legitimação para causa (*legitimatio ad causam*).

Os advogados, quando se encontram no exercício de sua atividade profissional, detêm a chamada capacidade postulatória.

Nas ações trabalhistas típicas, assim consideradas aquelas que se encontram na CLT antes da edição da Emenda Constitucional n. 45, de 2004, as partes, sem advogado, podem postular na Justiça do Trabalho. Assim, as pessoas físicas ou jurídicas são detentoras do *jus postulandi* (capacidade postulatória). Isto porque a própria CLT[19] autoriza a parte, sem a presença de advogado, a praticar atos judiciais por si só[20]. A falta de exigência legal para a atuação do advogado impede a condenação da verba destinada aos advogados, em decorrência da sucumbência[21].

---

[18] Interessante notar que as leis mais recentes que trouxeram algumas modificações ao procedimento trabalhista, continuaram a chamar o autor de reclamante e o réu de reclamado, de tamanha tradição que tais expressões já alcançaram na Justiça do Trabalho. E mais: mesmo após a Emenda Constitucional n. 45, as partes, nas ações da chamada "nova competência da Justiça do Trabalho", ainda continuam a receber o velho e "charmoso" tratamento de reclamante e reclamado. Enfim ...
[19] Art. 791 da CLT.
[20] Dispõe o art. 791 da CLT: "Os empregados e os empregadores poderão reclamar pessoalmente perante a Justiça do Trabalho e acompanhar as suas reclamações até o final". É interessante notar que no ano de 2001 foi editada a Lei n. 10.288, que criava a obrigatoriedade da participação dos advogados nas reclamações trabalhistas, vejamos: "Art. 791. A assistência de advogado será indispensável a partir da audiência de conciliação, se não houver acordo antes da contestação, inclusive nos dissídios coletivos." Todavia, este dispositivo, da referida Lei, foi vetado pelo Presidente da República.
[21] Súmula n. 329 do TST, a saber: "Mesmo após a promulgação da CF/88, permanece válido o entendimento consubstanciado na Súmula n. 219 do Tribunal Superior do Trabalho". Súmula n. 219 — I — Na Justiça do Trabalho,

Cabe lembrar, ainda, que, em verdade, a CLT dispõe que possuem capacidade postulatória o sindicato, o advogado, o solicitador e o provisionado, sendo que estes últimos desde que inscritos na OAB (§ 1º do art. 791).

Nos dissídios coletivos também vigora o *jus postulandi*, sendo, pois, uma mera faculdade dos interessados a assistência por advogado[22].

Nas ações da chamada "nova competência da Justiça do Trabalho"[23], não é mera faculdade das partes a assistência advocatícia. O Tribunal Superior do Trabalho instruiu os magistrados trabalhistas no sentido de que os honorários advocatícios são devidos pela mera sucumbência, nas ações que não decorram da relação de emprego[24]. Com isso, há, atualmente, no processo do trabalho que se observar uma diferença: nas lides em que envolvam qualquer matéria decorrente da relação de emprego, por ser possível a parte postular por conta própria, não há honorários de advogado; já nas lides que não envolvam a relação de emprego, os honorários de advogado serão sempre devidos, pela mera sucumbência, não podendo, assim, se postular em juízo por conta própria, somente assistido por advogado.

A distinção de situações levou em conta um critério meramente legislativo, pois que para as ações decorrentes da relação de emprego a CLT autoriza a presença das partes, sem advogado. Logo, sem honorários. O mesmo já não acontece para as ações da "nova competência". A contradição, contudo, reside no fato da mesma Instrução Normativa que autoriza a cobrança de honorários, para as ações que não envolvam a relação de emprego, orienta os juízes trabalhistas na aplicação do procedimento da CLT, ou seja, poderemos ter uma ação de relação de trabalho (cobrança de honorários, por exemplo) ou uma ação de acidente do trabalho, sendo processada pelo rito da CLT, porém, com a possibilidade de se fixar honorários de advogado. E, na outra ponta, teremos uma ação que envolva a relação de emprego, promovida pelo rito da CLT, todavia, sem fixação da verba destinada aos honorários do advogado. Enfim ...

A reclamação trabalhista, quando envolve a relação de emprego, será feita pelos representantes legais do menor de 18 (dezoito) anos e, na falta destes, pelo Ministério Público do Trabalho, pelo sindicato, pelo Ministério Público estadual ou curador nomeado pelo Juízo.

Os loucos e surdos-mudos serão representados em juízo pelos seus curadores, conquanto seja difícil a existência de relação de emprego com os primeiros.

---

a condenação ao pagamento de honorários advocatícios, nunca superiores a 15% (quinze por cento), não decorre pura e simplesmente da sucumbência, devendo a parte estar assistida por sindicato da categoria profissional e comprovar a percepção de salário inferior ao dobro do salário mínimo ou encontrar-se em situação econômica que não lhe permita demandar sem prejuízo do próprio sustento ou da respectiva família. II — É incabível a condenação de honorários advocatícios em ação rescisória no processo trabalhista, salvo se preenchidos os requisitos da Lei n. 5.584/70".
(22) § 2º, do art. 791, da CLT.
(23) Art. 114 da Constituição Federal, após a Emenda Constitucional n. 45, de 2004.
(24) Instrução Normativa n. 27, de 16 de fevereiro de 2005.

3.1. Capacidade de ser parte

O art. 1º do Código Civil Brasileiro estabelece que "todo homem é capaz de direitos e deveres na ordem civil". Daí se extrai a regra de que qualquer pessoa física tem personalidade jurídica, podendo ser titular de obrigações e direitos desde o nascimento. O Código Civil resguarda, todavia, o direito do nascituro, apesar da personalidade começar com o nascimento (art. 2º).

Igual regra existe em relação à pessoa jurídica, cuja existência legal surge com a inscrição de seus contratos, atos constitutivos, estatutos ou compromissos no seu registro peculiar (art. 45 do CC). A partir daí passa a ter personalidade jurídica, podendo ser titular de direitos e obrigações.

Assim, por exemplo, um menor de idade pode ser proprietário de um imóvel, adquirido com suas rendas ou havido de herança, tanto quanto uma pessoa física considerada capaz. O mesmo se diga em relação à pessoa jurídica, que tanto pode ser titular de direitos, como sujeito obrigado.

Da mesma forma, assim como pode ser titular de direitos e obrigações, qualquer pessoa, física ou jurídica, pode figurar numa relação jurídico-processual. O menor e uma pessoa capaz podem ser demandados numa ação de reivindicação, como podem ser autores de ações de alimentos, por exemplo. Contudo, mesmo no campo do direito material, ainda que qualquer pessoa possa ser titular de direitos e obrigações, em algumas situações elas não têm capacidade para a prática do ato ou negócio jurídico. Isso ocorre, *v. g.*, com os menores absolutamente incapazes, que não podem exercer pessoalmente os atos da vida civil.

Em tais hipóteses, então, a própria lei material estabelece como essas pessoas podem praticar o ato ou negócio jurídico. Via de regra, elas são representadas ou assistidas por outras pessoas, que, em nome dos absoluta ou relativamente incapazes, praticam o ato negocial.

Assim, um menor absolutamente incapaz não pode, pessoalmente, firmar contrato de locação de imóvel de sua propriedade. Mas, por intermédio de seu representante legal (os pais, por exemplo), pode firmar esse contrato. O menor é o titular do direito negociado, mas somente pratica o ato civil através de seu representante legal.

3.2. Capacidade para estar em juízo (capacidade processual)

Da mesma forma que para a prática do ato civil determinadas pessoas devem ser representadas ou assistidas, igual fenômeno ocorre na relação jurídico-processual, até por ser o direito de ação de natureza material (art. 189 do CC).

Qualquer pessoa pode ser demandada ou demandar em juízo. Todas têm capacidade para ser parte (art. 7º do CPC). Contudo, em algumas situações, a pessoa deve ser representada ou assistida processualmente (art. 8º do CPC). Tem, assim, capacidade para ser parte, mas não tem capacidade para residir em juízo ou *para estar em juízo*. O menor que demanda alimentos, por exemplo, deve ser representado ou assistido por seus pais, tutor ou pelo Ministério Público.

Neste caso, o menor pode ser parte, mas não tem capacidade para estar em juízo. É preciso estar representado por outrem.

Isso não quer dizer que o representante ou assistente seja parte ou atue em legitimação extraordinária. Não. Eles apenas atuam no feito em companhia da parte, representando-a ou assistindo-a.

Via de regra, a capacidade para estar em juízo no processo civil é assegurada às pessoas jurídicas e às pessoas físicas que exercem de forma plena a capacidade civil.

Diz-se, nestas hipóteses, que "a incapacidade para estar em juízo, conforme sua intensidade, pode ser integrada, em maior e menor grau"[25]. De maior grau em relação aos absolutamente incapazes. Em menor intensidade, quando a parte é relativamente incapaz[26]. Mas, mesmo que a pessoa seja capaz para prática dos atos civis e tenha capacidade para estar em juízo, é preciso que ela possua legitimidade para atuar no processo.

3.3. Legitimidade

A noção de legitimidade processual está intimamente vinculada à relação que se forma entre dois sujeitos e um objeto. Todos entrelaçados numa relação jurídico-processual.

Ela deve ser constatada a partir do alegado pela parte autora da demanda judicial.

Parte legitimada a demandar é aquela que afirma ser titular da pretensão posta em Juízo. Será legitimado para responder a ação, por sua vez, a pessoa contra quem se persegue uma pretensão.

Como ensina *Calmon de Passos*, "quem afirmar uma pretensão, ou quem se afirma com direito a lograr determinada consequência jurídica, bem como aquele de quem se pretende uma prestação, ou em face de quem se persegue determinada consequência jurídica, estes é que devem ser partes na relação processual, para que haja legitimidade"[27].

Observe-se que a legitimação se vincula à causa de pedir e somente a partir dela pode aferi-la.

Assim, por exemplo, se A alegando ser credor de B demanda contra este, terão legitimidade para atuar no feito judicial, A e B, ativa e passivamente. Se, porém, A

---

(25) ALVIM, Thereza. *O direito processual de estar em juízo*. São Paulo: RT, 1996. p. 16.
(26) *Idem*, p. 16-18.
(27) *Comentários ao CPC*. 8. ed. Rio de Janeiro: Forense, 1998. v. III, p. 222.

demanda contra B alegando que este é devedor de F, seu filho maior, tem-se que falta à A legitimidade ativa para atuar nesse feito. Diante do alegado (F ser credor de B), quem poderá demandar será F (credor) frente a B (devedor).

Se, por outro lado, A alegar que é credor de B, mas demandar contra D, estar-se-á diante da ilegitimidade passiva deste último. Isso porque, diante do alegado (A ser credor de B), somente o apontado devedor (B) terá legitimidade para ser demandado judicialmente.

Essa legitimação para a causa, estabelecida a partir do alegado na inicial, não se confunde, por outro lado, com a legitimação de direito material. Esta última vincula à relação de direito material existente (contrato de locação, de compra e venda, etc.). Já a legitimidade *ad causam*, vincula-se com o alegado pela parte autora do feito judicial e, não com a relação de direito material porventura existente, objeto da lide.

A legitimidade, desse modo, está relacionada "à pretensão ou à defesa, à afirmação de direitos e pedido ou resistência a estes"[28].

Assim, por exemplo, se A é proprietário de um bem, somente ele terá legitimidade para aliená-lo. Ao efetuar a venda para B, por sua vez, firma uma relação de direito material com este (o comprador). Se A (o vendedor), no entanto, para cobrança do preço acertado, ao invés de ajuizar ação contra B, demanda frente a C alegando que este não lhe pagou o acertado, ter-se-á que este último, apesar de não ter legitimidade na verdadeira relação de direito material, possui legitimidade para atuar no polo passivo do feito diante do que nela foi alegado. Ora, se A alega, na ação proposta, que C é seu devedor, logo somente este (C), ainda que não tenha legitimidade de direito material, terá legitimidade para, no feito processual, apresentar suas razões de contrariedade. Obviamente que, se A pede que C seja condenado a lhe pagar determinada quantia, não será B que terá legitimidade para defender os interesses e direitos de C. Este, sim, é que terá legitimidade frente a A para se defender das suas pretensões, no exemplo acima.

Pode-se, então, para concluir, trazer a lume o conceito clássico de partes legitimadas: "autor é quem pede a tutela jurídica do Estado, e réu é aquele em face de quem esta tutela é pedida"[29].

3.4. Legitimidade *ad processum* ou substituição processual

É preciso, ainda, diferenciar a legitimidade *ad causam* (para a causa), da legitimidade *ad processum* (para o processo).

Para *Wambier, Almeida* e *Talamini*, "a legitimidade *ad causam* decorre de uma simetria que deve haver entre os titulares da relação jurídica de direito material subjacente à demanda e a relação jurídica de direito processual.

---

(28) ALVIM, Thereza. *Op. cit.*, p. 80.
(29) ASSIS, Araken de. *Manual do processo de execução*. 2. ed. São Paulo: RT, 1995. p. 188.

Assim, porque A e B celebraram um contrato é que têm legitimidade para estar em juízo, discutindo a respeito da validade desse contrato[30].

Ensinam que, como regra, quem possui a legitimidade *ad causam* (para a causa), detém a legitimidade processual, pois somente ela tem o direito de demandar em juízo na defesa de sua pretensão.

Por disposição legal, no entanto, pode-se fazer essa dissociação, auferindo a outras pessoas, que não os titulares do direito material, a legitimidade para atuar no processo (*ad processum*).

Citam como exemplo dessa dissociação a hipótese em que a coisa litigiosa é alienada no curso do processo. Quem alienou a coisa, a princípio, tinha legitimidade para a causa por ser o titular do bem. Com a venda da coisa, no entanto, deixa de ter essa legitimidade por não mais possuir a coisa litigiosa. Contudo, permanece com a legitimidade para o processo em respeito ao princípio da perpetuação da jurisdição (art. 42 do CPC)[31].

Ocorre, porém, que a legitimidade para a causa, a que se refere o CPC como condição da ação, está vinculada ao alegado pelo autor e, não, com a relação de direito material porventura existente entre os sujeitos litigantes.

Para a causa posta em juízo, tem legitimidade ativa quem se arvora possuidor de um direito. Terá legitimidade passiva, por outro lado, a pessoa que é apontada como devedora da pretensão requerida.

Assim, não se exige que para a parte ser legitimado *ad causam* decorra "uma simetria ... entre os titulares da relação jurídica de direito material subjacente à demanda e a relação jurídica de direito processual". Não é preciso, assim, que haja simetria no plano de direito substancial, mas mera alegação em juízo dessa simetria. Não se pode, dessa forma, confundir-se os sujeitos da lide (aqueles que mantêm litígio no plano do direito material), dos sujeitos do processo (os figurantes na ação judicial, ainda que entre elas não haja qualquer litígio de direito material).

O exemplo citado por *Wambier et al.*, por sua vez, não foi feliz. Diante do que pode alegar em juízo, mesmo com a venda da coisa litigiosa, as partes demandante e demandada, continuam legitimada para a causa posta a julgamento. Se A reivindica de B bem imóvel e este, no curso da ação, aliena a coisa litigiosa para C, é lógico que B continua legitimado para a causa, pois somente ele deve devolver a coisa para A se perder a demanda, tendo-se como nula a alienação. No exemplo, C apenas sofrerá às consequências da nulidade da alienação.

A legislação, de qualquer modo, admite várias hipóteses em que o direito pode ser defendido por quem não se afirma titular de uma pretensão e por quem não se reclama uma prestação. Surge, então, o que se denomina de legitimidade extraordi-

---

(30) WAMBIER, Luiz Rodrigues (coord.). *Curso avançado de processo civil*. São Paulo: RT, 1998. v. II, p. 222.
(31) *Idem*, p. 222.

nária, ativa e passiva. A legitimidade *ad processum*, assim, não passaria da legitimidade *ad causam* extraordinária. Seria uma legitimidade para o processo judicial, conquanto a pessoa não a possua para a causa alegada, via de regra. Quem já tem legitimidade para a causa (*ad causam*), no entanto, detém legitimidade para o processo.

Pode-se, desse modo, concluir que está legitimado *ad processum* toda pessoa a quem se confere o direito de atuar em juízo, em defesa de direito próprio ou de outrem.

Os sindicatos, por exemplo, podem, não só atuar em juízo para defesa de direito próprio, como, ainda, possuem legitimidade *ad processum* para demandar judicialmente em favor dos membros da categoria que representam (art. 8º, III, CF/88).

3.5. Grupo econômico como parte processual

Como já dito, toda e qualquer pessoa (quem tem personalidade jurídica) pode ser parte no processo. E, em princípio, "toda pessoa que se acha no exercício dos seus direitos tem capacidade para estar em juízo" (art. 7º do CPC).

Assim, por exemplo, uma pessoa física maior de 18 anos, como tem personalidade jurídica e estando no exercício de seus direitos civis, pode demandar ou ser demandada em juízo. Tem capacidade de ser parte e de estar em juízo. Já o menor de 18 anos, tem capacidade de ser parte (por ter personalidade jurídica), mas não tem capacidade para estar em juízo, pois não se acha no exercício total dos seus direitos civis.

O mesmo ocorre com a pessoa jurídica. Aquela constituída validamente, por ter personalidade jurídica, tem capacidade de ser parte e de estar em juízo.

A lei processual, porém, iguala determinados entes às pessoas para fins de atuação em juízo. Apesar de não ter personalidade jurídica, tais entes podem ser parte, atuando em juízo por intermédio dos representantes apontados na lei. É o que ocorre, por exemplo, com o espólio, que, não tendo personalidade jurídica, pode ser parte no processo, atuando através do inventariante (art. 12, inciso V, CPC).

O mesmo ocorre, ainda, com a sociedade de fato, que, apesar de não ter personalidade jurídica, pode ser parte na ação judicial (art. 12, VII, CPC).

E é nesse mesmo caminho que a CLT contém disposição a respeito. Diz o art. 791 da CLT que as partes são os "empregados e os empregadores", que "poderão reclamar pessoalmente perante a Justiça do Trabalho e acompanhar as suas reclamações até o final".

Já o art. 2º da CLT estabelece que empregador é a "empresa", ou seja, empregador não é a pessoa física ou a pessoa jurídica, mas sim a "empresa". E como essa empresa é o empregador, ela é quem pode ser demandada ou demandar.

As regras processuais da CLT, portanto, estabelecem que pode atuar como parte no processo o "empregador", ainda que este não possua personalidade jurídica. Seria uma exceção à regra geral de que somente as pessoas (físicas ou jurídicas) podem ser parte no processo. Assim como o CPC apontou algumas exceções à regra geral, a CLT também estabeleceu a sua tendo em vista a ação trabalhista.

O TST, por sua vez, há muito editou A Súmula n. 129 reconhecendo a existência de vínculo empregatício único com o empregado que presta serviços às empresas que compõem o grupo econômico, salvo ajuste contratual em contrário. Ou seja, adotou a teoria da existência do empregador único quando diante do grupo econômico.

O grupo econômico, em verdade, seria a "empresa" empregadora. Empregador não seria a pessoa jurídica que integra o grupo, mas sim o próprio grupo enquanto "empresa". Isso porque, o empregador é a *empresa* (em seu sentido econômico: de empreendimento de uma atividade econômica) e não as pessoas jurídicas que compõem o grupo econômico (art. 2º da CLT).

Assim, sendo o *grupo econômico* o empregador, tanto faz o empregado demandar contra o *grupo* em si, como contra qualquer das pessoas jurídicas que lhe compõe, pois o vínculo é único, sendo os integrantes do grupo solidariamente responsáveis pelos débitos contraídos.

Ora, se o empregador é único, a demanda cognitiva tanto se pode voltar contra a pessoa jurídica ou *subempresa* que efetivamente toma os serviços do empregado, como contra todas as pessoas jurídicas que compõem o grupo econômico ou, ainda, contra uma pessoa jurídica que integra o grupo, mas não é beneficiada diretamente pela prestação de serviços.

O que importa, portanto, destacar, é que o vínculo é único, firmado com todas as empresas, que, agrupadas, são consideradas como empregadora unitária (uma verdadeira "empresa"). Daí por que, sendo o grupo o empregador único, mesmo que a demanda se volte apenas contra uma das pessoas jurídicas que compõem o grupo econômico, esse agrupamento estará representado pela sociedade que for chamada à lide. Poder-se-ia afirmar, inclusive, que a pessoa jurídica demandada substitui processualmente o *grupo econômico*, ou ainda, é o seu administrador (inciso VII do art. 12 do CPC). E tanto é assim, que o empregado não pode demandar separadamente contra cada uma das empresas que compõem o grupo econômico formulando pedidos idênticos, com base na mesma relação jurídica (sendo esta única).

Desse modo, na execução do título judicial, o credor poderá se voltar contra qualquer das pessoas jurídicas que compõem o grupo econômico, ainda que não tenha sido demandada no processo cognitivo. Isso porque, o devedor é o grupo e seus integrantes, representados na ação de conhecimento por quem foi chamado a Juízo. Logo, qualquer uma delas poderá ser executada, pois a condenação se volta contra o grupo e seus integrantes.

Essa situação, aliás, é análoga ao condomínio de prédio de apartamentos. Conforme se extrai da inteligência da Lei n. 2.757/56, empregador é o condomínio, enquanto "empresa" (art. 1º). O condomínio, por sua vez, é representado em juízo pelo síndico (art. 2º), mas os condôminos respondem, proporcionalmente, pelas obrigações trabalhistas, "inclusive as judiciais e extrajudiciais" (art. 3º). Assim, ainda que não tenha sido demandada na lide cognitiva (na reclamação trabalhista), o condômino poderá, em execução, ser responsabilizado pelo débito trabalhista. Em suma, o condômino *que não participou da relação processual como reclamado e que, portanto, não consta no título executivo judicial como devedor, pode ser sujeito passivo na execução.*

Tem-se, então, que os aspectos formais das personalidades distintas de cada sociedade agrupada, neste caso, não são obstáculos à execução contra as mesmas, pois há de se entender, aqui, que as sociedades agrupadas formam, com seus patrimônios, uma empresa distinta: o grupo econômico, que se iguala à sociedade de fato, na qual os verdadeiros responsáveis patrimoniais são seus sócios.

É preciso, então, ficar claro que todas as pessoas agrupadas são representadas na demanda cognitiva por intermédio da pessoa jurídica coligada (também integrante do grupo) que foi chamada a juízo. Isso porque devemos entender que quando a pessoa jurídica integrante de um grupo econômico é citada para se defender em ação proposta contra si pelo empregado do grupo, ela está, em verdade, representando todas as empresas agrupadas, que, assim, têm assegurado o direito de defesa. Ainda que dirigida apenas contra uma pessoa jurídica integrante do grupo econômico, como o empregador é o grupo, aquela quando atua em juízo age em nome do conglomerado e não em nome individual.

Essa é uma situação, aliás, concreta que ocorre com os empregados que são, formalmente, contratados pelo grupo de sociedades regulamentado nos arts. 265 e segs. da Lei n. 6.404/76. Apesar de cada sociedade que integra o grupo manter personalidade jurídica própria (art. 266 da Lei n. 6.404/76), não há dúvida de que, ainda que representados, cada uma, perante terceiros, por seus próprios administradores, elas estabelecem entre si uma espécie de sociedade de fato. Por via de consequência, acabam assumindo solidariamente os débitos constituídos pelo grupo. E o grupo de sociedades, apesar de não ter personalidade jurídica própria, pode contratar com terceiros em nome próprio, como verdadeira sociedade de fato ou sociedade condominial. Assim, *v. g.*, pode contratar empregados para secretariar os órgãos de sua administração (art. 269, VI, da Lei n. 6.404/76).

Daí se tem, então, a possibilidade de o empregado contratado demandar diretamente o grupo de sociedades regulado na Lei n. 6.404/76. Ocorre, porém, que esse grupo de sociedades não possui personalidade jurídica e como ele não tem capacidade processual (a lei processual é omissa a respeito), não pode ser parte em ação judicial. Todavia, o grupo de sociedades é verdadeiramente uma sociedade de fato. Logo, seus administradores (ou sócios) devem representar o grupo. Assim, quando se demanda contra uma das sociedades integrante do grupo, se quer litigar contra o grupo e não contra aquela isoladamente.

De qualquer modo, não se pode deixar de lembrar que a empresa agrupada, quando demandada na execução, possui ao seu alcance os embargos à execução, que, por ser uma ação de conhecimento, pode ter como objeto questões relacionadas à responsabilidade passiva não acobertada pela coisa julgada.

Por outro lado, eventuais prejuízos sofridos pela empresa agrupada, em face da má gestão ou pela atuação desidiosa da sociedade coligada e que foi demandada individualmente, poderão ser ressarcidos regressivamente.

4. Representação das partes na audiência trabalhista

4.1. Representação do empregado

A legislação trabalhista permite que o empregado possa ser substituído na audiência em casos que sua presença não for possível. Dispõe o § 2º, do art. 843, da Consolidação das Leis do Trabalho, a saber:

"(...) se por doença ou qualquer outro motivo ponderoso, devidamente comprovado, não for possível ao empregado comparecer pessoalmente, poderá fazer-se representar por outro empregado que pertença à mesma profissão ou pelo seu sindicato".

Note-se que a lei diz "motivo *PONDEROSO*". E, curiosamente, algumas editoras publicam CLT's, valendo-se da expressão "motivo *PODEROSO*". Vale lembrar que "ponderoso" significa: que tem peso; importante; digno de atenção; grave e sério; que se pondera. Enquanto "poderoso" tem como significado: que tem poder; que exerce poderio; que tem influência; que produz grande efeito; intenso; energético; que demove[32]. Portanto, tomemos cuidado!

Com efeito, se o autor, pessoa física, empregado, não puder comparecer, por motivo ponderoso (lembre-se!), poderá solicitar que outro colega de profissão, qualquer colega, substitua-o. Ou, se preferir, por qualquer pessoa que represente o sindicato da categoria a que pertence(ria), em face de seu (ex)empregador. Vale destacar: a lei menciona um colega de profissão, o que não necessariamente implica que este seja colega de trabalho na mesma empresa.

Nada impede que a ausência do autor, por motivo de doença, lhe autorize a trazer aos autos atestado médico que justifique a sua ausência, evitando-se, com isso, a aplicação das sanções legais. Isto se deve por uma questão de igualdade de tratamento processual. Ora, se o réu[33], por seu preposto, não comparecer, por motivo de doença, nos termos da Súmula n. 122[34] do Tribunal Superior do Trabalho, permite-se que a sua ausência acarrete o adiamento da audiência, por que não se estender, nos mesmos moldes, tal preceito ao autor?

---

(32) *Novo Dicionário Aurélio*. Século XXI. 3. ed. 4. impressão. São Paulo: Nova Fronteira, 1999. Verbetes: "ponderoso" e "poderoso".
(33) Pessoa física ou pessoa jurídica.
(34) Súmula n. 122: "A reclamada, ausente à audiência em que deveria apresentar dfesa, é revel, ainda que presente seu advogado munido de procuração, podendo ser ilidida a revelia mediante a apresentação de atestado médico, que deverá declarar, expressamente, a impossibilidade de locomoção do empregador ou do seu preposto no dia da audiência".

Considerando-se que o depoimento pessoal é ato processual complexo e personalíssimo, é evidente que a presença de outra pessoa, no lugar do autor, tem como escopo apenas evitar o "arquivamento"[35]. A única exceção admitida é se o representante do autor comparecer munido de procuração com poderes específicos para depor e confessar.

Em se tratando de ações plúrimas, é permitido que o sindicato da categoria a todos represente (art. 843 da CLT). A finalidade da representatividade sindical tem sede no enfoque meramente prático do problema, pois àquele operador do direito que não tem muita prática com o Judiciário trabalhista, não sabe o transtorno que se dá quando em uma audiência temos inúmeros sujeitos, quer como autor, como réu ou ambos. O problema não está quanto à representatividade sindical; mas sim na necessidade da prova. Admitamos que a matéria controvertida demande a produção da prova oral, máxime o depoimento pessoal dos autores. Nestes casos, o sindicato não poderá prestar depoimento — que é pessoal, personalíssimo — no lugar dos autores. Somente estes poderão fazê-lo. Caberá, assim, ao juiz intimar os reclamantes-representados para que eles compareçam para depor.

4.1.1. Representação pelo sindicato

No que se refere à legitimação do sindicato, muito já se discutiu acerca da possibilidade do sindicato defender os interesses dos trabalhadores judicialmente. A Constituição Federal de 1988, apesar das críticas que se fazem ao sistema sindical, foi, de fato, a que mais avançou no terreno sindical, pois que permitiu a liberdade sindical por seus múltiplos aspectos, como: a) a liberdade sindical individual; b) a liberdade sindical coletiva; c) liberdade sindical institucional.

Sob prisma da liberdade sindical coletiva, que é o que nos interessa aqui, o sistema adotado pelo constituinte tem-se mostrado imune às críticas, pois que conferiu ao sindicato a possibilidade de defender os direitos e interesses individuais ou mesmos coletivos de seus representantes no âmbito da negociação coletiva, instauração de dissídio coletivo e deflagração quanto ao exercício do direito de greve.

Com efeito, ao sindicato se tem permitido a utilização da ação civil pública para fins de ajuizamento de ações que objetivem a proteção dos interesses ou direitos individuais homogêneos, assim considerados como sendo aqueles que, conquanto sejam individuais, todavia, pertencem a toda a categoria profissional, como também os interesses coletivos.

Não se discute, no atual estágio da jurisprudência, se o sindicato possui ou não legitimidade para essas ações civis públicas. Pacificou-se entendimento de que a entidade sindical possui natureza jurídica de associação civil, detendo, por conseguinte, a

---

[35] No processo do trabalho, o "arquivamento", em casos que tais, equivale a uma forma de se resolver o processo sem apreciação meritória.

legitimidade para promover ação na defesa da categoria profissional, no que diz respeito aos interesses difusos, coletivos e individuais homogêneos.

O Tribunal Superior do Trabalho assim não entendia, tanto que por meio da Súmula n. 310 limitou excessivamente o âmbito da legitimação processual do sindicato para propositura de ações que tinham por escopo a defesa dos interesses da categoria. Ocorre que a referida Súmula foi cancela pela Resolução n. 119, de 2003, restabelecendo-se, assim, a possibilidade do sindicato, como substituto processual, promover todas as ações que versem os interesses da categoria, inclusive, mandados de segurança[36]. Ora, se o sindicato possui personalidade jurídica, devendo, inclusive, se registrar no órgão competente[37] e proibindo o texto maior apenas a interferência do poder público na organização sindical[38], é correto afirmar que ao sindicato cabe a defesa dos direitos e interesses coletivos ou individuais da categoria[39].

4.2. Representação do empregador

4.2.1. O preposto do empregador

O clássico conceito de pessoa jurídica, assim entendida como uma oposição à pessoa natural, empregada para designar as instituições, corporações, associações e demais sociedades, que, por força de lei, personalizam-se, tomando, pois, individualidade própria, para constituir uma entidade jurídica, distinta das pessoas que a formam ou que a compõem, também deve ser utilizado no processo do trabalho.

A figura que representa o (ex)empregador, na Justiça do Trabalho, é denominada de preposto. A Consolidação das Leis do Trabalho não exige que o preposto seja empregado[40]. Tirando a figura do gerente, que necessariamente é empregado, é possível concluir que permite a legislação trabalhista que qualquer outro preposto (não empregado) pode representar o empregador. Todavia, esta não vem sendo a interpretação que se tem dado ao texto legal.

A doutrina, bem como a jurisprudência dos Tribunais, firmaram entendimento de que o preposto deve ser empregado. Argumentam, inicialmente, que a CLT ao mencionar, expressamente, a figura do gerente, deixou claro que o legislador teria vinculado o preposto a um empregado[41].

---

(36) Constituição Federal, art. 5º, LXX, "b".
(37) Registro Civil das Pessoas Jurídicas.
(38) Apenas observando-se a exigência constitucional da proibição da criação de mais de uma organização sindical, em qualquer grau, na mesma base territorial (unicidade sindical).
(39) Sendo que sua participação é obrigatória nas negociações coletivas de trabalho (CF, art. 8º, IV).
(40) Dispõe o § 1º, do art. 843, da CLT, que: "É facultado ao empregador fazer se substituir pelo gerente, ou qualquer outro preposto que tenha conhecimento do fato, e cujas declarações obrigarão o preponente".
(41) Neste sentido Manoel Antonio Teixeira Filho, ao dizer que "integramos a corrente de pensamento que exige, do preposto, essa qualidade (a de empregado). Duplo é o fundamento, sendo um de direito e o outro de fato. De direito, porque o próprio § 1º do art. 843 da CLT alude, primeiramente, ao gerente e, depois, ao preposto. Ficou aí patente o intuito do legislador em esclarecer que o representante do empregador deve ter vínculo de emprego com este, na medida em que não há como desvincular, no Direito do Trabalho, o gerente da relação de

Apesar do aparente silêncio da lei, temos que razão assiste àqueles que entendem que o preposto necessita ser empregado. Conclusão em sentido contrário fomentaria, como já se fomentou, a indústria dos prepostos.

Um dos requisitos fundamentais da preposição trabalhista é a condição de empregado. Esta subordinação ao empregador é que faz do preposto trabalhista um verdadeiro representante do patrão. É a confiança que orienta toda e qualquer relação de emprego. Daí por que ninguém melhor do que o empregado para representar o empregador em juízo. Tanto isto é verdade que para comprovar em juízo, a qualidade de preposto, bastaria que este apresentasse sua Carteira de Trabalho anotada pelo preponente, não havendo, pois, necessidade da conhecida e exigida carta de preposição. Isto porque a presença do empregado, à audiência, no lugar do patrão, é o quanto basta para autorizar a validade da representação judicial. *Mutatis mutandis* seria como o advogado que não possui procuração, mas se aceita a chamada procuração *apud acta*.

Atualmente, a questão quanto à qualidade do preposto perdeu o interesse prático. É que o Tribunal Superior do Trabalho editou, inicialmente, a Orientação Jurisprudencial n. 99, tendo sido posteriormente convertida na Súmula n. 377, assim redigida, a saber:

"PREPOSTO. EXIGÊNCIA DA CONDIÃO DE EMPREGADO. Exceto quanto à reclamação de empregado doméstico, o preposto deve ser necessariamente empregado do reclamado. Inteligência do art. 843, § 1º, da CLT."

Posteriormente, a referida Súmula foi revista, sendo que por meio da Resolução n. 146, de 2008, publicada no DJ 28.4.2008, passou a ter a seguinte redação, vejamos:

"PREPOSTO. EXIGÊNCIA DA CONDIÇÃO DE EMPREGADO. Exceto quanto à reclamação de empregado doméstico, ou contra micro ou pequeno empresário, o preposto deve ser necessariamente empregado do reclamado. Inteligência do art. 843, § 1º, da CLT e do art. 54 da Lei Complementar n. 123, de 14 de dezembro de 2006."

No que se refere à representação do empregador doméstico, cabe acrescer que com a explosão da litigiosidade contida, as ações trabalhistas de empregadas domésticas são em número bastante considerável. Tal fenômeno social acabou por gerar alguns problemas jurídicos. Entre as divergências criadas, temos a que diz respeito à representação do empregador doméstico nas ações trabalhistas, mormente em se tratando de serviços domésticos prestados às famílias com inúmeros integrantes.

Chegamos a ter julgados que entendiam que a regra a ser aplicada encontrava-se no Código Civil. É que o art. 233, inciso I, do revogado Código, dispunha que a representação da família competia ao marido, como chefe da sociedade conjugal.

Outros julgados em contrário, não concordavam com a assertiva acima apontada, ao argumento de que a Constituição Federal de 1988[42] teria revogado o disposto

---

emprego. Não fosse assim, não haveria motivo para o legislador haver feito expressa referência à figura do gerente; bastaria que dissesse que a representação poderia ficar a cargo de qualquer pessoa designada pelo empregador (...)". In: *A prova no processo do trabalho*. 2. ed. São Paulo: LTr, p. 129.

(42) Trata-se do § 5º do art. 226, a saber: "os direitos e deveres referentes à sociedade conjugal são exercidos igualmente pelo homem e pela mulher".

no referido art. 233 do Código Civil, na medida em que passou a estabelecer a igualdade de deveres e direitos entre os cônjuges.

Os conservadores, entretanto, ainda insistiram, durante bastante tempo. Agora com um argumento complementar, qual seja o de o art. 233, I, do antigo Código Civil, deveria ser interpretado harmonicamente com a Constituição Federal, posto que, em todos os lugares, comunidades ou sociedades do mundo, existem líderes. E se tal premissa é verdadeira, o mesmo também deveria dar-se com a sociedade conjugal.

A confusão ainda reinava, eis que alguns consideravam como argumento crucial da igualdade ou mesmo da liderança feminina do lar, o fato de normalmente a anotação da CTPS da empregada doméstica ser feita pela mulher; jamais pelo marido.

Finalmente, bem andou a jurisprudência do Tribunal Superior do Trabalho, encerrando, de uma vez por todas, com essa discussão. Prevaleceu o entendimento de que a Lei n. 5.859/72, que rege as relações jurídicas trabalhistas da empregada doméstica, ao definir o empregador doméstico como "família", não restringiu a expressão ao âmbito da esposa ou do marido. Por conseguinte, o texto legal permite a interpretação no sentido de se abranger todas as pessoas integrantes da família, que residam no local de trabalho da doméstica, independentemente de quem tenha anotado a sua CTPS.

Por incrível que possa parecer, questão de simples solução ainda ronda as lides que tratam da relação jurídica do doméstico, qual a de se saber se o empregador doméstico pode designar preposto? A resposta é positiva. O preposto, contudo, precisa ser também empregado doméstico, tal como o motorista, o mordomo, a governanta, outra empregada doméstica, o secretário particular[43].

4.2.2. A responsabilidade dos atos praticados pelo preposto

É grande a responsabilidade do preposto pelo que diz em audiência, mormente em razão do depoimento pessoal que presta. Suas declarações, portanto, obrigam o preponente[44].

Preposto com dificuldade para expressar-se, com poucas luzes ou insuficientemente orientado pode acabar levando seu patrão à perda da demanda. Da mesma forma, não deve ser uma pessoa extremamente tímida, pois se a timidez for em grau elevado pode o preposto recusar-se a depor ou deixar de responder ao que lhe for perguntado, ou, ainda, empregar evasivas, de tal modo que permitirá a aplicação, pelo Juiz, dos arts. 343, § 2º e 345 do Código de Processo Civil.

Não estamos, com isso, a dizer que o preposto deve ser um verdadeiro *expert* da mentira, um "cara-de-pau", pois que um comportamento exacerbado em demasia, o descaramento ilimitado pode beirar às raias da litigância de má-fé.

---

(43) Esse é um entendimento sedimentado pelo Tribunal Superior do Trabalho, por meio da Orientação Jurisprudencial n. 99, da SDI-I, convertida, atualmente, na Súmula n. 377.
(44) § 1º, do art. 843, da CLT.

Assim, um preposto envolto da seriedade de sua missão e consciente das consequências das suas atitudes, deverá cuidar de encontrar o exato ponto de equilíbrio, eis que os princípios da ética devem ser, por todos os participam do processo, observados.

Não se exige do preposto nada mais além dos conhecimentos dos fatos. Portanto, não precisa tê-los presenciado (ele não é testemunha). Assim, é despicienda a indagação com relação à data de admissão do preposto nos quadros funcionais da reclamada, para fins de se obter a imprestabilidade de seu depoimento, na hipótese de seu ingresso ter se operado depois da saída do reclamante. Aliás, é o próprio § 1º do art. 843 da CLT que nos induz a esta conclusão, já que, ao dizer, expressamente, que o preposto "deve ter conhecimento do fato", deixa transparecer, *a contrario sensu*, que ele não precisa ter vivenciado os acontecimentos.

A parte — e, portanto, o preposto — não é obrigada, coagida, a prestar depoimento pessoal. Prestará se assim o quiser. Tanto isso é fato, que a norma processual prevê que "se a parte intimada não comparecer ou, comparecendo, se recusar a depor, o juiz lhe aplicará a pena de confissão"[45].

O juiz pode conduzir coercitivamente a parte para prestar interrogatório, mas não para prestar depoimento. O que não significa dizer que a parte tenha responder ao que lhe for perguntado[46]. Comparecer em juízo, para ser interrogado, é um dever da parte e um ônus do juiz.

Assim como a testemunha que deixa de comparecer, sem motivo justificado, à audiência, igualmente será a parte conduzida, aplicando-se, por analogia, a parte final do *caput* do art. 412 do CPC. Nenhum preceito pode ser devidamente aplicado sem sanção. Logo, a parte que não comparece para depor pode ser considerada confessa. Como para o interrogatório não há essa sanção, somente sua condução coercitiva pode se apresentar como solução ao problema[47].

4.2.3. A representação do condomínio de propriedade horizontal na Justiça do Trabalho

É equivocado pensar que um condomínio de propriedade horizontal pode ser representado pelo administrador e não pelo síndico, em razão do que dispõe o art. 12, inciso IX, do Código de Processo Civil[48].

Não há dúvida de que a representação, ativa ou passiva, em juízo, pelo administrador do condomínio, é perfeitamente legal no âmbito de alcance das regras do Código de Processo Civil; mas tal não ocorre na Justiça do Trabalho.

---

(45) § 2º, do art. 343 do CPC.
(46) O silêncio por si só não implica em crime de desobediência.
(47) "Ninguém se exime do dever de colaborar com o Poder Judiciário para o descobrimento da verdade" — CPC, art. 339. "Além dos deveres enumerados no art. 14, compete à parte: comparecer em juízo, respondendo ao que lhe for interrogado, praticar ato que lhe for determinado" — CPC, art. 340.
(48) O condomínio que se refere o art. 12, inciso IX, do CPC é aquele criado em decorrência de edificações ou incorporações imobiliárias, disciplinado pela Lei n. 4.591, de 6.12.1964, onde há, além das unidades autônomas e individuais, as partes comuns. Não podemos perder de vistas que quanto aos litígios a respeito das unidade autônomas, cada titular será parte legítima, pois há submissão ao regime jurídico-material de propriedade autônoma (art. 2º da referida Lei), mesmo porque essas podem ser livremente negociadas (art. 4º).

No processo do trabalho, diferentemente do que se dá no processo civil, o síndico[49] é quem deve representar, ativa e passivamente, o condomínio. Tal ocorre pelo fato de haver, para o processo do trabalho, preceito legal que especificamente disciplina a matéria, qual a Lei n. 2.757/56, que, em seu art. 2º: diz, expressamente, que são "considerados representantes dos empregados nas reclamações ou dissídios movimentados na Justiça do Trabalho os síndicos eleitos entre os condôminos"[50].

Não se tem admitido, no processo do trabalho, que a administradora do condomínio possa representá-lo, como preposto. O condomínio somente pode ser representado pelo síndico, devendo este, em audiência, apresentar a ata da assembleia que o elegeu. Essa regra, no entanto, cede ao disposto no CPC quando o condomínio não tiver síndico. Neste caso, então, de fato, aquele que assume a gestão do condomínio revela-se o seu representante. Isso porque não seria lógico se exigir, diante da ausência da figura do síndico, que todos os condôminos comparecessem à audiência representando o condomínio.

Tal situação não sofreu qualquer alteração com a chegada do novo Código Civil brasileiro. Se por um lado este diploma legal alterou aspectos relevantes da propriedade condominial, entrementes, em nada afetou a questão relativa à representatividade perante a Justiça do Trabalho.

Afigura-nos lógico que em não tendo o síndico como comparecer à audiência trabalhista, mande, em seu lugar, o subsíndico (quando houver), porque ao tempo de edição da Lei n. 2.757/56, ainda não se encontrava em vigor a Lei n. 4.591/64, pois que a figura do subsíndico surgiu com esta lei. Ademais, é razoável que em havendo subsíndico esta também possa representar o condomínio judicialmente, de modo ativo e passivo, uma vez que o subsíndico, pelos seus atos, também é responsável, perante o condomínio.

Também é possível que o zelador, porteiro ou qualquer outro empregado do condomínio represente-o em juízo, pois que podendo o condomínio ostentar a qualidade de empregador, e havendo permissão[51] para que o empregador seja representado em juízo por preposto empregado, não vemos óbice para que tal não se dê.

---

(49) O síndico é o representante de direito e de fato do condomínio, fora e em juízo (art. 22, Lei n. 4.591/64). O condomínio, devidamente instituído na forma da lei, não poderá ser representado em juízo por qualquer titular de unidade autônoma, sendo, pois, parte ilegítima para discutir sobre assuntos gerais do condomínios.

(50) Neste sentido a doutrina trabalhista. Por todos, Francisco Antonio de Oliveira, vejamos: "Havendo, assim, dispositivo legal tão claro, a administradora não é aceita como preposta. A menos que ela mesma seja o síndico, pois a Lei dos Condomínios (n. 4. 591/64) permite que o síndico seja uma pessoa física ou jurídica não-condômina (§ 4º, art. 22); então, a administradora representa o condomínio na Justiça do Trabalho, nessa hipótese, não como administradora em si, mas como síndico. Uma certa confusão tem sido provocada pela leitura do Código de Processo Civil; este, no art. 12, diz que serão representados em juízo, ativa e passivamente: IX — o condomínio, pelo administrador ou pelo síndico. Trata-se, no entanto, de dispositivo que não pode ser aplicado no processo do trabalho, porque, para este, há orientação legal expressa; é sabido que as normas processuais comuns só têm aplicação na Justiça do Trabalho quando não haja disposição legal própria, até porque, se fosse aplicar tudo o que está no Código de Processo Civil, tão-somente porque dele consta, com desprezo das normas próprias do processo trabalhista, não teria sentido sequer a existência de uma justiça especial. O CPC socorre o processo do trabalho naquilo em que não haja norma especial; havendo, exclui-se a do processo comum; esta, aliás, é a regra da CLT (art. 769) (...)". *O processo na Justiça do Trabalho*. São Paulo: RT, 1974.

(51) Súmula n. 377 do TST.

Óbvio, ainda, que qualquer condômino também pode exercer esse papel, desde que autorizado pelos demais. Isso porque o empregador, no caso de condomínio, são os próprios condôminos, que por sua vez, são representados pelo síndico ou administrador (art. 2º da Lei n. 2.757/56).

Observe-se que, no condomínio, o que existe é uma copropriedade nas áreas comuns (o condomínio) ao lado das unidades autônomas (de uso exclusivo do condômino). Logo, no que se refere à coisa comum, os empregadores são seus proprietários.

Ao *shopping center,* não se aplica a exigência de representação pelo síndico, pois que a Lei n. 2.757/56 não previu a representatividade judicial destes entes jurídicos.

4.2.4. O advogado e a função cumulativa de preposto

O advogado jamais poderá cumular sua função com a de preposto, visto que há vedação legal para tanto, conforme arts. 54, V e 78 da Lei n. 8.906/94[52].

Assim, em se tratando de lide que envolva relação de emprego, na qual o advogado é dispensável, sendo este advogado empregado, é preferível que atue como preposto, já que a parte pode postular em juízo por conta própria (*jus postulandi*), retirando dos autos a procuração que conste o seu nome como advogado e assinado apenas como preposto e não como advogado. E tudo estará resolvido.

Insistindo em figurar no processo como advogado e preposto, deverá o magistrado oficiar à Ordem dos Advogados do Brasil, a fim de que sejam tomadas as medidas legais cabíveis. Para o processo, contudo, nenhuma nulidade dar-se-á. A sanção é apenas no âmbito administrativo e não processual.

4.2.5. A questão da parte no mandado de segurança

Não há mais dúvida quanto à possibilidade de se impetrar mandado de segurança na Justiça do Trabalho, pois que a Emenda Constitucional n. 45, de 2004, ao ampliar o leque de matérias que agora são da competência material da Justiça do Trabalho, permitiu o ajuizamento desta ação constitucional, em primeiro grau de jurisdição.

Considerando-se que o mandado de segurança, como qualquer outra ação, deverá ser ajuizada mediante a confecção de uma petição inicial, portanto, com observância dos requisitos do art. 282 do Código de Processo Civil[53], não pode o seu autor (impetrante) deixar de indicar a autoridade coatora. Ocorre que na prática, é relativamente comum, que o autor indique uma autoridade que não é a responsável pelo ato impugnado, mas outra, acreditando ser esta a verdadeira autoridade. Em casos que

---

(52) Neste sentido, o Código de Ética Profissional dos Advogados também expressamente proíbe, além do que consta no Provimento n. 60, de 8.12.87, do Conselho Federal da Ordem dos Advogados do Brasil.
(53) Não se aplicando a CLT, no particular. Portanto, jamais será apresentada de forma verbal.

tais, deve o julgador indeferir a petição inicial ou conceder ao impetrante a oportunidade para adequar a petição inicial?

O erro quanto à indicação da autoridade apontada como coatora encontra-se umbilicalmente ligada à legitimidade da própria parte. Preferimos pensar, como é entendimento majoritário, que a parte passiva no mandado de segurança é a pessoa jurídica de direito público ou a pessoa de direito privado que ostenta a qualidade de concessionária de serviço público.

Quanto à questão relativa ao aproveitamento da petição inicial, basicamente dois foram os caminhos escolhidos pela jurisprudência. O primeiro no sentido de que o mandado de segurança deve ser impetrado não contra o ente de direito público, mas sim contra a autoridade administrativa que tenha poderes e meio para a correção da ilegalidade apontada; sendo que outro entendimento pugna pela tese de que a legitimidade passiva é da pessoa jurídica e não da autoridade administrativa.

Pensamos que não é possível exigir da parte, ainda que assistida por advogado, que tenha conhecimento da complexa estrutura da Administração Pública, de forma a precisar quem é a pessoa investida de competência para corrigir o ato coator. Portanto, a pessoa jurídica de direito público deve suportar os ônus da sentença proferida em mandado de segurança, ostentando, assim, legitimidade para figurar no polo passivo do feitio, por deter evidente interesse direto na causa.

Vislumbremos a hipótese de uma determinada pessoa jurídica ter se sentido violada, por alguma razão, em seu direito líquido e certo, em face de ato praticado por determinado fiscal do trabalho em seu estabelecimento. Resolve, então, impetrar um mandado de segurança, dirigido para uma Vara do Trabalho, objetivando a suspensão do ato praticado pela referida autoridade coatora, apontando, contudo, como autoridade a União.

Não nos parece justo, nem tampouco correto, que a pretexto de indicação errônea de uma pessoa jurídica de direito público como autoridade coatora em mandado de segurança, o magistrado, diante do fato de flagrante lesão ao direito, assegurado por lei, resolva julgar inepta a inicial. Exigir, portanto, fielmente a participação das pessoas físicas, investidas de poderes para dar cumprimento à tutela mandamental é impedir, em última análise, o exercício do direito de ação, com extremos formalismos, que o mundo atual não mais suporta.

O ato do servidor público é ato da entidade pública a que ele se subordina. Tanto isso é verdade que seus efeitos se operam em relação à pessoa jurídica de direito público. Portanto, esta é que possui capacidade de ser parte, devendo esta ocupar o polo passivo no mandado de segurança. Isto porque quem pratica o ato o faz em nome da atribuição que lhe é afeita, por ocasião da posição que ocupa e da função que exerce no órgão, pessoa jurídica. Aquele que praticou o ato, para fins de mandado de segurança, não o faz em nome próprio, ou seja, por força de sua própria vontade, mas em nome da atribuição ou cargo que exerce.

Nem se diga que somente a autoridade coatora pode ser o informante. Porque isto não é verdade. Qualquer um que se encontra no lugar da referida autoridade, ainda que em caráter precário, estará apto a prestar informações[54].

Diante do exposto, não há porque o magistrado indeferir a petição inicial, nem tampouco intimar a parte autora (impetrante) para emendar a inicial, a fim de indicar qual a autoridade que deve figurar como sendo a coatora. Se é perfeitamente possível dirigir-se a ação mandamental contra pessoa jurídica e estando esta em termos, deve o feito prosseguir em face desta. Portanto, por exemplo, se o ato foi praticado por servidor público federal e o autor (impetrante) indicou a União como parte passiva do mandado de segurança, deve se dar continuidade ao processo, enfrentando-se o seu mérito, se as demais condições da ação foram preenchidas.

5. O Ministério Público do Trabalho

A história cuidou de conceder ao Ministério Público seu "lugar ao sol". O Código de Processo Civil de 1939 não deu muita atenção ao Ministério Público, pois que sequer se preocupou em dar um tratamento sistemático ao tema; ao contrário do que fez o vigente Código de Processo Civil que, em Título próprio, resolveu sistematizar as atribuições do Ministério Público.

Celso Agrícola Barbi, ao comentar o Título destinado pelo Código de Processo Civil vigente para o Ministério Público, disse que "a instituição tem origem no Direito Francês, onde, inicialmente, sua função era de defesa dos interesses do rei em juízo. Com essas características, foi ele introduzido no Brasil"[55].

Tal situação foi tão marcante em nosso sistema jurídico, que a Constituição Federal de 1946, em seu art. 126, parágrafo único, autorizava a representação judicial da União ao Ministério Público[56].

Na linha do tempo, todavia, a relevância do Ministério Público foi aumentando, adquirindo, com a evolução social, considerável importância. Assim, no lugar de ser um simples prolongamento do Executivo no seio dos tribunais, chegou à nobre missão de defender a ordem pública, o regime democrático, os interesses sociais e individuais indisponíveis, como quer o atual art. 127 da Constituição Federal em vigor.

Nos feitos trabalhistas, a atuação do Ministério Público de longa data demonstra a sua grande relevância. Conhecido outrora como Procuradoria, já atuava antes mes-

---

(54) Isto é muito fácil de se visualizar em outra situação. Por exemplo, em mandado de segurança contra ato judicial. Qualquer juiz que se encontre na Vara, no momento em que chega o ofício para prestar as informações, está apto a fazê-lo, não sendo, pois, necessário que o juiz, apontado como autoridade coatora, preste as informações.
(55) BARBI, Celso Agrícola. *Comentários ao código de processo civil*. 8. ed. Rio de Janeiro: Forense, 1993. v. I, p. 231.
(56) Vejamos o que dispunha o parágrafo único do art. 126 da Constituição Federal de 1946, a saber: "A União será representada em juízo pelos Procuradores da República, podendo a lei cometer esse encargo, nas comarcas do interior, ao Ministério Público local".

mo da existência da Consolidação das Leis do Trabalho, porém, apenas na esfera administrativa. Foi em 1946, quando o Judiciário trabalhista desmembrou-se do Executivo[57], que o Ministério Público do Trabalho deixou de ser um órgão de atuação meramente administrativa, para atuar na esfera jurisdicional[58].

No processo do trabalho, vamos encontrar o Ministério Público atuando como fiscal da lei, como parte, na defesa dos interesses dos menores ou dos incapazes em geral. Também encontraremos sua atuação nos conflitos coletivos, já que, no particular, sempre haverá em jogo o interesse da ordem pública. Atua, outrossim, com muita frequência, nas ações civis públicas, além de participar das sessões de julgamento dos Tribunais, bem como nos mandados de segurança impetrados em primeiro grau de jurisdição.

O Ministério Público, como um todo, e o do Trabalho, em particular, têm seus misteres regulados pela Lei Complementar n. 75, de 20 de maio de 1993, não obstante a ele também alcance "a defesa da ordem jurídica, do regime democrático e dos interesses sociais e individuais indisponíveis"[59].

Não podemos deixar de lembrar que a extensão do campo de atuação do Ministério Público, na defesa dos interesses da sociedade, fez com que se tornasse forte a tese de se admitir, para este órgão, o princípio do promotor natural, inclusive, no processo do trabalho.

Nos Tribunais, o Ministério Público do Trabalho atua na confecção de pareceres jurídicos nas hipóteses em que entender que há relevância temática, bem como também vem se admitindo a sua legitimidade para propositura de ação rescisória, nos casos em que a matéria em apreço depender de interesse de alcance social[60].

Podemos resumir as atribuições do Ministério Público do Trabalho da seguinte forma:

H) COMO PARTE — Na instauração de instância em dissídio coletivo, quando ocorrer a suspensão de trabalho, na forma da lei de greve, do art. 874 da CLT, da nova redação do art. 114 da Constituição Federal (EC n. 45/04); dar início ao processo executório, quando as decisões forem proferidas pelos Tribunais Regionais do Trabalho (CLT, art. 878, parágrafo único); promover, igualmente, a ação executória nos moldes do art. 746, alínea "g", da CLT; suscitar conflitos de competência (CLT, art. 805, alínea "b"); requerer, mediante petição, a correção de erros materiais ocorridos nas sentenças (CLT, art. 833);

---

(57) Conforme art. 94 da Constituição Federal de 1946: "O Poder Judiciário é exercido pelos seguintes órgãos: (...) V — Juízes e Tribunais do Trabalho".
(58) Foi somente com o advento da Lei n. 1.341, de 31 de janeiro de 1951, que, ao disciplinar as atividades do Ministério Público do Trabalho, acabou por reger os direitos e deveres da então conhecida como Procuradoria do Trabalho. Passando, então, a Consolidação das Leis do Trabalho, a ser vista como norma supletiva e não mais principal, quanto às questões organizacionais da Procuradoria do Trabalho.
(59) Art. 127 da Constituição Federal de 1988.
(60) Art. 487, III, alínea "b", do Código de Processo Civil, combinado com os arts. 769 e 836 da CLT.

I) NA QUALIDADE DE REPRESENTANTE DE INCAPAZES — Os menores necessitam do auxílio postulatório de seus representantes legais (pai, mãe, tutor). Porém, pelas mais variadas razões, nem sempre tais representantes estão presentes. Nestes casos, ao Ministério Público do Trabalho cabe a missão de representá-lo em Juízo trabalhista[61];

J) NA ESFERA ADMINISTRATIVA — poderá processar inquéritos civis públicos; em havendo iminência de greve, também poderá auxiliar na conciliação.

Compete ao MPT as seguintes atribuições, conforme arts. 83 e 84, inciso II, da LC n. 75/93:

• promover as ações que lhe sejam atribuídas pela CF e pelas leis trabalhistas;

• manifestar-se em qualquer fase do processo trabalhista, acolhendo solicitação do juiz ou por sua iniciativa, quando entender existente interesse público que justifique a intervenção;

• promover a ação civil pública, para defesa de interesses coletivos, quando desrespeitados os direitos sociais constitucionalmente garantidos;

• propor as ações cabíveis para declaração de nulidade de cláusula de contrato, acordo coletivo ou convenção coletiva que viole as liberdades individuais ou coletivas ou os direitos individuais indisponíveis dos trabalhadores;

• propor as ações necessárias à defesa dos direitos e interesses dos menores, incapazes e índios, decorrentes das relações de trabalho;

• recorrer das decisões da Justiça do Trabalho, quando entender necessário, tanto nos processos em que for parte, como naqueles em que oficiar como fiscal da lei;

• pedir revisão das Súmulas de Jurisprudência do TST;

• funcionar nas sessões dos Tribunais, manifestando-se verbalmente sobre a matéria em debate, sempre que entender necessário, sendo-lhe assegurado o direito de vista dos processos em julgamento, podendo solicitar as requisições e diligências que julgar convenientes;

• instaurar dissídio coletivo em caso de greve, quando a defesa da ordem jurídica ou o interesse público assim o exigir;

• promover ou participar da instrução e conciliação em dissídios decorrentes da paralisação de serviços de qualquer natureza, oficiando obrigatoriamente nos processos, manifestando sua concordância ou discordância, em eventuais acordos firmados antes da homologação, resguardado o direito de recorrer em caso de violação à lei e à Constituição Federal;

• promover mandado de injunção, quando a competência for da Justiça do Trabalho;

---

(61) Sem prejuízo de sua representação trabalhista nos casos dos arts. 3º e 4º do novo Código Civil.

• atuar como árbitro, se assim for solicitado pelas partes, nos dissídios trabalhistas;

• requerer as diligências que julgar convenientes para o correto andamento dos processos e para a melhor solução das lides trabalhistas;

• intervir obrigatoriamente em todos os feitos nos segundo e terceiro graus de jurisdição da Justiça do Trabalho, quando a parte for pessoa jurídica de Direito Público, Estado estrangeiro ou organismo internacional;

• instaurar inquérito civil e outros procedimentos administrativos, sempre que cabíveis, para assegurar a observância dos direitos sociais dos trabalhadores;

• requisitar à autoridade administrativa federal competente, dos órgãos de proteção ao trabalho, a instauração de procedimentos administrativos, podendo acompanhá-los e produzir provas;

• exercer outras atribuições que lhe forem conferidas por lei, desde que compatíveis com sua finalidade.

É preciso destacar, ainda, que o Ministério Público do Trabalho, conforme LC n. 73/95, é composto pelos seguintes órgãos:

"I — Procurador-Geral do Trabalho;

II — Colégio de Procuradores do Trabalho;

III — o Conselho Superior do Ministério Público do Trabalho;

IV — a Câmara de Coordenação e Revisão do Ministério Público do Trabalho;

V — a Corregedoria do Ministério Público do Trabalho;

VI — os Subprocuradores-Gerais do Trabalho;

VII — os Procuradores Regionais do Trabalho;

VIII — os Procuradores do Trabalho."

O procurador-geral é o Chefe do Ministério Público do Trabalho. Ele é nomeado pelo Presidente da República, dentre integrantes da Instituição, com mais de 35 (trinta e cinco) anos de idade e de cinco na carreira, escolhido em lista tríplice apresentada pelo Colégio de Procuradores, para um mandato de 2 anos, permitida uma recondução. Ele, todavia, pode ser exonerado por proposta ao Procurador-Geral da República pelo Conselho Superior, em voto secreto de 2/3 de seus membros.

A ele compete, por sua vez, designar os Subprocuradores-Gerais e o Vice-Procurador-Geral. Tem como função primordial representar o Ministério Público do Trabalho.

O Colégio de Procuradores do Trabalho é presidido pelo Procurador-Geral, é integrado por todos os membros da carreira em atividade. Suas atribuições são:

I — elaborar a lista tríplice para a escolha do Procurador-Geral do Trabalho;

II — elaborar lista sêxtupla para nomeação do membro para integrar o TST;

III — elaborar lista sêxtupla para TRT's, entre Procuradores com mais de 10 anos de carreira;

IV — eleger, entre Subprocuradores-Gerais, 4 membros do Conselho Superior do MPT.

O Conselho Superior do Ministério Público do Trabalho (CSMPT), por sua vez, é composto pelo Procurador-Geral do Trabalho, Vice-Procurador-Geral do Trabalho, 4 Subprocuradores-Gerais, com mandato de 2 anos, escolhido pelo Colégio, permitida uma reeleição —, 4 Subprocuradores-Gerais do Trabalho, com mandato de 2 anos, escolhido por seus pares.

Ao CSMPT compete:

I — eleger o seu Vice-Presidente;

I — exercer o poder normativo no MPT, especialmente para elaborar e aprovar:

a) Regimento Interno, Colégio de Procuradores e o da Câmara de Coordenação e Revisão;

b) normas e as instruções para o concurso de ingresso na carreira;

c) normas sobre as designações para os diferentes ofícios;

d) critérios para distribuição de procedimentos administrativos e quaisquer outros feitos;

e) os critérios de promoção por merecimento na carreira;

f) o procedimento para avaliar o cumprimento das condições do estágio probatório;

II — indicar os integrantes da Câmara de Coordenação e Revisão;

III — propor a exoneração do Procurador-Geral do Trabalho;

IV — destituir, com iniciativa do Procurador-Geral, voto de 2/3, antes do término do mandato, o Corregedor-Geral;

V — elaborar a lista tríplice destinada à promoção por merecimentos;

VI — elaborar a lista tríplice para Corregedor-Geral do Ministério Público do Trabalho;

VII — aprovar lista de antiguidade e decidir sobre as reclamações a ela concernentes;

VIII — indicar o membro do Ministério Público do Trabalho para promoção por antiguidade;

g) opinar sobre a designação de membro do Ministério Público do Trabalho para:

h) funcionar nos órgãos em que a participação da Instituição seja legalmente prevista;

i) integrar comissões técnicas ou científicas relacionadas às funções da Instituição;

IX — opinar sobre o afastamento temporário de membro do Ministério Público do Trabalho;

X — autorizar, em caráter excepcional, membros p/exercício de atribuições processuais perante juízos, tribunais ou ofícios diferentes dos estabelecidos para cada categoria;

XI — determinar a realização de correições e sindicâncias e apreciar os relatórios;

XII — determinar a instauração de processos administrativos;

XIII — determinar o afastamento do exercício de suas funções, por indiciado ou acusado em processo disciplinar, e o seu retorno;

XIV — designar a comissão de processo administrativo em que o acusado seja membro do;

j) decidir sobre o cumprimento do estágio probatório por membro;

XV — decidir sobre remoção e disponibilidade ;

k) autorizar, em maioria absoluta, que Procurador-Geral ajuíze a ação de perda de cargo

XVI — opinar sobre os pedidos de reversão de membro da carreira;

XVII — aprovar a proposta de lei para o aumento do número de cargos da carreira e dos ofícios; e

XVIII — deliberar sobre a realização de concurso para o ingresso na carreira;

l) aprovar a proposta orçamentária.

A Câmara de Coordenação e Revisão do MPT, por sua vez, é órgão de coordenação, de integração e de revisão do exercício funcional na Instituição. É composto por três membros, sendo um indicado pelo Procurador-Geral do Trabalho e dois pelo Conselho Superior, juntamente com seus suplentes, para um mandato de 2 anos, sempre que possível dentre integrantes do último grau da carreira.

À CCRMPT, presidida pelo membro designado pelo Procurador-Geral, compete:

• promover a integração e a coordenação dos órgãos institucionais do MPT;

• manter intercâmbio com órgãos ou entidades que atuem em áreas afins;

• encaminhar informações técnico-jurídicas aos órgãos institucionais do MPT;

• resolver a distribuição especial de feitos e procedimentos, quando a matéria, por sua natureza ou relevância, assim o exigir;

• resolver sobre a distribuição especial de feitos, que por sua contínua reiteração, devam receber tratamento uniforme;

• decidir os conflitos de atribuição entre os órgãos do Ministério Público do Trabalho.

A Corregedoria é o órgão fiscalizador das atividades funcionais e da conduta dos membros do Ministério Público. O Corregedor é nomeado pelo Procurador-Geral do Trabalho dentre os Subprocuradores-Gerais do Trabalho, escolhido a partir de lista tríplice elaborada pelo Conselho Superior, para mandato de 2 anos, renovável uma vez. Na lista tríplice, não pode integrar os membros do Conselho Superior.

O Corregedor poderá ser destituído, por iniciativa do Procurador-Geral, antes do término do mandato, pelo voto de dois terços dos membros do Conselho Superior.

Incumbe ao Corregedor-Geral do Ministério Público:

• realizar, de ofício ou por determinação do Procurador-Geral ou do Conselho Superior, correições e sindicâncias, apresentando os respectivos relatórios;

• instaurar inquérito contra integrante da carreira e propor ao Conselho Superior a instauração do processo administrativo consequente;

• acompanhar o estágio probatório dos membros do Ministério Público do Trabalho;

• propor ao Conselho Superior a exoneração de membro do Ministério Público do Trabalho que não cumprir as condições do estágio probatório.

Os procuradores gozam das garantias da vitaliciedade após 2 anos de efetivo exercício, não podendo perder o cargo senão por sentença judicial transitada em julgado; inamovibilidade, salvo por motivo de interesse público, mediante decisão do Conselho Superior, por voto de dois terços de seus membros, assegurada ampla defesa; e irredutibilidade de vencimentos, observada a Constituição Federal.

O Procurador somente pode perder o cargo nas hipóteses de prática de crime incompatível com o cargo, decisão judicial transitada em julgado, exercício da advocacia e abandono do cargo por prazo superior a 30 dias corridos, por meio de ação civil proposta pelo procurador-geral.

Ao procurador é vedado, por sua vez, receber honorários, percentagens ou custas processuais, exercer a advocacia, salvo para aqueles que tinham direito adquirido quando da promulgação da atual Carta Magna, exercer o comércio ou participar de sociedade comercial, exceto como quotista ou acionista, exercer, ainda que em disponibilidade, qualquer outra função pública, salvo uma de magistério, salvo atividades exercidas em organismos estatais afetos à área de atuação do MP, em centro de estudo e aperfeiçoamento, em entidades de representação de classe e o exercício de cargos de confiança na sua administração e nos órgãos auxiliares e exercer atividade político-partidária, ressalvada a filiação e as exceções previstas em lei.

O Procurador do Trabalho goza, ainda, das seguintes prerrogativas:

I — institucionais:

• sentar-se no mesmo plano e à direita dos juízes singulares ou presidentes dos Tribunais;

• usar vestes talares;

• ter ingresso e trânsito livres, em razão de serviço, em qualquer recinto público ou privado, respeitada a garantia constitucional da inviolabilidade do domicílio;

• a prioridade em qualquer serviço de transporte ou comunicação, público ou privado, no Território Nacional, quando em serviço de caráter urgente;

• o porte de arma, independentemente de autorização;

• carteira de identidade especial, cf. modelo aprovado pelo Procurador-Geral da República;

II — processuais:

• do membro do Ministério Público da União que oficie perante tribunais, ser processado e julgado, nos crimes comuns e de responsabilidade, pelo Superior Tribunal de Justiça;

• o membro do Ministério Público da União que oficie perante juízos de primeira instância, ser processado e julgado, nos crimes comuns e de responsabilidade, pelos Tribunais Regionais Federais, ressalvada a competência da Justiça Eleitoral;

• ser preso ou detido somente por ordem escrita do tribunal competente ou em razão de flagrante de crime inafiançável, caso em que a autoridade fará imediata comunicação àquele tribunal e ao Procurador-Geral da República, sob pena de responsabilidade;

• ser recolhido à prisão especial ou à sala especial de Estado-Maior, com direito à privacidade e à disposição do tribunal competente para o julgamento, quando sujeito à prisão antes da decisão final; e a dependência separada no estabelecimento em que tiver de ser cumprida a pena;

• não ser indiciado em inquérito policial;

• ser ouvido, como testemunha, em dia, hora e local previamente ajustados com o magistrado ou a autoridade competente.

O Inquérito Civil Público, por sua vez, é um procedimento de natureza administrativa que pode ser aberto para apurar lesão a interesses difusos e coletivos relativos a direitos sociais indisponíveis apenas as práticas ou fatos que transcedam o interesse individual.

Ele pode ser aberto *ex officio* ou por provocação, devendo ter duração máxima de 6 (seis) meses. Nele, pode ser firmado termo de compromisso.

Em tal procedimento, pode o MPT:

• notificar testemunhas e requisitar sua condução, no caso de ausência injustificada;

• requisitar informações, exames, perícias e documentos de autoridades da Administração Pública direta ou indireta;

• requisitar da Administração Pública serviços temporários de seus servidores e meios materiais necessários para a realização de atividades específicas;

• requisitar informações e documentos a entidades privadas;

• realizar inspeções e diligências investigatórias;

• ter livre acesso a qualquer local público ou privado, respeitadas as normas constitucionais pertinentes à inviolabilidade do domicílio;

• expedir notificações e intimações necessárias aos procedimentos e inquéritos que instaurar;

• ter acesso incondicional a qualquer banco de dados de caráter público ou relativo a serviço de relevância pública;

• requisitar o auxílio de força policial.

A lei dispõe, ainda, que nenhuma autoridade poderá opor ao MP, sob qualquer pretexto, a exceção de sigilo, sem prejuízo da subsistência do caráter sigiloso da informação, do registro, do dado ou do documento que lhe seja fornecido.

6. Litisconsórcio

Como visto, um processo comporta a presença de pelo menos três sujeitos: a) o autor; b) o réu; c) o Juiz.

A esta estrutura, por assim dizer tripartite, podemos acrescer alguns outros sujeitos, quando houver uma simples afinidade das questões postas em juízo ou quando existir mais de um titular da relação jurídica. Temos, assim, a formação do litisconsórcio.

O litisconsórcio tem razão quando entre elas houver comunhão de direitos ou de obrigações relativamente à lide, os direitos ou as obrigações derivarem do mesmo fundamento de fato ou de direito, entre as causas existir conexão pelo objeto ou pela causa de pedir ou ocorrer afinidade de questões por um ponto comum de fato ou de direito.

Pode ser ativo, quando a sua formação se der no polo ativo do processo, ou seja, a cumulação de sujeitos ocorre no lado do autor. Passivo, quando ao contrário, esta ocorrer pelo lado do réu. Por fim, misto: quando em ambos os polos houver a formação litisconsorcial.

Encontramos, ainda, o litisconsórcio inicial ou originário, quando já se encontra formado no momento em que a ação é proposta; e ulterior ou superveniente quando surge no curso do processo.

Considera-se como sendo litisconsórcio simples, quando não houver necessidade do provimento judicial ser idêntico para todos os consortes. Unitário será o litisconsórcio quando o juiz tiver que decidir de modo uniforme para todos os consortes.

Será, de outro lado, necessário quando a lei exigir para a validade da relação jurídico-processual a presença de todos os interessados, como nos casos em que há ação de inventário e partilha (CPC, art. 999). É possível que o litisconsórcio seja necessário e simples, ou seja, por força de disposição legal exige-se que as partes litiguem em conjunto, porém, não há uma relação material que os una, de modo que a sentença pode ser diferente para os mesmos.

Temos um equívoco no texto legal, pois que o art. 47 do Código de Processo Civil ao mencionar que o litisconsórcio é necessário, em verdade, deveria ter dito que o mesmo é unitário. Como visto, no primeiro caso há "necessidade" das partes litigarem em conjunto, já que assim é a vontade do legislador ou uma exigência da própria relação jurídica. Ao passo que na segunda hipótese (unitário), a sentença deve ser igual para todos os consortes, simplesmente porque o direito posto é, igualmente, o mesmo[62].

Temos também o litisconsórcio facultativo simples no qual é predominante a liberdade. Por conseguinte, os litisconsortes devem ser considerados, em suas relações com a parte contrária, como litigantes distintos e os atos e omissões de um consorte não prejudicarão nem beneficiarão os outros. Assim, as questões deverão ser analisadas separadamente, tais como os pressupostos processuais, o pagamento de custas, a produção de prova, ficando o seu campo limitado à relação jurídica de cada um, os recursos, bem como a sua desistência. Isto se deve ao fato de que em mira teve o legislador o princípio da ampla liberdade. Logo, não se levou em conta o interesse jurídico, mas outras questões, como, por exemplo, a economia processual.

As hipóteses do litisconsórcio facultativo simples podem ser encontradas no art. 46 do Código de Processo Civil, mais especificamente em seus incisos II, III e IV, ou seja: a) quando o direito ou a obrigação derivar do mesmo fundamento fático ou jurídico; b) em caso de haver conexão pelo objeto ou pela causa de pedir; c) quando ocorrer afinidade de questões por um ponto comum de fato ou de direito.

Encontraremos também o litisconsórcio necessário unitário para os casos em que houver necessidade das partes atuarem em conjunto por força da própria unitariedade da relação de direito material[63].

Em decorrência da comunhão de direitos e obrigações que reside no litisconsórcio necessário unitário, alguns chegaram a pensar que não pode haver o caráter unitário no litisconsórcio facultativo. Equivocam-se, contudo. "Devemos, igualmente, repelir a concepção por muitos adotada que o Código haja, no inciso I, do art. 46, indicado a comunhão de direitos ou de obrigações como fonte de litisconsórcio necessário. De modo algum. A comunhão no direito ou na obrigação tanto pode gerar uma forma de litisconsórcio necessário, quanto outra de litisconsórcio simplesmente facultativo"[64].

Vale lembrar que nos feitos em que se faz imperiosa a formação litisconsorcial necessária, a sua não observância, implica em nulidade do processo[65].

---

(62) Dispõe o art. 47 do CPC: "Há litisconsórcio necessário, quando, por disposição de lei ou pela natureza da relação jurídica, o juiz tiver de decidir a lide de modo uniforme para todas as partes; caso em que a eficácia da sentença dependerá da citação de todos os litisconsortes no processo". Poderíamos vislumbrar como exemplo de litisconsórcio necessário no processo do trabalho, a situação em que temos uma ação proposta contra um determinado espólio e sendo o inventariante dativo, pois como neste caso ele, inventariante, por ser dativo, não assume a responsabilidade plena do inventário, a ação deve ser proposta em face de todos os herdeiros.
(63) O exemplo de que se vale normalmente a doutrina é o que diz respeito à ação que envolve direito real imobiliário do casal, caso em que ambos devem ser citados (CPC, art. 10, § 1º, inciso I).
(64) SILVA, Ovídio Baptista. *Teoria geral do processo civil*. São Paulo: Revista dos Tribunais, 2002. p. 154.
(65) Considerando-se que a sentença proferida, com o respectivo trânsito em julgado, nos casos em que a presença do litisconsórcio era necessária, é possível sua rescisão pela via da ação rescisória.

Desde dezembro de 1994, com o advento da Lei n. 8.952, de 13 de dezembro, que incluiu o parágrafo único, no art. 46, do Código de Processo Civil, passou a se permitir, expressamente, que o magistrado, na condução do processo, pudesse limitar o litisconsórcio facultativo quanto ao número de litigantes. Para tanto, a lei aponta as hipóteses em que tal limitação pode ocorrer: a) quando o excessivo número de litigantes comprometer a rápida solução do litígio, hipótese em que o juiz, ex officio, promoverá o desmembramento; e b) quando o elevado número de consortes dificultar a defesa.

Neste caso, compete exclusivamente ao réu formular o pedido limitativo. Em ambas as situações, nos procedimentos trabalhistas em que se adotar o Código de Processo Civil, o prazo para resposta será interrompido, tendo reinício após a intimação da decisão. Em se tratando, contudo, de procedimento previsto na Consolidação das Leis do Trabalho, deverá o réu aguardar a audiência, para formular o seu requerimento. Da decisão que deferir ou indeferir a limitação, não cabe recurso trabalhista.

7. Assistência

"Pendendo uma causa entre duas ou mais pessoas, o terceiro, que tiver interesse jurídico em que a sentença seja favorável a uma delas, poderá intervir no processo para assisti-la"[66].

A assistência pode ser simples ou adesiva. Não se exige, neste caso, a existência de uma relação jurídica entre as pessoas envolvidas, nem tampouco a sentença irá influir na relação jurídica do terceiro. É suficiente para a sua existência, que os efeitos reflexos da sentença venham a trazer prejuízo ou alguma vantagem para o interesse do assistente. Portanto, não está em jogo direito de terceiro, mas mero interesse deste na vitória do assistido.

Temos ainda a assistência qualificada ou litisconsorcial. Caso em que o direito pertence não apenas ao assistido, mas também ao assistente e este poderia pretendê-lo sozinho ou em litisconsórcio, tanto que o assistente, neste caso, tem posição idêntica ao de litisconsorte.

A assistência vem sendo admitida no processo do trabalho; diversas são as hipóteses em que na prática temos visto a utilização do instituto em apreço, como, por exemplo, nos dissídios coletivos; nas ações de mera declaração de vínculo para fins de aposentadoria, quando o INSS comparece; nas ações sobre contribuição sindical, em que a Federação assiste o sindicato; até casos em que uma empresa antecessora veio ao processo para assistir à sucessora, tendo em vista fatos anteriores à sucessão.

A assistência tem lugar em qualquer procedimento e em todos os graus de jurisdição. Todavia, é preciso atentar que o assistente receberá o processo no estado em

---

(66) É o que diz o art. 50 do Código de Processo Civil.

que se encontra (CPC, parágrafo único, do art. 50), não sendo permitida a repetição de atos processuais já realizados ou a reabertura de prazos.

Uma vez requerida a assistência, o juiz verificará acerca do seu cabimento, com o contraditório devidamente exercido. Qualquer que seja a decisão, não caberá recurso.

Tem-se admitido o requerimento de assistência, em audiência, sem maiores formalidades, ou seja, oralmente, sendo tudo processado nos próprios autos principais. Em grau de recurso, já tivemos a oportunidade de participar de julgamento em que o pedido foi formulado oralmente da tribuna, pelo terceiro.

Qualquer que venha a ser a forma de assistência (simples ou adesiva), o assistente sempre atuará como uma espécie de auxiliar da parte principal, exercendo os mesmos poderes, sujeitando-se, por conseguinte, aos mesmos ônus processuais que o assistido. Todavia, ele, o assistente, não chega a receber o *status* de parte, pois que se entende que ele possui uma posição processual inferior ou dependente do assistido. Por isso que não pode o assistente praticar atos contrários àqueles do assistido.

O assistente, contudo, responderá pelas despesas processuais dos atos que praticar.

O assistente qualificado ou litisconsorcial é em tudo diferente ao assistente simples. A própria lei que cuidou de promover o assistente qualificado a uma patente mais alta, pois que o trata como litisconsorte do assistido[67]. Isto se deve ao fato de que o direito discutido também pertence ao assistente. Defende este, portanto, direito próprio contra uma das partes, e não apenas um simples interesse, como se dá na assistência simples.

A sentença proferida nos casos em que houver a assistência litisconsorcial, cuidará de influir diretamente na relação jurídica existente entre o assistente e parte contrária ao assistido, atingindo relações de direito material entre o interveniente e a parte adversa.

É preciso ter a situação bem nítida, pois que apesar de tudo, o assistente litisconsorcial não é parte e, por conta disto, não pode formular pedido.

A coisa julgada impede a renovação do tema em processo posterior, pois que o dispositivo da sentença decide sobre o próprio direito material[68]. Todavia, é preciso observar que esta regra somente alcança a assistência simples e nunca a litisconsorcial, uma vez que apenas nesta o assistente é considerado litisconsorte, abrangido, pois, pela coisa julgada. Assim, no futuro não haverá direito entre o assistente litisconsorcial e o assistido que possa vir a ser discutido, salvo nas hipóteses excepcionadas pelos incisos do art. 55, que são: "I — pelo estado em que receberá o processo, ou pelas declarações e atos do assistido, fora impedido de produzir provas suscetíveis de in-

---

(67) CPC, art. 54: "Considera-se litisconsorte da parte principal o assistente, toda vez que a sentença houver de influir na relação jurídica entre ele o adversário do assistido".
(68) "Transitada em julgado a sentença, na causa em que interveio o assistente, este não poderá, em processo posterior, discutir a justiça da decisão (...)", CPC, art. 55, *caput*.

fluir na sentença; II — desconhecia a existência de alegações ou de provas, de que o assistido, por dolo ou culpa, não se valeu".

Divide-se a doutrina quanto ao cabimento da assistência em execução. "Enquanto alguns admitem-na sem reservas, forte corrente se inclina pelo cabimento da assistência exclusivamente nos embargos do executado, porque ação do processo de conhecimento. As opiniões contrárias à figura brandem dois argumentos de peso: primeiro, o art. 50, *caput*, do CPC cinge o escopo da intervenção do assistente à obtenção de uma sentença favorável ao assistido e sentença deste conteúdo inexiste em sede executiva, esvaziando, assim, a finalidade precípua do instituto; ademais, não se configura o interesse capaz de levar alguém a coadjuvar uma das partes da demanda executória. Ora, na leitura do art. 50, *caput*, convém não olvidar o vezo do Código de calibrar seus conceitos e regulamentos com vistas ao processo de conhecimento. As mãos que modelaram o estatuto julgaram despicienda uma parte geral, onde os institutos afins às estruturas concebidas, ou seja, aos processos de conhecimento, de execução e cautelar[69], fossem tratados equilibradamente. Optou o legislador, no concernente à execução, pois sequer isto concedeu ao processo cautelar, pela aplicação subsidiária do Livro I, consoante se depreende do art. 598. Ao intérprete caberá joeirar as normas, refugando as incompatíveis e adaptando as apropriadas, em que pesem umas e outras oscilarem, muita vez, em zonas duvidosas. Em suma, admissível que seja a assistência na ação de embargos, ela há de ser acolhida, igualmente, na execução"[70].

8. Oposição

Ocorre a oposição sempre que um terceiro ingressa em uma ação que se encontra em curso, pretendendo, no todo ou em parte, a coisa ou o direito sobre o qual controvertem autor e réu[71].

Nada impede que o opoente demande em separado em face do autor ou do réu, mas como o seu interesse se atrita com o dos dois, por economia, estabeleceu o legislador a oposição, obrigando as partes originárias (autor e réu) a se litisconsorciarem necessariamente. A oposição, por conseguinte, é dirigida contra os dois (autor e réu).

Não detêm as partes a iniciativa da oposição. É ato exclusivo do terceiro (opoente)[72]. A oposição é conexa com a ação principal. Portanto, afigura-se óbvio que o seu julgamento será realizado pelo mesmo julgador.

---

(69) O sincretismo trazido pela Lei n. 11.232/05, não mudou o raciocínio.
(70) ASSIS, Araken. *Manual do processo de execução*. 5. ed. São Paulo: Revista dos Tribunais, 1998. p. 215. O Tribunal Superior do Trabalho não disse em que momento a assistência é cabível. Apenas limitou a admiti-la, conforme Súmula n. 82, a saber: "A intervenção assistencial, simples ou adesiva, só é admissível se demonstrado o interesse jurídico e não o meramente econômico".
(71) "Art. 56. Quem pretender, no todo ou em parte, a coisa ou o direito sobre que controvertem autor e réu, poderá, até ser proferida a sentença, oferecer oposição contra ambos."
(72) O art. 56 do CPC fala em "poderá".

O opoente, até o momento em que a sentença venha a ser proferida, formulará o seu pedido por escrito, sob forma de petição inicial e com os seus requisitos, sendo distribuída por dependência à causa principal, promovendo-se a citação dos opostos, para, querendo, contestarem[73].

Em havendo o reconhecimento do pedido por uma das partes opostas ou mesmo à revelia, o processo continua em face do opoente remanescente.

Se a oposição for apresentada antes da abertura da audiência, será apensada aos autos principais, correndo simultaneamente com a ação principal e sendo ambas julgadas pela mesma sentença, devendo o juiz conhecer em primeiro lugar da oposição (CPC, arts. 59 e 61).

Ofertada, contudo, depois de iniciada a audiência, seguirá a oposição o seu destino e o seu julgamento pode se dar em momento diferente daquele destinado para o julgamento da ação principal.

Somos da opinião de que nenhuma forma de intervenção de terceiros deve ser admitida no processo do trabalho, porque o andamento do processo sempre será retardado, pois que o escopo do processo do trabalho é a busca de uma brevidade temporal.

Ocorre, porém, que também não é possível se vedar o direito de ação do terceiro que ajuíza a ação em oposição. Assim, ainda que se diga que não é cabível a oposição em si, nada impede o ajuizamento da ação autônoma com o mesmo objeto e que, em face da conexão, deverá ser reunida a ação anteriormente proposta. Logo, pelas vias transversas se chega ao mesmo lugar. A ação autônoma, assim, não passará de uma ação de oposição disfarçada de autonomia.

Uma hipótese de oposição possível no processo do trabalho é quando empregado e empregador estão disputando a propriedade de uma ferramenta, ambos afirmando serem o proprietário. Neste caso, um terceiro empregado da mesma empresa poderá ajuizar a oposição alegando que o bem lhe pertence.

9. Nomeação à autoria

Ao contrário da oposição, na nomeação à autoria temos uma hipótese de intervenção provocada, pois que exige a lei que a parte "deverá nomear à autoria o proprietário ou o possuidor"[74].

Tem cabimento em toda e qualquer ação cujo objeto litigioso seja a entrega material da coisa ocupada pelo réu ou na ação de indenização, movida pelo proprietário ou pelo titular de um direito sobre a coisa, "toda vez que o responsável pelos prejuízos

---

(73) Se admitida no processo do trabalho, qual o prazo para a contestação, já que esta é apresentada em audiência, quando seguido o rito da CLT?
(74) CPC, art. 61, a saber: "Aquele que detiver a coisa em nome alheio, sendo-lhe demandada em nome próprio, deverá nomear à autoria o proprietário ou o possuidor".

alegar que praticou o ato por ordem, ou em cumprimento de instruções de terceiro"[75].

É o caso, portanto, de um dano causado diretamente por preposto, que agiu em cumprimento de ordens de terceiro, tendo este o dever de indenizar.

Cuidará o réu de promover a nomeação, requerendo a intimação do autor, em petição escrita, sendo que ao se deferir a nomeação, o juiz deverá suspender o processo, mandando ouvir o autor, em cinco dias, para que este diga se aceita ou não a nomeação.

Em havendo aceitação por parte do autor, quanto ao requerimento de nomeação, a ele, autor, fica a incumbência de promover a citação. Mantendo-se, contudo, inerte, o processo é resolvido sem a solução do mérito. Se, de outro lado, o autor não aceitar a nomeação[76], fica esta sem efeito.

Uma vez citado o nomeado, este poderá aceitar esta condição, caso em que o processo continua tão-somente contra ele, que, por conta disto, passa figurar no lugar do nomeante. Recusando-se a figurar no processo, o feito prossegue também em face do nomeante. A sentença, por sua vez, alcançará o nomeado, podendo ser executada contra ambos (nomeante e nomeado), garantida a ação de regresso.

Houve uma inversão do instituto quanto a sua utilização. O Código de Processo Civil revogado (1939) reconhecia na nomeação como sendo uma faculdade. Agora, o vigente Código de Processo trata-a como um dever (CPC, art. 62). Não é por outra razão que no caso da omissão do réu houver prejuízo àquele que deveria ter sido nomeado, o réu responderá por perdas e danos (CPC, art. 69).

Interessante notar que o réu responde não só por omissão — como no caso do parágrafo anterior —, como também por ação, ou seja, também responderá por perdas e danos ao autor ou à pessoa em cujo nome ele detém, se nomear pessoa diversa daquela em cujo nome retém a coisa demandada.

Mais uma vez, entendemos que não é cabível a nomeação à autoria no processo do trabalho, pelas razões já expostas.

De qualquer sorte, se se entender que a "nova competência da Justiça do Trabalho" autoriza, sem se levar em consideração a questão relativa à economia processual, a nomeação à autoria, ela poderia se dar, máxime nas ações que envolvam as questões relativas aos sindicatos.

10. Denunciação da lide

A denunciação da lide tem por finalidade a formação de uma lide secundária, sendo esta formada entre uma das partes originárias (denunciante) e um terceiro

---
(75) CPC, art. 63
(76) A lei fala em "recusa", art. 64.

(denunciado)[77]. Existem, assim, duas relações jurídicas processuais distintas, contudo, interligadas. A primeira, formada entre o autor e o réu e a segunda, entre o denunciante e o denunciado. A ação secundária, formada pela denunciação, limita-se tão-somente à verificação quanto à existência ou não do direito de regresso entre a parte-denun-ciante e a parte-denunciada, quando vencida a parte denunciante na ação principal[78].

Não se vislumbra a possibilidade de existência da solidariedade[79] entre o denunciante e o denunciado. Assim, não há como se obter uma condenação solidária em favor do autor, por exemplo.

A imperatividade redacional do art. 70 do Código de Processo Civil, tem levado a doutrina a formar entendimento no sentido de que ela, a denunciação, nos casos preconizados neste artigo, é obrigatória.[80]

Dispõe o referido artigo que cabe a denunciação da lide:

"I — ao alienante, na ação em que terceiro reivindica a coisa, cujo domínio foi transferido à parte, a fim de que esta possa exercer o direito que da evicção lhe resulta;

II — ao proprietário ou ao possuidor indireto quando, por força de obrigação ou direito, em casos como o do usufrutuário, do credor pignoratício, do locatário, o réu, citado em nome próprio, exerça a posse direta da coisa demandada;

III — àquele que estiver obrigado, pela lei ou pelo contrato, a indenizar, em ação regressiva, o prejuízo do que perder a demanda"[81].

Com efeito, as duas primeiras hipóteses que constam nos incisos I e II do referido art. 70 do Código de Processo Civil não têm aplicação no processo do trabalho, pois nem nas ações da chamada "nova competência da Justiça do Trabalho" tais dispositivos têm lugar. Já com relação à hipótese do inciso III não é improvável que se

---

(77) Na clássica lição de Moacyr Amaral Santos: "Denunciação da lide é o ato pelo qual o autor ou o réu chamam a juízo terceira pessoa, que seja garante do seu direito, a fim de resguardá-lo no caso de ter vencido na demanda em que se encontram". *Primeiras linhas de direito processual civil*. 17. ed. São Paulo: Saraiva, 1995. v. 2, p. 27.
(78) Nas palavras de Humberto Theodoro Júnior: "Na sentença final, o magistrado terá de solucionar, primeiro, a lide entre o autor e o réu e, se este sucumbir, então decidirá, também, a lide secundária (isto é, a relativa ao direito regressivo). Daí dispor o art. 76 do CPC que, sendo julgada procedente a ação, declarará a sentença o direito do vencido contra o denunciado, surgindo, assim, duplo título executivo (o da ação e o da denunciação). A denunciação, destarte, não cria vínculo processual direto entre o autor primitivo e o terceiro denunciado, quando a intervenção é provocada pelo réu". *Responsabilidade civil*. 1. ed. São Paulo: LEUD, 1986. p. 123/124.
(79) O que já não ocorre no chamamento ao processo.
(80) "(...) é medida obrigatória, que leva a uma sentença sobre a responsabilidade de terceiro em face do denunciante, de par com a solução normal do litígio de início deduzido em juízo, entre autor e réu. Consiste em chamar o terceiro (denunciado), que mantém um vínculo de direito com a parte (denunciante), para vir responder pela garantia do negócio jurídico, caso o denunciante seja vencido no processo (...). Visa a denunciação a enxertar no processo uma nova lide, que vai envolver o denunciante e o denunciado em torno do direito de garantia ou de regresso que um pretende exercer contra o outro. A sentença, de tal sorte, decidirá não apenas a lide entre o autor e o réu, mas também a que se criou entre a parte denunciante e o terceiro denunciado". THEODORO JUNIOR, Humberto. *Curso de direito processual civil*. 2. ed. Rio de Janeiro: Forense, v. I, p. 125.
(81) A jurisprudência abrandou o rigor da literalidade do referido artigo, que dá a impressão de ser necessária a denunciação em todos os casos por ele apontado. O Superior Tribunal de Justiça, por exemplo, no julgamento do REsp n. 43.3567-São Paulo, 4ª Turma, tendo como relator o Ministro Sálvio de Figueiredo, decidiu que "(...) somente nos casos de evicção e transmissão de direitos (garantia própria) é que a denunciação da lide se faz obrigatória", DJU 24. 6.1996, p. 22.761.

possa admitir a denunciação no processo do trabalho. Fazemos menção, contudo, ao processo do trabalho que envolva matéria fora daquelas preconizadas pela Consolidação das Leis do Trabalho, uma vez que a adoção do procedimento previsto neste diploma legal impede a utilização de qualquer instituto de intervenção de terceiros, incluindo-se, portanto, a denunciação[82].

De qualquer sorte, o Tribunal Superior do Trabalho não admitia a denunciação da lide nos feitos trabalhistas. Neste sentido, chegou a editar a Orientação Jurisprudencial da SBDI-1, de n. 227[83]. Ocorre que em decorrência da "nova competência da Justiça do Trabalho", achou por TST cancelar este verbete[84]. Com isso, sinalizou com a possibilidade de se admitir, nos feitos trabalhistas, a denunciação da lide.

Uma hipótese de denunciação à lide possível é aquela na qual um empregado demanda a empresa para haver indenização por assédio moral levado a cabo pela gerente desta e a empresa, em ação regressiva, denuncia o assediador para assegurar seu direito de regresso.

A denunciação da lide deverá ser requerida pelo autor na petição inicial, citando-se, pois, ambos. De outro lado, se o denunciante for o réu, far-se-á a denunciação no prazo para contestar (CPC, art. 71). Deferida a denunciação, o processo será suspenso (CPC, art. 72), mas até a apresentação da defesa do denunciado.

Interessante notar que uma vez comparecendo o denunciado em razão da denunciação promovida pelo autor, àquele poderá aditar a petição inicial e assumirá a posição de litisconsorte (CPC, art. 74). A necessidade do autor efetuar a denunciação é, como já dito, de garantir o direito de regresso. Assim, se o pedido for julgado improcedente o denunciado será responsabilizado.

Julgado procedente o pedido, a sentença valerá como título executivo, na relação jurídica firmada entre o denunciante e o denunciado (CPC, art. 76)[85].

Incabível a denunciação da lide em execução, ainda que fundada em título executivo extrajudicial[86].

10.1. A denunciação e as ações de responsabilidade civil decorrentes de acidente do trabalho

É muito comum em ação que envolva a nova competência material da Justiça do Trabalho, qual a de responsabilidade civil acidentária, requerimento efetuado pelo

---
(82) Os motivos são os conhecidos, pois que explanados neste Capítulo.
(83) "Denunciação da lide. Processo do trabalho. Incompatibilidade."
(84) DJ 22.11.2005.
(85) Vale lembrar que o juiz julgará na mesma sentença a ação e a denunciação.
(86) "Excluem-se, em razão da índole satisfativa da demanda executória, as formas intervencionais típicas do processo de conhecimento. Não comporta a execução, a par dos atos executivos, operando no mundo físico, a simultânea resolução da lide trazida por uma das partes. É bem o caso. p. ex., da denunciação da lide, que constitui ação regressiva, in simultáneus processus, pela qual o autor ou o réu veiculam pretensão de reembolso contra terceiros, se algum deles sucumbir na ação principal, criando título executivo (art. 76)". ASSIS, Araken de. Manual do processo de execução. 5. ed. São Paulo: RT, 1998. p. 214.

réu, no sentido de se denunciar da lide à seguradora, ao argumento de que o seguro firmado entre o réu e a seguradora permite o ressarcimento do que porventura vier a ser aquele condenado, em ação judicial.

Entendemos que a questão que envolve a prática de ato ilícito imputada ao (ex)empregador, tendo como matéria a pretensão indenizatória, não justifica a denunciação da lide, pois que o referido (ex)empregador não tem direito de regresso em face da seguradora, já que é apenas estipulante (e não a beneficiária) do seguro em grupo, inexistindo, portanto, entre o causador do dano (ex-empregador) e a seguradora o elo obrigacional regressivo apto a embasar a denunciação fundada na situação preconizada pelo inciso III do art. 70 do Código de Processo Civil. Vale dizer, que o (ex)empregador é o responsável pela prática do ilícito afirmado pelo (ex)empregado, sendo sua a obrigação de responder direta e pessoalmente perante essa indenização reclamada[87].

10.2. Denunciação da lide ao INSS

Também é muito frequente a denunciação da lide ao INSS por parte dos réus, nas referidas ações de responsabilidade civil acidentárias.

Entendemos que é incabível a denunciação da lide. Fundamos nosso ponto de vista no sentido de que não há direito de regresso nas ações de responsabilidade civil acidentária, quer pela lei ou pelo contrato, pois que as ações encontram-se pautadas em responsabilidade civil, por ato ilícito cometido pelo (ex)empregador, que não se confunde com aquela devida pelo INSS, que decorre de simples responsabilidade objetiva, por força de lei especial, de natureza eminentemente protetiva ao trabalhador[88].

Devemos ter como norte de conduta, nesses casos, que o INSS, como segurador obrigatório, é responsável pela concessão e manutenção do benefício acidentário ao segurado, em face do fundo da contribuição obrigatória a esse fim estabelecida. Todavia, na ação de reparação de danos originários de acidente do trabalho, há necessidade de comprovação da culpa, conforme diretriz atual da Constituição Federal, para que a empresa seja considerada responsável. Nesse âmbito, ou nessa extensão, correta afigura-nos a impossibilidade de denunciação da lide do INSS. A distinção entre a ação acidentária e a ação de indenização afasta qualquer dúvida.

---

(87) Vale lembrar, ainda, que o valor recebido a título de contrato de seguro não é abatido da indenização fixada pelos danos materiais, já que, em primeiro lugar, a existência desse seguro é consequência de obrigações assumidas e pagas pelo responsável pelo acidente e, em segundo lugar, o pagamento do seguro se presta a cobrir as chamadas despesas materiais imediatas, enquanto a indenização fixada em sentença judicial serve para cobrir as despesas mediatas.

(88) Também neste sentido é a jurisprudência: "É descabida a denunciação da lide ao Instituto Nacional de Seguridade Social nas ações de responsabilidade civil por acidente do trabalho, fundada no direito comum, posto que a causa de pedir nesta é a culpa da empregadora, enquanto na outra é a responsabilidade objetiva (ou sem culpa) do INSS. Assim sendo, numa obrigação de indenizar está fundada na culpa; na outra, em responsabilidade objetiva (ou sem culpa). Não há, pois, como assimilá-las, nem como equipará-las, muito menos como confundi-las (Apelação n. 487.974, 3ª Câmara, Rel. Des. Milton Sanseverino, TJ-São Paulo, j. 9.9.2000)".

10.3. Denunciações sucessivas

A denunciação da lide propriamente dita já é incabível no processo do trabalho, pois que a mesma — independentemente da competência da Justiça do Trabalho — afronta ao princípio que exige a observância da economia processual, quanto mais as denunciações sucessivas. Estas, além de ofenderem ainda mais o princípio mencionado, ainda devem ser afastadas, pelo simples fato de que não se pode admitir a denunciação da lide, no caso sucessiva, quando a discussão acerca da existência do direito de regresso exigir debate sobre fundamento novo, diverso daquele invocado na petição inicial.

10.4. Argumento contrário ao cabimento

Em resumo, tem entendido a doutrina majoritária, no que é acompanhada por farta jurisprudência, que a denunciação da lide não tem cabimento no processo do trabalho por gerar, entre denunciante e denunciado, uma nova ação, de garantia, cujo objeto foge à competência da Justiça do Trabalho[89].

Tal argumento, parece-nos por demais simplório para se afastar o cabimento da denunciação a lide do processo trabalhista.

Isso porque, da mesma forma, os embargos de terceiros têm por objeto questão incompatível com a competência jurisdicional da Justiça do Trabalho tal como traçada na Carta Magna. Nesta lide, em verdade, há um litígio sobre questão de posse ou propriedade, envolvendo o terceiro embargante (que não é empregado ou empregador) e as partes do feito principal embargado. Não é por isso, entretanto, que a doutrina e jurisprudência afastam a competência da Justiça do Trabalho para julgar os embargos de terceiros.

O mesmo se pode mencionar em relação aos embargos à alienação, que, necessariamente, envolvem interesses do arrematante que é um terceiro em relação à lide principal.

A competência da Justiça do Trabalho para apreciar os embargos de terceiros, no entanto, justifica-se pela regra do art. 109 do CPC, que estabelece que o juiz da causa principal é competente para apreciar as ações que respeitam ao terceiro interveniente.

Além disso, argumenta-se que, conquanto a competência não possa ser presumida, "uma vez assegurada, entende-se conferida com a amplitude necessária para o exercício do poder ou desempenho da função a que se refere a lei"[90].

Ora, conferida à Justiça do Trabalho a competência para execução de seus julgados, ainda que não estabelecida expressamente na lei, é de se presumir que essa atri-

---

[89] Por todos, cf. TEIXEIRA FILHO, Manoel Antonio. *Litisconsórcio, assistência e intervenção de terceiros no processo do trabalho*. São Paulo: LTr, 1991. p. 215-220;
[90] MAXIMILIANO, Carlos. *Hermenêutica e aplicação do direito*. 10. ed. Rio de Janeiro: Forense 1988. p. 265.

buição lhe foi conferida "com a amplitude necessária para o exercício do poder ou desempenho da função a que se refere a lei". Desse modo, não só poderá determinar a penhora de bens, por exemplo, como será competente para apreciar as ações que visem a desconstituir esse ato judicial, pois só assim exercerá com plenitude a competência que lhe foi reservada.

Situação semelhante ocorre, por sua vez, na denunciação da lide.

A denunciação da lide tem cabimento no processo do trabalho, não só pela aplicação do art. 109 do CPC, que assegura ao juiz da causa principal a competência para apreciar as ações de garantia (tal como a denunciação da lide), como, ainda, pelo fato dessa ação ser abrangida pela "amplitude necessária para o exercício do poder ou desempenho da função" judicante da Justiça do Trabalho. Esta segunda regra decorre, por sua vez, do princípio de que a Justiça do Trabalho goza de plena autonomia para dirimir os conflitos decorrentes de sua competência ordinária, assim como os feitos que lhe sejam derivados, conexos, acessórios e dependentes.

Explicamos melhor esse segundo argumento.

Cumpre lembrar, para melhor compreensão do instituto da denunciação da lide, que o denunciado assume dupla posição processual. Uma em relação à causa principal, outra em relação à ação de garantia.

Quanto a esta segunda causa, dúvida não há de que o denunciado assume a posição de réu na ação de garantia.

Em relação à causa principal, no entanto, conquanto lei, por mais de uma vez, tenha o denunciado como litisconsorte do autor ou do réu (arts. 74 e 75, inciso I, ambos do CPC), melhor doutrina assegura que, em verdade, ele assume a posição de assistente litisconsorcial, ficando sujeito aos efeitos mencionados no art. 55 do CPC[91].

Como leciona *Cândido Dinamarco*, "como assistente — e ainda quando omisso no processo, sem participar — o denunciado ficará afinal vinculado ao que se decidir quanto à causa pendente entre o denunciante e seu adversário. Dados os limites do objeto do processo colocado pela demanda inicial desde, o julgamento dessa causa não lhe dirá respeito, diretamente. Mas ele ficará impedido de repor em discussão a justiça dessa decisão (CPC, art. 55), ou seja, ficará adstrito pela eficácia preclusiva da coisa julgada. Isso significa que, passada em julgado a sentença, não poderá alegar, em seu proveito, que houvesse sido mal julgada a causa entre o denunciante e seu adversário"[92].

Assume a posição de assistente porque a sentença que poderá ser prolatada na ação principal poderá influir na relação jurídica entre o denunciante e denunciado (art. 54, CPC).

Não sendo assim, ou seja, não se aceitando a participação do denunciado no feito principal, necessariamente há de se concluir que a sentença que lhe for prolatada

---

(91) Cf. DINAMARCO, Cândido. *Intervenção de terceiros*. São Paulo: Malheiros, 1997. p. 144-147.
(92) *Ibidem*, p. 146.

em nada influenciará na causa em que parte-denunciante poderá ajuizar, de forma autônoma, contra o denunciado. Essa situação, por sua vez, pode se resolver em julgados contraditórios.

Um exemplo melhor esclarece esse ponto.

Admitamos que em determinado processo, a empresa reclamada, sucessora de outra, tenha denunciado à lide a pessoa sucedida, que, por contrato, esteja obrigado a lhe indenizar regressivamente (hipótese do art. 70, III, CPC).

Rejeitada a denunciação no feito trabalhista por incompatibilidade e incompetência, restará ao reclamado, se condenado, ajuizar, de forma autônoma, ação regressiva contra a pessoa que apontou como denunciada.

Admita-se, ainda, que na reclamação trabalhista o empregado esteja a cobrar o pagamento de horas extras prestadas ao tempo em que trabalhava para a sucedida. Ainda que contestado, firma-se a decisão favorável ao autor, transitando em julgado essa decisão. Em consequência, o reclamante ajuíza a ação executiva respectiva, acarretando na satisfação de seu direito por parte da empresa sucessora.

Esta, por sua vez, diante do direito de regresso, ajuíza ação de indenização contra a sucedida no Juízo Cível. Como, entretanto, os efeitos da decisão trabalhista não afetam os interesses da empresa sucedida (limites subjetivos da coisa julgada), tem-se, então, a possibilidade dessa alegar, em sua defesa, que nada devia a título de horas extras ao autor da demanda trabalhista, fazendo, inclusive, prova em seu favor. Por via de consequência, como nada devia aquele seu ex-empregado, nada deve indenizar a empresa sucessora.

Tem-se, então, a possibilidade do juízo cível decidir a favor da empresa sucedida sob o fundamento de que esta nada devia a título de horas extras. Cria-se, assim, uma contradição entre os julgados: o primeiro, admitindo a prestação de horas extras e seu débito pecuniário; o segundo, inadmitindo a prestação de horas extras e a inexistência de débito a este título.

Ora, o legislador, a princípio, não busca que situações como tais possam ocorrer. Salvo quando expressamente possível, em decorrência de vedação legal, é que se pode admitir que o legislador abriu brecha para que a jurisdição possa ser exercida de forma contraditória. Isso ocorre, por exemplo, quando a parte deixa de formular a denunciação (e aqui assume o risco da contradição) ou quando é vedada a denunciação da lide, como no procedimento sumário (art. 280, CPC).

A regra, no entanto, é a da manutenção da coerência das decisões jurisdicionais, em respeito à unicidade da jurisdição, ainda que repartida a competência entre diversos órgãos jurisdicionais.

E o princípio maior — da unicidade da jurisdição — há de prevalecer sobre as regras de competência, além de lhe servir de balizamento para melhor interpretação e aplicação das normas dessa natureza (que tratam da competência).

Com isso, tem-se que a Justiça do Trabalho também é competente para apreciar as ações de garantia pelo fato de que, só assim, estará exercendo a jurisdição na "amplitude necessária para o exercício do poder ou desempenho da função" judicante que lhe foi conferida.

Incabível a denunciação da lide nos feitos trabalhistas, a Justiça do Trabalho exercerá sua competência de forma limitada, pois suas decisões, nas hipóteses elencadas no art. 70, I a III, do CPC, jamais poderão vincular o devedor-regressivo. Elas poderão, simplesmente, ser contrariadas por decisões prolatadas pelos órgãos competentes para julgamento da ação regressiva, o que torna o exercício do poder ou o desempenho da função jurisdicional da Justiça do Trabalho limitado.

A tudo isso, acrescente-se, ainda, o que *Cândido Dinamarco* denominou de utilidade prática da denunciação da lide.

Por ela não só torna o denunciado assistente litisconsorcial na demanda principal, como, ainda, abre-se a possibilidade do denunciante alargar o objeto do processo, ajuizando uma demanda contra o denunciado.

Assim, a denunciação favorece a economia processual ao se juntar dois feitos em um, como, ainda, estabelece a harmonia dos julgados[93].

Tais princípios, pois, servem de apoio à interpretação das regras de competência, pois não se pode admitir que o legislador, salvo expressa disposição em contrário, quis tornar mais onerosa a prestação jurisdicional, assim como tenha aberto a possibilidade de se prolatar decisões contraditórias entre si.

Desse modo, assim como a Justiça do Trabalho é competente para apreciar os embargos de terceiros, os embargos à alienação, o mandado de segurança contra seus próprios atos, a ação anulatória dos atos judiciais, a ação rescisória e diversas outras ações onde não se tem como objeto um litígio decorrente da relação ou contrato de emprego, é de se admitir a competência para as ações de garantia, pois assim estará exercendo em sua plenitude o poder jurisdicional que lhe foi outorgado.

Tal competência, pois, só não prevalecerá contra expressa disposição legal.

Tal conclusão, porém, somente tem cabimento se se admitir que aos feitos trabalhistas se aplicam, de forma subsidiária, as regras do procedimento ordinário cível.

Entendemos, no entanto, que, na aplicação subsidiária das regras processuais, deve o operador trabalhista buscar nos procedimentos que mais se aproximam do rito laboral as normas procedimentais compatíveis, em respeito aos seus princípios reitores.

Como já afirmamos alhures, "ocorre, entretanto, que, dentre as normas subsidiária do Direito Processual Civil, encontramos várias disposições distintas, aplicáveis aos mais diversos procedimentos cíveis".

---

(93) *Ibidem*, p. 182/183.

Assim é que, no CPC — fonte principal do Direito Processual Civil — encontramos normas sobre o processo de conhecimento, sobre a execução e sobre as medidas cautelares.

Obviamente, então, que, se estivermos diante de um processo cautelar, na Justiça do Trabalho, deveremos buscar no Título que trata das medidas cautelares no Código de Processo Civil as normas subsidiárias aplicáveis na omissão da CLT. E assim se deve agir com as demais espécies de ações (cognitivas e de execução, ressalvando-se, quanto a esta última, a preferência pela lei do executivo fiscal).

O Direito Processual Civil sempre estabeleceu diversos ritos procedimentais para as ações comuns. Atualmente, com as últimas reformas processuais civis, eles seriam: o rito ordinário, o rito sumário e o dos Juizados Especiais, este último tratado na Lei n. 9.099/95.

Ao lado desses ritos comuns, temos, ainda, os procedimentos especiais, que devem ter suas regras observadas quando ajuizados na Justiça do Trabalho (consignação, ação de depósito, habilitação, etc.).

É preciso primeiro, então, na aplicação da regra subsidiária, estabelecer, dentre os ritos procedimentais civis comuns, aquele que mais se harmoniza com o processo trabalhista.

Cabe, então, ao aplicador da norma processual trabalhista, na omissão da CLT, buscar, dentre as regras do direito processual civil, aquela que mais se harmoniza com os seus princípios. Não bastará a simples compatibilização, pois diversas são as regras compatíveis com o processo do trabalho. É preciso, ainda, existindo diversas normas compatíveis, que se faça a escolha pela regra que mais se harmoniza com o processo laboral.

Assim, verificamos que, dentre os diversos ritos procedimentais estabelecidos no direito processual civil, os que mais se aproximam do processo laboral são justamente o sumário e o estabelecido para os Juizados Especiais.

Diga-se, aliás, que o processo sumário (antigo sumaríssimo) sofreu influência do processo trabalhista, como bem assinala *Alcides Mendonça Lima*[94].

Daí temos, então, que, com a reforma processual civil, inclusive no Juizado Especial, várias são as novas regras subsidiárias a serem aplicadas ao processo trabalhista, por serem mais compatíveis e harmônicas com este"[95].

Assim é que o art. 280 do CPC veda a possibilidade da intervenção de terceiros nos feitos ajuizados pelo rito sumário, da mesma forma que a Lei n. 9.099/95, que dispõe sobre os Juizados Especiais Cíveis e Criminais, em seu art. 10, contém a mesma proibição.

---
(94) *Processo civil no processo trabalhista*. 3. ed. São Paulo: LTr, 1991. p. 57.
(95) MEIRELES, Edilton. Normas subsidiárias aplicáveis ao processo trabalhista. O procedimento sumário e dos juizados especiais. In: *Temas de direito e processo do trabalho*. Minas Gerais: Leditathi, 1997. v. II, p. 62-69.

Desse modo, aplicáveis subsidiariamente aos feitos trabalhistas as regras atinentes ao rito sumário e às ações intentadas perante os Juizados Especiais, por lhe serem mais compatíveis, não se tem cabimento a intervenção de terceiros nas reclamações propostas na Justiça do Trabalho.

Admitindo-se, no entanto, que devem ser aplicadas as regras do procedimento ordinário, tem amplo cabimento nas reclamações trabalhista o instituto da denunciação da lide, por força do quanto estabelecido no art. 109 do CPC, combinado com os princípios da economia processual, da autonomia plena do poder judicante da Justiça do Trabalho e da harmonia e unicidade da jurisdição.

11. Chamamento ao processo

Estabelece a legislação processual civil a possibilidade de se ter um incidente pelo qual um terceiro é chamado a integrar o mesmo processo, de modo que venha a se tornar coobrigado pela dívida, caso reconhecida em sentença, consoante art. 77 do Código de Processo Civil[96].

A utilização do instituto processual em apreço, permite a lei que o réu obtenha sentença — no caso de procedência dos pedidos do autor —, que condene também os terceiros incluídos na lide.

O chamamento ao processo tem a intenção de beneficiar o réu, porquanto teria, desde logo, título executivo para amparar o seu direito de regresso, no mesmo processo[97].

O chamamento ao processo somente pode ser admitido nas hipóteses preconizadas pelo art. 77 do Código de Processo Civil[98], devendo ser visto como uma faculdade do réu. Por conseguinte, se o réu optar por não chamar ao processo os coobrigados, não perde, por isso, a possibilidade de, no futuro, em outro processo, se valer do direito de regresso. Apenas perde, pela não utilização do chamamento ao processo, do benefício concedido pelo art. 80 do Código de Processo Civil[99].

Não se autoriza que o autor possa se valer do chamamento ao processo. O autor pode, se assim desejar, propor a ação em face de todos os réus, no caso de responsabilidade subsidiária ou solidária. Mas jamais se valer do chamamento. Este é uma facul-

---

(96) A CLT é omissa quanto ao chamamento ao processo. Não se autorizando que a ocorrência do *factum principis* seja interpretada como uma forma de chamamento ao processo (art. 486).
(97) Item 17 da referida Exposição de Motivos: "(...) a vantagem deste instituto está em que a sentença, julgando procedente a ação, condenará os devedores, valendo como título executivo em favor do que satisfez a dívida, para exigi-la, por inteiro, do devedor principal, ou de cada um dos co-devedores, a sua quota, na proporção que lhe tocar."
(98) "Art. 77. É admissível o chamamento ao processo: I — do devedor, na ação em que o fiador for réu; II — dos outros fiadores, quando para a ação for citado apenas um deles; III — de todos os devedores solidários, quando o credor exigir de um ou de alguns deles, parcial ou totalmente, a dívida comum."
(99) "Art. 80. A sentença, que julgar procedente a ação, condenando os devedores, valerá como título executivo, em favor do que satisfizer a dívida, para exigi-la, por inteiro, do devedor principal, ou de cada um dos co-devedores a sua quota, na proporção que lhes tocar."

dade exclusiva do réu[100]. Destina-se, portanto, o instituto à formação de litisconsórcio passivo, por vontade do réu.

Para a utilização do chamamento ao processo afigura-nos imperioso a observância de dois elementos: a) a relação de direito material deve alcançar tanto o devedor principal como o chamado; b) é necessário que o pagamento da dívida por parte daquele que exerce o chamamento autorize a este o direito de ressarcimento em face do chamado.

Assim, nas lides trabalhistas em que ocorrem o fenômeno da terceirização, mediante a contratação da mão-de-obra por empresa interposta, é comum a presença no polo passivo da empresa para a qual o autor era o empregado e figurando como subsidiariamente responsável, a empresa para a qual o autor prestou seus serviços[101].

Em matéria da "nova competência da Justiça do Trabalho" têm surgido alguns casos de chamamento ao processo, como, por exemplo, nas ações de acidente de trabalho, em que o ex-empregador requer a participação da empresa seguradora. Nas ações que envolvam a lide sindical, na qual o sindicato requer o chamamento de ex-diretor da entidade para responder pelos danos causados, entre outras situações.

Entendemos que no processo do trabalho não se aplica o chamamento ao processo, nas lides que envolvem relação de emprego. Não por falta de competência material da Justiça do Trabalho, mas pelo simples fato de que a aceitação do instituto em apreço depõe contra a celeridade processual. Por isso, não recebemos bem a sua utilização, uma vez que provoca uma ampliação desnecessária no término do processo trabalhista, mormente se considerarmos que a tendência da processualística moderna é no sentido de afastar, na medida do possível, qualquer obstáculo que possa trazer uma rápida solução da prestação jurisdicional. Não é por outra razão que já encontramos, em inúmeros dispositivos legais, a proibição da utilização de qualquer instituto relacionado com a intervenção de terceiro, incluindo-se o chamamento ao processo[102][103].

Nas ações que envolvam a "nova competência da Justiça do Trabalho", tem se observado uma maior flexibilização jurisprudencial, ou seja, tem-se admitido o uso do chamamento ao processo. Todavia, fica a advertência: se o chamamento, no caso concreto, vier a ser utilizado com o verdadeiro escopo de alongar o processo, deve o juiz indeferir a referida intervenção de terceiro?

O chamamento ao processo tem sofrido constantes críticas da doutrina. *Nelson Nery Junior* por exemplo diz que "o credor de obrigação solidária, não pode ser obri-

---

(100) Art. 80 do CPC.
(101) Tal hipótese hoje já se encontra pacificada pelo TST, por meio da Súmula n. 330.
(102) Neste sentido, o art. 88, do Código de Defesa do Consumidor; a Lei n. 9.099/95, art. 10 ou o próprio Código de Processo Civil, no art. 280, pela redação que lhe foi dada pela Lei n. 10.444/02.
(103) Admitir-se, em larga escala, no processo do trabalho, a adoção do chamamento ao processo, permitirá que o réu seja munido de poderosa arma de chicana processual, possibilitando a intervenção em apreço com fins puramente protelatórios, desservindo, desta maneira, à aspiração do processualista moderno e antenado com o mundo atual, de que venha a ser o processo um instrumento de celeridade e não de morosidade.

gado a demandar contra quem não queira. Admitir-se que o réu pode, pelo chamamento ao processo, obrigar o autor a litigar contra sua vontade, é reconhecer que o réu pode impor ao autor necessariedade litisconsorcial, quando a lei e o direito lhe garantem a facultatividade litisconsorcial nos casos de solidariedade"[104].

Não podemos também nos olvidar que o Código Civil permite que o credor escolha contra quem pretende exigir e receber seu crédito[105]. Apesar das críticas e do abrandamento da aplicação do chamamento ao processo na prática, o fato é que a lei permite a sua utilização.

O chamamento ao processo deve se dar no prazo da contestação, sendo que no procedimento trabalhista regido pela CLT a audiência é a oportunidade em que o réu deverá requerer a intervenção de terceiro em tela[106].

Ao autor não cabe qualquer ato de interferência no direito do réu. Como já vimos, o chamamento ao processo é instituto que apenas o réu pode se valer. Aliás, é de bom alvitre lembrar que uma vez requerido o chamamento, a desistência somente pode se operar se houver concordância do réu, ainda que não tenha apresentado a contestação, ou seja, apenas requerido a intervenção do chamado. Este, por sua vez, integrando a lide, deverá participar ativamente acerca do requerimento de desistência do autor.

Uma vez requerido o chamamento ao processo, o juiz determinará a suspensão do mesmo. A suspensão ocorrerá independentemente do deferimento, pois que para que se opere esta, basta que o réu faça o requerimento. Na prática, contudo, em matéria de relação de emprego[107], por cautela, deve o réu, em audiência na qual irá requerer o chamamento ao processo, trazer também a contestação, pois que a suspensão, na prática, não se dá, já que o juiz decidirá no ato, quanto a admissibilidade ou não da intervenção requerida.

Conquanto o juiz possa ter admitido o chamamento ao processo, por ocasião da sentença poderá excluir o chamado da lide, uma vez que para o magistrado não se opera a preclusão *pro judicato*, neste caso.

Realizada a citação e intervindo o chamado no processo, este receberá o mesmo tratamento dispensado ao litisconsorte, aplicando-se, por conseguinte, no que couber, as regras gerais a respeito do tema.

A sentença, de natureza condenatória, é título executivo em favor do autor, mas tão-somente em face deste. Uma vez que este tenha o seu direito satisfeito, poderá, aquele que efetuou o pagamento, buscar o reembolso em face do outro réu.

O chamamento ao processo, porque busca a declaração de responsabilidade de outrem, somente pode ser exercido no processo de conhecimento. Aliás, todo o texto da lei é neste sentido[108].

---

(104) *Código de processo e legislação processual civil extravagante em vigor*. 6. ed. São Paulo: RT, p. 316.
(105) Art. 903.
(106) Para aqueles que admitem o chamamento ao processo nos feitos que envolvem relação de emprego.
(107) Mais uma vez: para aqueles que a admitem ...
(108) *Vide* arts. 77 até 80 do CPC.

Cabe, neste passo, definirmos se é possível o chamamento ao processo em todas as modalidades de ações.

Nas ações declaratórias, poder-se-ia pensar na possibilidade do chamamento, ao argumento que o juiz poderia apenas declarar as responsabilidades dos obrigados. Tal entendimento seria equivocado, pois que ressalta aos olhos a intenção do legislador, consoante dispõe o art. 80 do CPC. A condenação, portanto, é a característica mais marcante do instituto em estudo[109].

Nas ações constitutivas, pelo mesmo raciocínio, não se deve admitir o chamamento ao processo.

Concluímos, assim, que apenas nas ações condenatórias é possível a admissão do chamamento ao processo.

A tutela antecipatória não obstaculiza o chamamento ao processo ou vice-versa. Pode o réu, por ocasião da contestação, abusar de seu direito de defesa ou dele se valer com o manifesto propósito protelatório, quanto ao mérito e não com relação ao chamamento ao processo. Nestes casos, é perfeitamente possível que o juiz conceda a antecipação da tutela e depois promova a intervenção de terceiro, com a consequente suspensão do processo.

Pensamos que em sede de ação cautelar mostra-se incabível o chamamento ao processo. Esta modalidade de intervenção de terceiro é absolutamente incompatível com o processo cautelar. O processo cautelar não se destina à formação de título executivo, servindo apenas para assegurar o fim útil do processo principal[110].

Na execução — quer trabalhista, quer cível — não se deve admitir o chamamento ao processo. A finalidade da execução não é a prolação da sentença. Portanto, não há como o juiz declarar, em execução, as responsabilidades dos obrigados, na forma do art. 78 do Código de Processo Civil.

Há distinções entre o chamamento ao processo e a denunciação da lide. Conquanto sejam institutos que se prestam ao exercício incidental do direito de regresso do réu em face de terceiro, não pode o jurista confundi-los.

Com efeito, na denunciação da lide o terceiro (denunciado) não tem qualquer vínculo com a parte contrária do denunciante na ação principal. A primitiva relação jurídica envolve apenas o autor e o réu, ficando de fora aquele (o autor) em face do denunciado. Este se envolve apenas com o réu (denunciante).

No chamamento ao processo, o réu da ação principal convoca um terceiro que, de alguma forma, mantém vínculo obrigacional com o autor da referida ação principal.

---

(109) Qual o interesse do réu em exercer o chamamento ao processo apenas para ver declarada a responsabilidade do chamado, se a sentença meramente declaratória não lhe autorizaria o direito ao regresso?
(110) Por todos, Cândido Rangel Dinamarco: "(...) chamar o terceiro ao processo cautelar é inadmissível, porque isso implica pedido de sua condenação solidária, e em processo desta natureza não tem lugar". *Litisconsórcio*. 3. ed. São Paulo: RT, p. 119.

Não é só, entretanto. Na denunciação da lide, o terceiro vem ao processo para ser condenado na ação regressiva, como devedor exclusivo do denunciante, não havendo, assim, qualquer relação jurídico-processual com o autor da ação principal. Ao passo que no chamamento ao processo temos apenas a inserção de mais uma pessoa no polo passivo. Daí por que não se pode chamar ao processo quem não tem qualquer obrigação com o autor da ação primitiva. Nestes casos, pode até ser a incidência da denunciação da lide, mas jamais de chamamento ao processo.

Capítulo VI

AÇÕES E PROCEDIMENTOS TRABALHISTAS

1. Procedimento ordinário trabalhista

1.1. Introdução

Chamar de ordinário o procedimento trabalhista é algo um tanto quanto inusitado, pois que os procedimentos trabalhistas são todos muito parecidos — se é que podemos dizer que existe realmente mais de um! De qualquer modo, a divisão entre os procedimentos no processo do trabalho se faz necessária nem que seja pelo aspecto acadêmico, pois que não só a lei criou o "procedimento sumaríssimo"[1], muitas ações especiais cíveis passaram a ser utilizadas nos domínios trabalhistas.

1.2. Uma visão do "procedimento ordinário"

Tudo começa com uma reclamação. Esta é feita pelo reclamante (geralmente ex-empregado), que de forma oral ou escrita dirige-se às portas do Judiciário trabalhista, tendo como objetivo a reparação da suposta lesão cometida pelo patrão[2]. Feito isto, nos moldes do art. 841 da Consolidação das Leis do Trabalho, o reclamado é chamado a se defender[3].

Por meio da defesa o réu impugna os fatos e o direito que, pela ótica do autor, como já dito, foram violados. Trata-se de um direito constitucionalmente garantido e regulado por leis ordinárias. É ato de extrema importância para o réu. A sua ausência implica em sérias consequências, como, por exemplo, no reconhecimento tácito dos fatos alegados pelo autor, trazendo, não raro, prejuízos de elevada monta para o réu.

A figura do preposto deve completar, de modo harmônico, a defesa do réu, como a conhecida dobradinha: feijão com arroz ou macarrão com queijo. De nada adianta uma brilhante contestação se o preposto não estiver à sua altura.

O preposto, pela lei (CLT, art. 843), substitui o dono do negócio. É por isso suas declarações obrigam o preponente. Portanto, o preposto deve ter absoluto conhecimento dos fatos que são trazidos para dentro do processo, além de necessitar ser, de

---

(1) Lei n. 9.958, de 2000.
(2) *Vide* de forma mais detalhada o Capítulo destinado à petição inicial.
(3) *Vide* de forma mais detalhada o Capítulo destinado à resposta do réu.

ordinário, empregado, segundo a Súmula n. 377 do Tribunal Superior do Trabalho, pois somente nas relações que envolvam reclamação de empregado doméstico ou as empresas de pequeno porte econômico, consideradas assim pela lei, não há necessidade de preposto empregado. É, pois, exceção à regra[4].

É na audiência trabalhista, configurada como sendo uma complexa teia de atos processuais, que se destacam a defesa do réu e a participação do preposto. É na audiência que o réu apresenta sua defesa, escrita ou oral, e o preposto, porque o Juiz poderá indagá-lo sobre fatos que aconteceram.

Não se pode perder de vista que todos os fatos narrados pelo autor, que constam na petição inicial, devem ser impugnados pelo réu na sua defesa, pois se assim não o fizer, sobre os fatos não impugnados o juiz poderá considerá-los incontroversos, em outras palavras: considerando como verdadeiros os fatos narrados pelo autor, que se encontram em sua petição inicial.

O réu também não pode contestar a prazo. O ato de defesa é realizado em uma única oportunidade, não há prazo para tanto, mas sim momento, que é, como já dito, em audiência.

O réu deve apresentar sua defesa oralmente, caso em que o Juiz mandará registrar em ata de audiência seus argumentos. A praxe lhe faculta contestar por meio de peça escrita (o que se tornou regra), hipótese em que no dia da audiência o réu simplesmente entrega ao juiz a contestação. Essa contestação, por sua vez, vai junta aos autos como se fosse mero anexo da ata da audiência, pois a rigor a defesa é oral.

Em 2004, foi promulgada a Emenda Constitucional n. 45, que aumentou as matérias que podem ser julgadas pela Justiça do Trabalho. Agora, além de outras questões, não só as relações de emprego, como também as relações de trabalho, são decididas na Justiça do Trabalho. Nas ações que envolvem relação de emprego, a figura do advogado é dispensada (CLT, art. 791), podendo a própria parte ré ou por intermédio de seu preposto, apresentar defesa.

Assim, nestes casos, a contratação de advogado é uma faculdade da parte. Todavia, em termos práticos, é mais prudente que se contrate um profissional do direito, pois que atualmente as relações jurídicas são muito complexas, mormente as processuais. Portanto, comparecer em Juízo sem advogado, pode ser bastante prejudicial para a parte. Em se tratando de relação de trabalho, segundo a Instrução Normativa n. 27, de 2005, do Tribunal Superior do Trabalho, a presença do advogado é indispensável.

Em suma: não podemos esquecer que todo esse procedimento, qual a entrega da defesa em audiência, nas ações que envolvam relação de emprego, pode ser feita diretamente pelo preposto, sem a presença do advogado. Isso se chama *jus postulandi*, ou seja, capacidade postulatória, pois que segundo o disposto no art. 791 da Consolida-

---

(4) *Vide* de forma mais detalhada o Capítulo destinado às partes.

ção das Leis do Trabalho, "os empregados e os empregadores poderão reclamar pessoalmente perante a Justiça do Trabalho e acompanhar as suas reclamações até o final". Entretanto, não é recomendado.

Com o advento da Constituição Federal de 1988, muitos passaram a entender que o referido art. 791 da Consolidação das Leis do Trabalho teria sido revogado pelo art. 133 da mencionada Constituição. É que a Constituição ao dizer que "o advogado é indispensável à administração da justiça ...", levou alguns notáveis juristas ao entendimento de que o advogado deveria ter assento assegurado em todas as esferas do Judiciário. No que diz respeito ao Poder Judiciário Trabalhista, o Tribunal Superior do Trabalho dirimiu toda e qualquer dúvida que o tema pudesse trazer, com a edição da Súmula n. 329, que diz que "mesmo após a promulgação da Constituição Federal de 1988, permanece válido o entendimento consubstanciado na Súmula n. 219", do referido Tribunal.

Não podemos esquecer que ao advogado é vedado cumular sua função com a de preposto, mesmo que o referido advogado seja empregado da ré. O Código de Ética Profissional do Advogado, expressamente proíbe essa cumulação de funções. Portanto, se em determinada audiência, designada para a apresentação de defesa, o advogado-empregado comparece, mas não o preposto, é preferível que o advogado se apresente como preposto e não como advogado, já que neste caso afasta a revelia e, dependendo da situação, a confissão presumida. Apenas deve atentar para não entregar, com a contestação, o instrumento do mandato — que é a procuração — com o seu nome. Basta protestar pela juntada posterior de nova procuração, bem como da carta de preposição.

Pois bem, fixados os parâmetros da lide, com a entrega da defesa do réu, o juiz passará para a chamada fase instrutória, ou seja, vai verificar quais são os pontos controvertidos e sobre estes incidirá a produção da prova. Identificados os pontos controvertidos, o juiz poderá tomar o depoimento pessoal das partes, mediante perguntas que poderão ser formuladas tanto por ele como pelo *ex adverso*. O advogado do réu jamais poderá formular perguntas ao seu cliente.

A finalidade do depoimento pessoal da parte tem ao menos dupla finalidade: a) esclarecer os fatos; e b) fazer com que a parte que esteja prestando depoimento confesse os fatos alegados pela outra. Ficou fácil perceber que o preposto deve ter conhecimento dos fatos, pois do contrário, findo o seu depoimento, não haverá mais necessidade de se produzir outras provas. Não estamos a dizer com isso que o preposto deve ser um mentiroso, uma vez que o processo é regido por princípios éticos, que uma vez violados, implicam na incidência de sanções processuais, como, por exemplo, a litigância de má-fé.

O preposto pode contribuir para o fracasso da ação de várias maneiras. As formas mais comuns são: a) por meio da confissão expressa, quando admite em alto e bom som que os fatos narrados na petição inicial efetivamente aconteceram; b) por meio da confissão presumida, quando não comparece à audiência ou, comparecendo, responde de modo evasivo ou simplesmente não responde, ficando em total silêncio. A parte ré (dono do negócio ou o preposto) não está obrigada a responder, nem tampouco a comparecer à audiência, pois que a lei comina a ausência com a confissão presumida, ou seja, há uma presunção de que os fatos narrados pelo autor são verdadeiros. Note-se: uma mera presunção, o que significa dizer que se houver prova real, como um documento, por exemplo, que afaste a alegação do autor, a ausência do réu passa a ser irrelevante.

Casos existem também que somente por meio de um determinado tipo de prova pode se chegar à conclusão da ocorrência ou não da lesão. É o que se chama de prova tarifada.

Assim é na hipótese em que o autor pretende o pagamento do adicional de insalubridade ou o pagamento do adicional de periculosidade. De ordinário, em tais situações, faz-se necessária a produção de prova pericial, para que se possa verificar se o local de trabalho era danoso à saúde do trabalhador ou se oferecia perigo à sua vida. Em todas essas oportunidades, a presença do preposto também é dispensável, uma vez que o juiz, obrigatoriamente, determinará a produção de prova pericial. Portanto, a presença do réu de nada contribuirá para a verificação do fato.

Findo o momento destinado ao depoimento das partes, é facultado ao juiz dispensá-la de permanecer na audiência.

Não se admite a ausência injustificada do réu ou do preposto. Na audiência, devem estar presentes o autor e o réu, necessariamente. O não comparecimento do réu importa revelia, além da confissão, quanto à matéria de fato (CLT, art. 844).

A audiência deve se desenvolver em um clima de paz e harmonia. O desrespeito de uma das partes pode ser entendido, pelo juiz, como sendo ato delituoso, incidindo em sua retirada do recinto ou, em último caso, na sua prisão. Do mesmo modo, o magistrado também deve tratar a todos com urbanidade, sob pena de sofrer até mesmo uma representação.

No sistema processual brasileiro, não é permitido que as partes se façam perguntas mútuas e diretamente. Temos sempre a intermediação do magistrado. Assim, o advogado — quando houver — formula as perguntas ao juiz que, por sua vez, as repassa ao preposto ou mesmo às testemunhas, que respondendo são ditadas à secretária de audiência, sendo tudo documentado, em ata de audiência. Esta deve espelhar os principais acontecimentos da audiência, sendo em alguns lugares também assinadas pelas partes e advogados (CLT, art. 817).

Existe uma ordem legal de inquirição. Em primeiro lugar, serão ouvidos o perito e os assistentes técnicos, se houver. Em segundo lugar, o juiz tomará os depoimentos pessoais, primeiro do autor e depois do réu. Finalmente, serão inquiridas as testemunhas arroladas pelo autor e depois pelo réu, conforme art. 452 do Código de Processo Civil, aplicado subsidiariamente ao processo do trabalho.

O juiz, como condutor dos trabalhos e sujeito imparcial do processo, tem o poder legal de indeferir as perguntas que entender que não são pertinentes para o resultado do processo. Em havendo por parte do magistrado o indeferimento de alguma pergunta que lhe foi formulada, é direito da parte fazer constar em ata de audiência a mesma, pois que se contrapondo ao poder diretivo do magistrado, há o direito à ampla defesa, constitucionalmente garantido. Por conseguinte, se do referido indeferimento houver manifesto prejuízo para a parte, esta, a tempo e modo, poderá se insurgir.

O juiz deve ficar sempre atento e vigilante nas audiências, pois que dele depende a manutenção da ordem. É por isso que o Magistrado dirige os trabalhos da audiência, exercendo o chamado "poder de polícia", competindo-lhe, por conta disto, manter a ordem e o decoro na audiência; ordenar que se retirem da sala de audiência os que se comportarem inconvenientemente; e até mesmo requisitar, quando necessário, a força policial (CLT, art. 816).

Não se pense que a audiência não é importante para o autor. Também o é. Todavia, ocorre uma diferença valorativa, qual seja: em caso de ausência do autor, na audiência em que o réu deve se fazer presente para apresentar a sua defesa, temos o chamado "arquivamento", que é uma forma de se pôr fim ao processo, resolvendo-o, sem que o juiz diga quem tem razão. Com isso, é facultado ao autor, a propositura de nova ação, exatamente igual à anterior, que foi "arquivada".

Quando falamos que em audiência o réu tem a oportunidade para se defender, estamos a dizer que o réu poderá apresentar a sua resposta. A expressão "defesa" é utilizada pela própria Consolidação das Leis do Trabalho. A resposta do réu é um modo mais formal de se tratar o exercício da ampla defesa do réu, cujo batismo se deu pelo Código de Processo Civil. Portanto, no dia da audiência, quando dissemos que o réu pode se defender, estamos a mencionar que o réu pode contestar, reconvir ou apresentar exceções.

A contestação é quando o réu enfrenta os termos que foram postos pelo autor, em sua petição inicial (reclamação).

A reconvenção é uma forma de "reclamação" proposta pelo réu. Assim, no mesmo processo temos, com a reconvenção, duas ações: uma originariamente ajuizada pelo autor e outra proposta pelo réu. No caso do réu apresentar reconvenção ele passa a se chamar reconvinte e a outra parte reconvindo. Não é obrigatória a apresentação de contestação para que o réu apresente a reconvenção. Neste caso, a um só tempo, teremos o autor como sendo réu e o réu como autor. Tudo se faz por uma questão de economia processual.

O réu também pode apresentar exceções. Nestes casos, toda vez que a ação for proposta em local diverso daquele que deveria ter sido ajuizada, o réu, por meio da exceção relativa, tentará impugnar o lugar em que vem correndo o processo, com o seu deslocamento para outro. Também mediante exceção o réu pode recusar a pessoa do próprio juiz, como, por exemplo, no caso do juiz ser amigo do autor, ou inimigo do réu.

O número de réus vai influenciar diretamente no número de defesas. O que não significa dizer que as contestações não possam ser confeccionadas todas juntas, bastando, para tanto, que a matéria de defesa seja comum a todas. Nem tampouco é proibida a contratação de um único advogado para defender todas as rés. Todavia, o número de preposto vai variar, ou seja, para cada empresa deverá ser destacado um preposto.

Chama-se de litisconsórcio a existência de mais de uma pessoa em qualquer um dos polos da relação jurídico-processual. Assim, se João Carlos da Silva propõe ação em face de Banco Só Dinheiro S/A. e da Seguradora Só Dinheiro S/A., embora possam ser empresas do mesmo grupo econômico, todavia, são possuidoras de personalidades jurídicas distintas, formando, neste exemplo, um litisconsórcio passivo.

No processo do trabalho, não se aplica a regra da contagem em dobro dos prazos (OJ n. 310 da SDI-I do TST).

Nos feitos submetidos ao procedimento da Consolidação das Leis do Trabalho, "não havendo acordo, o reclamado terá vinte minutos para aduzir sua defesa, após a leitura da reclamação, quando esta não for dispensada por ambas as partes", art. 847. Como na prática nenhuma leitura da defesa é feita, apenas esta é entregue ao Juiz.

Importantíssima é também a conciliação. Nos processos submetidos ao procedimento ordinário trabalhista, o Juiz tem a obrigação legal de propor a conciliação (CLT, art. 846). A primeira tentativa, logo após o chamado das partes (pregão) e a segunda, após o término da instrução e respectivas razões finais (CLT, art. 850). Já nos processos submetidos ao procedimento sumaríssimo trabalhista, o Juiz tem a obrigação de realizar apenas uma tentativa conciliatória, no momento em que achar mais adequado, recomendando-se que o faça no início da audiência (CLT, art. 852-E).

Isso não significa dizer que além das tentativas acima exigidas pela lei, o Juiz não possa investir em outras tentativas conciliatórias, pois que a qualquer momento poderá, se assim achar necessário, designar audiência especial (CLT, art. 813, § 2º), cuja finalidade é apenas a tentativa de conciliar as partes.

As audiências são públicas, como, aliás, quer a Constituição Federal (art. 93, IX). Nem poderia ser diferente, pois que não se admitiria, em plena democracia, a realização de audiências às escondidas. Por exceção, poderão as audiências correrem em "segredo de justiça". Para tanto, é preciso que assim seja exigido pelo interesse público envolvido no caso ou nas hipóteses em que o processo envolver questões relativas ao casamento, filiação, separação dos cônjuges, conversão desta em divórcio, alimentos e guarda de menores (CPC, art. 155 e CLT, art. 813).

Na Justiça do Trabalho, as audiências realizar-se-ão em dias úteis, nos horários compreendidos entre 8:00 às 18:00 horas. As audiências devem ser realizadas nos respectivos Tribunais, ou em prédios públicos destinados a tanto. Todavia, em casos especiais, poderá ser designado outro local para a realização das audiências.

O legislador estabeleceu o sistema da unidade das audiências trabalhistas. Isto quer dizer que as audiências devem ser contínuas e únicas, ocorrendo o adiamento apenas em situações excepcionais. Portanto, é equivocado dizer, quando não se resolve tudo em uma única audiência, que uma nova será designada, em verdade, haverá a continuação (CLT, art. 849). Portanto, é de bom alvitre ir preparado para a audiência.

Nas ações trabalhistas submetidas ao crivo do Código de Processo Civil, como, por exemplo, os interditos proibitórios, a prestação de contas, entre outras, é possível o adiamento da audiência, por convenção das partes, caso em que só será admissível uma vez; ou por motivo relevante não puderem comparecer aqueles que fazem parte da audiência, como as partes ou as testemunhas.

Terminada a audiência, as partes poderão aduzir, oralmente, razões finais, em prazo não excedente de dez minutos para cada uma. Trata-se de um breve resumo, sob a ótica de cada parte, dos principais acontecimentos do processo que de alguma forma poderá ser útil na ratificação da tese defendida (CLT, art. 850). Para as questões de maior complexidade, tem-se permitido a substituição das razões finais por memoriais escritos, caso em que o juiz designará dia e hora para o seu oferecimento. Portanto, o prazo irá variar, sendo o juiz que determinará o limite temporal.

Vale acrescentar que, em resumo, o procedimento trabalhista ordinário, assim como as demais demandas trabalhistas, desenvolve-se todo em audiência, salvo quanto à petição inicial e à produção da prova pericial. Ou seja, após o ajuizamento da ação, com apresentação da petição inicial e notificação do reclamado, em audiência o juiz deve propor a conciliação, não sendo esta obtida, o réu deve apresentar sua defesa, seguindo-se da manifestação (réplica) por parte do autor e da instrução oral (depoimento pessoal e interrogatório das testemunhas). Encerrada a instrução, em audiência as partes apresentam suas razões finais, o juiz propõe novamente a conciliação e, não obtendo êxito nesta segunda tentativa, deve proferir sentença. Tudo em audiência, salvo a inicial e a prova pericial.

Procedimento simples e sumário.

2. Procedimento sumaríssimo

2.1. Introdução

A Lei n. 9.957/00 ingressou em nosso direito trabalhista num momento em que a Justiça do Trabalho e as relações de trabalho no Brasil sofriam constantes e persistentes questionamentos.

Deixando de lado as questões políticas que envolvem tais questionamentos, cabe destacar que a lei que criou o rito sumaríssimo na Justiça do Trabalho é parte de toda uma política que procura aperfeiçoar o serviço judiciário nacional, buscando sua eficiência e efetividade do processo.

Essa reforma processual, todavia, somente depois de cinco anos após iniciada chegou, afinal, mais diretamente à Justiça do Trabalho, introduzindo modificações no rito procedimental da ação trabalhista.

2.2. Regras subsidiárias

Inicialmente, cabe lembrar que o rito sumaríssimo ingressou na Justiça do Trabalho mediante a alteração do texto da CLT. Daí se tem, então, que, em primeiro plano, ao novo procedimento devem se aplicar as regras processuais contidas na CLT. Subsidiariamente, aplicam-se as regras do direito processual comum.

Lógico, todavia, que, prioritariamente, ao rito sumaríssimo se aplicam as regras que lhe são próprias e específicas (de que trataremos adiante). Na omissão ou lacuna da lei, adotam-se as regras gerais do processo do trabalho e aquelas que lhe são subsidiárias.

Aliás, é preciso destacar que o rito sumaríssimo adota o procedimento ordinário da reclamação trabalhista, com algumas e específicas alterações.

Assim, por exemplo, aberta a audiência, deverá o juiz tentar a conciliação. Não obtida, deverá conceder oportunidade para o demandado produzir defesa, fixará, em seguida, o valor da causa para efeito de alçada, instruirá o feito, colherá as razões finais, tentará conciliar novamente o feito e, afinal, prolatará a sentença, se for o caso. Em suma, deve seguir o rito ordinário, observando as regras procedimentais específicas para determinados atos ou para suas formalizações.

Quanto às regras subsidiárias, é preciso lembrar que o art. 769 da CLT estabelece que, "nos casos omissos, o direito processual comum será fonte subsidiária do direito processual do trabalho, exceto naquilo em que for incompatível com as normas deste título".

Alhures[5], já afirmamos que "entende a doutrina que a locução 'direito processual comum' abrange não só o direito processual civil, como o direito processual penal, em contraposição ao direito processual trabalhista que é especial"[6].

Como regra do Código de Processo Penal aplicável ao processo trabalhista, assim como ao processo civil, em face das lacunas destes, podemos citar, por exemplo, aquelas que tratam do ato de busca e apreensão de coisas e pessoas (arts. 240 a 250 do CPP). As normas do CPP são bem mais detalhistas, o que, diante da lacunosidade do processo civil e trabalhista, servem de regras subsidiárias.

Outro exemplo que podemos lembrar é quanto ao ato de prisão do depositário judicial infiel. Na omissão do Direito Processual Civil e Trabalhista quanto às cautelas

---

(5) Normas subsidiárias aplicáveis ao processo trabalhista — o procedimento sumário e dos juizados especiais. In: *Revista LTr* 60-11/1487-1490.
(6) Nesse sentido, LIMA, Alcides de Mendonça. *Processo civil no processo trabalhista*. 3. ed. São Paulo: LTr, 1991. p. 26, e NASCIMENTO, Amauri Mascaro. Elementos de direito processual do trabalho. 2. ed. São Paulo: LTr, 1975. p. 19.

e formalidades essenciais para a realização desse ato de confinamento, devemos buscar no Direito Processual Penal as normas a serem observadas.

O Direito Processual Civil, entretanto, é, por excelência, a fonte subsidiária maior do processo trabalhista, pois com este mantém maior afinidade.

Ocorre, entretanto, que, entre as normas subsidiárias do Direito Processual Civil, encontramos várias disposições distintas, aplicáveis aos mais diversos procedimentos cíveis.

Assim é que, no CPC — fonte principal do Direito Processual Civil —, encontramos normas sobre o processo de conhecimento, sobre a execução e sobre as medidas cautelares. Obviamente, então, que, se estivermos diante de um processo cautelar, na Justiça do Trabalho, deveremos buscar no Título que trata das medidas cautelares no Código de Processo Civil as normas subsidiárias aplicáveis na omissão da CLT. E assim se deve agir com as demais espécies de ações (cognitivas e de execução, ressalvando-se, quanto a esta última, a preferência pela lei do executivo fiscal).

2.2.1. No processo de conhecimento

O Direito Processual Civil sempre estabeleceu diversos ritos procedimentais para as ações comuns. Atualmente, com as últimas reformas processuais civis, eles seriam: o rito ordinário, o rito sumário e o dos Juizados Especiais, este último tratado na Lei n. 9.099/95.

Ao lado desses ritos comuns, temos, ainda, os procedimentos especiais, que devem ter suas regras observadas quando ajuizados na Justiça do Trabalho (consignação, ação de depósito, habilitação, etc.).

É preciso primeiro, então, na aplicação da regra subsidiária, estabelecer, dentre os ritos procedimentais civis comuns, aquele que mais se harmoniza com o processo trabalhista.

Cabe, então, ao aplicador da norma processual trabalhista, na omissão da CLT, buscar, dentre as regras do direito processual civil, aquela que mais se harmoniza com os seus princípios. Não bastará a simples compatibilização, pois diversas são as regras compatíveis com o processo do trabalho. É preciso, ainda, existindo diversas normas compatíveis, que se faça a escolha pela regra que mais se harmoniza com o processo laboral.

Assim, verificamos que, dentre os diversos ritos procedimentais estabelecidos no direito processual civil, os que mais se aproximam do processo laboral são justamente o sumário e o estabelecido para os Juizados Especiais.

Diga-se, aliás, que o processo sumário (antigo sumaríssimo) sofreu influência do processo trabalhista, como bem assinala *Alcides de Mendonça Lima*[7].

---

(7) *Op. cit.*, p. 57.

Daí temos, então, que, com a reforma processual civil, inclusive no Juizado Especial, várias são as novas regras subsidiárias a serem aplicadas ao processo trabalhista, por serem mais compatíveis e harmônicas com este[8].

Desse modo, a seguir, aponto, entre essas novas regras, aquelas que devem ser aplicadas subsidiariamente ao processo laboral, na omissão da CLT.

2.2.2. Regras do procedimento sumário

O procedimento sumário está, atualmente, regulado nos arts. 275 a 281 do CPC.

a) O art. 275 estabelece as hipóteses de cabimento do procedimento sumário, sendo tais regras, pois, inteiramente incompatíveis com o processo trabalhista.

b) Já o art. 276 prevê que, "na petição inicial, o autor apresentará o rol das testemunhas e, se requerer perícia, formulará quesitos, podendo indicar assistente técnico".

A princípio, poder-se-ia pensar que essa regra é totalmente incompatível com o rito sumaríssimo do processo do trabalho, já que a CLT, em seu art. 840, §§ 1º e 2º, c/c. o art. 852-B, estabelece os requisitos da petição inicial.

O novo art. 276 do CPC, entretanto, não estabelece novos requisitos para a petição inicial, tanto que a omissão em indicar assistente técnico, apresentar rol de testemunhas ou formular quesitos não conduz ao indeferimento da exordial, mas sim à perda dessas faculdades processuais.

Tem-se, assim, que essa regra se aplica plenamente ao processo trabalhista, já que, inclusive, torna-o mais célere.

A regra do art. 276, contudo, se aplica em parte e não de forma imperativa, mas apenas como uma faculdade.

Já no que se refere à indicação do rol de testemunhas, a regra se aplica como uma faculdade, pois não incompatível com o art. 825 da CLT. Isso porque o que a CLT determina é que as partes compareçam à audiência acompanhadas de suas testemunhas, enquanto a regra processual civil apenas determina que o rol respectivo seja apresentado com a inicial. Essa obrigação, pois, em nada é incompatível com aquele procedimento.

De grande utilidade essa faculdade, inclusive quando as testemunhas devam ser interrogadas por carta precatória ou quando a parte já tem a certeza de que o testigo recusar-se-á a comparecer à audiência.

Da mesma forma, contribuindo para a celeridade processual, ao autor resta a faculdade de, desde a inicial, formular seus quesitos para o perito.

---

(8) Manoel Antonio Teixeira Filho entende que a Lei n. 9.099/95 deve ser aplicada subsidiariamente ao rito sumaríssimo. In: *O procedimento sumaríssimo no processo do trabalho*. São Paulo: LTr, 2000. p. 45.

c) O art. 277 cuida da designação da audiência, dos efeitos da revelia, da conciliação, da representação processual e da conversão do rito sumário em ordinário. Tais regras, entretanto, não se aplicam ao processo laboral, já que a CLT contém normas expressas a respeito.

d) O art. 278 do CPC dispõe, por sua vez, que, "não obtida a conciliação, oferecerá o réu, na própria audiência, resposta escrita ou oral, acompanhada de documentos e rol de testemunhas e, se requerer perícia, formulará seus quesitos desde logo, podendo indicar assistente técnico".

Essa regra é aplicável, em parte, ao rito sumaríssimo, tal como o art. 276 comentado acima.

No § 1º desse dispositivo, está prevista, por sua vez, a hipótese de o réu, "na contestação, formular pedido em seu favor, desde que fundado nos mesmos fatos referidos na inicial".

Essa norma tornou desnecessário o ajuizamento de reconvenção. Poderá, pois, o réu, na própria contestação, deduzir demanda contraposta à do autor. A este, por sua vez, é assegurado o direito de resposta, em audiência, de imediato ou em outra a ser designada (parágrafo único do art. 31 da Lei n. 9.099/95).

Essa regra, também, é aplicável ao processo trabalhista, já que o torna mais célere, atendendo, pois, a um dos mais importantes princípios que o norteiam.

Já o § 2º do art. 278 prevê a hipótese de designação de nova audiência para instrução do feito, em caso de produção de prova oral.

Esse dispositivo, no entanto, não é compatível com o rito sumaríssimo previsto na CLT, já que esta determina a realização de audiência una, em regra (art. 852-C).

e) O art. 279 e seu parágrafo único estabelecem a necessidade de registro dos atos realizados em audiência.

Esse preceito, porém, não se aplica ao processo laboral, já que a CLT não é omissa a esse respeito, pois prevê o registro resumido dos trâmites de instrução e julgamento em ata (art. 852-F).

f) Temos, ainda, o art. 280, que estabelece:

"I — que não será admissível ação declaratória incidental, nem intervenção de terceiros, salvo assistência e recurso de terceiro interessado;

II — que o perito terá o prazo de 15 dias para apresentação do laudo; e

III — que das decisões sobre matéria probatória, ou proferidas em audiência, o agravo será sempre retido."

Este último dispositivo não é compatível com o procedimento trabalhista, já que irrecorríveis as decisões interlocutórias no processo laboral, conquanto a arguição de nulidade dos atos processuais, para evitar sua preclusão, guarde semelhança com o agravo retido.

Por outro lado, não há qualquer óbice à aplicação subsidiária da regra que estabelece o prazo para apresentação do laudo pericial.

Por fim, no que se refere à inadmissibilidade da intervenção de terceiros e da propositura de ação declaratória, essa regra é plenamente compatível, pois com ela se evita a procrastinação do feito principal por conta dessas ações conexas. Não há, pois, nesse dispositivo qualquer incompatibilidade com os princípios processuais trabalhistas[9].

No que se refere à assistência, preferimos aplicar a regra do art. 10 da Lei n. 9.099/95, que proíbe essa figura litisconsorcial, já que, em geral, a interveniência do assistente tende a tumultuar e procrastinar o feito, o que se incompatibiliza com o processo trabalhista[10].

g) Por fim, o art. 281 preceitua que, findos a instrução e os debates orais, o juiz proferirá sentença na própria audiência ou no prazo de 10 dias.

Essa regra, entretanto, não se aplica ao processo do trabalho, já que a CLT, neste tocante, não é omissa, pois determina que a decisão seja proferida de imediato, em audiência (art. 852-C).

2.2.3. Regras do Juizado Especial Cível

A Lei n. 9.099/95, que dispõe sobre os Juizados Especiais Cíveis e Criminais, estabeleceu, de forma mais sistemática, as regras aplicáveis ao que se tornou conhecido como as "pequenas causas".

Entre os arts. 1º e 51 desse diploma legal, regulamentou-se o procedimento civil no Juizado Especial, inovando-se em diversos aspectos.

Por ser extensa a mencionada lei, prefiro, neste ponto, trazer à baila somente as normas que entendo como compatíveis com o rito sumaríssimo do processo do trabalho e, portanto, aplicáveis na Justiça do Trabalho nos feitos de natureza cognitiva, complementando com pequenos comentários, quando necessários, para maior clareza do que aqui se defende. Aliás, cabe lembrar que muitas dessas regras já estavam ou foram incorporadas à CLT pela Lei n. 9.957/00.

As regras compatíveis seriam:

"Art. 9º, § 2º O Juiz alertará as partes da conveniência do patrocínio por advogado, quando a causa o recomendar.

Art. 9º, § 3º O mandato ao advogado poderá ser verbal, salvo quanto aos poderes especiais.

Art. 10. Não se admitirá, no processo, qualquer forma de intervenção de terceiros nem de assistência. Admitir-se-á o litisconsórcio."

---

(9) Manoel Antonio Teixeira Filho entende ser incompatíveis com o processo do trabalho essas espécies de intervenções de terceiros, cf. *Op. cit.*, p. 45.
(10) Com a mesma opinião, TEIXEIRA FILHO, Manoel Antonio. *Op. cit.*, p. 45.

Quanto à assistência, remetemos o leitor aos comentários acima a respeito do art. 280 do CPC.

"Art. 13, § 2º A prática de atos processuais em outras comarcas poderá ser solicitada por qualquer meio idôneo de comunicação."

"Art. 17, parágrafo único. Havendo pedidos contrapostos, poderá ser dispensada a contestação formal, e ambos serão apreciados na mesma sentença."

"Art. 19, § 2º. As partes comunicarão ao juízo as mudanças de endereço ocorridas no curso do processo, reputando-se eficazes as intimações enviadas ao local anteriormente indicado, na ausência de comunicação."

Norma repetida no art. 852-B, § 2º, da CLT.

Art. 24. Não obtida a conciliação, as partes poderão optar, de comum acordo, pelo juízo arbitral.

Essa norma, por sua vez, compatibiliza-se com a regra estabelecida na LC n. 75/93, a qual, em seu art. 83, inciso XI, prevê a possibilidade de o Ministério Público do Trabalho atuar como árbitro "nos dissídios de competência da Justiça do Trabalho".

"Art. 29. Serão decididos de plano todos os incidentes que possam interferir no regular prosseguimento da audiência. As demais questões serão decididas na sentença.

Art. 29, parágrafo único — Sobre os documentos apresentados por uma das partes, manifestar-se-á imediatamente a parte contrária, sem interrupção da audiência."

Essa norma foi repetida no art. 852-H, § 1º, da CLT.

"Art. 31. Não se admitirá a reconvenção. É lícito ao réu, na contestação, formular pedido em seu favor, ..., desde que fundado nos mesmos fatos que constituem objeto da controvérsia.

Art. 31, parágrafo único. O autor poderá responder ao pedido do réu na própria audiência ou requerer a designação de nova data, que será desde logo fixada, cientes todos os presentes."

"Art. 32. Todos os meios de prova moralmente legítimos, ainda que não especificados em lei, são hábeis para provar a veracidade dos fatos alegados pelas partes."

"Art. 33. Todas as provas serão produzidas em audiência de instrução e julgamento, ainda que não requeridas previamente, podendo o juiz limitar ou excluir as que considerar excessivas, impertinentes ou protelatórias."

Norma, também, repetida no art. 852-D da CLT.

"Art. 35. Quando a prova do fato o exigir, o Juiz poderá inquirir técnicos de sua confiança, permitida às partes a apresentação de parecer técnico.

Art. 35, parágrafo único. No curso da audiência, poderá o Juiz, de ofício ou a requerimento das partes, realizar inspeção em pessoas ou coisas, ou determinar que o faça pessoa de sua confiança, que lhe relatará informalmente o verificado."

"Art. 51. Extingue-se o processo, além dos casos previstos em lei:

III — quando for reconhecida a incompetência territorial."

A esse respeito, vale frisar que essa consequência processual (extinção do feito quando acolhida a exceção de incompetência territorial) parece completar o disposto no art. 799, § 2º, da CLT, que prevê a possibilidade de recurso contra a decisão que reconhece a incompetência "se terminativa do feito".

Ora, para ser terminativa do feito, a exceção acolhida, necessariamente, deve extingui-lo. Isso porque, ao se remeter o processo ao Juízo considerado competente, não se estará diante de uma decisão extintiva do feito. Nesta hipótese, então, o recurso somente será cabível contra a decisão final (art. 799, § 2º, *in fine*, da CLT).

"Inciso V — quando, falecido o autor, a habilitação depender de sentença ou não se der no prazo de trinta dias;

Inciso VI — quando, falecido o réu, o autor não promover a citação dos sucessores no prazo de trinta dias da ciência do fato."

"Art. 51, § 1º A extinção do processo independerá, em qualquer hipótese, de prévia intimação pessoal das partes."

O processo trabalhista tem como fonte subsidiária o direito processual comum, entendendo-se este englobador das normas do Direito Processual Civil e do Direito Processual Penal.

Dentre as regras do Direito Processual Civil, devemos, entretanto, aplicar as que são compatíveis, e dentre estas as normas que mais se harmonizam com o processo do trabalho.

As regras que tratam do rito sumário e das ações nos Juizados Especiais Cíveis são as fontes subsidiárias por excelência do processo do trabalho, já que este se afina, em sua estrutura, muito mais com aqueles procedimentos do que com o rito ordinário comum.

E, se as regras do procedimento sumário e dos Juizados Especiais são as que mais se compatibilizam com o procedimento ordinário (ou sumário) da Justiça do Trabalho, com muito mais razões se pode concluir que, na aplicação subsidiária das regras processuais ao rito sumaríssimo trabalhista, devem elas ser observadas.

Assim, na falta de regras próprias e específicas, aplicam-se ao rito sumaríssimo trabalhista as regras gerais do processo do trabalho, contidas na CLT, e, em segundo plano, as fontes subsidiárias do processo civil, especialmente as normas que cuidam do procedimento sumário e dos procedimentos em curso nos Juizados Especiais, desde que com ele sejam compatíveis.

2.3. Campo de aplicação

O art. 852-A da CLT, com a redação dada pela Lei n. 9.957/00, estabelece, de forma imperativa[11], que todos os dissídios individuais "cujo valor não exceda de qua-

---

(11) No mesmo sentido, NASCIMENTO, Amauri Mascaro. Breves considerações sobre o procedimento sumaríssimo. In: *Suplemento Trabalhista*, São Paulo: LTr, n. 26/00, p. 133, e ARGENTINI, Georgius Luís. Príncipe credidio. Sobre o procedimento sumaríssimo trabalhista. In: <http://www.brasil.terravista.pt/magoito/2362/sumario.html>.

renta vezes o salário mínimo vigente na data do ajuizamento da reclamação ficam submetidos ao procedimento sumaríssimo".

Criou-se, de imediato, celeuma quanto à obrigatoriedade ou não do procedimento sumaríssimo para os litígios com pedido cujo valor não exceda a quarenta vezes o salário mínimo.

Na nossa opinião, celeuma destituída de qualquer razão, pois a lei é imperativa ao determinar que "ficam submetidos ao procedimento sumaríssimo" os dissídios individuais "cujo valor não exceda de quarenta vezes o salário mínimo vigente na data do ajuizamento da reclamação".

O texto da lei não deixa, porém, qualquer margem para dúvida ou celeuma a respeito: é obrigatória a adoção do rito sumaríssimo em face do caráter imperativo da norma agora consolidada.

Essa regra geral, todavia, sofre duas exceções: primeira, naquelas demandas em que seja parte a Administração Pública, direta, autárquica e fundacional (parágrafo único do art. 852-A, da CLT), ou quando o réu esteja em local incerto e não sabido e somente possa ser citado por edital (art. 852-B, inciso II, da CLT).

A lei fala em dissídio individual. Dissídio individual em contraposição ao dissídio coletivo da Justiça do Trabalho, entenda-se.

Assim, a princípio, fica submetida ao rito sumaríssimo toda reclamação trabalhista individual, ainda que plúrima.

A lei menciona, ainda, que o valor da causa não deve superar quarenta vezes o salário mínimo na data do ajuizamento da reclamação. Aqui, então, fica a dúvida: ao mencionar "ajuizamento da reclamação", será que o legislador quis excluir do campo de aplicação das regras do rito sumaríssimo o inquérito judicial, a ação de cumprimento e outras ações de natureza cognitivas em curso na Justiça do Trabalho?

Creio que não. Isso porque o legislador consolidado jamais foi rigoroso com a técnica e a linguagem legislativa. São inúmeros os exemplos em que o consolidador se utilizou da mesma expressão para tratar de institutos diversos, como, ainda, confundindo conceitos, utilizou determinada expressão para cuidar de figura distinta.

Para tanto, basta lembrar que, apesar de denominar inquérito judicial o feito proposto pelo empregador contra seu empregado visando a resolução do contrato do trabalhador estável, o legislador também se referiu ao demandado nessa espécie de ação judicial como "reclamado" (no § 3º, alínea "d" do art. 789, da CLT), como que afirmando que esse procedimento também é uma reclamação trabalhista; ou seja, é mais um dissídio individual trabalhista.

E a própria Lei n. 9.957/00 incorreu nesses equívocos, pois, enquanto toda a CLT utiliza a expressão "notificação" para designar o ato de citação, o inciso II do novo art. 852-B faz uso (correto) dessa expressão ("citação"). E será que por isso irão dizer que citação não é notificação inicial, como tratado no restante da CLT?

Assim, creio que, ao mencionar dissídio individual e reclamação, quis o legislador se referir a toda ação individual de natureza cognitiva proposta na Justiça do Trabalho, seja ela uma típica ação trabalhista — proposta pelo empregado — como, ainda, a ação de cumprimento (que é uma típica ação trabalhista). Única exceção teríamos em relação ao inquérito judicial para apuração de falta grave, por se tratar de procedimento mais especial.

Óbvio, ainda, que não se submetem às regras do rito sumaríssimo as ações cujos procedimentos já sejam especiais, a exemplo da ação de consignação, as ações cautelares, possessórias, embargos, monitória, etc. O mesmo se diga, ainda, quanto à ação rescisória, o mandado de segurança, etc., já que tais feitos têm ritos próprios.

As regras do rito sumaríssimo, portanto, aplicam-se não só à típica reclamação trabalhista como, ainda, a todos os dissídios individuais em curso na Justiça do Trabalho, ainda que plúrimos, desde que não tenham rito procedimental especial.

2.4. Valor da causa

A primeira das novidades trazidas pela Lei n. 9.957/00 é a submissão ao rito sumaríssimo de toda e qualquer ação trabalhista cujo valor não exceda quarenta vezes o salário mínimo na data do seu ajuizamento, salvo quando seja parte a Administração Pública, direta, autárquica e fundacional, ou quando a parte somente possa ser citada por edital.

É preciso, então, inicialmente, buscar as regras de fixação do valor da causa, lembrando que se deve ter como parâmetro o valor do salário mínimo na data do ajuizamento da ação trabalhista.

Vale destacar, no entanto, que, conquanto valor da causa não seja o mesmo que valor do pedido, aquele, necessariamente, está vinculado a este, pois deve corresponder à vantagem econômica buscada pelo autor com sua ação (o valor do seu pedido). E o procedimento a ser adotado será definido a partir do valor da causa[12].

Em alguns casos excepcionais, no entanto, por inexistir interesse econômico imediato ou por ser impossível estabelecer, de logo, o valor do pedido, a lei instituiu alguns critérios e parâmetros para a fixação do valor da causa. Nessas hipóteses, o rito procedimental estabelecer-se-á a partir do valor da causa propriamente dito (conforme critérios arbitrados pela lei) e, não, a partir do efetivo e real valor do pedido, alcançando-se, assim, o escopo da Lei n. 9.957/00 em submeter ao rito sumaríssimo todas as causas de pequeno valor.

---

(12) Neste sentido, TEIXEIRA FILHO, Manoel Antonio. *Op. cit.*, p. 36.

2.4.1. Fixação do valor da causa. Regras gerais

A CLT não contém regra própria definindo o valor da causa. "À míngua de previsão específica na CLT, será determinado conforme critérios estabelecidos no CPC"[13]. É certo, porém, que ele deve corresponder à vantagem econômica em litígio, ainda que não tenha conteúdo econômico imediato (art. 258 do CPC).

O art. 259 do CPC, por sua vez, estabelece as regras gerais para fixação do valor da causa. São elas:

"I — na ação de cobrança de dívida, a soma do principal, da pena e dos juros vencidos até a propositura da ação;

II — havendo cumulação de pedidos, a quantia correspondente à soma dos valores de todos eles;

III — sendo alternativos os pedidos, o de maior valor;

IV — se houver também pedido subsidiário, o valor do pedido principal; e

V — quando o litígio tiver por objeto a existência, validade, cumprimento, modificação ou rescisão de negócio jurídico, o valor do contrato."

Em suma, diante dos parâmetros acima, pode-se facilmente estabelecer a seguinte regra: o valor da causa corresponderá à quantia equivalente ao objeto do litígio.

Na ação cujo objeto não tenha conteúdo econômico evidente (anotação na CTPS, por exemplo), o valor da causa deverá ser arbitrado pelo autor, cabendo ao réu, se desejar, impugná-lo (art. 261 do CPC).

Algumas situações, a princípio, poderão mostrar-se duvidosas. Contudo, da leitura mais atenta das regras citadas, poder-se-á enquadrar as diversas situações postas em juízo ou, pelo menos, as mais comuns.

Assim, por exemplo, o pedido de liberação do FGTS corresponderá ao valor dos depósitos existentes e o pedido de indenização pela não-entrega das guias do seguro-desemprego equivalerá ao total dos benefícios respectivos não recebidos pelo trabalhador.

2.4.2. Prestações vencidas e vincendas

Estabelece, ainda, o CPC, em seu art. 260, que, "quando se pedirem prestações vencidas e vincendas, tomar-se-á em consideração o valor de umas e outras. O valor das prestações vincendas será igual a uma prestação anual, se a obrigação for por tempo indeterminado, ou por tempo superior a 1 (um) ano; se, por tempo inferior, será igual à soma das prestações".

Assim, por exemplo, na ação em que o empregado pede reintegração no emprego, alegando estabilidade por força de acidente no trabalho, o valor da causa corres-

---

(13) ARGENTINI, Georgius. *Op. cit.,* item 4, p. 5 após impressão.

ponderá à soma das vantagens contratuais vencidas com o total das vantagens a que o trabalhador faz jus em um ano de serviço (vincendo).

Cabe lembrar, ainda, que, na hipótese de obrigação vincenda por prazo inferior a um ano, o valor dessa será igual à soma das prestações devidas. Ao seu total somar-se-ão, ainda, as parcelas vencidas para fixar o valor da causa.

2.4.3. Impugnação ao valor da causa

Se antes não tinha importância para o processo do trabalho o valor da causa, com a introdução do rito sumaríssimo na Justiça do Trabalho esse requisito da inicial passa a ser objeto de preocupação. Isso porque o autor poderá, buscando maior celeridade ao feito, apontar valor inferior a quarenta vezes o salário mínimo, de modo a processá-lo pelo rito sumaríssimo, em prejuízo ao direito de defesa do demandado.

Da mesma forma, por erro ou comodidade, poderá, ainda, o autor propor a reclamação pelo rito ordinário, quando este deveria seguir o procedimento sumaríssimo.

Ao demandado, assim, caberá, se tiver interesse, impugnar, no prazo da contestação, o valor atribuído à causa pelo autor (art. 261 do CPC)[14].

A impugnação será autuada em apenso, ouvindo-se o autor no prazo de 5 (cinco) dias. Em seguida o juiz, sem suspender o processo, servindo-se, quando necessário, do auxílio de perito, determinará, no prazo de 10 (dez) dias, o valor da causa.

Se, entretanto, o demandado não oferecer impugnação, presumir-se-á aceito o valor atribuído à causa na petição inicial (parágrafo único do art. 261 do CPC).

Essa regra, todavia, somente deve ser aplicada na hipótese em que a pretensão não tenha valor econômico imediato, ficando a critério das partes apontá-lo. Em havendo, caberá ao juiz, mesmo de ofício, retificar o valor da causa para evitar a fraude processual. E é nesse sentido que devemos interpretar o entendimento revelado pelo Enunciado n. 71 do Colendo Tribunal Superior do Trabalho (*verbis*: "A alçada é fixada pelo valor dado à causa na data do seu ajuizamento, desde que não impugnado, sendo inalterável no curso do processo". RA 69/78 — DJU 26.9.1978).

A maioria dos doutrinadores entende que essa impugnação não se constitui em ação incidental. Se se considerar dessa natureza, contra sua decisão caberá recurso ordinário, na Justiça do Trabalho.

Considerando ser apenas uma decisão interlocutória a que resolve essa impugnação, na Justiça do Trabalho ela seria irrecorrível de imediato, cabendo à parte aguardar o julgamento final da ação para dela recorrer.

---

(14) Também entendendo que a impugnação do valor da causa ganha relevo no processo do trabalho, consultar, TEIXEIRA FILHO, Manoel Antonio. *Op. cit.*, p. 38.

Sendo mero incidente processual, aplicar-se-á, neste caso, o disposto no art. 852-G da CLT, com a redação dada pela Lei n. 9.957/00, ou seja, ele deverá ser decidido de imediato, não se aplicando, *in casu*, as regras subsidiárias do CPC, especialmente a que assegura prazo fora da audiência para a parte se manifestar sobre a impugnação.

Ocorre, entretanto, que, se o valor for fixado em quantia inferior ao dobro do salário mínimo, essa irrecorribilidade será absoluta, pois da decisão final a ser dada à reclamação também não caberá recurso, salvo em questão constitucional (Lei n. 5.584/70).

Seria o caso, então, de dar o mesmo tratamento dispensado à impugnação do valor da alçada quando fixado pelo juiz, ou seja, permitir que a parte inconformada apele da decisão interlocutória mediante recurso de revisão, dirigido ao Presidente do Tribunal.

Essa impugnação ao valor da causa, aliás, não se confunde com aquela prevista na Lei n. 5.584/70, que prevê a hipótese de o juiz fixar o valor da causa para fins de alçada quando indeterminado no pedido (art. 2º). Nesta hipótese, quando o juiz fixa o valor da causa, ante a omissão da inicial, a parte interessada pode impugnar o seu valor ao aduzir razões finais (§ 1º do art. 2º da Lei n. 5.584/70). Mantida a decisão, poderá a parte pedir sua revisão em recurso dirigido ao Presidente do Tribunal Regional, no prazo de 48 horas (§ 1º, *in fine*, do art. 2º da Lei n. 5.584/70), sem efeito suspensivo.

A hipótese tratada acima, no entanto, cuida de valor da causa fixado pelo autor na inicial e que é impugnado pelo demandado. Nesta situação, porém, da decisão prolatada pelo juiz na impugnação ao valor da causa não cabe recurso, a princípio, pois não previsto em lei seu cabimento. Todavia — como já dito —, não seria desarrazoado aplicar a regra da Lei n. 5.584/70, por analogia, para permitir a interposição do recurso de revisão.

2.4.4. *Mudança do valor da causa e modificação do rito*

Diante da impugnação ao valor da causa, pode ocorrer de o juiz fixá-lo em quantia superior a quarenta vezes o valor do salário mínimo. Da mesma forma, em ação proposta pelo rito ordinário poderá o juiz verificar que o valor da causa é inferior a quarenta vezes o salário mínimo.

Na primeira hipótese — em que o juiz fixa o valor da causa em quantia superior a quarenta vezes o salário mínimo, na data de ajuizamento da ação —, a ação deverá prosseguir segundo as regras do rito ordinário, assegurando-se às partes todos os direitos processuais daí decorrentes, inclusive a interposição de recurso ordinário para revisão de questões de fato e relativas à prova.

Caso, entretanto, ocorra o inverso, isto é, seja proposta ação pelo rito ordinário, mas cujo valor da causa seja igual ou inferior a quarenta vezes o salário mínimo, deverá o juiz adotar uma das seguintes decisões:

• se preenchidos todos os requisitos da petição inicial da ação processável pelo rito sumaríssimo, ordenar que, doravante, a ação prossiga de acordo com as regras pertinentes a esse procedimento; e

• caso não se contenha algum dos requisitos para propositura da ação pelo rito sumaríssimo, acolhendo a impugnação ao valor da causa, deverá julgar extinta a reclamação, arquivando-a (art. 852-A, § 1º, da CLT).

Cabe lembrar que os requisitos específicos da petição inicial no rito sumaríssimo são:

• conter pedido certo e determinado, com indicação do valor correspondente; e

• indicação correta do nome e endereço do demandado, com possibilidade da citação por via postal ou por intermédio do oficial de justiça.

Cabe ser relembrado, ainda, que, mesmo de ofício, deverá o juiz adotar as providências acima mencionadas. Isso porque a regra do art. 852-A é imperativa ao determinar que as ações cujo valor da causa seja igual ou inferior a quarenta vezes o salário mínimo ficam submetidas ao rito sumaríssimo. Ou seja, não constitui faculdade do autor escolher o rito procedimental. Por via de consequência, cabe ao juiz fiscalizar o feito, impondo o respeito às regras de ordem pública.

2.4.5. Valor excedente

Neste ponto cabe uma indagação: se a parte faz jus a uma parcela cuja quantia seja superior a quarenta vezes o valor do salário mínimo, poderá ela cobrar a diferença em nova ação. Ou, em outras palavras, poderá ajuizar duas ou mais ações buscando, de forma parcelada, a satisfação do seu direito, que, pecuniariamente, alcança quantia superior a quarenta vezes o valor do salário mínimo?

A princípio, entendo que não, sob pena de se fraudar a lei. O que o legislador quis foi submeter ao rito sumaríssimo as questões cujo valor seja igual ou inferior a quarenta vezes o salário mínimo. Parcelar o pedido, de modo a propor diversas ações que não ultrapassam esse valor, de modo a processá-las pelo rito sumaríssimo, é fraudar a intenção do legislador. Caberá, pois, ao juiz vedar essa prática.

Desse modo, ainda que feitas as devidas ressalvas na exordial da primeira ação, caberá ao juiz extinguir a segunda reclamação por falta de interesse para agir, considerando esgotado o direito de ação ao se cobrar, ainda que parcialmente, a parcela (o direito) na primeira demanda.

É preciso, no entanto, esclarecer que estou tratando de pedido relativo a um direito individualizado, e não formulado em cumulação objetiva. Cabe, assim, distinguir a situação em que se pede, por exemplo, somente o pagamento do aviso prévio daquel'outra onde se requer pagamento de aviso prévio e férias proporcionais.

A cada direito corresponde uma ação. Assim, para cobrar o pagamento do aviso prévio, o credor tem a seu dispor a ação judicial. Se esse direito for superior a quarenta vezes o salário mínimo, deverá propor a reclamação pelo rito ordinário. Se devido em quantia igual ou inferior a quarenta vezes o salário mínimo, terá a seu dispor o rito sumaríssimo. Não lhe cabe, no entanto, cobrar esse direito de forma parcelada, de modo a beneficiar o rito sumaríssimo (tendo direito a aviso prévio de R$ 8.000,00, cobra essa parcela em duas ações distintas, ainda que sucessivamente).

Utilizando-se, entretanto, desse artifício, dever-se-á considerar esgotado o direito de ação respectivo quando do ajuizamento da primeira ação.

Não seria hipótese de o juiz, verificando que o direito buscado alcança quantia superior a quarenta vezes o salário mínimo, mandar que a ação se processe pelo rito ordinário, até porque somente reclamado valor inferior, o que impõe o processamento pelo rito sumaríssimo.

Julgada, entretanto, essa primeira ação, é de ter como esgotado o direito de ação do credor para cobrar a diferença porventura devida, pois já utilizada a faculdade que lhe foi posta pelo Direito, ainda que tenha ressalvada essa pretensão quando do ajuizamento da primeira demanda.

Aliás, é preciso ainda esclarecer que, na hipótese de o credor não ressalvar que apenas está reclamando parte do seu direito, lógico será concluir que a parte autora está a indicar e confessar qual seria o seu crédito total perante o demandado, ao menos em relação à verba reclamada.

Aqui não seria a hipótese de aplicar, por analogia, o disposto no § 3º do art. 3º da Lei n. 9.099/95, que cuida dos Juizados Especiais, que prevê a renúncia legal do crédito excedente ao limite estabelecido para o ajuizamento da ação pelo seu rito especial. Isso porque, sem expressa disposição legal, não se pode presumir a renúncia de direito, não sendo hipótese de aplicação daquela regra por analogia.

A situação descrita acima difere daquela na qual o credor pode cumular diversos pedidos (férias e 13ºˢ salários, etc.). Nessa hipótese, no entanto, nada impede o credor de propor diversas ações, cobrando em cada uma delas um direito individualizado (o aviso prévio, o salário retido, as férias vencidas, etc.).

Propondo diversas ações contemporaneamente, estas, no entanto, poderão ser reunidas, se conexas. Porém, ainda que reunidas, elas conservam suas independências, ainda que processadas conjuntamente e julgadas num mesmo momento. Logo, mesmo que na soma ultrapassem o teto de quarenta vezes o salário mínimo, deverão as ações ser processadas pelo rito sumaríssimo, pois a reunião dos feitos tem apenas o objetivo de evitar decisões contraditórias, ao lado de tornar mais eficiente o serviço jurisdicional, jamais de modificar o rito procedimental de cada um dos processos conexos.

2.5. Legitimação

O rito sumaríssimo traz em seu bojo uma restrição quanto à legitimação.

A lei (art. 852-A, parágrafo único, da CLT) veda a adoção do rito sumaríssimo quando seja parte a Administração Pública, direta, autárquica e fundacional, esteja ela figurando na parte ativa ou passiva. Não só como parte propriamente dita, mas também como assistente litisconsorcial, na hipótese do art. 54 do CPC, ou seja, nas situações em que a sentença houver de influir na relação jurídica entre o assistente e o adversário do assistido.

O novo art. 852-B, inciso II, da CLT veda, ainda, a possibilidade de citação do réu por edital. Daí se tem, então, que, se o demandado estiver em lugar incerto e não sabido, a demanda trabalhista não poderá adotar o rito sumaríssimo.

Em resumo, o rito sumaríssimo não pode ser adotado nas ações em que a seja parte a Administração Pública, direta, autárquica e fundacional, ou quando o réu esteja em local incerto ou não sabido.

Cabe lembrar, ainda, que a CLT estabelece que a ação proposta por quem está em local incerto ou não sabido será arquivada (extinção sem julgamento do mérito por inexistência de pressuposto válido para seu desenvolvimento válido), condenando-se o autor no valor das custas, que, entretanto, poderão ser dispensadas caso o reclamante seja beneficiário da assistência judiciária gratuita.

Já a ação proposta pela ou contra a Administração Pública, direta, autárquica e fundacional, deverá ser extinta por falta de interesse, pois utilizado instrumento processual inadequado, lembrando que o instituto da falta de interesse se rege pelo binômio interesse + adequação.

Não basta ter o interesse violado; é preciso, ainda, que a parte se utilize do meio processual adequado à sua pretensão. Assim, falta interesse à parte tanto quando não tem seu direito violado (pretensão) como, ainda, quando se utiliza do meio processual inadequado à proteção da sua pretensão (por exemplo: tendo título executivo, propõe ação de conhecimento).

2.6. Petição inicial. Requisitos

2.6.1. Regras gerais

Em princípio, a petição inicial deverá observar os requisitos do art. 840 da CLT, quais sejam:

• sendo escrita, deverá conter a designação do juiz (do Trabalho ou de Direito) a quem for dirigida, a qualificação do reclamante e do reclamado, uma breve exposição dos fatos de que resulte o dissídio, o pedido, a data e a assinatura do reclamante ou de seu representante (§ 1º do art. 840);

• se verbal, a reclamação será reduzida a termo, em duas vias, datadas e assinadas pelo escrivão ou diretor de secretaria, observado, no que couber, o disposto na alínea anterior.

Além disso, ante a omissão ou lacuna da lei consolidada, deverá a petição inicial preencher os requisitos impostos pelo art. 282 do CPC, naquilo que não for incompatível com o processo do trabalho, ou seja, indicar:

"I — o domicílio e residência do autor e do réu;

II — o pedido, com as suas especificações;

III — o valor da causa;

IV — as provas com que o autor pretende demonstrar a verdade dos fatos alegados; e

V — o requerimento para a citação do réu."

2.6.2. Pedido líquido

A Lei n. 9.957/00, no entanto, inovou para exigir que a petição inicial contenha, não só pedido certo ou determinado como ainda a indicação do valor correspondente.

Pedido certo é aquele no qual a parte indica seu direito (*an debeatur* = direito devido. Ex.: horas extras). Pedido determinado é aquele em que a parte indica o valor ou quantidade pretendida (*quantum debeatur* = quanto devido. Ex.: 20 horas extras; R$ 100,00 a título de aviso prévio; liberação dos depósitos do FGTS, etc.).

Não basta, contudo, ser certo ou determinado; é preciso, ainda, que o autor indique o valor correspondente à sua pretensão. Na petição inicial, portanto, o autor, além de apresentar pedido certo ou determinado, deverá apontar os valores pretendidos.

Nada impede, todavia, o autor de acostar com a exordial demonstrativo de cálculos, em analogia ao procedimento adotado na execução quando a determinação do valor dependa de simples contas aritméticas (art. 604 do CPC).

À falta de pedido certo e líquido ou determinado e líquido, caberá ao juiz extinguir o feito, arquivando o processo, condenando o autor nas custas processuais[15].

Não seria desarrazoado se o juiz, antes de extinguir o feito, conceder prazo de dez dias para o autor emendar a inicial de modo que este apresente pedido certo e líquido ou determinado e líquido, em aplicação analógica do art. 284, CPC.

Pode-se sustentar, contudo, que esse procedimento não é aplicável ao feito trabalhista, já que a CLT não é omissa a esse respeito, tanto que impõe o arquivamento, sem mencionar qualquer possibilidade de concessão de prazo para emendar a inicial (art. 852-B, § 1º da CLT).

De qualquer modo, em respeito aos princípios da utilidade e instrumentalidade processual, além da eficiência da Administração Pública na prestação de seus serviços,

---

(15) Sem qualquer respaldo na lei o entendimento de Manoel Antonio Teixeira Filho no sentido de aceitar a inicial ilíquida quando o autor não puder indicar os valores dos pedidos formulados. *Op. cit.*, p. 56. Aliás, entendendo da mesma forma, seguindo doutrina de Wellington Moreira Pimentel, tem-se MAIOR, Jorge Luiz Souto. O procedimento sumaríssimo trabalhista. In: *Revista Síntese Trabalhista*, v. 128, RS, 2000. p. 117.

é mais razoável conceder o prazo para emendar a inicial do que arquivar o feito sem impedir que o autor possa repeti-lo[16].

Já na hipótese em que o autor formula pedidos líquidos e ilíquidos, se na soma total eles não ultrapassarem o limite de quarenta vezes o valor do salário mínimo na data do ajuizamento da ação, poderá o juiz conhecer daqueles primeiros no mérito (pedidos líquidos), extinguindo os demais sem apreciação do mérito (pedidos ilíquidos).

Vale lembrar, ainda, que, nas hipóteses de pedido sem valor econômico imediato (anotação na CTPS, por exemplo), o valor da causa será aquele indicado pelo autor, salvo decisão em contrário do juiz proferida em impugnação ao valor da causa oferecida pelo demandado.

É de se lembrar, ainda, que, exceto nas hipóteses em que o pedido deva ser arbitrado ou não que não tenha conteúdo pecuniário (seja meramente declaratório, por exemplo), inexiste hipótese em que ao autor esteja impossibilitado de oferecer seu pedido líquido. Pode encontrar dificuldade, mas não lhe será impossível quantificar seu pedido. Para tanto, inclusive, dispõe da cautelar de exibição de documentos, que poderá ser manejada sempre que desejar ter acesso a documentos que podem fornecer os elementos indispensáveis à confecção dos cálculos de modo a poder formular pedido líquido.

2.6.3. Nome e endereço do reclamado

Além do novo requisito acima citado (pedido líquido), é preciso chamar a atenção para o fato de a CLT, agora, exigir, no procedimento sumaríssimo, que o autor aponte "correta indicação do nome e endereço do reclamado" (inciso II do art. 822-B da CLT).

Não basta, pois, indicar o nome vulgar, pseudônimo, nome de fantasia, etc. do demandado, é preciso, sim, "a correta indicação do nome ... do reclamado". Com isso, a lei procura evitar possíveis confusões entre pessoas com nomes assemelhados.

Não basta, contudo, indicar corretamente apenas o nome do reclamado. É preciso, ainda, fornecer corretamente e de maneira precisa o endereço do demandado.

Assim, não indicado o nome ou o endereço correto do reclamado, a hipótese será, ainda, de arquivamento do feito, a teor do § 1º do art. 852-B da CLT ("§ 1º O não atendimento, pelo reclamante, do disposto nos incisos I e II do presente artigo importará no arquivamento da reclamação e condenação ao pagamento de custas sobre o valor da causa").

2.6.4. Conciliação prévia

Outro requisito da petição inicial foi criado pela Lei n. 9.958/00. Por ela, estabeleceu-se a regra de que, sempre que haja motivo relevante que impossibilite a prévia

---

(16) Admitindo a concessão do prazo para emenda da inicial, cf. TEIXEIRA FILHO, Manoel Antonio. *Op. cit.*, p. 56 e 63.

tentativa de conciliação perante a Comissão de Conciliação Prévia, no âmbito da empresa ou do sindicato da categoria, deverá o autor declarar essa circunstância na petição inicial da ação proposta perante a Justiça do Trabalho (§ 3º, art. 625-D, da CLT, com redação dada pela Lei n. 9.958/00).

Essa declaração se torna imperativa para que o juiz possa, a partir de sua análise, dispensar o esgotamento da via conciliatória extrajudicial para admitir a propositura da ação trabalhista.

Não esgotada essa via conciliatória extrajudicial, não declarada a impossibilidade da observância do seu procedimento ou, ainda, sendo essa declaração falsa ou sem respaldo fático, o juiz deverá indeferir a petição inicial, mesmo sem ouvida da parte contrária.

2.6.5. Aditamento

A princípio, o instituto do aditamento é incompatível com o rito procedimental sumaríssimo, pois conflitante com a celeridade processual que se busca na espécie[17]. Contudo, sua não aceitação não trará qualquer benefício, indo, inclusive, de encontro ao princípio da efetividade.

Isso porque, negado o aditamento, ao autor restará o direito de desistir da ação na qual tentou aditar a inicial ou, ainda, propor nova ação, provavelmente conexa com a primeira, buscando nesta o que foi impedido de acrescer (aditar) naquela. Na primeira hipótese, movimentará o aparelho judiciário desnecessariamente e, na segunda, estará contribuindo para aumentar as estatísticas relativas ao número de ações judiciais. Melhor, então, será aceitar o aditamento.

É preciso lembrar, ainda, que de nada adianta invocar o princípio da celeridade num determinado feito, para negar o direito ao aditamento, se com isso se estiver colaborando com o aumento do movimento judiciário e se negando a efetividade da Justiça.

2.7. Notificação

O art. 852-B, inciso II, da CLT estabelece que, no procedimento sumaríssimo, "não se fará citação por edital, incumbindo ao autor a correta indicação do nome e endereço do reclamado".

Seu § 1º, por sua vez, dispõe que o não-atendimento, pelo reclamante, dessa regra importará no arquivamento da reclamação e sua condenação no pagamento de custas sobre o valor da causa.

Já o § 2º desse mesmo dispositivo — repetindo a regra do art. 39, inciso II e seu parágrafo único, do CPC — estabelece que as partes e advogados comunicarão ao juízo

---

(17) Neste sentido, TEIXEIRA FILHO, Manoel Antonio. *Op. cit.*, p. 48.

as mudanças de endereço ocorridas no curso do processo, reputando-se eficazes as intimações enviadas ao local anteriormente indicado, na ausência dessa comunicação.

A partir desses preceitos se tem a regra de que não é possível a notificação das partes por edital no procedimento sumaríssimo. Isso porque não só é vedada a citação por edital como, ainda, a lei impõe que as partes sejam intimadas nos seus endereços indicados nos autos.

Caberá ao autor indicar seu endereço, desde a petição inicial, apontando aquele onde o demandado deve ser citado. Citado o reclamado, a partir daí ele passa a ter a obrigação de comunicar ao Juízo qualquer mudança em seu endereço, sob pena de se considerar eficaz a notificação remetida para aquele noticiado nos autos. Ao autor cabe, também, informar a mudança de seu endereço, sujeito às mesmas consequências.

Algumas situações duvidosas, entretanto, podem ocorrer.

É requisito da inicial a correta indicação do nome e endereço do reclamado. E o autor assim poderá agir ao propor a ação. Sói ocorrer, entretanto, que, entre o ajuizamento da ação e o cumprimento da citação, tenha o reclamado mudado de endereço. Neste caso, em princípio, caberá ao autor fornecer o novo endereço.

Pode ocorrer, todavia, de o reclamado não ser localizado ou estar em lugar incerto. Diante dessa situação, então, como o reclamado ainda não foi citado, sendo descabida a citação por edital, ter-se-á de arquivar o feito, a teor do disposto no § 1º do art. 852-B da CLT.

Georgius Luís Argentini Príncipe Credidio sugere, no entanto, que, nesta hipótese, o juiz converta o procedimento, passando a processar o feito pelo rito ordinário, com a citação do réu por edital[18]. Tal sugestão, aliás, compatibiliza-se mais com os princípios da economia, efetividade e celeridade processual.

Se o demandado receber a notificação e for revel, as notificações posteriores, no entanto, continuarão a ser remetidas para o endereço indicado pelo autor, pois ao citado cabe apontar a mudança de seu domicílio.

É óbvio, no entanto, que, salvo a citação, constituído advogado nos autos, a parte será intimada dos atos processuais posteriores por intermédio de seu procurador, sendo que, nas capitais ou onde houver, por simples publicação da notificação no Diário Oficial.

Nada impede, ainda, mas a pedido do interessado, que essas notificações sejam encaminhadas por fax ou correio eletrônico (*e-mail*), desde que o órgão judiciário possa certificar a remessa da intimação para maior segurança das partes.

Cabe lembrar, todavia, que as regras acima só se aplicam no procedimento sumaríssimo. Na execução de sua sentença, entretanto, prevalecem as suas regras específicas, que permitem, inclusive, a citação por edital.

---

(18) *Op. cit.*, item 5, p. 6 após a impressão.

É preciso destacar, por fim, que a lei não impede o ajuizamento da ação contra pessoa que esteja em local incerto ou não sabido. Ela apenas veda o uso do procedimento sumaríssimo. Assim, ao interessado, nesta hipótese, sempre restará ajuizar sua reclamação trabalhista pelo rito ordinário, ainda que o pedido seja inferior a quarenta vezes o valor do salário mínimo.

2.8. Produção de provas

2.8.1. Regras gerais

Procurando tornar mais ágil e célere o procedimento trabalhista, impõe, de forma clara, o art. 852-G da CLT que a produção das provas se faça em audiência. Esse procedimento, aliás, já era inerente ao rito ordinário trabalhista, pois todos os atos processuais respectivos, salvo a perícia e a inspeção judicial, são realizados em audiência. A praxe, no entanto, é que passou a permitir a produção de atos processuais fora da audiência.

De qualquer modo, o novo dispositivo consolidado é imperativo em determinar a produção de provas somente em audiência. Assim, não só a prova oral deverá ser colhida em audiência como, ainda, os documentos somente poderão ser acostados aos autos em audiência.

É óbvio, no entanto, que algumas provas podem ser produzidas fora da audiência, como a pericial e a inspeção judicial, sem falar na apresentação de informações ou documentos requisitados pelo juiz (arts. 653, I, e 735 da CLT).

Não precisava ter repetido, mais o art. 852-D da CLT estabelece que o juiz "dirigirá o processo com a liberdade para determinar as provas a serem produzidas, considerando o ônus probatório de cada litigante, podendo limitar ou excluir as que considerar excessivas, impertinentes ou protelatórias, bem assim para apreciá-las e dar especial valor às regras de experiência comum ou técnica".

Não precisava ter repetido, pois essa regra já era aplicável a qualquer feito trabalhista em face do disposto nos arts. 14, inciso IV, 335, 400 e 420, parágrafo único, todos do CPC.

Assim, por exemplo, deverá o juiz indeferir a produção da prova testemunhal quando o fato já esteja provado por documentos ou confissão da parte ou quando somente por documento ou exame pericial puder ser provado.

Da mesma forma, indeferirá a prova pericial quando a prova do fato não depender de conhecimento especial do perito, for desnecessária à vista de outras provas ou sua realização por impraticável.

Por excesso, poderá indeferir a produção da prova, por exemplo, se já provado o fato que se busca comprovar com essa nova prova (já tendo um documento que prova o fato, pretender a parte juntar outros).

Impertinente é a prova desnecessária por não ter qualquer vinculação com os fatos controvertidos nos autos.

Por fim, protelatória é a prova que se pretende produzir, tão-somente, para retardar o andamento processual. Seria, por exemplo, a produção de prova pericial contábil para apurar as diferenças de horas extras devidas se o juiz pode quantificá-la pelo simples exame dos documentos acostados aos autos, não lhe sendo exigível qualquer conhecimento técnico específico para tanto.

2.8.2. Regras de experiência

A lei, ainda, autorizou ao juiz apreciar a prova "e dar especial valor às regras de experiência comum ou técnica".

As regras de experiência são as denominadas presunções *hominis*, ou seja, da vida, aquelas que verificamos a partir do que comumente ocorre no cotidiano.

Em suma, por regra de experiência tem-se entendido que sejam aquelas "resultantes de suas observações sobre o que acontece diariamente, e também as regras de experiência técnica, só que no pertinente a estas deverá observar, o quanto possível, ao que dispuser o exame pericial"[19].

Ou seja, "as regras de experiência a que alude o texto examinado dizem respeito ao modo de viver das pessoas, aos seus usos, costumes, isto é, ao que acontece frequentemente no mundo dos negócios, as normas de proceder dos indivíduos em relação aos convênios que firmam, ajustes que fazem, enfim, ao que habitualmente acontece na prática do dia-a-dia"[20].

São as "observações gerais, que constituem máximas gerais, ditames, com que exprimimos o que sabemos das nossas reações, de como nos comportamos, às vezes chamados a "nossa experiência da vida", ou a "experiência do juiz"[21].

Exemplo típico de regra de experiência é aquela que induz à presunção de que o empregado, ao ser contratado, concede autorização para o empregador lhe descontar no salário parcela destinada a arcar com o prêmio de seguro de vida ou para outros fins.

É bastante verossímil que o trabalhador, para adquirir o emprego, aceite conceder essa autorização, aderindo à proposta da entidade seguradora. Daí resulta a presunção *hominis* de que a autorização dada pelo empregado, quando de sua admissão no serviço, para que sejam efetuados descontos em seu salário, é concedida por imposição para a contratação, ou seja, inexiste a manifestação de livre vontade do trabalhador, que, necessitando do emprego, submete-se às exigências da empresa.

---

(19) SANTOS, Ulderico Pires dos. *Meios de prova*. Rio de Janeiro: UPS, 1994. p. 35.
(20) *Ibidem*.
(21) MIRANDA, Pontes de. *Comentários ao código de processo civil*. Rio de Janeiro: Forense, 1974. v. IV, p. 237.

Essa presunção se torna mais factível ainda quando a entidade seguradora integra o grupo econômico do empregador (o que ocorre, de regra, com os bancários).

Assim, nessa hipótese e em outras análogas, caberia ao demandado comprovar que o autor não concedeu por imposição a autorização para os descontos, ou, ainda, na tentativa de desconfigurar essa presunção, provar, por exemplo, que contratou outros empregados sem que estes aderissem ao plano de seguro; que outros empregados, no curso de seus contratos de emprego, cancelaram suas adesões a esse plano — o que demonstraria a liberdade de contratar —, etc.

Em suma, ao dar valor especial às regras de experiência comum ou técnica, o juiz poderá inverter o ônus da prova a partir das presunções hominis. Mas não é só isso. Na apreciação da prova produzida, haverá de aferi-la, também, a partir das regras de experiência adquirida.

2.8.3. Prova documental

Em relação à produção da prova documental, a Lei n. 9.957/00 em nada inovou. Em verdade, ela apenas se preocupou em determinar que a manifestação da parte contrária em relação à prova documental produzida pelo *ex adverso* seja apresentada de imediato, em audiência. Regra, aliás, já em vigor nos Juizados Especiais (art. 29, parágrafo único, da Lei n. 9.099/95).

A lei, no entanto, permite ao juiz conceder prazo para que a parte possa se manifestar sobre os documentos fora da audiência na hipótese de "absoluta impossibilidade" de poder fazê-lo de imediato, a seu critério (art. 852-H, § 1º, *in fine*, da CLT).

"Absoluta impossibilidade" encerra conceito bastante subjetivo. Pode-se afirmar que impossibilidade absoluta ocorreria se algum fato impedisse a continuação da audiência, a exemplo da ocorrência de alguma catástrofe, mal-estar súbito da parte, do juiz, etc. Contudo, mesmo essa impossibilidade absoluta fica "a critério do juiz". Esse dispositivo abre brecha para a arguição de nulidade processual, pois a parte pode alegar alguma "absoluta impossibilidade" para se manifestar de imediato sobre os documentos, requerendo a concessão de prazo, e o juiz indeferir sua pretensão. À parte prejudicada, assim, caberá sustentar seu prejuízo processual, arguindo a nulidade processual em grau de recurso.

A lei é omissa quanto ao prazo para se manifestar sobre os documentos. A CLT, porém, contém dispositivo autorizando a produção da defesa oral em até 20 minutos e as razões finais em até 10 minutos.

Utilizando-se do critério da razoabilidade, a partir desses parâmetros, pode-se considerar como suficiente para manifestação sobre os documentos o prazo de 5 a 10 minutos. Tudo, entretanto, dependerá do arbítrio do juiz a partir da natureza e quantidade de documentos juntados aos autos.

2.8.4. Prova testemunhal

No rito sumaríssimo, cada parte poderá indicar até duas testemunhas, inclusive no inquérito judicial sujeito a esse procedimento, por ser regra mais específica.

Estas deverão comparecer à audiência independentemente de intimação, sempre a convite da parte interessada (§ 2º do art. 852-H da CLT). Caso a testemunha convidada se recuse a comparecer, a parte poderá pedir sua notificação, comprovando, antes, o convite feito (§ 3º do art. 852-H da CLT).

Intimada, não comparecendo à nova audiência, a testemunha será conduzida coercitivamente (§ 3º, *in fine*, do art. 852-H, da CLT).

A mim, parece que a lei não trouxe qualquer novidade. Já afirmei, em outro trabalho, que o art. 825 da CLT trata ... da intimação da testemunha para comparecer à audiência, nos seguintes termos:

"Art. 825. As testemunhas comparecerão à audiência independentemente de notificação ou intimação.

Parágrafo único. As que não comparecerem serão intimadas, *ex officio* ou a requerimento da parte, ficando sujeitas a condução coercitiva, além das penalidades do art. 730, caso, sem motivo justificado, não atendam à intimação."

Por este dispositivo temos, então, que, quando a testemunha não comparece à audiência, poderá o Juiz, *ex officio* ou a requerimento da parte, intimá-la a se apresentar a Juízo para depor.

É lógico, no entanto, que para comparecer à audiência, a testemunha deve ser convidada a esse fim pela parte interessada em seu depoimento. Daí se conclui, então, que a lei conferiu à parte o poder-dever de "intimar" (convidar) a testemunha para comparecer à audiência.

Exerce, aqui, a parte uma função-dever do Estado-Juiz, por delegação legal. Ao invés do Estado intimar a testemunha para comparecer à audiência — o que poderia fazer a partir do rol apresentado na inicial ou mediante requerimento apresentado pelo réu antes da audiência —, a lei conferiu às próprias partes essa função-dever. Para as partes, portanto, essa função-dever resulta em ônus processual. É, pois, ônus da parte levar as testemunhas à audiência, independentemente de notificação judicial.

Frise-se, porém, que a parte não tem o direito-dever de conduzir coercitivamente a testemunha. O Estado-Juiz reservou para si essa tarefa, lembrando que a testemunha somente pode ser impelida a comparecer coercitivamente à audiência após ter sido intimada judicialmente e sem que tenha respondido ao chamamento.

Assim, à parte incumbe, tão-somente, convidar ("intimar") a testemunha.

Não comparecendo à audiência, entretanto, o Juiz, *ex officio* ou a requerimento da parte, intimará a testemunha para que se apresente à próxima que for designada.

Da dicção do art. 825 e seu parágrafo único, não se pode extrair a conclusão de que esse preceito encerra uma norma imperativa, ou seja, que o Juiz é obrigado a mandar intimar a testemunha em face de sua simples ausência à audiência. E isso tanto é verdade que estabeleceu a alternativa do requerimento da parte. Fosse uma obrigação do Juiz mandar intimar, bastava a lei estabelecer a realização desse ato *ex officio*. Se fosse uma imposição ao Juiz, sem qualquer margem de discricionariedade, não seria necessário prever o requerimento da parte.

Desse modo, ao Juiz não cabe, de logo, *ex officio*, ou diante de simples requerimento da parte, ante o fato objetivo — a ausência da testemunha —, mandar intimá-la. Deve, antes, examinar a existência dos pressupostos necessários à intimação da testemunha.

Aliás, devemos ressaltar que, quando a CLT menciona que o Juiz deve mandar intimar *ex officio* a testemunha que não comparece à audiência, ela apenas está a afirmar que o Julgador pode ordenar a notificação do testigo mesmo sem requerimento da parte, ainda que apresentada desistência da produção dessa prova ou, também, contra a própria vontade da parte que o arrolou. Esta norma reafirma, simplesmente, os amplos poderes instrutórios do Juiz na busca da verdade (art. 131 do CPC).

Assim, é evidente que o Juiz, para determinar a notificação da testemunha, deve, antes, apreciar se é necessário seu depoimento; se o testigo não é impedido de depor (art. 405, 2º do CPC); se a testemunha foi ou não convidada a comparecer à audiência, etc.

Quanto a esta última hipótese — como ressaltado acima —, não podemos olvidar que cabe à parte — como ônus processual — convidar sua testemunha para comparecer à audiência para depor nessa qualidade. Para, então, vê-la intimada a comparecer à próxima audiência — que será adiada em face de sua ausência —, é necessário que se comprove o convite e que, portanto, a ausência decorreu da vontade omissa da testemunha. Não basta, desse modo, simplesmente a parte alegar que convidou a testemunha. É preciso que comprove que se desincumbiu de seu encargo para, então, determinar-se a intimação judicial. Se não convidou, terá precluso seu direito de produzir essa prova.

Tal comprovação — do convite —, por sua vez, deve ser produzida na própria audiência, já que una e indivisível (art. 845 c/c. art. 849, da CLT), por todos os meios admitidos em direito, inclusive testemunhal ou documental (carta-convite, telegrama, etc.).

O juiz, por sua vez, não só pode como deve exigir essa prova, pois lhe incumbe "velar pela rápida solução do litígio" e "prevenir ou reprimir qualquer ato contrário à dignidade da Justiça" (art. 125, incisos II e III, do CPC). E estará agindo de má-fé a parte que requerer a notificação da testemunha ausente, mas que sequer foi convidada a comparecer à audiência.

E sabe-se — como regra de experiência (art. 335 do CPC) — que é comum a empresa-demandada sequer convidar suas testemunhas, alegando, no entanto, que estas não compareceram injustificadamente à audiência para, então, requerer sua intimação judicial, forçando, desse modo, o adiamento da audiência (para alguns meses, quiçá, anos mais tarde).

Cabe, dessa forma, ao Juiz exigir a prova do "convite" para que possa deferir o pedido de intimação da testemunha ausente, pois assim estará prevenindo ato contrário à dignidade da Justiça e velando pela rápida solução do litígio, além de observar as normas processuais pertinentes, interpretadas sistematicamente.

Comprovado o convite, o juiz, então, mandará intimar a testemunha e ordenará a abertura de inquérito administrativo contra a mesma, para apuração do ilícito estabelecido no art. 730 da CLT, visto que o seu não-comparecimento à audiência já configura a recusa de depor. Daí por que indispensável é a instauração do inquérito respectivo.

Entendemos, entretanto, que a testemunha ficará isenta de qualquer punição quanto a este ilícito, se comparecer e prestar depoimento, após intimação judicial, à audiência designada para seu interrogatório, em face do seu verdadeiro arrependimento eficaz. Continuará a responder, porém, pelas despesas do adiamento (art. 412, *in fine*, do CPC).

Por aí se vê, portanto, o quanto é importante a prova do convite, pois a partir deste se pode imputar penalidade à testemunha ausente.

A alegação da parte de que convidou a testemunha e essa não se fez presente à audiência é, desse modo, a verdadeira denúncia do ilícito tipificado no art. 730 da CLT, impulsionadora, portanto, do inquérito administrativo respectivo. Daí por que o juiz deve exigir a prova respectiva, não só porque sem ela não poderá impor qualquer penalidade à testemunha ausente, como, ainda, antes disso, poderá estar agindo de forma temerária ao mandar instaurar inquérito sem qualquer indício probatório de que a testemunha tenha praticado o ilícito"[22].

2.8.4.1. Prova testemunhal na carta precatória

As mesmas regras acima se aplicam na carta precatória expedida para ouvida de testemunha.

Isso porque, a audiência para ouvida de testemunha por meio de carta precatória, perante o Juízo deprecado, é uma audiência como outra qualquer realizada no feito diante do Juízo deprecante. E, se perante o Juízo deprecante a testemunha deve comparecer independentemente de notificação judicial, da mesma forma, na carta precatória caberá à parte convidar seus testigos.

Assim, nesta hipótese, caberá à parte apenas requerer a expedição da carta precatória para ouvida da testemunha perante o Juízo deprecado. Na audiência designa-

---

(22) Do autor, Da recusa para depor e da notificação das testemunhas no processo trabalhista. In: *Revista do Direito Trabalhista*, n. 2, Consulex, fev. 1996. p. 8/9.

da pelo Juízo deprecado, deverá, então, a parte interessada, levar suas testemunhas ou fazer prova de que elas foram convidadas de modo a se poder intimá-las e, se for o caso, conduzi-las coercitivamente.

Cabe lembrar, por fim, que o art. 13, § 2º da Lei n. 9.099/95 (que cuida do Juizado Especial) permite que a prática de atos processuais em outras comarcas poderá ser solicitada por qualquer meio idôneo de comunicação, inclusive fax e correio eletrônico (*e-mail*). Assim, essa regra poderá ser aplicada subsidiariamente de modo a tornar mais célere o processo trabalhista.

Vale registrar, porém, que *Amauri Mascaro Nascimento* entende — no que discordo — que não é possível a ouvida de testemunhas por carta precatória, pois acarretaria a "desunificação da audiência que prejudicaria o disposto no art. 852-H da CLT, segundo o qual "todas as provas serão produzidas na audiência de instrução e julgamento, ainda que não requeridos previamente"[23].

Discordo desse entendimento até porque a instrução pode ser repartida e, consequentemente, a audiência, quando a parte requer a produção de prova pericial. Se a audiência pode ser desunificada para produção da prova pericial, nada impede que essa consequência seja atingida para se ouvir as testemunhas por carta precatória.

2.8.5. Prova pericial

Em relação à perícia técnica, as novas disposições estabelecem que ela somente deve ser deferida quando a prova do fato o exigir ou for legalmente imposta.

Em resumo, pode-se afirmar que a perícia deve se resumir às hipóteses em que a lei lhe impõe (são as hipóteses de insalubridade e periculosidade). De resto, os fatos, por mais que requeiram conhecimentos específicos, podem ser provados por outros meios, inclusive mediante prova emprestada. Logo, o juiz, a princípio, poderá indeferir a produção da prova pericial. Difícil, assim, será deferir a prova pericial sob o fundamento de que a prova do fato o exige.

No projeto de lei encaminhado pela Presidência da República ao Congresso Nacional, que resultou na Lei n. 9.957/00, foi proposto, no que seria o § 5º do art. 852-H da CLT, texto normativo assegurando o prazo de vinte e quatro horas para as partes apresentarem quesitos, vedando-se a indicação de assistente técnico.

O texto proposto pelo Presidente da República foi aprovado no Congresso Nacional, salvo quanto ao prazo para apresentação de quesitos: ao invés de vinte e quatro horas, foi aprovada a concessão do prazo de setenta e duas horas para apresentação de quesitos pelas partes.

Surpreendentemente, entretanto, o Presidente da República, ao sancionar o projeto de lei por ele mesmo encaminhado ao Congresso Nacional, vetou o que seria o

---

(23) *Breves considerações*, p. 132.

§ 5º do art. 852-H da CLT, sob o argumento de que "o prazo de 72 horas para apresentação de quesitos pode, em alguns casos, ser excessivo, já que tal ato processual poderá ser praticado na própria audiência, como de resto todos os demais, ou em prazo inferior a 72 horas, segundo o prudente critério do juiz. Ademais, em homenagem ao princípio da ampla defesa, não se justifica a vedação de indicação de assistente técnico, que em nada atrasa a prova pericial, pois seu laudo deve ser apresentado no mesmo prazo dado ao perito do juízo".

As razões do veto, no entanto, não procedem, ao menos em parte. Isso porque, ao deixar a critério do juiz a concessão do prazo para apresentação do laudo pericial, o legislador incorreu no erro de se permitir que este seja por período superior àquele previsto no texto vetado.

De qualquer modo, deverão ser aplicadas as regras dos arts. 276 e 278 do CPC, que impõem ao autor a apresentação de quesitos já na exordial, quando requerida por ele a produção da prova técnica, e ao réu idêntico procedimento, na peça contestatória, quando este requerer a realização da prova pericial. Da mesma forma, apesar de não expresso em lei, ainda que o réu não requeira a produção da prova pericial, diante do pedido do autor neste sentido, na sua contestação deverá apresentar seus quesitos, em respeito ao princípio da eventualidade. Contudo, como a lei processual civil é omissa a respeito do prazo para o autor oferecer quesitos quando a prova pericial é requerida na contestação ou pelo Ministério Público quando este atua no feito, bem como quando ela é determinada de ofício pelo juiz, mesmo sem requerimento das partes, é de aplicar a regra geral da concessão do prazo de cinco dias. Assim, o prazo que seria de vinte e quatro horas no projeto, de setenta e duas horas no texto aprovado pelo Congresso Nacional, pode alcançar cinco dias com o veto presidencial. Essa conclusão bem demonstra o equívoco presidencial em vetar o que por ele mesmo foi proposto!

O equívoco da assessoria jurídica do Presidente da República, contudo, não se esgotou neste aspecto. Incorreu, ainda, em lamentável erro quando vetou a proibição de indicar assistente técnico sob pretexto de que "em homenagem ao princípio da ampla defesa, não se justifica a vedação de indicação de assistente técnico, que em nada atrasa a prova pericial, pois seu laudo deve ser apresentado no mesmo prazo dado ao perito do juízo".

Isso porque, ainda que deva ser apresentado no mesmo prazo concedido ao perito judicial (art. 3º, parágrafo único da Lei n. 5.584/70), a juntada do laudo elaborado pelo assistente aos autos abre mais uma porta para o retardamento do feito, pois sobre o mesmo devem se manifestar as partes. E, nem sempre, esse prazo para manifestação das partes é concedido juntamente com aquele assegurado para pronunciamento sobre o parecer técnico oferecido pelo perito judicial, pois ocorre de serem anexados aos autos em momentos distintos, ainda que apresentados no prazo comum previamente fixado pelo juiz.

O veto presidencial, portanto, acabou por contribuir com a demora processual.

É induvidoso, contudo, que da juntada aos autos do laudo pericial, as partes poderão se manifestar, no prazo comum, de cinco dias.

Creio, ainda, que, diante das novas regras, inexiste a possibilidade da parte oferecer quesitos complementares ou explicativos.

A lei não é clara, mas se pode extrair de seu conjunto a conclusão de que o laudo pericial deve ser apresentado no prazo máximo de vinte e quatro dias após a realização da audiência. Isso porque, em princípio, a audiência deve ser adiada para o máximo de 30 dias depois de sua sessão inaugural (§ 7º do art. 852-H da CLT). Logo, considerando os cinco dias para as partes se manifestarem sobre o laudo pericial e do assistente técnico, ambos devem ser apresentados até o vigésimo quarto dia após a realização da audiência, de modo a ser possível o seu prosseguimento no prazo máximo de 30 dias.

Vale lembrar, ainda, que o art. 280, inciso II, do CPC, prevê o prazo máximo de quinze dias para o perito judicial apresentar o laudo técnico no procedimento sumário. O juiz do trabalho, portanto, haverá de fazer valer essa regra subsidiária no procedimento sumaríssimo ajuizado perante a Justiça do Trabalho.

Dificilmente, entretanto, esses atos serão realizados nesses prazos, pois, em regra, com a intimação das partes, seja por publicação no Diário Oficial, seja por via postal ou pelo oficial de justiça, perdem-se alguns dias.

A lei, no entanto, permite o adiamento da audiência para data posterior ao prazo de 30 dias da sessão inaugural, por motivo relevante, justificado nos autos pelo juiz. Ocorre aqui, então, essa hipótese pois dificilmente a prova pericial seria realizada nesse prazo exíguo, com manifestação posterior das partes até a audiência seguinte.

2.9. Audiência e julgamento

A ação trabalhista pelo rito sumaríssimo deve ser instruída e julgada em audiência única. Essa determinação não é nenhuma novidade no processo trabalhista, pois a reclamação trabalhista pelo rito ordinário também deve ser instruída e concluída em audiência una.

Por diversas razões, contudo, a audiência pode ser interrompida. E a própria lei menciona algumas hipóteses, a exemplo do não-comparecimento das testemunhas convidadas, a absoluta impossibilidade de a parte se manifestar sobre os documentos acostados aos autos pelo *ex adverso* ou, ainda, quando da realização de perícia técnica.

A audiência, no entanto, em princípio, deve prosseguir no prazo máximo de 30 dias, quando, então, dar-se-á solução à lide (§ 7º do art. 852-H da CLT). Todavia, é a própria lei que abre exceções a essa regra. Assim, a audiência poderá ser adiada para data posterior ao prazo de 30 dias por "motivo relevante justificado nos autos pelo juiz da causa".

O juiz sempre há de fundamentar esse adiamento para data posterior ao prazo de 30 dias, sob pena de nulidade de seu ato. Aliás, mesmo o adiamento para prazo inferior a 30 dias deve ser justificado, pois a audiência é una e indivisível, a princípio.

A parte interessada, no entanto, seja por falta de fundamentação — o que induz a concluir que não há motivo relevante —, seja por discordar das razões apresentadas pelo juiz para o adiamento, poderá, a depender do caso, impetrar mandado de segurança ou ajuizar reclamação correicional buscando assegurar a realização da audiência no prazo legal.

Motivo relevante para adiamento da audiência para data com prazo superior a 30 dias é, por exemplo, para a realização de perícia judicial ou, ainda, para ouvida de testemunha ou intimação da parte por carta precatória ou em face do recesso judiciário.

Fatos alheios ao processo também justificam esse adiamento prolongado, como, por exemplo, a interdição do prédio onde está localizada a Vara do Trabalho ou doença da parte que lhe impede de comparecer a Juízo para depor sob pena de confissão.

Manoel Antonio Teixeira Filho lembra, ainda, alguns motivos que podem conduzir à suspensão do feito, a exemplo da concessão de prazo para o autor se manifestar sobre o pedido contraposto pelo réu na contestação, da oposição de exceção de incompetência, impedimento ou suspeição e por motivo de força maior[24].

A deficiência do aparelho judiciário, inclusive em sua mão-de-obra, jamais constitui motivo relevante para esse adiamento prolongado, pois tais processos devem gozar de preferência na realização dos atos por parte da Secretaria da Vara e pelos oficiais de justiça. Justifica até o adiamento para data inferior ao prazo de 30 dias, mas jamais para data posterior, salvo quando intermediado pelo recesso judiciário.

Não justifica, ainda, o adiamento da audiência para data posterior ao prazo de 30 dias a alegação de inexistência de pauta. Isso porque a lei estabelece que a reclamação sumaríssima deve constar de pauta especial, se necessário (art. 852-B, III, da CLT), podendo o juiz titular contar com o auxílio do juiz substituto (art. 852-C, da CLT).

Da mesma forma, o adiamento para prolação da sentença não justifica a extrapolação do prazo de 30 dias. Aliás, diz a lei que a sentença há de ser proferida em audiência, que deve ser única (art. 852-C, da CLT), logo após a instrução do feito.

Em algumas situações, entretanto, considerando a complexidade da prova ou mesmo a confecção dos cálculos, é razoável admitir o adiamento da audiência para prolação da sentença, mas desde que respeitado o limite de 30 dias, lembrando que o juiz tem o prazo de dez dias para proferir sua decisão sentencial (art. 189, II, do CPC).

2.9.1. Da defesa

A contestação ou defesa do reclamado deverá ser produzida em audiência, no prazo máximo de vinte minutos, admitindo a praxe que esta possa ser apresentada

---

(24) *Op. cit.,* p. 115.

por escrito, juntando-se sua cópia aos autos como se fosse um anexo da ata de audiência, já que, a rigor, ela (a contestação) deveria ser transcrita nesta (na ata). Aliás, assim se deve entender a cópia escrita da contestação: mero anexo ou extensão da ata de audiência.

Como, porém, o pedido inicial deve ser líquido, é de se exigir que a contestação seja específica, ou seja, não basta contestar de forma genérica os valores apontados na exordial (o que, ademais, poderá conduzir o réu à confissão ficta), ela há de apontar, ainda, expressamente, os valores que o reclamado entende como devidos ou que seriam corretos caso venha a ser julgada procedente a ação.

Assim, por exemplo, para o pedido de R$ 300,00 a título de aviso prévio, ao demandado cabe indicar o que é devido (ex.: somente R$ 150,00) ou, caso conteste o pedido no seu direito, apontar o que seria devido caso acolhida a ação no mérito (ex.: seria devido apenas R$ 200,00, pois correspondente ao salário percebido pelo autor), se for o caso.

In casu, deve se aplicar, subsidiariamente, a regra do § 2º, *in fine*, do art. 879 da CLT, que impõe às partes o dever de impugnar os cálculos de liquidação apontando os itens e valores objeto da discordância, sob pena de preclusão. Assim, caberá ao demandado, na sua defesa, ao contestar o pedido líquido, indicar os itens e valores objeto da sua discordância, só que sob pena de confissão.

Vale lembrar, inclusive, que a confissão ficta atinge os fatos alegados pelo autor e entre estes, o valor do salário — que serve de base para a indicação dos pedidos líquidos — pode está incluído na causa de pedir. Logo, o juiz pode ter o réu como confesso se não contestar especificamente o alegado na inicial a este respeito.

Tal situação, no entanto, difere daquela onde o autor formula pedido apontando valor equivocado, fruto de erro de cálculo, quando não de má-fé. Neste caso, o valor requerido não é acobertado pela confissão. Daí por que cabe ao juiz, sempre e sempre, efetuar os cálculos de modo a verificar se os valores pedidos se mostram compatíveis com a causa de pedir (esta, sim, afetada pela confissão).

Lógico, porém, que se aplicam as regras dos incisos I a III do art. 302 do CPC, ou sejam, "presumem-se verdadeiros os fatos não impugnados, salvo:

"I — se não for admissível, a seu respeito, a confissão;

II — se a petição inicial não estiver acompanhada do instrumento público que a lei considerar da substância do ato;

III — se estiverem em contradição com a defesa, considerada em seu conjunto."

2.9.2. Reconvenção e pedidos contrapostos

Sempre entendi que a reconvenção é outro instituto, ao lado das intervenções de terceiros, inteiramente incompatível com o processo do trabalho. Contudo, sua não aceitação se revela como um ato hostil ao princípio da efetividade da Justiça.

Explico: a reconvenção é, em verdade, uma ação do réu contra o autor. Por motivos de economia processual, a lei admite a sua apresentação no próprio curso da ação inicialmente ajuizada, isto é, ao invés de obrigar o réu ajuizar sua ação pelos trâmites normais, é preferível que ela seja de logo ajuizada junto com defesa apresentada naquele primeiro feito, considerando a existência da conexão.

Sendo assim, inadmitir a reconvenção, somente contribuirá para o retardamento processual, além de negar eficácia ao princípio da efetividade. Isso porque, ao réu sempre restará o direito de, autonomamente, ajuizar sua ação (que poderia ser apresentada em forma de reconvenção) e como esta é conexa com aquela ajuizada pelo seu *ex adverso*, logo, a ela deverá se reunir. Em outras palavras, de nada adianta não admitir a reconvenção, se o demandado pode fazer com que sua ação contra o autor (verdadeira reconvenção) seja reunida à ação deste contra aquele.

De qualquer modo, como já dito acima, é preferível à reconvenção, se admitir o cabimento do pedido contraposto, em aplicação subsidiária ao disposto no art. 31 da Lei n. 9.099/95[25]. Preferível, porque menos formal, mais célere e eficaz e de igual resultado.

2.10. Ata

A ata da audiência segue a lógica daquela confeccionada nas ações cujo valor de alçada seja inferior a dois salários mínimos (Lei n. 5.584/70).

Nela, deve constar apenas um resumo dos "atos essenciais, as afirmações fundamentais das partes e as informações úteis à solução da causa trazidas pela prova testemunhal" (art. 852-F, CLT).

Atos essenciais são aqueles indispensáveis à análise do cumprimento formal dos atos processuais que geram maiores consequências para as partes ou, quando suprimidas, acarretam a nulidade processual. Como exemplos de atos essenciais tem-se a tentativa de conciliação, a produção da defesa, a apresentação das razões finais, o indeferimento da produção de provas, o registro das decisões, inclusive interlocutórias, a apresentação dos protestos e arguições de nulidades, etc.

Agora, é preciso lembrar que, na produção da defesa por escrito, não é preciso constar o pedido de sua juntada ou sua transcrição em ata. Basta o juiz registrar na ata que foi recebida a defesa por escrito. O mesmo se diga com outros requerimentos acolhidos pelo juiz. Neste caso, não é preciso registrar o pedido; basta consignar seu deferimento ou indeferimento, com seu fundamento, pois este registro pressupõe a existência do pedido.

Da mesma forma, nas razões finais aduzidas pelas partes, basta consignar que elas foram produzidas. Se, entretanto, alguma manifestação for passível de maior in-

---

(25) Assim entende TEIXEIRA FILHO, Manoel Antonio. *Op. cit.*, p. 49.

teresse ou de produção de consequências processuais, caberá ao juiz registrá-la em ata. Como exemplo, tem-se a arguição da prescrição em razões finais. Neste caso, não bastará o simples registro de que as razões finais foram aduzidas; é preciso, ainda, que se registre a arguição da prescrição.

Diz a lei, ainda, que cabe registrar em ata apenas "as afirmações fundamentais das partes e as informações úteis à solução da causa trazidas pela prova testemunhal".

Não é preciso, por conseguinte, o registro mais detalhado das afirmações das partes e das testemunhas, pois, a princípio, ao juiz instrutor cabe julgar o feito. Basta registrar as afirmações fundamentais ou úteis à decisão judicial, de modo que a prova produzida oralmente fique registrada em ata como que respaldando a sentença.

O juiz deverá, assim, vedar o registro de informações inúteis e impertinentes para o deslinde da causa.

Terá o juiz, todavia, de adotar maiores cuidados no registro das declarações das partes e das testemunhas quando o feito não for julgado por quem esteja colhendo a prova oral, de modo a deixar consignadas em ata as informações que possam auxiliar o futuro julgador (na hipótese de não-aplicação do princípio da identidade física do juiz).

De qualquer modo, como regra, o juiz deve se preocupar em resumir os atos a serem registrados em ata em prol da própria celeridade da audiência.

2.11. Sentença

Em relação à sentença, de novidade, a nova lei dispensou seu relatório (art. 852-I da CLT).

Quanto ao relatório, apesar de dispensado na sentença prolatada no procedimento sumaríssimo, a lei determina que o juiz, ao mencionar seus elementos de convicção (fundamentos), faça um resumo dos fatos relevantes ocorridos em audiência (no processo), a teor do que dispõe o art. 852-I da CLT, ou seja, em outras palavras, o relatório deverá ser embutido nos fundamentos da sentença. A lei trocou seis por meia dúzia!

Ao encaminhar o projeto de lei que resultou na Lei n. 9.957/00, o Presidente da República propôs, no que seria o § 2º do art. 852-I, da CLT, a proibição de o juiz prolatar sentença ilíquida.

Aprovada, integralmente e sem alteração a sua proposta pelo Congresso Nacional, o Presidente da República acabou por vetar essa regra sob o argumento de "que poderá, na prática, atrasar a prolação das sentenças, já que se impõe ao juiz a obrigação de elaborar cálculos, o que nem sempre é simples de se realizar em audiência. Seria prudente vetar o dispositivo em relevo, já que a liquidação por simples cálculo se dará na fase de execução da sentença, que, aliás, poderá sofrer modificações na fase recursal".

O veto, no entanto, é inócuo, pois essa exigência, em verdade, não constitui qualquer novidade legislativa, já que o CPC assim estabelece para as hipóteses em que o pedido seja líquido (parágrafo único do art. 459). Assim, basta o legislador estabelecer que o pedido deve ser formulado de forma líquida para que o juiz seja obrigado a prolatar decisão líquida.

Desse modo, como no procedimento sumaríssimo o pedido deve ser líquido (art. 852-B, inciso I, da CLT), o juiz do trabalho somente poderá prolatar decisão líquida, a teor do disposto no art. 459, parágrafo único, do CPC, em aplicação subsidiária e compatível com a ação trabalhista, sob pena de nulidade da sentença[26].

Cabe frisar, ainda, que essa regra deve ser observada, também, pelos Tribunais ao proferir suas decisões em grau de recurso. Assim, não só a sentença deve ser líquida, como, também os acórdãos proferidos pelos tribunais, inclusive os Superiores.

A lei estabelece, ainda, que a sentença, sempre, deve ser prolatada em audiência, intimando-se as partes de imediato (art. 852-I, § 3º, da CLT).

Dessa forma, ainda que adiada a audiência para prolação da sentença, as partes devem ser intimadas para comparecer a esse novo ato processual. Comparecendo ou não as partes, da data da publicação da sentença, em audiência, começara a correr o prazo recursal, lembrando que o revel deve ser intimado por via postal, por carta registrada (art. 852, *in fine*, CLT).

Creio, igualmente, que a lei acabou com a praxe, ao menos no rito sumaríssimo, de o juiz prolatar a decisão em audiência sem antes intimar as partes.

Apesar de a lei determinar que sentença seja proferida de imediato em audiência, por certo surgirão diversas situações em que do julgador exigir-se-á maior tempo para analisar as provas, especialmente as documentais, bem como para confeccionar os cálculos para prolação da sentença líquida. Tenho a certeza, pois, de que a regra que impõe a prolação imediata da sentença não será de todo observada. Em alguns casos, portanto, será razoável designar nova audiência para publicação da sentença, intimando-se, antes, as partes.

Cabe ressaltar, porém, que, se esse adiamento vier a ocorrer, será de lei exigir que a audiência se realize no prazo máximo de dez dias (art. 189, II, do CPC), procurando sempre se respeitar a regra do § 7º do art. 852-H, ou seja, de que a audiência em adiamento se realize no prazo máximo de 30 dias após aquela inicialmente realizada.

2.11.1. *Valor da condenação*

Ao contrário do que se possa pensar, é óbvio que o juiz, ao decidir, poderá condenar o reclamado em quantia superior àquela indicada na petição inicial, pois sobre o débito principal incide correção monetária e juros posteriores à data do ajuizamento da ação.

---

[26] Em sentido contrário, NASCIMENTO, Amauri Mascaro. *Breves considerações* ..., p. 133.

A decisão, no entanto, não poderá, em verdade, condenar o demandado na quantia principal devida em valor superior ao pedido, por vedação expressa do art. 460 do CPC (*verbis*: "É defeso ao juiz proferir sentença, a favor do autor, de natureza diversa da pedida, bem como condenar o réu em quantidade superior ou em objeto diverso do que lhe foi demandado").

Desse modo, ainda que o juiz verifique que o valor principal do pedido seja devido em quantia superior à indicada na exordial, deverá respeitar o limite posto na lide pela inicial.

A incidência de juros e atualização monetária, no entanto, poderá elevar o débito à quantia superior ao indicado na exordial, assim como a valor maior que quarenta vezes o salário mínimo.

2.12. Processo de alçada

Outra questão a resolver é quanto à compatibilidade do rito sumaríssimo com o processo de alçada previsto na Lei n. 5.584/70.

A princípio, o rito sumaríssimo abrange os processos de alçada, pois a nova lei declara, de forma peremptória, que todas as ações trabalhistas, salvo aquelas expressamente referidas, ficam sujeitas ao novel procedimento. Assim, a princípio, os processos cuja alçada não alcançam o correspondente a dois salários mínimos devem adotar o rito sumaríssimo.

É de destacar, contudo, que a nova lei cuida de regra de caráter geral, que não revoga a lei mais especial. Nesse sentido, cabe lembrar, ainda, que o novo rito procedimental foi inserido na CLT, que impõe as regras gerais de Direito e Processo do Trabalho. Por outro lado, a Lei n. 5.584/70 tem natureza especial, não sendo revogada pela lei de caráter geral, ainda que esta trate de matéria mais especial (rito sumaríssimo) em relação a outra mais abrangente ou geral (rito ordinário)[27].

Parece-me, no entanto, que seria a hipótese de aplicar subsidiariamente as regras do rito sumaríssimo nos processos de alçada, naquilo que forem compatíveis.

Assim, por exemplo, no processo de alçada a parte somente pode recorrer em caso de violação direta à Constituição Federal, a teor do que dispõe a Lei n. 5.584/70. Todavia, quanto às regras da prova pericial e produção da prova testemunhal, hão de ser aplicadas aquelas específicas para o rito sumaríssimo, em vez das regras gerais do procedimento ordinário. O mesmo se diga, ainda, quanto às pautas e adiamentos das audiências, produção da prova documental e manifestação sobre estas, intimação das testemunhas, etc.

Não podemos esquecer, ainda, que o procedimento sumaríssimo encontra restrição quando a demanda se volta contra a Administração Pública, direta, autárquica e

---

(27) Neste sentido, NASCIMENTO, Amauri Mascaro. *Breves considerações* ..., p. 132.

fundacional (parágrafo único do art. 852-A, da CLT), ou quando o réu esteja em local incerto e não sabido e somente possa ser citado por edital (art. 852-B, inciso II, da CLT). Tais restrições, no entanto, não se encontram em relação ao processo de alçada.

Assim, em tais hipóteses, cabível o procedimento de alçada e não o sumaríssimo.

De qualquer modo, em relação às demais demandas, todas as regras do rito sumaríssimo, desde que sejam compatíveis, aplicam-se ao processo de alçada, especialmente se elas buscam dar a este maior celeridade e efetividade processual.

3. Do inquérito para apuração de falta grave

3.1. Introdução

Trata-se de ação que se encontra cada vez mais em desuso, pois sua origem antecede a existência da própria Consolidação das Leis do Trabalho. Em 1936, por exemplo, já se conhecia semelhante procedimento para verificação de cometimento de ato faltoso do empregado, qual "inquérito administrativo", tendo sido este reaparecido na CLT, em seu art. 853, com a nomeclatura de inquérito para apuração de falta grave[28].

O inquérito para apuração de falta grave constitui o meio jurídico de que se vale o empregador para dispensa de empregado estável, quando este comete um ato faltoso considerado pela legislação trabalhista como grave. É, portanto, ação de natureza constitutiva[29], pois por meio da sentença de procedência da pretensão autoral, o empregador está autorizado a promover a ruptura do contrato de emprego.

Como se pode depreender, o único legitimado ativo, para a promover o inquérito em apreço, é o empregador. Portanto, ele é o *reclamante*, já que neste caso está a se dizer que o patrão figura como autor. Logo, ele é, no caso, o reclamante.

3.2. Situações alcançadas pelo inquérito

Houve muita controvérsia quanto ao alcance do inquérito, em outras palavras: quais as espécies de empregados estáveis que somente poderiam ser dispensados mediante inquérito? A dúvida aumentou ainda mais, com o fim da estabilidade decenal, sepultada de vez com a Constituição de 1988[30].

A Suprema Carta Política de 1988, em seu art. 8º, inciso VIII, preconiza que "é vedada a dispensa do empregado sindicalizado a partir do registro da candidatura a cargo de direção ou representação sindical e, se eleito, ainda que suplente, até um ano

---

(28) Vale lembrar que na redação originária da CLT, o art. 821 falava em **inquérito administrativo**, denominação esta que veio a ser corrigida com o Decreto-lei n. 8.737.
(29) Ou como querem alguns: desconstitutiva.
(30) Não obstante seu sepultamento já teria ocorrido, na prática, com o advento do FGTS.

após o final do mandato, salvo se cometer falta grave nos termos da lei"[31]. Portanto, os empregados que se encontrem no exercício do mandato sindical, ou dentro do prazo de estabilidade constitucional, somente podem ser dispensados com a propositura do inquérito em que se apure a falta grave.

Também parte da jurisprudência, sem ser majoritária, tem exigido o ajuizamento do inquérito para empregado que exerce cargo diretivo da CIPA.

O que se observa, diante da jurisprudência que se formou nos últimos tempos, é que todo o empregado que exerce uma função que supere a sua individualidade, somente pode ser dispensado mediante inquérito, como são os casos acima mencionados do cipeiro ou daquele que exerce mandato sindical.

Desse modo, estariam fora do alcance do inquérito o empregado que tenha adquirido a estabilidade por força de contrato de emprego ou a empregada gestante.

De qualquer modo, cabe lembrar que a lei expressamente prevê o ajuizamento do inquérito judicial para apuração de falta grave na hipótese de despedida do empregado portador da estabilidade decenal (art. 494 da CLT), do dirigente sindical (Súmula n. 197/STF), do dirigente de cooperativa de empregados (art. 55 da Lei n. 5.764/71), do representante dos empregados junto ao Conselho Nacional da Previdência Social — CNPS (Lei n. 8.213/91, art. 3º, § 7º) e do representante dos empregados junto ao Conselho Curador do FGTS (Lei n. 8.036/90, art. 3º, § 9º).

A estes, acrescentaríamos os empregados públicos detentores de estabilidade (art. 19 do ADCT) e do dirigente de associação profissional (art. 543, § 3º da CLT).

3.3. Procedimento do inquérito

O ajuizamento do inquérito deve ser feito mediante petição escrita[32]. Trata-se, portanto, de uma exceção, no âmbito trabalhista, da postulação verbal[33].

Uma vez atestada a falta grave, terá o empregador o prazo de 30 (trinta) dias para a propositura do inquérito[34]. Este prazo somente tem início a partir do momento em que se dá a suspensão do empregado estável.

A lei não estabelece a partir de quando o empregador deve afastar o empregado. Tudo dependerá, portanto, do caso concreto. Assim, por exemplo, em empresas de grande porte, pode se demorar um pouco mais de tempo para se dar o início à suspensão do empregado, enquanto em outros casos um tempo menor. O que se deve

---

(31) Mesmo antes da Constituição vigente, o Supremo Tribunal Federal já havia adotado entendimento de que o empregado com representação sindical somente pode ser dispensado mediante a propositura de inquérito em que se apure a falta grave, conforme Súmula n. 197.
(32) CLT, art. 853.
(33) CLT, art. 840.
(34) Firmou-se entendimento de que o prazo de 30 (trinta) dias para o ajuizamento do inquérito é decadencial, consoante, inclusive, os termos da Súmula n. 403 do Supremo Tribunal Federal, a saber: "É de decadência o prazo de trinta dias para instauração do inquérito judicial, a contar da suspensão, por falta grave, de empregado estável".

evitar é o abuso por parte do empregador, de modo a punir desnecessariamente o empregado. O fato do empregador não optar pela suspensão não importa em perdão tácito.

Suspenso o empregado e verificado pelo empregador a falta grave cometida, deverá, no prazo máximo de 30 (trinta) dias, ser protocolizada petição, de preferência, instruída com as provas necessárias, caso em que se observará o procedimento "ordinário" trabalhista, com a única especificidade de se permitir que cada parte poderá indicar seis testemunhas, enquanto na regra são três[35]. Portanto, o que se pode observar é que o procedimento adotado para o inquérito é idêntico ao das "reclamações trabalhistas ordinárias".

A cizânia jurisprudencial e doutrinária acerca do pagamento dos salários devidos até o ajuizamento do inquérito é problema que ainda está longe de ser resolvido. Bem lembrado por *Carrion* que a "interpretação do art. 855 é muito controvertida: a) alguns deduziam a possibilidade de prosseguimento do inquérito ajuizado após 30 dias de suspensão, porém os salários seriam exequíveis; adotada pela jurisprudência a tese de ser prazo de decadência o conferido para promover o inquérito, é insustentável essa interpretação; b) há quem veja obrigatoriedade de pagamento imediato de salários anteriores ao inquérito, mesmo que tenha havido suspensão do empregado (*Russomano*, Comentários à CLT, art. 855), o que contraria a tradição jurisprudencial brasileira e o entendimento do vocábulo suspensão (pena disciplinar ou desaparecimento temporário das obrigações dos contratantes); c) a única interpretação possível é a de que os salários exigíveis são os anteriores à suspensão ou aos de todo o tempo se o trabalhador não foi suspenso; isto é, nem a falta grave nem a suspensão adiam ou fazem desaparecer a obrigação de pagar os salários anteriores; neste caso, execução deve ser admitida como reclamação, ou seja, ação trabalhista"[36].

Se porventura, durante o trâmite do inquérito, o empregado resolver ajuizar ação de reintegração, esta deve ser enviada ao Juízo que cuida do inquérito, em razão da conexão, seguindo, a partir de então, o procedimento estabelecido pela legislação processual[37].

Julgado procedente o pedido de dispensa, haverá a resolução do contrato de emprego, sem a obrigatoriedade do empregador de pagar os salários dos períodos de suspensão.

Em sentido contrário, julgado improcedente, haverá o restabelecimento do contrato de emprego e não a reintegração, pois que o empregado, durante o período do inquérito, não tinha sido dispensado; se encontrava suspenso. O restabelecimento do contrato dá-lhe direito ao recebimento das verbas que deixou de receber durante o período em que se encontrou afastado do trabalho, assim consideradas as promoções e demais vantagens ocorridas durante a suspensão[38].

---

(35) CLT, art. 821.
(36) *Op. cit.*, p. 707.
(37) CPC, arts. 102 e ss.
(38) A controvérsia é quanto ao pagamento das férias em dobro.

É evidente que se o empregador optar em não suspender o empregado, todos os efeitos da dispensa somente serão considerados a partir da publicação da sentença, caso de procedência da pretensão do inquérito. Do contrário, nenhum efeito econômico haverá.

4. Ação de cumprimento

4.1. Introdução

Nos domínios dos dissídios coletivos trabalhistas, é possível que as partes contendoras estabeleçam um acordo, ou, em não havendo a conciliação, o Tribunal do Trabalho resolva a contenda, nos moldes do seu poder normativo outorgado pela Emenda Constitucional n. 45, de 2004, sendo o acórdão normativo guerreado por recurso recebido apenas no efeito devolutivo, abrindo-se, em casos que tais, a possibilidade de se dar eficácia ao acordado ou decidido, mediante ação de cumprimento.

Trata-se de modalidade de cumprimento das decisões típicas do processo do trabalho, não tendo, por conseguinte, similar no âmbito do processo civil. O cumprimento da sentença ou do acordo se dá fora dos autos principais, por meio de uma nova ação, como se deflui do parágrafo único, do art. 872, da Consolidação das Leis do Trabalho, a saber:

> "Quando os empregadores deixarem de satisfazer o pagamento de salários, na conformidade da decisão proferida, poderão os empregados ou seus sindicatos, independentes de outorga de poderes de seus associados, juntando certidão de tal decisão, apresentar reclamação à Vara do Trabalho ou Juízo competente, observado o processo previsto no Capítulo II deste Título, sendo vedado, porém, questionar sobre a matéria de fato e de direito já apreciada na decisão."

O *caput* do art. 872 encontra-se derrogado, pois não há mais a exigência do trânsito em julgado da decisão normativa para que se possa promover o cumprimento da mesma. A decisão normativa poderá ser objeto de ação de cumprimento apenas com base na certidão do julgamento ou no próprio acórdão que a originou[39].

Em se tratando de acórdão proferido por Tribunal Regional do Trabalho, a ação de cumprimento poderá ser proposta a partir do vigésimo dia subsequente ao do julgamento. Quando a decisão tiver origem no Tribunal Superior do Trabalho, a propositura da ação de cumprimento pode se dar imediatamente após a publicação da certidão de seu julgamento.

Apenas a execução indireta pode se dar nos próprios autos do dissídio coletivo, ou seja, aquilo que se destina às custas e demais despesas processuais.

A ação de cumprimento não é ação de execução, pois não se permite, com base na certidão de julgamento ou no acórdão o início de atos expropriatórios ou invasivos

---

(39) Lei n. 7.701, de 1988.

ao patrimônio do(s) empregador(es). A doutrina é vacilante quanto à natureza jurídica da ação de cumprimento. Alguns entendem que se trata de ação constitutiva integrativa da sentença coletiva; outros defendem a tese de que se trata de verdadeira ação condenatória, pois somente após a prolação da sentença na ação de cumprimento é que tem início a execução propriamente dita. Prevalece, pois, esta última corrente.

Tem havido controvérsia quanto à admissão do uso da ação de cumprimento quando estribada em convenções ou acordos coletivos do trabalho, firmados extrajudicialmente. Muitos entendem que somente o acordo firmado nos autos do dissídio coletivo pode ser objeto de ação de cumprimento.

Desse modo, o cumprimento de cláusulas estabelecidas em convenções ou acordos coletivos de trabalho deverá ser buscado mediante a propositura de ação individual. Não pensamos assim. A possibilidade de uma maior abrangência quanto à legitimação processual do sindicato, em razão dos novos paradigmas estabelecidos pela Constituição Federal de 1988, bem como a nova leitura que se vem fazendo da representação popular democrática em Juízo, por intermédio dos mais variados entes de classe, favorece a tese de que a ação de cumprimento pode ser utilizada, ainda que arrimada em convenções ou acordos coletivos de trabalho realizados extrajudicialmente[40].

4.2. Legitimidade

Nos primórdios da Justiça do Trabalho[41], a legitimidade ativa para propositura da ação de cumprimento era feita pelo sindicato, beneficiando apenas os associados do sindicato, pois este não detinha legitimação para figurar na qualidade de substituto processual dos não-associados[42].

Com o advento da Constituição Federal de 1988, todavia, a legitimidade do sindicato passou a abranger toda a categoria. Posteriormente, a fim de se evitar qualquer dúvida acerca do tema, a Lei n. 7.788, de 1989, em seu art. 8º, passou dizer que "nos termos do inciso III do art. 8º, da Constituição Federal, as entidades sindicais poderão atuar como substitutos processuais da categoria, não tendo eficácia a desistência, a renúncia e transações individuais".

Ora, não fazia mais sentido privar dos benefícios das normas coletivas os empregados pertencentes da mesma categoria de outros colegas, por vezes da mesma empresa, todavia não alcançados pela decisão, apenas porque não eram sindicalizados. Justiça foi feita ...

---

(40) Atualmente, a controvérsia encontra-se superada, ante os termos da vigente redação da Súmula n. 286 do TST, a saber: "A legitimidade do sindicato para propor ação de cumprimento estende-se também à observância de acordo ou de convenção coletivas".
(41) Lei n. 2.275, de 1954.
(42) Vide antiga redação da Súmula n. 286 do TST, que assim preconizava: "O sindicato não é parte legítima para propor, como substituto processual, demanda que vise a observância de convenção coletiva".

4.3. Objeto da ação de cumprimento

É controvertido o alcance da profundidade jurisdicional nos domínios destinados à ação de cumprimento. Muitas perguntas até hoje ainda não querem calar e que são encontradas com frequência nas lides trabalhistas destinadas ao cumprimento das decisões, como, por exemplo: é possível que o juízo em que corre a ação de cumprimento possa enfrentar a inconstitucionalidade de determinada matéria, que passou ao largo pelo Tribunal? É possível que o juízo da ação de cumprimento diga que esta ou aquela empresa devem ser excluídas da relação jurídica, por se encontrarem debilitadas economicamente?

Pensamos que as questões de ordem pública ou a ela equiparadas podem ser suscitadas de ofício pelo juízo em que tramita a ação de cumprimento; assim como as questões ligadas à capacidade financeira das empresas, salvo se a decisão normativa enfrentou frontalmente o tema. E não é só.

Entendemos que na ação de cumprimento também é possível que o magistrado venha a perpetrar na questão relativa ao enquadramento da representação do sindicato suscitado, ou mesmo se os empregados se encontram enquadrados no âmbito de representação do sindicato suscitante. Aliás, sequer deve ser considerado estranha à discussão, no âmbito da ação de cumprimento, a validade da decisão normativa prolatada em dissídio coletivo do qual não houve a regular citação do sindicato suscitado.

O que não é possível, na instância destinada ao trâmite da ação de cumprimento, é que seja examinada matéria decidida na instância coletiva, ou declarada a nulidade da decisão normativa, já que esta somente pode se dar por meio de ação rescisória, no juízo competente para tanto.

4.4. O paradoxo da definitividade provisória

Há uma aparente contradição entre o caminho destinado ao julgamento do recurso ordinário coletivo, endereçado para o Tribunal Superior do Trabalho, contra acórdão do Regional e a possibilidade de se promover a execução definitiva da sentença proferida em ação de cumprimento, ainda que atacada pela via recursal ordinária, tendo como destinatário do Tribunal Regional do Trabalho. É que o recurso interposto nos domínios do dissídio coletivo tem efeito devolutivo, sendo a sua execução definitiva, uma vez que as vantagens auferidas pelos empregados da categoria, em sede de ação de cumprimento, não comportam restituição[43].

Vale lembrar que a Lei n. 4.725, de 1965, pelo seu art. 6º, impôs o efeito devolutivo aos recursos interpostos em face das decisões normativas. Ocorre que em 1988, a Lei n. 7.701, em seu art. 9º, passou a admitir a possibilidade de suspensão quanto ao efeito recursal, limitando-a, contudo, ao prazo improrrogável de 120 (cento e vinte)

---

(43) Lei n. 4.725, de 1965, art. 6º, § 3º.

dias, contados da decisão interlocutória do Presidente do Tribunal Superior do Trabalho que autorizou a suspensividade ao recurso. Posteriormente, veio a Lei n. 7.788, de 1989, que em seu art. 7º, passou a impossibilitar o efeito suspensivo em qualquer hipótese.

Esse emaranhado legislativo, que somente contribui para a insegurança das relações jurídicas, todavia, sofreu outro ataque, qual o da Lei n. 8.030, de 1990, que revogou a referida Lei n. 7.788/89. Não obstante a falta de norma que versasse sobre o efeito recursal, o Tribunal Superior do Trabalho permitiu, em termos práticos, atribuir-se o efeito suspensivo ao recurso, por meio das sucessivas concessões de mandados de segurança com tal finalidade.

A travessia, no entanto, não terminou! Adveio a Medida Provisória n. 1.053, de 30.6.1995, além de outras que a sucederam, como a de n. 1.620-37, de 12.5.98, que permitiam, mediante requerimento da parte interessada, além de ter sido a decisão normativa proferida contra lei ou jurisprudência pacificada do próprio Tribunal Superior, o recebimento do recurso no efeito suspensivo[44].

Ficou muito claro, assim, que o efeito devolutivo é a regra. Entretanto, é facultado ao Presidente do Tribunal Superior do Trabalho atribuir ao recurso o efeito suspensivo.

4.5. Liquidação da sentença em ação de cumprimento

É na liquidação de sentença que se promoverá a individualização dos valores devidos a cada trabalhador isoladamente. Trata-se de procedimento, em termos práticos, bastante complicado, pois a liquidação de sentença proferida em ação de cumprimento, envolve um número bastante considerável de trabalhadores, com vários incidentes processuais, não raro até mesmo com produção de prova pericial.

De qualquer modo, nela se aplicam as regras próprias da liquidação das ações coletivas.

---

(44) Assim era o texto da MP n. 1.620-37, de 12.5.98, art. 14: "O recurso interposto de decisão normativa da Justiça do Trabalho terá efeito suspensivo, na medida e extensão conferidas em despacho do Presidente do Tribunal Superior do Trabalho".

Capítulo VII

PETIÇÃO INICIAL

1. Regras gerais

A petição inicial é o documento de postulação mais importante do autor, pois que por meio dela se chega ao conhecimento do juiz à extensão do dano ocorrido e o exato limite da reparação pretendida. Não é por outra razão que o magistrado não deve decidir de modo diferente do que lhe foi posto. "A petição inicial não é o momento próprio para sustentações doutrinárias, nem discussão do fato que serve de fundamento à demanda. Nela devem os fatos apenas ser expostos e precisadas as teses jurídicas consequentes. A discussão dos fatos e a sustentação das teses serão transferidas para o debate oral ou alegações por escrito, no momento adequado para tanto, ou para a sustentação dos recursos que venham a ser interpostos"[1].

Não se deve criar embaraços no entendimento do que se procura dizer na petição inicial mediante uma linguagem rebuscada demais. Ao contrário, deve a parte, ao confeccionar a petição inicial, buscar uma cumplicidade com o que é simples, conciso. Não é pela riqueza no uso da linguagem que a parte vai vencer a causa ou ganhar a simpatia do juiz. O uso do português claro e limpo é o que importa. Deve ser evitado pela parte o uso de expressões extravagantes.

A Consolidação das Leis do Trabalho contém os elementos mínimos indispensáveis à petição inicial, quando escrita, ou seja, "a designação da Vara a que for dirigida, a qualificação do reclamante e do reclamado, uma breve exposição dos fatos de que resulte o dissídio, o pedido, a data e a assinatura do reclamante ou de seu representante"[2].

Em sendo oral a reclamação ela será reduzida a termo pelo escrivão ou Diretor da Secretaria, datada e assinada pelo mesmo, devendo a mesma observar, no que couber, os requisitos estabelecidos para a petição escrita.

Como se pode depreender, a partir da comparação entre os textos legais, a petição inicial trabalhista demanda menos requisitos do que aqueles que são exigidos pelo Código de Processo Civil[3]. Isso porque o CPC exige que na petição inicial conste: a) referência do juiz ou tribunal a que se dirige; b) dos nomes, estado civil, profissão,

---

(1) PASSOS, Calmon de. *Comentários ao código de processo civil*. 5. ed. Rio de Janeiro: Forense, 1992. v. III, p. 197.
(2) Art. 840.
(3) Art. 282 do CPC.

domicílio e residência do autor e do réu; c) do fato e os fundamentos jurídicos do pedido; d) do pedido, com as suas especificações; e) do valor da causa; f) das provas com que pretende demonstrar a verdade dos fatos alegados; e g) do requerimento de citação do réu.

Nas ações da nova competência em razão da matéria da Justiça do Trabalho[4], é preciso se ter mais cuidado quando da confecção da petição inicial. Isto porque para os casos em que não se for adotar a Consolidação das Leis do Trabalho, como, por exemplo, nos mandados de segurança, nas ações possessórias, nas ações em que envolvam o direito de greve, de representação sindical, de dano moral ou dano material, entre outras, é recomendável que o autor tenha um pouco mais de preocupação na narrativa dos fatos e do direito.

Exemplificando, uma situação é aquela na qual o reclamante pretende o pagamento de aviso prévio ou a liberação do FGTS. Não há necessidade, nestes casos, de maiores digressões. É tudo muito simples. Outra situação, contudo, é aquela na qual o tema diz respeito a uma ação de responsabilidade civil acidentária. Nesta, o autor precisa descrever a lesão ou o mal de que padece, de molde a permitir o entendimento de qual seja a causa da incapacidade que afirma padecer, bem como a descrição da conduta dolosa ou culposa do empregador. Evidente que nestes casos, não está o autor obrigado a se utilizar de expressões exatas ou fórmulas técnicas para deduzir o pedido inicial, mas deve possibilitar ao julgador que aprecie a pretensão de forma razoável.

Do mesmo modo, não há mais nos grandes centros urbanos aquela situação de outrora, em que a parte ingressava no Poder Judiciário trabalhista sem se encontrar assistida de advogado. Daí ser importante observar que o advogado indique na petição inicial o endereço que pretende receber os atos de comunicação processual, além de juntar a procuração[5].

É razoável que se admita a valoração da causa na petição inicial trabalhista, seja qual for a matéria[6]. Muito se discutiu quanto ao cabimento do valor da causa na petição inicial trabalhista. Em razão da falta de um dispositivo legal expresso muitos entenderam ser incabível tal requisito. Todavia, parece-nos que tal discussão perdeu, atualmente, a sua razão de ser. Isto se deve ao fato de que o valor da causa, atribuído à causa na petição inicial, pode não ser exigido diretamente pelo art. 840 da Consolidação das Leis do Trabalho, mas mediante uma interpretação sistemática podemos concluir que é imperioso atribuir-se à causa, um valor. Isso porque é por meio do valor da causa que o Distribuidor verificará se o feito será autuado como sendo de procedimento sumaríssimo ou ordinário. Sobre o valor da causa incidirá a multa a que se refere o § 2º do art. 18 do CPC ou, ainda, a sanção do parágrafo único do art. 538, também do Código de Processo Civil[7]. Mediante valor estabelecido à causa se-

---

(4) Emenda Constitucional n. 45, de 2004.
(5) Aplica-se subsidiariamente o disposto nos arts. 38 e 254 do Código de Processo Civil.
(6) Seja relação de emprego, relação de trabalho ou outro tema.
(7) No particular, de aplicação subsidiária ao processo do trabalho (CLT, art. 769).

rão calculadas as custas[8]. Tais exemplos justificam que na petição inicial deva constar o valor da causa.

De qualquer modo, cabe ressaltar que o entendimento dominante é que é dispensável a indicação do valor da causa por força do que dispõe o art. 2º da Lei n. 5.584/70.

Quanto aos documentos, há controvérsia. Muitos entendem que os mesmos devem acompanhar a petição inicial, pois que sendo omissa a CLT, há de se aplicar o CPC e este, no particular, exige que os documentos acompanhem a petição inicial[9]. Para outros, contudo, os documentos podem ser apresentados em outro momento, diverso daquele em que se distribuiu ou se ajuizou a petição inicial. Isto porque, segundo o art. 845 da CLT, à audiência as partes poderão apresentar as demais provas, incluindo-se os documentos[10]. Há, por fim, o entendimento, de que o juiz, garantindo o contraditório e a ampla defesa, pode, com fulcro no art. 765 da CLT, conceder, antes de encerrada a instrução processual, prazo para juntada de documentos[11].

De qualquer modo, cabe relembrar que o CPC dispõe que a inicial também deve ser indeferida quando desacompanhada dos documentos indispensáveis à propositura da ação (arts. 283 e 284). Cabe ao Juiz, antes de indeferir a inicial, no entanto, conceder prazo de 10 (dez) dias para apresentação do documento.

2. Inépcia da inicial

O art. 295, parágrafo único, do CPC interpretado juntamente com art. 282 do mesmo *Codex*, estabelece que é inepta a petição inicial quando: a) faltar pedido; b) faltar causa de pedir; c) da narração dos fatos não decorrer logicamente a conclusão; d) o pedido for juridicamente impossível; e e) contiver pedidos incompatíveis entre si. Incompatibilidade essa lógica, ou seja, quando contém pedidos contrários entre si, sem pedido alternativo, subsidiário ou sucessivo, e incompatibilidade jurídica, isto é, quando não puderem acumular em face da competências diversas ou não adequação do procedimento (art. 292, CPC).

Vale lembrar que, em caso de inépcia, diante dos vícios insanáveis, não cabe ao Juiz mandar emendar a inicial. De qualquer modo, para aproveitar a demanda, tem se admitido a concessão de prazo para a correção da inicial.

---

(8) Art. 789, III, da CLT.
(9) CPC, art. 396.
(10) "Art. 845. O reclamante e o reclamado comparecerão à audiência acompanhados das suas testemunhas, apresentando, nessa ocasião, **as demais provas**" — grifos nossos.
(11) "Art. 765. Os juízos e Tribunais do Trabalho terão ampla liberdade na direção do processo e velarão pelo andamento rápido das causas, podendo determinar qualquer diligência necessária ao esclarecimento delas." No mesmo sentido, é o art. 852-D, que trata da direção do processo nos procedimentos sumaríssimos trabalhistas, a saber: "O juiz dirigirá o processo com liberdade para determinar as provas a serem produzidas, considerando o ônus probatório de cada litigante, podendo limitar ou excluir as que considerar excessivas, impertinentes ou protelatórias, bem como para apreciá-las e dar especial valor às regras de experiência comum ou técnica".

Na Justiça do Trabalho, esse instituto tem sido questionado quanto a sua aplicação, havendo forte tendência à não incidência do regramento processual civil. Tal entendimento se pauta na possibilidade da parte deter a capacidade postulatória, não se podendo dele se exigir a técnica forense.

Data venia, parece-nos infeliz sustentar a não aplicação desse instituto nas lides trabalhistas. Podemos, quando muito, não ser tão rigoroso na análise da inicial, mas, diante das hipóteses que caracterizam a inépcia, não se tem como deixá-la de reconhecer quando patente esse vício. Basta lembrar, por exemplo, da hipótese de falta de pedido na inicial. Ora, neste caso, o juiz sequer tem condições de julgar a causa, apresentada sem pedido. Por óbvio, então, há de reconhecer a inépcia. Admite-se, porém, que antes, o juiz determine a correção desse vício.

3. Interpretação do pedido

Diz o art. 293 do CPC, sem similar na CLT, que "os pedidos são interpretados restritivamente, compreendendo-se, entretanto, no principal os juros legais". Daí se extrai a regra de hermenêutica de que o pedido deve ser interpretado restritivamente, como, aliás, também os atos de liberalidade.

Ensina *Calmon de Passos* que, "interpretar restritivamente o pedido é tirar dele tudo quanto nele se contém e só o que nele se contém, sem que se possa ampliá-lo por força de interpretação extensiva ou por consideração outra qualquer de caráter hermenêutico"[12].

Esta regra de interpretação, entretanto, cede aos pedidos implícitos, que se consideram incluídos no pedido independentemente de requerimento expresso.

A interpretação restritiva, por sua vez, tem fundamento no princípio dispositivo e no direito de defesa e do contraditório. Isso porque, ao se interpretar ampliativamente um pedido o juiz pode estar indo além do que efetivamente o autor postulou, ferindo o princípio dispositivo. Por outro lado, ampliando o pedido, fere o direito de defesa e do contraditório, pois ao considerar como incluído aquilo não expressamente requerido pelo autor, estar-se-á suprimindo a oportunidade do réu de oferecer contestação a este respeito. E o réu não tem obrigação de interpretar ou entender o que o autor quis e não disse de forma clara e precisa.

E é por isso mesmo que, além do pedido ter que ser formulado "com as suas especificações" (inciso IV, art. 282, CPC), ele deve ser certo e determinado (art. 286, CPC).

Assim, quando se pede pagamento de aviso prévio, deve se entender que o autor apenas quer a satisfação dessa parcela. Não se deve incluir, pois, no pedido (em interpretação ampliativa) o pedido de pagamento das diferenças das férias e 13º salário,

---

(12) PASSOS, J. J. Calmon de. *Comentários ao CPC*. 7. ed. Rio de Janeiro: Forense, 1992. v. III.

por exemplo, em decorrência da integração do período do aviso prévio ao tempo de serviço.

Não se pode, contudo, ao interpretar o pedido, ainda que restritivamente, chegar-se ao ponto de tornar nulo, inexpressivo ou sem sentido real o requerimento do autor.

Exemplo temos no pedido de "equiparação salarial". É óbvio que quem pede "equiparação salarial", pede pagamento das diferenças salariais decorrentes da equiparação salarial ao paradigma. Não se pode, assim, entender que o pedido de "equiparação salarial" deve ser conhecido como mero pedido declaratório (se declarar o direito à equiparação, sem qualquer condenação patrimonial), especialmente quando na inicial o autor pede a condenação do demandado nesta vantagem (quem quer apenas declaração não pede a condenação, pede a declaração).

Não se estará, pois, dando interpretando ampliativa a este pedido de equiparação salarial se se condenar o demandado nas diferenças salariais decorrentes da isonomia. Contudo, se não houver expresso pedido em contrário, há de ser entendido que somente são postuladas as diferenças do salário-base em face da equiparação salarial. Incorreto, desse modo, interpretar esse pedido de modo a se incluir o pagamento das diferenças de outras vantagens em decorrência da equiparação salarial (diferenças do 13º salário, férias, FGTS, etc.).

Vale lembrar, ainda, que, em respeito às regras que impõem que o pedido seja formulado com todas as suas especificações, além de preencher os requisitos da certeza e determinação, não se pode aceitar expressões tais como "integração ao salário para todos os efeitos legais", "e seus consectários", "e seus reflexos legais", etc.

Ora, especificar o pedido, de modo a torná-lo certo e determinado, é apontar para que fins legais se pretende a integração da parcela principal pedida. Assim, quando se pede pagamento das horas extras e das diferenças decorrentes de suas integrações ao salário, o autor há de apontar para que fins pretende essa incorporação, até em respeito ao princípio do contraditório e ao direito de defesa. O demandado não pode ser condenado a pagar algo que sequer foi especificado na inicial.

Expressões como "integrações para os efeitos legais" são imprecisas e inespecífica, incertas e indeterminadas, pois não indicam o direito pleiteado (certo) e individualizado (determinado).

Tais pedidos, pois, devem ser rejeitados por ineptos[13], se antes não conduzirem ao indeferimento da inicial (art. 284, CPC).

Cumpre lembrar, todavia, que, diante de tais pedidos, cabe ao juiz mandar emendar a inicial (art. 284 c/c. art. 282, inciso IV, do CPC). A falta dessa providência, entretanto, não impede de ser considerada inepta a inicial por lhe faltar pedido certo, determinado e com todas as suas especificações (art. 295, parágrafo único, inciso I,

---

(13) Em verdade, a petição inicial correspondente a cada pedido (= ação) é que deve ser considerado inepto.

CPC), até porque, a omissão do juiz não torna precluso o direito do réu em arguir esse vício (art. 301, inciso III).

A regra de interpretação restritiva, contudo, cede espaço ao que se denomina "pedidos implícitos".

4. Pedidos implícitos

Por pedido implícito, devemos entender aquele que, independentemente de requerimento expresso, deve ser entendido como integrante no pedido do autor.

No nosso direito processual, têm-se como implícitos os pedidos de pagamento das parcelas vincendas na data da inicial quando a obrigação consistir em prestações periódicas (art. 290, CPC). Assim, se o reclamante pede o pagamento de uma parcela suprimida, entende-se como requeridas, também, as prestações vincendas, se a relação jurídica ainda se mantém.

O juro legal também é pedido implícito (art. 293, *in fine*, CPC), tendo a doutrina e jurisprudência incluído neste rol a parcela relativa à correção monetária, por analogia.

São implícitos, ainda, os pedidos de pagamento dos honorários advocatícios (Súmula n. 256/STF), assim como do ressarcimento das despesas (art. 20, CPC).

São implícitos, por fim, os pedidos de condenação em litigância de má-fé (art. 18, CPC) e da imposição de multa cominatória (art. 461, § 4º, CPC), já que independem de requerimento ao autor para que o juiz os inclua na sentença.

Manoel Antonio Teixeira Filho, entendia, ainda, que, no âmbito do processo trabalhista e com fundamento no art. 467 da CLT, o pagamento em dobro das parcelas salariais incontroversas não quitadas na audiência é pedido implícito[14]. Tal raciocínio, hoje, portanto, aplica-se à penalidade prevista no mesmo art. 467 da CLT em sua nova redação.

5. Pedidos inclusos

Na interpretação restritiva, contudo, não se pode excluir o que seja da própria natureza ou conteúdo da obrigação ou prestação reclamada pelo autor. Teríamos, assim, o que denominamos "pedidos inclusos", que não se confundem com os pedidos implícitos.

Por pedido incluso, devemos entender todo bem da vida, correspondente a uma parcela ou prestação, que seja acessório ou não do bem objeto do pedido, mas que, sem ele, não se possa ter este, conforme sua própria natureza ou preceito de lei.

Dessa forma, quando se pede a reintegração no imóvel, é óbvio que se requer a posse em todas as benfeitorias existentes na coisa (não só a reintegração no terreno,

---

(14) TEIXEIRA FILHO, Manoel Antonio. *Petição inicial e resposta do réu*. São Paulo: LTr, 1996. p. 98-99.

mas no prédio nele construído, etc.). O pedido de reintegração no prédio (na casa, na construção) já está incluso no de reintegração no terreno, no lote, na fazenda, etc.

Tem-se, ainda, como pedida uma parcela ou parte de sua prestação por força do texto legal definidor do que seja ou o que abrange a obrigação. Será, então, da análise do direito material que se poderá verificar se uma ou outra parcela se inclui no pedido formulado pelo autor ou não.

Os exemplos trazidos à baila melhor demonstram essa peculiaridade.

Por exemplo: quando se pede horas extras, há de ser entendido que neste pedido se inclui a remuneração da hora extra com o adicional respectivo. Isso porque, é próprio da natureza da remuneração das horas extras o acréscimo pecuniário de, pelo menos, 50% sobre o valor da hora ordinária trabalhada[15].

Desse modo, ao se alegar terem sido trabalhadas 300 horas no mês, mas apenas remuneradas 220, pedindo-se o pagamento das horas extras (superiores à 220ª), ter-se-á como pedido, não somente o valor simples das 80 horas extras, mas, sim, destas acrescidas do adicional respectivo.

Do mesmo modo, quando se pede o pagamento das férias, é de se entender como incluso o pagamento da gratificação correspondente a 1/3 do valor do "salário normal". Isso porque, de acordo com a atual Constituição Federal, o valor da remuneração percebida quando do gozo das férias é acrescido de, "pelo menos, um terço a mais do que o salário normal" (art. 7º, inciso XVII). Aqui, o trabalhador não recebe uma "gratificação" correspondente a 1/3 do valor do salário normal quando do gozo das férias, como se essa fosse uma parcela destacada ou autônoma. Em realidade, o valor da sua remuneração, quando em gozo de férias, é que é acrescida de, "pelo menos, um terço a mais do que o salário normal"[16].

Podemos mencionar, ainda, como exemplo, o pedido de pagamento do repouso semanal remunerado quando não pago pelo empregador. Aqui, neste pedido, já está inclusa a repercussão das horas extras. Isso porque, a Lei n. 605/49, estabelece que o valor da remuneração do repouso semanal será, "para os que trabalham por dia, semana, quinzena ou mês, à de 1 (um) dia de frequência, computadas as horas extraordinárias habitualmente prestadas". No valor do repouso semanal, pois, devem ser incluídas as "horas extraordinárias habitualmente prestadas".

Um está vinculado umbilicalmente ao outro. Não se pode, assim, falar-se em remuneração do repouso semanal sem a inclusão do valor correspondente as "horas extraordinárias habitualmente prestadas".

---

(15) Incluso apenas o adicional de 50%, já que qualquer percentual superior a este pode ser contestado. Assim, se se quer pagamento das horas extras com adicional superior a 50%, o autor há de formular pedido expresso, de modo a se assegurar o direito de defesa, pois a demandada poderá contestar, não só a prestação de horas extras, como o percentual requerido. Devidas as horas extras, porém, é incontesto o adicional de 50%, daí por que incluso ao valor das mesmas.
(16) *Salário normal* equivale a salário-base. Não se inclui, portanto, na base de cálculo desse "um terço" as demais verbas integrantes da remuneração.

Da mesma forma, a indenização por tempo de serviço é calculada com base no valor da "maior remuneração" (art. 477, CLT), o que impõe reconhecer a inclusão, neste pedido, da repercussão, não só das horas extras (Súmula n. 24/TST), da gratificação natalina (Súmula n. 148/TST) e dos adicionais de periculosidade ou insalubridade (Súmulas ns. 132 e 139/TST) habitual ou permanentemente pagos, como, ainda, de toda e qualquer outra verba salarial paga pelo empregador e que fazia parte da "remuneração" percebida pelo trabalhador[17].

O pedido de pagamento de indenização por tempo de serviço, pois, deverá ser calculado com base na "maior remuneração" e não com base no "maior salário".

Seguindo este raciocínio, o valor das férias corresponderá à "remuneração que lhe for devida na data de sua concessão" (art. 142, CLT)[18]. E, por remuneração, entenda-se, "para todos os efeitos legais, além do salário devido e pago diretamente pelo empregador, como contraprestação do serviço, as gorjetas quer receber", "... como também as comissões, percentagens, gratificações ajustadas, diárias de viagens e abonos pagos pelo empregador" (art. 457 e seu § 1º, da CLT).

Quando se pede, pois, pagamento de férias, está-se requerendo "a remuneração que lhe for devida na data de sua concessão" (art. 142, CLT), lembrando que esta deve ser quitada "com, pelo menos, um terço a mais do que o salário normal" (art. 7º, inciso XVII, CF/88).

O mesmo se diga, ainda, em relação ao pedido de pagamento de quantia equivalente ao devido a título de FGTS, já que esta vantagem corresponde a 8% "da remuneração paga ou devida ... incluídas na remuneração as parcelas de que tratam os arts. 457 e 458 da CLT e a gratificação de Natal" (art. 15, da Lei n. 8.036/90).

Neste pedido, pois (pagamento de quantia equivalente ao FGTS), já está incluída a sua incidência sobre todas as verbas salariais percebidas pelo empregado. Dispensável, assim, expresso pedido de incidência do FGTS, por exemplo, sobre o 13º salário, férias, gratificações, prestações *in natura*, etc., já que inerente à base de cálculo dessa vantagem a integração de todas as verbas salariais que compõem a remuneração, pagas ou devidas.

Cabe destacar, por fim, que não podemos confundir o pedido incluso com os "reflexos" decorrentes da integração de algumas verbas salariais.

Quando se pede, por exemplo, pagamento de horas extras, não se inclui neste requerimento a quitação das demais verbas decorrentes da integração das horas extras à remuneração. O pedido aqui há de ser expresso, certo e determinado. Isso porque a condenação em hora extra não implica em pagamento de outras verbas em face de sua integração.

---

(17) A lei não estabelece que deva se incluir somente as verbas salariais permanente ou habitualmente pagas. Fala em "maior remuneração". Assim, se o empregado começou a prestar horas extras somente no mês da despedida, o valor respectivo (pela média anual) há de ser integrado à remuneração para fins de cálculo da indenização, apurando-se, assim, a "maior remuneração" paga até a data do afastamento.
(18) Em suma, o valor da remuneração que seria devida se o empregado estivesse em serviço. Esse valor total, entretanto, deve ser acrescido da quantia correspondente a um terço do valor do "salário normal".

Essa hipótese, todavia, difere, *v. g.*, do pedido de pagamento de férias, já que no valor destas já se inclui o das horas extras prestadas, pois correspondente à *remuneração* percebida. É inerente ao valor das férias a integração das horas extras, já que aquelas correspondem ao total da *remuneração* percebida pelo empregado. Já no valor devido a título de horas extras não estão inseridas as diferenças de outras verbas em decorrência de suas integrações (das horas extras). Em suma, pedido de horas extras não implica, por exemplo, em pagamento de diferença de 13º salário em face da integração daquelas.

6. Princípio da congruência ou princípio da adstrição

De ordinário, o magistrado não pode se afastar do objeto litigioso, devendo, portanto, decidir "a lide nos limites em que foi proposta, sendo-lhe defeso conhecer de questões, não suscitadas, a cujo respeito a lei exige a iniciativa da parte"[19]. Não é por outra razão que "é defeso ao juiz proferir sentença, a favor do autor, de natureza diversa da pedida, bem como condenar o réu em quantidade superior ou em objeto diverso do que lhe foi demandado"[20]. Esta adstrição do magistrado aos elementos contidos na petição inicial (ou da própria ação), recebeu o nome de princípio da congruência ou princípio da adstrição, tendo como consequência lógica a impossibilidade de se proferir sentenças *extra, citra* ou *ultra petita*.

Essa regra principiológica, contudo, não é absoluta, recebendo em sede trabalhista inúmeras exceções. Vejamos, então.

6.1. O pagamento da dívida reconhecida

O art. 467 da Consolidação das Leis do Trabalho estabelece que "em caso de rescisão do contrato de trabalho, havendo controvérsia sobre o montante das verbas rescisórias, o empregador é obrigado a pagar ao trabalhador, à data do comparecimento à Justiça do Trabalho, a parte incontroversa dessas verbas, sob pena de pagá-las acrescidas de cinquenta por cento"[21].

Pela redação anterior, ocorria a dobra nos casos em que a rescisão contratual ocorria e o empregador não cuidava de pagar ao empregado, na data do comparecimento à audiência na Justiça do Trabalho, a parte incontroversa dos salários.

Três mudanças cruciais foram feitas ao referido diploma legal: a) na redação primitiva a dobra somente ocorria no caso de rescisão "motivada pelo empregador ou pelo empregado". Pela regra atual, em razão da sua omissão, a pena é aplicada sobre qualquer rompimento contratual, ou seja, mesmo não sendo a ruptura causada pelo empregador ou pelo empregado[22]; b) na antiga redação a dobra ocorria apenas sobre

---

(19) CPC, art. 128.
(20) CPC, art. 460.
(21) Essa redação é relativamente atual, posto que veio a lume com a edição da Lei n. 10.272, de 2001.
(22) Por exemplo, força maior, *factum principis*, entre outros.

a parte incontroversa dos salários. Pela atual redação, a multa incide sobre as verbas rescisórias; c) a terceira mudança se deu quanto ao valor da penalidade. Antes a pena era a dobra; agora, o acréscimo é de 50% (cinquenta por cento)[23].

Pois bem, vistas essas breves — porém essenciais — observações, merece destaque o fato de que a norma em apreço deve ser aplicada de ofício pelo julgador, ou seja, independentemente de requerimento do autor, em sua petição inicial[24]. Por conseguinte, mesmo quando não pretendida pela parte, por se tratar de disposição de ordem pública que visa a garantir o imediato recebimento do crédito de natureza salarial, necessário à sobrevivência do empregado, deve o juiz de ofício determinar a aplicação da multa.

Houve durante certo tempo discussão no sentido de ser ou não aplicável ao revel a multa preconizada no art. 467 da Consolidação das Leis do Trabalho. Atualmente, a questão encontra-se superada. Por meio da Súmula n. 69 o Tribunal Superior do Trabalho cristalizou entendimento de que "a partir da Lei n. 10.272, de 5.9.2001, havendo rescisão do contrato de trabalho e sendo revel e confesso quanto à matéria de fato, deve ser o empregador condenado ao pagamento das verbas rescisórias, não quitadas na primeira audiência, com acréscimo de 50% (cinquenta por cento)".

A mencionada Súmula aparentemente não superou uma questão: quando o autor não requerer a incidência da multa na inicial, em caso de revelia, deve ou não o juiz aplicá-la de ofício? A Súmula n. 69 autoriza a incidência da multa do art. 467 da Consolidação das Leis do Trabalho no caso de revelia, partindo da premissa de que a revelia e a confissão presumida tornaram incontroversa a questão relativa ao não pagamento das verbas rescisórias. Contudo, ela, a referida Súmula, não enfrenta a questão quanto à possibilidade da aplicação da multa de ofício, malgrado tenha se operado a revelia. Pensamos que a maior dificuldade encontrava-se no campo destinado à possibilidade de aplicação da multa de ofício. Na medida em que houve superação quanto à matéria, o fato de haver revelia ou não, pouco importa. Logo, o que interessa é a existência de incontroversa, sendo esta oriunda ou não da revelia. Temos, assim, nessas hipóteses, mais uma exceção ao princípio da congruência.

Urge ressaltar que a multa preconizada pelo art. 467 da Consolidação das Leis do Trabalho não tem aplicação para as questões que envolvem a nova competência em razão da matéria (EC n. 45/04).

6.2. As *astreintes*

Vistas como um meio coativo de cumprimento de uma obrigação determinada judicialmente, tais são as *astreintes*. Depois de algumas incertezas no campo doutriná-

---

(23) O prejuízo é meramente aparente, pois que se houve a redução do índice da penalidade, de outro lado, se deu a compensação, com a mudança na base de cálculo sobre o qual a multa incide.
(24) No sentido do texto, é a doutrina de Wagner G. Giglio, que leciona: "caso típico de ultrapetição é a disposição do art. 467 da CLT (...)". In: *Direito processual do trabalho*. 10. ed. São Paulo: Saraiva, 1997. p. 69 — como se pode observar os comentários do doutrinador se deu antes da nova redação do art. 467. No mesmo sentido, doutrina OLIVEIRA, Francisco Antônio de. *Consolidação das leis do trabalho comentada*. São Paulo, Revista dos Tribunais, 1996. p. 429.

rio e em sede jurisprudencial, a legislação processual passou a permitir seu emprego de ofício, ou seja, por determinação do julgador, afastando, então, as dúvidas existentes.

A multa processual não é forma de executar a obrigação, mas é meio indireto de coagir o devedor a realizar a prestação inadimplida. Elas, as *astreintes*, não se destinam a compensar o prejuízo sofrido pelo credor em razão do descumprimento da obrigação, tal se dá por intermédio das perdas e danos. Por isso, quando o devedor insiste em manter-se inadimplente, mesmo após a instauração da execução, a multa cominada torna-se devida, pouco importando se ocorreu, ou não, algum dano e o pagamento dessa sanção não se submete à compensação com qualquer outra verba indenizatória.

O nome *astreinte* é uma versão tupiniquim do instituto francês. Em França o nome é o mesmo adotado no Brasil: "*astreinte*" (derivado do verbo "*astreindere*", de obrigar). Atua, portanto, como constrição, ou seja, como uma forma de coação de caráter econômico, no sentido de influir, psicologicamente, no ânimo do devedor, para que cumpra a prestação de que se está esquivando[25]. Justamente por não visar a satisfação do direito do credor, a multa, na execução das obrigações de fazer, não sofre prévia limitação de seu valor, que pode sempre aumentar, enquanto perdurar a inadimplência. Não é proporcional ao valor do débito, ou ao prejuízo causado pelo inadimplemento, é correlacionada apenas à duração do inadimplemento.

Esse tipo de sanção processual está previsto em lei para reforço de eficácia do título executivo, podendo sua cominação constar tanto do título judicial como do extrajudicial. Portanto, tem ampla aplicação no processo do trabalho, quer para as questões relativas às relações de emprego como para as da nova competência[26], em que, não raro, se vê a existência de obrigações firmadas mediante títulos considerados pela lei como extrajudiciais.

A multa também pode ser cominada originariamente pelo próprio magistrado e é aí que reside o interesse do tema. Neste caso, temos a possibilidade da determinação da aplicação da multa por ocasião da prolação da sentença, ou mesmo no momento da execução, se o título executivo for omisso, configurando-se em mais uma exceção ao princípio da congruência.

Exemplo típico de aplicação da pena pecuniária (*astreintes*) no processo do trabalho é o caso em que o autor pretende a declaração do vínculo de emprego e a consequente anotação na CTPS desta relação jurídica.

Aliás, a este respeito, a lei prevê que, se o empregador se negar a anotar a CTPS, cabe ao próprio Judiciário proceder nos registros respectivos. Contudo, essa anotação realizada pela Justiça do Trabalho[27] pode acarretar sérias dificuldades ao trabalhador

---

(25) Neste sentido, aliás, *vide* ALVIM, Carreira. *Código de processo civil reformado*. 3. ed. Belo Horizonte: Del Rey, 1996. p. 186.
(26) Emenda Constitucional n. 45, de 2004.
(27) Tal é possível conforme autorização expressa do § 1º, do art. 39, da CLT.

no momento de conseguir novo emprego. Daí por que, diante destes casos, vem se tornando lugar comum a aplicação de uma sanção pecuniária diária (*astreintes*) até que o réu cuide de cumprir com a sua obrigação.

É importe ressaltar que na hipótese ora em comento, a exceção ao princípio da congruência não se dá apenas pela determinação da aplicação da multa de ofício, como, aliás, foi visto no item anterior, mas também pela possibilidade do juiz, ao reconhecer na sentença o direito ao vínculo de emprego, não conseguir localizar o ex-empregador. Nestes casos, independentemente de requerimento da parte (e mesmo que não seja este o melhor caminho, sob a ótica do trabalhador), o magistrado pode determinar que a Secretaria da Vara faça as anotações.

6.3. Multa pelo atraso na concessão de férias

Entre as grandes conquistas da classe trabalhadora, encontra-se o repouso remunerado anual, ou seja, as férias, mormente porque estas não possuem apenas o aspecto lúdico, mas têm como finalidade também a de permitir o restabelecimento do organismo abalado pelo constante labor.

Estabelece, a seu turno, a Consolidação das Leis do Trabalho, em seu art. 130, que "após cada período de 12 (doze) meses de vigência do contrato de trabalho, o empregado terá direito a férias". Todavia, nem sempre este ordenamento é cumprido, pois que, não raro, empregadores não cumprem a legislação trabalhista quanto às férias. Neste caso, dispõe o texto legal que sempre que as férias forem concedidas após o prazo legal, o empregador pagará em dobro a respectiva remuneração[28], sendo que enquanto em curso o contrato de emprego, "vencido o prazo sem que o empregador tenha concedido as férias, o empregado poderá ajuizar reclamação pedindo a fixação, por sentença, da época de gozo das mesmas"[29], devendo, neste caso, ser cominado pela sentença "pena diária de 5% (cinco por cento) do salário mínimo da região, devida ao empregado até que seja cumprida"[30].

Na prática, a incidência da situação acima descrita é muito rara, pois que sua hipótese pressupõe a vigência do contrato de emprego e, nos dias atuais, o empregado que venha a propor ação trabalhista objetivando o reconhecimento ao direito de férias, com a incidência da pena cominatória, acabaria perdendo o emprego, pois que o patrão, desta forma, livrar-se-ia, ao menos, da multa. A norma acima citada preconiza as situações em que o empregado é detentor de estabilidade no emprego.

Seja como for, tem se admitido, nas raras hipóteses em que isso ocorre, que o magistrado aplique a multa de ofício, pois como é a mesma uma espécie do gênero

---

(28) Art. 137.
(29) § 1º do art. 137.
(30) § 2º do art. 137.

das *astreintes*, não haveria nenhuma violação a preceito legal a sua aplicação. Logo, tal situação mostra-se como mais uma possibilidade legal de julgamento fora dos limites pretendidos pelo autor.

Pensamos, inclusive, que a incidência de multa, para o caso em tela, sequer necessitaria de norma específica na Consolidação das Leis do Trabalho, já que o juiz, no intuito de sua sentença cumprida pode fixar multa por dia de atraso. Muitas vezes, o percentual de 5% (cinco por cento) sobre o salário mínimo estabelecido pelo legislador na CLT mostra-se irrisório. Assim, teria sido melhor se o legislador não tivesse aprisionado o julgador, deixando-o, como de regra, livre para aplicar a multa que o caso exige.

6.4. A sanção relativa à litigância de má-fé

As aspirações sociais acerca do processo em geral apontam para a necessidade de uma maior efetividade da tutela jurisdicional. Tais aspirações, aliadas ao desiderato de se observar a ética têm levado o legislador a impor regras que criem obstáculos ao litigante ímprobo. Recentemente, por exemplo, veio a lume a Lei n. 10.358, que deu nova redação ao art. 14 do Código de Processo Civil, determinado a incidência de multa não superior a 20% (vinte por cento) do valor da causa, sem prejuízos das sanções criminais, civis e processuais em face daquele que não cumprir com exatidão os provimentos mandamentais, criando embaraços à efetividade dos provimentos judiciais[31].

Este mandamento processual[32], de extrema importância para a efetivação das decisões judiciais, inclusive as interlocutórias, demonstra a preocupação cada vez maior do legislador com a ética processual e a obrigação de que todos têm no auxílio e na colaboração com o Poder Judiciário.

O processo moderno — quer civil quer trabalhista — é informado por princípios éticos. A relação jurídico-processual que se estabelece entre as partes e o magistrado exige a atenção de preceitos de conduta ética e moral. Não é por outra razão que o processo dos dias atuais não pode mais ser apenas visto como um instrumento técnico da prestação jurisdicional. O processo deve ser enxergado como um instrumental técnico sim, porém, voltado à pacificação dos conflitos sociais com justiça, envolvendo, em última análise toda a sociedade e não apenas as partes contedoras. É justamente o caso do exemplo mencionado acima, no qual o art. 14, estendendo os deveres de colaboração, lealdade e de ética a todos os partícipes do processo — e não apenas para as partes —, acabou por aperfeiçoar o arcabouço normativo tendente a tornar o processo um instrumento ético de solução dos conflitos de interesses.

A importância da atuação ética da parte em Juízo é tão valorizada que nem mesmo aquele que se encontra beneficiado pela assistência judiciária gratuita, pode rele-

---
(31) CPC, art. 14, V e parágrafo único.
(32) Aplicável ao processo do trabalho, por força do que dispõe o art. 769 da CLT.

gar ao oblívio os princípios moralísticos que regem o processo. Poderia parecer que a parte que reside em juízo sob os auspícios da assistência judiciária gratuita, porque fica dispensada do pagamento de custas, honorários periciais e advocatícios, também ficaria imune às sanções, por força de sua conduta processual ímproba. Nada mais equivocado. Não se poderia conceber que o assistido judicialmente pelo benefício da gratuidade pudesse descumprir preceitos éticos, morais e mesmo legais. A jurisprudência reconhece a incidência da multa por litigância de má-fé. Seja lá quem for, ao atuar em juízo deve se esperar um mínimo de responsabilidade, não podendo, no exercício de seu direito de ação, agir de má-fé.

Os deveres processuais estão previstos em diversas passagens do Código de Processo Civil, de aplicação supletória ao processo do trabalho, como, por exemplo, nos arts. 14, 17, 461, 461-A, parágrafo único do art. 538 ou do art. 601.

Não se pode esquecer que nem sempre o desfecho favorável do feito, implica diretamente na isenção da multa aplicada no curso do processo. A multa não se encontra diretamente relacionada com a vitória.

Vale também lembrar que a sanção de litigante de má-fé aplicada à parte, não pode ser exigida de seu advogado, nos mesmos autos. A responsabilidade solidária do advogado em razão da litigância de má-fé, nos moldes do preconizado pelo art. 32, da Lei n. 8.906/94, deve ser apurada em ação própria.

De tudo o que ficou dito, não podemos perder de vista que a aplicação das sanções processuais, que tem como resultado a manutenção de valores éticos e morais, podem se dar de ofício pelo julgado, ou seja, sem que tenha havido qualquer requerimento.

7. Formas

Nos chamados dissídios individuais, a petição inicial pode ser formulada de modo escrito ou de forma oral, sendo que, neste último caso, será a reclamação reduzida a termo[33]. Nas ações cíveis, da nova competência em razão da matéria da Justiça do Trabalho, em que se utiliza o Código de Processo Civil ou mesmo legislação específica[34], não há petição inicial oral. Esta será sempre escrita.

Em algumas situações específicas, mesmo nos casos de ações reguladas pela Consolidação das Leis do Trabalho, a petição inicial deverá ser sempre escrita. É o que acontece com o "inquérito para apuração de falta grave"[35] e nos dissídios coletivos[36].

Quando escrita, a petição inicial deverá ser distribuída com o número de cópias suficientes para atender a quantidade de réus. Esta observação que parece sem menor

---

(33) CLT, § 2º do art. 840.
(34) Como é o caso das ações possessórias, das ações cautelares, do executivo fiscal ou do mandado de segurança.
(35) CLT, art. 853.
(36) CLT, art. 856.

importância é necessária, porque muitos pensam que a CLT ao exigir apenas a distribuição da petição inicial com uma cópia[37], não haveria necessidade de outras cópias, ainda que houvesse litisconsórcio passivo. Tal interpretação da norma é equivocada. Evidente que o legislador não considerou a hipótese de formação litisconsorcial. Daí a exigência da distribuição da petição inicial em duas vias apenas.

8. Despacho liminar ordinatório ou supletivo

No processo civil, a petição inicial, ao ser distribuída e após a sua autuação é encaminhada para o juiz, este então verificará se a referida petição encontra-se apta a dar início à relação jurídico-processual. É por meio desse exame que o juiz realiza a análise do preenchimento dos elementos legais, a fim de poder dizer se a petição inicial encontra-se em condições de formar e de desenvolver regularmente a relação processual.

Com efeito, ao realizar esse juízo de admissibilidade do pedido, o juiz pode verificar que a petição inicial não possui condições de formar a referida relação jurídica, caso em que será concedido prazo de 10 (dez) dias para a regularização da petição, sob pena de seu indeferimento (CPC, art. 284 e parágrafo único).

No processo do trabalho, cujos feitos são submetidos ao rito da Consolidação da Lei do Trabalho, não há previsão legal para o despacho que ora estamos a tratar. Estabelece a CLT que o primeiro contato que o juiz tem com a petição inicial se dá em audiência[38]. Por conseguinte, somente nesta oportunidade é que o juiz analisará a petição inicial. Todavia, em termos práticos, é muito raro ocorrer o indeferimento da inicial. Isto se deve ao fato de que, em audiência, o réu apresenta sua resposta, geralmente na forma de contestação, e, a par da preliminar de inépcia, normalmente enfrenta o mérito e, com tal atitude, acaba por viabilizar a relação jurídica, sem maiores percalços para o processo. Somente em casos cuja petição inicial é ininteligível, o juiz concede um prazo para que o autor possa regularizá-la.

O Tribunal Superior do Trabalho sedimentou entendimento de que o indeferimento da petição inicial somente pode ocorrer se, após intimado o autor para suprir a irregularidade em dez dias, não o fizer[39].

Assim, mesmo nos casos em que o juiz entender que a petição inicial deva passar pelo seu crivo, antes de se incluir o feito em pauta, deve ser concedido o prazo de dez dias para que o autor possa promover a regularização necessária.

A intimação deve ser feita em nome do advogado do autor e não a este. Todavia, se o autor não tiver advogado, já que nas lides submetidas ao procedimento da CLT o advogado é dispensável[40], não resta outra saída a não ser intimar a própria parte. O

---

(37) CLT, art. 787.
(38) CLT, arts. 843 e ss.
(39) Súmula n. 263.
(40) CLT, art. 791.

que na prática pode ser um problema, já que se o autor não tiver conhecimentos jurídicos, provavelmente não entenderá o despacho proferido pelo juiz, levando o feito à sua resolução sem apreciação do mérito. Daí por que se a parte não tiver contratado advogado, é melhor que o juiz designe audiência, de sorte a poder explicar pessoalmente ao autor o que é preciso ser feito para que a prestação jurisdicional se realize em sua inteireza.

Não se deve confundir, outrossim, o momento do saneamento do processo com o despacho liminar ordinatório. Aquele, o saneamento, até então materializado pelo conhecido "despacho saneador", sofreu modificação, pois que a Lei n. 10.444, de 2002, alterando diversos dispositivos do Código de Processo Civil, passaram a exigir que os pontos controvertidos, as questões processuais pendentes, as provas a serem produzidas, entre outras questões, deverão ser decididas em audiência preliminar. Apenas excepcionando-se esta audiência, nos casos em que o direito em litígio não admitir transação, ou se as circunstâncias da causa evidenciarem ser improvável sua obtenção, caso em que o juiz ainda poderá sanear o processo e ordenar, se for o caso, a produção da prova[41].

Em se tratando de questões que versem sobre a nova competência em razão da matéria da Justiça do Trabalho, quando a ação exigir o procedimento da Consolidação das Leis do Trabalho[42] impera o mesmo raciocínio das lides de relação de emprego. Todavia, quando se tratar de ação que deva adotar o procedimento do Código de Processo Civil ou de outras leis extravagantes[43], deve o juiz ser mais observador quanto aos requisitos exigidos pela lei no caso concreto. Assim, por exemplo, no mandado de segurança, a petição inicial deve ser confeccionada na forma da lei[44], o mesmo nos executivos fiscais[45], nas ações possessórias[46], nas medidas cautelares[47], entre outras.

9. Aditamento

O aditamento à petição inicial é uma prática corriqueira no processo do trabalho, ao menos nas ações que se submetem ao procedimento previsto pela Consolidação das Leis do Trabalho. Aliás, não haveria razão para que assim não fosse. No processo civil, o aditamento, como ato unilateral, está condicionado à anterioridade da citação[48]. Explica-se isto: uma vez citado o réu, no procedimento ordinário, ele terá o prazo de 15 (quinze) dias para apresentar sua contestação. Logo, é um tanto quanto lógico que após a citação, somente venha a ser permitido ao autor modificar o pedido ou a causa de

---
(41) CPC, art. 331 e parágrafos.
(42) Instrução Normativa n. 27, de 2005, do Tribunal Superior do Trabalho.
(43) Como no caso do mandado de segurança ou dos executivos fiscais.
(44) Lei n. 1.533, de 51, art. 6º e parágrafo único.
(45) Lei n. 6.830/80.
(46) CPC, arts. 921, 927.
(47) CPC, art. 801.
(48) CPC, art. 294.

pedir com a concordância do réu[49], sendo após a audiência preliminar ou do saneador, em hipótese alguma[50], para se evitar prejuízo à celeridade processual.

Ora, como no processo do trabalho a contestação é apresentada em audiência e normalmente sendo esta marcada em prazo muito superior aos 15 (quinze) dias que tem o réu no processo civil, não há razão para se impedir que o autor possa aditar a petição inicial. É, inclusive, o que ocorre com muita frequência na prática. Até mesmo no dia da audiência é usual que o autor, antes de apresentada a contestação, requeira o adiamento da mesma, a fim de promover aditamento à inicial. Como não há qualquer prejuízo ao direito de defesa, jamais se criou qualquer obstáculo a tanto[51].

---

(49) CPC, art. 264, *caput*.
(50) CPC, art. 264, parágrafo único.
(51) Vale lembrar que o próprio Código de Processo Civil já teve regra inflexível quanto à emenda da inicial, pois que o art. 294, antes da vigência da Lei n. 8.718, de 1993, dispunha que "quando o autor houver omitido, na petição inicial, pedido que lhe era lícito fazer, só por ação distinta poderá formulá-lo". Tal se dava porque o prazo para contestar não era suspenso, no caso do autor pretender aditar a inicial. Agora o regramento é outro, ou seja: "antes da citação, o autor poderá aditar o pedido, correndo à sua conta as custas acrescidas em razão dessa iniciativa." Faz sentido a nova redação, pois que o direito de defesa manteve-se incólume.

Capítulo VIII

DA RESPOSTA DO RÉU

1. Introdução

Uma das formas mais expressivas de manifestação da democracia processual tem seu lugar no contraditório, estabelecido pela velha máxima *nemo inauditus damnari potest*, ou seja, ninguém pode ser condenado sem direito à defesa, sendo garantido aos litigantes, em todo e qualquer processo judicial — ou mesmo administrativo —, o contraditório e a ampla defesa (CF, art. 5º, LV).

Ressalte-se que, para a satisfação desse princípio, não se faz necessária a efetiva e direta participação do réu, bastando que lhe seja concedida a oportunidade de se defender, por meio da citação válida, competindo-lhe, assim, aquilatar se deseja ou não se defender. É por isso que se diz que o réu tem o ônus de se defender, e não a obrigação ou mesmo o dever.

Vale lembrar que a expressão "resposta do réu", conquanto tenha sido utilizada pelo Código de Processo Civil, não o é pela Consolidação das Leis do Trabalho, já que, diante do que consta dos arts. 767, 847 e § 1º do art. 799, preferiu o legislador trabalhista valer-se da expressão "defesa do réu".

Poder-se-ia, diante do que acima foi dito, especular no sentido de que a Consolidação das Leis do Trabalho, ao se utilizar da expressão "defesa do réu", quis que toda e qualquer modalidade de resposta pudesse ser incluída em uma mesma peça, mormente se considerarmos que o processo civil aduziu a necessidade de o réu defender-se, mediante o que resolveu chamar de "resposta", inclusive, dependendo da modalidade desta, em peças distintas[1]. Ademais, a própria CLT, no § 1º do art. 799, estabelece que as demais exceções serão alegadas como matéria de defesa. A impossibilidade de se utilizar dos meios de "respostas" apresentadas pelo processo comum não deve ser tomada como verdade.

Em primeiro lugar, a Consolidação das Leis do Trabalho, quando da sua edição[2], quis facilitar a possibilidade de defesa da parte que, sem advogado, comparecia em Juízo. Portanto, quanto mais simples a linguagem utilizada, um tanto melhor. Isso, contudo, não significa dizer que os meios impugnativos constantes no CPC não possam ser usados nos domínios do processo laboral, como é o caso, por exemplo, da reconvenção.

---

(1) CPC, arts. 299 e 306.
(2) Nos idos de 1943.

Basta lembrarmos que a facilitação outorgada pela Consolidação das Leis do Trabalho, para fins de utilização da ampla defesa por parte do réu é tanta, que a "resposta" pode ser apresentada oralmente. Ora, se a "resposta", assim compreendida a contestação, a exceção ou mesmo a reconvenção, pode ser apresentada oralmente, à evidência que, quando escrita, também possa ser apresentada em toda a sua extensão.

Cumpre acrescer, ainda, que do direito de ação surge o direito de defesa. Diante do pedido do autor, a resistência do réu.

Ambos se identificam como direito à prestação jurisdicional do Estado (o direito de propor a ação e o direito de defesa contra a ação judicial). Direitos da mesma natureza.

Como a ação, o direito de defesa é um direito público, autônomo e abstrato. Aliás, o direito de defesa não deixa de ser exercício do direito de ação por parte do réu, pois ele também formula pedido contra o autor pedindo a respectiva prestação jurisdicional.

2. Formas de resposta do réu

Uma vez proposta a ação, o réu tem, diante de si, um leque de opções, podendo apresentar sua resposta por diversos modos. Assim, é possível que o réu ofereça sua resposta na forma de contestação, exceção ou reconvenção, admitindo-se, ainda, como meio de defesa a propositura de ação declaratória incidental. Tais, são, por conseguinte, as modalidades preconizadas de forma metodologicamente pelo Código de Processo Civil.

Vale lembrar, todavia, que é altamente questionável — e reside, no particular, forte cizânia acadêmica — considerar-se como resposta do réu a propositura da ação declaratória incidental. Argumentam que a ação declaratória incidental não é de uso exclusivo do réu, como o é, por exemplo, a contestação. Portanto, não se poderia considerar a declaratória incidental como um meio de resposta do réu.

Lembramos, no entanto, que as exceções de impedimento ou de suspeição também podem ser apresentadas pelo autor e nem por isso deixou o legislador de incluí-las como sendo uma das modalidades de resposta do réu.

3. Espécies de defesa

O autor formula uma pretensão que se traduz num pedido, contra ou em relação ao réu.

Desde a citação, o réu se vincula ao processo, cujo objeto é a pretensão requerida pelo autor. O réu, então, pode assumir a atitude de resistir à sua vinculação ao processo, seja impedindo que seja prolatada decisão quanto à pretensão do autor ou resistindo a esta. Quer dizer, a defesa do réu tanto pode ser contra o processo em si (questões processuais) ou contra o mérito (pretensão do autor).

4. Defesa contra o processo

É por meio do processo que se chega à sentença de mérito, que decidirá sobre a pretensão do autor.

Antes, porém, pode o réu se defender contra o processo judicial em si, trancando-o ou impedindo seu prosseguimento até a sentença de mérito.

A defesa contra o processo pode, porém, ser direta ou indireta. Será direta quando se dirige direta e imediatamente contra o processo, visando à declaração de sua nulidade ou da carência de ação. É a defesa com fundamento na falta de pressupostos processuais ou na ausência das condições da ação.

A defesa é indireta quando por via oblíqua ataca o processo, recorrendo a circunstâncias exteriores que, deixando íntegros os elementos necessários à constituição válida da relação processual, procura paralisar esta (relação processual). É a defesa que se faz mediante as exceções processuais.

Por meio da exceção apenas se dilata (prorroga) o processo, pois, ainda que acolhida, a ação continua em seu curso natural.

4.1. Das exceções

A defesa indireta processual dilatória é formada pelas exceções que, segundo o art. 799 da CLT, são apenas três: a de incompetência, a de suspeição e a de impedimento.

Trata-se de defesa indireta por atacar o processo em si e dilatória por não lhe pretender a extinção, mas a sua prorrogação (dilação) enquanto se define o órgão jurisdicional que deva conhecê-lo.

Por sua natureza dilatória, as exceções se processam com a suspensão do processo até se resolver o incidente que motiva a sua arguição.

4.1.1. Da exceção de incompetência

A exceção em razão do lugar — também conhecida como incompetência relativa — tem lugar quando a causa é proposta em local diverso daquele em que deveria ser ajuizada.

Nos domínios da relação de emprego, há de ser observada regra constante no art. 651 da Consolidação das Leis do Trabalho, sendo que o ordinário é que a competência jurisdicional seja exercida pelo lugar onde houve a prestação do trabalho.

Somente a incompetência relativa, que é a territorial, pode ser suscitada mediante exceção processual. Quando o fundamento da exceção for a incompetência absoluta, seja ela funcional, material ou pessoal, deverá ser recebida como matéria de defesa, a teor do § 1º do art. 799 da CLT, e julgada como preliminar do mérito da causa, excluindo a necessidade de suspensão do feito para solucioná-la.

A legitimidade para opor exceção de incompetência é do demandado. O pressuposto é a ausência de jurisdição territorial do órgão. Seu objeto é o deslocamento do processo de um juízo relativamente incompetente para outro, competente.

A exceção de incompetência deve ser apresentada antes da defesa, suspendendo o feito de imediato (art. 799 da CLT). O excepto tem o prazo de 24 horas para produzir sua defesa. Logo, não deverá ser apresentada, quando escrita, na mesma peça destinada à redação da contestação, sendo sua apresentação se dar em petição separada. Todavia, os Tribunais do Trabalho aceitam, por questões de aproveitamento e economia, que a exceção em razão do lugar venha com a contestação.

Após instrução sumária, com suspensão do feito, deve o juiz julgar a exceção. Como essa é uma decisão interlocutória, contra a mesma não cabe a interposição de recurso.

Firmou-se jurisprudência no sentido de que a "incompetência relativa não pode ser declarada de ofício"[3]. Contudo, diante da Lei n. 11.280, de 2006, a declaração de ofício da incompetência relativa pode se dar quanto à nulidade de cláusula de eleição de foro, em contrato de adesão[4].

O argumento no sentido de que o contrato de emprego é, no mais das vezes, de adesão e, por conseguinte, poderia o magistrado declarar de ofício a nulidade da cláusula que porventura elegesse o foro trabalhista, não merece acolhida, pois a matéria versada no parágrafo único, do art. 112, do Código de Processo Civil, não alcança, por qualquer ângulo que se busque apreciar, as relações de emprego.

É de se observar, desse modo, a tese que sempre predominou na doutrina, de não ser passível a declaração *ex officio* da incompetência relativa.

É preciso ter em mente que a exceção de incompetência (relativa) se encontra no campo destinado pelas regras legais que cuidam de distribuir a competência entre os órgãos do Poder Judiciário, levando-se em conta o critério geográfico. No Brasil, se adotou o método da relatividade. Assim, pode acontecer do órgão judiciário incompetente tornar-se competente para o processar e julgar o feito, cessando, pois, o defeito. O foco é sempre a distribuição territorial da competência.

A metodologia adotada pelo legislador é bem simples. Levou em conta dois elementos: a) aquele ligado à conveniência da administração da justiça; b) o que considera a comodidade das partes litigantes. Apesar do equilíbrio que se deve considerar

---

(3) Súmula n. 33 do Superior Tribunal de Justiça.
(4) Atual redação do parágrafo único, do art. 112, do CPC.

no confronto desses dois valores, restou evidenciado que o legislador trabalhista preferiu o segundo critério.

Assim, se para o bom desempenho da máquina judiciária há necessidade de se amoldar à comodidade das partes litigantes, que assim se considere este critério (b) com superioridade ao primeiro (a). Para tanto, basta uma análise das disposições que se encontram consagradas na Consolidação das Leis do Trabalho, à disciplina da competência territorial, ou seja, o disposto no art. 651 e seus parágrafos.

Como se pode extrair de tudo o que foi dito, a lei, de um modo geral, subordina o interesse público ao privado. Ora, se não há prevalência do interesse público, justifica-se que fique o órgão judiciário subordinado à volição dos contendores, ocorrendo, desse modo, o que se resolveu chamar, no caso de não arguição da exceção, de prorrogação da competência. Por conseguinte, deve o Judiciário reconhecer como legítima a vontade do particular, não tendo o direito de influir na independência em relação à escolha dos litigantes.

Uma vez oposta a exceção de incompetência relativa haverá, necessariamente, a suspensão do processo[5]. E da decisão respectiva não caberá recurso imediato.

Vale lembrar, a propósito, que a Súmula n. 214 do Tribunal Superior do Trabalho ratifica o entendimento de que as decisões interlocutórias são irrecorríveis. Todavia, a Resolução n. 127, de 2005, do próprio TST, inseriu, no referido verbete, o item "c", preconizando ser possível a interposição de recurso em face da decisão "que acolhe exceção de incompetência territorial, com a remessa dos autos para Tribunal Regional distinto daquele a que se vincula o juízo excepcionado, consoante disposto no art. 799, parágrafo segundo, da CLT".

Com efeito, dispõe o § 2º do art. 799 da Consolidação das Leis do Trabalho, que "das decisões sobre exceções de suspeição e incompetência, salvo, quanto a estas, se terminativas do feito, não caberá recurso, podendo, no entanto, as partes alegá-las novamente no recurso que couber da decisão final".

A incompetência tratada pelo § 2º do art. 799, da CLT, é a relativa, ou seja, aquela que busca a modificação do lugar do processamento e julgamento da lide, a que estamos a nos ocupar neste passo. Em face dessa decisão, como já sustentado, não haveria como se interpor recurso. Muito lógico o sistema metodológico adotado pela CLT. Ora, se o magistrado decide que o competente, em razão do lugar, é outro Juízo, do mesmo Estado, porém de outro Município, não faz sentido, considerando-se a regra principiológica da irrecorribilidade, a interposição de recurso em face dessa decisão. Todavia, na prática, muitas consequências danosas ocorriam quando o magistrado declinava da competência em favor de outro Juízo, localizado em outro Estado.

Nestas situações, pelo texto literal da lei, também não caberia recurso. Entrementes, o Tribunal Superior do Trabalho, visando a praticidade necessária exigida pelo cotidiano forense, resolveu amenizar o rigor do texto legal, passando a permitir,

---

(5) CLT, art. 799.

contra as decisões que acolhem a exceção de incompetência em razão do lugar, a interposição de recurso, no caso o ordinário.

4.1.2. Da exceção de suspeição e de impedimento do juiz

Enquanto que na exceção de incompetência a pretensão do excipiente é deslocar o processo do juízo (do incompetente para outro competente), na exceção de suspeição ou de impedimento, o objetivo é deslocar o juiz do processo, transferindo sua apreciação para outro (do suspeito ou impedido para o juiz imparcial).

Seu fundamento maior é o da imparcialidade do juiz.

A diferença entre suspeição e impedimento é que as causas que geram este último têm natureza objetiva, enquanto as causas geradoras da suspeição têm natureza subjetiva, dependendo do exame do ânimo ou do sentimento do juiz.

Qualquer parte pode opor exceção de suspeição ou de impedimento.

Não há um momento fixo para sua oposição. Em verdade, o momento será a primeira oportunidade que o interessado (excipiente) tiver que falar na audiência ou nos autos, a partir de quando tomou conhecimento do fato que conduz à suspeição ou impedimento do juiz.

Sua oposição suspende o curso da ação.

A competência na Justiça do Trabalho para julgar a exceção de suspeição é do próprio órgão perante o qual foi oposta.

Sua decisão é interlocutória, não comportando recurso de imediato.

A este respeito, ainda, cabe lembrar que a imparcialidade do magistrado é elemento essencial para o confiante exercício da jurisdição. O juiz deve se mostrar completamente desinteressado quanto ao resultado do feito. Para ele, magistrado, tanto faz quem venha a ser o vencedor, pois sua função é apenas dizer o direito, aplicando a lei ao caso concreto. As leis de processo levam em consideração a necessidade de assegurar, como garantia, para os próprios litigantes, que a causa venha a ser processada e, evidentemente, julgada por terceira pessoa (o magistrado) que não tenha qualquer envolvimento no litígio, que não possua interesse próprio ou pessoal.

Não estamos a dizer que o julgador é neutro. Não existem seres humanos neutros. O juiz deve ser imparcial, que é coisa distinta. Todos nós temos em nossa consciência — ou mesmo nos confins do subconsciente — marcas de nossas vidas, convicções políticas, religiosas, afetivas, enfim, uma gama de informações e experiências pessoais que poderá influir no ato de julgar.

Deve o juiz, todavia, dentro de determinados parâmetros estabelecidos firmemente pela lei, se comportar, sendo que sempre que desses limites se afastar o julgador, poderá viciar o julgamento da causa que lhe foi proposta. Em situações que tais, uma das partes poderá recusar o juiz, mediante mecanismo processual próprio, intitulado de exceção. Por conseguinte, qualquer vício quanto à capacidade subjetiva do julgador pode ser materializado por meio do impedimento ou da suspeição.

Vale lembrar que, por exemplo, a disciplina contida no art. 125 do Código de Processo Civil determina ao magistrado "assegurar às partes igualdade de tratamento". Trata-se de texto que deve ser visto como um reflexo do princípio constitucional da igualdade[6].

Os motivos que podem levar os contendores à recusa do julgador aplicam-se aos magistrados de todos os graus, sem exceção alguma[7]. A tanto não estão imunes nem os próprios Ministros do Supremo Tribunal Federal.

Apenas para que possamos ter uma ideia da importância quanto à imparcialidade, voltemos nossos olhos para a instrução processual. Ora, neste momento processual, em que compete ao magistrado reunir os elementos probatórios que irão formar sua convicção, chega a ser intuitivo como o juiz pode favorecer uma das partes, mormente porque a valoração da prova é atividade exclusiva do julgador. Por conseguinte, o magistrado deve conduzir o feito sem inclinar a balança para qualquer das partes, concedendo sempre as mesmas oportunidades.

Sob forte influência do Código de Processo Civil de 1939, a Consolidação das Leis do Trabalho não previu o impedimento[8]. Apenas trata da suspeição. Tal se deve pelo simples fato de que no revogado Código de Processo não existia a figura do impedimento, este veio a surgir apenas com a edição do atual Código de Processo Civil. Tal não significa dizer que se deixe de aplicar, nos domínios do processo laboral, as causas previstas no CPC para recusa do juiz a título de impedimento.

A recusa do magistrado, segundo as regras da Consolidação das Leis do Trabalho, pode se dar quando houver, com relação à pessoa dos litigantes, inimizade pessoal, amizade íntima, parentesco por consanguinidade ou afinidade até o terceiro grau civil ou interesse particular na causa[9].

Note-se que no regime preconizado pela Consolidação das Leis do Trabalho, a recusa do magistrado se dá apenas em relação à pessoa dos litigantes, nada versando o texto legal acerca da pessoa do advogado. Explica-se essa situação pelo fato de que o processo do trabalho admite a postulação em Juízo pelas partes, sem a presença do advogado. Talvez essa tenha sido a razão de não se ter prevista a recusa do juiz em razão da pessoa do advogado de uma das partes.

Se fizermos uma rápida comparação com as hipóteses previstas no Código de Processo Civil para a recusa do juiz, em comparação com aquelas preconizadas na Consolidação das Leis do Trabalho, é possível perceber que há hipótese tratada na CLT como suspeição que pelo CPC é vista como impedimento. É o caso da participa-

---

(6) Constituição Federal, art. 5º, *caput*.
(7) CPC, art. 137, primeira parte.
(8) Toda a matéria era tratada pelo art. 185.
(9) CLT, art. 801.

ção de parentes ou afins na causa. No regime da CLT, o juiz que mantiver parentesco por consanguinidade ou afinidade até terceiro grau civil com a parte deve dar-se por suspeito[10]; enquanto no CPC a recusa, em razão de parentesco ou afinidade, se dá quando cônjuge, parente, consanguíneo ou afim, de alguma das partes, em linha reta ou, na colateral, até o terceiro grau[11].

Diante de tal situação e considerando que a Consolidação das Leis do Trabalho não atende a todas as hipóteses em que pode se dar a recusa, pensamos que ser possível a aplicação supletória das regras contidas no Código de Processo Civil para fins de recusa do magistrado[12].

A recusa do magistrado existe para que a sociedade se certifique a cerca da imparcialidade do julgador, bem como para se manter a credibilidade das decisões judiciais. O que se recusa é o juiz pessoalmente e não o Juízo.

A forma de apresentação da exceção, que trata da recusa do magistrado, tem gerado alguma controvérsia em termos práticos. Isto porque antes da Emenda Constitucional n. 45, de 2004, a Justiça do Trabalho, em primeiro grau de jurisdição, era composta por Colegiado, sendo este formado por um Juiz togado, concursado e de carreira, e outros dois cidadãos leigos, nomeados temporariamente para a composição do referido Colegiado, chamados originariamente de Vogais que, com o advento da Constituição de 1988, ganharam o *status* de Juízes classistas.

Assim, arguida que fosse a exceção, era esta julgada na própria Junta de Conciliação e Julgamento[13], pelos Classistas, sem a efetiva participação do Juiz togado no julgamento da exceção. Com a extinção dos escabinos, as Juntas de Conciliação e Julgamento passaram a trabalhar, no exercício de algumas atividades jurisdicionais, monocraticamente[14]. Tal situação tem levado alguns juízes a julgarem sua própria recusa.

Pensamos que tal não é possível, pois ninguém pode ser juiz de si mesmo! Fazia sentido, como dissemos, que a exceção fosse processada e julgada em primeiro grau, pois quem decidia eram os Classistas, sem a participação do Juiz togado. Ora, não mais existindo os Classistas, não faz sentido que o próprio juiz a si mesmo julgue! Portanto, afigura-nos mais razoável que o julgamento seja feito por outro juiz, ainda que de primeiro grau, como o substituto, o auxiliar ou o próprio titular da vara em relação aqueles.

A suspeição deverá ser arguida na primeira oportunidade que tiver a parte para tanto. Assim, se o réu, antes da audiência em que deve apresentar sua contestação, souber que o juiz mantém laço de amizade íntima com o autor, no momento destina-

---

(10) CLT, art. 801, alínea "c".
(11) CPC, art. 134, inciso V.
(12) CPC, arts. 134 e 135.
(13) Atualmente Varas.
(14) Deixando, inclusive, de se chamarem Juntas de Conciliação e Julgamento, mas simplesmente Varas do Trabalho.

do à apresentação da contestação, em peça autônoma, deverá apresentar a exceção, quando escrita, ou se preferir, oralmente.

A suspeição está sujeita aos efeitos da preclusão. Assim, "se o recusante houver praticado algum ato pelo qual haja consentido na pessoa do juiz, não mais poderá alegar exceção de suspeição, salvo sobrevindo novo motivo. A suspeição não será também admitida, se do processo constar que o recusante deixou de alegá-la anteriormente, quando já a conhecia, ou que, depois de conhecida, aceitou o juiz recusado ou, finalmente, se procurou de propósito o motivo de que ela se originou"[15]. Temos assim, segundo vontade do legislador, que a gravidade da suspeição pode não ser suficiente para pôr em dúvida o julgamento.

O impedimento, a seu turno, não se encontra submisso aos efeitos da preclusão. Para o legislador, as hipóteses previstas no Código de Processo Civil destinadas ao impedimento, são tão graves, que até mesmo depois do trânsito em julgado é possível se buscar a nulidade da decisão[16]. Para tanto, uma das situações em que se admite a ação rescisória é justamente quando a sentença ou o acórdão for proferido "por juiz impedido ou absolutamente incompetente"[17]. Mesmo quando ultrapassado o momento para apresentação da contestação é possível que o réu excepcione o juiz impedido, pois, no particular, aduz o art. 315 do Código de Processo Civil que a referida recusa pode ser exercida "a qualquer tempo, ou grau de jurisdição"[18], apenas devendo o réu, que retardou em apresentar a recusa do juiz, arcar com o pagamento das custas, além de perder o direito de haver do vencido os honorários advocatícios, quando estes couberem[19].

Aos juízes que compõem os Tribunais — quaisquer que sejam — também se aplicam os motivos de impedimento e suspeição[20]. Apenas pode variar a forma de julgamento da recusa dos membros das instâncias superiores. Tudo vai depender do que restar preconizado no Regimento Interno.

Não é permitido, a fim de evitar a deturpada utilização da exceção, que em determinada causa, de permeio a esta, ingresse advogado que possa manter com o juiz relação capaz de ensejar a sua recusa[21].

Todo o ser humano detém nos confis de sua alma, no esconderijo de seu coração, razões tão íntimas que a ninguém é dado penetrar. Tais motivos, eventualmente, podem influenciar os julgamentos. Nesses casos, deve o juiz se afastar, por sua própria iniciativa, da causa. É quando temos a suspeição por foro íntimo[22].

---

(15) CLT, parágrafo único, do art. 801.
(16) Sentença ou acórdão.
(17) CPC, art. 485, inciso II.
(18) CPC, art. 315.
(19) CPC, art. 22.
(20) CPC, art. 137.
(21) Parágrafo único, do art. 134, do CPC.
(22) Parágrafo único, do art. 135, do CPC.

O Código de Processo Civil de 1939 permitia que pudesse ser exigido do juiz, que declarasse sua própria suspeição por foro íntimo, que revelasse as razões que o levaram a tanto. Em salutar medida, a fim de resguardar e de respeitar a intimidade do magistrado, o atual Código de Processo Civil não fez tal exigência.

4.1.3. Suspeição dos órgãos auxiliares e do Ministério Público

Além do juiz, os serventuários da justiça e o representante do Ministério Público podem ser recusados, por impedimento e suspeição, pelos mesmos motivos apontados nos arts. 134 e 135 do CPC.

Em relação ao Ministério Público, entretanto, quando este atuar como parte, os motivos da suspeição serão apenas aqueles apontados nos incisos I a IV do art. 135, do CPC, não se lhe aplicando as regras quanto ao impedimento.

Em regra, o procedimento para recusa do serventuário e do Representante do Ministério Público segue o mesmo rito da exceção de suspeição e impedimento do juiz, salvo quanto ao prazo, que será até o primeiro momento que tiver de falar nos autos após a atuação do recusado.

O arguido, então, será ouvido, no prazo de 5 dias, facultando-se a prova, decidindo, em seguida, o juiz.

4.1.4. Conflito de competência. Procedimento

O conflito de competência surge quando dois ou mais juízos se declaram competentes ou incompetentes, simultaneamente, para apreciar o mesmo feito. Diz-se negativo quando ambos se declaram incompetentes; positivo quando se declaram competentes.

O conflito de competência tanto pode ser suscitado pelos juízes ou tribunais, como pelo Ministério Público do Trabalho ou pelas partes interessadas. Dentre estas, aquela que arguiu na causa exceção de incompetência não tem direito a suscitar o conflito.

O conflito existente entre juízes de primeiro grau investidos na jurisdição trabalhista, desde que da mesma região, é julgado pelo TRT a qual estão subordinados. Se as varas forem de regiões diversas, o conflito será apreciado pelo TST. O TST é competente, ainda, para decidir os conflitos havidos entre os juízes trabalhistas de primeiro grau e TRT de outra região e entre os próprios TRT's.

Havendo divergências entre um juízo trabalhista de primeiro ou segundo grau (vara ou TRT) com juiz ou tribunal estadual ou regional não investido na jurisdição trabalhista, o conflito será resolvido pelo STJ. Já a divergência entre o Juízo Trabalhista (de qualquer grau) e algum Tribunal Superior (STJ, STM ou TSE) será resolvida pelo STF. O mesmo ocorre se o conflito envolver o TST e qualquer Juízo não trabalhista. Neste caso, compete ao STF decidir o conflito.

Inexiste, por outro lado, conflito de competência entre juiz de grau inferior com Tribunal que lhe é superior (Vara x TRT da mesma Região x TST x STF), pois a questão se resolve pela hierarquia.

4.2. Defesa direta contra o processo (preliminares)

Antes de contestar especificamente, no mérito, os fatos alegados na exordial, cumpre ao réu alegar, em sua defesa, a falta de requisito para validade do processo ou para o exercício do direito de ação por parte do autor. Estas seriam, pois, as preliminares processuais.

Preliminares, como o próprio nome sugere, são "alegações que possam invalidar a relação processual ou revelar imperfeições formais capazes de prejudicar o julgamento do mérito"[23].

Com efeito, topograficamente as preliminares devem ser redigidas antes do mérito da contestação. De um modo geral, as questões que podem exsurgir como preliminares são de ordem pública e, como tal, devem ser conhecidas de ofício pelo julgador, inclusive, na instância recursal ordinária. Tal se deve pelo fato de que se revela de suma importância para o Estado, no exercício da nobre missão pacificadora dos conflitos, qual a jurisdicional, a manutenção do equilíbrio e da ordem social. Portanto, algumas questões, assim classificadas pelo legislador, não podem passar à margem da apreciação do magistrado, ainda que sobre elas as partes se omitam.

Nem todas as preliminares podem ser conhecidas de ofício pelo julgador. Entendeu o legislador não valorar, como sendo de ordem pública, a convenção de arbitragem[24]. Por conseguinte, esta não será, em tempo algum, conhecida de ofício pelo julgador.

As preliminares processuais podem se referir à ausência ou regularidade de um pressuposto processual ou a existência ou inexistência de uma condição para o exercício do direito de ação. Os pressupostos processuais são os requisitos necessários à regularidade e existência da relação processual, ou seja, são os pressupostos de um processo válido. Já as condições da ação são aquelas relativas à existência ou inexistência dos requisitos que legitimam o seu exercício.

Assim, antes de apreciar a pretensão em seu mérito, deve o juiz verificar se coexistem os pressupostos processuais. Se decidir pela sua regularidade, isto é, se o processo é válido, passará a apreciar as condições que legitimam o exercício do direito de ação. Somente se superadas essas duas fases é que o juiz deverá apreciar a pretensão em seu mérito, julgando-o procedente ou improcedente.

---

(23) THEODORO JUNIOR, Humberto. *Curso de direito processual civil*. 26. ed. Rio de Janeiro: Forense, 2007. p. 173.
(24) CPC, art. 301, inciso IX.

4.2.1. Dos pressupostos processuais

Os pressupostos processuais são diversos. Abaixo, apontamos aqueles que podem ser suscitados no processo trabalhista.

4.2.1.1. Ausência do autor. Arquivamento

O primeiro pressuposto exigido para o desenvolvimento válido do processo trabalhista é a presença do autor à audiência designada para instrução e julgamento do feito (art. 844 da CLT).

Ausente, portanto, o autor, caberá ao réu, em audiência, se a reclamação de ofício não for arquivada, arguir, em preliminar, a inexistência desse pressuposto necessário ao desenvolvimento do feito.

Cumpre lembrar, entretanto, que o autor poderá ser representado em audiência por outro empregado da mesma profissão ou pelo sindicato de sua categoria profissional, em caso de doença ou qualquer outro motivo ponderoso (§ 2º do art. 843 da CLT). Já nas reclamações plúrimas ou nas ações de cumprimento, independentemente de qualquer justificativa, o autor poderá ser representado por seu sindicato (art. 843, *caput*, da CLT).

4.2.1.2. Citação nula ou inexistente

Cabe ao réu, ainda, em preliminar, arguir a nulidade ou inexistência da citação.

Se o réu comparecer à audiência apenas para arguir a nulidade ou a inexistência da citação e sendo sua pretensão acolhida, considerar-se-á, então, feita a citação na data em que o réu ou seu advogado for intimado desta decisão (§ 2º do art. 214 do CPC), devolvendo-se o prazo para a produção da defesa. Se, entretanto, a arguição for rejeitada, o processo prossegue normalmente, não se interrompendo ou suspendendo o prazo para apresentação da defesa.

Na hipótese em que o réu, apesar de alegar a inexistência ou nulidade da citação, oferecer contestação quanto aos demais aspectos, principalmente de mérito, a arguição deve ser rejeitada, já que suprida a irregularidade processual ante o amplo exercício do direito de defesa, o que demonstra que o demandado tomou conhecimento prévio da ação.

4.2.1.3. Incompetência absoluta

Conquanto deva ser conhecida de ofício pelo juiz, ao réu é imposta a obrigação de alegar a incompetência absoluta do juízo para apreciar o feito, sob pena de responder pelas custas do seu retardamento (§ 3º, *in fine*, do art. 267 do CPC).

Pelo sistema processual brasileiro, a incompetência absoluta pode ser em razão da matéria, da pessoa ou em face da hierarquia (critério funcional).

A primeira (razão da matéria) está vinculada à natureza da causa, em razão da matéria. A Justiça do Trabalho, por exemplo, é competente para apreciar, em regra, os dissídios entre empregado e empregador em face da relação de emprego mantida entre eles. Será incompetente, portanto, para apreciar qualquer causa de natureza tributária, penal, comercial, eleitoral, etc.

Do mesmo modo, considerar-se-á incompetente o juízo, em razão da natureza da causa, se a lide versar sobre matéria cuja atribuição para julgar for expressamente estabelecida para outro órgão judicial, a exemplo das ações rescisórias, representação de inconstitucionalidade, dissídio coletivo, etc.

Diz-se em razão da pessoa quando a competência se define a partir da qualidade de um dos sujeitos da relação processual. Assim, por exemplo, a Justiça Federal é competente para apreciar os feitos onde a União for interessada na condição de autora, ré, assistente ou oponente, exceto nas causas de falência, acidente de trabalho, às sujeitas à Justiça Eleitoral e à Justiça do Trabalho (inciso I do art. 97 da CF/88). A competência, portanto, independentemente da natureza da causa, define-se a partir da qualidade da parte.

Por fim, a incompetência absoluta pode se definir a partir do critério hierárquico ou funcional. Assim, por exemplo, enquanto ao juiz de primeiro grau cabe decidir a lide, ao Tribunal cabe apreciar o recurso interposto contra essa decisão. O juiz de primeiro grau, portanto, é incompetente para julgar o recurso interposto contra sua própria decisão, em regra geral, ou de outrem.

Duvidosa tem sido, porém, a atitude a ser adotada pelo juiz ao acolher a denominada exceção de incompetência: extinguir o feito ou remeter os autos para o juízo competente? A jurisprudência se inclina por remeter os autos para o juízo competente.

4.2.1.4. Litispendência

Há litispendência quando a parte reproduz ação anteriormente ajuizada e que ainda esteja em curso, ainda que em grau de recurso (§ 3º do art. 301 do CPC).

Para a configuração da litispendência, é necessário, portanto, que as partes sejam as mesmas e haja identidade de causa de pedir e de pedidos (§ 2º do art. 301 do CPC). A litispendência, portanto, existirá quando a parte repetir a ação ainda em curso.

4.2.1.4.1. Litispendência com a ação coletiva

Às ações coletivas, no âmbito do processo trabalhista, são aplicadas as regras do Código de Defesa do Consumidor, por força do quanto estabelecido no inciso IV do art. 1º da Lei n. 7.347/85. Daí por que, em relação à litispendência entre estas ações e as ações individuais devem ser aplicadas as regras previstas nos arts. 103 e 104 do CDC.

O art. 104 do Código de Defesa do Consumidor, por sua vez, preceitua que não há litispendência entre as ações individuais e aquelas ajuizadas para a proteção de interesse difuso (inciso I do art. 81 do CDC) ou coletivo (inciso II do art. 81 do CDC). O CDC prevê, entretanto, duas opções ao demandante a título individual quando está em curso ação de natureza coletiva: requerer ou não a suspensão da ação individual (art. 104 do CDC).

Na segunda hipótese (não suspensão), querendo o autor prosseguir com sua ação individual, ele ficará excluído da extensão subjetiva do julgado que vier a ser proferido na ação coletiva.

Se preferir, no entanto, requerer a suspensão do processo individual, no prazo de 30 (trinta) dias a contar da ciência nos autos do ajuizamento da ação coletiva, será beneficiado pela coisa julgada favorável que se formar na ação coletiva. Sendo, porém, julgada improcedente a ação coletiva, o processo individual retomará seu curso, podendo ainda o autor ver acolhida sua demanda individual (não se fará coisa julgada contra o demandante individual — § 1º do art. 103 do CDC).

Tratamento diverso, no entanto, é dado à hipótese em que está em curso a ação individual e a ação coletiva para a defesa de interesses individuais homogêneos. Neste caso, a questão se resolve pelo regime da suspensão prejudicial ou pela litispendência.

A princípio, nesta última hipótese, há litispendência, considerando-se que na ação coletiva para a defesa dos interesses individuais homogêneos e na ação individual, proposta pelo interessado, substituído naquela primeira, "há coincidência perfeita dos sujeitos passivos e, quanto aos sujeitos ativos, a identidade resulta da circunstância de que o legitimado à ação coletiva é o "adequado representante" de todos os membros da classe, sendo portador, em juízo, dos interesses da cada um e de todos"[25].

Assim, a ação individual, ainda que anteriormente proposta, deverá ser extinta em face da litispendência. Contudo, para que isso ocorra é necessário que o autor da demanda individual intervenha na ação coletiva para a defesa dos interesses individuais homogêneos como litisconsorte, quando, inclusive, sofrerá os efeitos da coisa julgada em relação a si, ainda que improcedente este processo (art. 103, § 2º, CDC).

Se, entretanto, não intervier como litisconsorte na ação coletiva para a defesa dos interesses individuais homogêneos, há de se adotar a suspensão do feito individual, por prejudicialidade, com fundamento no inciso IV, alínea "a", do art. 265 do CPC. Isso porque, não intervindo como litisconsorte na ação coletiva para a defesa dos interesses individuais homogêneos e sendo esta julgada improcedente, a coisa julgada não o afetará, podendo o interessado propor sua ação individual (inciso III e § 2º do art. 103 do CDC). Isso porque, se o interessado pode ajuizar sua ação individual depois de julgada improcedente a ação coletiva na qual não atuou como litiscon-

---

(25) GRINOVER, Ada Pellegrini. Da coisa julgada no código de defesa do consumidor. In: *Livro de estudos jurídicos*. Rio de Janeiro: Instituto de Est. Jurídicos, 1990. p. 403/404.

sorte, é óbvio que, se sua demandada já estiver em curso, a hipótese é de lhe suspender até o julgamento daquel'outra. Se julgada improcedente, sem intervenção do interessado, sua demanda individual retomará seu curso natural. Se, entretanto, a ação coletiva for julgada procedente, esta fará coisa julgada *erga omnes* (inciso III do art. 103 do CDC). Nesta última hipótese, a ação individual, então, será extinta, sem julgamento do mérito, em face da coisa julgada *erga omnes* agora existente.

A suspensão do feito, entretanto, dar-se-á pelo prazo máximo de um ano (§ 5º do art. 265 do CPC). Ultrapassado este prazo, a ação individual retomará seu curso normal, devendo o seu autor ser excluído do processo coletivo, se outra opção não fizer.

Pode-se concluir portanto, em resumo, que:

a) entre a ação individual e ação coletiva para defesa de interesses difusos ou coletivos:

1. não há litispendência:

2. o autor da ação individual poderá requerer a suspensão ou não de seu feito individual:

a. se não requerer a suspensão da ação individual, o autor respectivo deve ser excluído da ação coletiva;

b. se requerer a suspensão da ação individual, o autor individual será afetado pela decisão prolatada na ação coletiva (para defesa dos interesses difusos ou coletivos), salvo se ela for julgada improcedente por falta de prova, ou seja:

• se a ação coletiva for julgada procedente ou improcedente mas com base nas provas produzidas, a ação individual deverá ser extinta em face da coisa julgada da ação coletiva;

• se a ação coletiva for julgada improcedente por falta de provas, a ação individual poderá seguir em seu curso natural.

b) já entre a ação individual e a ação coletiva proposta para defesa de interesses individuais homogêneos:

1. há litispendência se o autor da ação individual intervier na ação coletiva como litisconsórcio:

a. neste caso, a ação individual deve ser extinta;

2. se o autor da ação individual não intervier na ação coletiva aquela ficará suspensa:

a. neste caso, se a ação coletiva for julgada procedente, sua decisão beneficiará o autor da ação individual o que acarretará a extinção dessa mesma ação em face da coisa julgada daquela outra;

b. se, no entanto, a ação coletiva for julgada improcedente, a ação individual poderá prosseguir em seu curso natural.

4.2.1.5. Coisa julgada

Haverá coisa julgada, de modo a impedir o julgamento de pedido já decidido anteriormente por órgão judiciário, quando se repete uma ação que já foi apreciada em seu mérito e da qual não caiba mais recurso (§ 3º do art. 301 do CPC). Assim como na litispendência, somente haverá coisa julgada quando há identidade de partes, causa de pedir e de pedidos.

A diferença entre a coisa julgada e a litispendência é que naquela primeira, a ação repetida já foi julgada em definitivo e nesta segunda, a ação repetida ainda está em curso.

4.2.1.5.1. Coisa julgada e a ação coletiva

Como já dito acima, às ações coletivas, ajuizadas para defesa de interesses difusos, coletivos e individuais homogêneos, são aplicadas as regras processuais estabelecidas nos arts. 103 e 104 do CDC, isso por força do disposto no inciso IV do art. 1º da Lei n. 7.347/85.

Assim é que nas ações coletivas para defesa de interesse difuso, a sentença fará coisa julgada "*erga omnes*, salvo se o pedido for julgado improcedente por insuficiência de provas" (inciso I, art. 103, CDC). Terá efeito "*ultra partes*, mas limitadamente ao grupo, categoria ou classe, salvo improcedência por insuficiência de provas" quando se tratar de ação para defesa de interesse coletivo (inciso II do art. 103 do CDC).

Já nas ações em que se objetiva a defesa de interesses ou direitos individuais homogêneos a coisa julgada terá eficácia "*erga omnes*, apenas no caso de procedência do pedido, para beneficiar todas as vítimas e seus sucessores ..." (inciso III do art. 103 do CDC).

Os efeitos da coisa julgada nas ações ajuizadas para defesa dos interesses difusos ou coletivos, entretanto, não prejudicarão interesses e direitos individuais dos integrantes da coletividade, do grupo, categoria ou classe (§ 1º do art. 103 do CDC). Já na hipótese de ação para defesa de interesses individuais homogêneos, em caso de improcedência do pedido, os interessados que não tiverem intervindo no processo como litisconsortes, poderão propor a ação de indenização a título individual (§ 2º do art. 103 do CDC).

Em suma, desde que o interessado não tenha intervindo na ação coletiva, esta não fará coisa julgada em relação à demanda individual se julgada improcedente. Sendo, entretanto, julgada procedente, beneficiará o autor da demanda individual, salvo se, já em curso sua ação isolada, não for requerida sua suspensão (art. 104 do CDC).

Cabe lembrar, ainda, que, conforme art. 16 da Lei n. 7.347/85, com a redação dada pelo art. 2º da Lei n. 9.494/97, "sentença civil fará coisa julgada *erga omnes*, nos limites da competência territorial do órgão prolator, exceto se o pedido for julgado improcedente por insuficiência de provas, hipótese em que qualquer legitimado poderá intentar outra ação com idêntico fundamento, valendo-se de nova prova".

Já "sentença civil prolatada em ação de caráter coletivo proposta por entidade associativa, na defesa dos interesses e direitos dos seus associados, abrangerá apenas os substituídos que tenham, na data da propositura da ação, domicílio no âmbito da competência territorial do órgão prolator" (art. 2º-A da Lei n. 9.494/97, com redação dada pelo art. 4º da MP n. 2.180).

4.2.1.6. Conexão

Define o CPC, em seu art. 103, que "reputam-se conexas duas ou mais ações, quando lhes for comum o objeto ou a causa de pedir".

Em outras palavras: sempre que uma ação depender da outra ou interferir por prejudicialidade, de qualquer modo, no seu julgamento, ainda que de forma indireta, estar-se-á diante da conexão. Para identificarmos, então, a existência da conexão ou não, basta verificar se as ações quando julgadas separadamente podem ser contraditórias entre si em relação à mesma causa de pedir ou pedido.

Ocorrendo a conexão, as ações deverão ser reunidas, de forma a serem julgadas conjuntamente pelo juízo prevento, numa mesma sentença, de modo a se evitar a contradição.

Deve-se atentar para o fato de que os processos não poderão ser reunidos em face da conexão se já estiverem em instâncias diversas. Neste caso, a ação que corre perante o juízo inferior poderá ficar suspensa (inciso IV do art. 265 do CPC).

Discute-se muito, entretanto, quanto à fixação da competência pela prevenção. No processo civil, essa prevenção se dá pela data da citação (art. 219), quando se trata de Juízos de comarcas diversas, ou pelo Juízo que primeiro despachou (art. 106 do CPC) se estivermos perante juízes de mesma competência territorial.

Na Justiça do Trabalho, todavia, impera a controvérsia na doutrina e jurisprudência em relação a esta segunda hipótese, já que o juiz, de ordinário, não despacha para ordenar a citação.

Diversos são os posicionamentos, optando os doutrinadores pela data do ajuizamento da ação (*Rodrigues Pinto* e *Ísis de Almeida*) ou pela data audiência (*Antonio Lamarca*), pela data do recebimento da notificação inicial (*Tostes Malta* e *Campos Batalha*) ou por quem primeiro despachou (*Coqueijo Costa*).

Quando os Juízos pertencem a comarcas diversas, parece-nos não haver dúvida, pois a competência se fixa pela data da citação (art. 219 do CPC).

Dúvida há, contudo, quando ocorre dos Juízos serem da mesma comarca. A par dos entendimentos diversos, não se tem como deixar de aplicar a regra estabelecida no CPC — de quem despachou primeiro —, por inexistir outra tese ou norma analógica que justifique a alteração desse critério. Assim, será competente, no caso de ações conexas que correm perante o mesmo foro, aquele que despachou primeiramente.

Cabe ressaltar, porém, que pela expressão "despachar em primeiro lugar" se deve entender o pronunciamento judicial positivo que, de forma expressa ou implícita, manifesta a decisão do juiz em se considerar competente para apreciar a causa. Essa manifestação, no entanto, não é encontrada nos despachos de mero expediente, como o que ordena a autuação do feito. É preciso que haja, de forma clara, um pronunciamento, ainda que implícito, quanto à competência. E isso ocorre, por exemplo, quando da audiência, onde o juiz, ainda que implicitamente, por ato comissivo, realiza-a por se considerar competente para apreciar o feito respectivo.

Assim, existindo a conexão entre Juízos da mesma comarca, caberá ao réu alegá-la, fazendo prova ou requerendo sua produção, apontando o Juízo que considera prevento, ainda que ela (a conexão) deva ser conhecida de ofício (art. 105 do CPC). Desse modo, ao Juízo prevento, o demandado deve requerer que seja solicitada a remessa dos autos da outra ação, de modo a se processarem conjuntamente, enquanto ao Juízo incompetente deve o interessado pedir que este decline de sua competência, remetendo os autos àquele outro.

Se as ações conexas correm perante Juízos de comarcas diversas, a incompetência deve ser alegada mediante exceção, por ser, também, de caráter territorial.

Ressalte-se, ainda, que entre ações em curso em graus diversos de jurisdição (uma no primeiro grau, outra em grau de recurso, por exemplo), não se aplicam às regras da prevenção e reunião dos processos.

4.2.1.7. Continência

Já a continência "dá-se ... entre duas ou mais ações sempre que há identidade quanto às partes e à causa de pedir, mas o objeto de uma, por ser mais amplo, abrange o das outras" (art. 104, CPC).

A continência é, em verdade, uma litispendência parcial. Na litispendência, ocorre literalmente a repetição da ação, pois idêntica à causa de pedir e o pedido (alega despedida injusta e pede aviso prévio). Já na continência há parcial identidade de causa de pedir e de pedido (alega despedida injusta e prestação de horas extras e pede aviso prévio com a integração das horas extras).

Diante da continência, então, os feitos devem ser reunidos, para julgamento simultâneo. A rigor, a ação menos ampla deveria ser extinta, pois a mais ampla já abrange sua causa de pedir e pedido. Ao juiz bastará, portanto, julgar a ação mais ampla.

De qualquer modo, não sendo caso de extinção da ação menos ampla, a prevenção se estabelece pela citação válida (art. 219 do CPC), pois o art. 106 do CPC não estabelece a regra do primeiro despacho para a fixação da competência quando ocorre a continência.

Lembre-se, ainda, que se as ações continentes correm perante Juízos de comarcas diversas, a incompetência deve ser alegada mediante exceção, por envolver, também, a incompetência territorial.

4.2.1.7.1. Outras hipóteses de prevenção

Além dos casos de conexão e continência, o Juízo tem sua competência preventa em diversas outras hipóteses. Nestes casos, por já ter exercido sua competência, o Juízo atrai outras ações que lhe são prejudiciais ou incidentais ou acessórias.

Isso ocorre, por exemplo, em relação à reconvenção, a ação declaratória incidental e as ações de garantia e outras que dizem respeito ao terceiro interveniente em relação à causa principal (art. 109 do CPC).

Além disso, é de se lembrar que o Juízo competente para ação principal o é em relação à ação acessória (art. 108 do CPC), assim como, a ação cautelar previne a competência da ação principal.

Do mesmo modo, o juízo da primeira ação civil pública é prevento para apreciar "todas as ações posteriormente intentadas que possuam a mesma causa de pedir ou o mesmo objeto" (parágrafo único do art. 2º da Lei n. 7.347/85, acrescentado pela MP n. 2.180).

Em todas essas hipóteses, portanto, caberá ao interessado alegar, em preliminar, a incompetência do juízo não prevento. Quando envolver, ainda, a competência territorial, caberá ao réu oferecer a exceção de incompetência.

4.2.1.8. Perempção e suspensão do direito de ação

Por perempção se entende a perda do direito de ação. No processo civil, isso ocorre quando o autor, por três vezes, der causa à extinção do processo, contra o mesmo réu e com mesmo objeto, quando, por não promover os atos e diligências que lhe competir, abandonar a causa por mais de trinta dias (inciso III do art. 267 c/c. art. 268, parágrafo único, do CPC).

Já a suspensão do direito de ação ocorre, na Justiça do Trabalho, quando o reclamante, tendo apresentado ao distribuidor reclamação verbal, não se apresentar para reduzi-la a termo, no prazo de cinco dias, ou der causa, por duas vezes seguidas, ao arquivamento de reclamações, por sua ausência às audiências (arts. 731 e 732 c/c. arts. 786 e 844, todos da CLT).

Observe-se que a CLT, em seu art. 731, estabelece a perda do direito de reclamar "perante a Justiça do Trabalho", assim como não vincula o duplo arquivamento à ação proposta contra o mesmo réu. Basta, portanto, o arquivamento de ações trabalhistas, por duas vezes consecutivas, para que o autor possa ficar proibido de reclamar perante a Justiça do Trabalho, pelo prazo de seis meses.

Numa ou noutra hipótese (de perempção ou de suspensão do direito de ação), o ajuizamento da nova ação conduz à sua extinção sem julgamento do mérito.

4.2.1.8.1. Procedimento

Para que seja arguida e reconhecida a perempção, tal como definido no CPC, nenhum procedimento especial deve ser adotado para se declarar seu efeito. Basta à parte interessada alegar esse fato na causa em que for demandada.

A suspensão do direito de reclamar na Justiça do Trabalho, entretanto, deve ser declarada em procedimento próprio, considerando o tratamento que lhe é dado pela CLT.

Assim, mister se faz a instauração de procedimento para apuração da infração, isto é, do não comparecimento do autor da reclamação verbal para que ela fosse reduzida a termo ou do duplo arquivamento. Este procedimento, instaurado *ex officio* ou mediante representação do interessado ou da Procuradoria do Trabalho (art. 903 da CLT), será processado perante o juiz do trabalho em atuação administrativa, enquanto procedimento tendente a aplicar uma sanção meramente administrativa.

O acusado (autor das ações arquivadas ou não reduzida a termo) deverá ser notificado para apresentar defesa por escrito, no prazo de 15 (quinze) dias (art. 905, CLT), facultando-se-lhe produzir provas, inclusive testemunhal, arrolando até o máximo de 5 (cinco) testemunhas (§ 1º do art. 905 da CLT).

Da decisão que impuser a penalidade, caberá recurso para o Tribunal Superior, no prazo de 10 (dez) dias (art. 906 da CLT).

Transitada em julgado a decisão (administrativa), o infrator terá suspenso seu direito de reclamar na Justiça do Trabalho pelo prazo de 6 (seis) meses, a contar da data da tipificação da infração. Se porventura tiver ajuizado ação neste prazo, esta deverá ser extinta sem o julgamento do mérito.

O juiz, contudo, nesta nova ação, no seu poder jurisdicional, pode negar validade à sanção administrativa aplicada, já que, na sua autoridade judicial, não está vinculada às decisões proferidas pelos órgãos administrativos.

4.2.1.9. Convenção de arbitragem

As partes, desejando, podem firmar compromisso no sentido de louvarem-se em árbitros para resolverem as pendências judiciais e extrajudiciais, referentes a direitos patrimoniais, sobre os quais a lei admite transação.

Neste caso, existindo esse compromisso arbitral, o demandado poderá arguir esse pacto para afastar a atuação judicial.

Esse compromisso, entretanto, deve ser alegado pelo réu, já que, apesar de existir, pode aceitar que o juiz decida a respeito da matéria, independentemente do pacto arbitral (§ 4º, art. 301, CPC).

Vale frisar que, na relação de emprego, é possível se firmar o compromisso arbitral. Para tanto, no contrato de trabalho deve constar a cláusula compromissória que "é a convenção através da qual as partes em um contrato comprometem-se a submeter à arbitragem os litígios que possam vir a surgir, relativamente a tal contrato" (art. 4º da Lei n. 9.307/96).

A cláusula compromissória deve ser estipulada por escrito, podendo estar inserta no próprio contrato ou em documento apartado que a ele se refira. Nos contratos de adesão, no entanto, a cláusula compromissória só terá eficácia se o aderente tomar a iniciativa de instituir a arbitragem ou concordar, expressamente, com a sua instituição, desde que por escrito em documento anexo ou em negrito, com a assinatura ou visto especialmente para essa cláusula.

Estabelecida à cláusula compromissória, qualquer das partes pode tomar a iniciativa de instalar o juízo arbitral. Havendo resistência quanto à instituição da arbitragem por uma das partes, poderá a outra requerer a citação daquela primeira para comparecer em juízo a fim de lavrar-se o compromisso, designando o juiz audiência especial para tal fim.

O compromisso arbitral é a convenção por meio do qual as partes submetem um litígio à arbitragem, podendo ser judicial ou extrajudicial. O compromisso arbitral judicial celebrar-se-á por termo nos autos, perante o juízo ou tribunal, onde tem curso a demanda. O compromisso arbitral extrajudicial será celebrado por escrito particular, assinado por duas testemunhas, ou por instrumento público.

4.2.1.10. Falta de caução ou de outra prestação

Além de outros pressupostos processuais, a lei pode estabelecer alguns impedimentos para o regular desenvolvimento processual. Entre estes impedimentos, tem-se a falta de caução ou satisfação de outra obrigação preliminar exigida por lei (inciso XI do art. 301 do CPC).

Exemplo da primeira hipótese é aquela tratada no art. 835 do CPC, isto é, o autor, seja nacional ou estrangeiro, que residir fora do Brasil ou dele se ausentar na pendência da demanda, deve prestar caução, nas ações que intentar, suficiente para pagar as custas e honorários da parte contrária, se não tiver no Brasil bens imóveis que lhes assegurem o pagamento.

Há hipótese de um segundo impedimento, previsto no art. 28 do CPC. Se extinta a ação sem julgamento do mérito, o autor não poderá demandar novamente sem antes pagar ou depositar em cartório as custas e honorários advocatícios em que foi condenado anteriormente.

Assim, diante dessas hipóteses, caberá ao réu alegar, em preliminar, a falta de caução ou da satisfação de outra obrigação para constituição válida do processo.

4.2.1.11. Esgotamento das vias administrativas

Outro impedimento processual para o desenvolvimento regular do processo e o do prévio esgotamento das vias administrativas quando estabelecido em lei. Exemplo clássico é o não cabimento de mandado de segurança contra ato de que caiba recurso administrativo com efeito suspensivo (inciso I do art. 5º da Lei n. 1.533/50). Neste exemplo, a ação judicial (o mandado de segurança) somente poderá ser ajuizado após esgotada a via administrativa que caiba recurso com efeito suspensivo.

No âmbito da Justiça do Trabalho, tinha-se como exemplo as reclamações apresentadas pelos atletas profissionais de futebol, que somente eram admitidas depois de esgotadas as instâncias da Justiça Desportiva (art. 29 da Lei n. 6.354/76). Outro exemplo, a seguir tratado, é o da prévia tentativa de conciliação perante as comissões de conciliação.

Além dos exemplos acima mencionados, diversas leis esparsas estabelecem esse pressuposto para ajuizamento da ação. Esse pressuposto, aliás, é comum ser estabelecido como requisito para a propositura de ações contra as entidades em liquidação extrajudicial, a exemplo:

a) da Lei n. 6.024/74 — em relação às entidades financeiras, salvo as públicas federais, inclusive as sociedades de distribuição de títulos e valores mobiliários, corretoras de valores e de câmbio, e às empresas que com elas tenham integração de atividade ou vínculo de interesse;

b) da Lei n. 6.435/77 — em relação às entidades de previdência privada;

c) do Decreto-lei n. 73/66 — em relação às companhias de seguro; e

d) do Decreton. 22.546/33 — em relação às sociedades de capitalização.

Diga-se, aliás, que o Decreto-lei n. 73/66 é taxativo e expresso em determinar a suspensão das ações e execuções trabalhistas (§ 3º do art. 96).

4.2.1.11.1. Tentativa de prévia conciliação

A Lei n. 9.958/00, que instituiu a possibilidade de criação das comissões de conciliação prévia no âmbito das relações trabalhistas, criou novo impedimento (pressuposto processual) para constituição válida do processo laboral: a falta de tentativa extrajudicial de conciliação prévia antes do ajuizamento da ação trabalhista.

De acordo com o art. 625-D da CLT, "qualquer demanda de natureza trabalhista será submetida à Comissão de Conciliação Prévia se, na localidade da prestação de serviços, houver sido instituída a Comissão no âmbito da empresa ou do sindicato da categoria".

A lei não distingue a natureza da demanda trabalhista. Tanto poderá, portanto, ser uma reclamação trabalhista, como o inquérito judicial para apuração de falta grave, etc.

Assim, existindo a comissão de conciliação prévia, o interessado somente poderá ajuizar sua demanda trabalhista depois de esgotada a instância extrajudicial.

Caso o autor da demanda trabalhista não tenha esgotado essa via extrajudicial, caberá ao réu alegar a ausência desse pressuposto para constituição válida do processo judicial.

Existindo a comissão de conciliação prévia somente será dispensado o esgotamento da tentativa de conciliação "em caso de motivo relevante que impossibilite a observância do procedimento previsto" no *caput* do art. 605-D da CLT, circunstância esta que deverá ser declarada na petição inicial da ação. Seria a hipótese de a comissão se recusar a receber a petição da demanda extrajudicial.

Cabe acrescer, ainda, que a tentativa prévia de conciliação é um requisito processual a ser satisfeito pelo autor antes de propor a demanda judicial. A não satisfação desse requisito, conduz à extinção do feito por ausência de pressuposto para constituição válida do processo (art. 267, IV, CPC).

Tal matéria, por sua vez, está submetida ao disposto no art. 327 do CPC, que determina que o juiz deve conceder prazo de até 30 dias para que a irregularidade seja sanada, quando constatada.

Assim, cabe ao juiz conceder esse prazo antes de extinguir o feito.

Destaque-se, porém, que, *data venia*, entendemos que esse requisito é satisfeito quando o juiz tenta, em audiência, obter a conciliação. Logo, a irregularidade pode ser suprida pelo juiz.

4.2.1.12. Inépcia da inicial

A inépcia da inicial é outra preliminar que pode ser arguida pelo réu em sua defesa.

É inepta a petição inicial quando:

a) falta-lhe pedido ou causa de pedir;

b) da narração dos fatos não decorre logicamente a conclusão;

c) o pedido for juridicamente impossível; e

d) contiver pedidos incompatíveis entre si.

Sendo inepta e, portanto, tendo vícios insanáveis, não cabe ao Juiz mandar emendar a inicial. A emenda da inicial, pelo CPC, somente se admite nas hipóteses aventadas no art. 39, parágrafo único, e art. 284, ou seja, quando não há indicação dos requisitos estabelecidos no art. 282 do CPC e quando não for juntado documento indispensável à propositura da ação.

Nas hipóteses acima mencionadas, entretanto, deve o juiz extinguir o feito, sem julgamento do mérito, diante da inépcia da inicial, sem conceder prazo para sua emenda.

Na Justiça do Trabalho, esse instituto é de questionável aplicação em face da capacidade postulatória assegurada às partes. Se os próprios interessados podem propor a ação, desacompanhados de advogado, seria por demais rigoroso se aplicar esse instituto processual, já que às partes faltaria o conhecimento necessário à postulação técnica.

De qualquer modo, em casos excepcionais não tem como o juiz do trabalho não acolher a preliminar de inépcia da inicial, como, por exemplo, quando "da narração dos fatos não decorre logicamente a conclusão".

Conforme dito acima, a Lei n. 9.958/00 estabeleceu que, existindo a comissão de conciliação prévia, somente será dispensado o esgotamento da tentativa de conciliação "em caso de motivo relevante que impossibilite a observância do procedimento previsto" no *caput* do art. 605-D da CLT.

Tal regra criou, assim, novo requisito para peça inicial da reclamação trabalhista sempre que existente a comissão de conciliação prévia: a obrigatoriedade de a parte indicar a circunstância que lhe impossibilita o esgotamento da via extrajudicial, sob pena de se considerar inepta a exordial.

4.2.1.13. Inexistência dos requisitos da petição inicial

O inciso VI do art. 295 do CPC prevê, ainda, o indeferimento da inicial quando o autor, intimado para emendá-la, diante das irregularidades relativas aos requisitos estabelecidos no art. 282, deixe de fazê-la no prazo de 10 (dez) dias.

Esses requisitos seriam a indicação:

a) do juiz ou tribunal a que se dirige;

b) dos nomes, estado civil, profissão, domicílio e residência do autor e do réu;

c) do fato e os fundamentos jurídicos do pedido;

d) do pedido, com as suas especificações;

e) do valor da causa;

f) das provas com que pretende demonstrar a verdade dos fatos alegados; e

g) do requerimento de citação do réu.

Nas ações nas quais o Ministério Público deve se manifestar obrigatoriamente, para alguns doutrinadores, o requerimento de sua ouvida seria outro requisito indispensável à petição inicial.

Na Justiça do Trabalho, entretanto, sendo escrita a reclamação, a petição inicial, conforme § 1º do art. 840 da CLT, deverá conter:

a) a designação do juiz;

b) a qualificação do reclamante e do reclamado;

c) "uma breve exposição dos fatos de que resulte o dissídio";

d) o pedido;

e) a data; e

f) a assinatura do reclamante ou de seu representante, sendo que se analfabeto, a seu rogo (art. 772, CLT).

Sendo oral a reclamação, esta será reduzida a termo pelo escrivão ou Diretor da Secretaria, datada e assinada pelo mesmo, observando-se, no mais, no que couber, os requisitos estabelecidos para a petição escrita (§2º do art. 840 da CLT).

Observa-se que, em relação ao valor da causa, esta indicação é dispensável nas lides trabalhistas, pois, ao juiz do trabalho é atribuída a incumbência de fixá-lo quando não determinado no pedido inicial (art. 2º da Lei n. 5.584/70).

4.2.1.13.1. Requisitos no procedimento sumaríssimo

A Lei n. 9.957/00, ao instituir o procedimento sumaríssimo na Justiça do Trabalho, acabou por estabelecer diversos requisitos da inicial que devem ser observados, sob pena de extinção do feito.

O primeiro deles é a obrigação do autor fazer a "correta indicação do nome e endereço do reclamado" (inciso II do art. 852-B da CLT), sob pena de "arquivamento" (§ 1º do art. 852-B da CLT).

Além disso, impõe o inciso I do 852-B da CLT, com redação dada pela Lei n. 9.957/00, que o pedido deve "ser certo ou determinado e indicará o valor correspondente". Por essa regra, portanto, passa a ser obrigatória a apresentação do pedido de forma líquida.

A não observância desse outro requisito, portanto, também conduz à inépcia da petição inicial.

4.2.1.14. Documento indispensável à propositura da ação

A inicial também deve ser indeferida quando desacompanhada dos documentos indispensáveis à propositura da ação (arts. 283 e 284 do CPC). Cabe ao juiz, porém, antes de indeferir a inicial, conceder prazo de 10 (dez) dias para apresentação do documento.

A este respeito, vale lembrar que "nas ações coletivas propostas contra a União, os Estados, o Distrito Federal, os Municípios e suas autarquias e fundações, a petição inicial deverá obrigatoriamente estar instruída com a ata da assembleia da entidade associativa que a autorizou, acompanhada da relação nominal dos seus associados e indicação dos respectivos endereços" (parágrafo único do art. 2º-A da Lei n. 9.494/97, acrescentado pela MP n. 2.180).

Vale frisar, entretanto, que o indeferimento da inicial com fundamento nessa hipótese somente se procede antes da citação do réu (art. 285 do CPC). Após a citação, a falta de apresentação do documento indispensável à propositura da ação pode conduzir à improcedência do feito por falta de prova do alegado na exordial.

4.2.1.15. Inadmissibilidade de cumulação de pedidos (art. 292 do CPC). Cumulação objetiva

É imprescindível para a cumulação de pedidos que estes sejam compatíveis entre si, que seja o mesmo juízo o competente para conhecer deles e quando o tipo do procedimento seja idêntico para todos (incisos I a III do art. 292 do CPC).

Sendo incompatíveis entre si os pedidos, cabe ao juiz indeferir a inicial por inépcia (art. 295, parágrafo único, inciso IV, CPC). Não é possível sequer conceder prazo para que o autor faça a escolha, entre os pedidos incompatíveis, daquele que deseja seja apreciado pelo juiz, pois sanáveis apenas são os defeitos apontados no art. 284 do CPC.

Se o Juízo não é competente para apreciar dos pedidos, deve afastar aquele sobre qual não tem jurisdição, conhecendo dos demais. Não é hipótese sequer de "divisão" do processo, remetendo para o Juízo competente as peças processuais ou cópias necessárias à apreciação de parte do pedido da inicial (neste sentido: STJ, CC n. 5.710-8-PE, Rel. Min. José Dantas).

Vale lembrar, todavia, que, em matéria de incompetência relativa, cabe ao réu alegá-la, sob pena de prorrogação da competência.

No que se refere ao procedimento, somente será possível o processamento da ação se o autor optar pelo ordinário. Observe-se que não cabe ao Juiz processar a ação pelo rito ordinário, mesmo sem a aquiescência do autor (§ 2º do art. 292 do CPC). Ao autor, sim, cabe a escolha. Não fazendo este a opção pelo rito ordinário, é de ser indeferida a inicial (*Calmon de Passos*).

Devemos distinguir, contudo, a cumulação de pedidos de ritos diversos, da cumulação de ações de naturezas distintas. Assim, não é possível a cumulação de ação de conhecimento com a execução; da ação cautelar com a ação cognitiva, etc.

4.2.1.16. Falta de interesse de agir

Por interesse de agir, se entende o interesse em obter uma providência jurisdicional adequada diante de uma pretensão resistida.

Não terá interesse de agir, por exemplo, o empregado em cobrar salário antes de vencido o prazo de seu pagamento. Falta-lhe interesse para exigir a providência jurisdicional, já que não resistida a sua pretensão.

Da mesma forma, falta interesse de agir ao autor que, possuidor de título executivo extrajudicial, pretender cobrar em processo de conhecimento a dívida, para, somente depois, executá-la. Falta-lhe o interesse para agir em processo cognitivo, já que seu título permite a execução forçada.

4.2.1.17. Impossibilidade jurídica do pedido

A impossibilidade jurídica do pedido surge quando a pretensão do autor é vedada expressamente pelo ordenamento jurídico. Hipótese de impossibilidade jurídica era do pedido de divórcio antes deste ser admitido, em abstrato, pelo direito objetivo. Antes, ainda que o réu concordasse, o pedido de divórcio não era passível de ser apreciado, já que a Constituição Federal, em vigor, vedava a dissolução do matrimônio.

Atualmente, no Brasil, podemos afirmar que as dívidas de jogo ou aposta não podem ser cobradas (art. 1.477 do Código Civil), assim como aquelas decorrentes de relações jurídicas com objeto ilícito (venda de tóxicos, etc.). Logo, pedidos nestes sentidos são havidos por impossíveis juridicamente de serem assegurados por decisão judicial.

Esse entendimento, entretanto, encontra enorme resistência em grande parte da doutrina. Para alguns, a impossibilidade jurídica do pedido estaria vinculada ao direito à tutela jurisdicional e não ao direito material pretendido.

4.2.1.18. Ilegitimidade passiva e ativa

Para demandar em Juízo, a parte deve ter legitimidade, ou seja, deve ser o sujeito da pretensão ou da prestação de direito material. Em suma, deve ser sujeito da relação de direito material cuja existência foi posta para conhecimento e decisão do Juiz.

"Quem afirmar uma pretensão, ou quem se afirma com direito a lograr determinada consequência jurídica, bem como aquele de quem se pretende uma prestação, ou em face de quem se persegue determinada consequência jurídica, estes é que devem ser partes na relação processual, para que haja legitimidade"[26].

Assim, por exemplo, tem legitimidade o marido para requerer o divórcio. Já seu filho não tem legitimidade para tal, pois não é sujeito da pretensão de direito material. Nesta hipótese, a legitimada passiva será o cônjuge e não, por exemplo, da sogra do autor.

Observe-se que a legitimação está vinculada ao direito material pretendido. Daí por que é incorreto se falar em ilegitimidade passiva da empresa demandada quando esta nega a existência da relação de emprego. Isso porque, em face das alegações do autor, ela é legitimada a participar do polo passivo da relação processual, pois, contra

---

(26) PASSOS, Calmon de. *Comentários ao CPC*. 7. ed. Rio de Janeiro: Forense, 1992. v. III, p. 272.

ela se dirige a pretensão formulada na inicial, o que não implica em afirmar que seja o empregador.

4.2.1.19. Incapacidade da parte

O processo não poderá se desenvolver regularmente se a parte não tiver capacidade para ser sujeito da relação processual.

Não tem capacidade de ser parte, por exemplo, o morto, a sociedade extinta e os isentos de jurisdição.

Em qualquer dessas hipóteses, a ação deve ser extinta por defeito para a constituição da relação processual.

4.2.1.20. Defeito de representação e falta de autorização

Algumas pessoas, apesar de terem capacidade de ser parte, não possuem a capacidade para estar em Juízo. Elas, portanto, devem ser representadas ou assistidas por outrem.

O absolutamente incapaz, por exemplo, em regra, deve ser representado por seus pais, tutor ou curador (art. 8º do CPC). Se ajuizarem a ação sem essa representação, o processo será passível de extinção sem julgamento do mérito. Do mesmo modo, em regra, o relativamente incapaz somente poderá demandar com a assistência de seus pais, tutor ou curador (art. 8º do CPC), com a devida autorização.

Na Justiça do Trabalho, o maior de 18 anos, desde que capaz, pode demandar sem qualquer assistência. Já o menor de 18 anos e maior de 16 anos, deverá ser assistido por seus representantes legais ou, na falta destes, pelo Ministério Público do Trabalho (MPT), Ministério Público Estadual, pelo sindicato ou por curador especial. Por fim, o menor de 16 anos deve ser representado pelo responsável legal (pais ou tutor) ou Ministério Público do Trabalho (MPT), Ministério Público Estadual, pelo sindicato ou por curador especial.

Qualquer defeito nesta representação ou a falta de autorização do assistente, resultará na extinção do feito, sem julgamento do mérito.

Exemplo de defeito ou falta de representação pode ser encontrado, também, em relação à pessoa jurídica, ao espólio, à herança jacente, aos entes públicos, ao condomínio, etc. (art. 12, CPC).

Da mesma forma, faltará autorização para demandar, por exemplo, quando o cônjuge não conceder a outorga nas ações onde esta seja exigida (art. 11, CPC).

Se não sanada a irregularidade, por parte do autor, o Juiz decretará a extinção do feito, por nulidade (inciso I do art. 13 do CPC).

4.2.1.21. Defeito de representação processual

Existem hipóteses, ainda, em que o titular do direito material pode ser representado judicialmente por outra pessoa. É o que se chama de representação processual. Como exemplo, temos a legitimidade das entidades associativas para, quando autorizados, representarem judicial e extrajudicialmente seus filiados (inciso XXI do art. 5º da CF/88).

Cumpre-nos, entretanto, estabelecer a distinção dessa representação processual da substituição processual. Em suma, na representação processual a parte atua em nome de outrem por autorização deste. Já na substituição, a parte demanda em Juízo sem qualquer autorização da parte substituída, sendo, inclusive, irrelevante a concessão deste ato autorizativo.

Na hipótese em comento, o representante atua processualmente em nome do representado e, qualquer defeito insanável nesta representação, poderá levar à extinção do feito. Assim, por exemplo, se o representado não concede a autorização ou, ainda, se a associação em seu estatuto não prevê essa atribuição, a representação processual será irregular, levando o feito à sua extinção sem julgamento do mérito.

Essa representação pode ser exercida, também, pelas entidades sindicais, enquanto associações, na forma prevista no art. 5º, inciso XXI, da CF/88.

4.2.1.22. Defeito de representação postulatória

Além de ter capacidade para ser parte e para estar em Juízo, é preciso, para agir processualmente, ter capacidade postulatória. Essa capacidade, em regra, é reservada aos advogados.

Existindo defeito nessa representação postulatória, se não sanada, a ação deverá ser extinta sem julgamento do mérito, se da parte do autor. Se da parte do réu, a ação prosseguirá à sua revelia.

Esses defeitos podem decorrer, por exemplo, da não-juntada do instrumento de procuração, mandato com prazo expirado, do instrumento procuratório não-assinado, etc.

4.2.1.23. Inadmissibilidade do litisconsórcio ativo ou passivo (art. 842, CLT)

A CLT estabelece, ainda, a possibilidade de vários empregados da mesma empresa ou estabelecimento demandarem em litisconsorte ativo contra o empregador. É espécie de cumulação subjetiva do pedido.

Para que esse litisconsórcio seja possível, entretanto, é necessário que os empregados sejam da mesma empresa ou estabelecimento e que a demanda seja ajuizada contra este empregador, desde que haja identidade de matéria.

O primeiro desses requisitos é o da identidade de matéria. Inexistindo esta, o litisconsórcio ativo será inadmissível. Isso ocorrerá, por exemplo, quando um empregado reclama horas extras e o outro a reintegração ao emprego.

É necessário, ainda, que os trabalhadores sejam empregados da mesma empresa ou estabelecimento. Não será possível, então, que dois empregados de empresas distintas demandem contra estas, ainda que haja identidade de matéria.

A solução a ser dada na inadmissibilidade litisconsorcial é extinção da ação, sem julgamento do mérito, pois não cabe ao Juiz decidir sobre quem deve prosseguir no feito ou, ainda, "dividir" o processo.

4.2.1.24. Litisconsórcio passivo necessário

Existem hipóteses, ainda, em que o litisconsórcio passivo é necessário. Isso ocorre quando o juiz, por disposição de lei ou pela natureza da relação jurídica, tiver que decidir de modo uniforme para todas as partes. Neste caso, todos os interessados deverão ser citados.

Se a parte não promover a citação dos litisconsortes necessários, no prazo que o Juiz conceder, o feito deverá ser extinto sem julgamento do mérito (parágrafo único, do art. 47, CPC).

Hipótese de litisconsórcio passivo necessário tem-se quando o Espólio é demandado e o inventariante é dativo. Neste caso, todos os herdeiros e sucessores do falecido deverão ser chamados como réus (§ 1º do art. 12 do CPC).

4.2.1.24.1. Limites ao litisconsórcio facultativo ativo. Procedimento

Em nome da celeridade e do bom andamento do feito, ou, ainda, se sua formação vier a dificultar a defesa de qualquer dos réus, o juiz não permitirá a formação do litisconsórcio (art. 46 do CPC).

Cabe, assim, à parte interessada requerer essa limitação. O prazo para contestação, então, recomeçará a ser contado a partir do primeiro dia útil imediato à intimação da decisão quanto a este pedido, tenha ou não sido deferido.

5. Defesa de mérito

A defesa contra o mérito é a defesa contra a pretensão do autor. Destina-se a desfazer a pretensão do autor e, consequentemente, tem em mira a obtenção de uma sentença que não atenda ao seu pedido. É resistência à pretensão.

A defesa contra o mérito será direta quando se dirige contra o pedido, nos seus fundamentos de fato e de direito. Será indireta a defesa quando, não obstante verdadeiro o fato alegado na inicial, o réu opõe ao direito pleiteado pelo autor outro fato, que impede, extingue ou obsta os efeitos pretendidos pelo autor.

5.1. Defesa direta

A defesa contra o mérito será direta quando se dirige contra o pedido, nos seus fundamentos de fato e de direito. Essa defesa pode consistir:

a) na negação dos fatos jurídicos afirmados pelo autor como fundamento do seu pedido (os fatos não são verdadeiros; os fatos são inteiramente diversos dos alegados pelo autor — art. 300 do CPC); ou

b) na admissão dos fatos alegados pelo autor, mas concomitantemente negação das consequências jurídicas que por estes lhe são atribuídas (da existência dos fatos não resulta que o réu seja juridicamente obrigado a satisfazer o pedido do autor — art. 326 do CPC).

5.1.1. Negação específica dos fatos alegados pelo autor

Para que cesse a presunção de veracidade dos fatos alegados pelo autor, não basta a negação genérica. Mister se faz que o réu o faça de maneira precisa sobre cada fato, individualmente, reputando-se verdadeiros, em princípio, os que assim não forem contestados (art. 302).

5.1.2. Impugnação genérica

A lei, entretanto, não impõe que o réu conteste o pedido. Exige mais. Impõe que o demandado se manifeste (art. 302 do CPC), sob pena de se considerar verdadeiros os fatos não impugnados, salvo:

a) se não for admissível, a seu respeito, a confissão;

b) se a petição inicial estiver desacompanhada de instrumento público que a lei considera da substância do ato; e

c) se estiverem em contradição com a defesa, em seu conjunto.

Observe-se que, segundo esta terceira hipótese, não podemos presumir, a rigor, como verdadeiros os fatos alegados na inicial, quando o réu, em sua defesa, nega a existência da relação de emprego, mas não contesta, especificamente, os fatos narrados na inicial em relação aos pedidos formulados em seu mérito propriamente dito.

Da mesma forma, não se presumem verdadeiros os fatos alegados pelo autor, se o réu, apesar de não contestar, reconvir, desde que suas alegações de reconvenção estejam em oposição ao alegado na petição inicial da ação principal.

Em suma, os efeitos da não impugnação precisa dos fatos não ocorrem quando estiverem em contradição com a defesa, considerada em seu conjunto (inciso III do art. 302 do CPC). A contradição pode ser encontrada na própria contestação ou em qualquer outra modalidade de resposta.

5.1.3. Contestação no litisconsórcio passivo

No caso da não contestação ou contestação genérica, os efeitos do art. 302 do CPC não ocorrem, quando, havendo pluralidade de réus, algum deles apresentar contestação (art. 320, I).

A contestação, no entanto, há de referir-se a fatos comuns a ambos os réus, de tal forma que não possa o juiz considerar o fato não provado para um e presumi-lo verdadeiro para o outro, o que seria contraditoriedade indesejável no processo.

O juiz, assim, teria que verificar que fatos são comuns aos litisconsortes e quais deles não são comuns: ocorrem os efeitos da revelia com relação a estes últimos e não quanto àqueles.

5.2. Defesa indireta

Será indireta a defesa quando, não obstante verdadeiro o fato alegado na inicial, o réu opõe ao direito pleiteado pelo autor outro fato, que impede, extingue ou obsta os efeitos pretendidos pelo autor.

A defesa indireta pode consistir:

a) na admissão dos fatos constitutivos alegados pelo autor, mas, concomitantemente, afirmação de outros impeditivos, modificativos ou extintivos (o réu reconhece que negociou a venda, mas alega que não tinha capacidade de obrigar-se; a alegação de ser a dívida de jogo, que não pode ser cobrada — fato impeditivo; reconhece que contraiu a dívida, mas já pagou — fato extintivo; reconhece que contraiu a dívida, mas afirma que, por acordo, foi ela parcelada, sendo tão-somente devida em parte — fato modificativo);

b) na alegação de outros fatos que, tendo por conteúdo um direito do réu, obstem os efeitos jurídicos afirmados pelo autor (se devo, o direito de cobrar está prescrito; devo, mas também sou credor — compensação).

Esta segunda modalidade de defesa indireta (objeção) tem o nome técnico de exceção substancial.

Cabe, aliás, distinguir a objeção da exceção substancial.

Objeções são fatos que impedem ou extinguem o direito pretendido pelo autor e que, mesmo não alegados pelo réu, mas provados nos autos, devem ser considerados, a exemplo do pagamento. Já as exceções substanciais são os fatos que somente podem ser considerados pelo juiz quando arguidos pelo réu (compensação, prescrição, etc.).

5.2.1. Objeções

5.2.1.1. Transação e renúncia

Transação é o negócio jurídico bilateral realizado entre as partes para prevenir ou terminar litígio mediante concessões recíprocas (art. 1.025 do Código Civil).

Há de se fazer, de logo, a diferenciação entre transação e conciliação. E a diferença está no fato de o Juiz não participar do acordo de vontades emergente na transação, enquanto atua ativamente no pacto originado da conciliação.

Veja-se que o *caput* do art. 831 da CLT prescreve que a decisão será proferida depois de rejeitada pelas partes a proposta de conciliação apresentada pelo juiz. Se as partes, no entanto, comparecem perante o Juiz com o acordo de vontades já selado, pleiteando, apenas a sua homologação, ter-se-á a transação judicial.

Já a renúncia ocorre quando, de forma expressa, o autor abre mão do direito material que invocou quando da dedução de sua pretensão em juízo. Demitindo-se da titularidade do direito que motivou a lide, o autor elimina a própria lide. A renúncia ao direito material elimina o próprio direito de ação, enquanto que a desistência do processo não o atinge.

5.2.2. Exceções substanciais

5.2.2.1. Prescrição e decadência

A prescrição e a decadência, segundo o disposto no CPC, art. 269, IV, sendo invocadas na resposta do réu, constituem matérias de mérito.

Tanto a prescrição como a decadência acarreta a perda da possibilidade de se obter o acolhimento de uma pretensão pela inércia do titular durante determinado prazo. A prescrição, no entanto, não extingue propriamente o direito e sim, cria para o réu o direito de impedir que o autor se valha do seu direito judicial.

A prescrição invocada pode ser parcial ou total. A forma de arguição da prescrição determinará como o Juiz deverá examiná-la, sendo de extrema importância que se distinga entre prescrição de créditos (parciária) ou prescrição de direito (total).

Frise-se, todavia, que o atual art. 219, § 5º, do CPC, estabelece que "o juiz pronunciará, de *ofício, a prescrição*".

Diante desse novo dispositivo, pode-se, inclusive, chegar à conclusão de que a prescrição deixou de ser uma exceção substancial, para se tornar uma objeção.

No processo do trabalho, no entanto, entendemos que esse dispositivo não se aplica. Isso porque o *caput* do art. 7º da CF estabelece que o legislador ordinário apenas pode legislar de modo a melhorar as condições sociais do trabalho. Daí se extrai, também, a regra de que o Estado brasileiro deve agir em prol da melhoria das condições sociais do trabalhador. Logo, se o juiz do trabalho aplica, de ofício, a prescrição, ele, em verdade, age de forma a piorar a condição social do trabalhador.

Entendemos, assim, que esse novel dispositivo processual é aplicável às ações judiciais, salvo naquelas em que figura como parte o trabalhador.

5.2.2.2. Compensação e retenção

A Consolidação das Leis do Trabalho, em seu art. 767, aduz que a "compensação ou retenção só poderá ser arguida como matéria de defesa", não permitindo, com isso, que a reconvenção possa ser utilizada como meio de se tentar promover a compensação ou a retenção.

Com efeito, o único momento que tem o réu para arguir a compensação ou a retenção é a contestação. Neste sentido, aliás, já firmou o Tribunal Superior do Trabalho firme entendimento[27].

A compensação consiste na extinção dos créditos ou, pelo menos, na redução de um deles, sendo os valores diferentes, ou na extinção de dois créditos iguais, em virtude de duas pessoas serem simultaneamente devedoras e credoras uma da outra.

No dissídio individual do trabalho, além da exigência de direito comum (arts. 1.009 a 1.024 do Código Civil), a respeito da equivalência das obrigações, deve ser cuidadosamente observada a homogeneidade de sua natureza jurídica, conforme Súmula n. 18 do C. TST.

Equivocado afigura-nos, de outro lado, o entendimento de que o empregador somente poderá compensar até o limite de um mês de remuneração do empregado, invocando-se, para tanto, o disposto no art. 477, § 5º, da Consolidação das Leis do Trabalho. A limitação quantitativa da compensação, até o valor de um mês da remuneração do empregado, somente tem lugar para os haveres resilitórios, sendo a norma preconizada no art. 767 processual. Portanto, sendo o art. 477 norma de direito processual, não pode com a regra processual se confundir.

Não basta alegar simplesmente a compensação, para que esta tenha aplicação. Muitos confundem a compensação com a dedução. Para a configuração da compensação, força convir a existência dos seguintes elementos, a saber:

a) reciprocidade de dívida;

b) liquidez das dívidas;

c) homogeneidade das dívidas (hora extra com hora extra, por exemplo);

---

(27) Súmula n. 48 do TST: "DA COMPENSAÇÃO. A compensação só poderá ser arguida com a contestação".

d) que sejam vencidas (daí por que, em se tratando de obrigações de trato sucessivo, as parcelas vincendas devem ficar fora do alcance da compensação);

e) dívidas da mesma natureza.

Cabe esclarecer, ainda, que a compensação é figura de direito material. Por envolver direito material do réu, ampara-se em título que lhe permite exercício de ação própria ou o uso da via reconvencional, se o valor a compensar for mais elevado do que o exigido pelo reconvindo. Desse modo, precluída a arguição, pela via defensiva, continua intacto o direito de exigir, por ação distinta, a obrigação que seria compensável.

A retenção, por sua vez, é outro modo de assegurar o cumprimento de uma obrigação. Caracteriza-se, fundamentalmente, pela negativa de entrega de coisa de outrem, da qual se tem legítima posse ou detenção, enquanto não for cumprida por seu proprietário obrigação exigível pelo possuidor ou detentor.

O ponto distintivo entre retenção e compensação está em que na retenção confronta-se uma obrigação com um bem do devedor, tomado como refém de seu cumprimento; na compensação, confrontam-se dois créditos, que se anulam na medida de sua equivalência.

No que diz respeito à retenção, pensamos que o instituto pode ser invocado não apenas para fins de pagamento, mas, também, para obrigações de outras naturezas, como o direito assegurado ao detentor da coisa de mantê-la em seu poder, até que seja cumprida a obrigação conexa.

A retenção e a compensação, por sua vez, não se confundem com a dedução, que, a seu turno, encontra-se ligada mais de perto da salutar impossibilidade de se permitir o enriquecimento sem causa. É instituto de direito material e, em razão de sua importância no âmbito do equilíbrio social, é tema que deve ser cognoscível de ofício pelo julgador. Assim, é possível, como sói acontecer com frequência, que o magistrado, ao sentenciar, determine a observância obrigatória de se promover, em liquidação de sentença, a dedução das quantias pagas sob a mesma rubrica, desde que haja, para tanto, prova de seu pagamento nos autos.

Temos, portanto, que a dedução é resultante de crédito já feito sobre a mesma dívida, bastando, pois, a existência de um crédito para que dela possa ocorrer se deduzir.

5.2.2.3. Da negativa de relação de emprego

A negativa da relação de emprego é defesa comumente aduzida em várias reclamações ajuizadas. Ao acolher a defesa, tem-se indagado se a sentença que declara inexistente a relação de emprego extingue o processo com ou sem julgamento de mérito.

Vários magistrados têm se inclinado por essa segunda posição, sob o argumento de que, reconhecida a inexistência da relação empregatícia, é a parte autora ilegítima para ingressar com aquela demanda, por lhe faltar uma dita condição específica da demanda trabalhista: a condição de empregado.

De fato, proposta uma reclamação trabalhista pleiteando-se a condenação da empresa no pagamento de várias verbas, esta última argui, em primeiro plano, a inexistência de relação de emprego e, portanto, a improcedência dos pedidos formulados.

Ocorre, porém, que esta questão não envolve matéria processual que conduza o processo a ser extinto sem julgamento de mérito pelo reconhecimento da inexistência da relação empregatícia.

O Juiz, ao apreciar tal arguição, estará, na verdade, decidindo sobre uma questão prejudicial posta à sua apreciação. Aqui, então, faz-se mister distinguir as duas categorias de questões prévias existentes: as questões preliminares e as questões prejudiciais. Ambas devem ser conhecidas pelos juízes antes de adentrar no exame do pedido que foi formulado. A questão preliminar é aquela que, uma vez acolhida, obsta o Juiz prossiga na sua tarefa de julgar; já a questão prejudicial é aquela que dá conteúdo à decisão da chamada questão prejudicada. A questão preliminar é defesa contra o processo; a questão prejudicial é defesa contra o direito pretendido pelo autor.

Assim, a decisão da questão prejudicial impõe o prosseguimento do juiz no julgamento da questão principal. Esta será julgada de qualquer forma. O seu conteúdo, no entanto, é que será determinado pelo teor da questão prejudicial.

Outra característica da questão prejudicial é a sua autonomia: ela pode ser objeto de ação autônoma ou mesmo incidental no processo.

Assim, ao decidir sobre a existência ou não da relação empregatícia, o juiz estará conhecendo de uma questão que é prejudicial ao exame das demais: caso reconheça a existência de dita relação, apreciará os pedidos, como de Direito; caso reconheça a inexistência da relação empregatícia, julgará improcedentes os pedidos formulados à luz da causa de pedir remota — existência de vínculo empregatício.

6. Possíveis alegações de defesa formuladas após a contestação

O processo é como a vida, regido pelo tempo. Este não para, já dizia o poeta. Portanto, perdida que for a oportunidade para o réu apresentar a defesa — total ou parcialmente —, não mais poderá alegar, de ordinário, questões posteriores ao momento da apresentação da contestação, posto que se dará a preclusão, que, em linhas gerais, é a perda de uma faculdade processual.

Esta, a preclusão, pode ser: a) temporal, que é a perda de prazo; b) lógica, que é a realização de um ato incompatível com outro já realizado; c) consumativa, que se dá pela perda da referida faculdade processual quando a questão já tenha se consumado, como, por exemplo, a repetição de um ato praticado (a apresentação de dois recursos sucessivos).

A lei, entretanto, apesar da preclusão, autoriza excepcionalmente o réu deduzir novas matérias, mesmo após o término do prazo para apresentar a contestação.

São de três ordens as questões que podem ser suscitadas pelo réu após a contestação:

a) quando surgir o chamado direito superveniente, assim considerado como sendo o aparecimento de algum fato constitutivo, modificativo ou extintivo do direito (CPC, arts. 303, I e 462);

b) as que o juiz pode conhecer de ofício, podendo, pois, ser alegada pelo réu a qualquer tempo, como, por exemplo, a coisa julgada, litispendência ou a falta de qualquer das condições da ação;

c) aquelas que por expressa autorização legal puderem ser formuladas a qualquer tempo e juízo[28], como, por exemplo, o pagamento, a novação, a compensação com execução aparelhada, a transação, entre outras.

Em suma, admite-se defesa nova, posteriormente à contestação, quando fundadas em direito superveniente à própria contestação, isto é, direito que somente se constituiu ou se integrou posteriormente a esta (art. 303 do CPC).

Também se admitem defesas novas quando versarem sobre matérias que o juiz possa e deva conhecer de ofício, trate-se de matéria de direito substancial (§ 5º do art. 219 do CPC), trate-se de matéria de direito processual (art. 301 do CPC, salvo o compromisso arbitral).

São, ainda, admissíveis defesas novas, depois da contestação, quando por lei puderem ser formuladas em qualquer tempo e juízo. Assim, por exemplo, é o caso do impedimento do juiz ou a sua suspeição quando o réu teve ciência posteriormente à contestação.

Exemplo bastante comum na Justiça do Trabalho ocorre com as sentenças normativas, que, depois de proferidas pelo TRT, assumindo plena eficácia, são reformadas, posteriormente, pelo TST. Neste caso, cabe ao réu interessado alegar e comprovar esse fato novo.

7. Revelia e ausência de defesa

A revelia é um instituto pouco explorado nos domínios da doutrina pátria. Como tudo o que é pouco investigado, a revelia suscita algumas controvérsias no campo prático. A começar pelo próprio conceito, que, não raro, é confundido com seus efeitos.

Temos que no processo do trabalho, para os feitos submetidos ao procedimento da Consolidação das Leis do Trabalho, a revelia consiste na ausência da parte e não na

---

(28) CPC, art. 303, III.

falta de contestação. Por conseguinte, se a parte estiver presente à audiência na qual deveria apresentar sua contestação e ficar inerte, deixando de se defender, não teremos a revelia, mas, quando muito, a confissão presumida. Todavia, se o advogado se encontrar presente, à referida audiência, contudo, sem o seu constituinte, poderá o causídico apresentar a contestação, pois o direito à ampla defesa e ao contraditório lhe são garantidos constitucionalmente, entretanto, o juiz não deixará de declarar a revelia, justamente em razão da ausência da parte ré.

Como se pôde perceber, no processo laboral, a revelia não está diretamente atrelada à apresentação da contestação, mas à presença do réu em juízo.

Um dos efeitos da revelia, talvez o mais drástico, consiste em se reputar como verdadeiros os fatos afirmados pelo autor[29].

Afigura-nos evidente que a ausência do réu, por si só, não autoriza ao juiz chancelar os fatos absurdos ou inverossímeis. Vale lembrar que o princípio da razoabilidade, o princípio da proporcionalidade, além do próprio bom senso, não podem ser perdidos de vista pelo magistrado, pelo só fato do réu se mostrar ausente. O réu, apenas porque optou pelo não comparecimento, não deve ser tratado como um marginal. Em nenhum crime incorreu. Muitas vezes, a revelia pode servir para "caricaturar" a Justiça. Tal deve ser evitado. Por conseguinte, se o juiz perceber que os fatos narrados pelo autor são completamente fora do razoável, fundamentando sua decisão, deverá rechaçar a pretensão.

Por outro lado, se a ausência do réu — ou de seu preposto — for justificada e relevante, impossibilitando o seu efetivo comparecimento, o magistrado poderá adiar a audiência, designando, para tanto, nova data[30].

O comparecimento à audiência do advogado do réu, conquanto ausente este imotivadamente, não autoriza a recusa no recebimento da contestação, sendo lícito ao defensor apresentar a defesa, de forma escrita ou oral, inclusive, lhe deve ser franqueada a possibilidade de produzir prova documental que entender necessária, sem qualquer prejuízo do eventual efeito material da revelia. Isto porque os efeitos da revelia — como a confissão presumida — só ocorrerão se o contrário não resultar da prova dos autos. Assim, impedido que seja o advogado de produzir a defesa e os documentos, estará aberta a via recursal com o fito de buscar a nulidade do processo, por cerceio de defesa.

7.1. Revelia e seus efeitos

A revelia, no processo do trabalho, ocorre quando o demandado não comparece à audiência de instrução e julgamento.

---

(29) Vale lembrar que a presunção da verdade dos fatos narrados pelo autor, no caso de revelia, não tem incidência quando a matéria trazida aos autos for daquelas em que houver necessidade de se produzir prova para sua validade, como é, por exemplo e de ordinário, o caso da pretensão relativa ao adicional de periculosidade ou insalubridade.
(30) CLT, art. 844, § 1º.

Não comparecendo, sua ausência importa em confissão quanto à matéria de fato alegada na inicial (art. 844, *in fine*, da CLT).

Se nem seu advogado comparecer à audiência, outra consequência é o prosseguimento do feito sem intimação do revel (art. 322 do CPC), salvo quanto à sentença (art. 852, *in fine*, da CLT).

A revelia não induz, porém, à confissão:

I — se, havendo pluralidade de réus, algum deles contestar a ação;

II — se o litígio versar sobre direitos indisponíveis; e

III — se a petição inicial não estiver acompanhada do instrumento público que a lei considere indispensável à prova do ato.

7.2. Ausência do preposto e presença do advogado

Pode ocorrer, entretanto, de o representante legal do demandado não comparecer à audiência, estando presente seu advogado.

Neste caso, a rigor, o procurador poderá contestar o feito e produzir provas, mas o demandado será considerado confesso em relação à matéria factual alegada na inicial (art. 844, *in fine*, da CLT).

Sendo confesso, entretanto, o juiz poderá dispensar a produção de provas (inciso II do art. 334 e inciso I do art. 400, ambos do CPC).

7.3. Ausência de contestação e seus efeitos

Pode, entretanto, a parte comparecer à audiência e não contestar o feito ou apenas contestar algumas das matérias alegadas na inicial.

Neste caso, a matéria factual alegada na exordial não contestada será tida como incontroversa, pois se presumem verdadeiros os fatos não impugnados, salvo:

I — se não for admissível, a seu respeito, a confissão;

II — se a petição inicial não estiver acompanhada do instrumento público que a lei considerar da substância do ato;

III — se estiverem em contradição com a defesa, considerada em seu conjunto.

Esta regra, no entanto, não se aplica quando a parte é defendida por advogado dativo, curador especial ou pelo Ministério Público.

7.4. A revelia e os entes de direito público

Os entes de direito público interno não estão imunes aos efeitos da revelia, dentre eles a confissão presumida. Do elenco das inúmeras prerrogativas processuais outorgadas à Fazenda Pública, não encontramos, entre elas, a proteção quanto aos efeitos da revelia. Assim, uma vez não contestado o feito, as questões de fato narradas na petição inicial, deverão ser consideradas pelo juiz como verdadeiras.

7.5. A revelia e a ação rescisória

A declaração da revelia, em decorrência da falta de contestação, é plenamente aceitável em sede de ação rescisória. No particular, permite a Consolidação das Leis do Trabalho o uso das regras do Código de Processo Civil[31]. Portanto, como não há audiência destinada à apresentação da contestação, o réu deverá apresentar a contestação em momento destinado a tanto[32].

O que ocorre, nos domínios da revelia em sede de ação rescisória, é a questão relativa à incidência de um dos seus efeitos, qual a confissão presumida. Isto porque, a falta de contestação, por si só, não pode ter o condão de ser mais forte do que a própria coisa julgada, ainda que a coisa julgada tenha se formado em processo que correu à revelia. Logo, o autor da ação rescisória continua com o encargo probatório quanto às alegações que fizer em sua petição inicial.

7.6. A revelia e o litisconsórcio

A pluralidade de réus obsta a confissão presumida, sempre que alguns deles apresentar contestação, quando a formação litisconsorcial for unitária[33]. Isso se deve ao fato de que a formação litisconsorcial unitária impede, pela sua própria natureza, que a decisão não seja uniforme a todos os consortes, devendo, desse modo, ser idêntica a matéria decidida.

A questão tem-se mostrado um tanto quanto dissonante quando temos em discussão a matéria relativa à formação litisconsorcial em razão da responsabilidade subsidiária, muito comum nas contratações da mão-de-obra interposta. A jurisprudência vem se mostrando vacilante. Ora se vislumbra a aceitação da contestação da empresa tomadora da mão-de-obra, quando a prestadora não comparece, ora se tem recusado, ao argumento de que não se trata de litisconsórcio unitário.

De qualquer modo, verificamos a prevalência da corrente jurisprudencial que admite, em nome de princípios constitucionais processuais, a admissão da contestação da tomadora da mão-de-obra, flexibilizando-se, dessa forma, o rigor interpretativo que a doutrina processual civil vinha implementando ao art. 320, I, do Código de Processo Civil.

---

(31) CLT, art. 836.
(32) CPC, art. 491.
(33) CPC, art. 320, I.

7.7. A revelia e a ação cautelar

A ausência de contestação, nos domínios destinados aos feitos submetidos ao procedimento cautelar, permite ao juiz considerar como verdadeiros os fatos alegados pelo autor. Neste sentido, a legislação processual comum enfrenta expressamente a matéria. Por conseguinte, em face da omissão da Consolidação das Leis do Trabalho, devemos nos valer do que dispõe o art. 803 do Código de Processo Civil, a saber:

> "Art. 803. Não sendo contestado o pedido, presumir-se-ão aceitos pelo requerido, como verdadeiros, os fatos alegados pelo requerente (arts. 285 e 319); caso em que o juiz decidirá dentro de 5 (cinco) dias."

Não podemos deixar de lembrar a você, caro leitor, que há uma importante diferença quanto à forma de comunicação processual ao revel. No processo civil, "contra o revel que não tenha patrono nos autos, correrão os prazos independentemente de intimação, a partir da partir da publicação de cada ato decisório"[34]. Todavia, nos domínios do processo laboral, "da decisão serão os litigantes notificados, pessoalmente, ou por seu representante, na própria audiência. No caso de revelia, a notificação far-se-á pela forma estabelecida no § 1º do art. 841"[35].

Como se pode depreender, no processo do trabalho, haverá sempre a necessidade de se intimar o revel da sentença; o que já não acontece no processo civil.

De qualquer modo, tanto no processo civil, como no processo do trabalho, "o revel poderá intervir no processo em qualquer fase, recebendo-o no estado em que se encontrar"[36].

8. Da contestação trabalhista

A contestação é a forma mais utilizada de resposta do réu. Por meio dela o réu se opõe de modo direto às pretensões do autor. No processo do trabalho, quando a matéria não for regulada por rito específico, a forma de apresentação da defesa é aquela preconizada pela Consolidação das Leis do Trabalho, ou seja, "não havendo acordo, o reclamado terá vinte minutos para aduzir sua defesa, após a leitura da reclamação, quando esta não for dispensada por ambos"[37]. Todavia, quando o litígio versar sobre matéria da nova competência do Judiciário trabalhista, e não for possível, por absoluta incompatibilidade, a utilização do procedimento previsto na Consolidação das Leis do Trabalho, deve ser usado o rito contido no Código de Processo Civil, como é o caso, por exemplo, do mandado de segurança, dos executivos fiscais, das ações possessórias, entre outras[38].

---

(34) CPC, art. 322, com a nova redação da Lei n. 11.280, de 2006.
(35) § 1º, do art. 841: "A notificação será feita em registro postal com franquia. Se o reclamado criar embaraço ao seu recebimento ou não for encontrado, far-se-á a notificação por edital, inserto no jornal oficial ou no que publicar o expediente forense, ou, na falta, afixado na sede do juízo".
(36) Parágrafo único, do art. 322, do CPC.
(37) CLT, art. 847.
(38) Neste sentido, vide a *Instrução Normativa do Tribunal Superior do Trabalho* n. 27, de 2005.

9. Da reconvenção

Ao réu também é possível responder (ou se defender) por meio de outra técnica processual, qual a reconvenção. Mediante a reconvenção "o réu, afastando-se da atitude meramente defensiva, transmuda-se em autor (reconvinte), e o autor em réu (reconvindo), fazendo com que surja dentro de um mesmo processo uma nova lide"[39].

A reconvenção, no processo do trabalho, deve ser apresentada no mesmo momento em que o réu tem para se defender (ou apresentar sua contestação).

Assim, quando o procedimento adotado na causa for aquele previsto na Consolidação das Leis do Trabalho, o momento para reconvir é em audiência. Do contrário, em sendo adotado o rito do processo comum, a reconvenção deverá ser apresentada no prazo da contestação[40].

Em se tratando de procedimento adotado pela Consolidação das Leis do Trabalho, é possível se franquear ao réu-reconvinte a possibilidade de reconvir oralmente. Explica-se tal postura pelo simples fato de que a reconvenção equivale a uma petição inicial, apenas proposta pelo réu, e como esta pode ser rescrita ou oral[41], também é possível que a reconvenção trabalhista venha a ser apresentada de modo escrito ou verbal. Também temos assistido a reconvenção apresentada na mesma peça em que se materializa a contestação, quando escrita. Embora não haja óbice legal para tanto, por uma questão de sistematização não é aconselhável que assim proceda a parte reconvinte. Melhor que a reconvenção venha em peça distinta daquela destinada à contestação.

No CPC/39, a reconvenção era formulada juntamente com a contestação (art. 190), o que levava à conclusão de ser obrigado a se formular, igualmente, a contestação, se desejasse reconvir. Hoje, não sendo mais obrigatório que a reconvenção venha na mesma peça que a contestação, nada obsta do réu não contestar, mas formular reconvenção.

A reconvenção pode se dar:

a) pela conexão com a ação principal;

b) com o fundamento da defesa.

Vale destacar que a conexão do art. 315 do CPC é a chamada instrumental, ou seja, aquela relacionada com a existência de um mesmo regime instrutório; ao passo que a conexão, regrada pelo art. 106 do CPC, é a material.

A Consolidação das Leis do Trabalho é omissa quanto à reconvenção.

---

(39) Cf. definição de Clito Fornaciari Junior (*Da reconvenção no direito processual civil brasileiro*).
(40) CPC, art. 299.
(41) CLT, art. 840.

Apresentada a reconvenção deve o magistrado determinar sua anotação no Distribuidor[42].

A desistência da ação principal, não obsta o prosseguimento da reconvenção[43]. Isso porque a reconvenção é uma ação como outra qualquer.

Não havendo possibilidade do autor-reconvindo apresentar contestação à reconvenção, no momento de sua materialização, deve o juiz adiar a audiência, para que a possibilidade de contestação se concretize.

9.1. A reconvenção e a execução

Incabível nos domínios da execução, quer promovida por título executivo judicial ou por título extrajudicial, o uso da reconvenção. Esta modalidade de resposta afigura-se completamente incompatível com a execução.

Devemos lembrar que a Lei n. 6.830, de 1980, que trata dos executivos fiscais, fonte supletória da execução trabalhista[44], expressamente veda o uso da reconvenção[45].

9.2. A reconvenção e a ação cautelar

A finalidade precípua da ação cautelar é a proteção de uma situação de caráter emergencial, mostrando-se, hodiernamente, mais patente tal entendimento diante da sistemática adotada pelo processo comum por meio da tutela antecipada[46].

Partindo-se dessa premissa, a admissão da reconvenção acabaria prejudicando o procedimento cautelar, que deve ser expedito e especial. Temos, assim, que é incabível a reconvenção nos domínios destinados ao uso da ação cautelar.

Há de ser observado, contudo, que apenas dentro do procedimento cautelar é que não se deve permitir a reconvenção, posto que nada impede que, na ação principal, da qual a cautela é dependente[47], possa existir a reconvenção.

Por fim, para aqueles que são mais preciosistas ou amantes da interpretação literal, ainda existe mais um argumento contra a reconvenção: o art. 803 do Código de Processo Civil. Tal dispositivo legal, ao tratar da defesa do réu, apenas menciona a contestação do pedido, silenciando quanto à possibilidade de reconvenção. Assim,

---

(42) CPC, parágrafo único, art. 253.
(43) CPC, art. 317.
(44) CLT, art. 889.
(45) Art. 16, § 3º.
(46) Em linhas gerais: arts. 273 e 461 do CPC.
(47) CPC, art. 809.

muitos podem extrair do texto legal, que a omissão proposital do legislador teve em mira afastar a possibilidade de uso da reconvenção[48].

9.3. A reconvenção e a ação declaratória

Já se chegou a entender que não haveria interesse na propositura de reconvenção nas ações meramente declaratórias, diante das limitadas hipóteses de seu cabimento. A discussão não se limitou apenas aos domínios acadêmicos. Muito pelo contrário; chegou ao âmbito de apreciação do nosso Tribunal maior, qual o Supremo Tribunal Federal, que acabou por dirimir, de uma vez por todas, as dúvidas, por meio da Súmula n. 258, a saber:

"É admissível reconvenção em ação declaratória."

Não nos parece mais haver qualquer dúvida, diante da contundência verbal do texto da Súmula acima transcrita.

9.4. A reconvenção, a ação dúplice e o pedido contraposto

Temos observado que existe um pouco de falta de aprimoramento técnico quanto à utilização das expressões reconvenção, ação dúplice e pedido contraposto. A fim de se evitar as confusões, que comumente ocorrem, façamos uma breve distinção acerca dos referidos institutos, a saber:

a) reconvenção — como dito acima, temos por meio da reconvenção "o réu, afastando-se da atitude meramente defensiva, transmuda-se em autor (reconvinte), e o autor em réu (reconvindo), fazendo com que surja dentro de um mesmo processo uma nova lide"[49];

b) ações dúplices — são as ações em que a condição dos litigantes é a mesma, não se podendo falar em autor e réu, salvo do ponto formalístico, pois ambos assumem, concomitantemente, as duas posições, do ponto de vista do resultado.

A discussão judicial propiciará o bem da vida a qualquer um. A simples defesa pode ser vista como uma pretensão. É como uma briga em cabo de guerra: a defesa de uma equipe já é, ao mesmo tempo, o seu ataque. Ex. Ações declaratórias; ações divisórias; ações de acertamento, como a prestação de contas.

c) pedido contraposto — É bem próximo da reconvenção. Apenas permite a lei que o pedido seja formulado na própria contestatória. Ao contrário da reconvenção. Assim, somente poderá haver pedido contraposto quando houver expressa permissão legal, pois o ordinário é a reconvenção. Ex. Sumário, do processo civil (art. 278, § 1º).

---

(48) Apenas para uma reflexão: o texto em epígrafe, qual o art. 802 do CPC, também é silente quanto à possibilidade de se apresentar exceção. Será que diante de tal situação a parte tem que aceitar um juiz suspeito ou impedido?
(49) Cf. definição de Clito Fornaciari Junior (*Da reconvenção no direito processual civil brasileiro*).

9.5. Reconvenções simultâneas

Interessante a questão relativa à propositura simultânea de reconvenções, ou seja, uma vez apresentada pelo réu, poderia o autor apresentar reconvenção e, simultaneamente, o réu poderia apresentar nova reconvenção e assim por diante?

Há quem entenda que tal não seria possível. Justificam tal assertiva no fato de que o art. 299 do Código de Processo Civil apenas permite a apresentação simultânea da reconvenção com a contestação.

Pensamos que a reconvenção simultânea pode acontecer. Em primeiro lugar, não há óbice algum na lei para que tal deixe de existir. O art. 299 do Código de Processo Civil apenas cuidou de regular o óbvio, não fazendo sentido que o legislador procurasse prever todas as situações que na prática podem ocorrer.

9.6. A reconvenção e a revelia

A falta de contestação, por si só, não inibe por completo a apresentação da reconvenção. O art. 315 do Código de Processo Civil, ao preconizar as hipóteses de cabimento da reconvenção, deixa claro que o "réu pode reconvir ao autor no mesmo processo, toda vez que a reconvenção seja conexa com a ação principal ou com o fundamento da defesa". Portanto, não comparecendo o réu e sendo declarada a revelia, não poderia haver reconvenção com base no fundamento da defesa. Todavia, nada impede que a reconvenção possa ser apresentada, pelo advogado do réu que presente estará à audiência, com fundamento na ação principal.

9.7. Diferença entre a reconvenção e a ação declaratória incidental apresentada pelo réu

Tema que não vem merecendo muito trato da doutrina é aquele que busca demonstrar a existência de diferenças entre a reconvenção e a ação declaratória incidental apresentada pelo réu. A fim de melhor elucidar o tema, apresentamos algumas diferenças, a saber:

a) a primeira diferença, por ser óbvia demais até dispensaria comentários, encontra-se no nome. Um dos institutos se chama reconvenção, ao passo que o outro recebe o nome de ação declaratória incidental;

b) outra diferença está no fato de que para o oferecimento da reconvenção, não há necessidade de contestação[50]; enquanto na ação declaratória incidental é necessária a contestação do mérito, pois a lei exige a litigiosidade[51];

---

(50) Ao menos quando esta se fundar no objeto da ação principal.
(51) CPC, art. 5º.

c) a ação declaratória incidental é completamente dependente da ação principal; o que já não ocorre com a reconvenção[52];

d) a ação declaratória incidental poderá ser decidida antes da ação principal[53]; enquanto a reconvenção deve ser julgada em simultaneidade com a ação principal[54].

---

52) CPC, art. 317.
53) CPC, art. 325.
54) CPC, art. 318.

Capítulo IX

A Prova no Processo do Trabalho

1. Conceito

O vocábulo prova, em sentido amplo (originário do latim *proba*, de *probare* = demonstrar) significa tudo o que demonstra a veracidade de uma proposição ou a realidade de um fato.

Costuma-se confundir a PROVA EM SI com os MEIOS DE PROVA; coisas sabidamente distintas.

Para alguns, contudo, estes conceitos seriam sinônimos, especialmente para aqueles que definem a prova como o próprio meio.

Para outros, entretanto, prova é RESULTADO e não MEIO, muito embora o próprio CPC vigente, tal como o revogado, atribua ao meio o caráter de prova. Aliás, se assim o fosse, ter-se-ia que qualquer documento juntado aos autos, por si só, constituiria prova do fato a que se refere, ignorando-se, com isso, a apreciação judicial acerca desse meio de prova, apreciação que resultaria na revelação do resultado que tal meio produziu.

Ora, se o meio é a prova, como, então, por exemplo, sustentar-se essa afirmação diante de declarações contraditórias das testemunhas sobre o mesmo fato? Ambas, nesta hipótese, teriam provado a existência de duas verdades? Óbvio que não.

A prova, em verdade, é 1) a demonstração, 2) segundo as normas legais específicas, 3) da verdade dos fatos 4) relevantes e 5) controvertidos 6) no processo.

2. Princípios

Podemos citar os seguintes princípios regentes da prova no processo do trabalho

1) *Necessidade da prova*: o juiz não se pode deixar impressionar com meras alegações expendidas pelas partes, exigindo-lhe a lei que decida, que forme a sua convicção, de acordo com apoio na prova produzida nos autos.

Daí também se extrai a regra segundo a qual o juiz não pode decidir com base no seu conhecimento pessoal dos fatos controvertidos.

2) *Unidade (ou comunhão) da prova*: o juiz deve apreciar a prova como um todo isto não significando que, diante do complexo probatório, só possa decidir, ex

clusivamente, a favor desta ou daquela parte, principalmente quando se cogita de petições iniciais trabalhistas que, em geral, contêm inúmeros pedidos, que muitas vezes resultam de causas (fatos eficientes) heterogêneas.

3) *Lealdade ou probidade da prova:* a prova deve ter um propósito marcadamente ético, daí por que, num plano IDEAL, pode-se afirmar que todos os sujeitos do processo teriam interesse em que a verdade dos fatos fosse encontrada, de forma pura, sem laivos de meia-verdade ou de falsa-verdade, rsguardando-se, com isso, a própria respeitabilidade do Poder Judiciário e das decisões por ele proferidas.

4) *Contradição:* A parte contra quem se produziu ou se vai produzir a prova tem o direito de impugná-la pelos meios previstos em lei, estabelecendo-se, assim, o contraditório.

5) *Igualdade de Oportunidades:* Aos litigantes se deve conceder a mesma oportunidade para requererem a produção de provas, ou para produzi-las, sob pena de nulidade processual, que só será declarada se houver manifesto prejuízo à parte a quem não se concedeu a mesma oportunidade para produzir provas.

Ademais, o prejuízo, por si só, não basta, posto que, tratando-se de nulidade relativa devem as partes argui-la na primeira vez que tiverem de falar em audiência ou nos autos (art. 795, *caput*, da CLT).

6) *Legalidade:* A lei subordina o direito à produção de provas à observância de determinados requisitos, como os de tempo, lugar, meio, adequação, etc. Pode-se, então, afirmar, que as partes estão submetidas a uma rígida disciplina probatória, criteriosamente estabelecida em lei, que as impede de agir segundo seu livre-arbítrio nesse campo.

7) *Imediação:* O juiz é sujeito do processo, competindo-lhe dirigi-lo com exclusividade, acompanhando e fiscalizando, *pari passu*, a atividade das partes.

O princípio da imediação se manifesta com mais nitidez no interrogatório das partes e na inquirição das testemunhas, do perito e dos técnicos, em que pese no processo moderno o que vigora é uma oralidade mista.

8) *Obrigatoriedade da prova:* Na verdade, a parte não tem a obrigação de provar em juízo a verdade dos fatos em que assenta a inicial ou a resposta, conforme seja a hipótese. Não há sanção processual, posto que inocorreu o inadimplemento de nenhuma obrigação. As partes têm, apenas, um ônus objetivo de provar, perante o juiz, a veracidade dos fatos alegados, cujo encargo a lei lhes atribui em consonância com o interesse em verem admitida judicialmente tal verdade.

Finalidade da prova

A finalidade da prova é convencer o juiz, que figura como o seu principal destinatário.

A partir da prova existente nos autos, o juiz inicia, por um processo ou método de raciocínio indutivo (extraindo uma conclusão geral dos fatos particulares) a justa composição da lide.

A prova também constitui, para o juiz ou o Tribunal, uma justificativa para decidir em prejuízo dos interesses da parte contra a qual a prova foi produzida, isto porque o julgador deve ser neutro, imparcial.

Em algumas situações, ainda, pode-se até mesmo afirmar que a prova também se dirige para convencer a parte contrária. Muito embora num plano secundário, já que, precipuamente, visa convencer o juiz.

4. Ônus da prova

A doutrina moderna, no tocante à partição do ônus da prova, concentra-se em *Chiovenda*, que atribui ao autor o encargo de provar os fatos constitutivos do seu direito e ao réu os fatos capazes de modificar, extinguir ou impedir o direito daquele.

Para *Chiovenda*, os FATOS CONSTITUTIVOS são os que dão vida a uma vontade concreta da lei e à expectativa de um bem por parte de determinada pessoa; os EXTINTIVOS são, em sentido contrário, os que fazem cessar a vontade concreta da lei e a consequente expectativa de um bem; os IMPEDITIVOS se relacionam à falta de uma das circunstâncias que devem concorrer com os fatos constitutivos a fim de que estes produzam os efeitos que lhe são inerentes e normais.

Os fatos constitutivos são aqueles que dão eficácia jurídica à relação jurídica, de fazer nascer, de constituir a relação jurídica e, geralmente, também a função de identificar os seus elementos.

Por exemplo: um empréstimo, uma compra e venda, uma sucessão.

Os fatos extintivos são, em sentido contrário, os que fazem cessar a vontade concreta da lei e a consequente expectativa de um bem; os que têm a eficácia de fazer cessar a relação jurídica. Por exemplo: o pagamento na ação de cobrança, o perecimento, na obrigação de dar.

Já os fatos impeditivos são todas aquelas circunstâncias que impedem decorra de um fato o efeito que lhe é normal, ou próprio, e que constitui a sua razão de ser. Compreendem-se, como tais, todas as condições gerais ou comuns aos atos ou fatos jurídicos, as quais, umas pela sua existência, outras pela sua ausência, impedem que de um dado fato resulte qualquer efeito.

Assim, na compra e venda, por exemplo, muito embora provado o acordo sobre a coisa e o preço, poderá ocorrer a existência de um impedimento, como o ocasionado pela simulação do negócio, ou pela incapacidade das parte, ou pela impropriedade de forma.

Por fim, os fatos modificativos são os que, sem excluir ou impedir a formação da relação jurídica, à qual são posteriores, têm a eficácia de modificá-la. São exemplos o pagamento de parte de um crédito, a combinação sobre o pagamento de pensão alimentícia, são atos modificativos do crédito, etc.

Não há, a rigor, uma obrigação de provar, mas um ÔNUS. A diferença entre ônus e obrigação se funda na sanção diversa a quem não cumpre determinado ato; existe obrigação quando a inatividade dá lugar a uma sanção jurídica (execução ou pena); se, ao contrário, a abstenção, em relação ao ato determinado, faz perder somente os efeitos últimos desse mesmo ato, encontramo-nos frente à figura do ônus.

O ônus da prova está vinculado diretamente ao interesse da parte em ver provados os fatos alegados, daí por que a lei fixou, objetivamente, e com base nesse interesse, os critérios relativos à distribuição desse encargo processual.

Ademais, tanto é verdade que o ônus da prova não constitui uma obrigação, que, em certos casos, mesmo que a parte dele não tenha se desincumbido, poderá ter acolhida sua pretensão, que tinha como pressuposto o fato que deixou de provar: isso poderia ocorrer, por exemplo, na hipótese de a parte contrária, inadvertidamente, produzir, em benefício da outra, a prova que a esta competia.

A doutrina distingue, ainda, ônus perfeito de ônus imperfeito, sendo que, no primeiro caso, se a parte dele não se desincumbe, terá contra si consequências jurídicas prejudiciais, enquanto que, no segundo caso, nem sempre a inércia da parte quanto à produção da prova que lhe competia lhe trará consequência danosa.

Há de se distinguir, ainda, ônus de dever. O dever é em relação a alguém, ainda que seja a sociedade; há relação jurídica entre dois sujeitos, um dos quais é o que deve: a satisfação é do interesse do sujeito ativo; ao passo que o ônus é em relação a si mesmo; não há relação entre sujeitos: satisfazer é do interesse do próprio onerado. Não há sujeição do onerado; ele escolhe entre satisfazer, ou não ter a tutela do próprio interesse.

No tocante à questão do ônus da prova no processo do trabalho, a doutrina e a jurisprudência se dividem, podendo-se resumir os posicionamentos traçados por ambas nos seguintes termos:

• o art. 818 da CLT resolve toda a questão vinculada ao tema, sem que se cogite da aplicação subsidiária ou concorrente do art. 333 do CPC;

• os arts. 818 da CLT e 333 do C PC se completam, disciplinando os princípios basilares em matéria de ônus probatório;

• a questão há de ser decidida, num primeiro plano, com base nos princípios do direito do trabalho, aplicando-se, em sequência, os dispositivos legais mencionados e regras de inversão do *onus probandi*.

Dispõe o art. 818 da CLT que "a prova das alegações incumbe à parte que as fizer", enquanto que o art. 333 do CPC estatui que o "ônus da prova incumbe: I — ao autor, quanto ao fato constitutivo do seu direito; II — ao réu, quanto à existência de fato impeditivo, modificativo ou extintivo daquele direito".

Para aqueles que consagram o primeiro entendimento elencado, a distribuição do encargo probatório no CPC partiu do pressuposto da IGUALDADE FORMAL existente entre os litigantes, consideradas as peculiaridades do processo civil.

Na mesma linha de raciocínio, portanto, o art. 769 da CLT, longe de constituir permissivo para a invocação subsidiária do art. 333 do CPC, planta-se como obstáculo intransponível para a admissibilidade desse procedimento, já que não se cogita de omissão do texto consolidado.

Entendimento majoritário, contudo, é no sentido de que o art. 818 da CLT não é o único dispositivo legal a ser invocado para resolver os problemas relacionados ao ônus da prova no processo do trabalho, devendo-se conjugar à solução da questão o art. 333 do CPC, de aplicação subsidiária. Para esta corrente, pois, cabe ao autor provar o fato constitutivo do seu direito e, ao réu, o fato impeditivo, modificativo ou extintivo desse direito.

Para uma terceira corrente, ainda, a questão há de ser resolvida pela inversão do ônus da prova, levando-se em conta a aplicabilidade dos princípios do Direito do Trabalho, que seriam, em resumo:

1) o princípio da proteção, que se subdivide em três: *in dubio, pro operario*; regra da aplicação da norma mais favorável e regra da condição mais benéfica;

2) princípio da irrenunciabilidade de direitos;

3) princípio da continuidade da relação de emprego;

4) princípio da primazia da realidade;

5) princípio da razoabilidade; e

6) princípio da boa-fé.

5. Convenção sobre ônus da prova

O CPC veda essa avença, fulminando-a de nula, se concernir a direitos indisponíveis das partes ou tornar essencialmente difícil a uma delas o exercício do direito.

Muito embora a CLT não possua qualquer disposição idêntica ou assemelhada, entende-se inaplicável ao processo do trabalho o ajuste de vontades quanto ao ônus da prova, não só porque a convenção ocorreria na vigência do contrato de trabalho ou seja, quando o trabalhador ainda se encontra subordinado formalmente ao comando volitivo do empregador em decorrência de um inerente estado de sujeição bem como porque o acentuado componente inquisitivo do processo do trabalho impede que as partes ajustem entre si critérios a respeito do ônus da prova diversos do previsto no ordenamento processual trabalhista.

6. A inversão do ônus da prova

Decorreria da existência, no processo do trabalho, da desigualdade real entre a partes, invertendo-se o ônus probatório para o empregador, ou simplesmente pel circunstância da inaplicabilidade do art. 333 do CPC a este processo, com peculiaridades que lhe são próprias, ou em virtude da aplicabilidade dos princípios do direito do trabalho, os quais, no plano dos fatos, levariam à inversão probatória nos casos concretos, considerando-se a APTIDÃO PARA A PROVA.

Pode-se, contudo, nestas hipóteses, aplicar a teoria dinâmica do ônus da prova (ou princípio da carga dinâmica da prova, em verdadeiro portunhol), segundo a qual o ônus deve ser imposto, em cada caso concreto, à parte que tenha maior aptidão e a possa produzir com menos inconvenientes, isto é, com menos dilações, vexames e gastos. Em outras palavras, o ônus da prova deve recair sobre quem tem melhores condições de produzir a prova, em face da sua situação privilegiada ou destacada na relação de direito material, dada à função que desempenhou no fato gerador da controvérsia ou por deter a posse da coisa ou documento ou, ainda, por ser quem dispõe do meio de prova.

Em suma, o ônus deve recair sobre a parte que se encontra em melhor posição e com melhor aptidão para revelar a verdade, acentuando-se seu dever de colaboração no processo, dada sua posição dominante ou decisiva sobre a prova.

Diga-se, ainda, que a doutrina ensina que "não se trata, pois, de inversão do ônus da prova, mas, sim, diretamente de atribuir o peso probatório em cada caso concreto a quem se encontra em melhores condições fáticas de provar, seja por razões profissionais, técnicas, ou qualquer outra, pois o que interessa é que se tenha uma melhor situação como resultado de um acúmulo de circunstâncias de fato"[1] para se impor esse encargo.

Tudo, pois, dependerá do caso concreto.

É certo, porém, que, com a aplicação da teoria dinâmica do ônus da prova, se evita a denominada prova diabólica, mencionada na doutrina para aquelas situações na qual a prova do fato é extremamente difícil ou impossível para a parte. Cabe historiar, inclusive, que a expressão prova diabólica remonta ao direito medieval, pois entendiam que essa exigência perversa somente poderia ser atribuída a um espírito maligno.

Por fim, uma ressalva: deve-se ter cuidado com a valoração dessa prova (em face da inversão do ônus), pois quem tem melhores condições de produzi-la também está em melhor situação para desvirtuá-la ou fraudá-la.

5.1. Inversão do ônus da prova no processo trabalhista

Questão bastante discutível na Justiça do Trabalho é a que trata sobre a inversão do ônus da prova.

---

1) LEGUISAMÓN, Héctor E. La necesaria madurez de las cargas probatorias dinámicas. In: WHITE, Inés Lépori coord.). *Cargas probatorias dinámicas*. Buenos Aires: Rubinzal-Culzoni, p. 109-124. p.117.

Conquanto muito se defenda essa inversão em proteção do hipossuficiente, não tínhamos, até a edição do Código de Defesa do Consumidor, nenhuma lei que servisse de amparo às decisões que adotavam essa medida.

Têm-se admitido, na Justiça do Trabalho, a inversão do ônus quando materialmente a parte reclamada disponha de maiores meios para comprovar o fato (inclusive sua negativa) ou quando milita em favor do autor presunção (*hominis*) de existência do fato constitutivo do direito reclamado. É a hipótese, por exemplo, do ônus de se provar o término do contrato quando negada a prestação de serviços e o despedimento, em face do princípio da continuidade da relação de emprego (Súmula n. 212 do TST). Todavia, conforme afirmamos, essa inversão decorre de construção jurisprudencial, considerando os princípios que norteiam o processo do trabalho.

Com o advento do Código de Defesa do Consumidor, entretanto, o Juiz Trabalhista passou a ter a seu alcance norma referente à inversão do ônus da prova, que pode ser aplicada nos processos de sua competência como fonte supletiva (arts. 8º e 769 da CLT). Este dispositivo seria o inciso VIII do art. 6º do CDC, que dispõe que é direito básico do consumidor:

"a facilitação da defesa de seus direitos, inclusive com a inversão do ônus da prova, a seu favor, no processo civil, quando, a critério do juiz, for verossímil a alegação ou quando for ele hipossuficiente, segundo as regras ordinárias de experiência."

Adroaldo Furtado Fabrício ressalta que "importa muito anotar, no texto legal citado, a reiterada ênfase posta no assim chamado "critério do juiz". Primeiro, não se trata de inversão da carga da prova *ope legis*, mas *ope iudicis*, aí estando localizada a inovação relevante no âmbito deste estudo"[2].

Observe-se que as inversões por força de lei já eram conhecidas, como, *v. g.*, em relação às presunções *iuris tantum*. Pelo CDC, no entanto, "é nos limites e coordenadas de cada caso concreto, segundo suas específicas peculiaridades, que o juiz decidirá se inverte ou não o encargo"[3].

Não basta, contudo, o juiz querer, é necessário, ainda, que a alegação do autor seja verossímil ou o mesmo seja hipossuficiente.

Verossímil é aquilo que seja crível, provável, plausível. Não é necessária a certeza, mas apenas a possibilidade de que a alegação seja verdadeira, verídica ou exata.

Já hipossuficiente é a pessoa que não possui condições econômicas para arcar com as despesas processuais sem comprometer seu sustento ou de sua família.

Para se definir, então, se a parte é hipossuficiente ou não, o juiz pode se ater ao que dispõe a Lei n. 1.060/50, no processo civil, ou o disposto no § 3º do art. 790 da CLT.

---

(2) As novas necessidades do processo civil e os poderes do juiz. *Revista Direito do Consumidor*, v. 7, RT, p. 33.
(3) *Ibidem*, p. 33.

Hugo Nigro Mazzili, no entanto, entende que "o juiz não está adstrito aos critérios do art. 2º, parágrafo único, da Lei n. 1.060/50, até porque não há razão para entender a hipossuficiência apenas sob o aspecto econômico"[4].

Isso porque, como sustenta, "tanto para considerar se é verossímil a alegação, quanto para avaliar se se trata de consumidor hipossuficiente, o juiz poderá valer-se das regras de experiência"[5]. "Sobre estes aspectos, torna-se necessário compreender o conceito de hipossuficiente como diminuição da capacidade do consumidor, não apenas sob a ótica econômica, mas também sob o prisma do acesso à informação, educação, associação e posição social"[6].

Por regras de experiência do Juiz (art. 335 do CPC), tem-se entendido que sejam aquelas "resultantes de suas observações sobre o que acontece diariamente, e também as regras de experiência técnica, só que no pertinente a estas deverá observar, o quanto possível, ao que dispuser o exame pericial"[7].

Ou seja, "as regras de experiência a que alude o texto examinado dizem respeito ao modo de viver das pessoas, aos seus usos, costumes, isto é, ao que acontece frequentemente no mundo dos negócios, as normas de proceder dos indivíduos em relação aos convênios que firmam, ajustes que fazem, enfim, ao que habitualmente acontece na prática do dia-a-dia"[8].

São as "observações gerais, que constituem máximas gerais, ditames, com que exprimimos o que sabemos das nossas reações, de como nos comportamos, às vezes chamados a 'nossa experiência da vida', ou a 'experiência do juiz'"[9].

Kazuo Watanabe[10] entende que as regras de experiência mencionadas no inciso VIII, do art. 6º do CDC servem de apoio ao julgamento do mérito da lide. Elas não serviriam para definir se são verossímeis ou não as alegações ou se o demandante é ou não hipossuficiente, como requisitos à inversão do ônus da prova, mas, sim, como regras para julgamento final da lide.

Daí então concluir que, "na verdade, não há uma verdadeira inversão do ônus da prova. O que ocorre, como bem observa *Leo Rosenberg*, é que o magistrado, com a ajuda das máximas de experiência e das regras da vida, considera produzida a prova que incumbe a uma das partes ... Assim, não se trata de uma autêntica hipótese de inversão do ônus da prova". "Cuidou o legislador, apesar disso, de explicitar a regra e o fez com propósitos didáticos, para lembrar aos operadores do direito não muito propensos a semelhante critérios de julgamento, que é ele inafastável em processos que tenham por conteúdo o direito do consumidor"[11].

---

4) À defesa dos interesses difusos em juízo. 6. ed. São Paulo: RT, 1994. p. 103.
5) *Ibidem*, p. 103.
6) MATOS, Cecília. O ônus da prova no CDC. *Revista de Direito do Consumidor*, n. 11, RT, jul./set. 1994. p. 166.
7) SANTOS, Ulderico Pires dos. *Meios de prova*. Rio de Janeiro: UPS, 1994. p. 35.
8) *Ibidem*.
9) MIRANDA, Pontes de. *Comentários ao código de processo civil*. Rio de Janeiro: Forense, 1974. v. IV, p. 237.
10) *Op. cit.*, 4. ed.
11) *Ibidem*, p. 496.

De tal posição discordamos, entretanto. Conquanto o professor paulista seja um dos autores do anteprojeto do CDC e, assim, melhor possa interpretá-lo, o que se extrai do texto legal não é a conclusão por ele defendida, *data venia*.

Observe-se que o mencionado dispositivo (inciso VIII, do art. 6º, do CDC) trata de assegurar, como direito básico do consumidor, a "facilitação da defesa de seus direitos". A seguir, exemplificando quais seriam estas facilidades, menciona, de forma expressa, mas não taxativa, a possibilidade de "inversão do ônus da prova, a seu favor, no processo civil", desde que, "a critério do juiz, for verossímil a alegação ou quando for ele (o consumidor) hipossuficiente, segundo as regras ordinárias de experiência".

Ao utilizar a expressão "regras ordinárias de experiência", o legislador a vincula aos pressupostos para inversão do ônus da prova, isto é, à verossimilhança da alegação ou hipossuficiência do demandante. Não a vincula ao julgamento da lide, até porque desnecessário seria esse liame em face do que dispõe o art. 335 do CPC.

Ademais, se assim fosse, não seria caso de inversão do ônus da prova — como muito bem argumenta *Watanabe* — mas, sim, do estabelecimento de uma regra para o julgamento da lide (de acordo com o que ordinariamente acontece). Estar-se-ia, assim, negando-se, mediante essa interpretação, o próprio comando normativo principal, qual seja, da criação de hipótese de inversão do ônus da prova. A lei, então, não estaria estabelecendo essa hipótese, mas, sim, uma regra de julgamento, tornando, desse modo, inexistente o direito que se procurou criar (de "facilitação da defesa" do consumidor em Juízo, por meio da inversão do ônus da prova).

Entendemos, pois, que ao juiz cabe, considerando as regras ordinárias de experiência, apreciar se a alegação é verossímil ou se a parte requerente é hipossuficiente.

Quanto à hipossuficiência, ao juiz trabalhista, segundo regras de experiência, cabe decidir se, mesmo percebendo ganhos acima de dois salários mínimos, o reclamante-trabalhador tem condições ou não de arcar com os custos do processo laboral.

Da mesma forma, essas regras de experiência devem ser utilizadas na inversão do ônus da prova com fundamento na hipossuficiência do autor, para que se evitem situações que afrontem o bom senso e agridam o princípio da razoabilidade.

Conquanto a lei utilize da conjunção disjuntiva "ou" ao mencionar os pressupostos necessários à inversão do ônus da prova (verossímil a alegação "ou" hipossuficiente o demandante), entendemos que sempre que seja inverossímil a alegação da inicial, o juiz não deve inverter esse encargo, mesmo diante da hipossuficiência do autor, sob pena de possibilitar que o processo se transforme em instrumento de locupletamento ilícito por parte do requerente.

Basta exemplificar com a hipótese em que o autor seja miserável e alegue na inicial fato de extrema impossibilidade de ocorrência, isto é, que não seja crível (p. ex. prestação de serviços das 3:00 h. às 24:00 h., sem intervalo, em todos os dias, durante cinco anos de relação de emprego). Não seria justo, então, impor-se ao reclamado o ônus de provar, sob pena de se presumir verdadeira a alegação da inicial, a inexistên cia de fato inverossímil ou extraordinariamente impossível de ter ocorrido, mas aduzido pelo autor-hipossuficiente, quando "salta aos olhos" a sua inverosimilhança (no nosso exemplo, a prestação de serviços das 3:00 às 24:00 h. seria crível mas, durante longo período de tempo — cinco anos — é inverossímil ou de difícil ocorrência, pois é sabido que nenhum ser humano, de condições físicas medianas, aguentaria tanto esforço por tanto tempo).

Assim, "a hipossuficiência ... *per se* não respaldaria uma atitude tão drástica como a inversão do ônus da prova, se o fato afirmado é destituído de um mínimo de racionalidade"[12].

Desse modo, ao juiz cabe utilizar, em qualquer hipótese, as "regras de experiência" na inversão do ônus da prova, mesmo que hipossuficiente o autor, considerando as peculiaridades de cada caso concreto.

Adverte, contudo, *Mazzili*, que "a inversão do ônus da prova não é automática: depende não só de identificar o juiz uma das hipóteses em que a lei a admite, como ainda de o juiz, no caso concreto, reputá-la adequada e conveniente"[13].

Marco Aurélio Moreira Bortowski entende, no entanto, de modo diverso, pois considera o inciso VIII do art. 6º do CDC como norma cogente, não se constituindo, assim, mera faculdade do juiz. É o que se aprende do trecho de artigo de sua autoria: "Uma vez presentes os pressupostos da aplicação da regra, o juiz é obrigado a proceder à inversão do encargo probatório. É claro que o Juiz terá que apreciar se os pressupostos de cabimento se mostram presentes. Esse Juízo, todavia, não é subjetivo, pois se deve pautar pelo exame objetivo dos pressupostos ali referidos. Por tal sorte, ao juízo é vedado aplicar critérios de oportunidade e conveniência na aplicação da norma"[14].

Daí ensina *Tania Nogueira* que "é de se notar que a 'inversão do ônus da prova' é um direito do consumidor ... restando ao consumidor provar sua hipossuficiência ou indicar a semelhança com a verdade de sua alegação, e feito isso o juiz deverá inverter o ônus da prova. A inversão ou não do ônus não fica a critério do juiz, pois estando indicadas nos autos qualquer das duas hipóteses ele terá o dever de assim proceder".

"Não se trata de uma norma de conceito vago, mas de norma de conceito discricionário, uma vez que ao juiz é dado dois caminhos a seguir, ou seja, ele avalia a situação e alegações do consumidor, que em sendo hipossuficiente, ou em sendo a alegação verossímil, tem direito a inversão do ônus da prova, devendo então o juiz aplicar a norma legal ao caso concreto, assim não é dado a ele a escolha

---

(12) GIDI, Antonio. Aspectos da inversão do ônus da prova no código do consumidor. In: *Revista de Direito do Consumidor*, v. 13, jan./mar. 1995. p. 34.

(13) *Op. cit.*, p. 103.

(14) A carga probatória segundo a doutrina e o código de defesa do consumidor. *Revista do Consumidor*, São Paulo, RT, v. 7, p. 115.

de inverter ou não o ônus da prova, uma vez que preenchendo o consumidor um dos requisitos elencados no inc. VIII deve inverter o ônus da prova." (*sic*)[15]

"A circunstância de constar no texto legal a expressão 'a critério do juiz' deu margem a que se afirmasse que o magistrado, desde que presentes os requisitos tinha o 'poder discricionário' de inverter ou não o ônus da prova ..."

"Com efeito, não diz a lei que fica 'a critério do juiz' inverter o ônus da prova. O que fica 'a critério do juiz' ... é a tarefa de aferir, no caso concreto levado à sua presença, se o consumidor é hipossuficiente e se sua versão dos fatos é verossímil."

"Uma vez que o magistrado reconhece a ocorrência desses dois pressupostos no caso concreto, não mais lhe cabe decidir 'a seu critério' se inverterá o ônus da prova ou não."[16]

Em que momento processual, entretanto, o juiz deve decidir sobre a inversão do ônus da prova?

A doutrina tem se dividido a respeito.

Kazuo Watanabe sustenta que essa inversão se deva dá na sentença, sob o argumento de que "as regras de distribuição do ônus da prova são regras de juízo e orientam o juiz, quando há um *non liquet* em matéria de fato, a respeito da solução a ser dada à causa"[17].

Argumenta, ainda, que "somente após a instrução do feito, no momento da valoração das provas, caberá ao juiz habilitado a afirmar se existe ou não situação de *non liquet*, sendo caso ou não, consequentemente, de inversão do ônus da prova. Dizê-lo em momento anterior será o mesmo que proceder ao prejulgamento da causa, o que é de todo inadmissível"[18].

Kazuo Watanabe sustenta sua posição em doutrina de *Cecília Matos*, que, por sua vez, ensina que "a regra de distribuição do ônus da prova é regra de juízo e a oportunidade de sua aplicação é o momento da sentença, após o magistrado analisar a qualidade da prova colhida, constatando se há falhas na atividade probatória das partes que conduzem à incerteza ...".

"Por ser norma de julgamento, qualquer conclusão sobre o ônus da prova não pode ser emitida antes de encerrada a fase instrutória, sob risco de ser um pré-julgamento, parcial e prematuro. A fixação da sentença como momento para análise da pertinência do emprego das regras do ônus da prova não conduz à ofensa do princípio da ampla defesa do fornecedor, que, hipoteticamente, seria surpreendido com a inversão ...", pois, "de acordo com o art. 6º, inc. VIII, do CDC, o fornecedor ten

---
(15) NOGUEIRA, Tania Lis Tizzoni. Direitos básicos do consumidor: a facilitação da defesa dos consumidores e inversão do ônus da prova. In: *Revista de Direito do Consumidor*, v. 10, abr./jun. 1994. p. 58.
(16) GIDI. *Op. cit.*, p. 36.
(17) *Op. cit.*, 4. ed., p. 496.
(18) *Ibidem*, p. 499.

ciência de que, em tese, serão invertidas às regras do ônus da prova se o juiz considerar como verossímeis as alegações do consumidor ou se ele for hipossuficiente ...".

Assim, "se o demandado, fiando-se na suposição de que o juiz não inverterá as regras do ônus da prova em favor do demandante, é surpreendido com uma sentença desfavorável, deve creditar seu insucesso mais a um excesso de otimismo do que à hipotética desobediência ao princípio da ampla defesa"[19].

Admite, entretanto, que, "no saneador, alerte o magistrado para a possibilidade da aplicação do art. 6º, inc. VIII"[20].

Kazuo Watanabe lembra, ainda, que em relação aos custos das provas a serem produzidas, o juiz pode determinar que o fornecedor suporte as despesas, já que "o texto legal em análise permite semelhante interpretação, que conduziria a uma solução menos rigorosa que a inversão do ônus da prova"[21]. Isso porque, o inciso VIII do art. 6º do CDC não prevê apenas a inversão do ônus da prova em favor dos consumidores mas, sim, a "facilitação da defesa de seus direitos, inclusive com a inversão do ônus da prova ...".

Discordamos, entretanto, mais uma vez, da posição sustentada por *Kazuo Watanabe*. Isso porque, "não parece haver séria dúvida em doutrina de que as regras que atribuem o ônus da prova sejam regras de juízo, regras de julgamento. Sua função é apenas a de instrumentalizar o magistrado com um critério para conduzir o seu julgamento, nos casos de ausência de prova suficiente. Todavia, se o ônus da prova é uma regra de juízo, já não se pode dizer o mesmo da norma que prevê a sua inversão, que é eminentemente uma regra de atividade"[22].

Em verdade, o disposto no art. 6º, inciso VIII, do CDC não estabelece uma simples regra de julgamento, mas, sim, um comando que prevê um procedimento a ser adotado pelo juiz, vinculado às atividades a serem desenvolvidas pelas partes, especialmente pelo réu-fornecedor, ao se impor a este um ônus processual que ordinariamente não lhe seria exigível.

A partir dessa decisão, o juiz estaria autorizado, para compatibilizá-la à atividade procedimental, a inverter os demais encargos processuais, como, por exemplo, em relação ao ônus pecuniário da realização da perícia quando determinada de ofício, numa verdadeira alteração da regra estabelecida no art. 33, *in fine*, do CPC que impõe ao autor esse encargo. Assim, o juiz estaria, a partir dessa inversão do ônus da prova, autorizado a adotar todas as providências procedimentais necessárias à efetivação desse direito do autor-consumidor. Seria, portanto, uma regra de atividade e não uma regra de julgamento.

Aliás, se assim não fosse, no nosso exemplo, as despesas da perícia, quando determinada sua realização pelo juiz sem que tenha havido requerimento de qualquer

---

19) *Op. cit.*, p. 167.
20) WATANABE. *Op. cit.*, 4. ed., p. 499.
21) *Ibidem*, p. 498.
22) GIDI. *Op. cit.*, p. 38.

das partes, continuariam a recair sobre o autor, apesar da inversão do ônus da prova, pois a se entender apenas como regra de julgamento o disposto no inciso VIII, do art. 6º, do CDC, não se teriam como alteradas as normas relativas ao procedimento e as dos demais encargos processuais.

O inciso VIII do art. 6º, do CDC não estabelece, portanto, uma regra de juízo a ser adotada no julgamento ante a ausência de provas produzidas pelas partes, mas, sim, uma regra de atividade, de caráter procedimental, a ser respeitada pela partes e observada pelo juiz.

Não podemos esquecer, ainda, que o que a norma visa é a "facilitação da defesa" em Juízo dos direitos do consumidor e esta somente se efetivará se não lhe forem impostos os encargos processuais.

A prevalecer o entendimento daqueles que sustentam que somente na sentença o juiz deve aplicar essa regra (que seria de julgamento), estaremos tornando, em verdade, letra morta esse "direito" criado pelo CDC, já que o consumidor prudente, até pelo princípio da eventualidade, ficaria comprometido a demonstrar os fatos constitutivos de seu direito, de nada lhe servindo, na prática, esse benefício.

O consumidor somente seria beneficiado, então, na hipótese em que as partes não produzissem prova cabal a respeito do fato controverso e o magistrado se convencesse da verossimilhança das alegações iniciais. E nem na hipótese de hipossuficiência — que objetivamente pode ser comprovada e presumida por força da Lei n. 1.060/50 — o consumidor teria como certo esse direito (de inversão do ônus da prova), já que o Juiz poderia entender inverossímeis suas alegações, de acordo com as "regras de experiência".

De nada valeria, portanto, o dispositivo em epígrafe, pois o autor-consumidor continuaria com o ônus de provar os fatos constitutivos do direito pretendido.

Acrescente-se, ainda, que, se entendendo que a regra do art. 6º, inciso VIII, do CDC é de atividade, não haveria qualquer pré-julgamento da causa, pois o juiz, quando muito, apenas emitiria opinião precária, sem caráter de definitividade, sobre os fatos alegados, diante da verossimilhança ou hipossuficiência, procurando estabelecer as atividades procedimentais a serem desenvolvidas pelas partes.

Tal situação, aliás, não é nova no Direito Processual, haja vista, por exemplo, as concessões de liminares com fundamento no *periculum in mora* e no *fumus boni juris* onde o juiz, antes da sentença, emite juízo de valor sobre os fatos alegados pelas partes ou, em algumas situações, somente pelo autor, assegurando a este o direito pretendido, de forma liminar, mas sem caráter satisfativo e definitivo, sem que isso signifique pré-julgamento ou acarrete qualquer preclusão.

Dessa forma, é óbvio que não pode ser dada na sentença a decisão sobre a inversão do ônus da prova, já que o Juízo deve garantir ao demandado a oportunidade de desincumbir-se de seu ônus, sob pena de violar os princípios do devido processo legal e do amplo direito de defesa, e assegurar, ainda, ao consumidor a "facilitação da defesa" de seus direitos.

"O correto será que o juiz ordene tal inversão antes do início da fase instrutória, fixando, precisamente, os fatos que o fornecedor <demandado> deverá provar"[23].

Tal decisão há de ser proferida até o início da audiência de instrução, quando o juiz, após ouvir as partes, tem o dever de fixar "os pontos controvertidos sobre que incidirá a prova" (art. 451, CPC).

"Não significa que, uma vez ultrapassado esse momento do processo, ao magistrado não mais cabe fazê-lo. Isso porque a verossimilhança, em alguns casos, somente se configura após um início de prova. Afinal, também a verossimilhança deve ser cabalmente demonstrada ao convencimento do magistrado, e esse ônus é exclusivamente do consumidor. Não será porque a fase instrutória se encerrou que o magistrado não poderá, convencido da verossimilhança e hipossuficiência, inverter o ônus da prova."

"Não raro, somente no momento de sentenciar é que a situação se configura com clareza na mente do julgador. Em casos que tais, o magistrado não somente pode, como deve inverter o ônus, e dar prazo razoável para o fornecedor produzir a prova de que passa a estar encarregado."[24]

Vale frisar, ainda, que "se é possível inverter o ônus da prova a qualquer tempo e grau de jurisdição, como afirmamos, também é certo que essa decisão é revogável a qualquer tempo e grau de jurisdição, desde que a evolução do material probatório demonstre a efetiva inexistência dos requisitos autorizadores da inversão"[25].

Por fim, cabe ressaltar que "em sendo o ônus invertido para o fornecedor, isto não significa que este passe a ser responsável pela produção de prova cabal da inexistência do direito do consumidor. Basta-lhe demonstrar a real inverossimilhança da afirmação do autor para que o magistrado reinverta o ônus da prova, e julgue o pedido improcedente. Para a procedência do pedido do consumidor é preciso, pois, que a verossimilhança do alegado persista até o momento da prolatação da sentença"[26].

Essa decisão teria, então, natureza interlocutória (art. 162, § 2º, CPC), contra a qual cabe agravo de instrumento no processo civil, sendo atacável em preliminar no recurso ordinário interposto nos feitos trabalhistas (§ 1º do art. 893, CLT).

Cumpre advertir que, nesta decisão, em respeito ao princípio da motivação, não bastará o juiz "repetir, ritualisticamente, as palavras da lei, para justificar o ato de inversão. Da nada valerá a garantia constitucional e legal (CPC, art. 165, 2ª parte) se se reputar válida decisão em que o julgador se limite a dizer, p. ex., que é "verossímil a alegação do consumidor", ou que "é o consumidor hipossuficiente"; ao contrário,

---

23) MOREIRA, Carlos Roberto Barbosa. A defesa do consumidor em juízo. *Revista Direito do Consumidor*, São Paulo, RT, v. 5, p. 197.
24) GIDI. *Op. cit.*, p. 39.
25) *Ibidem*.
26) *Ibidem*.

deverá ele, de forma obrigatória, aludir aos elementos de convicção que o levaram a enxergar verossimilhança na versão apresentada pelo consumidor, ou dos quais extraiu a sua hipossuficiência"[27].

Quando o juiz, por exemplo, limita-se a afirmar que a alegação do autor "é verossímil", para daí inverter o ônus da prova, sem apontar quais elementos que lhe conduziram a esta conclusão, está, em verdade, desviando-se do objetivo da lei (da motivação das decisões). A "mera repetição dos motivos, abstratamente previstos no texto legal, que autorizam a adoção da medida, sem referência aos fatos concretos"[28] "frauda a finalidade da lei"[29], pois "o juiz toma por base exatamente aquilo que deveria demonstrar"[30].

É de se destacar que a inversão do ônus da prova tem o efeito de fazer presumir verdadeiro o fato constitutivo do direito alegado na inicial caso o réu não comprove o contrário.

Sem essa consequência, é evidente que a norma não teria qualquer efeito prático.

Enfim, para concluir, podemos, desse modo, afirmar que o inciso VIII do art. 6º do CDC serve de norma supletiva ao processo do trabalho, podendo o Juiz se amparar neste dispositivo para inverter o ônus da prova, considerando, inclusive, a semelhança de situações que envolvem os empregados e os consumidores.

Assim, por exemplo, na reclamação trabalhista onde seja necessária a realização de prova pericial para comprovar o labor em condições perigosas, sendo o reclamante hipossuficiente, deve o juiz inverter o ônus da prova, incumbindo à demandada o ônus de comprovar o fato contrário.

Evidentemente que o juiz deve verificar se o fato alegado na inicial é verossímil, pois a não comprovação das afirmações do réu, em sua defesa, acarretará a presunção de veracidade do aduzido pelo autor, o que pode conduzir a uma aberração jurídica, que repugna a consciência comum, em não existindo dita verificação. Assim, *v. g.*, se o reclamante alegar fato por demais inverossímil (trabalho perigoso em loja de *shopping center* em vendas de roupas) não deve o Juiz inverter esse ônus. Será, entretanto, razoável essa inversão se alegar, *v. g.*, que trabalhava em contato com material inflamável ou explosivo exposto à venda. De igual modo, será plenamente cabível essa medida nas hipóteses de trabalho em posto de gasolina ou em pátio de aeroporto.

Poder-se-ia citar, também, a hipótese dos trabalhadores que realizam coleta de lixo (mesmo que urbano), pois verossímil, neste caso, a alegação de labor em condições insalubres.

Como exemplo, ainda, podemos mencionar a hipótese em que o reclamante alega coação no ato de adesão a plano de "seguro de vida coletivo da empresa", com

---

(27) MOREIRA. *Op. cit.*, p. 198.
(28) *Idem*, nota de rodapé, n. 7. p. 200.
(29) TORNAGHI, Hélio. *Instituições de processo penal*. 2. ed. São Paulo: Saraiva, 1978. v. III, p. 334.
(30) *Ibidem*.

concessão de autorização para desconto em seu salário da mensalidade respectiva, quando de sua admissão no emprego.

É bastante verossímil que o trabalhador para adquirir o emprego "aceite" essa adesão, concedendo autorização para os descontos salariais pertinentes. Daí resulta, então, a possibilidade do Juiz, diante da dificuldade do trabalhador em provar essa coação (vício de consentimento), inverter o ônus da prova, incumbindo à demandada o encargo de comprovar que o autor aderiu espontaneamente ao plano de seguro.

À reclamada, neste caso, caberia, por exemplo, comprovar que contratou outros empregados sem que estes aderissem ao plano de seguro; que outros empregados, no curso de seus contratos de emprego, cancelaram suas adesões a este plano — o que demonstraria a liberdade de contratar —, etc.

Outra hipótese de inversão pode ocorrer quando reclamante semialfabetizado alega que *"assinou"* recibos *"em branco"* sem receber as quantias neles registradas ou que estes foram preenchidos abusivamente (art. 388, parágrafo único, CPC). Seria a hipótese, também, da adulteração material de recibos.

Nesse caso, além de verossímil essa alegação em algumas situações concretas, o que por si só já leva à inversão do ônus da prova, poderia, ainda, o Juiz decretar essa medida processual em face da hipossuficiência do autor — que arguiu a falsidade —, quando necessária a produção de prova pericial ou contábil, por exemplo.

O Juiz, então, considerando, ainda, outros elementos probatórios, mesmo que meramente indiciários — os quais deve declinar em sua decisão interlocutória —, pode inverter o ônus da prova da falsidade (art. 389, inciso I, do CPC), impondo à empresa-reclamada o encargo de provar que os recibos não foram assinados "em branco" ou não foram preenchidos abusivamente.

Além dessas, em muitas outras situações o dispositivo do CDC acima comentado poderia ser aplicado nos processos do trabalho.

O que importa ressaltar, entretanto, é que, diante do que dispõem os arts. 8º e 769 da CLT, o juiz do trabalho pode aplicar supletivamente, nos processos trabalhistas, o disposto no inciso VIII, do art. 6º do CDC, invertendo, dessa forma, o ônus da prova sempre que verossímil a alegação do trabalhador-reclamante ou quando este seja hipossuficiente, "segundo as regras ordinárias de experiência".

Por fim, vale lembrar que, além da inversão do ônus da prova, outras medidas de "facilitação da defesa" podem ser adotadas pelo Juiz Trabalhista, em favor do trabalhador, com fundamento subsidiário no disposto no inciso VIII do art. 6º do CDC, sem que se perca de vista a necessidade de se dar ciência ao réu previamente, para que este possa exercitar, plenamente, seu direito de defesa.

7. A iniciativa do juiz do trabalho quanto à produção de provas

Algumas considerações prévias precisam ser feitas acerca dos princípios dispositivo e inquisitvo do processo.

O princípio dispositivo significa que o juiz só pode julgar segundo o alegado e o provado. Evidentemente que a prova, em consonância com esse princípio, deve ser produzida pelas partes.

Pelo princípio inquisitivo, também dito autoritário, se dá prevalência à iniciativa do juiz não somente na direção do processo, como também na constituição do complexo probatório, sendo que, em casos excepcionais, a ele se outorga o poder-dever de iniciar a ação, mesmo sem a provocação da parte.

Quando se trata de indagar qual dos princípios preside o processo do trabalho, imprescindível que se distinga entre ações individuais e coletivas. Nestas, o processo que as rege tem caráter nitidamente inquisitivo, visto que, dentre outras características:

a) têm legitimidade para instaurar a instância também o Presidente do Tribunal do Trabalho, de ofício ou a requerimento da Procuradoria daquela Justiça, sempre que ocorrer suspensão no trabalho;

b) o acórdão normativo pode decidir *ultra petita*;

c) é possível estender-se as decisões aos demais empregados da empresa que forem da mesma profissão dos dissidentes.

No que tange às ações individuais, o seu caráter é preponderantemente dispositivo, pois, em geral:

a) a propositura da ação depende de iniciativa da parte;

b) o juiz não pode julgar *extra* ou *ultra petita*;

c) o julgamento deve ter em conta o que foi alegado e provado pelas partes.

Reconhece-se, no entanto, um certo componente inquisitivo, a exemplo da hipótese do art. 39 e parágrafos da CLT e do que dispõe o art. 765 do mesmo texto.

8. Objeto. *Fato controvertido, relevante e determinado*

O objeto da prova é o fato que se pretende comprovar.

Para que seja objeto de instrução, é necessário, no entanto, que o fato seja controvertido, relevante e determinado.

Controvertido, porque, se não há controvérsia a respeito do fato, não se tem razão para se comprovar judicialmente o que as partes têm por existente ou ocorrido.

Não basta, no entanto, ser controvertido, é preciso que o fato seja relevante, pertinente, indispensável ou influente para o deslinde da questão posta a julgamento. O fato deve manter uma conexão ou relação com a causa posta à apreciação judicial.

Assim, por exemplo, a princípio, pouco interessa se o veículo era azul ou vermelho na apuração de um acidente de automóvel. Pouco interessa se o reclamante apresentou ou não a CTPS para sua anotação, já que, independentemente de sua vontade no momento de sua admissão, é obrigação da empresa proceder no registro respectivo, ainda que requerido posteriormente.

Além disso, os fatos devem ser determinados ou definidos, isto é, alegados com características suficientes para que os distingam de outros assemelhados.

Não é preciso ser específico, mas é indispensável que se determine o fato a se apurar. Exemplo: prestação de horas extras; despedida injusta; transferência, abandono de emprego, etc.

Indeterminado ou indefinido é, por exemplo, se alegar que o reclamante foi despedido por justa causa sem apontar o fato motivador desse ato de rompimento contratual. Outros exemplos: alegar despedida indireta por violação das obrigações contratuais por parte da empresa, sem indicar quais os fatos violadores; alegar não concessão de reajuste previsto em norma coletiva, sem indicar quando isso ocorreu ou qual o instrumento normativo que assegurou esse benefício.

9. Fatos que independem de prova

De acordo com o disposto no art. 334 do CPC, independem de prova os fatos:

"I — notórios;

II — afirmados, por uma parte e confessados pela parte contrária;

III — admitidos, no processo, como incontroversos;

IV — em cujo favor milita presunção legal de existência ou de veracidade."

9.1. Fatos notórios

Fatos notórios são aqueles cujo conhecimento faz parte da cultura de determinada esfera social no tempo em que ocorre a decisão.

Para ser notório, o fato não é preciso ser conhecido, bastando que o possa ser por meio da ciência pública ou comum. Assim, pode o juiz não saber quando ocorre o fim do ano hebraico, mas basta consultar um calendário judeu para se saber quando ocorre essa festa. O fato é notório, conquanto desconhecido pelo juiz e, eventualmente, pelas próprias partes. O juiz e as partes podem não saber se a cidade de Parati é banhada pelo oceano, mas basta consultar um mapa para se obter esse conhecimento.

Ressalte-se, entretanto, que, apesar da lei determinar que o fato notório independe de prova, essa conclusão não é absoluta, ou seja, não impede da parte interessada produzir prova em sentido contrário ao que se tem como notório, tentando comprovar que essa notoriedade não corresponde à verdade do ocorrido ou existente.

9.2. Confessados

Da mesma forma, não é preciso fazer prova sobre fato alegado por uma parte e confessado pela outra, ou seja, "quando a parte admite a verdade de um fato, contrário ao seu interesse e favorável ao adversário" (art. 348, CPC).

A confissão aqui é a real, ou seja, aquela expressamente admitida pela parte e não a presumida.

O que é confessado se torna incontroverso, daí por que desnecessária a produção de outras provas a respeito do fato, pois já comprovado pela confissão (que é meio de prova).

Neste caso, diante da confissão, a parte que admitiu a verdade de fato contrário ao seu interesse, não tem o direito de produzir provas a este respeito, pois já provado, por meio da confissão, a veracidade das alegações da parte contrária.

9.3. Incontroversos

Também independem de prova os fatos admitidos, no processo, como incontroversos.

Os fatos são admitidos como incontroversos no processo quando:

I — o demandado não contesta a inicial (art. 319, CPC);

II — o réu não se manifesta precisamente sobre os fatos narrados na inicial (art. 302, CPC);

III — quando a parte não exibir o documento ou a coisa requerida pela parte contrária, sendo essa recusa injustificada (art. 359, CPC);

IV — a parte, intimada para comparecer à audiência para prestar depoimento, não comparece ou, comparecendo, se recusa a depor, emprega evasivas ou não responde ao que lhe foi perguntado (art. 343, § 1º, e art. 345 do CPC); e

V — a parte deixa de se manifestar sobre o documento juntado pela outra parte, tendo-se como autêntico o documento e veraz o seu contexto (art. 372, *in fine*, CPC).

Não podemos, ainda, confundir a incontrovérsia admitida no processo por ato ou omissão da parte, da confissão expressa, onde a parte "admite a verdade de um fato, contrário ao seu interesse e favorável ao adversário".

9.4. Fato em cujo favor milita presunção legal de existência ou de veracidade

Por fim, independem de prova, ainda, os fatos em cujo favor milita a presunção legal de existência ou veracidade.

É a própria lei que, previamente, tem como existente ou verdadeiro determinado fato, daí por que plenamente dispensável a produção de prova a este respeito.

A parte interessada, entretanto, pode fazer prova contrária à presunção, procurando descaracterizá-la.

9.5. Direito municipal, estadual, estrangeiro ou consuetudinário

Na hipótese de invocado direito municipal, estadual, estrangeiro ou consuetudinário, por qualquer das partes, o juiz pode determinar que se faça a prova do seu teor e a vigência.

Observe-se que a lei não obriga a parte fazer prova do direito não federal independentemente de determinação judicial. Ela apenas prevê a hipótese do juiz determinar que se faça a prova de seu teor e vigência. Isso porque, o juiz pode conhecer o direito invocado pela parte, dispensando-se, assim, a prova respectiva.

Somente na hipótese do juiz não conhecer do direito invocado é que deve determinar a prova de seu teor e vigência.

No Tribunal, quando da apreciação do recurso, o Relator ou qualquer dos demais julgadores poderá determinar que se faça prova do direito invocado, quando desconhecido por estes, ainda que conhecido pelo juiz de instância inferior.

10. Interrogatório e depoimento pessoal

O primeiro meio de prova admitido no CPC é o interrogatório da parte, ao lado do seu depoimento pessoal. Na prática, ambos são o mesmo meio de prova. Mas eles se distinguem entre si, já que o interrogatório é determinado pelo juiz, em qualquer estado do processo, podendo se repetir, desde que assim entenda necessário o magistrado, tendo como finalidade obter das partes certos esclarecimentos (ao juiz) sobre os fatos da causa.

Já o depoimento pessoal pode ser requerido pela parte adversa, deve ser colhido na audiência de instrução e julgamento, é uno e tem por finalidade obter a confissão.

De qualquer modo, numa ou noutra hipótese, a parte que, intimada para audiência na qual deve depor, se não comparecer ou, comparecendo, se recusa a depor, ter-se-ão como verdadeiros os fatos alegados pela parte contrária.

Frise-se que a parte deve ser intimada pessoalmente, constando do mandado que se presumirão confessados os fatos contra ela alegados, caso não compareça ou, comparecendo, se recuse a depor.

Sendo relativamente incapaz, o depoimento pessoal ou interrogatório somente terá validade se a parte estiver regularmente assistida. O absolutamente incapaz, por sua vez, não pode ser interrogado ou prestar depoimento pessoal.

A parte, porém, está desobrigada a depor, conforme art. 347 do CPC, sobre fatos criminosos ou torpes que lhe forem imputados ou a cujo respeito, por estado ou profissão, devam guardar sigilo.

A parte será interrogada na forma prescrita para a inquirição de testemunhas, sendo defeso, a quem ainda não depôs, assistir ao interrogatório da outra parte.

A parte deve responder pessoalmente sobre os fatos, não podendo servir-se de escritos adrede preparados. O juiz, porém, pode permitir a consulta a notas breves, desde que objetivem completar esclarecimentos, como, por exemplo, conferir as anotações na CTPS, etc.

A confissão, por sua vez, conforme dispõe o art. 348 do CPC, é o reconhecimento de um fato contrário ao interesse do confitente e favorável ao seu adversário. Ela pode ser judicial ou extrajudicial; espontânea, quando requerida pela parte, lavrando-se o respectivo termo nos autos, ou provocada, extraída do depoimento pessoal prestado pela parte.

É certo, no entanto, que a confissão espontânea pode ser feita pela própria parte, ou por mandatário com poderes especiais.

A confissão judicial, por sua vez, faz prova somente contra o confitente, não prejudicando os litisconsortes. Da mesma forma que não vale como confissão a admissão, em juízo, de fatos relativos a direitos indisponíveis (art. 351 do CPC).

Tem-se como confessa a parte quando esta, sem motivo justificado, deixa de responder ao que lhe for perguntado ou emprega evasivas, hipótese esta na qual o juiz, apreciando as demais circunstâncias e elementos de prova, declarará, na sentença, se houve recusa de depor (CPC, art. 345).

A confissão possui, assim, três elementos para sua configuração: objetivo, subjetivo e intencional.

O elemento objetivo são os fatos desfavoráveis ao confitente e favoráveis à parte contrária. Para sua configuração, contudo, é preciso que o fato confessado seja próprio e pessoal do confitente, seja favorável à parte que o invoca e desfavorável ao confitente, que o fato seja suscetível de renúncia e que o fato seja de natureza que a sua prova não exija forma especial.

O elemento subjetivo se refere à pessoa do confitente, de quem se requer que possua capacidade e legitimação.

Já o elemento intencional é a vontade de confessar.

Em regra, a confissão é indivisível, isto é, não pode a parte aceitá-la no tópico que a beneficiar e rejeitá-la no que lhe for desfavorável. Ela, todavia, pode ser revogada por erro, dolo ou coação.

Cabe acrescentar, ainda, que predomina na Justiça do Trabalho o entendimento de que a colheita do depoimento pessoal da parte, no processo do trabalho, constitui em uma faculdade do juiz, numa interpretação do art. 848 da CLT.

Tal interpretação, no entanto, está longe dos princípios que norteiam o processo, especialmente o que assegura a produção de provas na defesa dos interesses do litigante.

Em verdade, longe de se constituir em faculdade do juiz, o interrogatório da parte contrária se constitui em direito da parte. Ora, direito de interrogar a parte contrária, outrossim, encontra respaldo na cláusula constitucional do mais amplo direito de defesa. A norma da CLT, assim, deve ser interpretada de modo a se evitar o cerceio de defesa.

11. Prova testemunhal

11.1. Conceito e classificação da testemunha

Testemunha é a pessoa física, distinta das partes do processo, admitida como tal pela lei, com conhecimento próprio sobre os fatos controvertidos na lide.

Quanto aos sujeitos do processo, elas se classificam em indicadas pelas partes, de forma bilateral ou unilateral, ou pelo juízo.

Quanto à extensão do conhecimento que possuam, elas se classificam como sendo de cognição plena, quando conhece de todos os fatos controvertidos, ou de cognição parcial, quando conhece parte dos fatos controvertidos.

Tendo-se em conta a relação das declarações com a ciência dos fatos controversos, elas se classificam em testemunha direta, com conhecimento próprio, ou indireta, com conhecimento indireto (por ouvir dizer, etc.).

11.2. Admissibilidade

A prova testemunhal é sempre admissível, não dispondo a lei de modo diverso.

O juiz, porém, indeferirá a inquirição de testemunhas sobre fatos já provados por documento ou confissão da parte ou que só por documento ou por exame pericial puderem ser provados (art. 400 do CPC).

11.3. Produção da prova testemunhal

A prova testemunhal sempre é produzida em audiência, sendo que no processo do trabalho, a princípio, a convite das partes. Elas somente são notificadas judicialmente para comparecerem quando injustificadamente não se apresentam em juízo após o convite da parte. Elas, ainda, podem ser conduzidas coercitivamente se, intimadas judicialmente, não comparecerem espontaneamente. Tudo isso sob as penas do art. 730 da CLT, que prevê a possibilidade de a testemunha ser sancionada com a pena de multa.

Quando o juiz da causa é arrolado como testemunha, cabe a este declarar-se impedido, se tiver conhecimento de fatos, que possam influir na decisão, caso em que será defeso à parte, que o incluiu no rol, desistir de seu depoimento, ou se nada souber, mandará excluir o seu nome do rol respectivo.

No processo do trabalho, a lei limita a duas testemunhas por parte no procedimento sumaríssimo, três na reclamação processada pelo rito ordinário trabalhista e até seis no inquérito para apuração de falta grave.

Observe-se, ainda, que a jurisprudência assegura para cada réu a indicação de até três testemunhas. Isso porque eles são demandados em conjunto (litisconsórcio passivo) mesmo contra suas vontades, não podendo assim ser prejudicados nos seus direitos de defesa. Já no litisconsórcio ativo, como este é facultativo, impõe-se o limite de três testemunhas.

No processo do trabalho, é dispensável o arrolamento prévio da testemunha. Cabe à parte, como já dito, levá-la à audiência de instrução. Contudo, uma vez arrolada, a testemunha somente pode ser substituída quando a indicada falecer, por enfermidade, não estiver em condições de depor, ou quando, tendo mudado de residência, não for encontrada pelo oficial de justiça.

O depoimento da testemunha deve se dar sempre diante do juiz da causa, em dia e hora por este designados, exceto as que prestam depoimento antecipadamente, as que são inquiridas por carta ou as que, por doença ou outro motivo relevante, estão impossibilitadas de comparecer.

Os juízes, no entanto, de modo geral, quando arrolados como testemunhas, têm o direito de indicar a hora e o dia para seu interrogatório.

Já outras autoridades têm o direito de serem interrogados como testemunhas em sua residência ou onde exercem a sua função. São eles:

I — o Presidente e o Vice-Presidente da República;

II — o presidente do Senado e o da Câmara dos Deputados;

III — os ministros de Estado;

IV — os ministros do Supremo Tribunal Federal, do Tribunal Federal de Recursos, do Superior Tribunal Militar, do Tribunal Superior Eleitoral, do Tribunal Superior do Trabalho e do Tribunal de Contas da União;

V — o procurador-geral da República;

VI — os senadores e deputados federais;

VII — os governadores dos Estados, dos Territórios e do Distrito Federal;

VIII — os deputados estaduais;

IX — os desembargadores dos Tribunais de Justiça, os juízes dos Tribunais de Alçada, os juízes dos Tribunais Regionais do Trabalho e dos Tribunais Regionais Eleitorais e os conselheiros dos Tribunais de Contas dos Estados e do Distrito Federal;

X — o embaixador de país que, por lei ou tratado, concede idêntica prerrogativa ao agente diplomático do Brasil.

Em relação a estas autoridades, cabe ao juiz solicitar à mesma que designe dia, hora e local a fim de ser inquirida, remetendo-lhe cópia da petição inicial ou da defesa oferecida pela parte, que arrolou como testemunha.

As testemunhas são interrogadas separada e sucessivamente, sendo ouvidas primeiro aquelas indicadas pelo autor e depois as do réu, devendo o juiz providenciar de modo que uma não ouça o depoimento das outras.

Antes de iniciar o interrogatório da testemunha, o juiz advertirá à testemunha que incorre em sanção penal quem faz a afirmação falsa, cala ou oculta a verdade.

A testemunha deve responder as perguntas que lhe são formuladas, sendo primeiro aquelas produzidas pelo juiz e depois pela parte que a arrolou e, finalmente, pela parte contrária.

É certo, ainda, que a lei estabelece, de forma até desnecessária, que as partes devem tratar as testemunhas com urbanidade, não lhes fazendo perguntas ou considerações impertinentes, capciosas ou vexatórias.

Eventualmente, as perguntas indeferidas serão obrigatoriamente transcritas no termo, se a parte o requerer. O depoimento, por sua vez, pode ser registrado por meio de atos de datilografia ou registrado por taquigrafia, estenotipia ou outro método idôneo de documentação, sendo assinado pelo juiz, pelo depoente e pelos procuradores, facultando-se às partes a sua gravação.

A testemunha deve ser intimada para comparecer em Juízo por carta encaminhada pelo correio, sob registro, ou com entrega em mão própria, quando a testemunha tiver residência certa.

No caso da testemunha ser servidor público, o juiz requisitá-lo-á ao chefe de repartição ou ao comando do corpo em que servir, que o mesmo seja liberado para comparecer à audiência.

Lembre-se, ainda, que o juiz pode determinar a ouvida da testemunha que foi referida nas declarações da parte ou das testemunhas (art. 418, CPC). Da mesma forma, pode determinar a acareação de duas ou mais testemunhas ou de algumas delas com a parte, quando, sobre fato determinado, que possa influir na decisão da causa, divergirem as suas declarações.

A lei dispensa, todavia, a testemunha de prestar depoimento sobre alguns fatos. Essa dispensa ocorre quando os fatos lhe acarretem grave dano, bem como ao seu cônjuge e aos seus parentes consanguíneos ou afins, em linha reta, ou na colateral em segundo grau; ou a cujo respeito, por estado ou profissão, deva guardar sigilo.

11.3.1. Da recusa de depor e do não comparecimento à audiência e suas consequências para a testemunha

Quanto à recusa de depor e suas consequências para as próprias testemunhas, a CLT trata do assunto no art. 730 e no parágrafo único do art. 825, a saber:

> "Art. 730. Aqueles que se recusarem a depor como testemunhas, sem motivo justificado, incorrerão na multa de 378,2847 a 3.782,847 UFIR's." (em valores estabelecidos pelas Leis ns. 6.986/82, 7.855/89, 8.177/91 e 8.383/91)

"Art. 825. ...

Parágrafo único. As que não comparecerem serão intimadas, *ex officio* ou a requerimento da parte, ficando sujeitas à condução coercitiva, além das penalidades do art. 730, caso, sem motivo justificado, não atendam à intimação."

Por esses dispositivos, verificamos que são dois os ilícitos processuais praticados pelas testemunhas e que podem resultar em sua punição administrativa, sendo que um envolve necessariamente o outro: o primeiro, é a recusa injustificada da testemunha em depor e o segundo é o não comparecimento à audiência, de forma imotivada. Este segundo envolve o primeiro, pois o não comparecimento à audiência implica, ainda que indiretamente, na recusa em depor como testemunha.

A CLT, para ambas as hipóteses, preceituou a aplicação da mesma penalidade à testemunha infratora, qual seja, multa pecuniária que varia, hoje, de 378,2847 a 3.782,847 UFIR's.

Recusa-se a depor como testemunha a pessoa que comparece à audiência e, sem justo motivo, não responde às perguntas formuladas pelo Juiz ou, ainda, usa de evasivas em suas declarações; que se recusa a prestar compromisso ou mesmo tendo prestado juramento, não responde de forma clara e objetiva ao que lhe foi perguntado; ou, também, quando não comparece à primeira audiência, para a qual foi convidada pela parte.

Essa penalidade tem sua razão de ser porque a ninguém é dado o direito de se recusar a colaborar com a Justiça "para o descobrimento da verdade" (art. 339, CPC).

A testemunha somente poderá se escusar de depor sobre fatos "que lhe acarretem grave dano, bem como ao seu cônjuge e aos seus parentes consanguíneos ou afins, em linha reta, ou colateral em segundo grau" ou "a cujo respeito, por estado ou profissão, deva guardar sigilo" (art. 406, CPC). Fora dessas hipóteses, à testemunha não é dado o direito de se recusar a responder às perguntas formuladas pelo Juiz.

Difere, entretanto, do segundo ilícito, que é o não comparecimento à audiência trabalhista, sem motivo justificado, depois de intimado judicialmente para esse fim.

A simples ausência à audiência, sem qualquer motivo plausível, gera a aplicação da penalidade, tipificando-se o ilícito em tela. Ressalte-se, no entanto, que, para configuração desse ilícito, é necessário que a testemunha tenha sido intimada judicialmente para comparecer à audiência.

Em ambas as situações, caberá, então, ao Juiz, *ex officio*, proceder na apuração da infração para aplicação da penalidade (art. 903, CLT).

Em respeito ao princípio do devido processo legal, então, deve o Juiz determinar a abertura do processo administrativo tendente a apurar responsabilidade, intimando a testemunha para apresentar defesa escrita, no prazo de quinze dias (art. 905, CLT).

Instruído o feito, se necessário, será proferida em seguida a decisão, condenando-se ou não o indiciado na penalidade prevista no art. 730 da CLT.

A testemunha somente estará livre da pena de multa se comprovar o justo motivo para ter se recusado a depor ou não ter comparecido à audiência.

Em relação ao primeiro ilícito, deverá comprovar uma das hipóteses estabelecidas no art. 406 do CPC como motivo de sua escusa em depor.

Quanto ao segundo ilícito, provará o motivo que lhe impediu de comparecer à audiência, como, por exemplo, enfermidade súbita, cumprimento de pena privativa da liberdade (prisão), comparecimento a outra audiência onde foi convocada, também, como testemunha, ou, ainda, o não recebimento da notificação.

11.3.2. Da intimação da testemunha para comparecer à audiência

O art. 825 da CLT trata, ainda, da intimação da testemunha para comparecer à audiência, na reclamação processada pelo rito ordinário, nos seguintes termos:

"Art. 825. As testemunhas comparecerão à audiência independentemente de notificação ou intimação.

Parágrafo único. As que não comparecerem serão intimadas, *ex officio* ou a requerimento da parte, ficando sujeitas à condução coercitiva, além das penalidades do art. 730, caso, sem motivo justificado, não atendam à intimação."

Por este dispositivo temos, então, que, quando a testemunha não comparece à audiência, poderá o juiz, *ex officio* ou a requerimento da parte, intimá-la a se apresentar a Juízo para depor.

É lógico, no entanto, que, para comparecer à audiência, a testemunha deve ser convidada a esse fim pela parte interessada em seu depoimento. Daí se conclui, então, que a lei conferiu à parte o poder-dever de "intimar" (convidar) a testemunha para comparecer à audiência.

Exerce, aqui, a parte, uma função-dever do Estado-Juiz, por delegação legal. Ao invés do Estado intimar a testemunha para comparecer à audiência — o que poderia fazer a partir do rol apresentado na inicial ou mediante requerimento apresentado pelo réu antes da audiência — a lei conferiu às próprias partes essa função-dever. Para as partes, portanto, essa função-dever resulta em ônus processual. É, pois, ônus da parte levar as testemunhas à audiência, independentemente de notificação judicial.

Frise-se, porém, que a parte não tem o direito-dever de conduzir coercitivamente a testemunha. O Estado-Juiz reservou para si essa tarefa, lembrando que a testemunha somente pode ser impelida a comparecer coercitivamente à audiência após ter sido intimada judicialmente e sem que tenha respondido ao chamamento.

Assim, à parte incumbe, tão-somente, convidar ("intimar") a testemunha.

Não comparecendo à audiência, entretanto, o Juiz, *ex officio* ou a requerimento da parte, intimará a testemunha para que se apresente à próxima que for designada.

Da dicção do art. 825 e seu parágrafo único, não se pode extrair a conclusão de que esse preceito encerra uma norma imperativa, ou seja, que o Juiz é obrigado a mandar intimar a testemunha em face de sua simples ausência à audiência. E isso tanto é verdade que estabeleceu a alternativa do requerimento da parte. Fosse uma obrigação do Juiz mandar intimar, bastava a lei estabelecer a realização desse ato *ex officio*. Se fosse uma imposição ao Juiz, sem qualquer margem de discricionariedade, não seria necessário prever o requerimento da parte.

Desse modo, ao Juiz não cabe, de logo, *ex officio*, ou diante de simples requerimento da parte, ante o fato objetivo — a ausência da testemunha —, mandar intimá-la. Deve, antes, examinar a existência dos pressupostos necessários à intimação da testemunha.

Aliás, devemos ressaltar que, quando a CLT menciona que o Juiz deve mandar intimar *ex officio* a testemunha que não comparece à audiência, ela apenas está a afirmar que o Julgador pode ordenar a notificação do testigo mesmo sem requerimento da parte, ainda que apresentada desistência da produção dessa prova ou, também, contra a própria vontade da parte que o arrolou. Esta norma reafirma, simplesmente, os amplos poderes instrutórios do Juiz na busca da verdade (art. 131, CPC).

Assim, é evidente que o Juiz, para determinar a notificação da testemunha, deve, antes, apreciar se é necessário seu depoimento; se o testigo não é impedido de depor (art. 405, § 2º, CPC); se a testemunha foi ou não convidada a comparecer à audiência, etc.

Quanto a esta última hipótese — como ressaltado acima —, não podemos olvidar que cabe à parte — como ônus processual — convidar sua testemunha para comparecer à audiência para depor nessa qualidade. Para, então, vê-la intimada a comparecer à próxima audiência — que será adiada em face de sua ausência —, é necessário que se comprove o convite e que, portanto, a ausência decorreu da vontade omissa da testemunha. Não basta, desse modo, simplesmente a parte alegar que convidou a testemunha. É preciso que comprove que se desincumbiu de seu encargo para, então, determinar-se a intimação judicial. Se não convidou, terá precluso seu direito de produzir essa prova.

Tal comprovação — do convite —, por sua vez, deve ser produzida na própria audiência, já que una e indivisível (art. 845 c/c. art. 849, CLT), por todos os meios admitidos em direito, inclusive testemunhal ou documental (carta-convite, telegrama, etc.).

O Juiz, por sua vez, não só pode como deve exigir essa prova, pois lhe incumbe "velar pela rápida solução do litígio" e "prevenir ou reprimir qualquer ato contrário à dignidade da Justiça" (art. 125, incisos II e III, CPC). E estará agindo de má-fé a parte que requerer a notificação da testemunha ausente, mas que sequer foi convidada a comparecer à audiência.

E sabe-se — como regra de experiência (art. 335, CPC) — que é comum a empresa-demandada sequer convidar suas testemunhas, alegando, no entanto, que estas não compareceram injustificadamente à audiência para, então, requerer sua intimação judicial, forçando, desse modo, o adiamento da audiência (para alguns meses, quiçá, anos mais tarde).

Cabe, dessa forma, ao Juiz exigir a prova do "convite" para que possa deferir o pedido de intimação da testemunha ausente, pois assim estará prevenindo ato contrário à dignidade da Justiça e velando pela rápida solução do litígio, além de observar as normas processuais pertinentes, interpretadas sistematicamente.

Comprovado o convite, o juiz, então, mandará intimar a testemunha e ordenará a abertura de inquérito administrativo contra a mesma, para apuração do ilícito estabelecido no art. 730 da CLT, visto que o seu não comparecimento à audiência já configura a recusa de depor. Daí por que, indispensável é a instauração do inquérito respectivo.

Entendemos, entretanto, que a testemunha ficará isenta de qualquer punição quanto a este ilícito, se comparecer e prestar depoimento, após intimação judicial, à audiência designada para seu interrogatório, em face do seu verdadeiro arrependimento eficaz. Continuará a responder, porém, pelas despesas do adiamento (art. 412, *in fine*, do CPC).

Por aí se vê, portanto, o quanto é importante a prova do convite, pois a partir deste se pode imputar penalidade à testemunha ausente.

A alegação da parte de que convidou a testemunha e essa não se fez presente à audiência é, desse modo, a verdadeira denúncia do ilícito tipificado no art. 730 da CLT, impulsionadora, portanto, do inquérito administrativo respectivo. Daí por que, o Juiz deve exigir a prova respectiva, não só porque sem ela não poderá impor qualquer penalidade à testemunha ausente, como, ainda, antes disso, poderá estar agindo de forma temerária ao mandar instaurar inquérito sem qualquer indício probatório de que a testemunha tenha praticado o ilícito.

Acrescente-se, por fim, que todas as lições acima se aplicam ao procedimento sumaríssimo até por força de lei (§ 3º do art. 582-H da CLT).

11.4. Quem pode depor

O CPC estabelece que toda e qualquer pessoa pode depor como testemunha, salvo os incapazes, impedidos e os suspeitos.

A CLT, em dispositivo lacônico e em desuso (art. 829), apenas estabelece o impedimento das pessoas que são parentes até 3º grau da parte ou que seja amigo íntimo e inimigo de qualquer das partes. Fosse aplicável esse dispositivo legal, em tese, um louco poderia prestar depoimento, assim como uma criança de apenas dois anos. Daí por que a jurisprudência e doutrina entendem como aplicáveis, na hipótese, as regras do CPC que tratam dessa questão.

Assim, é que são incapazes para depor como testemunhas:

"I — o interdito por demência;

II — o que, acometido por enfermidade ou debilidade mental, ao tempo em que ocorreram os fatos, não podia discerni-los; ou, ao tempo em que deve depor, não está habilitado a transmitir as percepções;

III — o menor de 16 (dezesseis) anos;

IV — o cego e o surdo, quando a ciência do fato depender dos sentidos que lhes faltam."

Por outro lado, são impedidos de atuar como testemunhas:

"I — o cônjuge, bem como o ascendente e o descendente em qualquer grau, ou colateral, até o terceiro grau, de alguma das partes, por consanguinidade ou afinidade, salvo se o exigir o interesse público, ou, tratando-se de causa relativa ao estado da pessoa, não se puder obter de outro modo a prova, que o juiz repute necessária ao julgamento do mérito;

II — o que é parte na causa;

III — o que intervém em nome de uma parte, como o tutor na causa do menor, o representante legal da pessoa jurídica, o juiz, o advogado e outros, que assistam ou tenham assistido as partes."

Por fim, temos os suspeitos, que são:

"I — o condenado por crime de falso testemunho, havendo transitado em julgado a sentença;

II — o que, por seus costumes, não for digno de fé;

III — o inimigo capital da parte, ou o seu amigo íntimo;

IV — o que tiver interesse no litígio."

Observe-se, entretanto, que as testemunhas impedidas ou suspeitas (e não as incapazes) poderão ser interrogadas como informantes, quando estritamente necessário, mas sem lhes tomar o compromisso de falar a verdade.

11.4.1. Da suspeição da testemunha no processo do trabalho

Um dos motivos apontados pelo legislador processual civil para que não seja concedido compromisso à testemunha é justamente quando esta "tiver interesse no litígio", o que a torna suspeita (art. 405, § 3º, inciso IV, CPC).

O juiz do trabalho, por sua vez, cotidianamente, vê-se à frente dessa situação, visto ocorrer comumente das testemunhas arroladas pelo reclamante também litigarem, em outros processos, contra a mesma empresa-demandada.

O entendimento pretoriano dominante, no entanto, é que essa testemunha, pelo simples fato de litigar judicialmente contra a parte contrária àquela que a arrolou, não se torna suspeito para depor (Súmula n. 357 do TST).

Ocorre que a testemunha pode ter interesse na causa em que irá depor nessa condição se os fatos a serem apurados sejam conexos com aqueles também controvertidos na sua ação proposta contra a mesma empresa-demandada.

Óbvio que simples motivo de litigar contra a parte contrária não é suficiente ao indeferimento do compromisso à testemunha, já que o texto consolidado não menciona expressamente essa causa de suspeição.

É cediço, contudo, que a testemunha não pode faltar com a verdade, tanto que, quando isso ocorre, tipifica-se o crime de falso testemunho (art. 342, do Código Penal), o que, aliás, não se dá com a parte que, apesar de não ter direito a faltar com a verdade, não fica sujeita a qualquer sanção penal se age neste sentido, podendo, quando muito, responder pela litigância de má-fé, além da repreensão de caráter moral.

Os impedimentos e suspeições das testemunhas, por outro lado, estão relacionados diretamente com o grau de interesse que têm na causa em que forem arroladas para depor. Quando existente uma causa objetiva, o legislador considerou a pessoa impedida de prestar depoimento como testemunha (o cônjuge, ascendente, descendente, etc.).

Se há uma causa subjetiva, o legislador considerou suspeita a testemunha. Mesmo sendo capaz e não impedida de testemunhar, essas pessoas, por diversas razões, são suspeitas ou inidôneas para prestar depoimento (o condenado em crime de falso testemunho, o inimigo capital ou amigo íntimo, aquele que tenha interesse na causa, etc.).

Sobre o tema, *Moacyr Amaral Santos* leciona que "a influência dessas razões no testemunho não é possível negar. E são múltiplas: condições especiais da testemunha, natureza do fato probando, forças psíquicas, como receio, afeição, interesse, vingança, irreflexão, paixão, vaidade. Defeituosa, inidônea ou suspeita, pois, é a testemunha contra a qual há poderosos e provados motivos de exclusão ou restrição à sua credibilidade"[31].

Em suma, excluiu-se a possibilidade de dar compromisso a toda pessoa que, arrolada como testemunha, tenha um interesse, direto ou indireto, na causa. Daí por que quando a lei penal estabelece a pena de reclusão à testemunha que incorre no falso testemunho, vinculando a punibilidade ao seu elemento subjetivo — o dolo —, desconsidera como ilícita a conduta quando o agente age no exercício regular de seu direito (art. 23, inciso III, Código Penal).

Outrossim, a doutrina e a jurisprudência penais, em maioria, têm entendido que não pratica o crime de falso testemunho a pessoa que, apesar de faltar, calar ou ocultar a verdade, age em defesa de seu direito constitucional da mais ampla defesa.

Como ensina *Fernando de Almeida Pedroso*, "deflui explicitamente de cânone constitucional o direito de ampla defesa nos processos. Desse modo, sempre que a testemunha eventualmente trouxe, com a declaração da verdade, alguma coisa que possa seriamente comprometer quem o presta, preferindo este mentir num sentido de autodefesa, terá em seu prol e benefício, inconfutavelmente, a excludente do exercício do direito, qual seja, o de ampla defesa" (RT 688/287).

---

(31) *Comentários ao código de processo civil*. 1. ed. Rio de Janeiro: Forense, 1976. p. 293.

E assim têm decidido nossos Tribunais penais:

"Falso testemunho. Delito não configurado. Acusado indiciado em processo no qual prestou depoimento falso. Interesse, portanto, de nele não se comprometer, para não ser envolvido: a doutrina e a jurisprudência se orientam no sentido de que o tipo do perjúrio não alcança os testemunhos que tragam no seu bojo um interesse próprio, ligado ao fato em foco no processo, envolvendo elucidação que poderia lhe acarretar responsabilidade ... Desde que no fato existe alguma coisa que seja *res* sua, a testemunha não está obrigada a declará-la ..." (*in* RT 495/297-299. Neste mesmo sentido: RT 372/77, 384/81, 439/375, 532/345 e 576/353)

"Como corolário natural da autodefesa, decorre o princípio de que ninguém é obrigado a declarar a verdade se assumir, com essa declaração, o risco de ser incriminado." (RT 510/320. Nesta trilha: RT 519/317 e 353 e 544/345)

"Quando o depoimento é falso, num sentido de ampla defesa, procurando o depoente não se envolver no fato delituoso que se pretende apurar, não se pode admitir estivesse obrigado a dizer a verdade." (RT 519/353)

Ora, diante de tais decisões e posicionamentos da jurisprudência penal, é de se indagar acerca da possibilidade de se incriminar uma testemunha que falta com a verdade quando, também, é autora de ação trabalhista contra a mesma empresa demandada na causa em que foi arrolada para depor naquela qualidade (de testemunha), sendo os fatos sobre os quais irá prestar depoimento conexos com aqueles também controvertidos na sua reclamação. Irá a Justiça Penal apenar essa testemunha, se a mesma faltar com a verdade, ou irá considerar que a mesma tinha um interesse a proteger?

A jurisprudência penal tem se inclinado neste segundo sentido, como ressaltado acima, isso porque, no exercício do seu direito da mais ampla defesa, pode a testemunha calar-se, ou mesmo faltar com a verdade, desde que esteja procurando proteger *res sua*.

E não poderia ser diferente, pois é evidente que a testemunha, ao depor sobre fatos conexos aqueles alegados em sua reclamação trabalhista, tem todo direito em defender os seus interesses.

Assim, até como corolário da unicidade do ordenamento jurídico, em sua interpretação harmoniosa, somos forçados a entender que é suspeita a testemunha que também litiga contra a mesma empresa-demandada quando os fatos sobre os quais irá depor tem conexão com aqueles controversos na sua ação trabalhista.

É o caso, por exemplo, de um reclamante e sua testemunha alegarem em suas respectivas reclamações que prestavam horas extras até às 22:00 h. e a empresa-demandada contesta esses fatos, aduzindo que somente havia labor até às 18:0 h., quando, então, o estabelecimento encerrava suas atividades. Como, então, dar compromisso ao testigo, se ele tem todo interesse em afirmar que o estabelecimento não fechava às 18:00 h., pois este fato também alega como causa de pedir em sua ação. Poderá ser tido como delituosa sua conduta em faltar com a verdade, sabendo-se que está apenas resguardando seu interesse, no gozo do seu direito da mais ampla defesa?

E nas hipóteses em que o autor e testemunha são acusados de prática conjunta de atos faltosos, como, por exemplo, improbidade? Como se deferir compromisso à testemunha que também é acusada da prática desse ato em coautoria? Só porque a CLT não menciona a hipótese de interesse na causa como excludente do compromisso?

Se dessa forma não for, iremos assegurar à essa testemunha o "direito" de prestar falso testemunho, já que, por ter interesse a proteger sua conduta jamais se tipificará como delituosa, não podendo, neste caso, sequer ser advertida de que "incorre em sanção penal quando faz afirmação falsa, cala ou oculta a verdade" (art. 415, parágrafo único, do CPC). Isso porque, simplesmente, não incorrerá na conduta capitulada no art. 342 do Código Penal, já que irá agir em defesa de seus próprios interesses, no exercício de seu direito de defesa e, portanto, não pode ser tido como criminoso seu depoimento.

Não se pode, pois, dar o compromisso à testemunha quando esta simplesmente pode ocultar a verdade, por ter interesse a proteger. Suspeitas são, assim, as testemunhas enquadradas nestas hipóteses.

Acrescente-se, tão-somente, que a suspeição deve ser apurada caso a caso, haja vista existir a possibilidade da testemunha litigar, em outro processo, contra a mesma empresa-demandada com fundamento em outros fatos que não sejam conexos com aqueles sobre quais irá depor nesta qualidade.

11.5. Contradita

A testemunha arrolada, no entanto, poderá ser contraditada, ou seja, poderá ser denunciada pela parte interessada nos motivos que impedem ou tornam suspeito o depoimento.

Se, porém, somente no curso do depoimento, resultar evidenciada uma causa de incapacidade, impedimento ou suspeição prevista em lei, deverá o juiz desqualificar a testemunha como tal, muito embora a mesma tenha sido compromissada e advertida.

Diga-se, ainda, que à parte que impugnou (contraditou) a testemunha cabe provar os fatos alegados, seja com documentos ou por meio do depoimento de outras testemunhas, até o limite de três, apresentadas no ato e inquiridas em separado.

11.6. Obrigações e direitos da testemunha

As testemunhas são obrigadas a comparecer a juízo para depor, quando convidadas ou intimadas, devendo responder consoante a verdade sobre aquilo que souberem e lhes for perguntado em juízo.

Por outro lado, elas têm direito a se recusar a depor, nas hipóteses legais, a de serem inquiridas em sua residência ou no local onde exercem essas funções, se gozarem desse privilégio, a de prestarem depoimento antecipadamente, a de serem inquirida mediante carta precatória ou rogatória e de deporem extra-juízo, no caso de doença ou outro motivo relevante, a de serem inquiridas pelo juiz, a de serem tratadas com urbanidade pelas partes, seus representantes ou advogados, a de lerem o que declararam antes de lançarem sua assinatura na ata e de requererem, se for o caso, a retificação de trechos do depoimento, a de não sofrerem descontos em seus salários quando comparecerem em juízo para depor, e a de serem ressarcidas pelas despesas realizadas para comparecerem a Juízo (art. 419, CPC).

12. Da prova documental

12.1. Conceito e espécies

Por documento, devemos entender qualquer coisa que representa ou se presta a reproduzir uma manifestação do pensamento, da cultura. Assim, tanto é documento um contrato escrito, como um quadro, uma fotografia, uma fita gravada, etc.

Para a coisa ser considerada como documento, é necessário, entretanto, que dela se extraia a representação de um fato, seja, enfim, idôneo a reproduzir um fato. Desse modo, um pedaço de papel onde nada esteja escrito, *v. g.*, não pode ser considerado como um documento, salvo, por exemplo, se a questão se desenvolver ao derredor do fabrico do mesmo.

O documento, por sua vez, é classificado de diversas formas. O que mais interessa, entretanto, é sua classificação sob o aspecto da autoria, entre público ou privado.

12.2. Da força probante dos documentos

12.2.1. Documento público

O documento público faz prova não só da sua formação, mas também dos fatos que o escrivão, o tabelião, ou o funcionário declarar que ocorreram em sua presença.

Por outro lado, estabelece o art. 365 do CPC que fazem a mesma prova que os originais:

"I — as certidões textuais de qualquer peça dos autos do protocolo das audiências ou de outro livro a cargo de escrivão, sendo extraídas por ele ou sob sua vigilância e por ele subscritas;

II — os traslados e as certidões extraídas por oficial público de instrumentos ou documentos lançados em suas cotas;

III — as reproduções dos documentos públicos, desde que autenticadas por oficial público ou conferidas em cartório, com os respectivos originais."

Quando a lei exigir, como substância do ato, o instrumento público, nenhuma outra prova, por mais especial que seja, contudo, pode suprir-lhe a falta.

O documento, feito por oficial público incompetente, ou sem a observância das formalidades legais, sendo subscrito pelas partes, tem a mesma eficácia probatória do documento particular (art. 367, CPC).

12.2.2. Documento particular

As declarações constantes do documento particular, escrito e assinado, ou somente assinado, presumem-se verdadeiras em relação ao signatário (art. 368, CPC).

Quando todavia, contiver declaração de ciência, relativa a determinado fato, o documento particular provará a declaração, mas não o fato declarado; competindo ao interessado em sua veracidade o ônus de provar o fato.

Qualquer reprodução mecânica, como fotográfica, cinematográfica, fonográfica ou de outra espécie, faz prova dos fatos ou das coisas representadas, se aquele contra quem foi produzida lhe admitir a conformidade. Impugnada, porém, a autenticidade da reprodução mecânica, o juiz ordenará a realização de exame pericial.

As reproduções fotográficas ou obtidas por outros processos de repetição, dos documentos particulares, valem como certidões, sempre que o escrivão portar por fé a sua conformidade com o original.

A data do documento, particular, quanto a seu respeito surgir dúvida ou impugnação entre os litigantes, provar-se-á por todos os meios de direito. Mas, em relação a terceiros, considerar-se-á datado o documento particular:

"I — no dia em que foi registrado;

II — desde a morte de algum dos signatários;

III — a partir da impossibilidade física, que sobreveio a qualquer dos signatários;

IV — da sua apresentação em repartição pública ou em juízo;

V — do ato ou fato que estabeleça de modo certo a anterioridade da formação do documento."

Reputa-se, por outro lado, autor do documento particular:

"I — aquele que o fez e o assinou;

II — aquele, que por conta de quem foi feito estando assinado;

III — aquele que mandando compô-lo, não o afirmou, porque, conforme a experiência comum, não se costuma assinar, como livros comerciais e assentos domésticos."

Compete à parte, contra quem foi produzido documento particular, alegar, no prazo de dez dias, se lhe admite ou não a autenticidade da assinatura e a veracidade do contexto; presumindo-se, com o silêncio, que o tem por verdadeiro. Essa eficácia, porém, cessa se documento houver sido obtido por erro, dolo ou coação.

Observe-se, ainda, que o documento particular de cuja autenticidade não se duvida, prova que o seu autor fez a declaração, que lhe é atribuída.

O documento particular, admitido expressa ou tacitamente, é indivisível, sendo defeso à parte, que pretende utilizar-se dele, aceitar os atos que lhe são favoráveis e recusar os que são contrários ao seu interesse, salvo se provar que estes se não verificaram. É a hipótese dos cartões de ponto onde o reclamante admite como verdadeiros apenas os horários de entrada e intervalo para descanso, contestando a veracidade das anotações relativas ao horário de saída.

Já o telegrama, o radiograma ou qualquer outro meio de transmissão têm a mesma força probatória do documento particular, se o original constante da estação expedidora foi assinado pelo remetente. A firma do remetente, neste caso, poderá ser reconhecida pelo tabelião, declarando-se essa circunstância no original depositado na estação expedidora.

O telegrama ou o radiograma presume-se conforme com o original, provando a data de sua expedição e do recebimento pelo destinatário.

Já as cartas, assim como os registros domésticos, provam contra quem os escreveu quando:

"I — enunciam o recebimento de um crédito;

II — contêm anotação que visa suprir a falta de título em favor de quem é apontado como credor;

III — expressam conhecimento de fatos para os quais não se exija determinada prova."

Vale observar que, conquanto proibida a publicação de cartas-missivas sem a autorização de seu autor, ela poderá ser junta ao processo judicial (art. 33, Lei n. 5.988/73).

A nota escrita pelo credor em qualquer parte de documento representativo de obrigação, ainda que não assinada, faz prova em benefício do devedor, aplicando-se esta regra tanto para o documento, que o credor conservar em seu poder, como para aquele que se achar em poder do devedor.

Os livros comerciais, por sua vez, provam contra o seu autor. É lícito, porém, ao comerciante demonstrar, por todos os meios permitidos em direito, que os lançamentos não correspondem à verdade dos fatos.

Os livros comerciais, que preencham os requisitos exigidos por lei, provam também a favor do seu autor no litígio entre comerciantes. A escrituração contábil é indivisível; se dos fatos que resultam dos lançamentos, uns são favoráveis ao interesse de seu autor e outros lhe são contrários, ambos serão considerados em conjunto como unidade.

O juiz pode, de ofício, ordenar à parte a exibição parcial dos livros e documentos, extraindo-se deles a suma que interessar ao litígio, bem como reproduções autenticadas.

A cópia de documento particular tem o mesmo valor probante que o original, cabendo ao escrivão, intimadas as partes, proceder à conferência e certificar a conformidade entre a cópia e o original. Quando se tratar de fotografia, esta terá de ser acompanhada do respectivo negativo. Se a prova for uma fotografia publicada em jornal, exigir-se-ão o original e o negativo.

O juiz apreciará livremente a fé que deva merecer o documento, quando em ponto substancial e sem ressalva, contiver entrelinha, emenda, borrão ou cancelamento.

12.3. Iniciativa. Momento. Procedimento

Salvo disposição especial em contrário, as provas devem ser produzidas em audiência (art. 336, CPC, e art. 845, CLT).

Compete, porém, à parte instruir a petição inicial ou a resposta com os documentos destinados a provar-lhe as alegações. A jurisprudência trabalhista, entretanto, inclinou-se por entender que a parte pode juntar os documentos a qualquer momento, desde que aberta a fase de instrução, salvo os documentos indispensáveis à propositura da ação, que, necessariamente, devem acompanhar a inicial, sob pena de indeferimento.

Existem hipóteses, entretanto, que a prova documental deve acompanhar a inicial, quando indispensável à propositura da ação.

Deve o juiz, contudo, não juntado o documento com a exordial, conceder prazo de 10 dias para que o autor o faça, sob pena de indeferimento da inicial.

É lícito, ainda, às partes, em qualquer tempo, juntar aos autos documentos novos, quando destinados a fazer prova de fatos ocorridos depois dos articulados, ou para contrapô-los aos que foram produzidos nos autos.

No processo civil, entretanto, sempre que uma das partes requerer a juntada de documento aos autos, o juiz ouvirá, a seu respeito, a outra no prazo de cinco dias (art. 398, CPC). Após a manifestação da parte contrária, o juiz decidirá sobre a juntada. Deferida esta, intimará a parte contra quem foi produzido o documento para se manifestar especificamente sobre o mesmo, no prazo de dez dias (art. 390, CPC).

Na Justiça do Trabalho, porém, é discutível a aplicação dessas regras, já que incompatível com o processo trabalhista a concessão de prazo para se manifestar sobre os documentos em prazo fora da audiência, por ser essa una, salvo por motivo de força maior (art. 849, CLT).

Nesta hipótese, portanto, há de se aplicar, subsidiariamente, a Lei n. 9.099/95, que trata sobre os Juizados Especiais Cíveis e Criminais, em seu art. 29, parágrafo único, que dispõe que "sobre os documentos apresentados por uma das partes, manifestar-se-á imediatamente a parte contrária, sem interrupção da audiência".

No que se refere ao incidente de falsidade, este, então, seria incompatível com o processo trabalhista, haja vista atentar contra o princípio da celeridade, economia processual e unicidade da audiência. Impõe-se aplicar, pois, o disposto no art. 280 do CPC, ao se referir ao procedimento sumário, que estabelece "que não será admissível ação declaratória incidental, nem intervenção de terceiros, salvo assistência e recurso de terceiro interessado".

Por fim, o juiz pode requisitar às repartições públicas em qualquer tempo ou grau de jurisdição:

"I — as certidões à prova das alegações das partes;

II — os procedimentos administrativos nas causas ou as respectivas entidades da administração indireta."

12.4. Incidente de falsidade

O incidente de falsidade documental tem lugar em qualquer tempo e grau de jurisdição, incumbindo à parte, contra quem foi produzido o documento, suscitá-lo na contestação ou no prazo de dez dias, contados da intimação da sua juntada aos autos (art. 390, CPC).

Quando o documento for oferecido antes de encerrada a instrução, a parte argui-lo-á de falso, em petição dirigida ao juiz da causa, expondo os motivos em que funda a sua pretensão e os meios com que provará o alegado (art. 391, CPC).

Se a parte que produziu o documento não concordar em retirá-lo do processo, o Juiz determinará a realização da perícia, se possível. Não se procederá, entretanto, ao exame pericial, se a parte que produziu o documento, concordar em retirá-lo e a parte contrária não se opuser ao desentranhamento (parágrafo único, art. 392, CPC).

Logo que for suscitado o incidente de falsidade, o juiz suspenderá o processo principal.

Deve-se, atentar, no entanto, que a FALSIDADE MATERIAL não se confunde com a FALSIDADE IDEOLÓGICA, tampouco com O ABUSO OU EXCESSO DE MANDATO de que resulta o documento assinado em branco. Apenas aquele primeiro item (FALSIDADE DOCUMENTAL) enseja a propositura do incidente em tela.

12.4.1. Cabimento na Justiça do Trabalho

O que se discute é o cabimento do incidente de falsidade documental no processo trabalhista. A maioria dos processualistas admite o cabimento.

Partindo-se, contudo, da natureza desse incidente (ação declaratória incidental) e seus objetivos, podemos verificar que sua aplicação atenta contra os princípios e regras processuais trabalhistas.

Isso porque, além de não prevista na CLT, essa ação incidental faz modificar, de modo radical, o procedimento estabelecido para a reclamação trabalhista, haja vista a suspensão dessa causa principal.

Além disso, não podemos olvidar que essa arguição incidental visa, tão-somente, a obter uma declaração judicial quanto à falsidade do documento, de modo a lhe dar efeito de coisa julgada.

Ocorre, entretanto, que, para que o Juiz decida acerca da falsidade ou autenticidade de um documento, não é imprescindível a arguição de incidente de falsidade. A parte poderá se limitar a arguir a falsidade ou inautenticidade do documento na forma de questão prejudicial. Formulada tal arguição, o feito não se suspenderá, sendo as provas a ela pertinentes produzidas em conjunto com as provas respeitantes aos demais aspectos da lide.

Na sentença, forçosamente, o Juiz terá que decidir a questão prejudicial antes de apreciar a questão principal, pois aquela, necessariamente, dará conteúdo a esta última.

A diferenciação existente, neste caso, entre a AÇÃO INCIDENTAL (INCIDENTE DE FALSIDADE) e a QUESTÃO PREJUDICIAL que refere-se ao fato de que aquela FAZ COISA JULGADA e, esta, não.

Assim, pensamos que a arguição de questão prejudicial, em lugar da ação incidental, atende, muito mais, aos princípios inerentes ao processo do trabalho, especialmente o da celeridade processual.

De qualquer sorte, admitindo-se seu cabimento, caberá ao Juiz processar essa ação incidental tal como prevista no CPC.

A decisão proferida nesta ação incidental reclama recurso ordinário, pois põe fim a uma lide, de forma definitiva ou terminativa.

Há quem entenda, no entanto, que esse recurso somente poderá ser interposto após a prolação da sentença na causa principal, em analogia às decisões proferidas em exceções de incompetência, suspeição e impedimento.

12.5. Contestação à assinatura e excesso de mandato

Pode a parte, entretanto, contestar o documento particular apresentado.

Neste caso, cessa a fé do documento particular quando:

"I — lhe for contestada a assinatura e enquanto não se lhe comprovar a veracidade;

II — assinado em branco, for abusivamente preenchido."

Dar-se-á abuso quando aquele, que recebeu documento assinado, com texto não escrito no todo ou em parte, formá-lo ou o completar, por si ou por meio de outrem, violando o pacto feito com o signatário.

Nestas hipóteses, incumbirá o ônus da prova à parte que alegou o abuso no preenchimento do documento. Já quando se tratar de contestação de assinatura, o ônus da prova incumbirá à parte que produziu o documento (art. 389, CPC).

12.6. Ação de exibição incidental

Pode ocorrer, entretanto, que a prova documental que se deseja produzir esteja em mãos de outra pessoa que não o réu. Neste caso, o interessado deverá propor ação de exibição, de forma incidental (art. 355 e segs. do CPC).

12.6.1. Contra a parte

Se estiver de posse da parte contrária o documento ou a coisa, caberá ao demandado requerer que o Juiz ordene sua apresentação. Para tanto, deverá o demandado formular pedido específico, contendo: a) a individuação do documento ou da coisa; b) a finalidade da prova, indicando os fatos que se relacionam com o documento ou a coisa; e c) as circunstâncias em que se funda o requerente para afirmar que o documento ou a coisa existe e se acha em poder da parte contrária (art. 356, CPC).

Ao Juiz não cabe ordenar, de logo, a exibição dos documentos formulados. Em respeito ao contraditório, deverá determinar que a parte contrária dê a sua resposta no prazo de 5 (cinco) dias. Esta, por sua vez, poderá negar ser possuidora dos documentos, circunstância esta que deverá ser comprovada por todos os meios admitidos em direito.

Se a parte contrária se recusar a apresentar o documento ou a coisa sem motivo justo, o Juiz decidirá a respeito do pedido, considerando verdadeiros os fatos que, por meio dessa prova, a parte pretendia demonstrar.

É de se ressaltar que, segundo prescreve o art. 358 do CPC, "o Juiz não admitirá a recusa: I — se o requerido tiver obrigação legal de exibir: II — se o requerido aludiu ao documento ou à coisa, no processo, com o intuito de constituir prova; III — se o documento, por seu conteúdo, for comum às partes".

Como se vê, trata-se o procedimento para exibição de documento ou coisa de verdadeira ação incidental com apresentação de defesa e produção de provas.

Apesar de somente ser exigida essa exibição por meio de ação incidental, na Justiça do Trabalho a simples intimação da parte contrária para apresentar o documento ou a coisa, sob pena de confissão, tem sido suficiente para alcançar o objetivo da ação exibitória, quando envolve as partes já em litígio. Embora esse procedimento seja questionável, tem ele alcançado a sua finalidade uma vez que, no prazo que foi conferido à parte para exibir o documento "sob pena de confissão", o Requerido poderá apresentar a sua escusa a qual, se for tida por legítima, provocará a reconsideração da cominação mencionada.

12.6.2. Contra terceiros

Pode ocorrer, por outro lado, que o documento ou a coisa esteja em poder de terceiros. Neste caso, a parte interessada deve propor a ação de exibição, requerendo a citação do terceiro para que apresente a coisa ou o documento (art. 360, CPC).

Se a recusa do terceiro for injustificada, o Juiz, ao julgar o pedido, determinará que se proceda no depósito do documento ou da coisa em cartório, sob pena de busca e apreensão, sem prejuízo da responsabilidade por crime de desobediência (art. 362, CPC). Aqui, como ocorre no pedido de exibição de documento pela parte contrária, será permitido ao terceiro apresentar a sua defesa e comprovar a sua escusa, se for o caso, podendo, inclusive ser designada audiência para colhimento de prova testemunhal.

Na hipótese de não apresentação do documento ou da coisa por parte de terceiro, bem como a sua não apreensão, por não ter sido encontrado, o ônus de provar o que se pretendia com esse documento, continuará sendo do requerente.

12.7. Ação cautelar de exibição

A medida cautelar de exibição de documento ou coisa é cabível:

"I — de coisa móvel em poder de outrem e que o requerente repute sua ou tenha interesse em conhecer;

II — de documento próprio ou comum, em poder de co-interessado, sócio, condômino, credor ou devedor; ou em poder de terceiro que o tenha em sua guarda, como inventariante, testamenteiro, depositário ou administrador de bens alheios;

III — da escrituração comercial por interior, balanços e documentos de arquivo, nos casos expressos em lei."

Observar-se-á, quanto ao procedimento da ação cautelar de exibição, no que couber, o disposto nos arts. 355 a 363 e 381 e 382, do CPC, já comentados acima quando tratamos da exibição de documentos no curso do processo.

Vale, entretanto, acrescentar que, sendo uma ação cautelar, é evidente que ela deve preencher os pressupostos e condições inerentes a essa espécie de ação. Assim, para sua validade, mister se faz comprovar o direito ameaçado e o receio da lesão (art. 801, inciso IV, CPC) para se justificar a medida cautelar de exibição.

Não estando presentes essas condições (ameaça ao direito e receio de lesão), faltará ao autor interesse processual para ajuizar ação cautelar.

13. Prova pericial

13.1. Procedimento

A prova pericial consiste em exame, vistoria ou avaliação. Entretanto, ela poderá ser indeferida quando:

"I — a prova do fato não depender do conhecimento especial de técnico;

II — for desnecessária em vista de outras provas produzidas;

III — a verificação for impraticável."

Nomeado o perito pelo juiz e fixado o prazo para apresentação do laudo, incumbe às partes, dentro em cinco dias, contados da intimação do despacho de nomeação do perito, indicar o assistente técnico e apresentar quesitos.

No caso de perícia realizada mediante carta precatória, a nomeação do perito e a indicação dos assistentes poderá ser realizada no Juízo deprecado.

Quando, entretanto, o fato permitir, a perícia poderá ser resumida à inquirição do perito pelo juiz e pelas partes, e audiência, a respeito das coisas que houverem informalmente examinado ou avaliado.

O perito pode escusar-se (art. 146 do CPC), ou ser recusado por impedimento ou suspeição (art. 138, III, do CPC); ao aceitar a escusa ou ao julgar procedente a impugnação o juiz nomeará novo perito.

Além dessas hipóteses, o perito pode ser substituído quando:

"I — carecer de conhecimento técnico ou científico;

II — sem motivo legítimo, deixar de cumprir o encargo no prazo que lhe assinado."

Poderão as partes apresentar, durante a diligência, quesitos suplementares. Depois de ouvida a parte contrária, o juiz decidirá a respeito, indeferindo os quesitos impertinentes.

Em qualquer hipótese, poderá, ainda, o juiz formular quesitos que entender necessários ao esclarecimento da causa.

A prova pericial, entretanto, poderá ser dispensada pelo juiz quando as partes apresentarem pareceres técnicos ou documentos elucidativos que considerar suficientes para apreciação da matéria.

O perito, em seu mister, poderá ouvir testemunhas, solicitar documentos, assim como instruir seu laudo com plantas, desenhos, fotografias, etc., devendo apresentar o laudo no prazo fixado, até 20 (vinte) dias antes da audiência, podendo este prazo ser prorrogado pelo juiz.

Já os assistentes, devem apresentar seus pareceres no prazo comum de 10 dias após a apresentação do laudo pericial, independentemente de intimação.

Quando o exame tiver por objeto a autenticidade ou a falsidade de documento, ou for de natureza médico-legal, o perito será escolhido, de preferência, entre os técnicos dos estabelecimentos oficiais especializados. O juiz autorizará a remessa dos autos, bem como do material sujeito a exame, ao diretor do estabelecimento.

Quando o exame tiver por objeto a autenticidade da letra e firma, o perito poderá requisitar, para efeito de comparação, documentos existentes em repartições públicas; na falta destes, poderá requerer ao juiz que a pessoa a quem se atribuir a autoria do documento, lance em folha de papel, por cópia, ou sob ditado, dizeres diferentes para fins de comparação.

A parte, que desejar esclarecimento do perito e do assistente técnico, requererá ao juiz que mande intimá-lo a comparecer à audiência, formulando desde logo as perguntas sob forma de quesitos. O perito e o assistente técnico, entretanto, só estarão obrigados a prestar os esclarecimentos, quando intimados cinco dias antes da audiência.

Tem sido comum, na Justiça do Trabalho, a apresentação de denominados quesitos suplementares após a entrega do laudo pelo Perito, para que este complemente o laudo, prestando as informações pedidas. É de se observar que tal procedimento não está previsto na sistemática das leis processuais que regem a espécie. Não há empecilho, no entanto, evidente para que o juiz defira a apresentação de tais quesitos, já que os mesmos visam a complementar o laudo elaborado o que, por certo, colaborará para a formação do conjunto probatório dos autos.

Não há, no entanto, direito a tomar tal providência, pois os quesitos suplementares deverão ser formulados DURANTE A DILIGÊNCIA (ou seja, até a entrega do laudo pericial). O que poderá ocorrer após a confecção deste laudo é a formulação de pedidos explicativos, os quais serão respondidos, EM AUDIÊNCIA, pelo Perito, o qual deverá ser intimado até cinco dias antes da audiência (parágrafo único do art. 435 do CPC).

O juiz poderá determinar, de ofício ou a requerimento da parte, a realização de nova perícia, quando a matéria não lhe parecer suficientemente esclarecida. A segunda perícia tem por objeto os mesmos fatos sobre que recaiu a primeira e destina-se a corrigir eventual omissão ou inexatidão dos resultados a que esta conduziu, regendo-se pelas disposições estabelecidas para a primeira.

A segunda perícia não substitui a primeira, cabendo ao juiz apreciar livremente o valor de uma e outra.

Acrescente-se, por fim, que a Lei n. 9.099/95, que dispõe sobre os Juizados Especiais Cíveis e Criminais, preceitua em seu art. 35, *caput*, que, "quando a prova do fato exigir, o Juiz poderá inquirir técnicos de sua confiança, permitida às partes a apresentação de parecer técnico". Neste caso, desnecessária a prova pericial, que é substituída pelo depoimento do técnico (ou perito).

13.2. Ônus da despesa. Sucumbência e honorários periciais

Assim como em relação às demais despesas processuais, os honorários do perito são antecipados pela parte que requerer a realização do ato processual, sendo, ao final, impostas à parte vencida. Se ambos requererem a realização da perícia ou determinado de ofício pelo Juiz, incumbirá ao autor o pagamento antecipado desses honorários.

No que se refere à remuneração do assistente técnico, cabe à parte adiantar a sua remuneração (art. 33, CPC). Contudo, se vencedor, poderá ser ressarcido por essa despesa (art. 20, § 2º, CPC).

Na Justiça do Trabalho, entretanto, por entendimento pretoriano, a remuneração do assistente técnico é facultativo, daí por que sua remuneração é de responsabilidade da parte que o indicou, ainda que vencedora da causa (Súmula n. 341/TST).

Quanto aos honorários periciais, estes devem ser arcados por quem sucumbiu no pedido respectivo (art. 790-B da CLT e Súmula n. 236/TST). A parte que adiantou essa despesa, portanto, se vencedora, tem o direito de ser ressarcida (art. 20, CPC).

13.3. Obrigatoriedade da prova pericial

Na Justiça do Trabalho, tem-se entendido, entretanto, que a perícia para apuração das condições de trabalho em local insalubre ou perigoso é obrigatória.

Tem havido séria divergência na jurisprudência quanto à posição a ser tomada pelo Julgador quando a perícia, neste caso, não é realizada por não poder a parte requerente arcar com as despesas necessárias à sua realização. Alguns têm se inclinado para o julgamento da improcedência do pedido de insalubridade ou periculosidade, por não ter sido realizada a prova pela parte contrária; outros, entretanto, têm decidido pela extinção do processo sem julgamento do mérito, por entenderem que a parte não poderá ser prejudicada por não ter podido arcar com um tipo de prova que a lei lhe impõe.

Pensamos ser esta a posição mais acertada porquanto a parte não é livre para realizar a prova acerca das condições insalubres ou perigosas. Pode-se citar, analogicamente, a norma que impõe o indeferimento da inicial (e, portanto, a extinção do processo sem o julgamento do mérito) quando a parte não exiba documento indispensável à propositura da ação.

Ora, se à parte não foi possível dispor daquele documento para instruir a sua inicial, não lhe pode ser vedado o direito de aforar nova demanda quando dispuser do mesmo. De igual modo, deve-se aplicar a regra do art. 195, § 2º da CLT, fazendo-se as devidas adaptações, é claro.

13.4. Impedimento e suspeição

Assim como qualquer outro serventuário ou auxiliar judiciário, o perito também pode ser recusado por suspeito ou por impedimento (art. 138, inciso III, CPC).

Neste caso, configurada qualquer das hipóteses previstas nos arts. 134 e 135 do CPC, a parte interessada poderá impugnar o perito, apresentando suas alegações em petição fundamentada e devidamente instruída, que será processada em apartado, ouvindo-se o arguido em 5 dias (art. 138, parágrafo único, CPC).

14. Motivação do laudo pericial

Como já se declarou, "a conclusão de um laudo vale não pela idoneidade dos expertos ou do órgão a que eles pertencem, mas pelos fundamentos em que ela se assenta, e que devem justificar de forma clara, precisa, conduzindo o julgador a um juízo de certeza"[32].

Em suma, "o laudo não vale pela autoridade de quem o subscreve, mas pelas razões em que se funda a conclusão"[33].

Assim, não basta o perito afirmar, em conclusão, que, por exemplo, o empregado trabalhava em condições insalubres. É necessário, sim, apontar, especificamente, as razões que lhe conduz a concluir num sentido ou outro; quais os fatos, os elementos, os indícios e as provas que lhe conduz a determinada conclusão. Deve, ainda, por exemplo, num exame médico, apontar as técnicas utilizadas, os resultados apresentados, para, ao final, explicando como chegou à conclusão, emitir seu parecer técnico acerca da perícia realizada.

Neste caminho, aliás, trilha nossa doutrina, pois, conforme lições de *Hélio Gomes*, "desde que os laudos não contenham fundamentação científica, de nada valem[34].

"É sabido que os peritos devem ser minuciosos no ato do exame e declarar com toda a exatidão tudo quanto encontrarem. O parecer deve ser fundamentado, isto é, os peritos devem dar os motivos da sua opinião, as razões, os argumentos de suas conclusões para que estes representem atos de convicção"[35].

A doutrina, pois, é unânime em exigir que o laudo pericial "contenha elementos que possam ser objeto de um juízo crítico e valorativo da conclusão em face dos métodos, operações e reações dos empregados na busca da referida conclusão"[36].

Assim, por exemplo, cabe ao perito, em seu laudo técnico sobre trabalho em condições de insalubridade e periculosidade, indicar o critério adotado na perícia, os instrumentos utilizados nas medições, a metodologia de avaliação, a descrição da atividade e condições de exposição e os dados obtidos, além de mencionar o grau do labor insalubre e a sua conclusão (se o empregado trabalhava ou não em condições insalubres e perigosas)[37]. Na perícia médica, por outro laudo, o *expert* deve fazer estudo pormenorizado do nexo causal, demonstrando, cientificamente, a provável causa da doença ou lesão. Já na perícia contábil, o *expert* deve indicar a metodologia aplicada, os documentos aos quais teve acesso, o grau de credibilidade dos dados colhidos e sua conclusão.

Não se pode esquecer, ainda, que o perito deve, sempre que possível, documentar seu laudo, juntando plantas, fotografias, documentos, planilhas, etc., lembrando que os custos correspondentes serão arcados pela parte vencida.

---

(32) Des. Geraldo Gomes. In: SILVA JR., José. *Leis especiais e sua interpretação jurisprudencial*. São Paulo: RT, 1995. p. 960.
(33) SANTOS, Moacyr Amaral. *Prova judiciária no cível e comercial*. São Paulo: Max Livraria, 1955.
(34) *Medicina legal*. São Paulo: Freitas Bastos, 1961. p. 70. Nesse mesmo sentido, da imperiosa necessidade de discussão e conclusão dos laudos, também se referem Flamínio Fávero (In: *Medicina legal*. São Paulo: Freitas Bastos, 1942. p. 36), Afrânio Peixoto (In: *Medicina legal*. Rio de Janeiro: Francisco Alves, 1918. p. 378), Arnaldo Amado Ferreira (In: *Da técnica médico-legal na investigação forense*. São Paulo: Revista dos Tribunais, 1962. v. II, p. 196) e, Geraldo Gomes (In: *Tóxicos — do exame pericial toxicológico*, RT 535/251).
(35) BORGES, da Rosa. *Processo penal brasileiro*, v. I/461-462.
(36) GOMES, Geraldo. *Op. cit.*, p. 251.
(37) Cf. a respeito, OPITZ JÚNIOR, João Batista. *Perícia médica na justiça do trabalho*. São Paulo: LTr, 1997.

E nossa legislação impõe esses requisitos, já que, conforme estabelece o art. 160 do CPP, aplicado subsidiariamente ou por analogia ao processo civil, "os peritos descreverão minuciosamente o que examinarem e responderão aos quesitos formulados". Para tanto, inclusive, podem se valer de "todos os meios necessários, ouvindo testemunhas, obtendo informações, solicitando documentos que estejam em poder de parte ou em repartições públicas, bem como instruir o laudo com plantas, desenhos, fotografias e outras quaisquer peças" (art. 429, CPC).

Isso porque, "o laudo é um parecer que constitui a conclusão estabelecida pelo perito em face dos fatos observados, das informações colhidas, das operações efetuadas, das regras das ciências ou da arte. O laudo pericial é uma conclusão que deve derivar de fatos concretos, de dados objetivos. Para que a conclusão do perito possa ter autoridade, isto é, para que o juiz possa reconhecer-lhe força persuasiva, é necessário que venha precedida da exposição dos motivos que a teriam determinado. São as razões em que se funda a conclusão que atribuem autoridade a esta"[38].

Daí por que conclui o mestre *Moacyr Amaral Santos* que "se o perito subtrair ao conhecimento do juiz e dos interessados os motivos em que se baseou para emitir a sua opinião, nenhum valor se poderá atribuir ao seu laudo: é como se não existisse laudo pericial"[39].

Dessa forma, podemos concluir que cabe ao juiz, diante de um laudo pericial desfundamentado, conceder prazo para o perito complementá-lo, de modo que este possa apontar os motivos de suas conclusões, sob pena de declará-lo nulo e ordenar a realização de nova perícia.

Essa nulidade, porém, ficará superada se nas respostas aos quesitos ou aos esclarecimentos solicitados pelo juiz, o perito apresentar as razões que lhe conduziram a concluir em determinado sentido.

15. *Inspeção judicial*

O juiz, de ofício ou a requerimento da parte, pode, em qualquer fase do processo inspecionar pessoas ou coisas, a fim de se esclarecer sobre fato, que interesse à decisão da causa.

Ao realizar a inspeção direta, o juiz poderá ser assistido de um ou mais peritos.

O juiz irá ao local, onde se encontre a pessoa ou coisa, quando:

"I — julgar necessário para a melhor verificação ou interpretação dos fatos que deva observar;

II — a coisa não puder ser apresentada em juízo, sem consideráveis despesas ou graves dificuldades;

III — determinar a reconstituição dos fatos."

---

(38) SANTOS. *Op. cit.*, p. 288.
(39) *Ibidem*, p. 289.

No que se refere à reconstituição dos fatos, cabe destacar que este não se realizará se contrariar a moralidade ou a ordem pública (art. 332, CPC, c/c. art. 6º, inciso IX, CPP).

As partes, porém, têm direito a assistir à inspeção, prestando esclarecimentos e fazendo observações que reputem de interesse para a causa.

Concluída a diligência, o juiz mandará lavrar auto circunstanciado, mencionando nele tudo quanto for útil ao julgamento da causa.

O auto de inspeção poderá ser instruído com desenho, gráfico ou fotografia.

A Lei n. 9.099/95, que dispõe sobre os Juizados Especiais Cíveis e Criminais, estabelece, entretanto, em seu art. 35, parágrafo único, que o juiz pode determinar que pessoa de sua confiança faça a inspeção judicial, relatando-lhe informalmente o verificado.

16. Presunções, indícios e máximas de experiência

Presunção é uma dedução ou consequência que se extrai de um fato conhecido para se admitir como ocorrido outro fato desconhecido. Ex.: tem-se como incontroversa a prestação de serviços (fato conhecido), presume-se daí a contratação do trabalhador como empregado (fato desconhecido).

Ela pode ser legal, quando resulta de texto de lei, ou simples ou comum (mais conhecida como *hominis* ou do homem), quando decorre do raciocínio do juiz, que estabelece a presunção a partir do que corriqueiramente ocorre.

Como exemplo de presunção legal, temos aquela estabelecida no parágrafo único do art. 1.315 do Código Civil: "presumem-se iguais as partes ideais dos condôminos". Como presunção *hominis* consagrada na jurisprudência, temos aquela referida na Súmula n. 43 do TST: "presume-se abusiva a transferência de que trata o § 1º do art. 469 da CLT, sem comprovação da necessidade do serviço".

Acrescente-se, ainda, que as presunções legais podem ser absolutas (*juris et de juri*) ou relativas (*juris tantum*).

Indício, por sua vez, é um fato conhecido, que, por método indutivo, faz concluir a existência de outro.

Exemplo de indício temos quando um vigilante que trabalha em prédio vizinho ao da empresa demandada, atesta que presenciava a saída do reclamante por volta das 22:00 h. Esse testemunho comprova apenas a saída do reclamante às 22:00 h., mas não atesta que o mesmo estava em serviço até esta hora. Contudo, por indício, podemos chegar à conclusão de que o reclamante estava em trabalho, pois não é comum um empregado ficar no local de trabalho além do horário necessário para cumprir com suas tarefas.

Temos, ainda, as máximas de experiência comum, que em falta de normas jurídicas particulares, o juiz aplicá-las-á, sendo estas subministradas pela observação do que ordinariamente acontece e ainda as regras de experiência técnica, ressalvado, quanto a esta, o exame pericial.

Máximas de experiência consistem em definições ou juízos hipotéticos de conteúdo amplo e geral, independentes da situação concreta que se tem de apreciar e de seus elementos particulares, e que são adquiridos pela experiência da vida, mas que são autônomas em face dos casos particulares, mas de cuja observação se deduzem e que pretendem ter valor em relação aos outros casos.

São, em outras palavras, noções que refletem o acontecido reiteradamente por uma série de acontecimentos semelhantes, permitindo, mediante raciocínio indutivo, retirar a convicção de que, se os fatos costumam apresentar-se de tal maneira, também assim devem eles, nas mesmas circunstâncias, apresentar-se no futuro.

Elas podem ser de experiência comum ou técnica.

As regras de experiência comum surgem pela observação do que comumente acontece, fazendo parte da cultura normal das pessoas, inclusive do juiz, podendo ser aplicadas independentemente de prova.

Já as regras de experiência técnica provêm de conhecimentos especializados de uma ciência, arte, ofício, comércio ou profissão. Essas regras, entretanto, para serem aplicadas, dependem do exame pericial (art. 335, *in fine*, do CPC).

Exemplo de regra de experiência comum aplicada pelo juiz para valorar a prova, temos quando considera mais valiosa o testemunho de pessoa não empregada da parte, do que aquela que é empregada da empresa demandada e, que, por isso mesmo, receia ser despedida se prestar depoimento contrário aos interesses do empregador.

Acrescente-se, ainda, que não se pode confundir alguns textos legais que utilizam os termos "presume-se", "entende-se", "considera-se", "reputa-se", mas nem sempre constituem presunção legal, mas mera disposição supletiva. Como exemplos podemos citar os seguintes artigos da CLT:

Art. 447 ("Na falta de acordo ou prova sobre condição essencial ao contrato verbal, esta se presume existente, como se a tivessem estatuído os interessados na conformidade dos preceitos jurídicos adequados à sua legitimidade");

Art. 456. parágrafo único ("À falta de prova ou inexistindo cláusula expressa a tal respeito, entender-se-á (presumir-se-á) que o empregado se obrigou a todo e qualquer serviço compatível com a sua condição pessoal"); e

Art. 460 ("Quando não provado o salário contratado ou não havendo prova, o empregado terá direito ao pagamento de salário igual ao do empregado que, na mesma empresa, fizer serviço equivalente, ou do que for habitualmente pago para serviço semelhante").

17. *Prova ilegítima*

O nosso ordenamento jurídico não aceita como válida a prova obtida de forma ilícita, conforme previsto no inciso LVI do art. 5º da atual Carta Magna: "são inadmissíveis, no processo, as provas obtidas por meios ilícitos".

O CPC, em seu art. 332, por sua vez, estabelece que "todos os meios legais, bem como os moralmente legítimos, ainda que não especificados neste Código, são hábeis para provar a verdade dos fatos, em que se funda a ação ou a defesa".

Assim, para ser válida, a prova deve ser obtida de forma lícita e ser moralmente legítima.

A prova ilícita, por sua vez, tanto é aquela diretamente obtida em violação à lei, como, ainda, por derivação.

Por derivação, deve-se entender que são as que concernem "às hipóteses em que a prova foi obtida de forma lícita, mas a partir da informação extraída de uma prova obtida por meio ilícito. É o caso da confissão extorquida mediante tortura ...; ou da interceptação telefônica clandestina ..."[40].

Daí por que o excelso STF já decidiu que não se pode apenas considerar inadmissível a prova extraída ilicitamente, mas, também, as que derivam da mesma, pois essa doutrina "é a única capaz de dar eficácia à garantia constitucional da inadmissibilidade da prova ilícita" (in HC n. 69.912-0-RS).

Nessa esteira, conforme decidiu o excelso STF, em voto do Min. Sepúlveda Pertence, "vedar que se possa trazer ao processo a própria "degravação" das conversas telefônicas, mas admitir que as informações nela colhidas possam ser aproveitadas pela autoridade, que agiu ilicitamente, para chegar a outras provas, que sem tais informações, não colheria, evidentemente, é estimular e, não, reprimir a atividade ilícita da escuta e da gravação clandestina de conversas privadas"[41].

18. Prova emprestada

Podem, ainda, as partes se valerem de prova emprestada, ou seja, aquelas produzidas em outros processos.

Elas se regulam pelas mesmas regras do documento público, pois não passam de reprodução do que foi produzido perante outro Juiz. A prova emprestada, assim, enquanto documento público faz prova não só da sua formação, mas também dos fatos que o escrivão, o tabelião, ou o funcionário declarar que ocorreram em sua presença.

Hipótese muito comum de ocorrer o uso da prova emprestada temos quando as partes, em embargos à execução ou de terceiros, valem-se dos documentos ou testemunhos produzidos na ação principal.

A manifestação judicial anterior sobre a prova transportada em empréstimo, entretanto, não faz coisa julgada, salvo se se referir a sua falsidade declarada por sentença.

---

(40) AVOLIO, Luiz Francisco Torquato. *Provas ilícitas*. São Paulo: RT, 1995. p. 66-67.
(41) *Ibidem*, p. 71.

No que se refere à prova oral, diz-se que ela tem o mesmo valor da prova testemunhal produzida por precatória.

19. Outros meios de prova

Como lembrado acima, o art. 332 do CPC preceitua que "todos os meios legais, bem como os moralmente legítimos, ainda que não especificados neste Código, são hábeis para provar a verdade dos fatos, em que se funda a ação ou a defesa".

Assim, temos, que, ao lado dos meios de prova acima mencionados — todos eles especificados no CPC — o fato controvertido poderá ser provado por outros meios, desde que não sejam ilegítimos e ilegais.

Como exemplo, podemos citar o reconhecimento de pessoas ou coisas, disciplinado no CPP nos seus arts. 226 a 228 ou mesmo a prova emprestada.

20. Produção de provas

Como já mencionado anteriormente, a rigor, a prova documental deve ser produzida com a inicial ou com a defesa (art. 396, CPC), cabendo, ainda, às partes, indicarem as provas que pretendem produzir (art. 282, VI e art. 300, CPC).

No processo trabalhista, pode-se afirmar, entretanto, que as provas devem ser produzidas em audiência, inclusive a documental (art. 845, CLT: "o reclamante e o reclamado comparecerão à audiência acompanhados de suas testemunhas, apresentanto, nessa ocasião, as demais provas").

Lembre-se, todavia, que, em relação ao procedimento sumaríssimo, o art. 852-H da CLT dispõe que na audiência serão realizadas "todas as provas", inclusive a documental.

A prova pericial, por sua vez, deve ser produzida entre o "despacho saneador" (ou seja, o despacho do juiz que, após resolver as questões processuais pendentes, tendo verificado que não é hipótese de julgamento antecipado da lide, admite a produção de outras provas, deferindo-as) e até 20 dias antes da audiência de instrução (art. 433, CPC). Os pareceres dos assistentes, entretanto, podem ser juntos aos autos até 10 dias após a apresentação do laudo pericial (parágrafo único, art. 433, CPC).

Já a prova oral deve ser produzida em audiência. Nesta, depois de fixados os pontos controvertidos pelo juiz, ouvidas previamente as partes (art. 541, CPC), as provas serão produzidas na seguinte ordem (art. 452, CPC):

"I — o perito e os assistentes técnicos responderão aos quesitos de esclarecimentos;

II — o juiz tomará os depoimentos pessoais, primeiro do autor e depois do réu;

III — finalmente, serão inquiridas as testemunhas arroladas pelo autor e pelo réu."

Na hipótese de se considerar indispensável a presença de advogado, o juiz pode dispensar a produção das provas requeridas pela parte cujo advogado não compareceu à instrução (§ 2º, art. 453, CPC).

Já a inspeção judicial poderá ser realizada a qualquer momento, ao prudente arbítrio do juiz.

21. Prova antecipada

A parte, pode, ainda, requerer a produção antecipada de prova. Essa prova, entretanto, deverá ser produzida em ação cautelar, preparatória ou incidental.

A produção antecipada de prova pode consistir em interrogatório da parte, inquirição de testemunha e exame pericial.

Far-se-á o interrogatório da parte ou a inquirição das testemunhas antes da propositura da ação, ou na pendência deste, mas antes da audiência de instrução:

"I — se tiver de ausentar-se;

II — se por motivo de idade ou de moléstia grave, houver justo receio de que ao tempo da prova já não exista, ou esteja impossibilitada de depor."

O requerente justificará sumariamente a necessidade da antecipação e mencionará com precisão os fatos sobre que há de recair a prova.

Tratando-se de inquirição de testemunha, serão intimados os interessados a comparecer à audiência em que prestará o depoimento.

Havendo fundado receio de que venha a tornar-se impossível ou muito difícil a verificação de certos fatos na pendência da ação, é admissível o exame pericial antecipado, regendo-se esta conforme o disposto nos arts. 420 a 439 do CPC.

Tomado o depoimento ou feito exame pericial, os autos permanecerão em cartório, sendo lícito aos interessados solicitar as certidões que quiserem.

22. Na revelia

Sendo incontroversa a matéria fática alegada na inicial, seja em decorrência da revelia, seja pela ausência de contestação, o juiz poderá indeferir a produção de provas, pois são dispensáveis quando o fato é admitido, no processo, como incontroverso.

A revelia não induz, porém, a presunção de veracidade das alegações da parte contrária:

"I — se, havendo pluralidade de réus, algum deles contestar a ação;

II — se o litígio versar sobre direitos indisponíveis; e

III — se a petição inicial não estiver acompanhada do instrumento público que a lei considere indispensável à prova do ato."

A parte revel, entretanto, pode intervir no processo em qualquer fase, produzindo as suas provas se assim desejar.

O juiz, contudo, pode indeferir a produção de provas sobre fatos admitidos no processo como incontroversos.

23. Prova em recurso

O art. 397 do CPC estabelece que é lícito às partes, em qualquer tempo, juntar aos autos documentos novos, quando destinados a fazer prova de fatos ocorridos depois dos articulados, ou para contrapô-los aos que foram produzidos nos autos.

Assim, pode a parte juntar documento em recurso, desde que esta juntada se justifique quando provado o justo impedimento para sua oportuna apresentação ou se referir a fato posterior à sentença (Súmula n. 8/TST).

Juntado o documento, em recurso ou contrarrazões, deve-se, entretanto, ser assegurado o contraditório, ouvindo-se a parte contrária.

24. No agravo de instrumento

Dispõe o art. 525 do CPC que o agravo de instrumento deve ser instruído, obrigatoriamente, com cópias da decisão agravada, certidão da respectiva intimação e procurações outorgadas aos advogados das partes, se for o caso.

Facultativamente, o agravante pode produzir outras provas, enquanto o agravado deverá produzir as provas que entender cabíveis.

Ao recorrer contra a decisão que trancou o seguimento do agravo, caberá ao agravante comprovar, por exemplo, além da existência da decisão agravada e da interposição do recurso trancado, a tempestividade deste, a efetivação do depósito recursal, o recolhimento das custas, etc.

25. No agravo regimental

Em regra, o agravo regimental cabe contra decisões isoladas do Relator ou Presidente do Tribunal, inclusive em mandado de segurança, medidas cautelares, etc.

Enquanto recurso, ao agravo regimental se aplicam as regras gerais de produção de provas neste momento processual.

Em algumas situações, contudo, a decisão do Relator ou Presidente é proferida sem sequer ter sido, ainda, observado o contraditório (ex.: liminar em mandado de segurança). Neste caso, à parte que agravar regimentalmente, estará reservado o direito de produzir todas as provas permitidas em Direito, na defesa de seus interesses, contrapondo-se as alegações do agravado.

26. No recurso de revista

O recurso de revista é incabível para apreciação de questões de fatos e relacionados à prova (Súmula n. 126/TST). Daí decorre, então, que não cabe a produção de prova no recurso de revista, salvo no que se refere ao recolhimento das custas e do depósito recursal.

Assim, ocorrendo a hipótese do justo impedimento para sua oportuna apresentação ou sendo documento novo, obtido posteriormente à sentença (Súmula n. 08/TST), ao interessado somente restará ajuizar ação rescisória, com fundamento no inciso VII, do art. 485, do CPC.

27. Em mandado de segurança

Em mandado de segurança, a prova sempre é pré-constituída. Nessa espécie de ação não se admite a produção de prova oral, pericial ou por inspeção judicial. Só tem cabimento a prova documental (art. 6º da Lei n. 1.533/51).

Essa prova, por sua vez, deve ser produzida com a inicial, salvo se "os documentos necessários à prova do alegado ache em repartição ou estabelecimento público" (parágrafo único, art. 6º), devendo, ainda, o impetrante apresentar cópias desses documentos para que os mesmos sejam remetidos à autoridade apontada como coatora (art. 7º, I, Lei n. 1.533/51).

Essa prova documental, inclusive, é requisito indispensável ao conhecimento do mandado de segurança (art. 6º, Lei n. 1.533/51), impondo-se o indeferimento da inicial, conforme estabelece o art. 8º da Lei n. 1.533/51, se não juntada aos autos com a vestibular.

28. Em ação rescisória

Na ação rescisória, em regra, devem ser aplicadas as mesmas normas procedimentais referentes à produção de provas, em face de sua própria natureza de ação.

Porém, a certidão do trânsito em julgado da decisão que se pretende rescindir deve acompanhar a inicial, por ser indispensável à propositura da ação.

A instrução, na ação rescisória, por sua vez, será presidida pelo Juiz Relator.

29. Na ação monitória

A lei fala em "prova escrita", o que excluiu, por óbvio, todas as outras formas documentais não grafadas. Estão excluídas, portanto, do âmbito da ação monitória, a prova documental não escrita, como tal a gravada em fita cassete, videoteipe, enfim, todo sistema visual ou auditivo, ou produto da combinação de ambos, bem como a prova testemunhal, pericial e a inspeção judicial.

A lei, por outro lado, não limita a prova escrita a apenas um documento. Pode, pois, o credor monitório fazer prova de seu crédito por meio de vários documentos escritos, que em seu conjunto seja capaz de induzir a existência do crédito.

Também não há impedimento da obrigação ser comprovada mediante prova escrita não produzida pelo devedor ou não assinada por este. A "prova escrita" pode ter sido produzida por terceiro ou mesmo pelo próprio credor, mas dela há de se inferir a obrigação do requerido. *Cândido Rangel Dinamarco* ensina que "a jurisprudência italiana aceita 'qualquer documento merecedor de fé quanto à autenticidade e portador de uma eficácia probatória do direito em si mesmo". Bastará, pois, que o juiz se convença da existência da obrigação (certeza), além de presente a liquidez e seja inferível a exigibilidade.

Podemos, assim, considerar como "prova escrita", para efeito de constituição do título executivo monitório, toda demonstração, por via documental grafada (escrita), de uma obrigação, certa, líquida e exigível, onde estejam definidos o credor e o devedor.

30. *Em artigos de liquidação. Ônus*

Na fase de liquidação por artigos, visa a produção de provas sobre fatos não esclarecidos no processo de conhecimento. Temos como exemplos mais comuns, na Justiça do Trabalho, a prova da variação salarial, dos salários vincendos, dos domingos e feriados trabalhados, do valor da tarifa de transporte público, do valor dos combustíveis, das comissões devidas sobre as vendas.

O ônus da prova, nesta fase, dependerá, então, da matéria a ser provada. Assim, por exemplo, caberá ao autor comprovar a prestação de labor aos domingos se este for o fato a ser apurado. Será, entretanto, da empresa o ônus de provar, por exemplo, a evolução salarial, cabendo, pois, ao credor requerer a exibição desses documentos.

31. *Nos embargos à execução*

Em face de sua natureza de ação, é evidente que nos embargos à execução é permitida a produção de provas, não havendo limites quanto a estas.

Evidentemente, no entanto, que a prova deve se ater aos limites das questões postas à apreciação judicial.

Cabe lembrar, entretanto, que, nesta hipótese, o executado atua como autor dos embargos à execução, invertendo-se, assim, a posição das partes litigantes no feito principal.

32. Valoração da prova

32.1. Livre convicção e a fundamentação

Nas legislações modernas, impera o princípio da livre convicção do juiz no momento de julgar, isto é, deve o juiz sentenciar com base na prova produzida, fundamentando, entretanto, essa decisão. É o que dispõe, inclusive, o art. 131 do CPC: "o juiz apreciará livremente a prova, atendendo aos fatos e circunstâncias constantes dos autos, ainda que não alegados pelas partes: mas deverá indicar, na sentença, os motivos que lhe formaram o convencimento".

Afastadas estão, portanto, todas as teorias que procuram vincular a decisão do juiz a fórmulas, como, por exemplo, de que o testemunho único é nulo; de que o depoimento de três testemunhas num sentido vale mais do que de apenas uma testemunha em sentido oposto; de que o testemunho de um homem letrado vale mais do que de um analfabeto, etc.

O juiz, porém, está adstrito às provas produzidas nos autos (*id quod non est in actis non est in mundus* = o que não está nos autos, não existe no mundo). O que prevalece, portanto, é a verdade formal.

Daí se conclui que o juiz não pode se valer, para decidir, de conhecimentos adquiridos em sua vivência pessoal, salvo se constituírem em máximas de experiência, comuns a todos, e que devam ser explicitadas.

Além disso, apesar da inteira liberdade do juiz ao apreciar a prova, a lei estabelece algumas restrições, como, por exemplo, quando estabelece que não é admissível outra prova quando a lei exige como da substância do ato o instrumento público (art. 366, CPC). Assim, ainda que comprovado o fato por outros meios, dessa prova o juiz não pode se valer, pois exigível a apresentação do instrumento público.

Não bastará, porém, o juiz sentenciar neste ou naquele sentido. É necessário, que ele fundamente sua decisão.

Cabe lembrar, todavia, que o trabalho do juiz, assim como toda decisão humana, implica uma escolha entre alternativas. E no conteúdo da motivação devem estar claramente expostas as escolhas e seleções feitas pelo juiz.

Em outras palavras, no plano jurídico, o juiz deve justificar a escolha da norma jurídica aplicável ao caso apreciado, a opção por determinada interpretação, a razão das consequências retiradas, etc. Ante as alternativas que se apresentam como possíveis, deve, assim, adequadamente expressar por que fez determinada opção. E essa motivação mais se faz necessário quando ele estiver decidindo em franca contradição com a orientação que prevalece na doutrina ou na jurisprudência.

A legitimidade da decisão exige, dessa forma, correta e adequada análise dos fatos levados ao processo. Cabe, desse modo, ao juiz justificar por que considerou mais relevantes determinados elementos da prova e desprezou outros.

Lógico, ainda, que a decisão deve ser racional, exaustiva e compreensível. Motivando todas as resoluções contidas no provimento jurisdicional, quer aquelas que incidam sobre questões de fato, quer se refiram às questões de direito.

"Essa garantia da motivação, conforme acentuado, compreende, assim, em síntese: 1) O enunciado das escolhas do juiz com relação à individuação das normas aplicáveis e às consequências jurídicas que delas decorrem; 2) Os nexos de implicação e coerência entre os referidos enunciados: 3) A consideração atenta dos argumentos e provas trazidas aos autos ..."[42]

Contundentes são as palavras do mestre *Calmon de Passos* a este respeito e que merecem, sempre, ser reproduzidas:

"Estamos todos acostumados, entretanto, neste nosso país que não cobra responsabilidade de ninguém, ao dizer de magistrados levianos, que fundamentam seus julgados com expressões criminosas como estas: "atendendo a quanto nos autos está fartamente provado ...", "à robusta prova dos autos", "ao que disseram as testemunhas ..." e outras leviandades, prevaricações, crimes, irresponsabilidade e arbítrio, desprezo à exigência constitucional de fundamentação dos julgados, cusparada na cara dos falsos cidadãos que somos quase todos nós."

A "... fundamentação não é o pronunciamento judicial genérico, impreciso, leviano, impertinente, falseador da verdade dos autos ..."[43].

"A fundamentação só é atendível como clara e precisa quando ela é explícita e completa quanto ao suporte que o juiz oferece para suas decisões sobre questões de fato e de direito postas para seu julgamento. Se o fato não é controvertido, inexiste questão de fato, dispensada a fundamentação, bastando a referência ao fato certo. Se houver controvérsia, a decisão só é fundamentada quando o juiz aprecia a prova de ambas as partes a respeito e deixa clara as razões porque aceita uma e repele a outra. Já as questões de direito, suas decisões são fundamentadas quando o juiz expõe o embasamento doutrinário, jurisprudencial ou dogmático sério que o leva a decidir como decide, tendo em vista os fatos já admitidos para formação de seu convencimento, nos termos precedentemente expostos."[44]

Mister, pois, se faz, que o juiz, ao apreciar a prova, explicite, claramente, suas razões de convencimento. Deve, pois, apontar, por exemplo, no confronto das provas, porque aceita uma como mais valiosa e porque considera a outra insuscetível de comprovação dos fatos alegados.

---

(42) GRINOVER, Ada Pellegrini *et al. As nulidades no processo penal.* 4. ed. São Paulo: Malheiros, 1995. p. 169/171.
(43) *Inovações no CPC.* Rio de Janeiro: Forense, 1995. p. 15.
(44) *Ibidem*, p. 27/28.

Capítulo X

Audiência e Conciliação

1. Audiência

A audiência trabalhista é um momento processual de suma importância, na medida em que é nela que o réu se manifesta, por meio das mais variadas possibilidades de atitudes, como, por exemplo, tentando fazer acordo, requerendo por qualquer razão o adiamento da audiência, apresentando sua resposta, enfim. É também na audiência que as partes e as testemunhas são ouvidas, os advogados apresentam seus requerimentos e aduzem suas razões, tudo de forma oral. A audiência é, por conseguinte, "o lugar onde, quase sempre, tem melhor desempenho o profissional mais estudioso, mais preparado. Ali tem o causídico a oportunidade de testar a sua desinibição, conhecimento da matéria — principalmente do ônus da prova — argúcia, senso de oportunidade, agilidade mental, tranquilidade, visão global e equilíbrio emocional. Sem enfeixar tais requisitos suas dificuldades se avultarão. Dotado, pois, de tais requisitos procurará com tranquilidade fazer prova tão-somente daquilo que lhe compete. Não se afastará do que restou firmado pela *litiscontestatio*, nem fará perguntas que em nada aproveitarão ao seu cliente, mas que poderão favorecer à parte adversa. Não é fato incomum, a parte perder o processo, total ou parcialmente, por querer provar demais"[1].

As audiências trabalhistas deverão, necessariamente, se realizar em horário preestabelecido na CLT, qual de 8:00 às 18:00 horas, tendo como limite máximo temporal de duração o prazo de 5 (cinco) horas contínuas, salvo se a matéria for urgente[2].

O magistrado deve iniciar as audiências rigorosamente no horário, sendo que a Consolidação das Leis do Trabalho não considera, para o juiz, como atraso o prazo de 15 (quinze) minutos após a hora marcada do início dos trabalhos. Não há previsão legal para o atraso das partes ou de seus advogados. A tolerância quanto a eventual atraso das partes é matéria altamente discutida na jurisprudência. Portanto, a recomendação é que se procure, por todas as formas, comparecer, rigorosamente, no horário aprazado. O argumento de que o trânsito não permitiu a observância do horário é desculpa que não tem qualquer fundamento, mormente nos dias de hoje, em que todos sabemos do caos urbano neste domínio[3].

---

(1) OLIVEIRA, Francisco Antonio de. *Manual de audiências trabalhistas*. São Paulo: RT, p. 18.
(2) CLT, art. 813.
(3) Dispõe a Orientação Jurisprudencial n. 245 da SDI-I do TST: "Inexiste previsão legal tolerando atraso no horário de comparecimento da parte à audiência".

Apesar de ser permitido ao magistrado iniciar os trabalhos, relativamente às audiências, com 15 (quinze) minutos após o horário aprazado, o ideal é que isso jamais aconteça. Entretanto, decorrido o prazo de quinze minutos, não havendo o juiz dado início aos trabalhos, é lícito aos presentes se retirarem do recinto, devendo o ocorrido constar do livro de registros das audiências[4]. Nessas hipóteses, nenhuma sanção poderá ser imposta às partes.

As audiências serão sempre públicas, sendo, por conta disso, permitido o ingresso de qualquer pessoa à sala onde as mesmas realizem-se. Todavia, o magistrado poderá, sem ofender o princípio da publicidade, limitar a permanência na sala de um número mínimo de pessoas, de modo a manter a ordem no recinto.

O juiz deve manter o total controle das audiências, daí por que o legislador outorgou-lhe o poder de polícia. Assim, para o caso de alguém tentar desordenar as audiências, autorizado por lei está o magistrado a mandar retirar da sala as pessoas que porventura vierem a perturbar os trabalhos. A determinação do juiz no sentido de mandar retirar da sala de audiência aquele que mostre comportamento inconveniente, é hipótese diversa da prisão. Não constituem em ordem de prisão — nem com esta se confunde — o fato do magistrado determinar a retirada do inconveniente. Tal situação encontra previsão legal no art. 445 do Código de Processo Civil, o qual autoriza que o magistrado requisite, quando necessário, o uso da força policial, para garantir a paz dos trabalhos. O uso da força é limitada à retirada do inconveniente da sala. Nada mais.

Vejamos o que diz o art. 445 do Código de Processo Civil, a saber:

"Art. 445. O juiz exerce o pode de polícia, competindo-lhe:

I — manter a ordem e o decoro na audiência;

II — ordenar que se retirem da sala da audiência os que se comportarem inconvenientemente;

III — requisitar, quando necessário, a força policial."

A Consolidação das Leis do Trabalho também cuida do tema, ainda que de forma menos completa do que o CPC, conforme nos noticia o art. 816, *verbis*:

"Art. 816. O juiz manterá a ordem nas audiências, podendo mandar retirar do recinto os assistentes que a pertubarem."

A eventual insistência no inconveniente na sala, dependendo do caso concreto, poderá, ao menos em tese, culminar na prática de crime de desobediência ou, mesmo, de resistência com a respectiva prisão. Mas, repetimos: o juiz, como preside as audiências, é detentor do poder de polícia e, para tanto, basta requisitar a força policial para retirar da sala, quando necessário, os que se comportarem de forma inconveniente. Não havendo necessidade, no mais das vezes, de ordenar a prisão.

---

(4) CLT, parágrafo único, art. 815.

Urge ressaltar que mesmo que o desordeiro venha a ser advogado de uma das partes, nada impede que o mesmo seja retirado do recinto à força, se for o caso, pois a premissa é no sentido de se observar a harmonia total dos trabalhos. Se, de toda sorte, for necessária a retirada do advogado ou até mesmo a mais radical de todas as medidas, qual a prisão em flagrante, não há se falar, para qualquer um dos casos em apreço, da necessidade de se requisitar um Conselheiro da Ordem dos Advogados do Brasil, posto que o dispositivo da Lei n. 8.906, de 1994, que trata especificamente desta matéria, encontra-se suspenso pelo Supremo Tribunal Federal, por força de Ação Declaratória de Inconstitucionalidade proposta em face de diversos dispositivos do referido Estatuto da OAB[5].

A direção da audiência é tarefa exclusiva e indelegável do juiz, não podendo este transferi-la a quem quer que seja. Por sua vez, o "advogado deverá manter conduta altiva e irrepreensível sempre. E com maior razão em audiência perante o magistrado. Não deve o advogado apaixonar-se pela causa. Deverá ser sempre combativo, mas jamais agressivo. A combatividade é um atributo da advocacia. A agressividade é uma conduta não-ética, desrespeitosa e censurável. É um desvio da função. Ali tem o causídico a oportunidade de testar a sua desinibição, conhecimentos da matéria — principalmente do ônus da prova — argúcia, senso de oportunidade, agilidade mental, tranquilidade, visão global e equilíbrio emocional"[6].

Como se pode perceber, a audiência consiste em insuperável momento procedimental.

Sempre que possível, a audiência deverá ser contínua; mas, se não for possível, em razão de força maior ou motivo de melhor acomodação da pauta, dado o excesso de trabalho, o juiz poderá fracioná-la, designando, dessa forma, nova data para que se possa dar continuação à solenidade. A chamada audiência una tem se mostrado a melhor forma de se realizar as audiências. Audiência una é aquela em que numa única oportunidade todos os atos processuais tendentes à prolação da sentença são realizados, como, por exemplo, a entrega da resposta do réu, a colhida das provas orais, as razões finais e todas as propostas conciliatórias. Todavia, nem sempre é possível a realização da prática concentrada, sendo muito comum a realização da audiência em mais de uma assentada.

Quando não mais houver provas a produzir, poderão as partes contendoras aduzir razões finais de forma oral, em prazo não excedente de 10 (dez) minutos para cada uma[7]. Entretanto, "quando a causa apresentar questões complexas de fato ou de direito, o debate oral poderá ser substituído por memoriais"[8], sempre de forma escrita.

---

(5) Art. 7º, suspenso por liminar concedida na ADIn 1.105-7, do STF.
(6) OLIVEIRA, Francisco A. *Op. cit.*, p. 19.
(7) CLT, art. 850.
(8) CPC, § 3º, art. 454, aplicado supletoriamente ao processo do trabalho.

É também em audiência que o juiz, de ordinário, ouvirá o depoimento de testemunhas, peritos, técnicos e demais auxiliares, além, é óbvio, das próprias partes[9].

De ordinário, as partes devem manter-se presentes em audiência, enquanto o juiz entender que possa necessitar da presença delas, a fim de interrogá-las. Todavia, findo o interrogatório, poderá qualquer dos litigantes, com autorização judicial, retirar-se do recinto.

No sistema brasileiro, é vedado aos advogados indagar diretamente as testemunhas ou as partes, devendo o juiz, como condutor único do processo, após ouvir a pergunta, formulada pelo advogado ou pela parte adversa — no uso do *jus postulandi* — e achando-a pertinente, indagar a testemunha ou o próprio litigante.

Não há ordem cronológica para se tomar o depoimento, pois a Consolidação das Leis do Trabalho é omissa, no particular. Todavia, na prática se tem aplicado o Código de Processo Civil, que sugere que o juiz inquira "as testemunhas separada e sucessivamente; primeiro as do autor e depois as do réu, providenciando de modo que uma não ouça o depoimento das outras"[10]. Entretanto, dependendo do caso concreto, nada impede que o juiz faça a inquirição por ordem diversa da preconizada pela legislação processual comum. Não há nulidade a tanto.

Testemunha é sempre uma pessoa, jamais uma gravação feita por qualquer que venha a ser possuidor de sua produção (fita de vídeo, DVD, fita cassete, enfim). Também não há como se admitir, por absoluta impossibilidade, que pessoa jurídica venha a ser testemunha. A testemunha não é apenas aquela que tenha presenciado fatos com sua visão. Em verdade, testemunha é a pessoa que, diante do juiz, presta depoimento pessoal, para ser aproveitado em processo judicial, acerca de fatos que puderam ser apreendidos, por meio de utilização de suas percepções sensoriais, fornecidas por meio de seus sentidos, tais como audição, visão, paladar, olfato e tato. Assim, é errôneo dizer que testemunha é apenas quem *viu* o fato. Pode-se prestar depoimento pessoal, como testemunha, a respeito de um fato presenciado mediante outro sentido.

Depor em juízo é um dever cívico, do qual a ninguém é dado recusar. Nem mesmo o Presidente da República. Apenas é preciso observar que determinadas pessoas receberam da legislação um tratamento diferenciado, quanto à forma, ao local e até mesmo à data para deporem[11]. De qualquer forma, em geral, uma vez arrolada uma pessoa como testemunha, esta tem a obrigação legal de comparecer em juízo, sob pena de ser conduzida coercitivamente, se faltar sem justo motivo, caso em que o juiz poderá requisitar à autoridade policial a sua apresentação, ou o próprio oficial de justiça poderá solicitar, quando autorizado pelo juiz, auxílio da força policial para o cumprimento de seus misteres[12].

---

(9) Casos existem, como por exemplo os elencados nos arts. 410 e 411 do Código de Processo Civil, em que as testemunhas serão inquiridas em local diverso daquele destinado à realização das audiências.
(10) CPC, art. 413.
(11) Como é o exemplo dado pelo art. 411 do Código de Processo Civil.
(12) CPC, art. 412.

A testemunha que deixar de comparecer, sem justo motivo, além das sanções acima mencionadas, ainda estará sujeita ao pagamento de multa, sem prejuízo, para alguns, da instauração de ação penal pelo crime de desobediência.

Encerrada a instrução processual e observados os demais procedimentos formais, o juiz cuidará de proferir a sentença. De todo modo, se não for possível ao juiz proferir a sentença após o término da instrução processual, tal fato deve ocorrer no prazo de 10 (dez) dias[13], ou havendo motivo justificado, pode o magistrado exceder, por mais 10 (dez) dias, o prazo acima assinalado[14].

Ocorre que, na prática, diante do astronômico número de processos que são levados a julgamento, tem-se mostrado difícil o cumprimento rigoroso dos referidos prazos. Todavia, nada justifica o excesso de demora na prolação de sentenças[15].

É na audiência que podemos verificar a invocação, mesmo que intuitivamente, dos princípios da publicidade, da imediação, da identidade física do juiz, da concentração e da unidade da audiência.

A publicidade é um princípio processual que se apresenta garantido constitucionalmente[16]. Mostra-se como um princípio espelhado no sistema democrático, já que uma das manifestações desse princípio é a possibilidade de ingresso do público à sala de audiência. Ora, submetendo o magistrado à censura do público, as eventuais desconfianças que, porventura, poderiam existir caem por terra, posto que tudo é feito às claras e não de forma sigilosa. Não existem julgamentos secretos. Pode ocorrer, em determinadas situações, inclusive com previsão constitucional, que os atos processuais tenham que ser praticados em segredo de justiça[17].

Com relação ao segredo de justiça é bom lembrar que este não constitui motivo suficiente para a prática dos atos em portas cerradas, pelo só fato de uma das partes ser uma pessoa famosa, como um artista, um atleta ou um importante empresário. Ao contrário; em casos que tais, por vezes, é preferível deixar as portas abertas, para que não haja, por parte da opinião pública, qualquer suspeita de favorecimento.

Declarado o segredo de justiça é importante frisar que os atos processuais não poderão ser noticiados por meio da imprensa oficial, nem tampouco o resultado do feito. Ora, se a lei limita o direito de consultar os autos e de pedir certidões de seus atos às partes e a seus advogados, mostra-se evidente que não se pode publicar no Diário Oficial os atos de tais feitos. Assim, em todas as situações em que declarado houver o segredo de justiça, as partes ou seus procuradores, dependendo da situação, deverão ser pessoalmente intimadas.

---

(13) CPC, art. 456.
(14) CPC, art. 187.
(15) Embora seja comum que os juízes sacrifiquem seus finais de semana e férias, inclusive abstendo-se do convívio da família e amigos, em detrimento de seu lazer, para que em esforço hercúleo, produza sentenças, estude processos, etc.
(16) CF, inciso IX, art. 93.
(17) CPC, art. 155.

A audiência também se socorre do princípio da imediação. Como ensinado por *Giuseppe Chiovenda*, "quer o princípio imediação que o juiz, a quem caiba proferir a sentença, haja assistido ao desenvolvimento das provas, das quais tenha de extrair seu convencimento, ou seja, que haja estabelecido contato direto com as partes, com as testemunhas, com os peritos e com os objetos do processo, de modo que possa apreciar as declarações de tais pessoas e as condições de julgar, e outras, baseado na impressão imediata, que delas teve, e não em informações de outros"[18].

Realmente, a imediação é princípio da mais alta utilidade. Aliás, dizemos isso com convicção, pois quantas vezes ao magistrado não passa desapercebido que uma única testemunha é mentirosa. E apenas o magistrado que tenha conduzido a instrução processual terá sensibilidade para perceber quão mentirosa pode ser uma testemunha[19].

Também resulta das audiências o afloramento do princípio da identidade física do juiz, pois que o juiz que colheu as provas orais deve julgar. Assim, tudo o que foi dito para a imediação também deve ser aproveitado nos domínios da identidade física. Ocorre, como bem lembrado por *Alfredo Buzaid*, na exposição de motivos do Código de Processo Civil, "que o projeto, por amor aos princípios, não deve sacrificar as condições próprias da realidade nacional. O CPC se destina a servir o Brasil. Atendendo a estas ponderações, julgamos de bom aviso limitar o sistema de processo oral, não só no que toca ao princípio da identidade da pessoa física do juiz, como também quanto à irrecorribilidade das decisões interlocutórias. O Brasil não poderia consagrar uma aplicação rígida e inflexível do princípio da identidade, sobretudo porque, quando o juiz é promovido para comarca distante, tem grande dificuldade para retornar ao juízo de origem e concluir as audiências iniciadas. O projeto preservou o princípio da identidade física do juiz, salvo nos casos de remoção, promoção ou aposentadoria. A exceção aberta à regra geral confirma-lhe a eficácia e o valor científico"[20].

Enfim, tudo leva a concluir o quão relevante é o momento processual destinado à audiência, qualquer que seja ela: para instrução, para simples tentativa de acordo, para simples esclarecimentos (CPC, art. 599), entre outras tantas hipóteses.

2. Conciliação

O ideal, e assim tem-nos mostrado a prática forense diuturna, é que as ações terminassem a bom termo, mediante a conciliação já que não é possível proferir-se

---

(18) *Instituições de direito processual civil*, São Paulo: Saraiva, v. III, n. 309, 1995.
(19) Há casos em que a legislação processual excetuou a incidência da imediação, consoante disposto no art. 132 do CPC.
(20) Interessante não perdermos de vista o que resulta da Súmula n. 136 do Tribunal Superior do Trabalho: "Não se aplica às Juntas de Conciliação e Julgamento o princípio da identidade física do juiz". Todavia, pensamos que com o término dos Classistas, tal Súmula perdeu a razão de ser, devendo o CPC, no art. 132, além de eventuais regras previstas em Regimento Interno, nortear a conduta dos magistrados.

uma sentença no exato momento em que o dano ocorre, a conciliação poderia se mostrar uma forma autêntica e satisfatória de terminação dos conflitos. Apesar dos esforços do Judiciário no sentido de implementar, cada vez mais, o uso da conciliação, nem sempre os litígios terminam deste modo.

Ademais, é preciso que se tenha cuidado para que a parte hipossuficiente da demanda não aceite qualquer tostão, de modo a se verificar uma renúncia de direitos. A desigualdade econômica existente entre os litigantes, aliada à morosidade na solução dos processos, acabam por impor ao mais fraco a aceitação de condições que não são recomendáveis, transformando-se o processo como uma forma de rendição, bem contrária à ideia de satisfação.

É no processo do trabalho que vamos encontrar uma das primeiras manifestações legislativas quanto à exigência de conciliar. Por diversas oportunidades, a Consolidação das Leis do Trabalho assim demonstra, como, por exemplo, nos arts. 667, "b", 764, 789, § 3º, 831, 835, 847, 850, 860, 862, 872, 876 e 877. Como se vê, a conciliação é uma marca registrada e inseparável do processo laboral.

A conciliação, no que se refere à sua iniciativa, não é exclusiva do juiz. As partes, de modo espontâneo, podem, a qualquer momento e em qualquer grau de jurisdição conciliar[21]. Até mesmo antes do dia aprazado para a audiência podem as partes conciliarem, bastando, para tanto, que se dirijam as partes ao juiz, de modo a dele obter a homologação do ato volitivo. Tal postura é prevista no § 3º do art. 764 da Consolidação das Leis do Trabalho.

Não obstante a possibilidade das próprias partes litigantes assumirem a iniciativa da conciliação, a Consolidação das Leis do Trabalho fixou alguns parâmetros temporais para a iniciativa do juiz. Em se tratando de feitos submetidos ao procedimento ordinário trabalhista, é obrigação do magistrado tentar conciliar em duas oportunidades: a primeira assim que abrir a audiência[22]; a segunda após as razões finais[23].

Conquanto a lei exija que o magistrado promova a tentativa de conciliação em duas oportunidades, a falta da primeira não torna nulo o processo, pois que a segunda tentativa supre a ausência daquela. Todavia, a falta da segunda proposta de conciliação torna nulo o processo.

Nos feitos submetidos ao procedimento sumaríssimo não há exigência de duas tentativas conciliatórias por parte do magistrado, nem tampouco restou estabelecido o momento em que a proposta oficial deva ser efetuada. Fica, portanto, a critério da sensibilidade do juiz o momento que deva ser dedicado ao esforço conciliatório. Geralmente, no entanto, adota-se o mesmo procedimento da reclamação ordinária.

O juiz não está obrigado a aceitar os termos propostos pelas partes para fins de conciliação. Não é o magistrado um simples órgão homologador. "O acordo não deve

---

(21) Inclusive nos domínios da execução.
(22) CLT, art. 846.
(23) CLT, art. 850.

ser homologado pelo juiz quando atentar contra preceito de ordem pública, ou seja, lesivo aos interesses do empregado."'[24] Ademais, "em muitos casos o acordo está servindo para acobertar todo tipo de irregularidade praticada durante o contrato de trabalho. Assim, o empregador não paga salário mínimo, não recolhe contribuições previdenciárias, não registra o empregado nem lhe anota a carteira profissional e nem faz o depósito do FGTS. Depois, se demandado (salvo hipóteses de punição pela fiscalização do Ministério do Trabalho ou da Previdência Social), faz acordo. E fica tudo, praticamente, sacramentado, inclusive do ponto de vista judicial, porque feito o acordo não há defesa e não há prova, sequer de fraude"[25]. É pena que em algumas oportunidades temos assistido que "o acordo, incrustado na lei com motivação de concórdia social, se transformou, na prática, em lamentável fator de deturpação. No mais das vezes é sombra para a fraude de empregadores, ensina o empregado a mentir, ajuda os caça-níqueis e prejudica a Justiça do Trabalho"[26].

Só o magistrado tem competência constitucional para homologar judicialmente o termo de acordo, não podendo tal tarefa ser delegada a nenhum funcionário judicial. O fato do advogado de uma das partes não opor sua assinatura no termo de acordo, porque, por exemplo, no momento da assinatura encontrava-se fazendo audiência em outra Vara trabalhista, não implica em nulidade da conciliação. Como, da mesma forma, não haverá nulidade se uma das partes não assinar o respectivo termo, desde que haja, nestes casos, a assinatura do advogado, devidamente autorizado, mediante o instrumento de mandato, a tanto.

Como "no caso de conciliação, o termo que for lavrado valerá como decisão irrecorrível"[27], temos, assim, a sua equivalência à sentença transitada em julgado. Portanto, tem-se entendido que a sua ineficácia somente pode ser declarada por meio de ação rescisória. De qualquer modo, vale lembrar que apenas para as partes os termos do acordo são irrecorríveis, pois que o INSS pode, por força de lei[28], se insurgir, mediante a interposição de recurso ordinário, em face dos termos que constam do acordo firmado em juízo trabalhista.

A conciliação somente tem eficácia jurídica quando homologada judicialmente. Portanto, a cautela sugere que o réu apenas pague o valor firmado no acordo após a homologação.

Uma vez firmado o acordo e devidamente homologado, dada sua equiparação à coisa julgada, nos moldes do art. 301, inciso VI, do Código de Processo Civil, a propositura de nova ação, com o mesmo objeto que consta no acordo, poderá ser obstada, mediante a arguição, em preliminar, de coisa julgada.

Podem as partes acordar o pagamento em uma única ou em várias parcelas. Em se tratando, contudo, "de prestações sucessivas por tempo determinado, a execução

---

(24) Sustenta COSTA, Coqueijo. *Op. cit.*, p. 323.
(25) GIGLIO, Wagner. *A conciliação nos dissídios individuais do trabalho*. São Paulo: LTr, 1995. p. 124.
(26) Como bem lembrado por GIGLIO, Wagner. *Op. cit.*, p. 125.
(27) Parágrafo único, do art. 831, CLT.
(28) Lei n. 10.035, de 2000.

pelo não-pagamento de uma prestação compreenderá as que lhe sucederem"[29]. Por se tratar, no particular, de imperativo legal, não podem as partes dar ao caso tratamento diverso daquele estabelecido na lei.

Entre as condições estabelecidas no termo de acordo, por meio de suas cláusulas, poderá ser prevista uma multa pelo não cumprimento[30]. Tal valor ou percentual é ilimitado, não sendo necessário que se observe o valor da obrigação principal. Não se trata, no caso, de cláusula penal. Assim, não compete ao juiz impingir um percentual a título de multa, já que é atribuição restrita às partes litigantes a estipulação do montante da sanção. Aliás, como dito certa feita: "os bons resultados práticos da aplicação dessa cláusula têm levado os conciliadores a propor sua adoção, como regra, nos acordos trabalhistas"[31].

Acima, tratamos a conciliação como espécie de transação. Por transação tem-se o ato bilateral (ou plurilateral) pelo qual se acertam direitos e obrigações entre as partes acordantes, mediante concessões recíprocas (despojamento recíproco), envolvendo questões fáticas ou jurídicas duvidosas (*res dubia*). Nesta hipótese, diante da litigiosidade e controvérsia, não sendo certa a existência do próprio direito ou do crédito, eventual "renúncia" perde este caráter ou o de perdão.

É um contrato (art. 840 do CC). Requer para sua configuração, a incerteza da relação jurídica e a eliminação dessa incerteza, mediante concessões recíprocas. "Necessário que haja concessões mútuas, de qualquer teor. Concessões feitas somente por um dos interessados implicam renúncia ou reconhecimento do direito do outro. Tudo conceder sem nada receber não é transigir."[32] Quando o devedor, demandado em Juízo, aceita pagar o total do cobrado, ele, em verdade, está reconhecendo o direito do credor. Nenhuma transação é firmada, neste caso.

Da mesma forma que na renúncia, além da faculdade de agir, é preciso que o transator tenha *poder de disposição*. E só se admite a transação quanto a direito patrimonial de caráter privado (art. 841 do CC), sendo que, por intermédio dela, não se transmitem, mas "apenas se declaram ou reconhecem direitos" (art. 843, "I", do CC).

Sendo controvertido o direito (*res dubia*) que se declara ou se reconhece, parece-nos, então, certo afirmar que não se pode ter que o transator esteja dispondo sobre o que não pode renunciar ao fazer concessão. Exemplo: quando o empregado pede o pagamento de horas extras no equivalente a R$ 100,00 e o empregador contesta por inteiro essa dívida, ao se firmar transação para reconhecer como devido o valor R$ 80,00, esse ato não implica em renúncia, por parte do trabalhador, do restante da parcela cobrada, pois não se tinha a certeza de que era devido o direito pleiteado naquela extensão.

---

(29) CLT, art. 891.
(30) CLT, § 2º, do art. 846.
(31) GIGLIO, Wagner, *Op. cit.*, p. 137.
(32) GOMES, Orlando. *Contratos*, p. 499.

Assim, as partes, neste exemplo, estariam a declarar e reconhecer o direito devido em toda sua extensão, considerando sua anterior litigiosidade.

Situação diversa ocorre, no entanto, quando o devedor reconhece o valor total da dívida cobrada (ou tal constatação emerge facilmente dos elementos de que se dispõe) e firma transação para pagar somente uma parte da mesma, conferindo o empregado a quitação integral. Aqui, então, o trabalhador está, em relação à parte da dívida não adimplida, remindo parte da dívida do empregador. Isso porque, em relação ao direito cobrado, não havia qualquer *res dubia*. Havia certeza.

Impossível, pois, falar em transação nesse caso. Está-se falando de verdadeira renúncia a qual, entretanto, não é possível por parte do trabalhador, como antes delineado.

Por outro lado, define-se a conciliação como o ato de transação celebrado com intermediação de uma terceira pessoa imparcial. Não passa, portanto, de uma transação, já que o terceiro (o juiz) apenas media a conciliação. Logo, a ela se aplicam todas as regras pertinentes.

A rigor, a conciliação dispensa homologação judicial no processo do trabalho (art. 846, § 1º, da CLT), ao contrário do que ocorre no processo civil (§ 1º do art. 277 e § 1º do art. 331 do CPC). A doutrina e a jurisprudência, no entanto, caminharam em sentido contrário, admitindo, inclusive, a possibilidade do juiz recusar a homologação da conciliação.

Incumbe ao juiz, no entanto, diante da transação, extinguir o feito, com julgamento do mérito (art. 269, inciso III, do CPC). E essa decisão é irrecorrível no processo trabalhista (§ 1º do art. 831 da CLT), salvo em relação ao instituto oficial de previdência social.

Óbvio, no entanto, que, antes de adotar essa decisão extintiva (que será irrecorrível), deverá o juiz certificar se todos os requisitos para validade da transação foram respeitados, inclusive quanto ao direito transacionado. Isso porque, diante de qualquer ato que vise a impedir, desvirtuar ou fraudar direito trabalhista (art. 9º da CLT), caberá ao juiz negar-lhe validade, declarando sua nulidade de pleno direito (arts. 166 e 168 do CC), não se constituindo direito líquido e certo das partes a "homologação judicial" (OJ n. 120 da SDI-II do TST).

Daí se tem, então, que nem judicialmente se pode transacionar direito certo e induvidoso. A conciliação, portanto, apenas envolve a *res dubia*.

Transitado em julgado o feito, inexistindo a *res dubia*, já que tornado certo o direito em face da coisa julgada, não se admite a transação, pois, neste caso, estar-se-á diante de verdadeira renúncia do direito. Admite-se, porém, a conciliação enquanto duvidosa a liquidez do direito.

Em relação ao processo de conhecimento, quando ocorre a transação envolvendo direitos indisponíveis, a decisão respectiva está sujeita à rescisão por literal violação a dispositivo da lei material (art. 9º da CLT) ou da lei processual (art. 331 do

CPC). A conciliação somente pode versar sobre direito disponível e por quem tem o poder de dispor, além da capacidade para agir.

Já na execução, após o trânsito em julgado, em relação aos direitos já não mais controvertidos (inexistência da *res dubia*), pode-se, diante da conciliação, considerar que o devedor satisfez parcialmente sua obrigação, desistindo o credor da ação executiva em relação à parte não adimplida.

Aqui, na execução, estando líquida a dívida, certificada pela coisa julgada, não se pode mais falar em transação, que pressupõe a *res dubia*. Logo, a conciliação após a formação da coisa julgada não passa de mero cumprimento das obrigações, ainda que parcialmente, certificada no título executivo. E, se for o caso de cumprimento parcial, deve-se entender que, em relação à parcela inadimplida, a conciliação resulta na desistência da ação de execução sobre essa parte. Daí decorre, então, que o credor, eventualmente, poderá executar essa parcela não adimplida, salvo se se entender que a "conciliação" homologada na ação de execução gere a coisa julgada.

Capítulo XI

DESPESAS PROCESSUAIS, GRATUIDADE DA JUSTIÇA E ASSISTÊNCIA JUDICIÁRIA

1. Conceito

Por despesas processuais, entende-se que sejam todos os gastos efetuados pelas partes na prática de ato processual. É esta a definição aceita pelos juristas pátrios, a exemplo de *Pontes de Miranda*, cujas lições são no sentido de que:

"despesas processuais são todos os gastos que se fazem em juízo durante algum processo, a partir de selos e mais dispêndios da própria petição, quer se paguem pelos atos processuais, quer por outra causa, inclusive por falta de alguma das partes. As despesas compreendem as custas, os honorários dos advogados, as multas às partes, o que se desembolsou para que se verificassem as perícias, as custas das perícias, a condução e indenização do art. 249 às testemunhas, os pareceres de jurisconsultos de que lançou mão a parte para seu esclarecimento ou efeito de melhor tratamento em público da matéria, etc."[1]

Para *Humberto Theodoro Júnior*[2] os honorários advocatícios não se incluem entre as despesas processuais, pois mereceu tratamento diferenciado do legislador processual civil (art. 20, CPC). E essa é, ao que parece, a disciplina adotada pelo novo Código Civil, que se refere às custas e aos honorários advocatícios em separado quando cuida do valor da indenização decorrente da responsabilidade civil (arts. 389, 395 e 404).

Esses gastos tanto podem ser efetuados "dentro ou fora do processo, para prover-lhe o andamento ou atender com mais segurança seus interesses na demanda"[3].

As despesas processuais abrangem não só os efetuados pelas partes para a realização de um ato vinculado ao processo (perícia, transporte até a sede do Juízo, etc.), como, também, os tributos impostos pela prestação do serviço público judiciário.

2. Classificação

José Augusto Rodrigues Pinto classifica as despesas processuais em voluntárias e obrigatórias.

---

(1) *Comentários ao CPC*. 3. ed. Atualizado por Sérgio Bermudes. Rio de Janeiro: Forense, 1995. tomo I, p. 385.
(2) *Curso de direito processual civil*. 3. ed. Rio de Janeiro: Forense, 1991. v. I, p. 94.
(3) PINTO, José Augusto Rodrigues. *Processo trabalhista de conhecimento*. São Paulo: LTr, 1991. p. 208.

Voluntárias são aquelas despesas realizadas espontaneamente pelas partes na busca de melhor resultado na demanda judicial. Em suma, são os gastos das partes com o processo ou que, incidentalmente, são efetuados para gestão do procedimento.

O jurista baiano cita, como exemplo, os gastos com o assistente técnico pericial na Justiça do Trabalho. Essa despesa seria voluntária, "uma vez que a prova pericial só exige a nomeação de perito do juízo"[4], no que está amparado por jurisprudência sedimentada no Colendo TST (Súmula n. 341).

Obrigatórias seriam "as despesas impostas às partes por determinação da lei, assumindo, por isso mesmo, a identidade perfeita de processuais"[5].

Essas despesas obrigatórias, por sua vez, estão subdivididas em taxa judiciária e custas processuais. Emolumento, por sua vez, é uma despesa voluntária, pois não imposta como condição necessária para prestação do serviço judiciário.

Taxa judiciária é o tributo cobrado pelo Estado na prestação do serviço público ou posto à disposição dos jurisdicionados (*in casu*, os serviços judiciários). Custas processuais "é o pagamento devido ao serventuário da Justiça pela prática de ato processual próprio de sua atribuição funcional"[6].

A diferenciação entre elas, pois, estaria, nos dizeres de *Antonio Lamarca*, no fato das custas "serem aquelas devidas ao serventuário, em razão dos atos, e esta ao Estado, em razão das causas"[7]. É certo, porém, que a lei pode estabelecer que as custas sejam devidas ao Estado e não ao serventuário.

Já *emolumento* é a taxa cobrada pelos órgãos judiciários para fornecimento da reprodução documental de peças do processo, seja em traslado, certidão, etc., sempre a requerimento do interessado.

Mais uma vez, é *Antonio Lamarca* quem fornece o critério diferenciador das custas e dos emolumentos: "aquelas são taxadas para os atos de instância; os últimos são taxados para os atos do ofício, estranhos à instância, ainda que depois possam nela ser produzidos e contados entre as despesas a cargo do vencido"[8].

Orlando Gomes define o emolumento como a "remuneração direta por serviço ou ato praticado por um auxiliar ou serventuário de justiça e até pelo juiz"[9]. Todas as três têm natureza tributária, da espécie taxa, conforme já decidiu o excelso STF, *in* RE n. 116.208-2, por meio do voto condutor do Rel. Min. Moreira Alves, cuja ementa é a seguinte:

---

(4) *Ibidem*, p. 209.
(5) *Ibidem*.
(6) *Ibidem*, p. 210.
(7) *Processo do trabalho comentado*. São Paulo: RT, 1982. p. 243.
(8) *Ibidem*, p. 242.
(9) *Apud* COSTA, Coqueijo. *Direito processual do trabalho*. 4. ed. Atualizado por Washington Luís da Trindade. Rio de Janeiro: Forense, 1985, p. 162, nota de rodapé.

"esta corte já firmou entendimento, sob a vigência da Emenda Constitucional n. 1/69, de que as custas e os emolumentos têm a natureza de taxas, razão por que só podem ser fixados em lei, dado o princípio constitucional da reserva legal para a instituição de tributo."

"Portanto, as normas dos arts. 702, I, g e 789, § 2º, da Consolidação das Leis do Trabalho não foram recebidas pela Emenda Constitucional n. 1/69, o que implica dizer que estão elas revogadas"[10].

São, portanto, espécies de taxa tributária porque cobradas pelo Estado em decorrência da "utilização, efetiva ..., de serviço público específico e divisível, prestado ao contribuinte ou posto à sua disposição", na definição do art. 77 do Código Tributário Nacional (CTN).

Como se vê, embora só uma dessas despesas seja intitulada de taxa, a própria finalidade delas demonstra estarem todas enquadradas no conceito de taxa tributária, conforme previsto no art. 77 do Código Tributário Nacional.

Taxa judiciária, custas e emolumentos são, pois, espécies do gênero taxa tributária, porque todas visam a remunerar a utilização de um serviço público específico e divisível.

Elas são, assim, impostas pelo Estado, em sua potestade, isto é, por força de seu poder soberano de impor e cobrar tributos, independentemente da vontade do administrado.

3. Despesas na Justiça do Trabalho

A CLT, ao tratar das despesas processuais, sob o título "das custas e emolumentos" (arts. 789 a 790-B), disciplinou o que acima se classificou como sendo despesas obrigatórias (taxa judiciária e custas) e voluntárias (emolumentos).

De logo, pode-se perceber a imprecisão técnica do legislador trabalhista ao englobar em um só título (despesas processuais) o que está subdividido em três espécies. E mais. Deixou o legislador de adotar, em relação às custas e taxa judiciária, a terminologia correta para distinguir as mesmas. Utilizou, assim, apenas uma expressão (custas) para designar a taxa judiciária e as custas propriamente ditas.

Assim, deve ser destacado, de logo, que a CLT, por meio da Lei n. 10.537/02, ao se referir às custas processuais, no art. 789, disciplinou apenas a cobrança da taxa judiciária. Já as custas processuais propriamente ditas (pagamento devido ao serventuário pela prática de ato processual) estão disciplinas no art. 789-A da CLT. Os emolumentos, de outra sorte, estão regulamentados no art. 789-B da CLT.

---

(10) *LTr* 54-7/870-871.

3.1. Taxa judiciária no processo de conhecimento e dissídio coletivo

3.1.1. Incidência

Consoante disposto no art. 789 da CLT, a taxa judiciária nos dissídios individuais e nos dissídios coletivos do trabalho, nas ações e procedimentos de competência da Justiça do Trabalho, bem como nas demandas propostas perante a Justiça Estadual, no exercício da jurisdição trabalhista, relativas ao processo de conhecimento, observado o mínimo de R$ 10,64, corresponde a 2% incidente da seguinte forma:

"I — quando houver acordo ou condenação, sobre o respectivo valor;

II — quando houver extinção do processo, sem julgamento do mérito, ou julgado totalmente improcedente o pedido, sobre o valor da causa;

III — no caso de procedência do pedido formulado em ação declaratória e em ação constitutiva, sobre o valor da causa;

IV — quando o valor for indeterminado, sobre o que o juiz fixar."

Em sendo ilíquida a decisão, caberá ao juiz arbitrar o valor respectivo de modo a fixar o montante da taxa judiciária (§ 2º do art. 789 da CLT).

E aqui cabem alguns esclarecimentos.

O inciso IV do art. 789 da CLT cuida das ações em que a parte não indica o valor da causa. Neste caso, a taxa judiciária incide sobre o valor fixado para a causa pelo juiz nas hipóteses ventiladas nos incisos II a III (extinção do feito sem julgamento do mérito, improcedência, ação declaratória e ação constitutiva).

No caso, porém, de existir sentença líquida, a taxa judiciária incidirá sobre o respectivo valor, ainda que a parte fixe o valor da causa (inciso I). Já na hipótese de sentença condenatória ilíquida, caberá ao juiz arbitrar a condenação de modo a fixar o montante da taxa judiciária, ainda que a parte tenha indicado o valor da causa (§ 2º do art. 789 da CLT).

Já em havendo acordo sem fixação de qualquer valor pecuniário (apenas anotar CTPS, entregar carta de referência, etc.) incidirá a hipótese do § 2º do art. 789 da CLT, equiparando-se a conciliação sem valor à decisão ilíquida. Ou seja, nesta hipótese, o juiz arbitra o valor da causa e fixa a taxa judiciária (custas).

Da lei surge uma dúvida: são devidas custas no processo de liquidação?

O *caput* do art. 789 da CLT cuida das custas devidas "nos dissídios individuais e nos dissídios coletivos do trabalho, nas ações e procedimentos de competência da Justiça do Trabalho ..." (inclusive nas ações cautelares). Já o art. 789-A trata das custas na execução, referindo-se expressamente aos cálculos do contador no seu inciso IX.

Desses dois dispositivos pode-se retirar três interpretações: a) o legislador incluiu o processo de liquidação na regra do art. 789 da CLT ("... nas ações e procedimentos de competência da Justiça do Trabalho ..."); b) incluiu a liquidação na ação de execução quando estabeleceu a cobrança dos emolumentos quando os cálculos são realizados pelo contador do Juízo; ou c) não quis cobrar qualquer custa na ação de liquidação.

Somos da opinião, porém, que a ação de liquidação se rege pelas regras do art. 789 da CLT. Isso porque, além de não se confundirem execução e liquidação, o inciso IX do art. 789-A cuida dos cálculos que podem ser realizados nos embargos à execução ou na impugnação à sentença de liquidação.

Outrossim, a ação de liquidação se enquadra nas outras "... ações e procedimentos de competência da Justiça do Trabalho ...", a teor do *caput* do art. 789 da CLT.

3.1.2. Responsabilidade passiva

A taxa judiciária é devida pelo vencido no processo de conhecimento e cautelar (§ 1º do art. 789 da CLT), bem como no dissídio coletivo (§ 4º do art. 789 da CLT).

A lei trabalhista não cuidou de esclarecer a quem compete arcar com a taxa judiciária na hipótese de sucumbência recíproca (ambos são vencidos). Na jurisprudência, entretanto, prevalece o entendimento de que, em sendo o empregador condenado a qualquer pedido, este será o vencido. E a essa conclusão se chega a partir da interpretação *a contrario sensu* do § 4º do art. 789 da CLT, que dispõe que, nos dissídios coletivos, as partes vencidas responderão solidariamente pelo pagamento da taxa judiciária, calculadas sobre o valor arbitrado na decisão ou pelo Presidente do Tribunal. Ora, se a lei somente foi expressa em relação ao dissídio coletivo, quanto à repartição das custas na sucumbência recíproca, é porque quis dar tratamento diverso ao dissídio individual.

Já em havendo acordo, se de outra forma não for convencionado, o pagamento da taxa judiciária caberá em partes iguais aos litigantes (§ 3º do art. 789 da CLT).

3.1.3. Pagamento

A taxa judiciária (custas) fixada no processo de conhecimento, cautelar e dissídio coletivo será recolhida pelo vencido após o trânsito em julgado da decisão. Caso, porém interponha recurso, ela deve ser recolhida e comprovada nos autos no prazo recursal (§ 1º do art. 789 da CLT).

Observe-se que a taxa judiciária, em resumo, é fixada sobre o valor do acordo, da condenação líquida, do pedido ou sobre o valor arbitrado pelo juiz do trabalho. Sobre estes "valores da causa", então, é que será calculada a taxa judiciária devida, considerando a alíquota de 2%. Mas, quando couber ao juiz fixar o valor da causa para fins de quantificação da taxa judiciária, ele deverá se ater ao interesse econômico da lide. Assim, se numa ação diversos são os autores, por conseguinte, a taxa judiciária terá de ser arbitrada a partir do valor global da condenação ou dos pedidos. Este, aliás, é o entendimento consubstanciado pela Súmula n. 36 do Colendo TST.

É importante, no entanto, deixar claro que o valor da taxa judiciária será aquele estabelecido na decisão, sendo imutável depois de seu trânsito em julgado.

Cabe destacar, inclusive, que incumbe à Secretaria da Vara ou dos Tribunais, "a contagem das custas devidas pelas partes, nos respectivos processos" (alínea "f" do art. 711, da CLT).

Estabelecido o valor da taxa, cabe à parte sucumbente recolhê-la aos cofres da União. O prazo para seu recolhimento está estabelecido na própria CLT. Ele será:

a) no dia imediato ao trânsito em julgado da decisão, quando não há interposição de recurso pela parte condenada em seu pagamento; e

b) no prazo do recurso se este for interposto, na hipótese do condenado nesta verba apelar da decisão.

Poderá ocorrer da parte vencida na primeira instância e que tenha recolhido a taxa quando da interposição de recurso, reverter sua posição no Tribunal. Isto gerará duas situações distintas e que merecem ser analisadas:

a) se o vencido ao final, com a decisão do Tribunal, gozar dos benefícios da Justiça Gratuita, caberá à parte que inicialmente recolheu o tributo requerer sua repetição à Fazenda Pública, seja administrativamente ou por meio da ação judicial respectiva (de repetição do indébito);

b) se, entretanto, o vencido não for beneficiário desse favor público, caberá ao Tribunal condená-lo a ressarcir a parte vencedora nas despesas efetuadas, incluindo-se, aí, a taxa judiciária já recolhida.

Em caso de omissão do Tribunal, sua decisão será passível de ataque pela via dos embargos declaratórios, pois o pedido de pagamento das despesas pelo vencido, com ressarcimento daquelas adiantadas pelo vencedor, é implícito, devendo o juiz conhecê-lo de ofício.

Pagando a taxa, o devedor se desincumbe de sua obrigação. Cumpre com sua obrigação tributária de forma voluntária, ao recolher aos cofres públicos o tributo (taxa) que lhe foi imposto.

Não quitando seu débito voluntariamente, entretanto, impõe-se sua execução forçada.

3.1.4. Execução da taxa judiciária

Pelo disposto no § 2º do art. 790 da CLT (com a redação dada Lei n. 10.537/02), no caso de não-pagamento da taxa, far-se-á execução da respectiva importância segundo o procedimento estabelecido no Capítulo V do Título X da CLT, isto é, conforme rito dos processos executórios trabalhistas.

Desse dispositivo, no entanto, não se pode retirar a conclusão de que compete à Justiça do Trabalho processar a ação de execução respectiva, ainda que ela esteja submetida ao rito executório consolidado, mesmo à luz do disposto no art. 114 da atual Carta Magna, que assegura à Justiça do Trabalho a competência para executar suas próprias sentenças. Isso porque, a decisão que fixa o valor da taxa judiciária não é parte integrante do que se entenda ser "sentença", isto é, o "ato pelo qual o juiz põe termo ao processo, decidindo ou não o mérito da causa" (art. 162, § 1º, CPC). É, em verdade, decisão imprópria, de natureza administrativa, e não decisão própria, judicial, que "põe termo ao processo, decidindo ou não o mérito da causa".

Ao fixar o valor sobre qual incidirá a taxa judiciária, efetuando os cálculos pertinentes, o juiz não está sentenciando, isto é, exercendo sua função jurisdicional, mas, sim, apenas cumprindo com uma de suas muitas funções anômalas, de cunho administrativo. O juiz está, em outras palavras, ao fixar o valor da taxa judiciária, cumprindo uma função administrativa, necessária ao lançamento tributário, isto é, "o procedimento administrativo tendente a verificar a ocorrência do fato gerador da obrigação correspondente, determinar a matéria tributável, calcular o montante do tributo devido, identificar o sujeito passivo e, sendo o caso, propor a aplicação da penalidade cabível" (art. 142, Código Tributário Nacional).

O juiz, em verdade, enquanto mandatário de função estatal, age como se fosse um agente fiscal que, diante do fato gerador da incidência tributária (ou fato oponível), lança o tributo, para ser cobrado a quem de direito.

Vale destacar, ainda, que o disposto no § 2º do art. 832 da CLT não induz à conclusão oposta, pois ao mencionar que a decisão "mencionará sempre as custas que devam ser pagas pela parte vencida" ela está a se referir ao ato administrativo a ser realizado pelo juiz. O que este dispositivo impõe é que da ata da decisão, lavrada por ordem do juiz, faça-se constar as "custas que devam ser pagas pela parte vencida".

Por via de consequência, não sendo parte integrante da "sentença" *propriamente dita*, é evidente, então, que a decisão administrativo-fiscal que fixa o valor da taxa judiciária não pode ser executada na Justiça do Trabalho com fundamento no art. 114 da Constituição Federal de 1988.

Situação semelhante ocorre, aliás, com os honorários periciais fixados pelo juiz. Esta decisão, ainda que integrante do termo (ou da ata) da sentença, não é de natureza judicial, de forma a atrair a competência trabalhista, mas, sim, de cunho administrativo. Tanto isso é verdade que esse crédito se constitui, mediante a certidão respectiva, em título executivo extrajudicial, consoante previsão do inciso V do art. 585 do CPC. De posse desse título, portanto, o perito pode executar, na Justiça Comum, seus honorários fixados, por arbitramento, pela autoridade administrativa (o juiz que preside o processo), cuja competência e atribuição são impostas por força de lei.

Não podemos, outrossim, confundir as situações acima referidas com aquel'outras onde a parte é condenada a ressarcir seu *ex adverso* pelo recolhimento da taxa judiciária recolhida quando da interposição do recurso ou, ainda, é condenada a ressarcir os honorários periciais depositados provisionalmente ou outras despesas adiantadas.

Conquanto ainda imprópria essa decisão, aqui se executa, em verdade, o crédito devido à parte pela despesa havida em processo que não deu causa e que foi vencedora ao final. Naquela outra hipótese não se executa crédito da parte, mas, sim, de terceiro, *in casu*, da União, como destinatária do tributo.

Desse modo, é de se concluir que cabe à Justiça Federal executar as ações tendentes à cobrança fiscal da taxa judiciária (custas processuais) não recolhida tempestivamente por ser crédito tributário da União.

Ao juiz do trabalho, por sua vez, cabe, tão-somente, no desempenho de função anômala ao poder jurisdicional que exerce, fixar o valor da taxa, estabelecendo o devedor da obrigação, e, caso não recolhido o tributo no prazo legal, comunicar este fato à Receita Federal, para que o débito seja inscrito na Dívida Pública da União.

Cabe destacar, porém, que mesmo aqueles que entendem como competente a Justiça do Trabalho para executar a decisão que fixa a taxa judiciária não são uníssonos quanto à possibilidade de sua execução *ex officio*, com fundamento no art. 878 da CLT. E filio-me ao entendimento de que, ultrapassada a questão acerca da competência, não poderá haver execução *ex officio* desta despesa processual. Isso porque, o referido dispositivo consolidado encerra uma exceção à regra geral de que cabe à parte interessada propor a ação judicial para proteção e defesa de seus interesses, não cabendo ao juiz agir de ofício. E como tal, deve ser interpretada restritivamente.

Quis o legislador, em realidade, apenas assegurar a execução *ex officio* das sentenças prolatadas em dissídios trabalhistas, individuais ou coletivos, em proteção e em favor do hipossuficiente. Jamais foi intenção do consolidador assegurar esse mesmo privilégio à Fazenda Pública, salvo na hipótese expressa dos créditos previdenciários.

Ademais, os privilégios concedidos aos entes estatais estão especificamente alinhados no Decreto-Lei n. 779/69, não cabendo ampliar-lhe o rol pela interpretação de uma norma jurídica. Como todo privilégio, este deve estar previsto expressamente em norma legal, sob pena de se generalizar o tratamento desigual das partes no processo por simples métodos interpretativos.

Assim, a propositura da ação de execução da taxa judiciária está condicionada à manifestação neste sentido por parte da União, por intermédio de sua Procuradoria Fazendária. Mas, mesmo sendo iniciada de ofício, por ordem do juiz, é de se assegurar à União (como se faz com relação a qualquer reclamante-credor que não tomou a iniciativa de executar a sentença) o direito de se manifestar nos autos da execução, assegurando-se o contraditório e o direito de defesa, sempre que necessário, em respeito às normas processuais pertinentes.

E mais, se o devedor opuser embargos atacando a execução da taxa judiciária, a União deverá ser necessariamente chamada para compor a lide, pois verdadeira credora da verba exequenda e única pessoa legitimada para defender seus interesses.

Incorreto, assim, tem sido o procedimento adotado pela Justiça do Trabalho, ao menos na 5ª Região, que, deixando de lado a quantia fixada na ata de sentença, quantifica novo valor, a título de custas, a partir da quantia atualizada devida ao reclamante-credor.

Destaque-se, inclusive, que o valor principal executado nem sempre corresponde à quantia levada em consideração para a fixação da taxa, pois ocorre daquele ser acrescido de juros, da cláusula penal ou mesmo, quando fixadas nas sentenças ilíquidas, de se apurar em liquidação que o débito da reclamada é superior ou inferior ao valor considerado pelo juiz para seu arbitramento (da taxa judiciária).

O correto, portanto, é executar o valor indicado na ata da sentença. Jamais se deve apurar outro valor, calculado a partir da quantia executada pelo reclamante-credor, sob pena de desrespeito aos efeitos da preclusão e da coisa julgada (mesma que administrativa).

Neste sentido, mais uma vez traz-se à baila as oportunas lições de *Antonio Lamarca*:

"é ... ilegal a prática de cobrar diferença de custas na execução, porque o montante da condenação, na liquidação, haja superado o arbitrado na fase de conhecimento"[11].

Evidentemente, ainda, que se a parte vencida recolher a taxa judiciária quando da interposição do recurso ou logo após o trânsito em julgado da decisão, não se deve proceder em qualquer execução, já que integralmente satisfeita a obrigação tributária.

Executar-se-á, no entanto, a quantia acrescida a este título por decisão do Tribunal que, reformando a decisão da instância inferior, fixou valor superior àquele já recolhido.

Por fim, destaque-se: como débito tributário, a taxa judiciária fixada pelo juiz sofre atualização monetária e acréscimo de juros de acordo com as normas tributárias respectivas.

3.1.5. Isenção

Enquanto tributo imposto pela União, na prestação de atividade jurisdicional, as custas processuais (taxa judiciária, custas processuais e emolumentos) não podem ser impostas a esse próprio ente público. E isso é lógico, já que não se pode impor o pagamento dessa taxa judiciária à União, pois recolhida a seus próprios cofres. Desnecessária, portanto, mostra-se a referência à União e ao Ministério Público do Trabalho (enquanto órgão da União) nos incisos I e II do art. 790-A da CLT.

Já em relação às autarquias e fundações que não explorem atividade econômica e aos demais entes de direito público interno (Estados, Municípios, Territórios e Distrito Federal), o art. 790-A assegura total isenção no pagamento das "custas", não incluindo-se nesta expressão os emolumentos.

---

(11) *Op. cit.*, p. 243, nota de rodapé.

Assim, tem-se que as custas e emolumentos não podem ser cobrados da União (incluindo o Ministério Público do Trabalho), já que os mesmos são devidos à própria União. Já as autarquias e fundações que não explorem atividade econômica e os demais entes de direito público interno (Estados, Municípios, Territórios e Distrito Federal) apenas são isentos das custas processuais (excluídos os emolumentos).

A lei deixa claro, ainda, que a isenção não alcança as entidades fiscalizadoras do exercício profissional, nem exime as pessoas jurídicas de direito público interno, suas autarquias e fundações da obrigação de reembolsar as despesas judiciais realizadas pela parte vencedora.

As entidades integrantes da administração indireta (sociedades de economia mista, empresa públicas, etc.), inclusive no âmbito federal, não gozam da isenção tributária. Exceção a essa regra, porém, existe em relação à Empresa Brasileira de Correios e Telégrafos (EBCT), já que, de acordo com o disposto no art. 12 do Decreto-Lei n. 559/69 (norma mais especial), esta empresa pública goza dos mesmos privilégios, prerrogativas e benefícios da União.

A lei trabalhista isentou, ainda, os beneficiários da justiça gratuita das custas processuais na Justiça do Trabalho (art. 790-A da CLT), o que na lei civil apenas é tratada como inexigibilidade temporária (Lei n. 1.060/50).

3.1.6. Falência e liquidação extrajudicial

Com o decreto de falência, as obrigações do falido, inclusive as despesas judiciais, somente poderão ser liquidadas em concurso de credores. Assim, fixadas as despesas judiciais, estas somente poderão ser exigidas no processo de falência, quando da liquidação do acervo da massa falida.

Daí decorre a conclusão lógica de que a massa falida não está obrigada a efetuar o pagamento da taxa judiciária para poder exercer seu direito de recurso nas ações trabalhistas, já que esta obrigação tributária somente pode ser exigida no processo falimentar, quando da liquidação do acervo. E não poderia ser de modo diferente, não só pela própria natureza dessa ação falimentar, como, ainda, em respeito aos interesses dos demais credores do falido, inclusive dos seus ex-empregados.

Impor o recolhimento da taxa judiciária, nesta hipótese, é, em outras palavras, fraudar a ordem de preferência na liquidação dos débitos do falido, especialmente em relação aos credores mais privilegiados, como os seus ex-empregados. Estar-se-ia, em outras palavras, exigindo a satisfação de um débito da massa falida em detrimento dos interesses dos demais credores, principalmente daqueles detentores de crédito mais privilegiado.

E essa conclusão, hoje, é pacífica na jurisprudência trabalhista, a teor da Súmula n. 86 do Colendo TST.

Assim como na falência, em regra, os diplomas legais que regem o procedimento a ser adotado quando da liquidação extrajudicial estabelecem a inexigibilidade das obrigações das entidades atingidas por essa medida. Isso porque, do mesmo modo que na falência, suas obrigações são levadas a rateio, em concurso de credores, em procedimento administrativo conduzido, em geral, por órgão público. Ao invés de se proceder na liquidação do acervo patrimonial da entidade atingida por esta medida por meio de uma ação judicial, ou seja, mediante o processo falimentar, é estabelecido um procedimento administrativo com igual objetivo.

Neste caso, então, é óbvio que não se pode cobrar a taxa judiciária imposta à entidade liquidanda qualquer que seja a ação judicial. Aqui há de ser dado, pois, o mesmo tratamento dispensado à massa falida, tal como entendido pelo Colendo TST, por intermédio da sua Súmula n. 86.

E essa conclusão deve ser retirada, ainda, em consideração aos motivos alinhados acima em relação à empresa em estado falimentar, até porque, mesmo na liquidação extrajudicial, alguns credores da entidade liquidanda gozam de privilégios em relação aos demais, no concurso de credores.

A jurisprudência do TST, no entanto, caminha em sentido oposto, entendendo que não tem pertinência a aplicação da Súmula n. 86 às empresas em liquidação extrajudicial, consoante Orientação Jurisprudencial n. 31 da SDI-I do TST.

Vale mencionar, ainda, que, pelo ordenamento pátrio, as seguintes empresas e sociedades estão sujeitas à liquidação extrajudicial:

1 — as companhias de seguro — Decreto-lei n. 73, de 21.11.66;

2 — as usinas de açúcar — Decreto-lei n. 3.855, de 21.11.41;

3 — as empresa de distribuição gratuita de prêmios, fundos mútuos, de consórcios de venda e outras formas associativas assemelhadas — Lei n. 5.768, de 20.12.71;

4 — as sociedades de economia coletiva — Decreto n. 24.503, de 29.6.34;

5 — as cooperativas de crédito e as sociedades de crédito real — Decreto n. 370, de 2.5.1890 e Lei n. 6.024/74;

6 — as sociedades de capitalização — Decreto n. 22.546, de 10.2.33;

7 — as entidades financeiras, salvo as públicas federais, e às empresas que com elas tenham integração de atividade ou vínculo de interesse — Lei n. 6.024/74 (v. art. 51);

8 — as sociedades de distribuição de títulos e valores mobiliários, corretoras de valores e de câmbio — art. 52 da Lei n. 6.024/74;

9 — as sociedades cooperativas — Leis n. 5.764 de 16.12.71 e n. 6.024/74; e

10 — as entidades de previdência privada — Lei n. 6.435, de 15.7.77.

4. Custas processuais no processo de execução

A Lei n. 10.537/02 veio sanar uma lacuna existente na CLT em relação às custas no processo de execução, desde a promulgação da Emenda Constitucional n. 1 à CF/67.

A CLT continha dispositivo tratando da cobrança de taxas e emolumentos nos processos de execução ajuizados perante a Justiça do Trabalho. De acordo com a antiga redação dada ao § 1º do art. 789 da CLT, a taxa judiciária e os emolumentos seriam estabelecidos mediante "tabelas expedidas pelo Tribunal Superior do Trabalho".

Ocorre, entretanto, que, conforme entendimento consagrado pelo excelso STF, este preceito foi revogado pela Emenda Constitucional n. 1/69 pois, enquanto de natureza tributária, tanto o emolumento, como a taxa judiciária, somente podem ser fixados por lei, "dado o princípio constitucional da reserva legal para a instituição ou aumento de tributo"[12].

A partir desse entendimento, o Colendo TST, por meio da Resolução Administrativa n. 48/90, publicada no DJU de 4.4.90, Seção I, p. 648, resolveu considerar revogadas as Resoluções ns. 84/85 e 52/86, do mesmo Tribunal, que fixavam os valores das taxas e dos emolumentos devidos nas execuções em curso na Justiça do Trabalho.

Assim, com a revogação do § 2º, do art. 789 da CLT, desde 1969, e na falta de outro dispositivo legal impondo a cobrança de taxa e de emolumento, nenhum tributo poderia ser cobrado às partes no processo de execução trabalhista, até a promulgação da Lei n. 10.537/02, com vigência a partir de 29.9.2002.

Atualmente, porém, na ação de execução são devidas as custas segundo a seguinte tabela:

"I — autos de arrematação, de adjudicação e de remição: 5% (cinco por cento) sobre o respectivo valor, até o máximo de R$ 1.915,38 (um mil, novecentos e quinze reais e trinta e oito centavos);

II — atos dos oficiais de justiça, por diligência certificada:

a) em zona urbana: R$ 11,06 (onze reais e seis centavos);

b) em zona rural: R$ 22,13 (vinte e dois reais e treze centavos);

III — agravo de instrumento: R$ 44,26 (quarenta e quatro reais e vinte e seis centavos);

IV — agravo de petição: R$ 44,26 (quarenta e quatro reais e vinte e seis centavos);

V — embargos à execução, embargos de terceiro e embargos à arrematação: R$ 44,26 (quarenta e quatro reais e vinte e seis centavos);

VI — recurso de revista: R$ 55,35 (cinquenta e cinco reais e trinta e cinco centavos);

VII — impugnação à sentença de liquidação: R$ 55,35 (cinquenta e cinco reais e trinta e cinco centavos);

VIII — despesa de armazenagem em depósito judicial — por dia: 0,1% (um décimo por cento) do valor da avaliação;

IX — cálculos de liquidação realizados pelo contador do juízo — sobre o valor liquidado: 0,5% (cinco décimos por cento) até o limite de R$ 638,46 (seiscentos e trinta e oito reais e quarenta e seis centavos)."

---

(12) RE n. 116.208-2, Rel. Min. Moreira Alves. In: *Revista LTr* 54-7/870-871.

É de se destacar que as custas processuais na execução se destinam a remunerar a prática do ato judicial, ainda que ele originariamente seja realizado pela parte (interposição de recurso, por exemplo), pois dependente de uma ação do juiz ou do serventuário para sua concretização ou realização do seu objetivo. Assim, por exemplo, mesmo que o recurso seja ato originário da parte, seu processamento depende de uma ação do serventuário ou do juiz.

Essas custas não se confundem, por sua vez, com a taxa judiciária, pois elas não são obrigatórias para satisfação do serviço público judiciário (a prestação jurisdicional). A rigor, para que a prestação jurisdicional requerida na execução possa ser entregue independe da prática de qualquer ato possível de cobrança das custas conforme enumeração do art. 789-A da CLT, ou seja, independe da lavratura de autos de arrematação, de adjudicação e de remição, da realização de qualquer ato dos oficiais de justiça, da interposição de agravo de instrumento, do agravo de petição ou do recurso de revista, da oposição dos embargos à execução, dos embargos de terceiro, dos embargos à arrematação e da impugnação à sentença de liquidação, de qualquer depósito judicial ou dos cálculos de liquidação realizados pelo contador do juízo.

4.1. Responsabilidade passiva das custas em execução

O *caput* do art. 789-A da CLT estabelece que as custas na ação de execução são devidas sempre pelo devedor, ainda que ela seja injusta. E é essa a única interpretação que se pode ter do disposto no *caput* do art. 789-A da CLT, pois ela não estabeleceu qualquer ressalva para a hipótese de execução injusta (ou improcedente ou extinta sem satisfação do pedido).

Assim, ainda que a execução não prospere, seja injusta, ao devedor cabe pagar as custas respectivas. Lógico, porém, que o devedor poderá ser ressarcido, por meio de ação própria, por essa despesa, já que não deu causa à sua realização (art. 574 do CPC). Neste caso, depois de recolhidas as custas processuais devidas à Fazenda Pública Federal, deverá o executado injustamente ajuizar ação de reparação de danos contra o autor da ação de execução injusta (improcedente ou extinta sem satisfação do pedido).

Acrescente-se que a lei chega ao ponto de imputar ao devedor o pagamentos das custas dos embargos de terceiros, ainda que ele não seja parte nesta ação incidental.

4.2. Pagamento, isenção e execução das custas na ação de execução

O pagamento das custas devidas na execução deve ser procedido ao final (*caput* do art. 789-A da CLT). Entenda-se: após o fim da ação de execução e não antes da sentença que extingue a execução.

Para tanto, antes de prolatar a sentença extinguindo a ação de execução, o juiz deverá mandar quantificar as custas devidas, respeitando a tabela imposta pelo art.

789-A da CLT. Quantificado o valor devido, ao proferir a sentença extinguindo a execução, o juiz, então, condenará o devedor a pagar as custas processuais respectivas.

Precluso o direito de atacar essa decisão, deverá o devedor recolher, de imediato (ao final da execução), o valor respectivo. Não recolhendo esse tributo, o mesmo poderá ser objeto de execução.

Interessante lembrar que se a Justiça do Trabalho for competente para cobrança das referidas custas processuais, teremos um novo processo executório (agora somente fiscal) para tal fim. Este novo processo, por sua vez, pode gerar a cobrança de novas custas, o que acarretará em novo processo de execução das mesmas e assim sucessivamente.

No que se refere à isenção das custas, aplicam-se as mesmas regras quanto à taxa judiciária devida no processo de conhecimento (art. 790-A da CLT).

5. Emolumentos

Inovando no processo do trabalho, a Lei n. 10.537/02 regulou a cobrança de emolumentos na Justiça do Trabalho, quando do fornecimento de certidões, cópias ou outros atos documentos de interesse das partes e de terceiros.

Assim, na forma do art. 789-B da CLT, os emolumentos serão suportados pelo requerente, nos valores fixados na seguinte tabela:

"I — autenticação de traslado de peças mediante cópia reprográfica apresentada pelas partes — por folha: R$ 0,55 (cinquenta e cinco centavos de real);

II — fotocópia de peças — por folha: R$ 0,28 (vinte e oito centavos de real);

III — autenticação de peças — por folha: R$ 0,55 (cinquenta e cinco centavos de real);

IV — cartas de sentença, de adjudicação, de remição e de arrematação — por folha: R$ 0,55 (cinquenta e cinco centavos de real);

V — certidões — por folha: R$ 5,53 (cinco reais e cinquenta e três centavos)."

Vale frisar, porém, que a cobrança de taxa (emolumentos) pelo fornecimento de certidão não encontra respaldo no texto constitucional, que, ao contrário, assegura a sua gratuidade (art. 5º, inciso XXXIV, alínea "b").

Óbvio que os emolumentos são devidos pelo requerente da autenticação, da fotocópia, das certidões e das cartas. Eles, ainda, devem ser recolhidos antecipadamente, daí por que inexistir condenação nos mesmos.

O art. 790-A da CLT não inclui no âmbito da isenção tributária os emolumentos. Apenas há referência às custas disciplinadas nos arts. 789 e 789-A da CLT. Logo, excluindo-se a União, o Ministério Público Federal e a Empresa Brasileira de Correios e Telégrafos (EBCT), os emolumentos são devidos por todos, inclusive pelas autarquias e fundações que não explorem atividade econômica e pelos demais entes de direito público interno (Estados, Municípios, Territórios e Distrito Federal).

6. Despesas voluntárias

A CLT não trata, porém, de outras despesas voluntárias arcadas pelas partes "dentro ou fora do processo", isto é, aquelas realizadas pela parte para a prática e concretização de um ato processual de seu interesse, salvo em relação ao intérprete da testemunha (§ 2º do art. 819 da CLT). Seriam estas, as despesas realizadas livremente pela parte, mas voltadas para o processo, na defesa de seus interesses.

Na falta de regulamentação específica na CLT (omissão), devemos recorrer à fonte subsidiária para que possamos tratar da matéria (art. 769 da CLT).

De acordo com § 2º do art. 20 do CPC, as despesas voluntárias abrangem, além de outras, a indenização de viagem, a diária da testemunha e a remuneração do assistente técnico.

Celso Agrícola Barbi entende que estas viagens tanto podem ser da testemunha, como da parte ou do advogado, em seus deslocamentos para comparecer à audiência[13]. Compartilha desse mesmo entendimento *Humberto Theodoro Júnior*[14].

Entre essas viagens, pode se mencionar a da parte para comparecer à audiência, assim como do advogado, inclusive para o Juízo deprecado, da testemunha, quando tem de se deslocar de um município ou distrito até a sede da comarca, etc.

Em relação à testemunha, a parte que a arrolou é responsável não só pelo pagamento das suas despesas de deslocamento (art. 419, CPC), como, ainda, pela diária do seu labor. Se for submetido à legislação do trabalho ou servidor público, esta diária não é devida, já que esses trabalhadores não têm descontado seus salários, nem sofrem prejuízo no tempo de serviço (parágrafo único do art. 419 do CPC). Sendo autônomo, entretanto, será devida à testemunha essa diária, a ser arcada, inicialmente, pela parte que a arrolou.

Pontes de Miranda classifica essas despesas voluntárias em judiciais e extrajudiciais.

"Dizem-se judiciais, se se originam de atos processuais em que tenha agido o juiz ou outro funcionário público ou pessoa nomeada pelo juiz, que haja de atuar. Dizem-se extrajudiciais quando percebidas pelos advogados (então honorários de advogado são custas) ou expendidas fora do juízo, como o transporte, o preço do telegrama e telefonemas e o papel, ou outros materiais para aposição de selos em bens, cofres e documentos."[15]

Assim, além das hipóteses exemplificadamente mencionadas no § 2º do art. 20 do CPC outras podem ser consideradas como despesas processuais, tais como aquelas relativas à obtenção de cópias, de certidões, de remoção de coisas, etc., desde que estejam relacionadas aos atos processuais.

---

(13) *Comentários ao CPC*. 7. ed. Rio de Janeiro: Forense, 1992. v. I, p. 110/111.
(14) *Op. cit.*, p. 94-95.
(15) *Op. cit.*, p. 385.

Pontes de Miranda esclarece, entretanto, que o parecer é despesa *extraprocessual*, não podendo ser ressarcida[16], no que é seguido por *Antonio Lamarca*[17] e *Coqueijo Costa*[18].

A regra sobre quem deve arcar com as despesas processuais voluntárias pode ser colhida do art. 19 do CPC, *verbis*:

"Salvo as disposições concernentes à justiça gratuita, cabe às partes prover as despesas dos atos que realizam ou requerem no processo, antecipando-lhes o pagamento desde o início até a sentença final; e bem ainda, na execução, até a plena satisfação do direito declarado pela sentença."

Observe-se, inclusive, que essas despesas podem ser ressarcidas tanto no processo cognitivo, como em execução.

Destaque-se, por fim, que, quanto às despesas voluntárias com o intérprete da testemunha, a despesa respectiva deve ser arcada pela parte a quem interessar o depoimento, não sendo devido o ressarcimento, em interpretação do § 2º do art. 819 da CLT.

7. Regras subsidiárias aplicáveis

É importante, ainda, destacar as regras gerais quanto às despesas processuais, estabelecidas na legislação processual civil, aplicáveis no processo no trabalho.

Assim, compete ao autor adiantar as despesas relativas a atos, cuja realização o juiz determinar de ofício ou a requerimento do Ministério Público (§ 2º do art. 19 do CPC). A sentença, porém, condenará o vencido a pagar ao vencedor as despesas que antecipou (art. 20 do CPC). Essas despesas voluntárias serão impostas, ainda, sempre que o juiz tiver que decidir qualquer incidente ou recurso (§ 1º do art. 20 do CPC).

Havendo diversos autores ou diversos réus, os vencidos respondem pelas despesas (art. 23 do CPC).

"Se o assistido ficar vencido, o assistente será condenado nas custas em proporção à atividade que houver exercido no processo." (art. 32 do CPC)

Em caso de perícia, "cada parte pagará a remuneração do assistente técnico que houver indicado; a do perito será paga pela parte que houver requerido o exame, ou pelo autor, quando requerido por ambas as partes ou determinado de ofício pelo juiz" (art. 33 do CPC).

Destaque-se, ainda, que o juiz poderá determinar que a parte responsável pelo pagamento dos honorários do perito deposite em juízo, previamente, antes de sua realização, o valor correspondente a essa remuneração (parágrafo único do art. 33). O TST,

---

(16) *Ibidem*.
(17) *Op. cit.*, p. 242.
(18) *Op. cit.*, p. 162.

porém, por meio da Orientação Jurisprudencial n. 98 da SDI-II, sedimentou posição contrária à exigência prévia dos honorários periciais (honorários provisionais).

Observe-se que, apesar de também ser voluntária a indicação de assistente técnico no âmbito do processo civil, sendo sua remuneração adiantada pela parte que lhe indicou (art. 33, CPC), essa despesa é ressarcida pelo vencido (art. 20, § 2º, CPC).

O Colendo TST, contudo, em interpretação que se distancia dessa regra, também sedimentou decisões em sentido contrário (Súmula n. 341). Sendo assim, na Justiça do Trabalho, essa despesa voluntária realizada com o assistente técnico não é ressarcida pelo vencido.

Como dito acima, em regra, o vencido arca com todas as despesas processuais. Essa responsabilidade tem fundamento na teoria da causalidade, em face da sucumbência.

Como ensina *Yussef Said Cahali*, ao tratar dos honorários advocatícios, "é o fato objetivo da derrota que a legitima; a justificação, desse instituto, está em que a atuação da lei não deve representar uma diminuição patrimonial para a parte a cujo favor se efetiva. Por ser de interesse do Estado que o emprego do processo não se resolva em prejuízo para quem tem razão e por ser interesse do comércio jurídico que os direitos tenham o valor, tanto quanto possível, nítido e constante"[19], pois, "aquele que pretende necessitado da tutela jurisdicional, se não é atendido senão recorrendo às vias judiciais, não deve suportar um sacrifício econômico (que, segundo a clássica proposição, diminuiria o valor do seu direito reconhecido)"[20].

Desse modo, "à sentença cabe prover para que o direito do vencedor não saia diminuído de um processo em que foi proclamada a sua razão"[21], já que "o direito do titular deve remanescer incólume à demanda, e a obrigação de indenizar deve recair sobre aquele que deu causa à lide por um fato especial, ou sem interesse próprio contrário ao interesse do vencedor, seja pelo simples fato de que o vencido é sujeito de um interesse oposto àquele do vencedor"[22].

Em suma, "o direito ... deve ser reconhecido como se o fosse no momento da ação ou da lesão: tudo o que foi necessário ao seu reconhecimento e concorreu para diminuí-lo deve ser recomposto ao titular do direito, de modo que *questo no soffra detrimento dal giudizio*"[23].

Aliás, *Coqueijo Costa* ensina que, entre os princípios referentes às despesas judiciais, pode ser alinhado aquele referente ao da restituição ou ressarcimento pela parte vencida[24].

---

(19) *Honorários advocatícios*. 2. ed. São Paulo: RT, p. 35.
(20) *Ibidem*.
(21) TORNAGHI, Hélio, *Comentários ao código de processo civil*. São Paulo: RT, v. I, p. 165.
(22) CAHALI. *Op. cit.*, p. 36.
(23) *Idem*, p. 34.
(24) *Op. cit.*, p. 162.

Assim, para a parte ser ressarcida pelas despesas processuais voluntariamente efetuadas, deverá comprová-las nos autos, requerendo a condenação do *ex adverso* neste sentido, antes do julgamento do feito.

Quanto às custas não voluntárias, ainda que não haja pedido da parte, o juiz deve condenar o vencido quanto às despesas. É o que nos ensina *Pontes de Miranda, verbis*:

"O fundamento do princípio da inclusão da condenação às despesas na sentença, sem necessidade de pedido, é a imperatividade e automaticidade da regra jurídica (art. 20)."[25]

Ressalte-se, entretanto, que as "despesas só se devem por força de resolução judicial se nelas foi condenada a parte. Tal resolução é a sentença, que se comistura com a sentença da demanda, ou, em caso de omissão do juiz, se pedem por meio de recurso. Se não há recurso, por ação de despesas"[26].

Coqueijo Costa destaca, também, que as despesas podem ser restituídas por ação própria, "pois existe pretensão"[27]. Neste mesmo sentido, doutrina *Pontes de Miranda*[28]. Este último autor destaca, ainda, que "o ponto da sentença em que o juiz infringiu regra de lei processual ou de direito material sobre despesas é suscetível de rescisão"[29].

Quanto às despesas voluntárias, o princípio da sucumbência (ou causalidade) e da responsabilidade civil justificam plenamente sua aplicação no processo trabalhista. Não seria justo que uma parte, ao litigar judicialmente, na busca de seu direito violado, tenha seu patrimônio diminuído ou, ainda, pelo fato de ser demandado injustamente tenha que arcar com as despesas realizadas em sua defesa.

Coqueijo Costa noticia, inclusive, que o Colendo TST, por intermédio de sua 2ª Turma, sendo Relator o Min. José Ajuricaba, já "condenou, por maioria..., o empregador a pagar as despesas de locomoção do reclamante, do seu advogado e de suas testemunhas, que compareceram à audiência de instrução e julgamento"[30].

Vale frisar, no entanto, que, quanto à responsabilidade pelas despesas processuais voluntárias, na falta de dispositivo específico da CLT dispondo em contrário, a sucumbência há de ser imposta na forma disciplinada na legislação processual civil, inclusive quanto à reciprocidade quando cada litigante for em parte vencedor e vencido (art. 21, CPC).

Antonio Lamarca, entretanto, afirma que "constitui jurisprudência pacífica na Justiça do Trabalho a inexistência de custas em proporção. Ininvocável, assim, o disposto no art. 21 do Código de Processo Civil"[31].

---

(25) *Op. cit.*, p. 386.
(26) *Idem*, p. 387.
(27) *Op. cit.*, p. 162.
(28) *Op. cit.*, p. 387-388.
(29) *Idem*, p. 387.
(30) *Op. cit.*, p. 166.
(31) *Op. cit.*, p. 247.

Coqueijo Costa, porém, esclarece que "o TST vem aplicando, por maioria, o art. 21 do CPC nos casos de perícia requerida pelo empregado que sucumbe nesse ponto"[32], no que acabou por redundar na aprovação da Súmula n. 236, que sedimentou o entendimento de que a responsabilidade pelo pagamento dos honorários periciais é da parte que sucumbiu no pedido objeto da perícia.

Esse entendimento, revelado pela Súmula n. 236 do Colendo TST, nada mais é do que a aplicação do princípio estampado no art. 21 do CPC, no que se refere à responsabilidade proporcional das partes em caso de sucumbência recíproca.

Essa posição jurisprudencial, por sua vez, foi consagrada pela Lei n. 10.537/02, ao incluir no corpo da CLT o art. 790-B.

Desse modo, em relação às despesas voluntárias, na falta de normas em sentido contrário na CLT, o juiz do trabalho deve decidir de acordo com o preceituado nos arts. 19 e seguintes do CPC, em aplicação subsidiária, ressalvando-se os entendimentos revelados pela Súmula n. 341 do TST e a Orientação Jurisprudencial n. 98 da SDI-II do TST.

8. Justiça gratuita

A CLT, em seu art. 789, § 3º, estabelece que os juízes, órgãos e presidentes dos Tribunais do Trabalho poderão conceder (facultado), a requerimento ou de ofício, o benefício da justiça gratuita, inclusive quanto ao traslado e instrumentos, àqueles que perceberem salário igual ou inferior ao dobro do salário mínimo legal ou declararem que não estão em condições de pagar as custas do processo sem prejuízo do sustento próprio ou de sua família.

Conquanto esse dispositivo legal mencione a faculdade do juiz em conceder esse benefício, é evidente que essa vantagem é um direito assegurado ao miserável. Sua concessão, pois, não fica condicionada ao arbítrio do juiz. Ao negar-lhe esse benefício, o juiz deve fundamentar sua decisão, tal como assim deve proceder ao deferir esse benefício.

A CLT assegura o benefício da gratuidade dos atos processuais às pessoas que percebam "salário igual ou inferior ao dobro do salário mínimo legal, ou declararem, sob as penas da lei, que não estão em condições de pagar as custas do processo sem prejuízo do sustento próprio ou de sua família" (§ 3º, art. 789).

Já a Lei n. 1.060/50 impõe como requisito para a concessão desse benefício o fato da pessoa, nacional ou estrangeira residente no país, possuir situação econômica que não lhe permita pagar as custas do processo e os honorários de advogado, sem prejuízo do sustento próprio ou da família (art. 2º, parágrafo único).

---

(32) Op. cit., p. 167.

Deve ser ressaltado, porém, que a CLT não define os contornos da justiça gratuita. Ela apenas menciona a faculdade de sua concessão. Mas, o que envolve a justiça gratuita?

Encontraremos essa resposta na Lei n. 1.060/50, que regulamenta essa vantagem assegurada constitucionalmente (art. 5º, inciso LXXIV). E esse diploma legal estabelece que a justiça gratuita abrange:

a) as taxas judiciárias e os selos;

b) os emolumentos e custas devidos aos serventuários e órgãos do Ministério Público;

c) as despesas com publicações indispensáveis no jornal encarregado da divulgação dos atos oficiais;

d) as indenizações devidas às testemunhas que, quando empregados, receberão do empregador salário integral, como se em serviço estivessem, ressalvado o direito regressivo contra a União, os Estados, o Distrito Federal e os Territórios; e

e) os honorários do advogado e do perito.

Em suma, a gratuidade abrange todos os atos do processo, em qualquer grau de instância.

É de se observar, porém, que a Lei n. 1.060/50 não assegura a isenção ou imunidade das despesas processuais. Ela apenas assegura a suspensão da cobrança das despesas processuais ao beneficiado da gratuidade, já que este pode ser obrigado a pagá-las "desde que possa fazê-lo sem prejuízo do sustento próprio ou da família" (art. 12).

Assim, ao contrário do que se difunde no meio forense, a parte beneficiada pela justiça gratuita, por força da Lei n. 1.060/50, não tem isenção ou imunidade das despesas processuais. Em realidade, a lei apenas assegura a suspensão da execução dessas despesas até que o beneficiado adquira condições para pagá-las.

Restará prescrita, entretanto, essa obrigação, transcorridos cinco anos, a contar do trânsito em julgado da sentença final (art. 12, *in fine*).

Inovando neste aspecto, o art. 790-A da CLT, com redação dada pela Lei n. 10.537/02, estabeleceu, em favor dos beneficiários da justiça gratuita, na Justiça do Trabalho, isenção do pagamento das custas (entenda-se: taxas e custas)[33].

Vale acrescentar, porém, que, se o empregado for beneficiado pela justiça gratuita, quando representado, em Juízo, por entidade sindical de sua categoria profissional, esta não responderá pelas despesas (Súmula n. 223, do excelso STF). Se, entretanto, o empregado não for beneficiado por esta vantagem, a entidade sindical que intervier no processo será solidariamente responsável pelo pagamento das despe-

---

[33] Esse dispositivo poderá ser tido por inconstitucional, pois a Carta Magna estabelece que a isenção de taxa somente poderá ser concedido mediante "lei específica ..., que regule exclusivamente as matérias ..." pertinentes (§ 7º do art. 150 da CF/88).

sas devidas (§ 1º do art. 770 da CLT). A solidariedade aqui, portanto, decorre de texto expresso em lei.

A concessão dos benefícios da Justiça Gratuita poderá ser deferida a qualquer momento (art. 6º da Lei n. 1.060/50), desde que o requerente formule o pedido respectivo, comprovando o preenchimento dos requisitos impostos por lei.

Da mesma forma, a pedido da parte contrária ou *ex officio*, esse benefício poderá ser revogado a qualquer momento, restando comprovada a inexistência ou o desaparecimento dos requisitos essenciais à sua concessão (arts. 7º e 8º da Lei n. 1.060/50). E essa peculiaridade é óbvia, já que a parte tanto pode cair em miserabilidade no curso do processo, como poderá enriquecer após o ajuizamento da ação.

8.1. Justiça gratuita à pessoa jurídica

A Carta Maga, ao assegurar o direito fundamental à gratuidade dos serviços judiciários às pessoas pobres não distingue entre pessoas físicas ou jurídicas (inciso LXXIV do art. 5º).

Neste sentido, podemos mencionar a decisão proferida pelo Pleno do STF, em relato do Min. Marco Aurélio, *verbis*:

> "ASSISTÊNCIA JUDICIÁRIA GRATUITA. PESSOA JURÍDICA. Ao contrário do que ocorre relativamente às pessoas naturais, não basta a pessoa jurídica asseverar a insuficiência de recursos, devendo comprovar, isto sim, o fato de se encontrar em situação inviabilizadora da assunção dos ônus decorrentes do ingresso em juízo" (AgED em Rcl n. 1.905-5-SP, j. 15.8.2002).

Ocorre, porém, que, para fazer jus a esse benefício, é preciso que a empresa que tem fins lucrativos faça prova de que não possui recursos suficientes para arcar com as despesas processuais.

Esse, aliás, é o entendimento majoritário no STJ, consoante o seguinte aresto:

> "EMBARGOS DE DIVERGÊNCIA EM RECURSO ESPECIAL — JUSTIÇA GRATUITA — CONCESSÃO DO BENEFÍCIO — PESSOA JURÍDICA — ALEGAÇÃO DE SITUAÇÃO ECONÔMICO-FINANCEIRA PRECÁRIA — NECESSIDADE DE COMPROVAÇÃO MEDIANTE APRESENTAÇÃO DE DOCUMENTOS — INVERSÃO DO *ONUS PROBANDI*. I — A teor da reiterada jurisprudência deste Tribunal, a pessoa jurídica também pode gozar das benesses alusivas à Assistência Judiciária Gratuita, Lei n. 1.060/50. Todavia, a concessão deste benefício impõe distinções entre as pessoas física e jurídica, *quais sejam*: A) *para a pessoa física, basta o requerimento formulado junto à exordial*, ocasião em que a negativa do benefício fica condicionada à comprovação da assertiva não corresponder à verdade, mediante provocação do réu. Nesta hipótese, o ônus é da parte contrária provar que a pessoa física não se encontra em estado de miserabilidade jurídica. Pode, também, o juiz, na qualidade de Presidente do processo, requerer maiores esclarecimentos ou até provas, antes da concessão, na hipótese de encontrar-se em "estado de perplexidade"; b) já a pessoa jurídica, requer uma bipartição, ou seja, se a mesma não objetivar o lucro (entidades filantrópicas, de

assistência social, etc.), o procedimento se equipara ao da pessoa física, conforme anteriormente salientado. II — Com relação às pessoas jurídicas com fins lucrativos, a sistemática é diversa, pois o *onus probandi* é da autora. Em suma, admite-se a concessão da justiça gratuita às pessoas jurídicas, com fins lucrativos, desde que as mesmas comprovem, de modo satisfatório, a impossibilidade de arcarem com os encargos processuais, sem comprometer a existência da entidade. III — A comprovação da miserabilidade jurídica pode ser feita por documentos públicos ou particulares, desde que os mesmos retratem a precária saúde financeira da entidade, de maneira contextualizada. Exemplificativamente: a) declaração de imposto de renda; b) livros contábeis registrados na junta comercial; c) balanços aprovados pela Assembleia, ou subscritos pelos Diretores, etc. IV — No caso em particular, o recurso não merece acolhimento, pois o embargante requereu a concessão da justiça gratuita ancorada em meras ilações, sem apresentar qualquer prova de que encontra-se impossibilitado de arcar com os ônus processuais. V — Embargos de divergência rejeitados" (STJ, EREsp n. 388045-RS, CEsp. Rel. Min. Gilson Dipp, DJU 22.9.2003, p. 252).

A jurisprudência do STJ, aliás, tem evoluído de modo a estender esse benefício a outras pessoas jurídicas, *verbis*:

"ASSISTÊNCIA JUDICIÁRIA. Justiça gratuita. Pessoa jurídica. Aplicabilidade do benefício somente a empresas que não perseguem fins lucrativos e se dedicam a atividades beneficentes, filantrópicas, pias ou morais, além de microempresas nitidamente familiares ou artesanais. Indispensabilidade, em qualquer destas hipóteses, de comprovação da situação de necessidade. Inteligência da Lei n. 1.060/50." (STJ, REsp n. 557.181-MG, 1ª T., Rel. Min. Teori Albino Zavascki, DJU 11.10.2004)

Daí podemos concluir que a pessoa jurídica também faz jus ao benefício da Justiça gratuita, mesmo no processo do trabalho, por força de garantia constitucional.

Basta, entretanto, enquanto para pessoa física a simples declaração de pobreza ou de não ter condições para arcar com as despesas processuais para ter assegurado esse benefício, a pessoa jurídica deve provar seu estado de miserabilidade.

A jurisprudência do STJ, no entanto, equipara à pessoa física, para fins dessa comprovação, exigindo apenas a mera declaração, as pessoas jurídicas que não têm fins lucrativos *(entidades filantrópicas, associações, de assistência social, etc.)*, assim como as microempresas, nitidamente familiares ou artesanais, e as empresas de pequeno porte.

9. Assistência judiciária

O instituto da Justiça gratuita não se confunde com o instituto da assistência judiciária.

Por aquele primeiro, a lei assegura ao beneficiado o direito de litigar judicialmente sem qualquer ônus econômico. Em suma, os serviços judiciários prestados pelo Estado são gratuitos para os beneficiários dessa garantia. Já pelo segundo, o Estado assegura ao hipossuficiente a prestação de serviços de assistência judicial (ou judiciária).

Na Justiça do Trabalho, a assistência judiciária está regulamentada, tão-somente, pela Lei n. 5.584/70, em seu art. 14, *caput* ("Na Justiça do Trabalho, a assistência judiciária a que se refere a Lei n. 1.060, de 5 de fevereiro de 1950, será prestada pelo Sindicato da categoria profissional a que pertencer o trabalhador"). Uma sucessão de alterações legislativas, no entanto, conduziu a uma certa confusão que deve ser esclarecida.

Inicialmente, estabelecia o § 1º do art. 14 da Lei n. 5.584/70 que a assistência era "devida, a todo aquele que perceber salário igual ou inferior ao dobro do mínimo legal, ficando assegurado igual benefício ao trabalhador de maior salário, uma vez provado que sua situação econômica não lhe permite demandar, sem prejuízo do sustento próprio ou da família".

Assim, tínhamos no *caput* do art. 14 da Lei n. 5.584/70 a regra geral de que a assistência judiciária deveria ser prestada pelo sindicato profissional e em seu § 1º uma regra limitadora, qual seja: a assistência apenas seria "devida, a todo aquele que perceber salário igual ou inferior ao dobro do mínimo legal, ficando assegurado igual benefício ao trabalhador de maior salário, uma vez provado que sua situação econômica não lhe permite demandar, sem prejuízo do sustento próprio ou da família".

Essa regra limitadora, no entanto, foi revogada pela Lei n. 10.288/01, que acrescentou o seguinte parágrafo ao art. 789 da CLT, dispondo de outro modo a respeito dessa matéria:

"§ 10. O sindicato da categoria profissional prestará assistência judiciária gratuita ao trabalhador desempregado ou que perceber salário inferior a cinco salários mínimos ou que declare, sob responsabilidade, não possuir, em razão dos encargos próprios e familiares, condições econômicas de prover à demanda."

Assim, a partir da publicação da Lei n. 10.288/01, a assistência judiciária deixou de ser "devida, a todo aquele que perceber salário igual ou inferior ao dobro do mínimo legal, ficando assegurado igual benefício ao trabalhador de maior salário, uma vez provado que sua situação econômica não lhe permite demandar, sem prejuízo do sustento próprio ou da família" (§ 1º do art. 14 da Lei n. 5.584/70) para passar a ser devida "ao trabalhador desempregado ou que perceber salário inferior a cinco salários mínimos ou que declare, sob responsabilidade, não possuir, em razão dos encargos próprios e familiares, condições econômicas de prover à demanda" (§ 10 do art. 789 da CLT).

Ressalte-se, ainda, que restou revogado também o § 2º do art. 14 da Lei n. 5.584/70 ("§ 2º A situação econômica do trabalhador será comprovada em atestado fornecido pela autoridade local do Ministério do Trabalho e Previdência Social, mediante diligência sumária, que não poderá exceder de 48 (quarenta e oito) horas", já que o novo § 10 do art. 789 da CLT apenas exigia a declaração de pobreza, dispensando sua comprovação.

Ocorre, porém, que a Lei n. 10.537, de 27.8.2002, com vigência após trinta dias da data da sua publicação, simplesmente deu nova redação ao art. 789 da CLT, revogando o § 10.

Assim, pode-se chegar a duas conclusões alternativamente: 1) revogado o art. 14 da Lei n. 5.584/70 pela Lei n. 10.288/01 e, posteriormente, o § 10 do art. 789 da CLT pela Lei n. 10.537/02, inexiste, atualmente, regra tratando especificamente sobre a assistência judiciária na Justiça do Trabalho; ou 2) a Lei n. 10.288/01 apenas revogou os §§ 1º e 2º do art. 14 da Lei n. 5.584/70, mantendo-se intacto o seu *caput* ("Na Justiça do Trabalho, a assistência judiciária a que se refere a Lei n. 1.060, de 5 de fevereiro de 1950, será prestada pelo Sindicato da categoria profissional a que pertencer o trabalhador"), de modo que, com a revogação do § 10 do art. 789 da CLT, inexiste, atualmente, qualquer regra limitadora da assistência judiciária prestada pelo sindicato profissional.

Somos da opinião de que essa segunda posição seja a mais correta, pois não se pode chegar à conclusão de que o § 10 do art. 789 da CLT, com redação dada pela Lei n. 10.288/01, tenha revogado o *caput* do art. 14 da Lei n. 5.584/70, já que não cuidam da mesma matéria.

Em verdade, o *caput* do art. 14 da Lei n. 5.584/70 trata da regra geral de assistência judiciária na Justiça do Trabalho (reservando-a ao sindicato profissional), enquanto o § 10 do art. 789 da CLT apenas disciplinava seu âmbito da abrangência (assistência aos desempregados ou aqueles que percebiam salário inferior a cinco salários mínimos ou que declaravam, sob responsabilidade, não possuir, em razão dos encargos próprios e familiares, condições econômicas de prover à demanda).

Em suma, inicialmente tínhamos a regra geral do *caput* do art. 14 da Lei n. 5.584/70, com a limitação estabelecida no seu § 1º. Posteriormente, ficamos com a regra geral do *caput* do art. 14, com a limitação imposta pelo § 10 do art. 789 da CLT. E, atualmente, com a revogação do § 10 do art. 789 da CLT, tem-se apenas a regra geral do *caput* do art. 14 da Lei n. 5.584/70.

Assim, pode-se afirmar que "na Justiça do Trabalho, a assistência judiciária a que se refere a Lei n. 1.060, de 5 de fevereiro de 1950, será prestada pelo Sindicato da categoria profissional a que pertencer o trabalhador" (*caput* do art. 4 da Lei n. 5.584/70).

E, lógico, como inexiste qualquer regra limitadora a essa assistência, tem-se que a mesma é assegurada a todo e qualquer trabalhador, independentemente de sua condição econômica.

Capítulo XII

SENTENÇA E COISA JULGADA

1. Sentença. Introdução

A sentença de mérito é o acontecimento máximo do processo[1]. Ao enfrentar o mérito, que se põe no processo, o Estado, encarnado na pessoa do magistrado, cuida de solucionar o conflito de interesses, acolhendo ou rejeitando a pretensão, produzindo, ao final, a coisa julgada, tendo como consequência a imutabilidade.

O art. 162, § 1º, do Código de Processo Civil tratava conceitualmente, em certa medida, da sentença. Dispunha a antiga redação que a sentença "é o ato pelo qual o juiz põe termo ao processo, decidindo ou não o mérito da causa".

Muito criticada pela doutrina a conceituação legal, pois que apesar da clareza da definição do texto normativo, a noção de sentença nele exposta era comprometida pelo emprego do vocábulo *processo*, que lhe perturbava o significado, pois nem sempre o processo se encerrava com a sentença. Ademais, casos haviam — e ainda existem — que o processo de conhecimento divide-se em duas fases, cada qual encerrada por uma sentença sendo que somente a segunda sentença efetivamente punha fim ao processo, como é a hipótese da ação de prestação de contas[2]. Mas não é só. Também argumentava a doutrina que em certas circunstâncias específicas, a sentença poderia ser proferida logo no início do processo, como ocorria, por exemplo, na antiga lei de falência ou nas ações predominantemente executivas[3].

A matéria, atualmente, ganhou sabor quase que meramente acadêmico, pois que em razão das recentes reformas impostas ao Código de Processo Civil, a sentença deixou de ser um pronunciamento judicial que põe fim ao processo, para ser considerada como o ato do juiz "que implica alguma das situações previstas nos arts. 267 e 269", do referido Diploma Legal[4].

É melhor que o legislador não se ocupe em definir os institutos. Este é um trabalho para a doutrina e jurisprudência. De qualquer modo, o que se pode observar, pela atual redação do art. 162 e seu § 1º, é que procurou o legislador ampliar o raio de alcance da expressão *sentença*, na medida em que faz remição apenas exemplificativa aos arts. 267 e 269.

---

(1) Segundo clássica lição de ROCCO, Alfredo. *La sentencia civil*.
(2) CPC, art. 915, § 2º e art. 916, § 2º.
(3) BORGES, Leonardo e MEIRELES, Edilton. *A nova reforma processual e seu impacto no processo do trabalho*. 2. ed. São Paulo: LTr, p. 38.
(4) Alteração feita pela Lei n. 11.232, de 2005.

O legislador buscou atualizar o dispositivo em apreço, adaptando-o aos novos paradigmas criados para o processo civil, como, por exemplo, o término da execução por título executivo judicial como autônoma.

O processo do trabalho não encontra, no âmbito legislativo, qualquer conceituação da sentença.

2. Novo conceito de sentença

Como dito acima, a Lei n. 11.232/05 introduziu substancial codificação em nossa legislação processual civil no que se refere à decisão judicial com natureza de sentença.

É sabido que, por opção político-legislativa, introduziu-se no CPC de 1973, no § 1º do seu art. 162, o conceito legal de sentença: "é o ato pelo qual o juiz põe termo ao processo, decidindo ou não o mérito da causa".

Quando o legislador conceituou o que era sentença, apoiou-se em critério finalístico ou topológico, isto é, vinculou a sentença ao ato que punha termo ao processo; ato pelo qual o juiz tinha por finalidade pôr termo ao processo ou último ato praticado pelo juiz no processo. Em suma, o que importava era a "pura e simples posição por ele ocupada no itinerário do feito"[5].

É certo, no entanto, que o próprio Código já continha exceções que desmentiam esse conceito. Basta lembrar da primeira decisão sentencial proferida em ação de prestação de contas (art. 915, § 2º), aquela prolatada na ação de insolvência (art. 761) e as sentenças lavradas em ação de demarcação e de divisão (arts. 958 e 966), bem como por exceções encontradas na legislação esparsa, a exemplo da sentença de procedência em ação de despejo.

Além disso, a doutrina já ressaltava que, na hipótese de haver recurso, a sentença, em verdade, apenas punha termo ao processo no primeiro grau, já que a demanda prosseguia em grau de apelo.

É certo, no entanto, que essas e outras exceções não desmentiam a regra geral, de que a sentença punha termo ao processo. O conceito, portanto, não era absoluto, como, aliás, quase nada em Direito.

Essas exceções, contudo, foram se avolumando a partir das modificações que se introduziram no CPC, a exemplo das decisões que acolhiam pedidos de cumprimento de obrigações de fazer, não-fazer e dar coisa certa diversa de dinheiro.

Por derradeiro, esse conceito não se sustentaria com as modificações introduzidas no CPC no que se refere ao cumprimento da sentença, em especial com o fim da ação de execução com base em título executivo judicial, criando-se, como regra geral, o denominado processo sincrético.

---

(5) MOREIRA, José Carlos Barbosa. *A nova definição de sentença*, p. 51.

Mister, assim, tornou-se, concomitantemente, modificar o disposto no § 1º do art. 162 do CPC, de modo a alterar o conceito de sentença.

A partir da vigência da Lei n. 11.232/05, a sentença passou a ser o ato do juiz "que implica alguma das situações previstas nos arts. 267 e 269" do CPC.

A par de algumas impressões terminológicas[6], o que se destaca, de logo, é que se desvinculou o conceito de sentença do ato judicial que necessariamente extinguia o processo.

Ao lado disso, o legislador levou em conta o critério do conteúdo para apontar o que se passou a ter como sentença.

Não se pode, no entanto, afirmar, de modo absoluto, que a sentença agora se define somente a partir do conteúdo da decisão judicial. Isso porque o § 1º do art. 162 do CPC remete a sentença também às situações previstas no art. 267 do CPC e no *caput* desse dispositivo está dito que "extingue-se o processo, sem resolução do mérito" quando acolhidas as mencionadas hipóteses legais ("situações") ali elencadas.

Assim, deve-se conceituar a sentença a partir da comunhão dos dois critérios acima mencionados, quais sejam, finalístico e de conteúdo da decisão judicial, apesar deste último, como veremos, acabar por açambarcar aquele.

2.1. Natureza das decisões judiciais sem resolução do mérito

O § 1º do art. 162 do CPC vincula, inicialmente, a sentença às "situações previstas no art. 267" do CPC.

O *caput* do art. 267 do CPC, por sua vez, dispõe que o processo se extingue, sem resolução do mérito, nas hipóteses mencionadas ao longo dos seus onze incisos.

Daí se tem, então, da combinação desses dois dispositivos codificados, que a decisão judicial que extingue o processo acolhendo algumas das hipóteses referidas no art. 267 do CPC têm natureza de sentença. Se o provimento judicial, no entanto, ao apreciar as hipóteses ali mencionadas, não concluir pela extinção do processo, ele teria natureza de decisão interlocutória.

Como exemplo, podemos mencionar a decisão que acolhe a preliminar de coisa julgada. Neste caso, a decisão extingue o feito, sem resolução do mérito. Se, entretanto, o juiz, no saneamento (§ 2º do art. 331 do CPC), afastar essa preliminar, a decisão terá natureza meramente interlocutória, pois decidirá sobre uma questão processual pendente sem extinguir o processo.

Cabe ressaltar, contudo, que a assertiva quanto à extinção do feito no acolhimento das "situações jurídicas" elencadas no art. 267 do CPC somente será absolutamente válida se o juiz não condenar a parte a pagar qualquer prestação (custas

---

(6) A este respeito, conferir as lições de MOREIRA, José Carlos Barbosa. *Op. cit.*, p. 56-59.

antecipadas, honorários advocatícios do vencedor, conforme art. 20 do CPC, ou, ainda, em litigância de má-fé — art. 18 do CPC). É o que pode ocorrer quando o juiz indefere de plano a petição inicial, sem ter sido citado o réu.

Assim, em havendo qualquer condenação, a sentença terminativa neste caso não será extintiva do feito.

Tal exceção, assim, nos força a concluir, preliminarmente, que é sentença o ato do juiz pelo qual ele extingue o processo ou uma fase processual sem resolução do mérito, neste último caso ainda que haja condenação. Neste caso, a sentença que não resolver o mérito se manteve vinculada ao antigo critério topológico ou finalístico. Só que, agora, vinculado não só ao fim do processo, como, também, ao encerramento de uma fase processual.

Essa definição, no entanto, ainda é falha, pois numa hipótese em que o juiz extingue a relação processual em relação a um litisconsorte, mas prossegue o processo quanto aos demais ou ao remanescente, esta decisão proferida no curso do feito será, substancialmente, idêntica àquela em que o magistrado extingue o processo em relação a todos litigantes.

Assim, parece-nos, nesta quadra, mais correto evoluir e concluir que é sentença seria, então, toda decisão que, sem apreciar o mérito, põe fim, ainda que parcialmente, à ação, ainda que o processo não tenha sido extinto; põe fim à ação e não, ao processo.

Desse modo, tanto seria sentença a decisão que acolhe uma preliminar em face de um litisconsórcio, retirando-o do feito, continuando o processo em relação a outro litisconsorte, como a decisão que simplesmente põe termo ao processo sem julgamento do mérito, em relação a todas as partes.

Essa conclusão, todavia, ainda nos parece incompleta por ela encerrar uma contradição. É que, jurídica e substancialmente, a decisão que rejeita as preliminares mencionadas no art. 267 do CPC é idêntica àquela que as acolhe. Isso porque, em ambas as hipóteses, o juiz está decidindo a mesma matéria, só que em sentido contrário (acolhendo ou desacolhendo).

Assim, parece-nos que o mais correto é vincular a sentença que não aprecia o mérito ao seu conteúdo, ainda que o juiz apenas esteja apreciando as matérias referidas no art. 267 do CPC.

2.2. Decisão com resolução do mérito

A maior dificuldade, porém, foi criada em relação à sentença de mérito.

Aqui o legislador se afastou completamente do critério topológico, vinculando a sentença ao seu conteúdo.

Duas, no entanto, são as possíveis posições doutrinárias que podem ser adotadas.

A primeira optou por conceituar essa decisão pelo critério topológico, ampliando, no entanto, suas hipóteses, levando em consideração que o art. 269 do CPC consta do capítulo que trata da "extinção do processo", que a decisão interlocutória continua sendo aquela proferida "no curso do processo" e, por fim, pelos "reflexos indesejados no sistema recursal" que provocaria a desvinculação da sentença do ato que põe termo ao processo ou, a partir da Lei n. 11.232/05, de uma fase processual[7].

Assim, por essa corrente doutrinária, a decisão que resolve o mérito apenas tem natureza de sentença se extingue o processo (ex.: improcedência) ou encerra uma fase processual (partindo do pressuposto que, agora, o processo se reparte em três grandes fases: de cognição, de liquidação e de execução)[8].

Podemos, no entanto, afastar os argumentos apontados. Isso porque não se pode querer definir um instituto jurídico a partir do critério topológico, ou seja, a partir de sua localização no Código.

O fato do art. 269 do CPC permanecer vinculado ao capítulo que trata da "extinção do processo" não implica, necessariamente, concluir que as decisões que resolvem o mérito põem fim ao processo ou, ainda, a uma fase processual.

Aliás, essa interpretação incorre em uma contradição. Isso porque, se se considera que a sentença é o ato que, por exemplo, "extingue a fase cognitiva", logo ela não poderia está agasalhada no capítulo que trata da "extinção do processo".

A definição de decisão interlocutória como sendo aquela proferida no "curso do processo", por sua vez e por certo, não pode ter a abrangência que lhe deixa transparecer a partir da introdução do processo sincrético em nosso ordenamento processual. Isso porque a decisão que resolve o mérito, condenando qualquer das partes, é decisão prolatada no "curso do processo", já que este continuará em suas fases subsequentes, de liquidação e execução.

A definição do que seja uma decisão interlocutória, portanto, diante do novo panorama da legislação processual, também sofre abalos, não se podendo ficar mais apegado à literalidade da lei[9].

Esse argumento, portanto, não pode servir para se continuar a vincular a sentença de mérito ao critério topológico.

Por fim, é certo que a desvinculação da sentença a esse critério finalístico ou topológico, ao certo acarretará em indesejáveis repercussões no sistema recursal.

Fredie Didier Júnior também chama a atenção para essa questão, sendo peremptório ao sustentar que "a nova redação do § 1º do art. 162 do CPC não alterou o sistema recursal brasileiro. É preciso que o intérprete perceba isso, caso contrário,

---

(7) Cf., por todos, ASSIS, Carlos Augusto de. *Mudou o conceito de sentença?* p. 95.
(8) *Ibidem*, p. 96.
(9) Também entendendo que a decisão proferida no curso do processo será interlocutória, têm-se MARINONI, Luiz Guilherme e ARENHART, Sérgio Cruz. *Manual do processo de conhecimento.* 5. ed., p. 407.

essa opção legislativa terá grave efeito colateral de criar discussões jurisprudenciais/doutrinárias bizantinas acerca do recurso cabível contra essa ou aquela decisão, revivendo, agora, como farsa, as célebres polêmicas doutrinárias havidas à época da vigência do CPC/39 — as quais *Alfredo Buzaid* tentou, com certo êxodo, resolver no CPC/73. Seria um retrocesso de mis de trinta anos"[10].

Antes, *Fredie Didier Júnior* questiona, diante da possibilidade de se interpretar que caberia apelação da decisão que julga o mérito, mas que não extingue o processo ou uma fase processual: "como os autos poderão subir ao tribunal, se o procedimento ainda há de prosseguir para a solução do restante do objeto litigioso?"[11] Este mesmo argumento é utilizado por *Humberto Theodoro Júnior*[12].

Diria, a discussão doutrinária já começou. Basta lembrar dos juristas que procuram destacar que a sentença se vincula ao conteúdo e não mais, à sua localização no processo[13].

O sistema recursal, por sua vez, vem sendo modificado a toda hora, seja com a criação, enquanto regra geral, da súmula impeditiva, como a possibilidade de reconsideração de decisões que põem fim ao processo, a exemplo daquela que indefere a inicial (parágrafo único do art. 296 do CPC) e de improcedência nas ações repetitivas (art. 285-A do CPC).

Devemos, ainda, evitar eventuais interpretações retrospectivas, de modo a se concluir que se alterou para nada mudar!

No que se refere às dificuldades de ordem prática, é preciso lembrar que o direito brasileiro já convive com autos formados por instrumento, autos apartados, cartas de sentença (agora formada pela parte interessada), etc. Assim, se for o caso, os autos seriam reproduzidos para se permitir seu encaminhamento ao tribunal.

Aliás, a este respeito, cabe lembrar que o processo do trabalho já contém dispositivo neste sentido, pois prevê expressamente que, quando interposto recurso de agravo de petição (que também tem natureza de apelação), ao juiz compete remeter o recurso acompanhado das "peças necessárias para o exame da matéria controvertida, em autos apartados, ou nos próprios autos, se tiver determinada a extração da carta de sentença" (§ 3º do art. 897 da CLT, *in fine*)[14].

Essa questão prática, portanto, é facilmente superada, não podendo ela servir de pretexto para evitar novas interpretações.

Tem-se, assim, que os reflexos no sistema recursal se referem muito mais às questões práticas, do que propriamente jurídicas. Elas, portanto, não podem influen-

---

(10) JORGE, Flávio Cheim *et al*. *A terceira etapa da reforma processual civil*, p. 71.
(11) *Ibidem*, p. 70-71.
(12) *As novas reformas do código de processo civil*, p. 4-5.
(13) Por todos, basta citar MITIDIERO, Daniel. *A nova execução* ..., p. 5-9.
(14) Como juiz do trabalho, em inúmeras oportunidades, já utilizei desse expediente, sem qualquer prejuízo para o bom andamento do feito. É tudo uma questão de prática! Sobre a natureza do agravo de petição no processo do trabalho, cf., do autor, Cabimento do agravo de petição. In: *Revista Trabalhista Direito e Processo*, v. IX, 2004. p. 65-72.

ciar em absoluto o jurista no momento de conceituação de um instituto jurídico, do contrário, praxes enraizadas comprometeriam toda uma teoria jurídica ou mesmo a intenção do legislador em querer introduzir modificações nas práticas processuais.

É certo que o jurista deve também se ater à realidade em que vive, procurando tornar concreta a norma, afastando-se de interpretações que fogem ao razoável. Contudo, não só pode considerar a praxe processual ou a tradição. Às vezes, até, é preciso romper com uma longa tradição.

Daí por que entendemos que a sentença de mérito deve se vincular ao conteúdo da decisão judicial. E, *data venia*, ao que me parece, essa foi a intenção do legislador, ao remeter a decisão de mérito à resolução das "situações jurídicas previstas" no art. 269.

Ademais, fosse intenção vincular a sentença à extinção do processo ou ao encerramento de uma fase processual, bastava modificar a redação do art. 269 para constar que o processo ou uma fase processual extinguir-se-ia com julgamento de mérito nas "situações" elencadas no mencionado dispositivo legal. O legislador, no entanto, simplesmente preferiu mencionar que "haverá resolução do mérito" nas hipóteses mencionadas no art. 269 do CPC.

No que se referem aos reflexos no sistema recursal, esses já se fazem sentir a partir da regra introduzida no art. 475-H do CPC, que estabeleceu que "da decisão de liquidação caberá agravo de instrumento".

Essa nova regra, assim, rompe com aquela outra que dispõe que "da sentença caberá apelação" (art. 513). Isso porque, a decisão que decide a liquidação pode extinguir o feito, com (ex.: transação) ou sem resolução do mérito (ex.: confusão), como também pode não extinguir o feito resolvendo o mérito (ex.: reconhecimento do pedido em artigos de liquidação) e, todas elas, têm natureza de sentença, pois são atos do juiz que "implica alguma das situações previstas nos arts. 267 e 269" do CPC[15].

A este respeito, aliás, *Araken de Assis* sustenta que, em caso de liquidação por artigos autuados em apartado, em execução provisória, da sentença caberá apelação. Já do ato decisório em artigos incidental, na execução definitiva, caberia agravo de instrumento, admitindo, no entanto, a aplicação do princípio da fungibilidade[16].

Desse entendimento, entretanto, não compartilhamos, já que, nas duas situações, a liquidação sempre será incidental, ou seja, no curso do processo, só que, na primeira hipótese, o feito estará cindido em sua apreciação, isto é, estará sob apreciação de dois órgãos distintos, dividido entre o Tribunal e o Juízo da execução.

Em suma, o sistema recursal, tal como idealizado pelo legislador de 1973, encontra-se fraturado, pois, a partir do disposto no art. 475-H, da sentença de liquidação caberá "agravo de instrumento". É certo, todavia, que as jurisprudências e doutrinas

---

(15) Humberto Theodoro Júnior entende que essa decisão em liquidação, quando não extintiva do feito, é interlocutória, cf. *Op. cit.*, p. 7.
(16) *Cumprimento da sentença*, p. 128-129.

podem evoluir para definir que cabe agravo de instrumento apenas quando diante de uma decisão de liquidação que não põe termo ao processo, à semelhança da decisão que resolve a impugnação na execução (§ 3º do art. 475-M do CPC). Contudo, mesmo nessa hipótese, o agravo de instrumento há de ser repensado, já que, nas hipóteses de acolhimento, parcial ou total, do pedido da liquidação, o recurso se assemelhará à apelação em seu conteúdo. E aqui cabe a advertência de *Wambier & Wambier & Medina*, de que, nestas hipóteses em que o agravo tenha conteúdo de sentença, descabe o regime de retenção dos recursos especial e extraordinário[17].

Observa-se, então, que o critério topológico não pode ser utilizado para delimitar o conceito de sentença. E, aqui, relembramos as lições de *Ovídio A. Baptista da Silva*, que, mesmo à luz das regras anteriores, já advertia que o que caracteriza a sentença de mérito é o fato de ela decidir em definitivo o "*meritum causae* de tal modo que o ponto decidido não mais poderá ser controvertido pelas partes naquela relação processual e nem o julgador poderá sobre ele emitir um julgamento divergente, nas fases posteriores do procedimento"[18].

O critério distintivo, assim, da sentença, seria o de "definitividade da prestação jurisdicional"[19].

Cabe lembrar, neste ponto, que a doutrina distingue três espécies de sentenças: a liminar, a parcial e a definitiva (incluída a denominada terminativa).

Sentença liminar é aquela proferida pelo juiz em caráter provisório "e sujeita a confirmação posterior, no mesmo processo, permitindo a realização antecipada do pedido que lhe assegure verossímil", nas lições de *Ovídio A. Baptista da Silva*[20]. Em outras palavras essa é a decisão que concede a tutela antecipada, ou seja, julga-se o pedido antecipadamente, fazendo a entrega do bem da vida pretendido, mas em caráter precário.

Já a sentença parcial é aquela que decide de forma definitiva (ou terminativa, para não restar dúvida) uma parte da demanda. Ela é uma sentença idêntica àquela proferida ao final do processo, pois o juiz "se pronuncia sobre uma porção da demanda judicial, acolhendo-a, nessa parte, embora sem encerrar inteiramente o procedimento", também conforme ensinamentos de *Ovídio A. Baptista da Silva*[21].

Exemplo típico de sentença parcial é aquela que antecipa a tutela em matéria incontroversa. Isso porque, neste caso, o juiz decide em cognição exauriente e não, como na sentença liminar, em juízo de probabilidade ou urgência, a merecer confirmação posterior[22].

---

[17] WAMBIER, Luiz Rodrigues *et al*. *Breves comentários à nova sistemática processual civil*. v. 2, p. 61/62.
[18] *Da sentença liminar à nulidade da sentença*, p. 21.
[19] METIDIERO, Daniel. *Op. cit.*, p. 7.
[20] *Ibidem*, p. 4.
[21] *Ibidem*, p. 20.
[22] A este respeito, cf. DIDIER JÚNIOR, Fredie. *Inovações na antecipação dos efeitos da tutela e a resolução parcial do mérito*, p. 711/734.

Giuseppe Chiovenda também assim leciona, quando afirma que em casos de ações cumuladas quando apenas parte dos pedidos estiver pronto para julgamento, a decisão proferida em relação à mesma, embora definitiva (no sentido de resolver o litígio), é parcial, pois não encerra o procedimento[23].

Ele chega a afirmar, peremptoriamente, que neste caso "poder-se-á jamais asseverar que a sentença, quando se pronuncia sobre o direito, se acolhe uma das ações acumuladas, seja interlocutória; é, nessa parte, definitiva"[24].

Por fim, temos a sentença definitiva (incluída a terminativa), por meio da qual o juiz põe fim ao processo (ou a uma etapa do procedimento).

Desse modo, entendemos que o ato do juiz que resolve as situações mencionadas no art. 269 do CPC é sentença, com ou sem extinção do processo ou de uma fase processual.

Assim, será sentença tanto a decisão que, no saneamento, afasta a decadência ou a prescrição, como aquela que, diante do litisconsórcio ativo e da incontrovérsia do pedido em relação ao requerido por um dos autores, concede a "tutela antecipada" na forma do § 6º do art. 273 do CPC.

Ao não acolher a prescrição, o juiz resolve o mérito sem extinguir o feito; ao acolher o pedido incontroverso, no curso do processo, também estará resolvendo o mérito sem pôr fim ao processo, mas, nas duas hipóteses, sem dúvida, estaremos diante de um ato do juiz "que implica alguma das situações previstas ..." no art. 269 do CPC.

2.3. Princípio da igualdade

Do que temos visto, o grande argumento utilizado para manutenção do entendimento de que a decisão judicial somente terá natureza de sentença quando o juiz extingue o processo ou uma fase processual é o provável tumulto e insegurança jurídica que se gerariam no que se refere ao sistema recursal.

Como já dito acima, parece-nos, no entanto, que esse argumento é muito mais de prática judiciária do que científico.

De qualquer modo, cumpre-nos chamar a atenção para uma situação verdadeiramente violadora do princípio da igualdade, que acabaria resolvida com a nova definição de sentença acima mencionada.

É que, a se entender, como ocorria antes da Lei n. 11.232/05, que se o provimento judicial tiver conteúdo de sentença, mas for proferido sem extinguir o feito ou uma fase processual, ele será enquadrado como uma decisão interlocutória e, portanto, desta decisão, agravo de instrumento, no prazo de dez dias.

---

(23) *Instituições de direito processual civil*. 3 ed. v. 3, p. 277.
(24) *Ibidem*, p. 280.

A se entender, no entanto, que esse mesmo provimento judicial, ainda que proferido no curso do processo, tem natureza de sentença, dela cabe apelação no prazo de quinze dias.

Assim, temos que, numa situação substancialmente idêntica, estar-se-ia dando tratamento diferente à parte.

Basta imaginar a seguinte hipótese, aplicando-se o primeiro entendimento acima mencionado: num demanda em litisconsórcio, o juiz extingue o feito em relação a um coautor, prosseguindo no feito em relação ao outro. Neste caso, ao prejudicado restará interpor agravo de instrumento, no prazo de dez dias. Se o juiz, porém, adiante, também extinguir o feito em relação ao litisconsorte remanescente, desta decisão que põe fim ao processo, caberia apelação, no prazo de quinze dias. Ou seja, para idêntica decisão judicial, do ponto de vista substancial, estar-se-ia dando tratamento diverso, em violação ao princípio da igualdade.

Essa situação, contudo, estaria resolvida se se entender que, em ambas as hipóteses, estar-se-ia diante de uma sentença, ainda que parcial, a reclamar apelação.

Assim, diante de todas as decisões judiciais em que se apreciam as situações jurídicas elencadas nos arts. 267 e 269, caberiam, de forma igual para todos, o recurso de apelação.

Por fim, ressalto que toda essa discussão é uma questão de *nonen juris*, pois, ainda que cabível agravo de instrumento contra a decisão "interlocutória", é fato que este recurso, substancialmente, cuida de uma apelação, na qual se busca a reforma ou invalidação da decisão judicial.

Parece-nos, assim, para evitar violações ao princípio da igualdade, que seria mais fácil se concluir que sentença é toda decisão judicial que resolve as "situações" mencionadas nos arts. 267 ou 269 do CPC, cabendo apelação, ainda que em instrumento ou autuado em autos apartados.

Decisão interlocutória, por sua vez, seria, conforme sustenta *José Carlos Barbosa Moreira*[25], aqueles pronunciamentos judiciais que dizem respeito às "questões incidentes" (parte final do § 2º do art. 162 do CPC), ou seja, as questões que, verdadeiramente, são incidentais ao feito e não que estejam diretamente vinculadas à tutela de fundo requerida.

Decisão interlocutória, assim, seria o provimento que julga exceção de suspeição de serventuário, defere ou indefere a prova, indefere ou defere quesitos ao perito, aprecia a impugnação ao valor da causa, acolhe nomeação à autoria, concede liminar, defere a alienação judicial de bens, nomeia depositário, fixa remuneração do depositário, etc. Desse rol, assim, estariam excluídas as "situações" mencionadas no art. 267, pois aqui se tratam de questões relativas à tutela final, enquanto preliminares ou prejudiciais de mérito.

---

(25) *Op. cit.*, p. 59.

Neste sentido, poder-se-ia, ainda, chegar à conclusão que viola o princípio da igualdade o disposto no art. 475-H do CPC, pois se estaria dando tratamento diverso àquele dado às demais situações nas quais o juiz decide, da mesma forma, conforme disposto nos arts. 267 e 269 do CPC.

3. Da técnica redacional da sentença

O art. 458 do Código de Processo Civil, aplicado ao processo do trabalho[26], estabelece quais são os requisitos essenciais da sentença, a saber: "I — o relatório, que conterá os nomes das partes, a suma do pedido e da resposta do réu, bem como o registro das principais ocorrências havidas no andamento do processo; II — os fundamentos, em que o juiz analisará as questões de fato e de direito; III — o dispositivo, em que o juiz resolverá as questões, que as partes lhe submeterem".

A partir desse dispositivo legal, para que a sentença, como ato processual seja válida, deve ela preencher os requisitos que a própria lei processual considerou como válidos. Todavia, é preciso que se tenha em mente uma característica que existe no processo do trabalho. Cabe lembrar, todavia, que no procedimento tratado pela lei trabalhista como "sumaríssimo", as sentenças não terão relatório, consoante art. 852-I, parte final[27].

Além dos requisitos essenciais estabelecidos pelo vigente Código de Processo Civil, pensamos que outro também deva ser levado em consideração, qual o da clareza e precisão da sentença. Tanto isso é fato que por meio dos embargos de declaração, pode a parte exigir do prolator da sentença que a torne clara e precisa[28].

Por via de consequência, sendo os referidos requisitos essenciais, não pode o magistrado deles se olvidar, pois as exigências em apreço decorrem de norma de ordem pública, porquanto formulada no interesse público e não privado.

Não há uma fórmula sacramental. A sentença pode ser apresentada pelas mais variadas formas. Entretanto, como se trata de um ato silogístico, afigura razoável que o juiz comece pela narrativa dos principais fatos (relatório), passando a expor as razões que o levaram a formar seu convencimento (fundamentação) e, ao final, diga quem tem e como tem direito (dispositivo). Não raro, contudo, já nos deparamos com casos em que determinado juiz, por uma questão de estilo redacional, faz com que o dispositivo anteceda a fundamentação. Não é, no entanto, o usual.

4. Relatório

Como dispõe a lei processual, o primeiro dos requisitos obrigatórios da sentença é o relatório, salvo, como já dito, no procedimento sumaríssimo do processo trabalhista.

---

(26) Art. 769 da CLT.
(27) "Art. 852-I. A sentença mencionará os elementos de convicção do juízo, com resumo dos fatos relevantes ocorridos em audiência **dispensado o relatório**."
(28) O CPC/39 trazia, como requisitos essenciais da sentença, a clareza e a precisão, conforme art. 280.

O relatório deve conter uma descrição escrita, lógica, ordenada e minuciosa do quanto realizado no processo. Não só os nomes das partes, como também conter um resumo dos fatos e dos fundamentos jurídicos do pedido do autor e da defesa do réu, narrando todo o ocorrido no longo do trâmite da demanda.

No relatório, deve o magistrado se preocupar em identificar os litigantes. A individualização deve ser feita nominalmente, independente do número de litigantes. Deve se afastar o que comumente se faz nos casos de diversos autores, em que se qualifica o primeiro e não os demais, com o vulgar uso da expressão "e outros".

É no relatório que o juiz também cuidará de descrever a causa de pedir, o pedido, quais os fundamentos da defesa ou da resposta. Tais dados devem ficar suficientemente esclarecidos.

O relatório, quando necessário, também deve conter as propostas conciliatórias. Não se pode esquecer que o magistrado deve, ao menos no procedimento ordinário trabalhista, efetuar duas tentativas conciliatórias: a primeira antes mesmo da contestação e a segunda após a instrução processual; porém, antes da prolação da sentença. De qualquer sorte, tem-se admitido a inexistência da primeira proposta, pois que sua ausência não acarreta nulidade do processo. Todavia, indispensável a presença da segunda proposta conciliatória — até porque esta supre a falta daquela —, eis que sua ausência torna o processo nulo.

Se os advogados, em razões finais, destacarem algum ponto relevante (suscitou a prescrição, por exemplo), digno de registro, deverá o juiz fazer constar em ata de audiência o que foi dito. De outro lado, se as razões finais forem substituídas por memoriais escritos, assim também deve constar em ata e, por via de consequência, no relatório da sentença.

É recomendável que o juiz designe, desde logo, a data em que será publicada a sentença, quando não for possível fazê-lo no momento da audiência, conquanto, na prática, não raro são utilizada a expressão *sine die*, diante da impossibilidade do magistrado ter como precisar a data em que será proferida a decisão.

É interessante observar que nem sempre é fácil redigir um relatório, como pode parecer. Há casos em que a confecção de um relatório é algo um tanto quanto complexo. O relatório deve ser redigido de tal modo que qualquer um que o leia, tenha condições de conferir o nexo existente entre o que nele consta e o que venha a ser decidido. O relatório deve ser confeccionado de tal modo que com a sua simples leitura se tenha condições de saber, exatamente, o que ocorreu na causa. Como saber se o relatório está correto? Simples: basta que o mesmo seja submetido à apreciação de qualquer outro operador do direito, devendo este ficar, após ler o relatório, habilitado a formar um juízo sobre a lide, compondo-a.

No relatório, não deve o magistrado demonstrar o seu ponto de vista acerca da lide. Deve se preocupar em expor com fidelidade o que decorreu no processo.

É comum, no entanto, na seara trabalhista que os relatórios sejam redigidos de forma lacônica, com textos telegráficos. Não raro o relatório limita-se a identificar as partes, a existência de petição inicial, documentos que a acompanham; a contestação, com seus documentos; a impossibilidade da conciliação; o número de testemunhas ouvidas — quando for o caso —; o encerramento da instrução. Portanto, nada ou pouca coisa dizendo.

Tal prática, conquanto possa ser condenável do ponto de vista técnico, não acarreta a nulidade da sentença, ao menos conforme jurisprudência trabalhista, já que o relatório não é considerado parte essencial à validade da sentença, ainda que obrigatória.

De qualquer forma, percebe-se, na realidade, que parte do relatório, especialmente quando se refere à indicação do pedido, sua causa de pedir e os fundamentos da defesa, são lançadas junto com a fundamentação.

5. Fundamentação

Se o fenômeno da economia no uso das palavras vem contagiando o relatório, o mesmo já não podemos dizer da fundamentação. O alto grau de conhecimento dos juízes, aliado ao elevado índice de complexidade das matérias que batem atualmente à porta do Judiciário, têm levado à redação de fundamentações cada mais elaboradas, especialmente nesta época informática e da *internet*.

A fundamentação é, sobretudo, uma exigência do próprio sistema democrático. Tanto que encontramos sua raiz moderna no próprio texto constitucional[29]. O magistrado está, portanto, constitucionalmente obrigado a expor as questões de fato e de direito, fundamentando-as. Deverá o juiz se empenhar ao máximo na análise das questões que lhe são apresentadas e não apenas relatá-las. O seu papel moderno, por conseguinte, é de um verdadeiro investigador, pois do contrário poderá não alcançar a sua missão maior: a de fazer justiça[30]!

Cabe lembrar, ainda, que predomina, no Brasil, a teoria do livre convencimento motivado ou da persuasão racional do juiz na aferição da prova. Por este princípio, o magistrado é livre na apreciação da prova. Deve, porém, atentar para os fatos constantes dos autos, ainda que não alegados pelas partes, indicando na sentença os motivos que lhe formaram o convencimento (art. 131 do CPC).

Somos da opinião, contudo, de que na sentença o juiz não está obrigado a se manifestar sobre todas as questões do processo a respeito do mesmo tema. A investigação do magistrado não é, necessariamente, analítica. Uma coisa é a análise de todas

---

(29) Art. 93, IX.
(30) É preciso registrar que o dever de fundamentar as decisões — e não apenas as sentenças — é relativamente moderno, pois houve tempo em que se entendia desnecessária essa tarefa, o que levou ao arbítrio das decisões, o que, em certa medida, ajudou a consagrar regra oposta na França, com a Revolução de 1789.

as questões; outra é a sua manifestação sobre todas. Uma vez formado o convencimento do juiz, fundamentando-o, é o quanto basta para proferir sua sentença. Tal, por sua vez, não prejudica a profundidade recursal, materializada no § 1º, do art. 515, do Código de Processo Civil, que permite que o Tribunal julgue sobre questões que não foram apreciadas pelo juiz de primeiro grau, desde que tenham sido pontos controvertidos no processo[31].

Neste sentido, aliás, caminha a jurisprudência do STF, tendo este já concluído que "não está o juiz obrigado a examinar, um a um, os pretensos fundamentos das partes, nem todas as alegações que produzem: o importante é que indique o fundamento suficiente de sua conclusão, que lhe apoiou a convicção de decidir. De outra forma, tornar-se-ia o juízo o exercício fatigante e estéril de alegações e contra-alegações, mesmo inanes, *flanus voci* inconsequente, para suplício de todos; e não prevalência de razões, isto é, capazes de convencimento e conduzindo à decisão" (STF, 1ª T., EDRE n. 97.558-GO, Rel. Min. Oscar Côrrea, RTJ 109/1.098).

Conforme entendimento do STF, "o que a Constituição exige, no inc. IX do art. 93, é que o juiz ou o tribunal dê razões de seu convencimento, não se exigindo que a decisão seja amplamente fundamentada, extensamente fundamentada, dado que a decisão com motivação sucinta é decisão motivada" (2ª T., AgRgRE n. 345.845-SP, Rel. Min. Carlos Velloso, DJU 11.10.2002, p. 43).

Neste sentido, caminha também a jurisprudência do STJ, ou seja, no sentido de que "a fundamentação sucinta, que exponha os motivos que ensejaram a conclusão alcançada, não inquina a decisão de nulidade, ao contrário do que sucede com a decisão desmotivada" (4ª T., REsp n. 271.930-SP, Rel. Min. Sálvio de Figueiredo Teixeira, DJU 23.3.2002, p. 290).

Não deve o magistrado, todavia, em sua fundamentação, simplesmente dizer que condena em face de determinado documento; é preciso analisar a questão e justificar a razão pela qual o referido meio de prova o auxiliou na formação de sua convicção.

A fundamentação serve para demonstrar a razão pela qual o juiz se inclinou em determinada posição, aceitando uma das teses que lhe foi apresentada, uma vez que somente assim os litigantes e a sociedade em geral têm condições de conhecer o raciocínio desenvolvido pelo magistrado. Do contrário, as partes não teriam como recorrer da decisão ou mesmo se conformar com a mesma. Tudo sem falar que ao fundamentar sua decisão, o juiz se alinha com os mais comezinhos pilares de sustentação do sistema democrático, afastando todo e qualquer risco do arbítrio judicial, incompatível este com o estado de direito. Fazer justiça não é o suficiente. É preciso que o juiz demonstre como a alcançou e convença a todos que ela foi feita.

---

(31) Ao contrário da sentença, o acórdão deve não só examinar como apreciar todas as questões que foram postas no recurso. Isso se deve ao simples fato de que o recurso ordinário ou a apelação, são recursos de motivação livre, devolvendo ao tribunal todas as questões controvertidas no processo, o que já não ocorre com os recursos da classe extraordinária, que por serem de motivação vinculada, há necessidade de expressa tomada de posição do Tribunal, sob pena de não haver o pré-questionamento.

6. Dispositivo

No dispositivo (conclusão ou *decisum*), o juiz encerra a sentença, distribuindo a justiça, resolvendo as questões que lhe foram pelas partes submetidas. Não é por outra razão que se costuma dizer que o dispositivo "é a alma da sentença".

O dispositivo é a parte da sentença que detém a maior intensidade. É nele "que o juiz resolverá as questões, que as partes lhe submeterem" (CPC, art. 458, III). É nele que o Estado-juiz acolhe ou rejeita o pedido, solucionando o conflito posto a julgamento.

Em hipótese alguma, é dado ao magistrado, quando da redação do dispositivo, olvidar-se da congruência. Por conseguinte, o julgamento deve fielmente corresponder a todas as premissas que foram enunciadas na parte que a ele, dispositivo antecedeu, qual a fundamentação. Não é por outra razão que no dispositivo também está o magistrado impedido de julgar questões que não lhe foram propostas[32], salvo as matérias ditas de ordem pública[33].

O raciocínio é muito simples: no relatório, o magistrado expõe os principais acontecimentos do processo; na fundamentação, o juiz cuida de analisar as questões de fato e de direito, e, por fim, no dispositivo resolve-las.

Não se pode admitir que o dispositivo seja implícito, ao argumento de que o mesmo se encontra embutido na fundamentação. As partes da sentença devem ficar claras aos olhos de qualquer leitor[34] e, por óbvio, o que foi ou não foi deferido. Assim, deve se repudiar dispositivos que digam, por exemplo, "por tudo acima exposto, julgo procedente, na forma da fundamentação ...".

Não raro, no processo do trabalho, o juiz analisa inúmeros pedidos, alguns são deferidos; outros não. Ao remeter a conclusão ao que foi dito na fundamentação[35], inúmeras questões podem ficar dúbias, criando, por ocasião da liquidação, inúmeros entraves.

O ideal seria que as pretensões que se lastreiam nas obrigações de pagar quantia certa pudessem ser, desde logo, no dispositivo, apresentadas de forma líquida. Todavia, reconhecemos que não é fácil operacionalizar tal metodologia.

O juiz não deve deixar de estabelecer os critérios metodológicos de correção da moeda e dos juros na sentença, pois, na prática, tal omissão tem gerado inúmeros problemas de ordem prática, por ocasião da liquidação do título executivo judicial. Assim, deve se procurar evitar chavões como "juros e correção monetária na forma da lei"[36].

---

(32) Conforme arts. 128 e 460 do CPC.
(33) Como, por exemplo, a litispendência, a coisa julgada, a peremppção, entre outras.
(34) Não apenas para os iniciados.
(35) Pelo chamado de "dispositivo indireto".
(36) É comum, em razão da omissão da sentença, que na liquidação se discuta apenas a data-limite a ser adotada para a correção da moeda, pois não obstante os termos da Súmula n. 381 do C. TST, há Turmas no Regional que

As parcelas em que incidirão a contribuição previdenciária também não podem ser esquecidas, pois na prática o INSS, por intermédio da Procuradoria da União, na liquidação, vem criando inúmeros incidentes processuais, em razão de tais omissões do juiz sentenciante.

O valor das custas também deve ser explicitado na sentença. A CLT, mesmo após a edição da Lei n. 10.537, de 2000, que alterou o sistema das custas processuais trabalhistas, não estabeleceu uma metodologia clara. Com isso, na prática temos situações em que sentenças são proferidas com valores irrisórios, se comparados com o valor do bem da vida pretendida; ou, do contrário, com valores astronômicos. Portanto, o mais recomendável é que o Magistrado leve em consideração, ainda que mediante uma análise superficial, qual o valor total do bem da vida a ser reposto em favor do autor e sobre tal importe calcular as custas.

As sentenças meramente declaratórias também devem, segundo a própria CLT, conter o valor das custas.

7. Outros requisitos: clareza, precisão, certeza e liquidez

Como já dito acima, a doutrina, ainda, exige que a sentença seja clara e precisa. Aliás, tais condições eram exigidas pelo art. 280 do CPC de 1939, que dispunha, em seu *caput*, que "a sentença, que deverá ser clara e precisa ...".

A sentença, portanto, deve ser perfeitamente entendível, especialmente pelas partes litigantes (e não somente por seus advogados). E, cabe lembrar que, como prevalece na Justiça do Trabalho, o *jus postulandi* das partes, ela deve ser formulada em termos simples e compatíveis com o nível de instrução dos mesmos, com uso de linguagem para sua plena compreensão.

A sentença, ainda, deve ser certa, dentro dos contornos do pedido. Tal requisito intrínseco está delineado no art. 460 do CPC, pois "é defeso ao juiz proferir sentença a favor do autor, de natureza diversa da pedida, bem como condenar o réu em quantidade superior ou em objeto diverso do que lhe foi demandado".

Outrossim, dispõe o Código de Processo Civil em vigor que "a sentença deve ser certa, ainda quando decida relação jurídica condicional" (art. 460, parágrafo único).

Por fim, não se pode esquecer que é vedado ao juiz proferir sentença líquida quando o pedido é líquido (parágrafo único do art. 459 do CPC).

---

adotam o entendimento de que deve ser observado o trigésimo dia do mesmo mês trabalhado, mormente no caso dos bancos, uma vez que os bancários recebem seus salários dentro do próprio mês trabalhado. Assim, há quem faça uma distinção, quanto à interpretação dos termos da referida Súmula, ao argumento de que a regra estabelecida pelo verbete é no sentido de se adotar o quinto dia subsequente ao trabalhado, para os casos em que o salário não é pago dentro do próprio mês. Enfim, para se evitar tal discussão, que atrasa ainda mais a solução do litígio, razoável que a sentença disciplinasse a matéria, pois uma vez transitada em julgado, não há margem para discussão do tema na liquidação de sentença.

Aliás, no procedimento sumaríssimo, tal requisito deve ser sempre observado, já que seu pedido deve ser formulado de forma líquida.

8. Procedimento

A decisão, de qualquer modo, na ação tipicamente trabalhista, deve constar integralmente da ata de audiência (art. 851, *in fine*, da CLT). Dela "deverão constar o nome das partes, o resumo do pedido e da defesa, a apreciação das provas, os fundamentos da decisão e a respectiva conclusão" (art. 832, da CLT).

Se a decisão concluir pela procedência do pedido, deve, ainda, fazer constar "o prazo e as condições para seu julgamento" (§1º, art. 832, da CLT).

O prazo e suas condições não têm parâmetros em lei. Caberá, pois, ao juiz, a seu livre-arbítrio, especificar esses elementos.

Por fim, a decisão deve mencionar "sempre as custas que devam ser pagas pela parte vencida" (§ 2º do art. 832, da CLT).

A ata, por sua vez, deverá ser junta ao processo, pelo juiz, no prazo de 48 (quarenta e oito) horas, sendo assinada pelo mesmo (§ 2º do art. 851 da CLT). Não sendo juntada no prazo das 48 (quarenta e oito) horas, "apesar da imperatividade da lei, ao estabelecer prazo improrrogável, seu descumprimento não acarreta nulidade do julgado, mas apenas e eventualmente a aplicação de sanções disciplinares ao juiz em atraso injustificado, além do dever de intimar as partes (Súmula n. 30 do TST)"[37].

Como lembrado acima, o art. 850 da CLT dispõe que "terminada a instrução, poderão as partes aduzir razões finais em prazo não excedente de dez minutos para cada uma. Em seguida, o Juiz ou Presidente renovará a proposta de conciliação, e, não se realizando esta, será proferida a decisão".

Por aí se vê que o julgamento há de ser feito imediatamente após a renovação frustrada da proposta de conciliação. A CLT é imperativa, aliás, a este respeito, não sendo omissa. Assim, descabe a aplicação da norma do CPC que permite a prolação da decisão até 10 dias depois de encerradas as razões finais (arts. 281 ou 456 do CPC).

De qualquer modo, havendo adiamento para prolação da decisão, é imperativa a intimação das partes para a audiência respectiva, pois elas têm direito de participar desse ato processual (em respeito ao direito de defesa). Isso sem olvidar que a audiência deve ser pública (art. 444, CLT). Audiência, ainda que de mero julgamento, sem intimação das partes ou prévia publicação de sua realização, é audiência secreta, possível apenas nos casos expressos em lei, mas, mesmo assim, com intimação das partes interessadas.

A intimação, por sua vez, para audiência de julgamento deve respeitar o prazo mínimo de 24 horas (art. 192, CPC), sob pena de nulidade.

---

(37) *Ibidem*, p. 296.

A nulidade pela falta de intimação para audiência de julgamento somente será decretada, porém, se se demonstrar que dessa irregularidade decorreu prejuízo para a parte. E como as partes, quando do momento do julgamento do feito, não têm direito a se manifestarem, dificilmente esse prejuízo ficará patente, desde que da decisão sejam intimadas posteriormente.

Diferentemente ocorre, entretanto, nos feitos de competência dos tribunais recursais, onde, após o relatório, às partes é assegurado o direito de sustentarem suas razões de apelo (art. 554, CPC). Perante o Juízo de Primeiro Grau, entretatno, essas razões são manifestadas antes de iniciado o julgamento, recebendo a denominação de razões finais (art. 850, CLT).

É bem verdade que os tribunais, em seus regimentos, asseguram, geralmente, o direito da parte se manifestar já no curso do julgamento (momento em que os juízes motivam seus votos, julgando) para esclarecerem dúvidas ou equívocos em relação a fatos, documentos ou afirmações que influam ou possam influir na decisão ou para replicar a acusação ou censura que lhe seja feita durante o julgamento. Ao não se assegurar esse direito, portanto, estar-se-á incorrendo em nulidade, com prejuízos para a parte.

Na falta de lei ou de qualquer outro dispositivo assegurando essa manifestação da parte quanto à matéria de fato, durante o julgamento, em primeiro grau, inexistirá, contudo, qualquer ofensa ou violação ao direito dos litigantes. Daí por que, nenhuma nulidade haverá.

Vale acrescentar que a sentença não é um simples ato de inteligência do juiz. Ela, em verdade, é muito mais um ato de vontade, isto é, na sentença o juiz, que representa o Estado, faz atuar a vontade da lei.

9. Efeitos da sentença

A sentença definitiva (de mérito), uma vez transitada em julgado, produz efeitos principais e efeitos secundários.

Efeitos principais são aqueles relacionados com o litígio decidido em consequência dos pedidos. Os efeitos principais da sentença, neste caso, então, são meramente declaratórios, condenatórios ou constitutivos.

Já os efeitos secundários da sentença surgem desta como fato jurídico e independem da vontade ou pedido da parte. Exemplo citado é o da sentença de procedência da ação anulatória de casamento que produz o efeito secundário de dissolver a comunhão de bens.

Nosso Código processual, no entanto, em seu art. 466, prevê expressamente como efeito secundário a constituição da hipoteca judiciária, *in verbis*:

> "A sentença que condenar o réu no pagamento de uma prestação, consistente em dinheiro ou em coisa, valerá como título constitutivo de hipoteca judiciária, cuja inscrição será ordenada pelo juiz na forma prescrita na lei de registros públicos.

Parágrafo único. A sentença condenatória produz a hipoteca judiciária:

I — embora a condenação seja genérica;

II — pendente arresto de bens do devedor;

III — ainda quando o credor possa promover a execução provisória da sentença."

Com a hipoteca judiciária, ao vencedor fica assegurado o direito de sequela sobre os bens do devedor, como consectário secundário da sentença que condena o réu no pagamento de prestação consistente em dinheiro ou entrega de coisa.

Observe-se, inclusive, que esse efeito natural independe de qualquer decisão judicial. Ele decorre da lei.

É certo, porém, que para que a parte possa valer essa garantia perante terceiro é indispensável que a hipoteca seja inscrita no Registro Público, depois da especialização dos bens do devedor (arts. 1.206 a 1.210 do CPC).

10. Tutela judicial nas obrigações de fazer e não-fazer e de entregar coisa

10.1. Obrigação de fazer ou não-fazer

Na reforma processual procedida nos anos de 1994/95 e mais recentemente em 2002, foram introduzidas pertinentes e salutares regras quanto à tutela específica das obrigações de fazer e não-fazer e de dar coisa, mediante modificação do texto do art. 461 do CPC e introdução do art. 461-A, igualando o procedimento civil, neste aspecto, às lides que cuidam das relações de consumo.

Conforme pacífica doutrina, em juízo cognitivo é possível, em regra, a concessão de três espécies de provimento jurisdicional: declaratório, condenatório e constitutivo.

Na sentença declaratória, *em resumo*, o juízo se limita a declarar a existência ou inexistência de determinada relação jurídica ou a autenticidade ou falsidade de documento (art. 4º, CPC).

Na decisão condenatória, simploriamente podemos afirmar que o juízo cognitivo impõe uma condenação ao vencido, certificando e reconhecendo o direito da parte contrária.

Já na sentença constitutiva, o juízo, por meio de seu provimento, constitui, modifica ou extingue uma relação jurídica[38].

Ao lado dessas três espécies de provimentos jurisdicionais, todavia, não podemos deixar de esquecer a existência de mais dois tipos, quais sejam, aquele denominado executivo lato (ou predominantemente executivo) e o provimento mandamental[39].

---

(38) Como sói ocorrer na ação de alimentos, onde, quando fixados os alimentos, o juiz constitui uma relação jurídica obrigacional, quando alterar o seu valor, modifica a relação jurídica obrigacional, e, quando exonera o devedor, extingue essa mesma relação jurídica.

(39) SILVA, Ovídio Batista da. *Curso de processo civil*. 3. ed. Porto Alegre: Sérgio Antonio Fabris, 1996. v. 1, p. 344.

Pontes de Miranda, entre nós, foi quem primeiro destacou essa última espécie de provimento ressaltando que a ação mandamental "é aquela que tem por fito preponderante que alguma pessoa atenda, imediatamente, ao que o juízo manda"[40]. Em suma, "na sentença mandamental, o juiz não constitui: manda"[41].

Ovídio A. Baptista da Silva, tratando dessa mesma matéria, ensina, ainda, que "a ação mandamental tem por fim obter, como eficácia preponderante, da respectiva sentença de procedência, que o juiz emita uma ordem a ser observada pelo demandado, ao invés de limitar-se a condená-lo a fazer ou não-fazer algumas coisas. É essência, portanto, da ação mandamental que a sentença que lhe reconheça a procedência, contenha uma ordem para que se expeça um mandado. Daí a designação da sentença mandamental. Nesse tipo de sentença o juiz ordena e não simplesmente condena"[42].

Já na sentença predominantemente executiva, o juiz determina a realização de um ato que dispensa, para sua efetividade, atos a serem praticados pelo obrigado ou apenas se exige medidas simples e práticas. Ela, assim, por si só, tem a força de se impor, por meio de simples medidas práticas.

Assim, como exemplos de sentenças executivas temos aquelas em que se acolhe o pedido na ação de despejo e nas ações possessórias. E, justamente, o que caracteriza essas espécies de ações judiciais é que elas dispensam um maior procedimento de cumprimento da sentença. Seus provimentos são, assim, autoexecutáveis, daí por que ditas executivas.

Exemplos de ações mandamentais, por sua vez, temos no mandado de segurança e nos embargos de terceiros.

Cabe destacar, ainda, que a diferença nessas duas outras espécies de provimentos judiciais reside na sua eficácia imediata ou necessidade de medidas práticas para sua efetividade. Na sentença tipicamente mandamental, a sentença, por si só, altera os fatos de modo a tornar efetiva a tutela judicial independentemente do atuar de qualquer outra pessoa. É a hipótese em que, em mandado de segurança, o juiz concede a segurança para cassar o ato apontado como ilegal ou abusivo. Para tornar efetiva essa decisão (cassar o ato ilegal ou abusivo), o juiz não precisa da atuação de qualquer pessoa. Basta sua decisão.

Da mesma forma, nos embargos de terceiros, quando o juiz julga-os procedentes para tornar insubsistente a penhora, é desnecessário qualquer outro ato complementar para sua plena eficácia.

Já na sentença predominantemente executiva, ainda que dispensável um maior procedimento, o provimento somente alcança sua efetividade mediante realização de outros atos. É o que ocorre na ação de despejo, quando para efetividade da decisão de despejo depende de atos complementares desapossando o locatário. A sentença,

---

(40) *Tratado das ações*. São Paulo: RT, § 1º, n. 1, tomo VI, p. 3.
(41) *Ibidem*.
(42) *Curso de processo civil*. 2. ed. Porto Alegre: Sérgio Antonio Fabris, 1990. v. II, p. 172.

por si só, neste caso, não altera os fatos da vida, de modo a alcançar a tornar efetiva a tutela acolhida.

De qualquer modo, é preciso destacar que, nessas duas últimas hipóteses, não é preciso se alongar em procedimento para obrigar a autoridade coatora a cumprir a segurança concedida, assim como esse procedimento posterior é dispensado em caso de provimento predominantemente executivo. Na sentença mandamental, basta a ordem; já na sentença predominantemente executiva, basta a prática de simples atos para sua efetividade.

E foi em vista dessas duas outras espécies de provimentos judiciais que o legislador introduziu significativa alteração no CPC quanto à tutela específica da obrigação de fazer e não-fazer e, agora mais recentemente, nas obrigações de entregar cosia.

É preciso, entretanto, relembrar, para melhor compreensão, as regras estabelecidas no art. 461 do CPC, *verbis*:

"Art. 461. Na ação que tenha por objeto o cumprimento de obrigação de fazer ou não-fazer, o juiz concederá a tutela específica da obrigação ou, se procedente o pedido, determinará providências que assegurem o resultado prático equivalente ao do adimplemento.

§ 1º A obrigação somente se converterá em perdas e danos se o autor o requerer ou se impossível a tutela específica ou a obtenção do resultado prático correspondente.

§ 2º A indenização por perdas e danos dar-se-á sem prejuízo da multa (art. 287).

§ 3º Sendo relevante o fundamento da demanda e havendo justificado receio de ineficácia do provimento final, é lícito ao juiz conceder a tutela liminarmente ou mediante justificação prévia, citado o réu. A medida liminar poderá ser revogada ou modificada, a qualquer tempo, em decisão fundamentada.

§ 4º O juiz poderá, na hipótese do parágrafo anterior ou na sentença, impor multa diária ao réu, independentemente de pedido do autor, se for suficiente ou compatível com a obrigação, fixando-lhe prazo razoável para o cumprimento do preceito.

§ 5º Para a efetivação da tutela específica ou a obtenção do resultado prático equivalente, poderá o juiz, de ofício ou a requerimento, determinar as medidas necessárias, tais como a imposição de multa por tempo de atraso, busca e apreensão, remoção de pessoas e coisas, desfazimento de obras e impedimento de atividade nociva, se necessário com requisição de força policial.

§ 6º O juiz poderá, de ofício, modificar o valor ou a periodicidade da multa, caso verifique que se tornou insuficiente ou excessiva."

Da redação do art. 461 do CPC, pode-se chegar a diversas conclusões.

A primeira delas é a de que a condenação em perdas e danos, quando se alega descumprimento de obrigação de fazer ou não-fazer, somente pode ser proferida quando o autor requerer esse provimento ou se tornar impossível a tutela específica ou a obtenção do resultado equivalente (§ 1º, art. 461).

Tal situação ocorrerá, por exemplo, na Justiça do Trabalho, quando o empregado estável provisoriamente, ao invés de pedir reintegração, requerer a condenação do devedor em perdas e danos (indenização equivalente ao que receberia se respeitada a estabilidade provisória). Ou, ainda, quando pedida a reintegração, esta se mostre inconveniente ou impossível, como no caso de extinção da pessoa jurídica empregadora (extinção da empresa e, não, do estabelecimento) ou morte do empregador. Nestes casos, então, seja pela inconveniência, seja pela impossibilidade de se reintegrar, caberá ao juiz condenar o devedor ou seu sucessor no pagamento das perdas e danos.

O art. 461, *caput*, do CPC, contudo, permite, ainda, que o juiz julgue procedente a ação para conceder a tutela específica ou "providências que assegurem o resultado prático equivalente ao do adimplemento".

Aqui esse dispositivo deve ser bem interpretado, inclusive à luz do princípio da efetividade da Justiça.

Quando se diz que o juiz deve conceder a tutela específica da obrigação ou, se procedente o pedido, determinará providências que assegurem o resultado prático equivalente ao do adimplemento, não se quer afirmar que a tutela específica não seja procedente, é óbvio. O que se quer destacar é que, a tutela da obrigação de fazer ou não-fazer pode ser efetivada, se procedente, tanto por ato do devedor (tutela específica) como por atos de terceiros ("resultado prático equivalente ao do adimplemento")[43].

Assim, na primeira hipótese — concessão da tutela específica —, o juiz deve condenar o devedor a, ele próprio, satisfazer a obrigação de fazer ou não-fazer. Tal provimento, em regra, será imperativo nos casos de obrigações personalíssimas ou infungíveis. São as obrigações que somente podem ser adimplidas pelo próprio devedor, não se alcançando seu resultado equivalente por meio de qualquer outra providência.

Dessa forma, ao credor caberá executar esse título judicial juntamente com a multa cominatória. Se, entretanto, mostrar-se insuficiente a execução forçada, a obrigação transformar-se-á em obrigação de pagar perdas e danos (arts. 633 e 638, do CPC), sem prejuízo da multa cominatória (§ 2º, art. 461, CPC).

O juiz, entretanto, principalmente nas hipóteses de obrigações fungíveis, pode adotar providências necessárias para a obtenção do resultado prático equivalente ao adimplemento (art. 461, *caput, in fine*, e § 5º, do CPC). Neste caso, então, ao invés de condenar o devedor em perdas e danos ou em efetivar a obrigação específica de fazer ou não-fazer, o juiz expede ordens a serem cumpridas, de modo a obter, por outros meios, o resultado prático equivalente ao adimplemento voluntário da obrigação.

Em ambos os casos, os provimentos terão natureza mandamental ou predominantemente executiva[44].

Como leciona *Kazuo Watanabe*, ao analisar dispositivo idêntico constante no Código de Defesa do Consumidor, não se pode confundir esse provimento manda-

---

(43) Neste sentido: TALAMINI, Eduardo. *Tutela relativa aos deveres de fazer e de não fazer*. São Paulo: Revista dos Tribunais, 2001. p. 226,
(44) GRINOVER, Ada Pellegrini. Tutela jurisdicional nas obrigações de fazer e não fazer. In: *Reforma do Código de Processo Civil*. São Paulo: Saraiva, 1996. p. 263.

mental ou aqueles oriundos das ações executivas *lato sensu*, "com a ação condenatória ... Esta dá origem ao título executivo que, em não sendo cumprida a condenação espontaneamente pelo demandado, possibilitará o acesso a uma outra ação, que é a execução da sentença. A mandamental, à semelhança das ações executivas *lato sensu*, não reclama uma execução *ex intervallo*, pois é o próprio juiz que, por meio de expedição de ordens, que se descumpridas farão configurar o crime de desobediência, e de realização pelo juiz de atos materiais..., faz com que o comando da sentença seja cumprido de forma específica"[45].

Daí por que, "a prestação jurisdicional invocada pelo credor da obrigação de fazer ou não-fazer deve ser a expedição de ordem judicial, a fim de que a tutela se efetue em sua forma específica. Bem o demonstra o teor do § 4º do art. 461, que permite ao juiz impor ao obrigado multa diária (desde que suficiente ou compatível com a obrigação), independentemente de pedido do autor: o pedido deste, portanto, terá sido de expedição de uma ordem para que, por meios sub-rogatórios, se chegue ao resultado prático equivalente ao adimplemento"[46].

Alerta, ainda, a Profa. *Ada Grinover*, que "o destinatário da sentença não é mais exclusivamente a autoridade pública ou o agente de pessoa jurídica no exercício das atribuições do Poder Público (segundo art. 5º, LXIX, da Constituição vigente), como ocorre no mandado de segurança, mas sim qualquer demandado, titular de obrigação de fazer ou não-fazer"[47].

Daí por que, clama a eminente professora paulista, que "o art. 84 do Código de Defesa do Consumidor e, agora, o art. 461 do Código de Processo Civil demandam uma profunda revisão da crítica à existência da sentença mandamental, hoje incorporada ao processo civil comum"[48].

E essas lições têm larga aplicação no processo trabalhista quando se pede a tutela específica da obrigação de fazer ou não-fazer. Para tanto basta lembrar que, quando se pede liberação dos depósitos efetuados a título de FGTS, em face da despedida injusta, bastará o juiz expedir ordem neste sentido (alvará judicial para liberar os depósitos existentes na conta vinculada do empregado), não precisando condenar o empregador nesta obrigação de fazer (entregar as guias, já que obrigação fungível).

Do mesmo modo, ao pedido de anotação ou retificação de dados contratuais na CTPS, bastará a ordem para que a Secretaria da Vara do Trabalho proceda nesses registros; ao pedido de fornecimento de carta de referência, basta à própria sentença declarar os "bons antecedentes" do empregado (art. 641, CPC) ou, ainda, a expedição de certidão neste sentido; ao pedido de concessão de férias, bastará o juiz fixar dia para que o empregado fique autorizado a se ausentar dos serviços para gozo do descanso anual (obrigação esta que não se confunde com a de pagar a remuneração devida a título de férias).

---

(45) *Código brasileiro de defesa do consumidor*. 4. ed. Rio de Janeiro: Forense, 1995. p. 525.
(46) GRINOVER. *Op. cit.*, p. 264-265.
(47) *Ibidem*, p. 265.
(48) *Ibidem*.

Da mesma forma, ao pedido de reintegração, bastará a decisão em si para a reincorporação do empregado ao quadro funcional da empresa (seria uma decisão eminentemente mandamental), lembrando que não podemos confundir essa obrigação de fazer com a de pagar — dar — salários. Seria uma decisão mandamental, pois para efetivar a reintegração basta a sentença em si, já que, por intermédio dela, para todos os efeitos jurídicos, o trabalhador pode ser reconsiderado como empregado. Repetindo que as obrigações de dar trabalho e de pagar salários não se confundem com a obrigação de reintegrar no emprego.

Igualmente, em caso de pedido do empregado no sentido de ser desobrigado a prestar horas extras quando ilegalmente exigíveis, bastará a expedição de ordem judicial assegurando o direito do trabalhador a desobedecer, com as devidas exceções legais, qualquer ordem do empregador em contrário; e, da mesma forma, ao pedido de anulação de transferência, bastará a ordem para que o empregado continue a prestar serviços no local e estabelecimento onde estava lotado antes da sua transferência ilegal.

Em suma, são diversas as situações onde o juiz pode, ao invés de condenar o devedor no cumprimento da obrigação de fazer ou não-fazer, simplesmente expedir ordens de modo a alcançar, não só mediante sentença em si, como por meio de medidas necessárias e práticas, o resultado equivalente ao adimplemento voluntário ou forçado. Para tanto, ao invés de proferir sentença condenatória, prolata um provimento mandamental ou executivo *lato sensu*, o que dispensará a ação executiva posterior.

E esse entendimento alcança maior relevo no processo trabalhista do que no processo civil, já que o recurso interposto contra a sentença trabalhista somente tem efeito devolutivo, o que implica afirmar que a ordem judicial deverá ser cumprida de imediato, tal como ocorre no mandado de segurança (art. 12, parágrafo único, da Lei n. 1.533/51).

Vale lembrar, ainda, que, independentemente da expedição dessas ordens, pode o juiz fixar multa cominatória como meio a exercer coerção ao adimplemento voluntário. Assim, neste caso, o devedor sentir-se-á pressionado a, de logo, cumprir com sua obrigação, ao invés de esperar a satisfação da ordem judicial.

Acrescente-se, também, que, em caso de insuficiência ou ineficácia da ordem judicial de modo a se frustrar o alcance do resultado prático equivalente ao adimplemento, poderá o credor propor a ação de execução do seu direito certificado na sentença[49], quando, inclusive, poderá pedir o pagamento da multa cominatória e a conversão da obrigação de fazer ou não-fazer em perdas e danos.

Por fim, é de se lembrar que essas lições se aplicam, integralmente, no caso de concessão da tutela antecipada (art. 461, § 3º, do CPC). Igualmente, para efetividade das tutelas concedidas no art. 461 do CPC se aplicam, subsidiariamente, as regras dos arts. 632 a 643, a teor do que dispõe o art. 644 do CPC.

---

(49) *Ibidem*, p. 265.

10.2. Da tutela nas obrigações de entregar coisa

De menor aplicação nos típicos litígios trabalhistas, temos o disposto no art. 461-A do CPC, com redação dada pela Lei n. 10.444/02.

Dispõe esse novo dispositivo que:

"Art. 461-A. Na ação que tenha por objeto a entrega de coisa, o juiz, ao conceder a tutela específica, fixará o prazo para o cumprimento da obrigação.

§ 1º Tratando-se de entrega de coisa determinada pelo gênero e quantidade, o credor a individualizará na petição inicial, se lhe couber a escolha; cabendo ao devedor escolher, este a entregará individualizada, no prazo fixado pelo juiz.

§ 2º Não cumprida a obrigação no prazo estabelecido, expedir-se-á em favor do credor mandado de busca e apreensão ou de imissão na posse, conforme se tratar de coisa móvel ou imóvel.

§ 3º Aplica-se à ação prevista neste artigo o disposto nos §§ 1º a 6º do art. 461."

Esse dispositivo, por sua vez, deve, hoje, ser interpretado, ainda, à luz do que dispõe o art. 621 do CPC, que somente prevê a ação de execução por título extrajudicial nas obrigações de entregar coisa. Ou seja, para efetividade da sentença que condena a parte a entregar de coisa é desnecessário o ajuizamento da ação de execução. A decisão, assim, será predominantemente executiva.

Para efetividade da sentença que condena a parte a entregar a coisa bastará, então, ao juiz, após o prazo concedido ao devedor (*caput* do art. 461-A), mandar expedir o mandado de busca e apreensão ou de imissão de posse, conforme se trate de coisa móvel ou imóvel (§ 2º do art. 461-A).

Na Justiça do Trabalho, podemos citar as hipóteses em que o empregado não desocupa o imóvel utilizado em decorrência do labor contratado e é condenado a devolver o imóvel; ou ainda do empregado que é condenado a devolver os instrumentos, uniformes, etc., utilizados no trabalho.

Em todas essas hipóteses, portanto, caberá ao juiz proferir decisão fixando prazo para o devedor entregar a coisa, sob pena de ser expedido mandado de busca e apreensão ou de imissão de posse, conforme se trate de coisa móvel ou imóvel (§ 2º do art. 461-A).

10.3. Das multas cominatórias

Em relação à imposição das multas cominatórias, tal como previstas nos arts. 461 e 461-A do CPC, impõe-se algumas ressalvas em relação ao processo do trabalho.

É que a CLT contém duas específicas disposições tratando da referida multa cominatória. A primeira está prevista no § 2º do art. 137 da CLT. Ela cuida da multa cominatória, equivalente a 5% do valor do salário mínimo, por dia, para a hipótese do descumprimento da decisão que fixa o dia do início das férias vencidas.

Neste caso, portanto, se for para impor a multa cominatória, esta deve ser fixada no valor estabelecido em lei.

Cabe ressaltar, porém, que essa sanção é desnecessária, pois, para efetividade dessa obrigação de não-fazer (o empregador se abster de exigir o trabalho do empregado) basta a ordem o juiz neste sentido, qual seja, a autorização para o empregado a se ausentar do emprego.

A outra hipótese de multa cominatória prevista na CLT está contida no art. 729. Por ela, a empresa que se recusa a reintegrar empregado fica obrigado a pagar uma multa de 1/5 a um valor de referência (indexador já extinto). Esse dispositivo, portanto, já tarifa a multa cominatória.

Ressalto, porém, que, também nesta hipótese, a imposição da multa se mostra desnecessária, pois para reintegração do empregado basta a decisão judicial. Por meio dela, por si só, o empregado pode ser, juridicamente, reintegrado ao quadro funcional da empresa. E — repito — essa obrigação de reintegrar (efetivada por mera decisão judicial) não se confunde com a obrigação de pagar salário ou dar trabalho. O fato é que, a reintegração em si, pode ser obtida pela simples decisão judicial neste sentido. E dela, não só decorre a situação jurídica tutelada (reintegração ao emprego), como, também, a obrigação do empregador em dar trabalho e pagar salários. Caso, porém, o empregador não cumpra com essas outras obrigações (dar trabalho e pagar salários), as mesmas poderão ser objeto de ações executivas específicas.

11. Homologação judicial da transação extrajudicial

Interessante modificação foi introduzida no inciso III do art. 584 do CPC, mediante a Lei n. 8.953/94, reintroduzido pela Lei n. 10.358/01 e mantida pela Lei n. 11.232/05, para estabelecer que é título executivo judicial a sentença homologatória de conciliação ou de transação "ainda que esta não verse questão posta em juízo".

A grande modificação introduzida foi no sentido de permitir que as partes transatoras possam requerer ao juiz que homologue o acerto extrajudicial para prevenir litígio, "ainda que esta não verse questão posta em juízo". Em resumo, a transação extrajudicial firmada antes do ajuizamento da ação para prevenir litígio poderá ser homologada, constituindo-se em título executivo[50].

Assim, independentemente de existir demanda judicial, as partes transatoras poderão celebrar transação para prevenir litígio, mediante concessões mútuas, requerendo, em seguida, sua homologação judicial.

É necessário, contudo, para que a parte possa se dirigir ao juiz, requerendo a homologação da transação, ter interesse (art. 2º, do CPC), ou seja, pretensão em obter uma providência jurisdicional quanto a um direito substancial.

---

(50) PASSOS, Calmon de. *Inovações no código de processo civil*. Rio de Janeiro: Forense, 1995. p. 132. THEODORO JR., Humberto. *As inovações no código de processo civil*. Rio de Janeiro: Forense, 1995. p. 39-40.

Necessário que haja um interesse para agir, de modo a reclamar a atividade jurisdicional do Estado, para que este, soberanamente, tutele o direito substantivo do requerente (interesse primário ou originário).

Daí se conclui, então, que sempre que faltar interesse de agir judicialmente aos transatores, não será possível a homologação da transação extrajudicial.

Daí por que, somente em uma hipótese, salvo melhor juízo, vislumbramos esse interesse de agir. Isso ocorrerá somente quando os transatores desejarem constituir a transação extrajudicial em título executivo.

Não se há que falar em interesse em dotar a transação extrajudicial de coisa julgada, com sua homologação judicial, já que, enquanto ato de jurisdição voluntária, esse ato jurisdicional não faz com que se alcance este efeito.

Por outro lado, como se sabe, a escritura ou o documento público assinado pelo devedor, o documento particular assinado pelo devedor e por duas testemunhas e o instrumento de transação referendado pelo Ministério Público, pela Defensoria Pública ou pelos advogados dos transatores, são títulos executivos extrajudiciais.

Desse modo, firmada a transação por uma das formas acima mencionadas, os transatores não terão interesse em constituí-lo em título executivo judicial, mediante sua homologação perante o juiz. Isso porque, nestas hipóteses, o instrumento de transação já tem força de título executivo (art. 585, inciso II, do CPC).

Faltando, entretanto, à transação celebrada, os requisitos necessários para ser considerada título executivo extrajudicial, terão os transatores interesse em pedir sua homologação judicial, com o fito de constituí-lo em título executivo judicial.

Na Justiça do Trabalho, o dispositivo em comento é plenamente aplicável, pois não incompatível com os procedimentos previstos na CLT[51].

Desse modo, para aqueles que entendem que na Justiça do Trabalho não cabe a execução de título extrajudicial, ainda que o instrumento de transação preencha os requisitos para ser considerado como tal (art. 585, inciso II, do CPC), não se há como negar o interesse dos transatores em requerer a homologação judicial do ato negocial firmado extrajudicialmente, transformando-o em título executivo.

O dispositivo processual em comento, aliás, talvez sirva de argumento para convencer aqueles que resistem em admitir a execução de título extrajudicial na Justiça do Trabalho. Isso porque, não admitir que a transação extrajudicial sirva de título executivo, salvo quando homologada pela Junta, só deixa patentes a burocratização e jurisdicização dos atos negociais. Se, sem esse ato judicial, a transação pode ser executada, como título extrajudicial, para que impor sua homologação perante o juiz do trabalho?

---

(51) TEIXEIRA FILHO, Manoel Antonio. As recentes alterações no processo civil e suas repercussões no processo do trabalho. In: *Suplemento Trabalhista LTr*, São Paulo, 011/95, p. 111.

Não vislumbramos como essa simples homologação, como ato de jurisdição voluntária, possa dar diferente força ou caráter à transação firmada extrajudicial, se ela já preenche os requisitos para se constituir em título executivo.

Não podemos, *data venia*, aceitar como argumentação o fato da CLT não estabelecer regras para a execução de título extrajudicial, só prescrevendo normas para a execução de decisão judicial.

Esse entendimento, *permissa venia*, parte de uma interpretação equivocada do art. 876 da CLT, pois quando este dispositivo afirma que "as decisões passadas em julgado ... e os acordos não cumpridos, serão executados pela forma estabelecida" no Capítulo V, do Título X daquele *Codex*, não se referindo a outros títulos extrajudiciais senão aqueles ali mencionados, não está excluindo a execução desses outros instrumentos, mas apenas afirmando que os títulos ali elencados serão executados na forma prevista no texto consolidado. E observe-se ainda que, ao apontar a lei de executivo fiscal como norma a ser aplicada subsidiariamente às execuções trabalhistas, a CLT está buscando justamente em um diploma que preceitua regras para execução de título extrajudicial o suprimento legal às suas omissões, pois, como se sabe, o processo de execução fiscal tem como título a certidão da dívida ativa e não a decisão de um órgão jurisdicional.

Poder-se-ia, alegar, ainda, que a exigência da homologação colocaria sob o crivo do Judiciário Trabalhista a responsabilidade de verificar se o trabalhador não estaria sendo lesado, ao firmar transação prejudicial aos seus interesses. Nesta hipótese, o juiz do trabalho, então, poderia negar homologação à transação.

Esse argumento, entretanto, não convence, pois, mesmo que se entenda que ao juiz incumbe investigar se a transação não foi prejudicial aos interesses trabalhador e que foi firmada sem vício de consentimento, à parte interessada resta o direito de questionar sua validade judicial, ainda que incidentalmente numa reclamação trabalhista.

A transação firmada extrajudicialmente, ainda não homologada, não impediria o trabalhador de propor a ação trabalhista que desejar. Se a empresa-demandada, entretanto, alegar a existência da transação extrajudicial para objetar o pedido do reclamante, caberá a este arguir a invalidade deste negócio jurídico, ficando a cargo do juiz decidir a respeito, ainda que incidentalmente, antes de apreciar o requerimento principal da ação trabalhista.

Em suma, o título executivo extrajudicial somente serve aos interesses do empregado, com quem fica a alternativa de questionar o instrumento respectivo ou executá-lo de imediato, obtendo, nesta última hipótese, a satisfação mais célere de seus direitos, já reconhecidos pelo empregador.

Não podemos deixar de lembrar, também, que, mesmo na hipótese em que o empregador figure como credor da obrigação transacionada, restará ao trabalhador-devedor, quando executado, questionar a validade da transação, por meio de embargos à execução.

12. Da coisa julgada

12.1. Conceito e espécies

A coisa julgada tem recebido tratamento diferenciado por parte da doutrina. Alguns observam que se trata de consequência natural das decisões judiciais; outros atribuem à coisa julgada uma qualidade, sem perdermos de vista aqueles que a concebem como um fenômeno típico da preclusão. Qualquer que venha a ser a teoria acerca da natureza jurídica da coisa julgada, o certo é que sua razão de existir remonta dos idos da civilização humana, pois os romanos já a conheciam, não diferenciando sua compreensão daquilo que se entende hoje como razão precípua da sua existência: a segurança[52].

Importa ressaltar que a coisa julgada se incorpora aos efeitos da sentença, pois que se deve a ela a estabilidade e a imutabilidade das decisões judiciais. É, por conseguinte, um fenômeno de exigência da própria ordem política e social. A decisão judicial firma uma posição, estabelecendo solução ao conflito, que antes residia na mais pura incerteza.

Vigora nos dias atuais a doutrina que concebe a coisa julgada dentro dos limites da teoria materialística, ou seja, tem eficácia na formação de preceito processual, persistindo a situação de direito material sem qualquer modificação, sendo a decisão a verdade sobre o que era o direito.

De ordinário, a coisa julgada cobre os defeitos acaso existentes dos atos processuais anteriores à sua formação.

A Constituição Federal concede à coisa julgada patamar maior, dirigindo-a ao legislador, que não poderá violá-la, sob qualquer pretexto. Também é protegida no campo processual, como nos dá notícia o art. 468 do Código de Processo Civil.

Como bem lembrado por *Liebman*, a coisa julgada é qualidade da sentença e de seus efeitos e não efeito da sentença. Qual seria a sua qualidade? A imutabilidade da decisão e seus efeitos.

Entende-se por coisa julgada formal a imutabilidade que se opera apenas dentro do processo, mediante a impossibilidade de se recorrer. É certo, no entanto, que ela gera efeitos fora do processo, pois a parte não poderá repetir a mesma demanda, ainda que extinta sem julgamento do mérito. Basta citar a hipótese de o juiz considerar o autor parte ilegítima. É óbvio que o mesmo autor não poderá repetir a ação (com mesma causa de pedir, mesmo pedido e contra a mesma pessoa). Verifica-se, assim, que a coisa julgada formal também repercute fora do processo.

A coisa julgada formal é, sem qualquer dúvida, pressuposto da coisa julgada material, tendo esta a imutabilidade operada para fora do processo quando decide

---

[52] Numerosas são as teorias, como, por exemplo, a que defende que a coisa julgada deve ser vista sob o ângulo da Teoria Materialísitca, a que vislumbra sob a ótica da Teoria Processualística ou da Teoria Mista, entre outras.

questão de mérito. No primeiro caso temos o processo extinto sem a resolução do mérito e no segundo, encontramos o mérito resolvido.

De um modo geral tem a doutrina aceito, como simplória definição de coisa julgada formal, aquela que não enfrenta o mérito; sendo material quando há o enfrentamento do mérito.

Na hipótese de coisas julgadas sucessivas, sobre o mesmo tema, entre as mesmas partes, vale a primeira, sendo as subsequentes rescindíveis.

Algumas observações a respeito da coisa julgada como garantia constitucional e o fenômeno da sua flexibilização não poderiam ser olvidadas.

A coisa julgada material é soberana pelo decurso do prazo para a sua eventual rescisão. Se entendermos em sentido contrário, estaríamos pondo em risco a própria garantia constitucional que é atribuída à coisa julgada, comprometendo a segurança jurídica.

A proteção conferida à coisa julgada, no inciso XXXVI, da Suprema Carta Política, é, na verdade, um desdobramento da segurança jurídica, que o *caput* do art. 5º quer ver assegurada.

A intangibilidade da sentença transita em julgado impõe-se como barreira às sentenças ulteriores, tendo, assim, como destinatários os juízes, em geral. Aliás, como quer a doutrina, casos existem em que temos a chamada preclusão máxima da coisa julgada, que se manifesta quando se mostra esgotado o prazo legal para o exercício da ação rescisória. Se fosse permitido, qualquer que viesse a ser o argumento, a modificação do *decisum*, deixando ao alvedrio do Magistrado a grave possibilidade de superar o trânsito em julgado da sentença, para revê-la ao seu talante e segundo a forma processual que lhe parecesse própria, decidindo em sentido contrário ao que já restou decidido, estaríamos estabelecendo o caos jurídico, pondo em risco institutos da mais alta relevância jurídica, além do direito das partes.

Não podemos ignorar a doutrina que autoriza a relativização da coisa julgada. É a doutrina da coisa julgada inconstitucional, que permite, em situações específicas, a relativização da coisa julgada. Todavia, para que a referida relativização possa ocorrer, segundo doutrina e o próprio Superior Tribunal de Justiça, dois critérios devem ser observados: a) a coisa julgada tenha se formado em face de situações de grave injustiça; b) que a coisa julgada tenha gerado uma situação de inconstitucionalidade.

A injustiça é aquela considerada materializada em face da análise teratológica dos elementos fáticos, especialmente quando a coisa julgada ignora a realidade da vida, avaliando os fatos por meio da chamada prova incompleta ou inconsistente, como se dá, por exemplo, nos casos em que a técnica moderna fornece novos instrumentos para a apuração dos fatos, ainda inexistentes ou, por qualquer razão, não utilizados, ao tempo em que a sentença tenha sido proferida — como sucede, hodiernamente, em relação ao exame de DNA, para efeito de prova de paternidade[53].

---

(53) Neste sentido, sugerimos a leitura de emblemático acórdão proferido pelo STJ nos autos do REsp n. 226.436-PR, tendo como relator o Ministro Sálvio de Figueiredo Teixeira, que se encontra disponível no sítio do referido sodalício — <www.stj.gov.br>.

A outra premissa, que vem sendo admitida, para fins de relativização da coisa julgada, qual seja a inconstitucionalidade que porventura possa ser gerada pela sentença, deve ser analisada de modo muito percuciente. Isso para se evitar os sucessivos e intermináveis debates sobre a mesma questão.

12.2. Limites

A coisa julgada é limitada de modo objetivo e subjetivo. A limitação objetiva consiste nas questões que foram por ela alcançadas, basicamente encontradas no dispositivo do julgado.

A limitação subjetiva encontra-se ligada às partes no processo[54]. Não atinge a esfera jurídica de terceiro (teoria da insensibilidade subjetiva). Todavia, em certas circunstâncias a coisa julgada pode invadir a esfera jurídica de terceiro, que não fez parte da relação jurídica primária.

Há questões que não fazem coisa julgada, porque assim preceituou o legislador[55]. Dentro desta categoria, poderíamos mencionar os motivos, ainda que relevantes para determinar o alcance da parte dispositiva da sentença; a verdade dos fatos, estabelecida como fundamento da sentença; a apreciação de questão prejudicial, decidida incidentalmente no processo[56]; a sentença de improcedência por falta de prova nas ações coletivas, etc.

De qualquer modo, de acordo com o art. 470 do Código de Processo Civil, é possível produzir a coisa julgada a resolução de questão prejudicial se a parte assim o requerer.

Interessante é a hipótese relativa à relação jurídica continuativa, aquela que persiste depois da formação da coisa julgada. Em havendo modificação quanto ao estado de fato ou de direito, é possível que a parte requeira a revisão do julgado. É o que se resolveu denominar de *coisa julgada com cláusula "rebus sic stantibus"*.

Não temos, neste caso, nenhuma subversão à lógica do que foi dito quanto à imutabilidade. O que ocorre é que se promove modificações supervenientes à formação da coisa julgada, dentro de uma relação jurídica em estado permanente (continuativa). Portanto, em casos excepcionais como tais, permite-se que o juiz promova a revisão, mediante ação própria e autônoma, a exemplo da ação revisional de alimentos.

13. A medida provisória, a sentença normativa e a coisa julgada

Com a introdução da medida provisória no rol das espécies normativas, com as características que lhe foram impostas pela Lei Magna, situações antes não presentes podem surgir a partir da perda de sua eficácia.

---

(54) CPC, art. 472.
(55) CPC, art. 469.
(56) Não podemos nos olvidar que a situação acima descrita é meramente exemplificativa. Aliás, a fundamentação cuidará de transitar em julgado, nos domínios da ação cautelar, quando versar acerca da prescrição ou decadência (CPC, art. 810).

Situação muito próxima, por sua vez, já ocorria, há mais tempo, no âmbito trabalhista, pois a sentença normativa, proferida em dissídio coletivo, também, tem plena eficácia a partir de sua publicação, podendo ser reformada ou tornada ineficaz por decisão posterior, em grau de recurso.

13.1. Da sentença normativa

Como se sabe, a sentença normativa é ato legislativo exercido pelos tribunais trabalhistas.

Sua vigência e aplicação se inicia com a intimação das partes da decisão proferida em dissídio coletivo, podendo ter efeito retroativo em seus aspectos financeiros.

Dispõe, por outro lado, o art. 6º, § 3º, da Lei n. 4.903/65, que "o provimento do recurso (no dissídio coletivo) não importará restituição dos salários e vantagens pagos na execução do julgado".

Ao assim dispor, o legislador equiparou a sentença normativa ao antigo decreto-lei, que gozava de plena eficácia desde sua publicação, não implicando na nulidade dos atos praticados durante a sua vigência, ainda que rejeitada posteriormente pelo Congresso Nacional (art. 55, § 2º, CF/67-69). Quis o legislador conferir plena eficácia à sentença normativa, ainda que não "transitada em julgado" a decisão.

Tem, assim, a sentença normativa, plena eficácia desde sua publicação. Sua reforma posterior, por decisão do juízo recursal, equipara-se, desse modo, a ato de revogação da lei. A norma que era aplicável (a sentença normativa), deixa de ser por novo ato normativo (a decisão recursal), que lhe altera ou revoga.

A decisão recursal, assim, deve ser encarada como uma nova lei, que, por incompatibilidade, revoga a anterior. Durante sua vigência, no entanto, goza de plena eficácia.

Mesmo a decisão recursal que julga extinto o processo sem julgamento do mérito, *data venia*, deve ser encarada como uma nova norma que revoga a anterior. Ela funciona como uma lei nova que revoga uma anterior, ainda que não discipline de forma diversa a matéria regulada nesta (norma revogada).

Isso porque, a lei é clara em afirmar que "o provimento do recurso (no dissídio coletivo) não importará restituição dos salários e vantagens pagos na execução do julgado". Se o legislador não distinguiu o conteúdo do provimento recursal (se extintiva do feito ou apenas reformadora da decisão recorrida), não cabe ao juiz discriminar.

Existem, no entanto, situações em que a sentença normativa deve ser tida como inexistente, jamais gerando qualquer efeito. Seria, por exemplo, a sentença normativa proferida por órgão absolutamente incompetente. Neste caso, o decreto judicial sequer ingressa no mundo jurídico, assim como a lei inconstitucional[57]. Não é a hipótese, pois, de se aplicar a regra do art. 6º, § 3º, da Lei n. 4.903/65.

Da mesma forma que o decreto-lei editado por Ministro de Estado não tinha qualquer eficácia jurídica, por inconstitucionalidade formal, a sentença normativa proferida por órgão incompetente, não tem o condão de gerar qualquer efeito normativo.

Entendendo-se, por sua vez, a sentença normativa como ato fruto do exercício do Poder Legislativo conferido à Justiça do Trabalho, a inconstitucionalidade de qualquer de seu dispositivo acarreta na sua ineficácia desde sua edição. Ou seja, não gera qualquer efeito[58].

Diante dessas conclusões, a decisão prolatada em ação individual, fundada em cláusula de sentença normativa antes mesmo dessa "transitar em julgado", não é afetada com a modificação ou nulidade desta (sentença normativa). Transita em julgado, assim, a sentença individual, de modo eficaz, independentemente do trânsito em julgado daquel'outra, não podendo ser rescindida sob a alegação de que se baseou em provimento ineficaz.

E mais. Independentemente da reforma ou não da sentença normativa, enquanto em vigor, ela produz efeito de pleno direito, podendo o interessado exigir a aplicação da norma sujeita a recurso às situações ocorridas ao tempo de sua vigência, ou seja, antes de proferida a decisão recursal que lhe revogou. A decisão recursal, pois, somente passa a vigorar a partir de sua publicação, ainda que seja para reduzir salários. Antes dela, aplicável, de pleno direito, às situações ocorridas a este tempo, a sentença normativa recorrida.

13.2. Da medida provisória

Como se sabe, a medida provisória tem plena eficácia e vigência desde sua edição, mas perde todos os seus efeitos se não convertida em lei pelo Congresso Nacional (art. 62, parágrafo único, CF/88).

Pode ocorrer, no entanto, de determinada medida provisória servir de fundamento à sentença, que vem a *transitar em julgado*. Ou ainda — o que é mais factível de ocorrer —, que uma medida provisória revalidada, que ratifica, inclusive, os atos praticados na vigência da anterior, sirva de fundamento à decisão *transitada em julgado*.

---

(57) Aliás, somos do entendimento que a sentença normativa é ato legislativo, nada tendo de jurisdicional, ainda que proferido por órgão do Poder Judiciário. Sendo norma estatal, a ela se aplicam, portanto, todas as regras de aplicação, vigência e eficácia das demais normas jurídicas estatais, inclusive quanto à possibilidade de ataque pela ação direta de inconstitucionalidade. A respeito, cf., de nossa autoria, "A Natureza do Poder Normativo da Justiça do Trabalho".
(58) A respeito, cf., de nossa autoria. O poder legislativo da justiça do trabalho. In: *Revista Ciência Jurídica do Trabalho*, Minas Gerais, Nova Alvorada, n. 7, jul. 98, 1998. p. 128-138.

As questões que se colocam são: essa decisão transita em julgado? Se transita em julgado, pode ser rescindida? Se positiva a resposta anterior, sob qual fundamento se pode rescindir a decisão diante do rol taxativo do art. 585 do CPC?

Na sentença, o juiz aplica o direito ao caso concreto. Profere decisão, fazendo incidir o direito ao fato que lhe é levado a conhecimento (art. 126, CPC). O direito a ser aplicado, por sua vez, é aquele vigente e eficaz à época do fato ocorrido, devendo o juiz, entretanto, conhecer do direito superveniente se lhe tem pertinência (art. 303, CPC).

"Julgar quer dizer valorar um fato do passado como justo ou injusto, como lícito ou ilícito, segundo o critério de julgamento fornecido pelo direito vigente, enunciando, em consequência, a regra jurídica concreta destinada a valer como disciplina do caso (*fattispecie*) em exame"[59].

Quando se fala em direito vigente, contudo, está a se referir ao direito não sujeito a qualquer condição resolutiva. Em suma, ao juiz cabe aplicar o direito, a norma de eficácia plena à época do fato trazido ao seu conhecimento para deliberação. E não se pode admitir o contrário, pois a função do julgador é, justamente, a de proferir uma sentença, que, transitada em julgado, encerre a controvérsia, o litígio, o conflito de interesses que gerou a ação judicial. Em suma, ao juiz incumbe editar a regra concreta destinada a valer como norma do caso em exame.

Julgar, por sua vez, com fundamento em lei sujeita à condição resolutiva, não é pôr fim ao conflito — objetivo maior da jurisdição e da sentença. A sentença fundada em norma sujeita à condição resolutiva põe termo ao processo e, eventualmente, ao conflito, se a condição resolutiva da lei não lhe retirou a eficácia, como quem referendando a decisão, mas essa remota possibilidade não impõe a regra de que possa julgar com base em tais diplomas legais.

E a medida provisória é uma norma de eficácia precária, pois sujeita à condição resolutiva, qual seja, sua rejeição pelo Congresso Nacional. Assim, se implantada a condição resolutiva — rejeição da medida provisória pelo Parlamento —, ela perde seu efeito, só que de forma retroativa, conforme mandamento constitucional. A rejeição parlamentar do decreto-lei, no entanto, funcionava como espécie de ato normativo que revoga lei anterior, pura e simplesmente.

Daí se tem, então, que o juiz não pode sentenciar com base em norma jurídica pendente de condição resolutiva, sob pena de decidir condicionalmente, o que é vedado por nosso ordenamento jurídico (parágrafo único, do art. 460, CPC). Em outras palavras, ao decidir com fundamento em medida provisória, o juiz dirá, por exemplo, que, se a medida provisória for convertida em lei, o direito acolhe o pedido da inicial; se, entretanto, a medida provisória for rejeitada pelo Congresso Nacional, o pedido é improcedente.

---

(59) LIEBMAN, Enrico Tullio. *Manual de direito processual civil*. Trad. Cândido Rangel Dinamarco. 2. ed. Rio de Janeiro: Forense, 1985. v. I, p. 6.

Não se pode, ainda, se sentenciar no aguardo de que o Congresso Nacional possa, ainda que rejeitando a medida provisória, convalidar os atos já praticados, disciplinando, assim, as relações jurídicas delas decorrentes (§ 3º, *in fine*, do art. 62, da CF/88), pois se estará, com muito mais razões, julgando-se sob condição. Sob condição, incerta e futura, de que o Congresso possa disciplinar essas relações jurídicas e, ainda, de modo a convalidar os negócios jurídicos realizados ao tempo de sua vigência. E o Congresso não é obrigado a disciplinar essas relações jurídicas, muito menos convalidá-las.

Daí se tem que o juiz está impossibilitado de julgar com fundamento em medida provisória. Admite-se, porém, o deferimento da tutela antecipada, já que pode ser revogada ou modificada a qualquer tempo (§ 4º, art. 273, CPC), ou, ainda, a concessão de medidas liminares tendentes a resguardar o resultado útil do processo, pois estas não transitam em julgado.

Se porventura, diante dessa conclusão, ainda assim, o juiz sentenciar, vindo a transitar em julgado sua decisão, esta pode ser rescindida, pois violadora do dispositivo legal que impede a prolação de sentença condicional — art. 485, V, c/c. parágrafo único do art. 460 do CPC.

A ação rescisória, entretanto, perderá seu objeto, carecendo o autor de interesse, se, no seu curso, a medida provisória for convertida em lei, pois, conquanto a sentença tenha sido condicional, ela perdeu essa característica, não havendo mais razão ou interesse para sua rescisão. E esse entendimento, inclusive, compatibiliza-se com o princípio da instrumentalidade e do aproveitamento dos atos processuais que não acarretam nulidade.

Capítulo XIII

TEORIA GERAL DOS RECURSOS

1. Introdução

Certa vez ouvimos de um advogado, ao sustentar da Tribuna: "recorrer é uma arte; convencer vários magistrados é uma façanha". E se pararmos para pensar, até que o ilustre advogado não estava de todo errado! Vivemos um momento de amplo dinamismo social. Fatos que ocorrem nos mais distantes rincões do planeta, em poucos segundos, são de conhecimento de toda a humanidade[1].

A velocidade do mundo moderno, ainda não absorvida pelo ser humano, é tida como uma das causas da insegurança. Esta se espraia por todos os segmentos da sociedade e, como não poderia deixar de ser, também busca encontrar terreno fértil nos domínios do Judiciário. Todavia, a insegurança não pode frutificar em solo judicial. Por conseguinte, diversas fórmulas vêm sendo desenvolvidas, aperfeiçoadas ou estabelecidas, de modo a se manter, no campo das decisões judiciais, a segurança.

Aliás, a segurança judiciária é um dos pilares que dá legitimidade ao Poder Judiciário. Não é outro o fundamento que justifica, por exemplo, a previsibilidade judiciária — como no caso extremo da súmula vinculante. Na esteira desse raciocínio, também vamos encontrar a base do sistema recursal. Este, o sistema de recursos, também existe como fator de maior segurança para o acerto da prestação jurisdicional[2].

No desejo de encontrar o ponto de equilíbrio entre a segurança jurídica e a presteza jurisdicional, estabeleceu-se uma situação limítrofe para o uso do sistema recursal, dividindo-se, pois, os recursos em ordinários e extraordinários, na tentativa de se frear, desse modo, o quase interminável manuseio dos recursos.

Os recursos considerados em seu gênero como ordinários, podem ser interpostos pela simples — e talvez incômoda — situação de sucumbência. Daí por que sua motivação é livre. Assim, observadas algumas regras processuais mínimas, ao recorrente é facultado tecer qualquer crítica ao decreto judicial. É o que ocorre, por exemplo, com o recurso ordinário[3].

---
(1) Como lembrado por Araken de Assis: "a vida em sociedade se transforma em grandiosa fonte de incômodos ... o homem e a mulher na sociedade pós-moderna se acostumaram às relações instantâneas dos modernos meios de comunicação e reagem muito mal a qualquer demora e a soluções que não lhes atendam plena e integralmente os interesses". *Manual dos recursos.* São Paulo: RT, 2007. p. 31.
(2) Não obstante seja possível que o pronunciamento da instância superior se apresente, em certas situações, equivocado; todavia, há razões que o fazem supor mais seguro na apreciação dos fatos e na aplicação do direito.
(3) Segundo a lei (CLT, art. 899) pode, inclusive, ser interposto por simples petição.

Por outro lado, existem recursos que são classificados como do gênero extraordinário, assim considerados em decorrência da sua excepcionalidade, pois sua função imediata não encontra lugar na solução do interesse particular tutelado pela ação[4], mas tem em mira o próprio direito objetivo. É por isso que se costuma dizer que no terreno destinado ao tráfego do recurso extraordinário, a unificação da interpretação do direito, mediante o alcance de suas normas, é elemento imanente à legitimação das instâncias extraordinárias.

Desse modo, os recursos do gênero extraordinário, por força da própria coerência sistêmica, necessitam de motivação vinculada, ou seja, somente têm lugar quando observados, rigorosamente, motivos predeterminados. Não é por outra razão que se exige, comumente, o pré-questionamento. Como espécies do gênero recursos extraordinários, poderíamos mencionar o recurso de revista, o recurso especial, o recurso extraordinário ou mesmo os embargos de divergências nos Tribunais superiores.

A vinculação motivada do recurso de revista, justificando-o como espécie extraordinária, tem lugar na própria CLT, a teor do art. 896, *verbis*:

"Art. 896. Cabe recurso de revista para Turma do Tribunal Superior do Trabalho das decisões proferidas em grau de recurso ordinário, em dissídio individual, pelos Tribunais Regionais do Trabalho, quando:

a) derem ao mesmo dispositivo de lei federal interpretação diversa da que lhe houver dado outro Tribunal Regional, no seu Pleno ou Turma, ou a Seção de Dissídios Individuais do Tribunal Superior do Trabalho, ou a Súmula de Jurisprudência Uniforme dessa Corte;

b) derem ao mesmo dispositivo de lei estadual, Convenção Coletiva de Trabalho, Acordo Coletivo, sentença normativa ou regulamento empresarial de observância obrigatória em área territorial que exceda a jurisdição do Tribunal Regional prolator da decisão recorrida, interpretação divergente, na forma da alínea 'a';

c) proferidas com violação literal de disposição de lei federal ou afronta direta e literal à Constituição Federal."

Como se pode depreender, da redação acima transcrita, o recurso de revista é, essencialmente, de motivação vinculada. Constitui importante instrumento não só de unificação da interpretação do direito federal infraconstitucional, voltado para as causas de competência do Judiciário trabalhista, como também objetiva a proteção de tais regramentos.

O Brasil é um país de dimensões continentais — como dito acima —, além de ser organizado, segundo modelo constitucional, federativamente. Desse modo, se em diversas Regiões do país há um órgão do Poder Judiciário trabalhista — porque essa é a vontade do constituinte de 1988 —, com as suas mais profundas peculiaridades locais, é fácil perceber que o direito receberá, igualmente, as mais variadas interpretações. Portanto, compete ao órgão de cúpula trabalhista, qual o Tribunal Superior do Trabalho, a

---

(4) Esta seria a função mediata.

nobre e árdua tarefa, de preservar a integralidade do direito federal, atuando mediante provocação, materializada por meio do recurso de revista ou de embargos.

2. Breves noções acerca do recurso

A palavra *recurso*, segundo os estudiosos, vem do latim *recursus*, podendo ser visto como o meio de impugnação utilizado por quem sofreu prejuízo no processo e pretende alcançar a reforma da decisão hostilizada. Depende, para tanto, de expressa previsão legislativa.

Com efeito, "tecnicamente, o recurso apenas retira o passar em julgado, formalmente, a resolução judicial, enquanto não se procede a novo exame do negócio ou de seu tratamento: a prestação jurisdicional, que o juiz ofereceu (não entregou), admite nova comunicação de vontade da parte ou do interesse, pelo fundamento de que não satisfez e sobre a alegação de ser injusta ou infratora de preceitos de direito processual"[5].

Houve época em que a instância era única, ou seja, quando a Justiça era administrada pelo povo ou pelo Rei. Não se conhecia, nessa época, a pluralidade de instâncias. A natural evolução da sociedade refletiu-se também no processo, visto que, ao tirar-se do Rei ou do povo a função judicante, veio a lume a submissão das questões jurídicas ao reexame, já que os julgamentos, como obra do ser humano, estão sujeitos a erros, por vezes até intencionalmente. Portanto, era de bom alvitre que a decisão judicial fosse reexaminada.

Em um primeiro momento dessa escalada evolutória, o reexame era feito pelo próprio Rei. Aos poucos, o sistema da instância única foi cedendo lugar ao sistema da pluralidade de instâncias, até perceber-se que a colegialidade na apreciação dos recursos, formada por vários julgadores, seria o método mais apropriado a ser observado, na distribuição da Justiça recursal. Surgiu, então, o que hoje se conhece como duplo grau de jurisdição.

Com efeito, foi na Revolução Francesa que o chamado princípio do duplo grau de jurisdição surgiu, tal qual se conhece hoje, ao menos do ponto de vista ideológico.

3. Fundamentos que amparam a existência do sistema recursal

A enorme e complexa rede de recursos que pode se valer uma parte é algo quase que incompreensível, aos olhos de um leigo. Aliás, o nosso sistema recursal parece ter surgido de uma grandiosa obra de ficção científica. O que poderia ser simples, acabou por ser altamente complexo, dispendioso econômica e temporalmente, mormente nos domínios do processo do trabalho, em que as questões discutidas no Judiciário trabalhista não deveriam sofrer tantas impugnações, pela via recursal.

---

(5) MIRANDA, Pontes de. *Comentários ao CPC de 1939*. Rio de Janeiro: Forense, 1949. v. V, p. 327.

A Consolidação das Leis do Trabalho até que tentou ser simples, pois quando de sua edição em vigor se encontrava o Código de Processo Civil de 1939, onde havia previsão para uma quantidade enorme de recursos, como *apelação, embargos de nulidade ou infringentes, agravos (de petição, de instrumento ou no auto do processo), carta testemunhal, revista, extraordinário e embargos de declaração*. Buscando, por conseguinte, impor uma maior simplificação aos processos trabalhistas, a previsão legal foi inicialmente mais simplória. Todavia, o tempo cuidou de ampliar, de modo insuficiente e defeituosa, toda a sistemática recursal trabalhista, para hoje encontrarmos os recursos ordinários, agravos (de instrumento, de petição, regimental e inominado), embargos de declaração, embargos de divergência, de infringência ou de nulidade para o TST, revista, extraordinário, revisão de alçada, adesivo, etc. Como alguém pode sobreviver a tantos recursos?

Tais questões têm levado a uma reflexão, cada vez mais aprofundada sobre a manutenção do sistema de recursos trabalhistas. A fim de que você, caro leitor, faça parte daqueles que estão refletindo, passaremos a expor os argumentos que servem para justificar (ou não) o sistema recursal. Vejamos, então.

3.1. O fator psicológico

Para muitos, a base de sustentação — e até mesmo de legitimação dos recursos — encontra lugar na mente humana. Para tanto, dizem que o ser humano não se conforta com uma única decisão. É preciso que o seu *caso* seja apreciado mais de uma vez, pois só assim o indivíduo aceita ou se conforma melhor com o resultado do processo, ainda que contrário aos seus interesses.

Esse fator psicológico é importante para fazer reinar na sociedade a paz, dizem. E, como um dos escopos da jurisdição é a pacificação social, há de ser valorado o fator psicológico. De um lado, portanto, temos a reação natural de qualquer espírito que se sente contraído ou estorvado nas próprias aspirações ou ambições; de outro, a possibilidade do erro no advogado ou no juiz, criaturas falíveis, eis a gênese filosófica da apelação.

3.2. O fator pluralidade de julgadores

Também aduzem, como outro argumento a dar sustentação ao sistema recursal, que os recursos, de ordinário[6], são apreciados por um colegiado, composto por diversos outros magistrados, que debaterão a questão posta em exame, de tal arte que,

---

(6) De ordinário porque em algumas situações o julgamento do recurso é feito de maneira monocrática, ou seja, por um único julgador, sem a participação de outros magistrados, como é o caso, por exemplo, dos embargos de declaração opostos em primeiro grau de jurisdição ou mesmo a hipótese em que o relator julga de acordo com súmula ou jurisprudência dominante dos Tribunais Superiores (parágrafo único, do art. 557, do CPC).

no final do debate, acabarão por acordar⁽⁷⁾ a mais justa solução. Por conseguinte, há uma menor possibilidade de erro.

O fundamento a que estamos a nos ocupar levou certo segmento da doutrina a dizer que as instâncias superiores realizam uma espécie de controle da boa aplicação da justiça[8].

3.3. O fator acuidade

Outro fundamento utilizado para dar sustentação à existência do sistema recursal, reside no fato de que o juízo *a quo*, ciente de que a parte poderá obter a reapreciação de seu julgamento pela instância superior, buscará, com isso, ser mais caprichoso, mais assíduo na entrega da prestação jurisdicional.

3.4. O fator maior experiência

Também dizem que os juízes que formam as instâncias recursais são mais experientes, posto que, além de constantemente apreciarem os recursos que lhe são apresentados dos mais variados casos, dos mais diversos juízes, de todo um Estado ou de significativa parte deste, além de serem, em sua maioria, magistrados de carreira e, portanto, já vivenciaram as mesmas situações, mais vezes do que os juízes sentenciantes, teriam mais experiência. Logo, diminuída fica a possibilidade de erro e, por conseguinte, mais difícil se mostra a possibilidade de se cometer injustiças.

3.5. O fator necessidade de controle interno

As decisões judiciais enquadram-se entre as espécies de atos processuais. Portanto, não podem ficar dispensadas do controle interno, ou seja, do próprio Poder Judiciário. Assim, quando a parte recorre, submete a decisão recorrida a uma espécie de controle maior, superior, de modo a buscar o aperfeiçoamento da própria atividade judicante.

3.6. O fator uniformização da interpretação e da aplicação da lei

Outra utilidade do sistema recursal está na necessidade coletiva de uniformizar a aplicação da lei. Sem os recursos, o mesmo texto de lei seria interpretado e aplicado de

---

(7) Quando a lei diz que recebe a denominação de acórdão o julgamento proferido pelos tribunais (CPC, art. 163), está a dizer, em outras palavras, que determinado grupo de magistrados acordaram, resolveram de comum acordo questão aventada, decidindo, portanto, por pluralidade de votos alguma matéria submetida à apreciação de um colégio. Aliás, com muita propriedade, já decidiu o Superior Tribunal de Justiça que "as decisões monocráticas não ensejam a lavratura de acórdão", cf. 4ª Turma, Ag. n. 19.156-0-SP (AgRg). Rel. Ministro Sálvio de Figueiredo, *apud* NEGRÃO, Theotonio. 28. ed. São Paulo: Saraiva.
(8) CRUZ, J. C. de Oliveira E. *Dos recurso no CPC*. Rio de Janeiro: Forense, 1954. p. 34.

maneiras diversas, posto que, para casos semelhantes, com pedidos idênticos, fundados na mesma lei, e até com o mesmo fato gerador, o suposto direito tomaria formas diferentes e antagônicas de aplicação. Para tanto, bastaria que dois ou mais juízes divergissem na interpretação da norma. Desse modo, o sistema recursal também atenderia o elemento segurança jurídica, já que teria a tarefa de uniformizar a jurisprudência.

3.7. O fator distanciamento

Em segunda instância, quando se verificará o julgamento de recurso em matéria fática, a impossibilidade de influência de elementos extraautos é maior, já que os desembargadores se colocam mais distantes, muitas vezes, da imperceptível influência das partes e do meio. Logo, por conta desse distanciamento, o julgamento seria mais imparcial e, por conseguinte, mais justo, independente de confirmação ou de reforma da decisão guerreada.

3.8. O fator custo x benefício

Não se duvida que a utilização de recurso encarece o processo, tornando muito dispendioso para todos. Todavia, tal se justifica em razão do fim colimado, que é exatamente a melhor apuração das questões controvertidas. Assim, os custos do sistema recursal como um todo seriam inexpressivos, diante das finalidades e resultados que justificam o depuramento da prestação jurisdicional.

4. Fundamentos para a modificação radical do sistema recursal vigente

Não obstante a vigência de um complexo sistema recursal, impossível de ser compreendido por quem não tem razoável experiência forense, há um crescente número de doutrinadores e de parlamentares que se mostram, a cada dia, contrários ao que hoje conhecemos. Defendem, por conta disso, argumentos que, segundo a concepção desses doutos, em razão da sua solidez, serviriam para imprimir uma radical mudança em tudo o que conhecemos atualmente. Vejamos, assim, quais os fundamentos que são utilizados.

4.1. O fator desprestígio do Poder Judiciário, além da perda de tempo e dinheiro

Aduzem que as decisões proferidas pelos juízes de primeiro grau, quando reformadas pelo Tribunal importam em desprestígio para o próprio Poder Judiciário, posto que não se compreende porque um processo demora tanto nas mãos de determinados juízes de primeiro grau, com a prática de diversos atos processuais, com o envolvimento de diversos atores, com enorme dispêndio de tempo e de dinheiro, para, ao final, a sentença ser modificada e substituída por outra manifestação estatal. Mais razoável que se outorgassem meios físicos e organização administrativa para que o colegiado julgasse, em uma única instância, o caso posto para solução no Poder Judiciário.

De outro lado, se mediante a via recursal, a sentença fosse confirmada, haveria, do mesmo modo, perda de tempo e dinheiro. Por conseguinte, qualquer venha a ser a ótica visada, o ideal seria o fim do juízo monocrático, com o ajuizamento da ação diretamente para apreciação de um colegiado, alternado este, em sua composição, por juízes mais experientes com outros menos experientes.

4.2. O fator indiferença

Todos que possuem um pouco de vivência no Judiciário sabem que o magistrado somente está obrigado a obedecer às leis e à sua consciência. Por conseguinte, a possibilidade de reexame das suas decisões por uma instância superior, em nada modificará este fato.

Assim, o magistrado não será mais diligente na prolação de suas sentenças, apenas porque as mesmas poderão ser objeto de análise e crítica do Tribunal.

4.3. O fator excludente da experiência

Conquanto a regra consista em que os tribunais sejam, em sua maioria, compostos por juízes de carreira, existem vagas destinadas aos advogados que ingressam na magistratura sem concurso público, pelo chamado quinto constitucional. E a prática tem demonstrado que nem sempre estes advogados possuem larga experiência jurídica, já que o critério político é, em verdade, o que mais pesa na hora da nomeação. Aliás, não raro, há juízes com mais de 10 (dez) anos na carreira que ainda estão longe da promoção, ao passo que o advogado, com apenas 10 (dez) anos de formado, já tem preenchido um dos requisitos constitucionais para ingressar na magistratura.

Ademais, é interessante notar que na maior Corte de Justiça do Brasil, qual o Supremo Tribunal Federal, é perfeitamente possível deixar de se observar a larga experiência como juiz, posto que seus integrantes sequer necessitam ter ingressado na magistratura. Tal situação levou renomado jurista a dizer que "o modo de escolha de seus membros tem sido responsável por atitudes de acomodação, especialmente em relação ao Executivo, pois muitos ministros não se sentem moralmente livres para decidir contra os interesses do Presidente da República que os indicou para o Tribunal"[(9)].

---

(9) DALLARI, Dalmo de Abreu. *O poder dos juízes*. 1. ed. São Paulo: Saraiva, 2004. p. 113.

4.4. O fator violação aos princípios da oralidade, da imediação e da identidade física

Muitos defendem de modo contundente a necessidade de se observar a imediação, ou seja, quão é importante o fato do juiz ter contato direto com as partes, testemunhas e perito, mormente nas chamadas audiências de instrução e julgamento. Casos existem que tribunais chegam a anular a sentença, quando o juiz que colhe os depoimentos das partes e das testemunhas — e ocasionalmente até do perito — não é o mesmo que prolata a sentença (princípio da identidade física). Como explicar, contudo, a possibilidade de juízes julgarem a causa, por meio do uso da via recursal, sem que sequer tenham ouvido uma única frase de qualquer um dos atores que participaram do processo? Ora, ou os princípios da oralidade, da imediação e da identidade física são tão relevantes assim, ou não são?

Desse modo, o mais razoável seria acabar, de vez, com os recursos cuja matéria seja apenas fática[10].

4.5. O fator confirmação

É lamentável que os tribunais não administrem com base em estatísticas. Tudo — ou quase tudo — que é decidido no âmbito da Administração Pública brasileira se dá com base no *achismo*, ou seja, com arrimo naquilo o que se acha que acontece.

Editam inúmeras leis novas, sem se saber ao certo qual será o seu resultado, justamente porque não se sabe, estatisticamente, se é ou não o caso de se editar aquela lei. Foi assim, por exemplo, com a ação monitória.

Caro leitor, com toda sinceridade, alguma vez você já viu alguma ação monitória trabalhista? Raramente, ao certo.

No assunto recurso, não é muito diferente. Ora, se o sentimento é válido para se chegar a conclusões, também é válido para se fazer algumas reflexões. Estamos a dizer que embora não haja uma estatística nos tribunais quanto ao número de decisões reformadas ou confirmadas, o sentimento que reina é de que as sentenças, em sua grande maioria, são mantidas pelos tribunais, o que só confirma a tese do desperdício de tempo e dinheiro. Enfim ...

Discussões doutrinárias à parte, importa registrar que, se de um lado, quanto mais se examinar uma decisão, mais possível será a perfeita distribuição da justiça, de outro lado, "a observância do princípio da certeza jurídica impõe a brevidade do processo, a exigir que a decisão seja proferida uma vez por todas, sem procrastina-

---

(10) É interessante assinalar que no revogado CPC (1939), com o propósito de obviar os males decorrentes do golpe que porventura podem representar para o sistema principiológico a que estamos a nos ocupar, o art. 838, parágrafo único, dispunha que, em caso de empate na votação dos embargos ao acórdão, prevaleceria a sentença.

ções inúteis, no menor tempo possível. A preocupação dos modernos sistemas processuais tem sido a de conciliar os dois princípios, de modo a encontrar um ponto de equilíbrio, garantindo o duplo grau de jurisdição, sem deixar infinitamente aberta a possibilidade de reexame das decisões", como lembrado certa feita por renomada jurista[11].

5. Duplo grau de jurisdição

Talvez mais do que um princípio, o duplo grau de jurisdição consista, em verdade, numa imposição de justiça, no sentido de, quanto mais for examinada uma decisão, mais perfeita será a distribuição da justiça.

Se, de um lado, a certeza jurídica está mais ligada ao duplo grau de jurisdição; de outro lado, a brevidade na distribuição da justiça exige que a tutela jurisdicional seja entregue o quanto antes, sem as corriqueiras delongas, por vezes incentivada pelo próprio falho sistema recursal.

Conquanto hodiernamente o duplo grau de jurisdição venha a ser de utilização quase que de âmbito mundial, ele pode, contudo, variar de um sistema para outro. Alguns sistemas jurídicos, por exemplo, equiparam as duas instâncias, enquanto outros estabelecem uma série de limitações concernentes, em regra, à produção de novas provas perante o juízo recursal.

Como bem adverte *Chiovenda*, "entre os princípios judiciários fixados pela Revolução Francesa, um constituiu em que as causas possam novamente transitar pela cognição de dois tribunais sucessivamente (princípio do duplo grau de jurisdição). Mas de modos diversos se pode disciplinar o duplo grau: ou equiparando plenamente o segundo ao primeiro ou limitando o segundo (por exemplo, dispondo-se que não seja possível produzir novas provas; ou que se deva considerar o fato como foi estabelecido pelo primeiro juiz). O sistema francês e italiano corresponde à primeira concepção"[12].

Com efeito, a doutrina justifica a existência do duplo grau de jurisdição tomando como base dois fundamentos: a) *jurídicos;* e b) *políticos*. Juridicamente, se diz que o duplo grau de jurisdição se confunde com a própria razão de existir dos recursos. Assim, o aspecto psicológico; o juiz mais diligente; a reapreciação das questões pelo tribunal, além de todos os outros fundamentos já estudados mais acima, justificam o duplo grau de jurisdição do ponto de vista jurídico. Todavia, se é verdade que algumas vantagens de ordem teórica advêm do duplo grau de jurisdição, é incontestável, por sua vez, que ele importa no sacrifício do tempo para a entrega da prestação jurisdicional.

No ponto de vista político, é dito que nenhum ato estatal, seja lá em que esfera, deve ficar fora de controle. As decisões judiciais, como modalidade de ato estatal,

---

(11) GRINOVER, Ada Pellegrini. *O processo em evolução*. 1. ed. Rio de Janeiro: Forense, 1996. p. 65.
(12) GIUSEPPE, Chiovenda. *Instituições de direito processual*. Trad. de Guimarães Mengale.

como postulado do Estado de direito, não pode escapar do controle. Trata-se, contudo, de controle interno, efetuado por órgãos que compõem o próprio organograma do Poder Judiciário.

Do ponto de vista constitucional, também pode ser visto o duplo grau de jurisdição. Diversos países contemplam o duplo grau, expressamente, em suas constituições, sem falar em documentos internacionais que tratam explicitamente do tema.

No Brasil, a Constituição vigente não consagra de forma expressa o duplo grau de jurisdição, sendo tratado como princípio. Somente a Constituição do Império, de 1824, em seu art. 158, é que contemplava a garantia do duplo grau de jurisdição expressamente. Nenhuma outra Constituição jamais repetiu em seu texto o duplo grau de jurisdição.

Tem-se entendido, ao menos de modo majoritário, que conquanto não se encontre o duplo grau de jurisdição expresso na Constituição Federal, este é imanente à própria estrutura organizacional do Poder Judiciário. Assim, ao se prever um sistema plural de jurisdição, deixou ínsito a possibilidade recursal e, por conseguinte, o duplo grau de jurisdição.

Urge ressaltar também que desde 1992, o Brasil, como signatário, ratificou a Convenção Americana acerca dos Direitos Humanos, sendo que nela se encontra inserido, de forma expressa, o duplo grau de jurisdição. Dessa maneira, diante do texto do art. 5º, da Constituição Federal, mormente após a Emenda Constitucional n. 45, de 2004, a referida norma externa passou a integrar o direito pátrio, assegurando a todo litigante o direito de recorrer, ao menos uma vez.

Alguns doutrinadores fazem distinção entre duplo grau de jurisdição, duplo exame e dupla conformidade. Considerando que já vimos o duplo grau de jurisdição, vejamos o duplo exame. Este não pode ser confundido com o duplo grau de jurisdição, ainda que detenham semelhantes características.

Chama-se duplo exame a possibilidade de revisão do julgado pelo órgão jurisdicional primitivo. Assim, antes da apreciação da matéria decidida por outra instância, é facultado ao juiz que proferiu a decisão guerreada a oportunidade de revê-la, para mantê-la ou não. É o caso, por exemplo, do agravo de instrumento, pois que antes da sua subida ao tribunal, o juiz de primeiro grau pode, valendo-se do juízo de retratação, rever sua decisão.

A dupla conformidade, a seu turno, se dá quando a matéria é reexaminada, pelo tribunal, por intermédio do próprio órgão julgador que proferiu a decisão no tribunal, ou seja, com o mesmo grau de hierarquia funcional.

6. Características dos recursos

Todo instituto processual detém suas características próprias. Aliás, estas características são importantes para que se possa diferenciar, em termos práticos, um instituto de outro, posto que nem sempre é fácil se estabelecer diferenças. É o caso, por exemplo, de se estabelecer diferenças entre um recurso e a ação rescisória.

Desse modo, vejamos quais são as principais características dos recursos:

a) os recursos são anteriores à formação da coisa julgada;
b) não instauram nova relação processual; e
c) a voluntariedade é outra importante característica, posto que sempre dependerá de ato de vontade do recorrente.

7. Efeitos dos recursos

Como todo ato processual, o recurso também externa seus efeitos, vejamos, desse modo, os principais efeitos dos recursos:

7.1. Prolongamento da causa

O recurso tem o condão de impedir a formação da coisa julgada. Com isso prolonga o fim do processo. Tal efeito é levado ao extremo pelo devedor, já que sabedor de que o sistema recursal é elemento crucial para o retardamento na formação da coisa julgada, impedindo, desse modo, a possibilidade do vencedor de promover a execução definitiva da decisão guerreada.

Desse modo, ao menos como regra, o perdedor sempre procurará se valer de todos os recursos previstos na legislação processual, mormente se considerarmos que é difícil, em termos práticos, se perceber, com clareza, se determinado recurso é utilizado apenas para se ganhar tempo ou se é veiculado no uso do legítimo direito de ampla defesa.

Daí por que as sanções processuais, quanto ao uso indevido do recurso, tem-se mostrado de pouca eficácia. Colocar tal responsabilidade nos ombros dos juízes não é a atitude correta. O julgador sempre preferirá garantir os direitos constitucionalmente previstos, como o da ampla defesa, do contraditório, entre outros, a ceifar a possibilidade do uso dos mesmos. Preferível, dessa maneira, que o legislador não se acovarde e retire tal responsabilidade do Judiciário, editando leis que diminuam a quantidade de recursos.

7.2. Efeito substitutivo

A decisão do tribunal é a que vale. Esta, por ser a última decisão proferida no processo, tem o condão de substituir a sentença. Não é por outra razão que o art. 512 do Código de Processo Civil estabelece que "o julgamento proferido pelo tribunal substituirá a sentença ou a decisão recorrida no que tiver sido objeto de recurso".

O efeito substitutivo, contudo, sofre limitações. A primeira é que o seu alcance está adstrito às questões que forem objeto do recurso. Assim, se o litigante deixa de recorrer de parte da sentença, esta é que prevalecerá.

A segunda limitação é a que diz respeito à necessidade de conhecimento do recurso. Desse modo, se o tribunal não conhecer do recurso prevalecerá a sentença.

Por fim, a limitação também alcança as hipóteses em que a parte interpõe recurso, este é conhecido, porém, não há julgamento do mérito. É o caso em que o tribunal anula a sentença e determina o recambiamento dos autos à Vara de origem para que profira nova sentença.

7.3. Efeito devolutivo

O efeito devolutivo pode ser visto sob dois ângulos: o primeiro quando consistir na transferência a um outro órgão de jurisdição o conhecimento da matéria decidida anteriormente; o segundo quando a devolução não se dá apenas em razão de se interpor determinado recurso à instância diversa daquela que julgou originariamente. Basta, para tanto, que se requeira apreciação da matéria decidida, independente da hierarquia do órgão julgador, como é o caso dos embargos declaratórios ou até mesmo do recurso inominado.

O efeito devolutivo, desse modo, pode ser entendido como sendo a possibilidade de se devolver a julgamento matéria já decidida. Daí por que é possível que o efeito devolutivo exsurja não só no recurso ordinário, mas também nos embargos declaratórios. Desse modo, podemos afirmar que o efeito devolutivo não é encontrado apenas em instâncias superiores. Ele tem lugar no simples fato de se suscitar a mesma questão perante o Judiciário, como visto.

O tema relativo ao efeito devolutivo tem gerado tanta controvérsia, que o Tribunal Superior do Trabalho chegou a editar uma Súmula, qual a de n. 393, no intento de solver inúmeras questões. Por relevante ao tema, vejamos o que diz a referida Súmula n. 393:

"N. 393. RECURSO ORDINÁRIO. EFEITO DEVOLUTIVO EM PROFUNDIDADE. ART. 515, § 1º, DO CPC (conversão da Orientação Jurisprudencial n. 340 da SBDI-1) — Res. n. 129/05, DJ 20, 22 e 25.4.2005

O efeito devolutivo em profundidade do recurso ordinário, que se extrai do § 1º do art. 515 do CPC, transfere automaticamente ao Tribunal a apreciação de fundamento da defesa não examinado pela sentença, ainda que não renovado em contrarrazões. Não se aplica, todavia, ao caso de pedido não apreciado na sentença." (ex-OJ n. 340 da SBDI-1 — DJ 22.6.2004)

Como se pode depreender, uma das questões que ainda não foi bem resolvida, nos domínios dos recursos, é aquela que diz respeito ao limite da apreciação das matérias pelo órgão recursal. A gênese de tantos problemas deriva da própria redação, pouco esclarecedora, do § 1º, do art. 515, do Código de Processo Civil, que vem resistindo às mudanças renovadoras do tempo.

Dispõe o referido Diploma Legal que "serão, porém, objeto de apreciação e julgamento pelo tribunal todas as questões suscitadas e discutidas no processo, ainda que a sentença não as tenha julgado por inteiro". O Tribunal Superior do Trabalho num esforço interpretativo tentou, em poucas palavras, explicitar qual seria o alcance do disposto na lei. Todavia, ateve-se apenas à profundidade do efeito devolutivo, deixando de lado a extensão do efeito devolutivo, que também é questão que gera, em termos práticos, muitos problemas.

O alcance literal do disposto no § 1º, do art. 515, do Código de Processo Civil, permite que a devolutividade seja efetuada em uma gama muito extensa, como bem lembrado pela elegante pena de um de nossos mais expressivos processualistas, *José Carlos Barbosa Moreira*, que nos ensina que a profundidade do efeito devolutivo "não se cinge às questões efetivamente resolvidas na sentença apelada: abrange também as que nela poderiam tê-lo sido". Continua o mestre, suas lições quanto às hipóteses que se encontram compreendidas na profundidade do efeito devolutivo, a saber: "a) as questões examináveis de ofício, a cujo respeito o órgão *a quo* não se manifestou; b) as questões, que não sendo examináveis de ofício, deixaram de ser apreciadas, a despeito de haverem sido suscitadas e discutidas pelas partes"[13].

Outro processualista, que goza de relevante prestígio acadêmico, qual *Araken de Assis*, após fazer o corte do efeito devolutivo no plano horizontal e no plano vertical, identificando este com a profundidade da devolução operada no apelo, aduz que "a profundidade do efeito devolutivo permitirá ao tribunal confirmar (ou reformar, acrescentamos) a sentença, corrigindo-lhe, porém, os fundamentos"[14].

Com efeito, mediante a Súmula em comento, procurou se estabelecer um limite interpretativo, na esfera trabalhista, da profundidade do efeito devolutivo. Por isso disse o Tribunal Superior do Trabalho que em razão dessa devolutividade, se transfere para o órgão revisor a apreciação de matéria constante na contestação, ainda que esta não tenha sido examinada pela sentença. E foi além: dizendo que ao órgão revisor é possível, inclusive, adentrar em questão — que além de não se encontrar na sentença — sequer foi ventilada nos domínios destinados à contrarrazões, excepcionando o caso de pedido que não tenha sido apreciado na sentença.

Temos que se a sentença não apreciar a pretensão contida na inicial, não pode o Tribunal sobre ela decidir, sob pena de suprimir uma instância. Todavia, se a pretensão do autor foi analisada pela sentença, que resolveu julgá-la procedente, apenas por um fundamento trazido aos autos, nada impede que o Tribunal faça uso de outro argumento, desde que a matéria tenha sido suscitada no processo.

A Súmula não enfrentou diretamente os casos de revelia, muito comuns no âmbito do processo do trabalho, quando o revel, em grau de recurso, procura trazer

---
(13) *Comentários ao CPC*. 8. ed. Rio de Janeiro: Forense, 1999. p. 441.
(14) *Op. cit.*, p. 401.

para análise do Tribunal todas as questões da lide e não apenas afastar a revelia e seus efeitos. Ora, tal não é possível. O § 1º, do art. 515, do Código de Processo Civil, é claro ao somente permitir o julgamento, pelo Tribunal, das questões tenham sido "suscitadas e discutidas no processo".

Desse modo, em havendo revelia, à evidência que as questões que se encontram foram da revelia propriamente dita, não podem ser arguidas, pela primeira vez, em grau de recurso. Logo, as questões que se encontram fora do debate originário e, portanto, ficaram sem resposta, não merecem avaliação pelo órgão revisor. É tudo muito lógico: não oferendo o réu a contestação, deixou de impugnar especificamente os fatos alegados pelo autor, e, em sendo assim, nada poderá ser alegado pelo réu, nos domínios de seu recurso, além das matérias que tenham o condão de afastar a revelia.

Não podemos nos esquecer, contudo, que as questões de ordem pública poderão ser trazidas pelo revel em seu recurso, pois delas cuidam outro dispositivo legal, qual o art. 516 do CPC. Todavia, encontram-se fora do texto "sumulado" em comento.

7.4. Efeito suspensivo

Temos o efeito suspensivo — também conhecido como duplo efeito — quando a interposição do recurso impede que os efeitos da sentença impugnada se produzam desde logo. Não é o comum no processo do trabalho, imperando neste sistema o efeito devolutivo.

Para impor o efeito suspensivo no processo do trabalho, os operadores do direito têm se valido de um expediente interessante, qual o uso de ação cautelar inominada, com requerimento liminar, *inaudita altera pars*, dirigido ao Tribunal. O afã de tentar suspender os efeitos da sentença tem levado à prática de alguns equívocos, sendo o mais comum a utilização da ação cautelar sem que o recurso tenha sequer sido processado.

Em casos que tais a cautelar fica fadada ao fracasso, como se depreende de remansosa jurisprudência do Supremo Tribunal Federal (inteligência da Súmula n. 635). A explicação é simples: se o recurso não vier a ser conhecido, como explicar o êxito da cautelar? Portanto, é preciso que o operador do direito tenha paciência e ao menos espere o processamento do recurso em primeiro grau de jurisdição.

7.5. Efeito expansivo

O renomado processualista *Nelson Nery Junior* vislumbrou um efeito até então não muito explorado pelo restante da doutrina, qual o efeito expansivo. Para o professor "ocorre o efeito expansivo, quando o julgamento do recurso ensejar decisão mais abrangente do que o reexame da matéria impugnada. Pode ser objetivo ou subjetivo, interno ou externo. Há efeito expansivo objetivo interno quando o tribunal, *v. g.*, ao apreciar apelação interposta contra sentença de mérito, dá-lhe provimento e acolhe preliminar de litispendência, que atingirá todo o ato impugnado (sentença). Há efeito expansivo objetivo externo quando o julgamento do recurso atinge outros atos além do agravo, que atinge todos os atos processuais que foram praticados posteriormente à sua interposição. O efeito expansivo subjetivo ocorre quando o julgamento do recurso atinge outras pessoas além do recorrente e recorrido. É o caso, por exemplo, do recurso interposto apenas por um dos litisconsortes sob o regime da unitariedade (CPC, art. 509): a decisão atingirá também o outro litisconsorte"[15].

7.6. Efeito translativo

É do mesmo professor, *Nelson Nery Junior*, o conceito do efeito translativo, a saber: "dá-se o efeito translativo, quando o sistema autoriza o tribunal a julgar fora do que consta das razões ou contrarrazões do recurso, ocasião em que não se pode falar em julgamento *ultra, extra* ou *infra petita*. Isto ocorre normalmente com as questões de ordem pública, que devem ser conhecidas de ofício pelo juiz a cujo respeito não se opera a preclusão (*v. g.*, CPC, arts. 267, § 3º, 301, § 4º). A translação dessas questões ao juízo *ad quem* está autorizada pelo CPC, art. 515 §§ 1º e 2º. E art. 516. O exame das questões de ordem pública, ainda que não decididas pelo juízo *a quo*, fica transferida ao tribunal destinatário do recurso por força do efeito translativo autorizado pelo CPC, art. 515"[16].

Urge ressaltar, de nossa parte, que o efeito translativo não tem lugar na instância extraordinária. Desse modo, uma das questões consideradas como de ordem pública, não pode, pela primeira vez, portanto de ofício, ser conhecida, por exemplo, em sede de recurso de revista.

7.7. Efeito iterativo

Também conhecido como efeito regressivo ou efeito diferido. Até bem pouco tempo, era efeito estranho ao nosso sistema processual, ao menos nos domínios do recurso ordinário ou apelação, uma vez que consiste na devolução das questões impugnadas, pela via recursal, ao próprio juízo que proferiu a decisão, de modo que este possa confirmar ou modificar a sua decisão. É o que se conhece também como juízo de confirmação ou, no sentido oposto, de retratação, imanente, por exemplo, no agravo de instrumento, ou mais recentemente inserido na própria apelação (recurso ordinário no processo do trabalho), pois que pela atual redação do art. 296 do Código de Processo Civil, "indeferida a petição inicial, o autor poderá apelar, facultado ao juiz, no prazo de quarenta e oito horas, reformar a decisão"[17].

---

(15) *Op. cit.*, p. 885.
(16) *Op. cit.*, p. 884.
(17) No mesmo sentido, temos também o § 1º, do art. 285-A, do CPC.

8. Princípios gerais dos recursos

Diante dos novos paradigmas interpretativos que, acertadamente, a cada dia ganham mais espaço no campo da hermenêutica e, por via de consequência, no que tange à aplicação da norma pelos magistrados, o terreno destinado à "principiologia jurídica" vem recebendo uma estruturação bastante sólida, além de um tratamento diferenciado pelos juízes e pela doutrina.

Em matéria de recurso, os princípios são de extrema relevância, pois sua utilização auxilia o operador do direito a encontrar saídas para situações incomuns, que são apresentadas como novidade nos domínios do processo do trabalho, mormente por força da nova competência que alcançou o Judiciário trabalhista.

Passamos, por conseguinte, à análise dos princípios que se destinam ao estudo do sistema recursal.

8.1. Princípio da lesividade

Também conhecido como princípio da prejudicialidade ou da sucumbência é, aparentemente, o mais básico dos princípios do sistema recursal. Sua lógica é muito simples: *somente se abre a via recursal se a parte tiver sofrido prejuízo, ainda que parcialmente.* O prejuízo, portanto, é o bilhete que a abre a porta para o ingresso à superior instância.

Pontes de Miranda lembra que o "requisito indispensável ao recurso é que tenha havido, na sentença recorrida, prejuízo — prejuízo que se deve apurar na sentença da primeira instância, porque o recurso, que é provido em parte a favor do recorrente, ainda lhe é danoso uma vez que não se lhe deu provimento no todo"[18].

Em termos práticos, a aplicação ou o alcance do que venha a ser prejuízo, para fins de interposição de recurso, é, todavia, algo que foge à simplicidade que, aparentemente, nos é dada pela conceituação do princípio em tela.

Vejamos, por exemplo, o caso em que a parte, na contestação, argui, como preliminar, a sua ilegitimidade passiva. A sentença, após rejeitar a preliminar suscitada, decide pela improcedência da pretensão do autor. Todavia, o réu, apesar de vitorioso no objeto do litígio, entende que não deve figurar no polo passivo.

O que fazer? Poderia ele recorrer? Não lhe faltaria prejuízo? Na prática, temos observado as soluções mais variadas, para não dizer inusitadas.

Encontramos, por exemplo, casos em que o réu interpõe recurso adesivo, tendo como único objeto meritório a sua ilegitimidade passiva. Pensamos que neste caso, não está aberta para o réu a via recursal. Em primeiro lugar porque a decisão que julgou improcedente não lhe trouxe prejuízo; em segundo lugar, porque foi até mais favorável do que se tivesse a sentença acolhida a preliminar de ilegitimidade passiva.

---

(18) *Op. cit.*, p. 542.

De qualquer modo, não podemos negar que o réu tem o direito de insistir em sua tese. Dessa maneira, o caminho melhor será arguir, em preliminar, nas contrarrazões, a ilegitimidade passiva.

Há, porém, uma dúvida que não quer calar: seria possível ao Tribunal, invocando o efeito translativo, de ofício portanto, modificar o resultado da sentença (que foi improcedente), para declarar a ilegitimidade passiva, sem que o réu tenha se manifestado sobre tal matéria em contrarrazões ou por qualquer outra forma de expressão, já que se trata de matéria de ordem pública?

Há outra questão que mostra a dificuldade de adaptação do princípio da lesividade em situações de ordem prática. Vejamos: é possível se recorrer em face da fundamentação da sentença, ainda que o dispositivo não se traduza em prejuízo? Entendemos que, de ordinário, não. Somente se deve admitir o recurso contra o dispositivo e não contra a motivação. Todavia não afastamos de todo a possibilidade de recurso apenas contra motivação. É o caso, por exemplo, da ação popular que é julgada improcedente, tendo como fundamentação a falta de prova. Nesta situação, o réu pode recorrer já que nestes casos ao autor é permitido o ajuizamento de outra ação[19].

Há ainda outras exceções: o Ministério Público, que na qualidade de terceiro interessado (*custos legis*) recorre sem que lhe haja imediato prejuízo.

Da mesma forma, a oposição dos embargos declaratórios é feita sem a necessária existência de prejuízo, já que, de ordinário, são dirigidos contra a forma da decisão.

8.2. Princípio da taxatividade

Por este princípio, somente admitem-se os recursos que se encontrem enumerados pelo legislador, de forma taxativa (em *numerus clausus*).

Não significa, pelo princípio da taxatividade, que apenas os recursos previstos na Consolidação das Leis do Trabalho possam ser usados pelos operadores do direito processual trabalhista. O que este princípio está a indicar é que os recursos tenham previsão legal. Por conseguinte, um recurso, conquanto não-previsto no texto consolidado, pode ser utilizado nos domínios das lides trabalhistas, diante do que dispõe o art. 769 da CLT. É o caso, por exemplo, do recurso adesivo.

Assim, temos o recurso ordinário, o recurso de revista, o agravo de instrumento, os embargos declaratórios, com previsão na Consolidação das Leis do Trabalho, além de outros recursos existentes em leis extravagantes, como, por exemplo, os embargos

---

(19) Da mesma forma em matéria de ação civil pública que é julgada improcedente por falta de prova.

de divergência no Tribunal Superior do Trabalho, a revisão de alçada ou o recurso adesivo, por exemplo.

8.3. Princípio da documentação

Apesar de a regra ser pela impossibilidade de se juntar documentos, quando da interposição do recurso, como, inclusive, sedimentado pelo Tribunal Superior do Trabalho, por meio da Súmula n. 8, em certas circunstâncias, sempre que a lei o exigir, não é dado ao recorrente olvidar-se de promover a juntada dos documentos que lhe são exigidos.

Tomemos como exemplo o agravo de instrumento trabalhista. Aduz a legislação que "sob pena de não conhecimento, as partes promoverão a formação do instrumento do agravo de modo a possibilitar, caso provido, o imediato julgamento do recurso denegado, instruindo a petição de interposição; obrigatoriamente, com cópias da decisão agravada, da certidão da respectiva intimação, das procurações outorgadas aos advogados do agravante e do agravado, da petição inicial, da contestação, da decisão originária, da comprovação do depósito recursal e do recolhimento das custas".

Desse modo, é imprescindível que a parte cuide de diligenciar na formação do agravo, com a devida *documentação*, sob pena de não conhecimento do recurso. A essa exigência legal de diligenciar a parte, sob sua exclusiva responsabilidade, na apresentação dos documentos necessários para conhecimento do recurso, se dá o nome de *princípio da documentação*.

8.4. Princípio da unirrecorribilidade

Também conhecido como princípio da singularidade, é de capital importância prática, malgrado nem sempre observado. Tem-se a unirrecorribilidade como sendo a impossibilidade de se interpor mais de um recurso em face da mesma decisão. Este princípio veda, como regra, que a mesma parte interponha mais de um tipo de recurso contra a mesma decisão.

Mostra-se bem que, no sistema processual como um todo, não se admite a prática de atos processuais a prazo. Apenas as compras, em lojas ou magazines, são possíveis de serem feitas a prazo. Tal, contudo, não tem similar no universo processual. Se pararmos para pensar vamos verificar que em matéria de processo, ao menos em regra, tudo se dá à vista.

Assim ocorre, por exemplo, com a contestação, com as razões finais orais, com a apresentação de memoriais[20]. Portanto, é fácil perceber que o processo não é uma loja de comércio, onde se admite a abertura de crediários para compras a prazo. Os

---

(20) Há exceções, como tudo em direito, exemplo: a emenda à petição inicial.

atos processuais são regidos por princípios que foram idealizados para inibir a postergação dos feitos. É lógico, por conseguinte, que o mesmo se dê no sistema recursal.

Pode-se afirmar que o princípio da unirrecorribilidade sofre exceção. Seria o caso, por exemplo, do acórdão civil que contiver parte unânime e parte divergente, quando, então, a parte poderá interpor simultaneamente de dois recursos: os embargos infringentes quanto à parte não-unânime do acórdão e o recurso especial ou extraordinário da parte unânime.

Prevalece, contudo, mesmo nesta hipótese, o princípio em comento, pois para cada capítulo da decisão somente pode ser interposto um recurso.

É equivocado, ainda, imaginar que eventual integração da sentença feita por embargos declaratórios, quando já há nos autos recurso em face da decisão proferida, implica em violação ao princípio da unirrecorribilidade. O que se pretende dizer, com a unirrecorribilidade, é a impossibilidade de interposição concomitante de mais de um recurso contra a mesma decisão, o que não é o caso.

8.5. Princípio da fungibilidade

É princípio antigo em nosso direito, já tendo sido regulado lei. O revogado Código de Processo dele tratava no art. 810[21].

Se o atual sistema recursal — tanto trabalhista como cível — é complexo, o antigo, por incrível que pareça, ainda era pior (máxime o cível). Para se ter apenas uma ideia, se a sentença cível fosse terminativa o agravo de petição era o recurso a ser utilizado; se, por seu turno, a sentença cível fosse definitiva, a apelação seria o correto recurso.

Ocorre, que a lei anterior — diferentemente do atual CPC — não dizia quais os casos em que a sentença enfrentava ou não o mérito. Assim, por exemplo, a prescrição era, em razão do silêncio do CPC revogado, um martírio para todo operador do direito daquela época, vez que não se sabia se apelava ou agravava de petição. Justo, portanto, que a fungibilidade levasse ao aproveitamento do recurso, principalmente nas hipóteses em que nem os próprios tribunais convergiam. O que valia era o legítimo ânimo em recorrer.

Com efeito, para evitar que o litigante de boa-fé, por engano, ou mesmo pela falta de intimidade com o processo do trabalho — mormente agora, com o aumento da competência —, corra o risco de optar mal e, em consequência, perca o direito à reapreciação da matéria, em grau de recurso, sofrendo, com isso, irremediável prejuízo, é que, conquanto não haja mais lei que expressamente autorize a fungibilidade recursal, mostra-se acertado o posicionamento da jurisprudência e da doutrina no sentido de se admitir a incidência do princípio em voga.

---

(21) "Art. 810. Salvo na hipótese de má-fé ou erro grosseiro, a parte não será prejudicada pela interposição de um recurso por outro, devendo os autos ser enviados à Câmara, ou turma, a que competir o julgamento."

O princípio da fungibilidade, contudo, sofre limitações. A jurisprudência e a doutrina têm limitado sua utilização aos casos em que não interfere a má-fé, ou em que a interposição de um recurso por outro não resulta de erro grosseiro, muitas vezes equiparado à ignorância. Deve-se sempre ter em mente que a fungibilidade não alcança o litigante ímprobo, sempre com o propósito malsão de tumultuar o processo ou de retardar ao máximo o julgamento do feito, usando, de forma consciente, recursos incabíveis. O erro grosseiro há de resultar de circunstâncias objetivas. Daí por que só em cada caso concreto poderá ser apurado pelo magistrado.

O princípio da fungibilidade, porque está inserido, em certa medida, dentro de um princípio geral, qual o do aproveitamento dos atos processuais, hodiernamente já ultrapassou o campo dos recursos.

Temos visto, no entanto, com frequência, o elasticimento conceitual da fungibilidade para situações que se encontram fora dos domínios do sistema recursal. Assim, por exemplo, no lugar da parte se valer de uma ação ordinária com requerimento de tutela antecipada, utiliza-se, equivocadamente, de uma ação cautelar. Em casos tais, não raro, o magistrado invocando o princípio da fungibilidade aproveita a referida cautelar.

8.6. Princípio da motivação

Também conhecido como princípio da dialeticidade, consiste na necessidade do recorrente declinar os motivos pelos quais pede o reexame da decisão guerreada. Tem amparo legal, para o caso da apelação — que equivale ao nosso recurso ordinário —, no art. 514, II, do Código de Processo Civil.

Já se discutiu se no processo do trabalho havia necessidade do recorrente fundamentar o recurso ordinário. Argumentava-se que o art. 899 da Consolidação das Leis do Trabalho quando estabelece que "os recursos serão interpostos por simples petição", estaria insinuando que suficiente a materialização, por escrito, do recurso, sem muita motivação. Dizia-se que como a parte pode recorrer, já que esta detém, inclusive em grau de recurso, o *jus postulandi*, não seria razoável se exigir uma fundamentação apurada no recurso, mormente de quem não domina a técnica jurídica, bastando, pois, a simples demonstração do desejo de recorrer, para que toda a matéria fosse devolvida ao tribunal.

Trata-se de tese com a qual não podemos concordar. O que se quis dizer com a expressão "simples petição" é que se dispensa maiores formalidades, o que não se confunde com ausência de fundamentação, até porque não se devolve ao tribunal o que não é matéria de impugnação recursal específica. Ademais, o contraditório ficaria prejudicado se a parte recorrida não soubesse, com precisão, do que se pretende recorrer. "A interposição por simples petição (CLT, art. 899) significa não haver necessidade de outras formalidades, como, por exemplo, o termo de agravo no auto, que era exigido no CPC de 1939, art. 852, vigente quando promulgada a CLT", disse certa feita renomado jurista[22].

A fundamentação também é exigida para a interposição do recurso de revista. Aliás, o Tribunal Superior do Trabalho editou a Súmula n. 422 que enfrenta a questão, vejamos:

N. 422. RECURSO. APELO QUE NÃO ATACA OS FUNDAMENTOS DA DECISÃO RECORRIDA. NÃO CONHECIMENTO. ART. 514, II, do CPC.

Não se conhece de recurso para o TST, pela ausência do requisito de admissibilidade inscrito no art. 514, II, do CPC, quando as razões do recorrente não impugnam os fundamentos da decisão recorrida, nos termos em que fora proposta.

Como se pode depreender, não há como se admitir a possibilidade de se entender que o recurso possa ser confeccionado sem a observância do que se resolveu chamar de princípio da dialeticidade, ou seja, sem que o recorrente aborde de modo claro e induvidoso os fundamentos que o levaram à via recursal.

Com efeito, a interposição do recurso pressupõe a inconformidade do recorrente com a decisão. Portanto, faz-se mister que sejam declinados os motivos da inconformidade com a decisão hostilizada. Ademais, são as alegações do recorrente que firmam e delimitam o território extensivo do contraditório perante o Juízo *ad quem* — no caso da Súmula o Tribunal Superior do Trabalho.

As razões do recorrente também se prestam para definir, junto à parte adversa, o alcance e o sentido jurídico da impugnação, vindo a precisar qual o limite objetivo do pedido de novo julgamento pela instância superior. Ora, não declarando, expressamente, as razões do pedido de novo julgamento, não se conhece do recurso por formulado, segundo a própria Súmula em apreço, sem um dos seus requisitos essenciais. Por conseguinte, a falta de exposição dos fundamentos, nos domínios tanto da instância ordinário, como na instância extraordinária, importa na insubsistência do recurso.

O órgão julgador necessita de saber o porquê e até onde se recorre. A não observância da regra da dialeticidade tem, na prática, quase o mesmo efeito que a lei atribuiu à petição inicial, quando inepta. Ora, quando a esta faltar o pedido ou a causa de pedir — diz o legislador no parágrafo único, inciso I, do art. 295, do Código de Processo Civil —, será indeferida, por inepta, sendo o processo extinto sem resolução do mérito (CPC, art. 267, I). A jurisprudência, portanto, nada mais fez do que por meio do uso da analogia, estender ao sistema recursal aquilo que se encontra estabelecido para a fase cognitiva, em primeiro grau de jurisdição, guardadas, por óbvio, as devidas proporções, inclusive práticas, já que a inépcia da inicial não impede o novo ajuizamento da ação, ao passo que o não conhecimento do recurso de revista, dependendo da matéria, implica na formação da coisa julgada material. De qualquer modo, não seria absurdo dizer que se trata do conceito de inépcia aplicado em sede recursal.

---

(22) CARRION, Valentin. *Op. cit.*, p. 802.

8.7. Princípio da não complementaridade

Não é dado à parte completar as razões de seu recurso. Uma vez interposto, vale o que está escrito. Se alguns atos processuais podem ser corrigidos, como, por exemplo, a petição inicial, por meio de uma emenda, o mesmo não ocorre com os recursos. A parte necessita de precisão jurídica. Qualquer deslize, por conta de um eventual esquecimento, fica perdido no tempo, não havendo mais como retroceder. Trata-se da aplicação da preclusão consumativa[23].

8.8. Princípio da variabilidade

Dizia o Código de Processo Civil revogado, em seu art. 809, que "a parte poderá variar de recurso dentro do prazo legal, não podendo, todavia, usar ao mesmo tempo, mais de um recurso". Era a consagração, em termos legislativos do princípio da variabilidade.

Como se pode perceber, o referido dispositivo também tratava do princípio da unirrecorribilidade, em sua parte final, dedicando-se, em sua primeira parte, a regulação da variabilidade.

Tanto a variabilidade quanto a unirrecorribilidade, não são princípios novos, posto que, ao tempo de vigência de norma anterior ao próprio Código de Processo Civil de 1939, já conhecíamos o princípio da variabilidade, bem como o princípio da unirrecorribilidade. Tratava-se no Regulamento n. 737, datado de 25 de novembro de 1850, que em seu art. 734, já tinha notícia de tais princípios, a saber: "não é lícito às partes usar, ao mesmo tempo, dois recursos contra a mesma decisão; mas poderão variar de recurso dentro do termo legal".

Verifica-se, assim, que o vencido poderia valer da faculdade de variar de recurso. Faculdade esta sujeita a uma condição legal: a de que não se tivesse esgotado o prazo para a interposição do recurso pelo qual se vai substituir o já interposto.

Sequer havia necessidade de manifestar-se expressamente pela desistência, eis que se o recorrente interpusesse o segundo recurso, sem desistir do primeiro, entendia-se que fora tácita a sua desistência (em razão da preclusão lógica). Aliás, a doutrina já havia sufragado entendimento de que "em toda a manifestação da vontade, o ato posterior, contrário ao primeiro, revoga-o implicitamente"[24][25].

A questão que agora assume relevo é saber se o princípio em foco aplica-se aos dias atuais. Pensamos que não. O princípio da unirrecorribilidade, por exemplo, tam-

---

(23) No processo penal, a regra é outra; vide o disposto nos arts. 578, 588 e 600 do Código de Processo Penal.
(24) GUIMARÃES, Mario. *Revista Forense*, v. 88, p. 183/5.
(25) É importante assinalar que não obstante o entendimento majoritário que assim predominava, Pontes de Miranda, do alto de sua genialidade, não tão acorde com esse posicionamento, dizia: "A simples interposição de outro recurso não significa desistência do primeiro. É preciso que haja elementos para se interpretar o novo recurso como substituto do outro, ou dos outros". (*Comentários ao CPC de 1939*, p. 400)

bém era expressamente previsto em lei, como visto acima, todavia, embora hoje não mais exista no Código de Processo Civil qualquer palavra sobre o assunto, ele ainda é francamente utilizado. E por quê? Simplesmente porque é compatível com a sistemática atual. O que não se dá com o princípio da variabilidade. Por isso entendemos que este princípio não tem lugar no sistema atual, ficando apenas para história.

8.9. Princípio da irrecorribilidade

Trata-se de princípio que tem custado muito caro ao processo do trabalho. Originário do art. 893, § 1º, da Consolidação das Leis do Trabalho[26], vem gerando inúmeras controvérsias, com constantes oscilações jurisprudenciais, quanto ao seu alcance.

Mais recentemente, o Tribunal Superior do Trabalho, buscando delinear melhor o campo de atuação do princípio da irrecorribilidade, modificou o texto da Súmula n. 214, que cuida do tema em foco. Agora temos que o referido verbete detém a seguinte redação, a saber:

"N. 214. DECISÃO INTERLOCUTÓRIA. IRRECORRIBILIDADE. Na Justiça do Trabalho, nos termos do art. 893, § 1º, da CLT, as decisões interlocutórias não ensejam recurso imediato, salvo nas hipóteses de decisão:

a) de Tribunal Regional do Trabalho contrária à Súmula ou Orientação Jurisprudencial do Tribunal Superior do Trabalho;

b) suscetível de impugnação mediante recurso para o mesmo Tribunal;

c) que acolhe exceção de incompetência territorial, com a remessa dos autos para Tribunal Regional distinto daquele a que se vincula o juízo excepcionado, consoante o disposto no art. 799, § 2º, da CLT."

Urge assinalar, de qualquer modo, que uma das poucas questões que ainda diferencia o processo do trabalho, no que tange aos recursos, do processo civil, é quanto à impossibilidade de recurso imediato em face das decisões interlocutórias.

A irrecorribilidade da decisão interlocutória, no processo do trabalho, parte da sonhadora visão de que o processo do trabalho deve ser imaginado com a seguinte visão: temos um rio; eis que surge uma queda d'água — a cachoeira —, e novamente encontramos um rio. O rio inicial representa toda a fase cognitiva, em que tudo ou quase tudo foi idealizado para ser resolvido de forma muito breve ou em uma única oportunidade: reclamação verbal; citação postal feita por serventuário da Justiça; contestação oral em audiência; provas neste momento; razões finais orais e sentença.

Assim, por que se recorrer interlocutoriamente? Eventual inconformismo deveria (como ainda deve) ser materializado por ocasião do recurso ordinário. Daí por que, sabiamente, optou o legislador pelo sistema da irrecorribilidade das decisões interlocutórias.

---

(26) § 1º, do art. 893, da CLT, a saber: "Os incidentes do processo são resolvidos pelo próprio juízo ou tribunal, admitindo-se a apreciação do merecimento das decisões interlocutórias somente em recursos da decisão definitiva".

Disse visão sonhadora, pois, na prática, trocou-se o recurso imediato pelo mandado de segurança, só que para pior, lembrando que, atualmente (em sua versão mais evoluída), o agravo de instrumento previsto no CPC, para atacar decisão interlocutória, somente tem cabimento quando a decisão for suscetível de causar à parte lesão grave e de difícil reparação (art. 522 do CPC).

Vale lembrar, ainda, que não podemos confundir o agravo de instrumento com o agravo retido.

Daí por que, diante desse dispositivo do CPC ousamos até em afirmar, que, no processo civil, cabe o agravo de instrumento contra decisão interlocutória nas mesmas hipóteses em que cabe o mandado de segurança para atacar o mesmo provimento.

Dissemos acima, entretanto, que o processo do trabalho trocou o agravo de instrumento pelo mandado de segurança para pior pelo seguinte: sempre que a decisão interlocutória for suscetível de causar à parte lesão grave e de difícil reparação (única hipótese de cabimento do agravo de instrumento no CPC) estaremos diante de hipótese de cabimento de mandado de segurança.

Assim, no processo do trabalho, ao invés de se permitir o agravo de instrumento, se tolera o mandado de segurança. Só que este último é uma ação que pode ser ajuizada em até 120 dias (ao invés dos 8 dias do recurso), sendo apreciado em primeiro grau pelo Tribunal. Já da decisão nele proferida, cabe recurso ordinário (apelação) para o TST.

Desse modo, temos a situação piorada de que, da decisão interlocutória proferida no processo do trabalho em primeiro grau, cabe mandado de segurança, que será julgado pelo Tribunal Regional em primeiro grau e pelo TST em segundo grau. Ou seja, a decisão da Vara ficará, na prática, sujeita a três graus de jurisdição, pelo menos. Já, se fosse admitido o agravo de instrumento, da decisão proferida pelo Regional não caberia recurso de revista para o TST, pois este somente tem cabimento de decisão proferida em recurso ordinário ou em agravo de petição (em matéria constitucional).

É preciso, pois, evoluir, ainda que sem alteração legislativa, para se entender como é cabível a interposição do agravo de instrumento nas mesmas hipóteses mencionadas no CPC.

De qualquer modo, evoluindo, a partir das complexidades que a cada dia se avolumam, no âmbito das relações jurídicas, o aumento da competência em razão da matéria da Justiça do Trabalho; a introdução de novas ações, até então desconhecidas deste ramo do Judiciário, têm levado os operadores do direito a repensarem o alcance da utilidade do princípio da irrecorribilidade.

E o Tribunal Superior do Trabalho, deu um passo adiante, resolvendo por meio da Súmula n. 214 flexibilizar a rigidez do princípio em tela.

Assim, em matéria da, por assim dizer, velha competência, passou o TST a permitir a imediata interposição de recurso, em face das seguintes situações, das quais são proferidas decisões interlocutórias, a saber:

"a) das decisões proferidas por Tribunal Regional do Trabalho contrária à Súmula ou Orientação Jurisprudencial do Tribunal Superior do Trabalho."

Assim, por exemplo, sempre entendeu o TST que o Tribunal Regional do Trabalho ao declarar o vínculo de emprego e determinar, ato contínuo, o recambiamento dos autos à Vara de origem para que instrua o feito com relação as horas extras, para julgar as demais questões, não caberia recurso de revista, da referida decisão que reconheceu o vínculo, posto que seria, dentro da ótica contextualizada processual, uma decisão interlocutória, simplesmente proferida por um Colégio de Juízes e não monocrática.

Se, todavia, esta decisão violar uma Súmula, como na hipótese de reconhecimento de vínculo em face da Administração Pública, sem a realização de concurso público e determinando o recambiamento dos autos à Vara de origem para julgamento do restante das matérias, afrontando o teor da Súmula n. 363, desta decisão, ainda que interlocutória, caberia recurso de revista.

A outra exceção, versada pela letra "c" da Súmula em comento, admite recurso em face da decisão interlocutória "suscetível de impugnação mediante recurso para o mesmo Tribunal". É a hipótese, por exemplo, de decisão monocraticamente proferida por Desembargador do Tribunal Regional do Trabalho, que desafia o ataque mediante agravo, no caso, regimental ou interno.

Tal recurso interno, por sua vez, tem fundamento no fato do relator nada mais está fazendo do que se antecipando ao julgamento do próprio Colegiado que integra. Portanto, por meio do agravo regimental, a parte busca a apreciação da matéria por toda a Turma ou Câmara julgadora.

Em se tratando, de outro lado, de decisão monocrática proferida por Desembargador do Tribunal Regional do Trabalho, nos moldes do que dispõe o art. 557 do Código de Processo Civil[27], haverá a possibilidade de a mesma ser atacada mediante recurso previsto em lei, o agravo interno, nos moldes do § 1º do referido artigo[28].

Haveria algum método para se saber qual a diferença, em termos de resultado útil, entre o agravo regimental e o agravo interno? Nenhum, pois a rigor a única diferença é a fonte normativa: a lei ou o regimento.

Na esteira dessa lógica processual, o Tribunal Superior do Trabalho, resolveu autorizar, expressamente, o uso de remédios jurídicos em face de decisões interlocutórias proferidas no âmbito dos Tribunais, consoante a verba redacional do item "b", da Súmula a que ora estamos a nos ocupar.

---

(27) "Art. 557. O relator negará seguimento a recurso manifestamente inadmissível, improcedente, prejudicado ou em confronto com súmula com jurisprudência dominante do respectivo Tribunal, do Supremo Tribunal Federal, ou de Tribunal Superior."
(28) "§ 1º Da decisão caberá agravo, no prazo de 5 (cinco) dias, ao órgão competente para o julgamento do recurso, e, se não houver retratação, o relator apresentará o processo em mesa, proferindo voto; provido o agravo, o recurso terá seguimento."

Por fim, temos o item "c", que autoriza a utilização da via recursal em face da decisão "que acolhe exceção de incompetência territorial, com a remessa dos autos para Tribunal Regional distinto daquele a que se vincula o juízo excepcionado, consoante o disposto no art. 799, § 2º, da CLT".

Dispõe o § 2º, do art. 799, da Consolidação das Leis do Trabalho, que "das decisões sobre exceções de suspeição e incompetência, salvo, quanto a estas, se terminativas do feito, não caberá recurso, podendo, no entanto, as partes alegá-las novamente no recurso que couber da decisão final".

A incompetência tratada pelo § 2º do art. 799 da CLT é a relativa, ou seja, aquela que busca a modificação do lugar do processamento e julgamento da lide. Em face dessa decisão não haveria como se interpor recurso. Muito lógico o sistema metodológico adotado pela CLT. Ora, se o magistrado decide que o competente, em razão do lugar, é outro Juízo, do mesmo Estado, porém de outro Município, não faz sentido, considerando-se a regra principiológica da irrecorribilidade, a interposição de recurso em face dessa decisão.

Na prática, todavia, muitas consequências danosas ocorriam quando o magistrado declinava da competência em favor de outro Juízo, localizado em outro Estado. Nestas situações, pelo texto literal da lei, também não caberia recurso. Entrementes, o Tribunal Superior do Trabalho, visando a praticidade necessária exigida pelo cotidiano forense, resolveu amenizar o rigor do texto legal, passando a permitir, contra as decisões que acolhem a exceção de incompetência em razão do lugar, a interposição de recurso, no caso o ordinário[29].

A Súmula, contudo, deixou escapar a questão relativa à possibilidade — ou não — de recurso em face das decisões que acolhem ou declaram a incompetência em razão da matéria, hodiernamente muito comum, diante das inúmeras questões que são postas na Justiça do Trabalho, por conta da Emenda Constitucional n. 45, de 2004. Isto porque, segundo a regra do CPC, declarada a incompetência absoluta, não há sentença extintiva sem resolução do mérito, mas a remessa dos autos ao juízo competente[30]. Portanto, o magistrado trabalhista ao declarar a incompetência absoluta em razão da matéria do Judiciário trabalhista, com a respectiva remessa dos autos ao Juízo que entender competente, nenhum remédio jurídico encontra-se à disposição da parte[31].

É evidente que aqueles que interpretam o § 2º do art. 799 da CLT como via alternativa para o julgamento sem apreciação do mérito, nos casos de incompetência absoluta, a questão não traz maiores problemas, pois em tais situações é cabível o recurso ordinário. Tal interpretação é possível na medida em que o mencionado

---

(29) Interessante notar que nessa hipótese temos um agravo de instrumento travestido de recurso ordinário.
(30) § 2º, do art. 113, do CPC.
(31) Como o sistema não pode deixar o jurisdicionado sem possibilidade de demonstrar o seu inconformismo ou mesmo de revisão do ato judicial, temos notícia de que em face da decisão do juiz trabalhista, que declina de sua competência material em favor de outro órgão do Judiciário, por vezes, as partes têm se valido de reclamação correicional ou mandado de segurança.

§ 2º aduz que "das decisões sobre exceções de suspeição e incompetência, salvo, quanto a estas, se terminativas do feito", cabem recurso. Todavia, na prática, tenho observado que é mais comum a remessa dos autos para outro órgão do Judiciário.

Não pensamos que a atual redação da Súmula n. 214 tenha criado algum entrave na marcha do processo do trabalho. Ao contrário. As hipóteses previstas no referido verbete somente vieram a trazer maior segurança e praticidade, não vislumbramos, assim, a ocorrência de desvirtualmento de uma das peculiaridades do processo do trabalho, qual o princípio da irrecorribilidade.

Antes da atual redação da Súmula em comento, o Tribunal Superior do Trabalho tinha entendimento mais rigoroso e inflexível, quanto ao ataque em face das decisões interlocutórias, já que "salvo quando terminativas do eito na Justiça do Trabalho, as decisões interlocutórias não são recorríveis de imediato, podendo ser impugnadas quando da interposição de recurso contra a decisão definitiva". O que vemos agora é uma verdadeira interpretação evolutiva da norma, diante da realidade cotidiana.

Não podemos nos olvidar que o princípio da irrecorribilidade pode ser conjugado com o princípio da absorção, pelo qual é possível que determinado prejuízo venha a ser completamente dissipado ou absorvido no desenrolar do processo, não havendo mais razão para que se recorra.

8.10. *Non reformatio in pejus*

Muitos não enxergam a *non reformatio in pejus* como princípio, mas como consequência do princípio da congruência e do princípio do dispositivo (vinculado este ao recurso voluntário), como também inserido dentro do contexto destinado ao próprio efeito devolutivo, que delimita a área de conhecimento do tribunal.

No Brasil, não há lei que especificamente trate da *non reformatio in pejus*, ela se extrai do próprio sistema. É excepcionada pelas questões de ordem pública.

Temos que pelo referido instituto não é possível que aquele que busque a melhora de sua situação jurídica, mediante a interposição de recurso, venha a ser prejudicado pelo seu próprio apelo. Não faz sentido, portanto, que alguém recorra e tenha sua condenação ampliada. Era melhor não recorrer!

De qualquer modo, os limites da *non reformatio in pejus* é assunto que ainda é bastante nebuloso. Algumas questões estão longe de solução.

Vejamos, por exemplo, uma questão que tem gerado muita discussão: a mudança da fundamentação. Esta, em grau de recurso, é ou não permitida, diante da *non reformatio in pejus*?

Em princípio, temos que a mudança da fundamentação se mostra inócua para fins da *non reformatio in pejus*, desde que não seja o resultado alterado.

Assim, há quem entenda que a sentença que julga o feito sem resolução do mérito, com arrimo no art. 267, inciso VI, do Código de Processo Civil (parte ilegítima) e que venha a ser alterada pelo Tribunal, de ofício, para modificar a fundamentação do julgado para aplicar o art. 267, inciso V, do mesmo Diploma Legal (coisa julgada), certamente estaria modificando a situação do recorrente para pior.

Ora, do ponto de vista do resultado não houve julgamento para pior, uma vez que tanto a ilegitimidade da parte, com a coisa julgada, extinguem o processo sem resolução do mérito.

De outro lado, muitos entendem que embora no referido exemplo a situação do recorrente tenha piorado, contudo, a matéria é de ordem pública, podendo, assim, ser trazida à tona pelo tribunal de ofício. Em outras palavras: as questões de ordem pública estariam imunes ao alcance da *non reformatio in pejus*. Enfim ...

Pensamos que inexiste *reformatio in pejus* se a parte pede ao tribunal que aprecie o mérito, quando a sentença não o tiver apreciado, e com base no § 3º do art. 515 do Código de Processo Civil, a referida instância superior julga improcedente o pedido. Isto se dá porque se respeitou o princípio do dispositivo. Ora, se o autor pediu o julgamento do mérito, que julgamento para pior existiu? Apenas se cuidou de atender a sua vontade.

A prescrição de ofício é outra questão problemática. Para aqueles que entendem que a prescrição pode ser arguida de ofício no processo do trabalho, ainda mais em grau de recurso, é preciso fazer uma reflexão, posto que ao se declarar a prescrição, em face do recurso do autor, quando apenas este recorre, buscando ampliar a vitória conseguida em parte no primeiro grau, não se estaria violando a *non reformatio in pejus*?

De qualquer modo, pensamos que se o pedido foi julgado improcedente e o tribunal reforma em parte a sentença, para melhorar a situação do autor, não há qualquer óbice em se acolher de ofício a prescrição, pois a situação do recorrente foi melhorada.

Quando o assunto é a remessa necessária, a *non reformatio in pejus* também tem gerado controvérsias. Por exemplo, *Nelson Nery Junior*, entende que, em se tratando de remessa necessária, poderá haver *reformatio in pejus*[32]. De qualquer modo, a opinião do festado processualista não vingou, posto que o Superior Tribunal de Justiça, por meio da Súmula n. 45, disse que "no reexame necessário, é defeso, ao tribunal, agravar a condenação imposta à Fazenda Pública".

8.11. Princípio da personalidade

Por esse princípio, temos que o recurso apenas pode aproveitar a parte que o interpôs, não beneficiando a parte contrária.

---
(32) *Op. cit.*, p. 137.

Vamos encontrar algumas situações em que a interposição de recurso apenas por um litigante poderá aproveitar quem não recorreu. Assim, por exemplo, em havendo litisconsórcio ativo e apenas um recorrendo, a decisão do tribunal poderá aproveitar os demais consortes (CPC, art. 509), sendo tal hipótese contudo, restrita aos casos do litisconsórcio unitário, posto que, no caso de litisconsórcio facultativo não-unitário, os litigantes são autônomos (CPC, art. 48), só se beneficiando dos efeitos do provimento do recurso os litisconsortes que recorreram.

9. Juízo de admissibilidade

Trata-se de tema que está longe de ser pacificado. A classificação quanto aos pressupostos de admissibilidade dos recursos depende muito da vontade do escritor. Após uma aprofundada pesquisa no tema, resolvemos optar pela classificação menos complicada e, por óbvio, mais fácil de ser entendida. Assim, não enfrentaremos o tema à luz das mais variadas classes de classificação doutrinária, até porque tal não é o escopo da presente obra.

Com efeito, o nosso sistema processual — inclusive o trabalhista — adotou a metodologia de processamento do recurso inicialmente perante o juízo *a quo*, para posteriormente se alcançar o juízo *ad quem*. Em outras palavras: primeiro o recurso é analisado pelo juízo contra o qual se recorre e depois analisado pelo juízo que irá julgar o recurso[33].

Não é por outra razão que se costuma a distinguir entre juízo de admissibilidade e juízo de mérito. Aquele é feito de ofício pelo julgador, independentemente de qualquer manifestação da parte, conquanto nada impeça que a parte também suscite, em contrarrazões, a falta de observância de um dos pressupostos de admissibilidade do recurso. Tudo feito antes dos autos seguirem para o Tribunal. Por conseguinte, o juízo de admissibilidade recursal irá verificar se foram ou não preenchidos os pressupostos legais que autorizam a remessa dos autos ao Tribunal, para que este possa, a tempo e modo, apreciar o conteúdo das questões.

O Tribunal também fará o juízo de admissibilidade, posto que o recurso, quanto aos seus pressupostos de admissibilidade, é submetido a duplo controle: um primário, feito pelo juízo que primeiro admite o recurso e o outro que é realizado pelo órgão que irá julgar o recurso.

O juízo de mérito, a seu turno, cuidará de verificar se assiste ou não razão à pretensão recursal, de modo a provê-la ou não.

O juízo de admissibilidade é a porta que poderá ou não abrir o juízo de mérito[34].

---

(33) No processo civil, há exceção, como é o caso do agravo de instrumento, recurso este que é processado diretamente junto ao órgão, que irá julgar o recurso, sem passar pelo juízo que se pretende a modificação da decisão guerreada.
(34) COSTA, Carlos Coqueijo. *Op. cit.*, p. 587.

9.1. Momentos em que é feito o juízo de admissibilidade

9.1.1. Admissibilidade feita pelo juízo que recebe o recurso

Também conhecido como juízo *a quo*, o juízo de admissibilidade é feito, em primeiro lugar, pelo órgão jurisdicional que recebe e processa o recurso. Assim, por exemplo, no caso do recurso ordinário, a Vara do Trabalho fará as vezes do juízo de admissibilidade que primeiro cuidará de verificar se os pressupostos do recurso foram preenchidos. Neste caso, o juízo de admissibilidade será diferido, posto que não vincula o juízo que irá julgar o recurso (*ad quem*). Por conseguinte, o tribunal irá analisar os requisitos de conhecimento do recurso, independentemente de sua apreciação pelo órgão recorrido (*a quo*).

É correto, portanto, concluirmos que o juízo de admissibilidade *a quo* é provisório. Para tanto, basta atentarmos para o fato de que o indeferimento do processamento do recurso ordinário, por exemplo, e a consequente denegação de sua subida para a instância superior, autoriza a interposição de outro recurso, qual o agravo de instrumento, cuja finalidade reside em provocar o pronunciamento do tribunal acerca da admissibilidade ou não do recurso trancado, cuja tramitação foi denegada.

9.1.2. Admissibilidade feita pelo juízo que irá julgar o recurso

No juízo *ad quem*, o recurso passará por duas etapas de admissibilidade distintas. Em um primeiro momento, o tribunal cuidará de promover as mesmas análises que foram feitas pelo juízo *a quo*, como, por exemplo, se o advogado tem procuração, o recurso foi interposto dentro do prazo ou se o preparo foi devidamente efetuado. Dele conhecendo, pois preenchidos esses primeiros requisitos de admissibilidade, haverá o ingresso no mérito do recurso, momento em que se passará a analisar outros requisitos não verificados pelo juízo *a quo*. Assim, por exemplo, se a pretensão recursal não estiver diretamente relacionada com o objeto litigioso, for diferente do que consta na decisão guerreada, o tribunal, nesta etapa, não proverá o recurso. A expressão *prover ou improver* um recurso, está diretamente ligada ao que na sentença equivale a julgar *procedente ou improcedente*. Caso em que a decisão da instância superior, substituirá a decisão recorrida (CPC, art. 512)[35].

É interessante assinalar que uma sentença pode não ter enfrentado o mérito, como se dá nos casos do art. 267 do CPC; todavia, se a parte recorrer, nos domínios do recurso, tal questão se torna o mérito recursal. Por exemplo: na sentença foi julgado que o réu é parte ilegítima para figurar no polo passivo; no recurso, esta questão que era, na contestação, preliminar, portanto, fora do alcance meritório, em grau de recurso se torna mérito. É possível concluir, desse modo, que o mérito do recurso nem sempre coincide com o mérito da própria ação, que é o objeto litigioso. Portan-

---

(35) *Vide* o que dissemos sobre o princípio da substitutividade.

to, "uma questão preliminar, no grau de jurisdição recorrido, transmuda-se em mérito no procedimento recursal, pois o mérito, no recurso, nem sempre coincide com o mérito da causa. Se o mérito, no recurso for um *error in procedendo*, o mérito da causa não está em jogo no juízo recursal"[36].

9.1.3. Requisitos de admissibilidade extrínsecos e intrínsecos

A esta altura já ficou fácil de perceber, nosso caro leitor, que os requisitos de admissibilidade recursal podem ser extrínsecos e intrínsecos, posto que são vistos pela ótica externa e interna do recurso. Ao se interpor um determinado recurso, impõe-se a observância do preenchimento de certas condições, de modo que fique o recorrente autorizado a legitimar a sua provocação a novo julgamento.

Em apertada síntese poderíamos dizer que como intrínsecos temos os requisitos ou os elementos que são vistos pelo ângulo interno do recurso[37]. Daí por que somente o juízo que irá julgar o recurso a ele tem acesso. Assim, por exemplo, a pertinência entre a matéria julgada e o objeto do recurso escapa ao crivo do juízo de primeiro grau, no caso do recurso ordinário, competindo ao tribunal tal verificação. Por extrínsecos, de outro lado, temos os requisitos ou os elementos que são vistos pelo ângulo externo do recurso. Portanto, é possível de análise não só pelo juízo que recebe e processa o recurso, como também pelo órgão que irá julgá-lo. Poderíamos, neste caso, citar como exemplo: a tempestividade, a regularidade na representação processual, o preparo, entre outros. O juízo de admissibilidade é não-vinculativo para o órgão superior, ou seja, não obstante o juízo de admissibilidade primeiro possa entender que o recurso foi interposto dentro do prazo; é possível que o tribunal entenda de modo diferente, deixando de julgar o mérito. O juízo de admissibilidade do órgão julgador é exercido em sua plenitude.

9.1.4. Forma de materialização do juízo de admissibilidade

Conquanto todas as decisões judiciais devam ser fundamentadas (CF, art. 93, IX), nada impede que aquelas que são proferidas por intermédio do juízo de admissibilidade sejam concisas em suas razões, como, aliás, autoriza a própria lei (CPC, art. 165). A concisão da decisão é mais racional nas hipóteses de admissão do recurso: "subam os autos". Todavia, nos casos de trancamento do mesmo, há situações em que a decisão interlocutória, que nega seguimento, também pode ser concisa, desde que seus elementos sejam suficientes para justificar o trancamento do apelo, como, por exemplo, "por extemporâneo, nego seguimento ao recurso". Entretanto, havendo a denegação do seguimento do recurso por uma questão mais complexa, é de bom alvi-

---

(36) COSTA, Carlos Coqueijo. *Op. cit.*, p. 584.
(37) Esta premissa leva em conta os recursos da espécie ordinário, posto que na via extraordinária, o juízo de admissibilidade *a quo* ingressa em algumas questões relativas à análise do tribunal *ad quem*, como, por exemplo, o confronto do acórdão colacionado na revista.

tre que a decisão seja bem fundamentada, com argumentos sólidos, de modo que o direito à ampla defesa possa ser exercido em sua exaustão, além de ficar claro para o tribunal o que levou ao trancamento do recurso.

O juízo de admissibilidade pode ser positivo ou negativo. É positivo quando se permite o processamento do feito e a subida dos autos à instância superior. É negativo, por sua vez, quando não se autoriza a subida dos autos ao tribunal.

Tanto o juízo positivo como o juízo negativo são passíveis de retratação, pois muitas vezes o magistrado somente toma conhecimento do fato que ensejará a retratação após a juntada das contrarrazões. Ademais, por se encontrar dentro da esfera daquelas consideradas como sendo de ordem pública, não pode o juiz se furtar a se retratar, mormente porque, para tanto, a sua jurisdição ainda não está esgotada.

Como já dito, o juízo julgador do recurso não fica subordinado, nem tampouco vinculado ao juízo de admissibilidade inferior. Portanto, "pode conhecer *in totum*, pode não conhecer, pode conhecer na parte em que foi admitido o recurso. É por isso que o *ad quem*, ao prover o agravo liberando recurso imobilizado no juízo de admissibilidade anterior, não fica vinculado à sua própria decisão (Súmula n. 289 do Supremo Tribunal Federal). Afinal, o agravo ataca o despacho singular do juízo de admissibilidade *a quo*, enquanto o recurso principal ataca a sentença ou o acórdão que põe fim a um grau de jurisdição, com julgamento de mérito ou não"[38].

9.1.5. *Natureza jurídica da decisão em juízo de admissibilidade*

O juízo de admissibilidade será sempre declaratório, independentemente do grau de jurisdição em que o mesmo se deu. Logo, em caso de não-conhecimento do recurso ou se negado seu seguimento, a coisa julgada opera-se a partir do momento em que foi proferida a última decisão no processo[39].

10. *Do preparo*

Como visto acima, os recursos, para serem conhecidos, são submetidos a inúmeras questões de admissibilidade. Entre elas, destacamos o preparo.

Trata-se de condição objetiva de admissibilidade recursal, assim como a tempestividade, a motivação ou a correta formação do traslado, no caso do agravo de instrumento.

O preparo, no âmbito do sistema recursal trabalhista, é divido em duas faces: uma destinada ao depósito e outra específica para o pagamento das custas.

---

(38) COSTA, Carlos Coqueijo. *Op. cit.*, p. 587.
(39) Súmula n. 100, do Tribunal Superior do Trabalho.

10.1. O depósito recursal

O primeiro dos requisitos recursais extrínsecos no processo do trabalho é o recolhimento do depósito recursal. Este se constitui numa obrigação imposta ao empregador quando este deseja recorrer de uma decisão judicial condenatória nos dissídios trabalhistas. Ele está previsto no art. 899 da CLT.

O depósito recursal, por sua vez, somente é exigível quando houver condenação em pagamento de dinheiro (em pecúnia) e tem por finalidade garantir a execução da sentença.

O depósito recursal é devido no valor da condenação ou, quando ilíquida a condenação, na quantia fixada para a causa para fins de cálculos das custas processuais. Em ambos os casos, no entanto, o depósito recursal é devido até o limite pecuniário fixado em lei e devidamente reajustado pelo TST.

Ele, outrossim, é devido a cada novo recurso interposto, observado, sempre, o limite da condenação ou do valor dado à causa na decisão recorrida.

É ônus da parte recorrente, portanto, efetuar o depósito legal, integralmente, em relação a cada novo recurso interposto, sob pena de deserção. Atingido, no entanto, o valor da condenação, nenhum depósito mais é exigido para qualquer recurso.

Na execução, no entanto, o TST entende que, garantido o juízo a exigência de depósito para recorrer de qualquer decisão viola os incisos II e LV do art. 5º da CF/1988. Havendo, porém, elevação do valor do débito, é exigível a complementação da garantia do juízo.

Ele deve ser efetuado mediante a utilização da Guia de Recolhimento do FGTS e Informações à Previdência Social — GFIP ou por intermédio da GFIP avulsa, devidamente preenchida, creditando-se na conta vinculada do FGTS do empregado (reclamante).

A constitucionalidade quanto à exigência de se efetuar um depósito para recorrer, todavia, sempre foi matéria perturbadora. Muitos, durante muito tempo, entenderam que tal exigência violaria um princípio processual constitucional maior, qual o do acesso à justiça, pois os menos favorecidos não teriam direito à revisão judicial, pelas instâncias recursais, já que, para tanto, deveriam comprometer parcela de sua patrimonialidade.

O tema tomou vulto tão expressivo que em face do art. 8º, da Lei n. 8.542, de 1992, que estabeleceu, em tempos modernos, a fixação, pelo Tribunal Superior do Trabalho, do valores dos depósitos, foi posta em cheque, junto ao Supremo Tribunal Federal, por meio da ADIn n. 836-6/93, tendo a sua inconstitucionalidade afastada, mediante decisão liminar do então Ministro Relator Francisco Rezek.

O Tribunal Superior do Trabalho, por sua vez, resolveu, com a Instrução Normativa n. 3, de 1993, estabelecer a natureza jurídica do referido depósito recursal, para dizer que o mesmo possui natureza de "garantia de execução"[40], pacificando-se, desse modo, os ânimos[41].

A Lei n. 8.177, de 1991, veio a lume para cuidar da "desindexação da economia". Todavia, trouxe em seu bojo corpo estranho, qual o art. 40, que nada tem a ver com a matéria tratada pela referida Lei. O mencionado art. 40 permite a revisão dos valores previstos para fins de depósito recursal a cada bimestre, pela variação acumulada do INPC do IBGE dos dois meses imediatamente anteriores. No entanto, o referido Diploma Legal não autoriza, de modo expresso, a revisão dos valores pelo TST. Este, mediante a IN n. 3, de 1993, na alínea "e", item VI, é que resolveu efetuar a referida revisão, a saber:

> "VI — Os valores alusivos aos limites de depósito recursal serão reajustados bimestralmente pela variação acumulada do INPC do IBGE dos dois meses imediatamente anteriores e serão calculados e publicados no DJU por ato do Presidente do Tribunal Superior do Trabalho, tornando-se obrigatória a sua observância a partir do quinto dia seguinte ao da publicação."

A matéria, como se percebe, sempre foi controvertida. Na linha do tempo, inúmeras indagações foram feitas, por exemplo: de quem é o ônus de provar que o depósito foi efetuado? Uma vez efetuado o depósito para interposição do recurso ordinário e sendo mantida a condenação, para interpor recurso de revista, há necessidade de se efetuar, pela integralidade, o depósito, ou apenas a diferença? Caso seja atingido o valor total da condenação, mesmo assim há de se fazer novo depósito?

As referidas indagações, além de tantas outras, levaram o Tribunal Superior do Trabalho à edição do item I, da Súmula n. 128[42], o que não significa dizer que todas as dúvidas tenham sido dirimidas.

---

(40) Estabelece o preâmbulo da referida IN n. 3, de 1993, a saber: "O Tribunal Superior do Trabalho, em sua composição plena, sob a Presidência do Excelentíssimo Senhor Ministro Orlando Teixeira da Costa, considerando o advento da Lei n. 8.542/92, que em seu art. 8º deu nova redação ao art. 40 da Lei n. 8.177/91, que altera o contido nos parágrafos do art. 899 da CLT, baixa esta Instrução para definir a sua interpretação quanto ao depósito recursal a ser feito nos recursos interpostos perante a Justiça do Trabalho. I — Os depósitos de que trata o art. 40 e seus parágrafos, da Lei n. 8.177/91, com a redação dada pelo art. 8º, da Lei n. 8.542/92, não têm natureza jurídica de taxa de recurso, mas de garantia do Juízo recursal, que pressupõe decisão condenatória ou executória de obrigação de pagamento em pecúnia, com valor líquido ou arbitrado".
(41) Posteriormente, o Tribunal Superior do Trabalho editou a IN n. 15/98 e a IN n. 18/99, ambas tratando de algumas questões relativas ao depósito recursal, sem, contudo, haver revogado ou cancelada a IN n. 3/93.
(42) "N. 128. DEPÓSITO RECURSAL (incorporadas as Orientações Jurisprudenciais ns. 139, 189 e 190 da SBDI-1) — Res. n. 129/05, DJ 20, 22 e 25.4.2005
I — É ônus da parte recorrente efetuar o depósito legal, integralmente, em relação a cada novo recurso interposto, sob pena de deserção. Atingido o valor da condenação, nenhum depósito mais é exigido para qualquer recurso. (ex-Súmula n. 128 — alterada pela Res. n. 121/03, DJ 21.11.03, que incorporou a OJ n. 139 da SBDI-1 — inserida em 27.11.1998)
II — Garantido o juízo, na fase executória, a exigência de depósito para recorrer de qualquer decisão viola os incisos II e LV do art. 5º da CF/1988. Havendo, porém, elevação do valor do débito, exige-se a complementação da garantia do juízo (ex-OJ n. 189 da SBDI-1 — inserida em 8.11.2000)
III — Havendo condenação solidária de duas ou mais empresas, o depósito recursal efetuado por uma delas aproveita as demais, quando a empresa que efetuou o depósito não pleiteia sua exclusão da lide." (ex-OJ n. 190 da SBDI-1 — inserida em 8.11.2000)

O depósito não é mais prévio. Parece ser estranha tal colocação; mas na verdade não é. Na prática, não raro, alguns operadores do direito têm se preocupado em comprovar o depósito na mesma oportunidade em que se interpõe o recurso.

A confusão e a insegurança são frutos da própria lei. O art. 899 da CLT, diploma que originariamente cuidou do momento em que o depósito deveria ser efetuado, se vale da expressão depósito prévio. Com isso quis o legislador ordinário dizer que o depósito deveria ser efetuado (e talvez até comprovado) antes da interposição do recurso. Todavia, a Lei n. 5.584, de 1970, mudou a metodologia, passando a permitir que a comprovação do depósito recursal se fizesse dentro do prazo para a interposição do recurso[43].

Dúvidas outras ainda subsistem, quanto ao depósito. Por exemplo, independente de a matéria ser da nova competência da Justiça do Trabalho, quando o réu for trabalhador, necessitará efetuar o depósito para recorrer, em sendo a sentença desfavorável, em sua inteireza, às suas pretensões?

Ora, na medida em que o Tribunal Superior do Trabalho resolveu estabelecer, de modo firme, a natureza jurídica do depósito recursal, como sendo garantidor da futura execução, não nos parece sensato deixar tal exigência de lado, apenas por se encontrar no polo passivo um operário. Mesmo este pode ter acerto de contas a fazer[44].

O depósito realizado ou comprovado judicialmente de forma extemporânea, ou seja, fora do octídio legal gera a deserção. Ressalte, no entanto, que "o depósito recursal deve ser feito e comprovado no prazo alusivo ao recurso, sendo que a interposição antecipada deste não prejudica a dilação legal" (Súmula n. 245 do TST). A legislação trabalhista é clara. O recorrente pode apresentar o recurso a qualquer momento dentro de seu prazo, independente da realização do depósito. O que não pode ocorrer é a realização do depósito além do prazo de oito dias. Por conseguinte, condicionar a realização do depósito à interposição concomitante do recurso é equivocado.

Algumas condições objetivas no campo recursal têm recebido flexibilização, permitindo-se, pois, a admissibilidade do recurso, não obstante carente de implementação de todas as referidas condições.

Assim também tem acontecido com o preparo, já que em alguns casos se admite o recurso sem o depósito, como na hipótese de gratuidade de justiça (CLT, art. 890 e art. 891). Por via de consequência, o item I, da Súmula n. 128, do Tribunal Superior do Trabalho, pode ser relevado, nos casos em que o depósito é dispensado. Essa é a situação das empresas que se encontram com a falência declarada (ou decretada). Em casos que tais, não há se falar em depósito recursal[45].

---

(43) "Art. 7º A comprovação do depósito da condenação (CLT, art. 899, §§ 1º a 5º) terá que ser feita dentro do prazo para a interposição do recurso, sob pena de ser este considerado deserto."
(44) Inúmeros argumentos contrários podem ser suscitados, entre eles é comum dizer que o depósito é efetuado em conta vinculada do FGTS e o empregador não a possui. Portanto, não teria como se exigir do empregado o depósito. Argumentamos que bastaria a realização do depósito em conta judicial, aberta para essa finalidade. Enfim ...
(45) Vide Súmula n. 86.

Também se dispensa o depósito do Ministério Público, União, Estado, Município e respectivas autarquias.

A jurisprudência se inclina que, na hipótese da assistência judiciária, conquanto possa ser estendida às pessoas jurídicas, desde que demonstrada cabalmente a insuficiência de recursos financeiros, somente alcança as despesas do processo, não afetando a necessidade do depósito recursal. E por quê? Simplesmente porque como já dito, o depósito possui natureza de garantia de execução. Ora, o réu pelo simples fato de se encontrar em estado de insuficiência econômica não é desonerado da dívida contraída e judicialmente reconhecida, salvo as exceções mencionadas.

Tal entendimento, por sua vez, encontra respaldo na Lei n. 1.060/50, já que esta, ao elencar os benefícios assegurados aos assistidos pela gratuidade da Justiça, não arrola a dispensa do depósito recursal. Daí por que, ainda que concedida a assistência gratuita, a deserção do recurso manter-se-ia.

É preciso, porém, destacar que, na busca da efetividade da Justiça, com o fito de alcançar um processo justo, nosso direito constitucional garante, enquanto regra geral, o acesso ao tribunal mediante recurso. Daí se tem que na aplicação das regras infraconstitucionais que estabelecem requisitos e formalidades para o conhecimento do recurso é indispensável que o julgador interprete as normas pertinentes de modo a respeitar as exigências do princípio da proporcionalidade.

Deve-se, assim, ao máximo, fazer valer a garantia constitucional fundamental de acesso ao tribunal, evitando-se interpretações que conduzem a exigências desproporcionais.

Neste sentido, parece-nos por demais rigorosa a doutrina que sustenta a deserção do recurso interposto por pessoa declaradamente necessitada de assistência judiciária quando esta não efetua o depósito recursal. Isso porque, em outras palavras, estar-se-á criando, no caso concreto, um obstáculo intransponível ao direito à prestação jurisdicional em sua parte que assegura o acesso ao tribunal.

Impõe-se, em verdade, uma interpretação flexível da norma pertinente, quando diante de casos excepcionais, sob pena de se negar a garantia constitucional, no caso concreto.

Há, neste caso, de qualquer modo, de se ponderar os valores em tensão. É certo que o requisito do depósito recursal se constitua em uma medida cautelar tendente a assegurar a execução da sentença, é medida que reduz a possibilidade da interposição de recursos protelatórios e, ainda, é meio de se evitar que se lesione o princípio essencial do direito do trabalho da irrenunciabilidade dos direitos do trabalhador, que se logra com a exigência do depósito, ao limitar as possibilidades de pressões sobre o trabalhador para reduzir seu direito ante a incerteza da percepção do valor devido judicialmente reconhecido na sentença recorrível.

Pode-se, nesta mesma trilha, afirmar-se que o depósito recursal é instrumento de que se vale o legislador para efetivar a tutela judicial de maneira mais célere.

É preciso, contudo, ponderar essa garantia de efetividade da Justiça com o de acesso à Justiça, em sua modalidade recursal (direito de acesso ao tribunal mediante recurso).

Assim, não nos parece ser respeitado o princípio da proporcionalidade quando, ao se dar prevalência à norma que busca a efetividade da Justiça, exigindo-se o depósito recursal, ela redunda, diante do caso concreto, em negar a aplicação da norma constitucional que assegura o acesso ao tribunal mediante recurso.

Em casos excepcionais, como o ora analisado, é de se afastar o referido requisito infraconstitucional para conhecimento do recurso, de modo a não se negar a garantia constitucional de acesso ao tribunal mediante recurso. E, ao assim se agir, não se está, necessariamente, tornando ineficaz a garantia de efetividade da Justiça, que se busca com a exigência do depósito recursal. Ao se dar prevalência àquele valor (acesso ao tribunal), não se nega, necessariamente, este outro (efetividade da Justiça), não se podendo, todavia, afirmar o mesmo, diante do presente caso concreto, na hipótese contrária (prevalência da efetividade da Justiça sobre o direito de acesso ao tribunal). Daí por que se deve optar por uma interpretação que não negue aplicação a qualquer dos dois valores constitucionais em tensão.

Em suma, em casos tais, deve-se fazer um exame e valorização dos dados fáticos, a partir dos quais há de se ponderar a adequação das finalidades abstratamente previstas em lei quanto ao requisito recursal, de modo a autorizar que o obstáculo posto se mantenha dentro dos limites da razoabilidade. Evita-se, dessa forma, a imposição de ônus que inviabilizam e impossibilitam o acesso ao recurso e que, por isso mesmo, devam ser entendidos como constitucionalmente inexigíveis.

E, exigir de uma pessoa declaradamente necessitada, à qual foi assegurado o direito de assistência jurídica gratuita, a efetivação do depósito recursal, é, em outras palavras, afirmar que essa pessoa não tem direito de recorrer, em flagrante negação ao direito assegurado na Constituição de acesso ao tribunal.

Tal medida, outrossim, no caso concreto, viola o princípio da igualdade substancial, na medida em que tal requisito não se exige da parte recorrida, pessoa esta igualmente hipossuficiente do ponto de vista econômico-financeiro.

Em situação semelhante, e como precedente possível de ser invocado, cabe destacar que o STF, em ação rescisória ajuizada por pessoa beneficiária da assistência gratuita, tem dispensado o depósito a que alude o inciso II do art. 488 do CPC, conquanto tal benefício não esteja arrolado na Lei n. 1.060/50 no rol das isenções ali contempladas.

Isso porque, "muito embora o depósito a que alude o art. 488, II, do CPC não esteja relacionado no art. 3º da Lei n. 1.060/50, que contempla as hipóteses de isenção compreendidas no âmbito da assistência judiciária deferida aos necessitados, impõe-se reconhecer que o beneficiário da gratuidade não pode ser compelido a prestar essa caução, sob pena de frustrar-se, injustamente, por razões de caráter econômico-financeiro, o acesso à tutela jurisdicional do Estado, cuja efetivação, no contexto da presente causa, encontra fundamento em meio processual previsto na própria Constituição da República (CF, art. 102, I, 'j')" (STF, AR n. 1.789-1, Rel. Min. Celso de Mello, DJU de 1º.7.2003, p. 153).

Pensamos, de qualquer modo, ser possível ao órgão judiciário, em certas circunstâncias, relevar a deserção. Tal se dará sempre que o recorrente alegar e provar justo impedimento. Não pode se atribuir ao recorrente a sanção de não conhecimento do recurso, por deserção, quando elementos estranhos a sua vontade acontecerem, como, por exemplo, em razão de greve dos bancários não for possível ao recorrente efetuar o depósito.

O item II da Súmula n. 128[46] prevê a desnecessidade da realização de depósito em execução: "garantido o juízo, na fase executória, a exigência de depósito para recorrer de qualquer decisão viola os incisos II e LV do art. 5º da CF/88. Havendo, porém, elevação do valor do débito, exige-se a complementação da garantia do juízo".

Em princípio, não faria sentido exigir-se do executado, quando já ocorrida a afetação patrimonial pelo montante da dívida, a realização de depósito para recorrer. Todavia, no cotidiano da vida forense, o executado garante a execução e a impugna, não raro, com argumentos completamente sem procedência, com o nítido escopo de procrastinar o feito. Em situações que tais, ao juízo executório é facultado apenar o executado com sanções processuais, em percentuais que aumentam o valor da dívida. Diante dessa constatação, já nos idos de 1993, mediante a Instrução Normativa n. 3, o Tribunal Superior do Trabalho buscou inibir a prática de tal procedimento, exigindo, para fins de recurso, o depósito prévio, vejamos o que diz o item "c" da Instrução Normativa:

"c) garantida integralmente a execução nos embargos, só haverá exigência de depósito em qualquer recurso subsequente do devedor se tiver havido elevação do valor do débito, hipótese em que o depósito recursal corresponderá ao valor do acréscimo, sem qualquer limite."

Não obstante a clareza redacional do item "c" da Instrução Normativa n. 3, de 1993, o Tribunal Superior do Trabalho, por meio do item II, da Súmula n. 128, resolveu dirimir toda e qualquer eventual dúvida quanto à exigência de depósito nos domínios da execução. Portanto, em havendo, por exemplo, condenação do executado à litigância de má-fé ou ao ato atentatório à dignidade da justiça, a interposição de recurso, no caso agravo de petição, somente será passível de conhecimento, se o recorrente efetuar o depósito da quantia correspondente à elevação do valor do débito.

Note-se que não é possível a penhora de bens. A diferença, por força da majoração da dívida, deve ser efetuada em dinheiro, a ser depositada judicialmente.

Urge ressaltar que o fato do recorrente não ter interposto recurso, por ocasião da prolação da sentença, portanto não efetuando na fase cognitiva o depósito, não desautoriza a exigência do depósito em apreço. Da mesma forma, tendo o executado

---

(46) Já transcrita em nota de rodapé.

promovido o depósito, na fase cognitiva, dele não poderá se livrar, na fase executória, salvo se por ocasião da penhora não se tiver levado em consideração o depósito anteriormente efetuado. Mesmo assim, é preciso que o valor deste depósito alcance a elevação do valor do débito.

De outro lado, em havendo condenação solidária de duas ou mais empresas, o depósito recursal efetuado por uma delas aproveita as demais, quando a empresa que efetuou o depósito não pleiteia sua exclusão da lide[47]. Partiu o Tribunal Superior do Trabalho da premissa de que seria do próprio instituto da solidariedade a possibilidade de se permitir o aproveitamento do depósito garantidor recursal efetuado por uma das recorrentes, quando o objeto do recurso envolver questões que não se traduzam na discussão acerca da própria condenação solidária.

Dispõe o art. 264 do Código Civil de 2002 que "há solidariedade, quando na mesma obrigação concorre mais de um credor, ou mais de um devedor, cada um com direito, ou obrigado, à dívida toda".

De acordo com as lições dos mestres, usualmente invocada no âmbito do Direito Civil, a regra, quanto ao adimplemento das obrigações, é a utilização do princípio *concursus partes fiunt*, ou seja, concorrendo várias pessoas, cada obrigado se responsabilizará pelo rateio proporcional ao alcance da delimitação da sua responsabilidade. Todavia, nos domínios das obrigações solidárias, deixa-se de promover o fracionamento do conteúdo da obrigação, com a devida repartição entre os vários sujeitos obrigados, em que cada um responde exclusivamente pela sua parte, para a possibilidade de responsabilização integral da obrigação por qualquer um dos obrigados. Assim, surgindo pluralidade de devedores, é facultado ao credor exigir o adimplemento da obrigação total, de qualquer devedor, como se este fosse o único responsável pelo cumprimento da dívida[48].

Com efeito, na solidariedade passiva, o devedor que efetuar o pagamento da dívida, dela libera-se, extinguindo-se, pois, a obrigação dos demais devedores. Entretanto, a fim de se evitar o enriquecimento sem causa, o devedor que solve a obrigação faz jus de reaver o pagamento dos demais devedores solidários.

A solidariedade não se presume: é resultante da vontade do legislador ou de ato volitivo firmado entre as partes[49]. Do contrário, ela não existe. Na prática trabalhista, a solidariedade decorre da existência da relação de emprego. Portanto, de ordinário, resulta da vontade da lei, como é o caso, por exemplo, da existência de trabalho prestado para um grupo econômico. É incomum, nas relações trabalhistas, a existência de solidariedade decorrente de ato volitivo das partes, ou seja, da relação contratual. O direito alienígena tende a manifestar-se no sentido de tornar presumida a solidarieda-

---

(47) Súmula n. 128, III, do TST.
(48) No Código Civil: "Art. 275. O credor tem direito a exigir e receber de um ou de alguns dos devedores, parcial ou totalmente, a dívida comum; se o pagamento tiver sido parcial, todos os demais devedores continuam obrigados solidariamente pelo resto".
(49) "Art. 265. A solidariedade não se presume; resulta de lei ou da vontade das partes".

de, linha esta não seguida pelo novo Código Civil, mantendo-se, no particular, como exceção, não admitindo a responsabilidade solidária além das hipóteses preconizadas pelo legislador ou pelo contrato.

O Direito do Trabalho, diante da firme impossibilidade de elastecimento do instituto da solidariedade, para situações não previstas em lei ou contrato, encontrou-se uma engenhosa forma de escapar dessa, por assim dizer, camisa-de-força, qual a utilização da subsidiariedade. Criativa foi a fórmula encontrada pelos operadores trabalhistas no uso, hodiernamente, tão comum da subsidiariedade. Por meio da inovadora maneira de aplicação da subsidiariedade, não se sente falta, na prática trabalhista, da restritividade aplicativa da solidariedade.

Urge assinalar, desse modo, que o Tribunal Superior do Trabalho, mediante a referida Súmula n. 128, em seu item III, estabeleceu, com clareza, os limites de exigência quanto ao depósito recursal. Na prática, a discussão era, até a fixação de critérios pelo TST, muito intensa, pois usualmente se exigia de todos os recorrentes, quando condenados solidariamente, independente da matéria versada em seus recursos, a realização do depósito integral.

Ora, de fato, não faz sentido deixar de exigir do recorrente, que discute a obrigação propriamente dita, o depósito, ao argumento de que outro recorrente, que apenas discute sua condição de devedor solidário, tenha promovido o respectivo depósito garantidor. E por quê? Simplesmente porque se o Tribunal excluir da lide, aquele que apenas discute a qualidade de devedor solidário — e, portanto, o único a ter efetuado o depósito —, julgará, em decorrência do recurso do outro devedor, o mérito da ação propriamente dito, sem que este último recorrente tenha efetuado o depósito recursal.

Por tal razão disse, acertadamente, o Tribunal Superior do Trabalho, que "havendo condenação solidária de duas ou mais empresas, o depósito recursal efetuado por uma delas aproveita as demais". A regra, portanto, é apenas a realização do depósito por uma das reclamadas, evitando-se, com isso, a multiplicação de depósitos. Todavia, se um dos recorrentes discutir apenas sua condição de devedor solidário, os demais recorrentes, que discutem a dívida em si, deverão também efetuar o depósito, é o que diz a parte final do item III, da Súmula.

10.2. Das custas

Ao lado do depósito recursal, outro requisito extrínseco aos recursos trabalhistas é o recolhimento das custas por parte do vencido, condenando a tanto.

Neste caso, o condenado a pagar as custas deve, no prazo do recurso, recolher e também comprovar sua quitação (§ 1º do art. 789 da CLT), sob pena de deserção.

Diga-se, ainda, que a parte vencedora na primeira instância, se vencida na segunda, está obrigada, independentemente de intimação, a pagar as custas fixadas na sentença originária, das quais ficara isenta a parte então vencida. Contudo, no caso de inversão do ônus da sucumbência em segundo grau, sem acréscimo ou atualização do valor das custas e se estas já foram devidamente recolhidas, descabe um novo pagamento pela parte vencida, ao recorrer. Deverá ao final, se sucumbente, ressarcir a quantia.

Outrossim, nas ações plúrimas, as custas incidem sobre o respectivo valor global.

As custas, no entanto, não são exigíveis da massa falida e dos entes públicos, inclusive quando o recurso é interposto pelo Ministério Público, bem como a Empresa Brasileira de Correios e Telégrafos (ECT).

O TST, ainda, entende que ocorre deserção do recurso pelo recolhimento insuficiente das custas, ainda que a diferença em relação ao *quantum* devido seja ínfima, referente a centavos.

Diga-se, que, tratando-se de embargos de terceiro, incidentes em execução, ajuizados anteriormente à Lei n. 10.537/02, incabível era a exigência do recolhimento de custas para a interposição de agravo de petição pela mais absoluta falta de previsão legal até então.

Lembramos, também, que é incabível o mandado de segurança apara atacar decisão judicial que, de ofício, arbitrou novo valor à causa, acarretando a majoração das custas processuais, já que cabe ao interessado, após recolher as custas, calculadas com base no valor dado à causa na inicial, interpor recurso ordinário e, posteriormente, agravo de instrumento no caso de o recurso ser considerado deserto.

10.3. Jurisprudência do TST

Dada a importância do tema, cabe citar a jurisprudência do TST em relação ao depósito recursal e custas processuais:

Súmulas do TST:

N. 25 CUSTAS. A parte vencedora na primeira instância, se vencida na segunda, está obrigada, independentemente de intimação, a pagar as custas fixadas na sentença originária, das quais ficara isenta a parte então vencida.

N. 36 CUSTAS. Nas ações plúrimas, as custas incidem sobre o respectivo valor global.

N. 53 CUSTAS. O prazo para pagamento das custas, no caso de recurso, é contado da intimação do cálculo.

N. 86 DESERÇÃO. MASSA FALIDA. EMPRESA EM LIQUIDAÇÃO EXTRAJUDICIAL. Não ocorre deserção de recurso da massa falida por falta de pagamento de custas ou de depósito do valor da condenação. Esse privilégio, todavia, não se aplica à empresa em liquidação extrajudicial.

N. 99 AÇÃO RESCISÓRIA. DESERÇÃO. PRAZO. Havendo recurso ordinário em sede de rescisória, o depósito recursal só é exigível quando for julgado procedente o pedido e imposta condenação em pecúnia, devendo este ser efetuado no prazo recursal, no limite e nos termos da legislação vigente, sob pena de deserção.

N. 128 DEPÓSITO RECURSAL.

I — É ônus da parte recorrente efetuar o depósito legal, integralmente, em relação a cada novo recurso interposto, sob pena de deserção. Atingido o valor da condenação, nenhum depósito mais é exigido para qualquer recurso.

II — Garantido o juízo, na fase executória, a exigência de depósito para recorrer de qualquer decisão viola os incisos II e LV do art. 5º da CF/1988. Havendo, porém, elevação do valor do débito, exige-se a complementação da garantia do juízo.

III — Havendo condenação solidária de duas ou mais empresas, o depósito recursal efetuado por uma delas aproveita as demais, quando a empresa que efetuou o depósito não pleiteia sua exclusão da lide.

N. 161 DEPÓSITO. CONDENAÇÃO A PAGAMENTO EM PECÚNIA.

Se não há condenação a pagamento em pecúnia, descabe o depósito de que tratam os §§ 1º e 2º do art. 899 da CLT?

N. 170 SOCIEDADE DE ECONOMIA MISTA. CUSTAS. Os privilégios e isenções no foro da Justiça do Trabalho não abrangem as sociedades de economia mista, ainda que gozassem desses benefícios anteriormente ao Decreto-Lei n. 779, de 21.8.1969.

N. 217 DEPÓSITO RECURSAL. CREDENCIAMENTO BANCÁRIO. PROVA DISPENSÁVEL. O credenciamento dos bancos para o fim de recebimento do depósito recursal é fato notório, independendo da prova

N. 245 DEPÓSITO RECURSAL. PRAZO. O depósito recursal deve ser feito e comprovado no prazo alusivo ao recurso. A interposição antecipada deste não prejudica a dilação legal.

OJ da SDI-I do TST:

N. 33 DESERÇÃO. CUSTAS. CARIMBO DO BANCO. VALIDADE. O carimbo do banco recebedor na guia de comprovação do recolhimento das custas supre a ausência de autenticação mecânica.

N. 104 CUSTAS. CONDENAÇÃO ACRESCIDA. INEXISTÊNCIA DE DESERÇÃO QUANDO NÃO EXPRESSAMENTE CALCULADAS, E NÃO INTIMADA A PARTE, DEVENDO, ENTÃO, SEREM AS CUSTAS PAGAS AO FINAL. Em 17.12.96, a SDI-Plena resolveu, por maioria, firmar entendimento no sentido de rejeitar a preliminar de deserção, por não se caracterizar, na hipótese, a deserção apontada, uma vez que as custas não foram calculadas, fixado o seu valor, nem foi a parte intimada, devendo as custas serem pagas ao final.

N. 140 DEPÓSITO RECURSAL E CUSTAS. DIFERENÇA ÍNFIMA. DESERÇÃO. OCORRÊNCIA. Ocorre deserção do recurso pelo recolhimento insuficiente das custas e do depósito recursal, ainda que a diferença em relação ao *quantum* devido seja ínfima, referente a centavos.

N. 158 CUSTAS. COMPROVAÇÃO DE RECOLHIMENTO. DARF ELETRÔNICO. VALIDADE. O denominado "DARF ELETRÔNICO" é válido para comprovar o recolhimento de custas por entidades da administração pública federal, emitido conforme a IN SRF 162, de 4.11.88.

N. 186 CUSTAS. INVERSÃO DO ÔNUS DA SUCUMBÊNCIA. DESERÇÃO. NÃO-OCORRÊNCIA. No caso de inversão do ônus da sucumbência em segundo grau, sem acréscimo ou atualização do valor das custas e se estas já foram devidamente recolhidas, descabe um novo pagamento pela parte vencida, ao recorrer. Deverá ao final, se sucumbente, ressarcir a quantia.

N. 217 AGRAVO DE INSTRUMENTO. TRASLADO. LEI N. 9.756/1998. GUIAS DE CUSTAS E DE DEPÓSITO RECURSAL. Inserida em 2.4.01. Para a formação do agravo de instrumento, não é necessária a juntada de comprovantes de recolhimento de custas e de depósito recursal relativamente ao recurso ordinário, desde que não seja objeto de controvérsia no recurso de revista a validade daqueles recolhimentos.

N. 247 SERVIDOR PÚBLICO. CELETISTA CONCURSADO. DESPEDIDA IMOTIVADA. EMPRESA PÚBLICA OU SOCIEDADE DE ECONOMIA MISTA. POSSIBILIDADE.

I — A despedida de empregados de empresa pública e de sociedade de economia mista, mesmo admitidos por concurso público, independe de ato motivado para sua validade.

II — A validade do ato de despedida do empregado da Empresa Brasileira de Correios e Telégrafos (ECT) está condicionada à motivação, por gozar a empresa do mesmo tratamento destinado à Fazenda Pública em relação à imunidade tributária e à execução por precatório, além das prerrogativas de foro, prazos e custas processuais.

N. 264 DEPÓSITO RECURSAL. PIS/PASEP. AUSÊNCIA DE INDICAÇÃO NA GUIA DE DEPÓSITO RECURSAL. VALIDADE. Inserida em 27.9.02. Não é essencial para a validade da comprovação do depósito recursal a indicação do número do PIS/PASEP na guia respectiva.

OJ transitórias da SDI-I do TST

N. 53 CUSTAS. EMBARGOS DE TERCEIRO. INTERPOSTOS ANTERIORMENTE À LEI N. 10.537/02. INEXIGÊNCIA DE RECOLHIMENTO PARA A INTERPOSIÇÃO DE AGRAVO DE PETIÇÃO. Tratando-se de embargos de terceiro, incidentes em execução, ajuizados anteriormente à Lei n. 10.537/02, incabível a exigência do recolhimento de custas para a interposição de agravo de petição por falta de previsão legal.

OJ da SDI-II do TST:

N. 88 MANDADO DE SEGURANÇA. VALOR DA CAUSA. CUSTAS PROCESSUAIS. CABIMENTO. Incabível a impetração de mandado de segurança contra ato judicial que, de ofício, arbitrou novo valor à causa, acarretando a majoração das custas processuais, uma vez que cabia à parte, após recolher as custas, calculadas com base no valor dado à causa na inicial, interpor recurso ordinário e, posteriormente, agravo de instrumento no caso de o recurso ser considerado deserto.

N. 148 CUSTAS. MANDADO DE SEGURANÇA. RECURSO ORDINÁRIO. EXIGÊNCIA DO PAGAMENTO. É responsabilidade da parte, para interpor recurso ordinário em mandado de segurança, a comprovação do recolhimento das custas processuais no prazo recursal, sob pena de deserção.

OJ da SDC do TST:

N. 27 CUSTAS. AUSÊNCIA DE INTIMAÇÃO. DESERÇÃO. CARACTERIZAÇÃO. A deserção se impõe mesmo não tendo havido intimação, pois incumbe à parte, na defesa do próprio interesse, obter os cálculos necessários para efetivar o preparo.

10.4. Das formalidades exageradas

Nossa Carta Magna assegura o inafastável direito de acesso à Justiça.

Para realizar esse direito, no entanto, o Estado não apenas coloca à disposição dos jurisdicionados o aparelho Judiciário, como procura e tem o dever de criar as condições materiais para possibilitar o pleno uso desse direito. Do contrário, esse direito de acesso à Justiça não passará de uma mera ficção jurídica.

O exemplo clássico é o da pessoa pobre, que não tem condições de arcar com os custos do processo judicial. Neste caso, de nada adianta lhe ficar assegurado o direito de ação, se dele não pode fazer uso por falta de dinheiro para pagar as custas processuais. Daí surge, então, o direito de assistência judiciária, com a isenção ou dispensa do pagamento das despesas processuais por quem não tem condições materiais de pagar pelas mesmas. Por meio dessa isenção, portanto, assegura-se ao mais necessitado o direito de acesso à Justiça.

E é a partir desse exemplo que se extrai uma regra basilar: a de que o legislador infraconstitucional não pode estabelecer condições ou requisitos de uso do direito de ação de modo a anular, na prática, esse direito fundamental.

É o exemplo de cobrança de custas ao pobre ou de custas elevadas às pessoas que não são consideradas pobres.

Assim, de logo, podemos apontar duas consequências decorrentes do princípio do acesso à justiça: a primeira, a inafastabilidade do controle jurisdicional, que resulta no direito de ação; a segunda, a vedação de regras ou atos que impedem o acesso à Justiça, inclusive mediante as exigências de requisitos não-razoáveis ou impeditivos ao exercício do direito de ação, como, por exemplo, a cobrança de custas a quem não pode arcar com essa despesa.

Neste último sentido, o legislador infraconstitucional também não pode exigir outras condições ou requisitos a serem observados para que seja possível a tutela definitiva, ou seja, a tutela de mérito. Seria a hipótese de o legislador exigir que o autor da demanda efetuasse um depósito prévio correspondente ao valor de seu pedido de condenação pecuniária, para garantir o ressarcimento de danos ao réu caso a ação seja julgada improcedente.

Na prática, a exigência desse requisito anularia, na maior parte dos casos, ao certo, o direito de ação.

Daí se tem, então, que os requisitos ou condições processuais devem passar pelo crivo do princípio da razoabilidade. O que foge ao razoável, anulando na prática, o direito de ação, há se ser considerado inconstitucional.

Neste sentido, viola também o direito de acesso à Justiça toda e qualquer exigência processual formal exagerada. Seria o caso de se indeferir a petição inicial porque ela não está com firma reconhecida. É razoável essa exigência?

Da mesma forma, violaria esse direito de acesso à Justiça toda e qualquer exigência dirigida ao leigo quanto à elaboração de petição conforme a boa técnica da advocacia forense. Uma coisa é exigir do advogado — profissional qualificado para tanto — que observe na confecção da petição a técnica prevista em lei; outra é exigir do leigo que tem capacidade postulatória essa mesma perfeição técnica.

Diga-se, ainda, que essas mesmas lições se aplicam quando da interpretação da norma. Sempre que possível, ela deve ser interpretada de forma a se assegurar, ao máximo possível, o direito fundamental de acesso à Justiça; jamais para restringir esse direito fundamental.

Complementando, ainda, este ponto, cabe ressaltar que o princípio do acesso à Justiça apenas não veda os atos que impedem o exercício do direito de ação, mas também agasalha o subprincípio da efetividade da justiça, acompanhado do princípio da duração razoável do processo. Isso porque, de nada adianta assegurar o direito de ação se esta não conduz a uma decisão judicial, ou a conduz de forma retardada, ou, ainda, quando esta não se efetiva.

O princípio do acesso à Justiça, portanto, não só assegura a inafastabilidade do controle jurisdicional e veda regras ou atos que impedem o acesso à Justiça, como também agasalha o princípio da efetividade da Justiça, em prazo razoável. Em suma, o princípio do acesso à Justiça oferece as portas de entrada e de saída. Assegura o acesso e garante a efetividade da decisão que se busca, pois de nada adianta apenas assegurar o direito de ação se este não está acompanhado da garantia de que a Justiça irá, num prazo razoável, oferecer resposta à demanda.

Cabe esclarecer, ainda, que quando falamos em efetividade não queremos nos referir apenas à decisão judicial em si. Mas, sim, à decisão judicial e a sua concretude, satisfação, efetivação, cumprimento, num prazo razoável.

Lembramos, então, que, na busca da efetividade da Justiça, com o fito de alcançar um processo justo, nosso direito constitucional garante, enquanto regra geral, o acesso ao tribunal mediante recurso (princípio do amplo acesso à Justiça).

Daí se tem que na aplicação das regras infraconstitucionais que estabelecem requisitos e formalidades para o conhecimento do recurso é indispensável também que o julgador interprete as normas pertinentes de modo a respeitar as exigências do princípio da razoabilidade.

Deve-se, assim, ao máximo, fazer valer a garantia constitucional fundamental de acesso ao tribunal, evitando-se interpretações que conduzem a exigências desproporcionais ou não-razoáveis.

Neste sentido, parece-me rigorosa a jurisprudência que sustenta a deserção do recurso quando a parte comprova o recolhimento das custas em documento inautêntico. Os Tribunais do Trabalho, aos milhares, assim vêm decidindo, a exemplo do TST no AIRR n. 253/2000-002-19-00, 1ª T., Rel. Min. Aloysio Corrêa da Veiga, DJU 24.9.2004.

Tal interpretação não respeita o princípio da proporcionalidade, na ponderação de valores, por negar o acesso ao tribunal mediante recurso, apegando-se mais ao formalismo do que à substância. Sacrificando, desproporcionalmente, o direito de ação (de acesso ao tribunal, neste exemplo).

Observe-se, inclusive, que, no exemplo acima mencionado, não se trata de deserção por falta de prova do recolhimento ou mesmo no seu não-recolhimento, mas sim, da prova deficiente quanto ao seu pagamento.

Seria mais razoável, assim, neste exemplo dado, na busca da efetivação do direito de acesso ao Tribunal, que se concedesse prazo à parte para que exibisse o referido documento no original ou em cópia autenticada. E, tão-somente depois, é que se poderia pensar em acolher a preliminar de deserção.

Esse exemplo, aliás, também vale para os depósitos recursais quando comprovados por cópias não autenticadas.

Esse mesmo raciocínio se pode ter em relação à deserção por simples erro no preenchimento das guias de recolhimento das custas, quando se constata o pagamento do tributo em favor da Fazenda Pública. Substancialmente o tributo foi recolhido. Deixar de conhecer do recurso tão-somente porque incorretamente preenchida a guia de recolhimento é se apegar mais ao formalismo do que à substância, deixando em segundo plano o direito de acesso ao Tribunal (acesso a uma decisão de mérito).

Exemplo próximo a este temos quando as custas processuais, ao invés de recolhidas em favor da Fazenda Pública, erroneamente é depositada em conta à disposição do Juízo (como se fosse um depósito recursal). Neste caso, temos que, substancialmente o tributo foi satisfeito, ainda que não recolhido aos cofres da Fazenda Pública. É mais razoável, então, que o juiz determine seu recolhimento à Fazenda Pública (mande a ordem de transferência do crédito posto à sua disposição) do que não conhecer do recurso, sacrificando o direito de ação.

Pode-se exemplificar, ainda, em relação ao recolhimento a menor das custas ou do depósito recursal, em valor ínfimo. Não é razoável sacrificar o direito de acesso ao Tribunal por alguns poucos centavos ...

No que se refere à autenticação, deve ser lembrado, ainda, a hipótese em que não se conhece do recurso de agravo de instrumento quando desacompanhado de documentos autenticados. Aqui, também, estaremos diante de rigor excessivo quando a parte contrária não faz qualquer impugnação quanto à idoneidade ou conteúdo do documento. O mesmo se diga em relação a qualquer outro documento juntado em ação ou outro incidente processual, em cópia não autenticada e não impugnado pela parte contrária, mesmo em mandado de segurança.

Aliás, em mandado de segurança, aponta-se como argumento para indeferimento liminar da ação quando ele é impetrado acompanhado de prova documental inautêntica o fato dessa não se caracterizar pela liquidez e certeza. O documento inautêntico não seria assim prova líquida e certa. Mas qual é a diferença para a cópia autenticada se essa também pode ser impugnada com o argumento falsidade, seja do documento original, seja da cópia autenticada. Nas três hipóteses possíveis, seja diante do documento original, da cópia autenticada e da cópia não-autenticada, a parte contrária sempre poderá alegar a falsidade. Logo, de antemão, qualquer dessas provas estarão na mesma situação jurídica antes de submetida ao contraditório.

Quando muito, o documento original e a cópia autenticada apenas darão maior certeza ao juiz para deferimento de um pedido de concessão de medida cautelar sem ouvida da parte contrária.

Interessante, aliás, notar que a Justiça do Trabalho tem sido tolerante com as provas documentais produzidas pelas partes, dispensando, mais das vezes, sua autenticação quando a parte contrária não impugna o documento em seus aspectos formais (OJ n. 36 da SDI-I do TST).

Assim, parece-me que, pela simetria das situações, diversa não pode ser a posição em relação à prova produzida com o agravo de instrumento.

Em todos os exemplos acima mencionados, portanto, *data venia*, os Tribunais têm se apegado mais aos formalismos exagerados do que à substância do ato. Sacrifica-se, assim, desproporcionalmente, o direito de ação ou de tutela definitiva.

11. Tempestividade

Já foi dito certa feita que o tempo é a medida da vida! Não poderia, portanto, ser diferente com o processo, ainda que o relógio que meça o tempo processual constantemente se atrase! Nos domínios dos recursos, também há a barreira temporal, tanto para sua interposição, como para o seu julgamento.

É inusitada a questão histórica, quanto ao tempo dos recursos. Estes já tiveram prazo extremamente exíguo, como, ao contrário, insuportavelmente longos. Em sua gênese, por exemplo, recorrente tinha apenas 2 (dois) dias para apelar. Depois, na época do Direito Justiniano, houve um aumento no prazo para se apelar, qual o de 10 (dez) dias.

No direito europeu, se conseguiu chegar ao absurdo em matéria de tempo, posto que já se admitiu o prazo de 30 (trinta) anos para apelar[50].

Era natural que os recursos tivessem seus prazos variados durante a história da humanidade. Ora, a fixação dos prazos, em sede de recurso, obedece basicamente a três ordens de considerações: a) o interesse do vencido em dispor de razoável lapso de tempo para conhecer a decisão, ponderar-lhe os motivos, refletir sobre a conveniência de suscitar a sua reforma, e, resolvendo impugná-la, aprestar os elementos demonstrativos do seu ponto de vista; b) o interesse da parte vencedora em ver definitivamente assentada a sua situação jurídica com a prolação da sentença; c) o interesse público do breve trancamento da situação contenciosa, mediante o resta-

---

(50) Com invulgar cultura jurídica, M. Seabra Fagundes ensina-nos que "no Direito francês até a ordenação de 1667 estabeleceu-se o prazo de 10 (dez) anos, permitindo-se, ainda, que decorridos 3 (três) anos, e posto em mora o vencido pelo vencedor, o prazo se reduzisse para 6 (seis) meses". In: *Dos recursos ordinários em matéria civil*. Rio de Janeiro: Forense, 1946. p. 67.

belecimento definitivo da paz social. Por conseguinte, dependendo do momento histórico em que a sociedade esteja vivendo, o prazo recursal pode variar, para mais ou para menos.

No processo do trabalho, desde o ano de 1970, com a edição da Lei n. 5.584, os prazos para recorrer passaram a ser de 8 (oito) dias[51]. A exceção tem lugar nos domínios dos embargos de declaração trabalhista, uma vez que o art. 897-A da Consolidação das Leis do Trabalho fixa para eles o prazo de 5 (cinco) dias[52] e naqueles em que a Fazenda Pública é parte.

A regra é no sentido de se outorgar continuidade aos prazos recursais, não se permitindo interrupções ou suspensões[53], salvo em determinadas circunstâncias especiais, estabelecidas, taxativamente, em lei. Assim, o prazo para recorrer não poderá fugir à regra. Logo, não é dado às partes convencionar sua prorrogação.

Como exemplos de suspensividade do prazo recursal poderíamos mencionar a superveniência das férias forenses, o obstáculo criado pela parte, além de qualquer uma das hipóteses do art. 265, incisos I e III, do Código de Processo Civil, casos estes em que o prazo será restituído por tempo igual ao que faltava para a sua complementação[54].

O art. 507 do Código de Processo Civil preconiza situação que se aplica ao processo do trabalho, assim, "se durante o prazo para interposição do recurso, sobrevier o falecimento da parte ou de seu advogado, ou ocorrer motivo de força maior, que suspenda o curso do processo, será tal prazo restituído em proveito da parte, do herdeiro ou do sucessor, contra quem começará a correr novamente depois da intimação".

O falecimento que autoriza a suspensão do prazo é o da parte vencida ou de seu advogado, posto que, somente em tais hipóteses, o infortúnio pode acarretar a impossibilidade de prosseguimento do feito. É por esta razão que o art. 265, I, do CPC, que trata da suspensão ordinária do processo, não se aplica à situação a que ora estamos a tratar. Portanto, não se pode confundir morte durante o processo, com este mesmo fenômeno durante a vigência do prazo recursal. E mais. Ocorrendo a morte do advogado de um dos contendores interessados na interposição do recurso, somente quanto a ele a denunciação do fato enseja oportunidade para a reposição da contagem temporal. No que respeita ao outro litigante, o lapso continua a fluir normalmente, ainda que também vencido.

---

(51) "Art. 6º Será de 8 (oito) dias o prazo para interpor e contra-arrazoar qualquer recurso (CLT, art. 893)."
(52) Os entes de direito público interno possuem, nos domínios do processo do trabalho, lei própria, que permite o uso do prazo em dobro, ou seja, 16 (dezesseis) dias para os recursos em geral. *Vide* o Decreto-Lei n. 779/69.
(53) CLT, art. 775.
(54) Não podemos deixar de lembrar que os feriados contínuos não são considerados férias para o efeito de suspensão dos prazos, bem como o recesso não se equipara às férias para fins de suspensão do prazo recursal. O recesso forense, a seu turno, segundo jurisprudência majoritária é tido como feirado, a teor do que dispõe o art. 62, da Lei n. 5.010, de 1966. Por conseguinte, em casos que tais, o prazo não suspende, fluindo normalmente até o primeiro dia útil, após o término do mesmo.

12. Desistência, renúncia e aquiescência

A omissão da Consolidação das Leis do Trabalho no que se refere aos institutos da renúncia e desistência recursal, autoriza-nos a ingressar no corpo do Código de Processo Civil.

No que diz respeito à integração do ato, temos que a renúncia ao direito de recorrer independe da aceitação da outra parte[55]. Trata-se, portanto, de ato unilateral, do qual sequer há participação da parte recorrida. Não é, portanto, receptício.

A renúncia deve ser manifestada antes da interposição do recurso. É, desse modo, prévia.

Embora tenha sido consagrada a regra processual de que a renúncia não pode ser tácita, nos domínios do recurso, tal discussão perde toda a utilidade, posto que a própria legislação processual autoriza a renúncia em suas duas faces: tácita e expressa. "A tácita, que decorre da simples decadência do prazo recursal; a expressa, que se traduz em manifestação de vontade da parte."[56]

A desistência, por seu turno, opera-se quando já houver sido interposto recurso, caso em que a parte manifesta, expressamente, a vontade de que não deseja a submissão do apelo ao julgamento pelo tribunal.

Tal qual a renúncia, a desistência é ato não-receptício[57]. Logo, independe de anuência do recorrido.

Concluímos, desse modo que:

a) a renúncia recursal pode ser expressa ou tácita. Será expressa quando a parte exteriorizar seu desejo de não recorrer. Será tácita quando a parte deixar transcorrer, sem qualquer manifestação, o prazo recursal. Qualquer das modalidades de renúncia deve ser consumada previamente, ou seja, antes do decurso do prazo recursal;

b) a desistência somente pode ser expressa, posto que apenas dá-se após a interposição do recurso. Desse modo, há manifesta necessidade de a parte exteriorizar o seu desejo de não recorrer;

c) ambos os institutos não são receptícios. Por conseguinte, independem da concordância da parte recorrida;

d) tanto a renúncia como a desistência recursal independem de homologação judicial, já que a lei somente exigiu esta condição de validade para a desistência da ação, conforme parágrafo único, do art. 158, do CPC.

---
(55) CPC, art. 502.
(56) THEODORO JR., Humberto. *Curso de direito processual civil*. 3. ed. Rio de Janeiro: Forense. v. I, p. 607.
(57) Embora a doutrina insista, quase que de modo unânime, que tanto a renúncia quanto a desistência ao recurso sejam atos volitivos unilaterais, daí por que se dizer não-receptícios, todavia, é preciso se fazer uma reflexão, qual seja: que diante dos novos paradigmas processuais-constitucionais, deveríamos pensar que ao se renunciar ou desistir, a parte adversa fica impossibilitada de recorrer adesivamente. Tal circunstância, ao menos do ponto de vista ideológico, não seria violador de princípios maiores? É questão posta para você leitor, apenas para uma reflexão. Pense nisso ...

Discute-se, nos domínios da doutrina, acerca da possibilidade antecipada da renúncia. Há quem diga que se a parte pode renunciar o direito material que possui, por que não poderia renunciar ao direito processual, que lhe é apenas virtual (ou seja: uma mera expectativa)? Ocorre que embora o direito de recorrer nasça com a propositura da ação, sendo, portanto, futuro, mas não incerto, pois que a parte já sabe, quando da propositura da ação, que se derrotada, poderá recorrer; entrementes, a renúncia somente pode se operar a partir do momento em que a via recursal é aberta, já que antes da sentença o que se tem é uma mera expectativa. E expectativas, por se encontrarem no terreno incerto do mundo virtual, não pode ser objeto de atuação de institutos do mundo material.

Por fim, temos a aquiescência ou preclusão lógica. Esta deve ser entendida como a prática de um ato incompatível com a vontade de recorrer[58]. Seria, por exemplo, uma hipótese em que as partes dias antes do julgamento do recurso fazem um acordo. Neste caso, então, estamos diante da aceitação da decisão, podendo esta ser tácita, isto é, quando a parte, sem reserva alguma, pratica um ato incompatível com a vontade de recorrer.

13. Legitimidade para recorrer

São legitimados para recorrer aqueles que se encontram autorizados pelo art. 499 do Código de Processo Civil, a saber:

"Art. 499. O recurso pode ser interposto pela parte vencida, pelo terceiro prejudicado e pelo Ministério Público."

A regra é clara, pois que atrela o direito do terceiro recorrer ao elemento prejuízo. Todavia, cumpre ao terceiro demonstrar o nexo de interdependência entre o seu interesse de intervir e a relação jurídica submetida à apreciação judicial[59].

O INSS, nos feitos submetidos à jurisdição trabalhista, também é detentor de legitimidade para recorrer.

Os auxiliares da justiça, inclusive o perito ou o depositário judicial, no entanto, não possuem legitimidade para recorrer. Isso porque eles não atuam no feito como partes, mas, sim, como dito, simples auxiliares do juiz.

Vale lembrar, ainda, que o recurso interposto por um dos litisconsortes a todos aproveita, salvo se distintos ou opostos os seus interesses. Neste sentido, havendo solidariedade passiva, o recurso interposto por um devedor aproveitará aos outros sempre que as defesas opostas ao credor lhes forem comuns.

14. O recurso e a sentença normativa

A sentença normativa é expressão que vem recebendo dos mais preciosistas algumas críticas.

---

(58) CPC, art. 503.
(59) § 1º, do art. 499, do CPC.

Argumentam que sentença não é ato processual praticado pelos Tribunais, mas ato jurisdicional típico do primeiro grau. Portanto, mais correto que no lugar de sentença normativa, fosse usada a expressão decisão normativa ou algo similar, para explicitar os pronunciamentos judiciais realizados nos domínios dos dissídios coletivos, já que estes são de competência exclusiva dos Tribunais do Trabalho. Críticas à parte, vale ressaltar que não existe no terreno destinado ao processo civil as sentenças normativas. Trata-se de "um dos novos gêneros do direito processual do trabalho, que o distingue e o independência do direito processual civil, no qual não se encontra a sua matriz"[60].

Essa especificidade da jurisdição trabalhista é uma consequência direta do poder normativo, reconhecido constitucionalmente e regulado, no campo processual, pela Consolidação das Leis do Trabalho, Capítulo destinado a tal desiderato[61].

Trata-se de decisão da mais alta relevância, não só pelo aspecto social, como também pelo seu próprio alcance, pois que atinge as diversas classes de empregadores e empregados. Daí por que é comum se dizer que produz efeitos *erga omnes*. Sua importância se traduz também na capacidade que possui de influir nos contratos de empregos individuais, com a incrustação automática das condições de trabalho estabelecidas pela sentença normativa.

É interessante destacar que a sentença normativa é, outrossim, genérica e coercitiva — como também o é a lei. Daí por que tem natureza legislativa, não obstante a discussão que ainda existe acerca da fixação de novas condições de trabalho na sentença normativa, diante da suposta limitação do poder normativo inserido, para muitos, pela Emenda Constitucional n. 45, de 2004.

As peculiaridades da sentença normativa ainda se estendem ao campo de seus efeitos, pois estes são imediatos. Por conseguinte, sua eficácia jamais será provisória. Tanto que pode ser objeto de ação de cumprimento, sem a existência do trânsito em julgado da sentença normativa, bastando, para tanto, que se observe o 20º dia subsequente ao do julgado do dissídio coletivo feito pelo Tribunal Regional do Trabalho ou a simples existência da certidão e julgamento[62]; ou, quando o julgamento do dissídio coletivo se der pelo Tribunal Superior do Trabalho, a partir da publicação da certidão de julgamento[63], sendo inclusive permitido interpor-se recurso apenas tendo como base o inteiro teor da certidão de julgamento e, posteriormente, sendo possível aditar-se o recurso.

Os recursos interpostos somente têm efeito devolutivo e este efeito permite a execução definitiva do que restou decidido em sede de sentença normativa. Aliás, a contundência da execução da sentença normativa pode ser facilmente visualizada

---

(60) COSTA, Coqueijo. *Direito processual do trabalho*. 3. ed. Rio de Janeiro: Forense, 1986. p. 413.
(61) Capítulo IV, Seção I, art. 856 de seguintes.
(62) Lei n. 7701, de 1988, art. 7º.
(63) Lei n. 7.701, de 1988, art. 10.

no fato de que mesmo que venha ocorrer o provimento do recurso, as vantagens auferidas não serão restituídas[64].

Em razão das consequências práticas é permitido ao Presidente do Tribunal Superior do Trabalho, mediante decisão monocrática, impor efeito suspensivo às sentenças normativas, estabelecendo, em sua decisão interlocutória, inclusive, a extensão da suspensividade[65].

A Súmula n. 279 do Tribunal Superior do Trabalho[66] quis explicitar os efeitos temporais da cassação da suspensividade concedida ao recurso interposto em face da sentença normativa. Ora, a dúvida era mesmo fundada. Por conseguinte, considerando que a cassação do efeito suspensivo do recurso, conduz à imediata retomada da plena eficácia dos efeitos da sentença normativa, em que momento, então, deveria ser operada a continuidade dos efeitos dessa sentença: no passado (*ex tunc*) ou para o futuro (*ex nunc*)? Eis a dúvida que não quer calar!

"O efeito suspensivo constitui óbice à materialização do comando emergente da sentença normativa, ainda que temporário. Removido o óbice, a sentença normativa ganha plena eficácia, apagando, por assim dizer, o efeito naquele período em que esteve suspensa", conforme dito certa feita por renomado juslaboralista[67].

Foi editada, portanto, a fim de superar qualquer dúvida, a Súmula n. 279, que estabeleceu, de modo claro, o momento de eficácia temporal da decisão que revogar ou reconsiderar o efeito suspensivo concedido ao recurso interposto, em face da sentença normativa, com a devida retroação para a data do despacho que o deferiu.

15. O prequestionamento

O prequestionamento sempre foi um assunto polêmico. Como os Tribunais Superiores têm a missão de unificar a interpretação do direito brasileiro, passou a se entender que somente poderiam ser objetos de recurso, para tais Tribunais, as questões que tivessem sido expressamente apreciadas pelo Tribunal Regional. Do contrário, a matéria seria levada a julgamento pelo Tribunal Superior do Trabalho tendo o prequestionamento ocorrido de forma implícita, o que não se admite.

É evidente que tal exigência contribuiu para uma nova técnica de advocacia, destinada especificamente à atuação junto aos Tribunais Superiores. Uma das consequências práticas diretas da exigência do prequestionamento, passou a ser o exagerado número de embargos declaratórios utilizados em face dos acórdãos, pois que na

---

(64) Lei n. 4.725, de 1965, art. 6º, § 3º.
(65) Lei n. 10.192, de 2001, art. 14, que assim dispõe: "O recurso interposto de decisão normativa da Justiça do Trabalho terá efeito suspensivo, na medida e extensão conferidas em despacho do Presidente do Tribunal Superior do Trabalho".
(66) "N. 279. RECURSO CONTRA SENTENÇA NORMATIVA. EFEITO SUSPENSIVO. CASSAÇÃO (mantida) — Res. n. 121/03, DJ 19, 20 e 21.11.2003. A cassação de efeito suspensivo concedido a recurso interposto de sentença normativa retroage à data do despacho que o deferiu."
(67) OLIVEIRA, Francisco Antonio de. *Comentários às Súmulas do TST*. 7. ed. São Paulo: RT, 2007. p. 517.

incerteza quanto ao conhecimento do recurso de revista, o recorrente veio a se utilizar, habitualmente, dos declaratórios, de modo a provocar, expressamente, o julgamento acerca da matéria objeto da revista, sem que isso fosse considerado como protelatório. Assim, criou-se, na prática, por conta da exigência do prequestionamento, uma verdadeira indústria dos declaratórios. Tudo, inclusive, com a chancela do próprio Supremo Tribunal Federal, que mediante a Súmula n. 356[68], abriu fértil terreno para o uso dos declaratórios.

O próprio Ministro Marco Aurélio, ainda julgador do Tribunal Superior do Trabalho, em artigo doutrinário, disse que "o prequestionamento fica revelado pela adoção de entendimento, no acórdão revisando, sobre matéria veiculada na revista. Esta assertiva decorre da razão de existir do próprio instituto, porque, a não se entender assim, melhor será expungi-lo do rol dos pressupostos pertinentes aos recursos de natureza extraordinária, dos quais a revista e os embargos, disciplinados respectivamente nos arts. 894 e 896 da Consolidação das Leis do Trabalho, são espécies"[69].

O prequestionamento é um dos temas mais controvertidos. Não é por outra razão que o Tribunal Superior do Trabalho, na linha do tempo, tem buscado aprimorar a redação do verbete em comento, de modo a tornar mais claros os limites desse requisito recursal, não previstos em lei. Portanto, é impossível estudarmos, nos domínios do sistema recursal trabalhista, o prequestionamento, sem lembrarmos da Súmula n. 297 do TST. A redação originária da Súmula, datada de 14 de abril de 1989, não foi suficiente para satisfazer os inúmeros problemas a respeito dos limites objetivos do prequestionamento, o que levou o Tribunal Superior a rever sua redação.

O primeiro item da atual redação da Súmula n. 297[70] é idêntico ao antigo enunciado. Todavia, a fim de melhorar a compreensão quanto ao prequestionamento, no item II é possível se extrair que a parte deve invocar no recurso ordinário a matéria que buscará prequestionar nos declaratórios, se omisso o acórdão. Com isso, ficou claro que a matéria relativa ao prequestionamento não poderá ser invocada, pela primeira vez, nos domínios dos embargos de declaração, sob pena de preclusão. Este novo item é salutar, pois que obrigou a mudança de postura metodológica do litigante que objetiva recorrer de revista, já que anteriormente à nova redação, não raro, somente por ocasião dos declaratórios, em face do acórdão guerreado, é que a matéria vinha a lume pela primeira vez.

---

(68) Súmula n. 356 do STF: "O ponto omisso da decisão, sobre o qual não foram opostos embargos declaratórios, não pode ser objeto de recurso extraordinário, por faltar o requisito do prequestionamento".
(69) *Revista LTr* 51-9/1.039-40.
(70) "N. 297. PREQUESTIONAMENTO. OPORTUNIDADE. CONFIGURAÇÃO (nova redação) — Res. n. 121/03, DJ 19, 20 e 21.11.2003. I — Diz-se prequestionada a matéria ou questão quando na decisão impugnada haja sido adotada, explicitamente, tese a respeito. II — Incumbe à parte interessada, desde que a matéria haja sido invocada no recurso principal, opor embargos declaratórios objetivando o pronunciamento sobre o tema, sob pena de preclusão. III — Considera-se prequestionada a questão jurídica invocada no recurso principal sobre a qual se omite o Tribunal de pronunciar tese, não obstante opostos embargos de declaração."

O item III, por seu turno, buscou facilitar a via recursal, já que "considera-se pré-questionada a questão jurídica invocada no recurso principal sobre a qual se omite o Tribunal de pronunciar tese, não obstante opostos embargos de declaração".

A lógica do sistema é construída por meio de uma premissa muito simples: se o recurso de revista é de motivação vinculada, as questões que serão abordadas nele devem ter sido expressamente apreciadas pela decisão, que — ao contrário daquela que venha a ser guerreada mediante recurso de motivação livre — não pode deixar de enfrentar todas as matérias trazidas no bojo do recurso originário.

Assim, se porventura o Tribunal Regional se recusar a enfrentar o tema trazido nos embargos de declaração, com escopo de pré-questionar matéria, não é admissível a revista pelo fundamento motivado pelos declaratórios, pelo simples fato de que a matéria não foi apreciada no acórdão hostilizado. Em casos que tais, a decisão regional se mostrou *infra petita*, devendo, pois, este ser o argumento da revista, de modo a que o Tribunal Superior acolha a revista para determinar o recambiamento dos autos ao Tribunal Regional, para que supra a omissão e a revista, pelo argumento originário, e possa, finalmente, ser utilizada. Neste sentido, inclusive, temos a Súmula n. 211 do Superior Tribunal de Justiça, ao dizer que "inadmissível recurso especial quanto à questão que, a despeito da oposição de embargos declaratórios, não foi apreciada pelo tribunal *a quo*".

Ocorre que a metodologia acima mencionada trazia, em termos práticos, muito prejuízo à celeridade processual. Por conta disso, o Tribunal Superior do Trabalho passou a ter os olhos voltados para o campo prático, deixando de lado o mais puro tecnicismo. Prestigiadas restaram, pois, a economia e a celeridade processual. É evidente, contudo, que se o Tribunal Regional negar-se a julgar questão que venha a ser imprescindível para a atuação jurisdicional do Tribunal Superior, uma vez prequestionada a matéria, pela via dos declaratórios, devem os autos retornar ao Tribunal Regional para que a omissão seja sanada. Enfim, o caso prático é que visa ditar o melhor caminho a se seguir.

16. Recurso adesivo

No processo do trabalho, também se admite o recurso adesivo, no prazo de 8 (oito) dias, nas hipóteses de interposição de recurso ordinário, de agravo de petição, de revista e de embargos de divergência no TST, bem como o recurso extraordinário.

Entende-se, ainda, que, é desnecessário que a matéria veiculada no recurso adesivo esteja relacionada com a do recurso interposto pela parte contrária.

O recurso adesivo, porém, fica subordinado ao recurso principal, daí por que ele não será conhecido se houver desistência do recurso principal ou se for ele declarado inadmissível ou deserto.

Lembre-se, ainda, que ao recurso adesivo se aplicam as mesmas regras do recurso independente, quanto às condições de admissibilidade, preparo e julgamento no tribunal, inclusive quanto ao recolhimento do depósito recursal e às custas processuais.

16.1. Outras considerações sobre o recurso adesivo

O recurso adesivo, novidade inserida no Código de Processo Civil de 1973, inicialmente não foi aceito pelo Tribunal Superior do Trabalho, que chegou a editar a Súmula n. 175, na qual dizia ser o recurso adesivo incompatível com o processo do trabalho.

A escassa produção legislativa, nos domínios da Consolidação das Leis do Trabalho, quanto à matéria processual, tem levado o operador do direito trabalhista a oscilar pelos mais variados campos interpretativos de complementação da norma. Ora se entende que determinado dispositivo legal previsto no Código de Processo Civil tem aplicação no processo do trabalho; ora se entende o contrário. A dúvida que vivemos hoje, no que diz respeito à aplicação ou não do art. 475-J do CPC, em certa medida, sempre foi vivida pelos militantes da área trabalhista. E assim será, enquanto não tivermos um diploma processual próprio.

O princípio da subsidiariedade, previsto no art. 769 da CLT, sofre as mais variadas oscilações quanto a sua abrangência, não raro, suscitando insegurança no universo jurídico.

Com relação ao recurso adesivo, a história foi a mesma. Houve, inicialmente, uma resistência, de fortes segmentos da jurisprudência e da doutrina, quanto à utilização do recurso adesivo no processo do trabalho. Acabou vencendo a corrente que defendia a impossibilidade de se empregar o recurso adesivo no processo do trabalho, o que gerou o Prejulgado n. 55, posteriormente transformado na Súmula n. 175, ora em comento.

A infundada resistência, de certos setores trabalhistas, no uso de institutos que se têm mostrados úteis na prestação jurisdicional, não passou desapercebida por *Francisco Antonio de Oliveira*, que de modo muito pertinente disse que "essa resistência desmedida poderá desaguar em terreno árido de ausência de certos institutos necessários à prestação jurisdicional, onde o processo do trabalho não bastará a si mesmo, nem possuirá meios instrumentais destinados à completa prestação jurisdicional. Deve-se, sim, quando do emprego de institutos alienígenas, adaptá-los à realidade"[71].

Por conta dessa oscilação, o Tribunal Superior do Trabalho resolveu cancelar a Súmula que inadmitia o recurso adesivo no processo do trabalho, como noticia a Resolução n. 121, de 2003, publicada em 21.11.2003.

A possibilidade de adoção do recurso adesivo ganhou ares renovadores, com posicionamento diametralmente oposto àquele adotado originariamente. Isto por-

---

(71) OLIVEIRA, Francisco Antonio. *Comentários às Súmulas do TST*. 7. ed. São Paulo: RT, 2007. p. 343.

que mediante a Súmula n. 196 — posteriormente também cancelada — passou o Tribunal Superior do Trabalho a permitir o uso do recurso adesivo.

Atualmente o recurso adesivo é regulado pela Súmula n. 283, a saber:

"Súmula n. 283. RECURSO ADESIVO. PERTINÊNCIA NO PROCESSO DO TRABALHO. CORRELAÇÃO DE MATÉRIAS.

O recurso adesivo é compatível com o processo do trabalho e cabe, no prazo de 8 (oito) dias, nas hipóteses de interposição de recurso ordinário, de agravo de petição, de revista e de embargos, sendo desnecessário que a matéria nele veiculada esteja relacionada com a do recurso interposto pela parte contrária."

O recurso adesivo foi uma novidade trazida ao mundo jurídico processual pelo Código de Processo Civil de 1973, que o regula no art. 500, não obstante as críticas que a ele lhe são feitas pela doutrina, não deixando escapar, por exemplo, a nomeclatura adotada pelo legislador, bem como o próprio tratamento recursal.

O recurso adesivo busca influenciar psicologicamente o contendor, de modo que tendo sido este vencido em parte mínima da lide, pode resistir à tentação de recorrer. Todavia, verificando que seu opoente busca a reparação do julgado pela via recursal, resolve, então, assumir o papel de recorrente, valendo-se, para tanto, do prazo que tem para responder ao recurso da parte adversa. Assim, aquele que inicialmente se encontrava inerte, sente-se, agora, motivado a recorrer, visando, como é óbvio, a melhora de sua situação jurídica. A lógica é, portanto, bastante simples.

Discute-se nos domínios acadêmicos acerca da natureza jurídica do recurso adesivo. A tese vigorante é no sentido de que não se trata de recurso, conquanto estranhamente tenha recebido o nome de "recurso" (adesivo)! "Não se trata de recurso novo, mas de simples modalidade de processamento de recursos existentes, variável quando se manifesta a dupla sucumbência"[72]. Tal afirmativa justifica a razão pela qual, metodologicamente, o recurso adesivo submete-se, em tudo, às condições estabelecidas pelo legislador, ao recurso principal.

A Consolidação das Leis do Trabalho é omissa, ou seja, nada regula a respeito do recurso adesivo. A lacuna deixada pelo legislador trabalhista é justificada historicamente. Como visto, o recurso adesivo é criação do Código de Processo Civil de 1973. Portanto, não havia previsão do recurso adesivo — porque sequer existia — no Código de Processo Civil revogado (1939). Ora, sendo a Consolidação das Leis do Trabalho de 1943, não poderia ela adotar recurso que sequer existia naquela época. Assim, com a introdução desta nova modalidade de processamento recursal[73], estabeleceu-se uma dúvida nos domínios do processo do trabalho. Para termos uma ideia da dúvida, basta lembrarmos o que foi dito por *Coqueijo Costa*: "E, na Justiça do Trabalho, terá aplicação o "recurso adesivo", por incidência subsidiária?"[74].

---

(72) LACERDA, Galeno. *O novo direito processual civil e os feitos pendentes*, p. 84.
(73) Para adotarmos a natureza jurídica da corrente majoritária.
(74) *Op. cit.*, p. 483.

O próprio mestre responde: "Achamos que sim, respaldados em outros ilustres juristas, *v. g., Tostes Malta* (pai e filho). Em sentido contrário, mostra-se *Ribeiro de Vilhena*, dadas a incomunicabilidade, a rejeição pelo processo do trabalho e a celeridade. Os dois primeiros argumentos são a seguir rebatidos. De celeridade se trata, realmente, mas em decorrência da economia recursal que o recurso adesivo fomenta. Liberados, pelo STF, das peias inconstitucionais do § 1º, do art. 902, da CLT, revogado pela Lei n. 7.033/82, que os obrigava a seguir os Prejulgados do TST, hoje transformados em Súmulas pela RA n. 102/82 do TST, os Juízes de Juntas e de Tribunais Regionais não estão vinculados ao enunciado do Prejulgado n. 55, depois Súmula n. 175, que repelia o recurso adesivo na Justiça do Trabalho, por incompatível com o processo do trabalho, sem que haja registro doutrinário e legal do fundamento dessa pretensa incompatibilidade, adotado pelo TST, quando da formulação do referido verbete"[75].

Atualmente, não mais se discute a respeito da possibilidade da adoção do recurso adesivo no processo do trabalho. Todos que possuem alguma vivência nos Tribunais do Trabalho sabem como é comum o uso recurso em apreço.

A Súmula em comento nada mais fez do que sedimentar uma realidade, regulando as situações em que o adesivo pode ser utilizado, ou seja, nas hipóteses de interposição de recurso ordinário, de agravo de petição, de revista e de embargos, tudo no prazo de 8 (oito) dias.

17. Princípio do contraditório e requisitos recursais

É sabido que o princípio do contraditório deve ser observado em todo e qualquer processo judicial.

Pelo princípio do contraditório se tem a obrigação de se facultar às partes em litígio sua livre manifestação sobre as questões em debate no processo.

O contraditório, por sua vez, apresenta-se com dupla configuração: é garantia das partes, que devem ser ouvidas (princípio da bilateralidade da audiência), e garantia para o Estado-juiz, pois a partir do seu respeito estar-se-á diante de uma maior probabilidade para se alcançar a verdade real e a justiça, efetivando-se a ordem jurídica.

Daí se tem que, para cada alegação da parte ou prova produzida, deve se ouvir a parte contrária, de modo a se instalar sempre o contraditório.

Sói ocorrer, no entanto, da legislação ser omissa em algumas hipóteses, o que, ao certo, não afasta a aplicação do princípio do contraditório, que sempre rege o processo judicial.

---

(75) *Op. cit.*, p. 483/4.

O recurso, para sua admissibilidade e conhecimento, deve preencher diversos requisitos (intrínsecos ou extrínsecos, condições ou pressupostos recursais). Eles seriam, em resumo, os requisitos de cabimento, legitimação, interesse, tempestividade, preparo e regularidade formal.

Desses requisitos, os extrínsecos (tempestividade, preparo e regularidade formal) são os que mais têm relevância para aplicação do princípio do contraditório. Isso porque, em relação aos requisitos intrínsecos ou condições recursais, os mesmos são inerentes ao próprio recurso. Eles devem ser satisfeitos no próprio recurso, não se admitindo emendas ou correções posteriores, apesar de, enquanto matérias vinculadas às preliminares recursais que podem ser alegadas pela parte recorrida ou conhecidas de ofício pelo juiz, devam ser tratadas de forma isonômica com os demais requisitos (os extrínsecos).

Pois bem. Não se tem observado, no entanto, na praxe forense, o princípio do contraditório quando o recorrido, em suas contrarrazões recursais, suscita qualquer preliminar de não-conhecimento do recurso interposto pela parte contrária.

Observe-se o exemplo da regularidade formal. Admita-se que o recorrido sustente o não-conhecimento do recurso por algum vício formal no instrumento de mandato conferido ao advogado que assina a peça recursal e somente exibido com a mesma. Quando não observado o contraditório, a parte recorrente acaba por ser surpreendida no julgamento do recurso, quando o tribunal acolhe a preliminar de não-conhecimento, sem sequer lhe ter sido assegurado o direito de sustentar a regularidade da representação postulatória.

Observe-se que, nestes casos, salvo se o advogado do recorrente teve acesso aos autos antes do julgamento, de modo a ter conhecimento das contrarrazões, a violação do princípio do contraditório alcança maior relevo. Isso porque, nesta hipótese, a violação ao princípio do contraditório afeta diretamente o direito de defesa na sustentação oral, pois a parte sequer teria oportunidade de argumentar da tribuna em sentido oposto ao alegado pelo recorrido, já que não teria tido sequer oportunidade de conhecer da arguição sustentada nas contrarrazões.

Assim, em respeito ao princípio do contraditório, alegada qualquer matéria nas contrarrazões que possa conduzir ao não-conhecimento do recurso, deve ser dada oportunidade ao recorrente para replicar, ainda que analogicamente, o disposto no art. 327 do CPC.

Aliás, as lições acima se aplicam, literalmente, quando se alega, pela primeira vez, em contrarrazões, fatos novos impeditivos, extintivos e modificativos da pretensão do recorrente (art. 517 do CPC).

O mesmo se diga quando é o juiz que, de ofício, suscita a questão preliminar para não conhecer do recurso. Aqui, a violação ao princípio do contraditório se mostra mais grave, pois sequer uma das partes alegou a tese jurídica aventada pelo juiz, ainda que este, de ofício, deva conhecer da matéria.

18. Da ordem dos processos no Tribunal

No Tribunal, o recurso será distribuído de acordo com o regimento interno do tribunal, observando-se os princípios da publicidade, da alternatividade e do sorteio.

Distribuídos, os autos subirão, no prazo de 48 (quarenta e oito) horas, à conclusão do relator, que, depois de estudá-los, restituí-los-á à secretaria com o seu "visto". Cabe ao relator fazer nos autos uma exposição dos pontos controvertidos sobre que versar o recurso.

O CPC prevê que, no caso de recurso com natureza de apelação, após a vista do relator, os autos serão conclusos ao revisor. Será revisor o juiz que se seguir ao relator na ordem descendente de antiguidade. O revisor oporá nos autos o seu "visto", cabendo-lhe pedir dia para julgamento.

Os autos serão, em seguida, apresentados ao presidente, que designará dia para julgamento, mandando publicar a pauta no órgão oficial. Entre a data da publicação da pauta e a sessão de julgamento, mediará, no entanto, pelo menos, o espaço de 48 (quarenta e oito) horas.

Já na sessão de julgamento, depois de feita a exposição da causa pelo relator, o presidente, se o recurso não for de embargos declaratórios ou de agravo de instrumento, dará a palavra, sucessivamente, ao recorrente e ao recorrido, pelo prazo improrrogável de 15 (quinze) minutos para cada um, a fim de sustentarem as razões do recurso.

No julgamento de apelação ou de agravo, a decisão deve ser tomada, no mínimo, na câmara ou turma, pelo voto de 3 (três) juízes.

Ocorrendo relevante questão de direito, que faça conveniente prevenir ou compor divergência entre câmaras ou turmas do tribunal, poderá o relator propor seja o recurso julgado pelo órgão colegiado que o regimento indicar; reconhecendo o interesse público na assunção de competência, esse órgão colegiado julgará o recurso.

É assegurado, ainda, a qualquer juiz, não se considerando habilitado a proferir imediatamente seu voto, pedir vista do processo, devendo devolvê-lo no prazo de 10 (dez) dias, contados da data em que o recebeu. O julgamento, neste caso, prosseguirá na primeira sessão ordinária subsequente à devolução, dispensada nova publicação em pauta.

Caso não devolvidos os autos no prazo, nem solicitada expressamente sua prorrogação pelo juiz, o presidente do órgão julgador requisitará o processo e reabrirá o julgamento na sessão ordinária subsequente, com publicação em pauta.

Proferidos os votos, o presidente anunciará o resultado do julgamento, designando para redigir o acórdão o relator, ou, se este for vencido, o autor do primeiro voto vencedor.

Os votos, acórdãos e demais atos processuais podem ser registrados em arquivo eletrônico inviolável e assinados eletronicamente, na forma da lei, devendo ser impressos para juntada aos autos do processo quando este não for eletrônico.

É assegurado, ainda, ao relator, a requerimento do agravante, nos casos de prisão civil, adjudicação, remição de bens, levantamento de dinheiro sem caução idônea e em outros casos dos quais possa resultar lesão grave e de difícil reparação, sendo relevante a fundamentação, suspender o cumprimento da decisão até o pronunciamento definitivo da turma ou câmara.

Observe-se, ainda, que o recurso com natureza de apelação não será incluída em pauta antes do agravo de instrumento interposto no mesmo processo. E se ambos os recursos houverem de ser julgados na mesma sessão, terá precedência o agravo.

Quando do julgamento, qualquer questão preliminar suscitada será decidida antes do mérito, deste não se conhecendo se incompatível com a decisão daquela. Versando, porém, a preliminar sobre nulidade suprível, o tribunal, havendo necessidade, converterá o julgamento em diligência, ordenando a remessa dos autos ao juiz, a fim de ser sanado o vício.

Rejeitada a preliminar, ou se com ela for compatível a apreciação do mérito, seguir-se-ão a discussão e julgamento da matéria principal, pronunciando-se sobre esta os juízes vencidos na preliminar.

Todo acórdão deve conter ementa. O acórdão, por sua vez, deve ser publicado no órgão oficial no prazo de 10 (dez) dias.

19. Uniformização da jurisprudência

A legislação trabalhista estabelece, ainda, que os Tribunais Regionais do Trabalho procederão, obrigatoriamente, à uniformização de sua jurisprudência, nos termos do CPC (art. 896, § 3º, da CLT).

Assim, compete a qualquer juiz, ao dar o voto na turma, câmara, ou grupo de câmaras, solicitar o pronunciamento prévio do tribunal acerca da interpretação do direito quando:

"I — verificar que, a seu respeito, ocorre divergência;

II — no julgamento recorrido a interpretação for diversa da que lhe haja dado outra turma, câmara, grupo de câmaras ou câmaras cíveis reunidas."

A parte poderá, ao arrazoar o recurso ou em petição avulsa, requerer, fundamentadamente, que o julgamento obedeça esse procedimento de uniformização.

Reconhecida a divergência, será lavrado o acórdão, indo os autos ao presidente do tribunal para designar a sessão de julgamento.

Já o tribunal, reconhecendo a divergência, dará a interpretação a ser observada, cabendo a cada juiz emitir o seu voto em exposição fundamentada. Em qualquer caso, porém, será ouvido o chefe do Ministério Público que funciona perante o tribunal.

O julgamento, tomado pelo voto da maioria absoluta dos membros que integram o tribunal, será objeto de súmula e constituirá precedente na uniformização da jurisprudência.

20. Incidente de declaração de inconstitucionalidade

Sempre que arguida a inconstitucionalidade de lei ou de ato normativo do poder público, o relator do processo, nos Tribunais, ouvido o Ministério Público, submeterá a questão à turma ou câmara, a que tocar o conhecimento do processo.

Se a alegação for rejeitada, prosseguirá o julgamento. Se, porém, for acolhida, será lavrado o acórdão, a fim de ser submetida a questão ao tribunal pleno.

Os órgãos fracionários dos tribunais, no entanto, não submeterão ao plenário, ou ao órgão especial, a arguição de inconstitucionalidade, quando já houver pronunciamento destes ou do plenário do Supremo Tribunal Federal sobre a questão.

Remetida a cópia do acórdão a todos os juízes, o presidente do tribunal designará a sessão de julgamento.

Em tal hipótese, o Mistério Público e as pessoas jurídicas responsáveis pela edição do ato questionado, se assim o requererem, poderão manifestar-se no incidente de inconstitucionalidade, observados os prazos e condições fixados no Regimento Interno do Tribunal.

Da mesma forma, os titulares do direito de propositura referidos no art. 103 da Constituição poderão manifestar-se, por escrito, sobre a questão constitucional objeto de apreciação pelo órgão especial ou pelo Pleno do Tribunal, no prazo fixado em Regimento, sendo-lhes assegurado o direito de apresentar memoriais ou de pedir a juntada de documentos.

Já o Relator, considerando a relevância da matéria e a representatividade dos postulantes, poderá admitir, por despacho irrecorrível, a manifestação de outros órgãos ou entidade.

Cabe acrescentar, ainda, que, conforme Súmula vinculante n. 10 do STF, "viola a cláusula de reserva de plenário (CF, art. 97) a decisão de órgão fracionário de tribunal que, embora não declare expressamente a inconstitucionalidade de lei ou ato normativo do poder público, afasta sua incidência, no todo ou em parte".

21. Poderes do relator

Os poderes ou competência do juiz relator nos recursos dirigidos aos tribunais brasileiros foram significativamente ampliados com a modificação havida no texto do art. 557 do CPC, com a redação dada pela Lei n. 9.756/98.

Inicialmente, cabe destacar que o novo texto do art. 557 do CPC ampliou a competência (ou poderes) do juiz relator, assegurando-lhe a atribuição (ou poder-dever) de negar "seguimento a recurso manifestamente inadmissível, improcedente, prejudicado ou em confronto com súmula ou com jurisprudência dominante do respectivo tribunal, do Supremo Tribunal Federal, ou de Tribunal Superior".

Já no § 1º-A (que vem antes do § 1º!) ficou assegurado ao juiz relator a competência para dar provimento ao recurso "se a decisão recorrida estiver em manifesto confronto com súmula ou com jurisprudência dominante do Supremo Tribunal Federal, ou de Tribunal Superior".

Em resumo, do texto do *caput* do art. 557 do CPC e de seu § 1º-A, tem-se que o juiz relator se tornou competente para: a) negar seguimento ao recurso manifestamente inadmissível (não-cabimento); b) improver o recurso manifestamente improcedente; e c) prover o recurso manifestamente procedente.

É preciso, porém, deixar claro que o juiz relator apenas poderá julgar liminarmente o recurso, não o levando ao órgão colegiado, quando presente à situação prevista no *caput* e no § 1º-A do art. 557, qual seja, o recurso deve ser *manifestamente* incabível, improcedente ou procedente. Diante da inexistência da *manifesta* inadmissibilidade, improcedência ou procedência, não poderá o juiz relator julgar, monocraticamente, o recurso.

O juiz relator deverá, ainda, ter o cuidado de analisar o recurso de forma objetiva para verificação da existência dessa situação ("manifesta"), pois nem sempre o que ao seu conhecimento seja manifestamente improcedente, procedente ou inadmissível o é em relação a outro julgador.

Fácil será essa sua tarefa quando tiver que decidir conforme súmula. Neste caso, basta mencionar a súmula pertinente.

Na seara trabalhista, a tarefa do juiz relator também é facilitada quando diante de decisão ou recurso contrário à jurisprudência dominante. Conquanto não haja uma definição do que seja jurisprudência dominante, pode o juiz do trabalho se socorrer dos precedentes jurisprudenciais (orientações jurisprudenciais) publicados pelo TST.

No mais, doutrina entende que jurisprudência dominante é aquela adotada pela maioria simples dos membros do tribunal[76]. Não por maioria absoluta, pois neste caso a decisão deve ser sumulada (art. 479 do CPC).

Nas demais hipóteses, porém, deverá o juiz relator ter maiores cautelas para bem caracterizar a manifesta inadmissibilidade e improvimento do recurso.

Somos daqueles que entendem que a nova atribuição do relator não é uma mera faculdade. Constitui sim, verdadeiro dever. Isso porque o que impôs a alteração do

---

(76) ARANHART, Sérgio Cruz. A nova postura do relator no julgamento dos recursos. *Revista de Processo*, n. 42, São Paulo: Revista dos Tribunais, 2001. p. 48-49.

texto do art. 557 do CPC foi justamente a intenção de desafogar os tribunais, contribuindo para celeridade processual. Não se pode, assim, deixar a critério do relator a atribuição de decidir monocraticamente ou não, a seu livre-arbítrio. A ele é imposto o dever de assim agir sempre que estiver diante da situação tipificada no art. 557 do CPC.

E dúvida nenhuma se poderá ter em relação às situações mencionadas no *caput* do art. 557 do CPC, pois a lei é peremptória em determinar que o juiz relator "negará seguimento a recurso manifestamente inadmissível, improcedente, prejudicado ou em confronto com súmula ou com jurisprudência dominante do respectivo tribunal, do Supremo Tribunal Federal, ou de Tribunal Superior".

Dúvida pode ser suscitada em relação à hipótese do § 1º-A do art. 557, pois a lei utiliza a expressão "poderá". Não há sentido nenhum, entretanto, em interpretar esse dispositivo como tendo concedido uma faculdade ao relator para a hipótese do § 1º-A se em seu *caput* impõe conduta que não deixa margem ao arbítrio.

Duas posições, contudo, podem ser sustentadas em relação ao novo procedimento previsto no art. 557 do CPC quanto a essa atribuição: a primeira que entende que apenas há delegação de competência do órgão fracionário para o relator e, a segunda, que sustenta que há verdadeira criação de novo recurso para o relator, que poderá, eventualmente, declinar de sua competência para o órgão fracionário.

Doutrina majoritária tem entendido que, em verdade, apenas há delegação de competência[77]. Ao juiz relator, em realidade, é delegada a competência de julgar o recurso sempre que diante das situações elencadas no art. 557 do CPC. O juízo natural para apreciar o recurso é o órgão colegiado que pertence.

Neste ato de delegação, não há nenhuma inconstitucionalidade, pois inexiste norma que imponha o julgamento do recurso por órgão colegiado. O recurso é de competência do tribunal, mas ele poderá ser julgado por qualquer de seus órgãos, ainda que este seja composto por apenas um de seus membros (e o juiz é órgão do tribunal).

Diante da Instrução Normativa n. 17, de 2000, do Colendo TST tornou-se, ao menos nos tribunais, pacífico o entendimento de ser aplicável ao processo do trabalho às regras do art. 557 do CPC. Ousamos divergir em parte, no entanto.

Sem dúvida, há compatibilidade na aplicação dos preceitos estampados no *caput* e no § 1º-A do art. 557 do CPC, pois eles asseguram mais celeridade aos feitos no julgamento dos recursos nas situações que rege. A delegação de poderes ao juiz relator, assim, é plenamente compatível com o processo trabalhista.

Indo além do estabelecido na Instrução Normativa n. 17 do TST, entendemos, no entanto, que a regra do art. 557 se aplica, também, no recurso de revista, nos embargos no TST e no agravo de instrumento, pois, quando não repetitivo (negar seguimento a recurso com base em súmula) a norma do CPC apenas busca complementar o estabelecido no § 5º do art. 896 da CLT.

---

(77) *Ibidem*, p. 41-43.

Este preceito consolidado, em verdade, não é exaustivo quanto à possibilidade de ser prolatada decisão monocrática de inadmissibilidade, improvimento e provimento nos recursos de revista, embargos e agravo de instrumento. Aliás, quanto ao provimento e improvimento dos referidos recursos, nada trata o § 5º do art. 896 da CLT. Ele apenas cuida da inadmissibilidade dos mencionados apelos.

É sabido que os poderes atribuídos ao relator não são somente os acima referidos. A legislação processual já assegurava ao relator a competência para dirigir o processo, colhendo provas quando necessário, decidindo interlocutoriamente, etc. Na trilha da inteligência do art. 557 do CPC, no entanto, muito se pode avançar para maior celeridade dos feitos em grau de recurso.

Aqui, então, deve ser lembrado que o que norteou o legislador, ao dar nova redação ao art. 557 do CPC, foi a intenção de encurtar a via recursal, dando maior celeridade processual aos feitos, além de esvaziar as pautas de julgamento dos colegiados. Atribui-se, assim, ao relator a competência para, monocraticamente, em função delegada, julgar de logo o recurso em algumas situações que não justificam a apreciação pelo colegiado.

Essa atribuição delegada, por sua vez, pode ser dada pelo próprio Regimento Interno do Tribunal. Neste sentido, vale a pena lembrar que o próprio STF, em decisão Plenária, já decidiu que "podem os Tribunais atribuir competência aos seus membros desde que as decisões tomadas por estes, solitariamente, possam ser, mediante recurso, submetidas ao controle do colegiado" (MI n. 375, AgRg — PR, Rel. Min. Carlos Velloso, RTJ 139/53-57).

Não pode ser esquecido, ainda, que a legislação processual trabalhista não prevê a possibilidade de ser sorteado revisor para os recursos. Há previsão de não sorteio do revisor para a hipótese de recurso em processo pelo rito sumaríssimo (inciso II, *in fine*, do § 1º do art. 895 da CLT). A figura do revisor, assim, foi adotada do processo civil (art. 551 do CPC). E como figura adotada da lei subsidiariamente aplicável, seria a hora de repensar a sua compatibilidade com o processo do trabalho, pois apenas constitui em mais um obstáculo à celeridade processual.

A partir dessas premissas, os tribunais trabalhistas podem, então, por meio de regimento interno, atribuir ao relator outras competências de modo a tornar mais céleres os recursos. Assim, por exemplo, nas remessas de ofício se pode atribuir ao relator a competência para apreciar, monocraticamente, do recurso ordinário *ex officio* e, igualmente, pode-se atribuir ao relator a competência para julgar, solitariamente, o agravo de instrumento.

O mesmo pode ser sugerido em relação ao agravo de petição interposto contra decisão meramente interlocutória (atualização de cálculos, indeferimento de quebra do sigilo bancário, etc.), ficando reservado ao colegiado o julgamento do agravo de petição apresentado contra decisão definitiva ou terminativa proferida na execução e nos seus processos incidentes (sentença em embargos à execução, em embargos de terceiros, em embargos à arrematação, em embargos à adjudicação, que põe fim à execução, etc.).

Idêntico procedimento pode ser adotado no recurso ordinário interposto em processo que tramita pelo rito sumaríssimo. Neste caso, o recurso ordinário também poderia ser julgado monocraticamente.

Aliás, o procedimento recursal adotado pelo legislador para o processo sumaríssimo, dispensando a figura do revisor, com parecer oral do Ministério Público, bem revela a burocratização dos apelos interpostos nas reclamações ordinárias. Isso porque, não poucas vezes, o valor econômico discutido no recurso ordinário é bem inferior ao limite de 40 salários mínimos. O processo como um todo pode até alcançar quantia superior, mas ao Tribunal somente é levada questão com valor inferior. Esse recurso, portanto, não se diferencia em nada, quanto ao valor econômico, daquele interposto no processo sumaríssimo. Dá-se, porém, tratamento recursal diverso para a mesma situação.

Em suma, muito pode ser feito para que os recursos trabalhistas sejam apreciados de forma mais célere, independentemente de qualquer reforma legislativa.

22. Revisor nos recursos trabalhistas

Figura pouco estudada na processualística brasileira, o revisor tem destacada atuação no julgamento dos feitos nos Tribunais. Contudo, apesar de seu destaque, é preciso verificar se, efetivamente, essa figura pode atuar nos feitos trabalhistas.

De logo, devemos destacar que a figura do revisor não é prevista em nenhuma norma processual trabalhista. Aliás, a única norma processual trabalhista que menciona a figura do revisor o faz para afirmar que ele não deve funcionar. É o que ocorre no recurso ordinário interposto em feito processado pelo rito sumaríssimo (inciso II do § 1º do art. 895 da CLT).

A legislação processual civil, por sua vez, menciona a necessidade de atuação do revisor na apelação, nos embargos infringentes e na ação rescisória (art. 551 do CPC), salvo nos recursos interpostos nas causas de procedimento sumário, de despejo e nos casos de indeferimento liminar da petição inicial (§ 3º do art. 551 do CPC).

A lei do executivo fiscal, por outro lado, estabelece que, por Regimento Interno dos Tribunais, pode ser "dispensada a audiência de revisor, no julgamento das apelações" (art. 35 da Lei n. 6.830/80). Apelações estas — relembre-se — interpostas na ação de execução fiscal ou nos embargos incidentes à execução fiscal.

A dispensa, outrossim, da atuação do revisor nos procedimentos afetos à Justiça da Infância e da Juventude (inciso III do art. 198 da Lei n. 8.069/90 — ECA) e nos recursos nas ações desapropriatórias (§ 2º do art. 13 da Lei Complementar n. 73/93).

A partir dos exemplos acima, todos retirados de nossa legislação processual, pode-se concluir que a figura do revisor é dispensada sempre que haja superior interesse público na celeridade do feito — é o que ocorre nos procedimentos afetos à Justiça da Infância e da Juventude, nas ações desapropriatórias e na execução fiscal — ou pela simplicidade do feito (pelo valor ou pela natureza) — são as hipóteses das ações de despejos, no procedimento sumário, nos casos de indeferimento liminar da petição inicial e nas reclamações trabalhistas pelo rito sumaríssimo.

Já foi dito que a figura do revisor não é contemplada na legislação processual trabalhista. Sua atuação, portanto, deve-se às normas regimentais dos Tribunais Trabalhistas que, a partir da aplicação supletiva do CPC, criaram essa figura nos feitos trabalhistas.

É preciso, porém, recordar que a aplicação supletiva somente tem lugar quando a lei processual trabalhista é omissa e haja compatibilidade da regra subsidiária com as normas do processo do trabalho (art. 769 da CLT). E aqui começam os questionamentos quanto à aplicação subsidiária do CPC nesta seara.

Inicialmente, é questionável a afirmação de que a CLT é omissa a esse respeito. Isso porque, nem sempre o silêncio da lei significa omissão. Esse silêncio pode, sim, significar, também, que, ao não prever determinada situação, a lei não quis a contemplá-la. É o silêncio eloquente, "que é o silêncio que traduz que a hipótese contemplada é a única a que se aplica o preceito legal, não se admitindo, portanto, aí o emprego da analogia"[78].

Em outras palavras, quando o legislador processual trabalhista não se referiu ao revisor não é porque foi omisso, mas, sim, apenas não quis contemplá-lo nos feitos trabalhistas. Inexistiria, assim, a figura do revisor nos feitos trabalhistas pelo silêncio da lei e em compatibilidade com os seus princípios (especialmente da celeridade processual). Quisesse a atuação do revisor, a lei trabalhista seria expressa neste sentido, como o foi em relação à apelação, aos embargos infringentes e na ação rescisória, nos feitos civis.

Poder-se-ia argumentar, no entanto, que hoje a figura do revisor está prevista na legislação trabalhista pela interpretação *a contrario sensu*. Isso porque, ao estabelecer expressamente que nos feitos pelo procedimento sumaríssimo é dispensável a atuação do revisor, teve em mente o legislador que ele funciona nos demais procedimentos. Não fosse assim, seria dispensável a expressa negação.

Não se pode, porém, desprezar a interpretação histórica neste caso. Isso porque, a regra do inciso II do § 1º do art. 895 da CLT foi introduzida em nosso ordenamento jurídico apenas em 2000, pela Lei n. 9.957, e ela partiu do pressuposto fático e jurisprudencial de que os Tribunais do Trabalho, por meio de normas regimentais, contemplam a figura do revisor. Logo, o legislador quis deixar claro que, nos procedimentos sumaríssimos, descabia a atuação do revisor.

É, todavia, além da questionável omissão, controvertida, ainda, a compatibilidade da regra processual civil com os feitos trabalhistas. Isso porque, ao aventar a atua-

---

(78) STF, RE n. 0130.552-5, Ac. 1ª T., Rel. Min. Moreira Alves, in: *LTr* 55-12/1.442.

ção do revisor (com todas as suas virtudes e sabedoria pretoriana), as normas regimentais acabaram por criar mais um obstáculo à celeridade do feito.

Não fosse isso, por si só suficiente para rejeição da regra supletiva, é preciso, mais uma vez, chamar a atenção para o procedimento de aplicação da norma subsidiária.

Como já dito, o art. 769 da CLT permite a aplicação subsidiária das normas do "direito processual comum" "nos casos omissos", "exceto naquilo em que for incompatível com as normas" processuais trabalhistas. Em suma, como ressalta *Valentin Carrion*, a norma do direito processual comum se aplica desde que: a) não esteja regulado de outro modo na CLT (casos omissos); b) "não ofenda os princípios do processo laboral" (incompatibilidade); c) "se adapte aos mesmos princípios e às peculiaridade deste procedimento"; e d) "não haja impossibilidade material de aplicação"[79].

Quanto ao que seja "direito processual comum", tem-se entendido que este abrange não apenas as normas do Código de Processo Civil, mas também as demais disposições processuais existentes em nosso ordenamento jurídico, inclusive penais[80]. Tanto isso é verdade que quanto ao mandado de segurança, *habeas corpus*, mandado de injunção e ações civis públicas (estas de natureza eminentemente cognitivas), por exemplo, são aplicadas outras normas processuais que não aquelas constantes do Código de Processo Civil.

Como regra do Código de Processo Penal aplicável ao processo trabalhista, assim como ao processo civil, em face das lacunas destes, podemos citar, por exemplo, aquelas que tratam do ato de busca e apreensão de coisas e pessoas (arts. 240 a 250 do CPP). As normas do CPP são bem mais detalhistas, o que, em face da lacunosidade do processo civil e trabalhista, servem de regras subsidiárias.

Outro exemplo que podemos lembrar é quanto ao ato de prisão do depositário judicial infiel. Na omissão do direito processual civil e trabalhista quanto às cautelas e formalidades essenciais para a realização desse ato de confinamento, devemos buscar no Direito Processual Penal as normas a serem observadas.

O direito processual civil, entretanto, é, por excelência, a fonte subsidiária maior do processo trabalhista, pois com este mantém maior afinidade.

Ocorre, entretanto, que, dentre as normas subsidiárias do direito processual civil, encontramos várias disposições distintas, aplicáveis aos mais diversos procedimentos cíveis.

Assim é que, no CPC — fonte principal do direito processual civil — encontramos normas sobre o processo de conhecimento, sobre a execução e sobre as medidas cautelares.

---

(79) *Comentários à CLT*. 11. ed. São Paulo: RT, 1989. p. 533.
(80) NASCIMENTO, Amauri Mascaro. *Curso de direito processual do trabalho*. 11. ed. São Paulo: Saraiva, 1990. p. 38.

Obviamente, então, que, se estivermos diante de um processo cautelar, na Justiça do Trabalho, deveremos buscar no Título que trata das medidas cautelares no Código de Processo Civil as normas subsidiárias aplicáveis na omissão da CLT. E assim se deve agir com as demais espécies de ações (cognitivas e de execução, ressalvando-se, quanto a esta última, a preferência pela lei do executivo fiscal).

E o direito processual civil sempre estabeleceu diversos ritos procedimentais para as ações comuns. Atualmente, com as últimas reformas processuais civis, eles seriam: o rito ordinário, o rito sumário e o dos Juizados Especiais, este último tratado na Lei n. 9.099/95.

Ao lado desses ritos comuns, temos, ainda, os procedimentos especiais, que devem ter suas regras observadas quando ajuizados na Justiça do Trabalho (consignação, ação de depósito, habilitação, etc.).

É preciso primeiro, então, na aplicação da regra subsidiária, estabelecer, dentre os ritos procedimentais civis comuns, aquele que mais se harmoniza com o processo trabalhista.

Cabe, então, ao aplicador da norma processual trabalhista, na omissão da CLT, buscar, dentre as regras do direito processual civil, aquela que mais se harmoniza com os seus princípios. Não bastará a simples compatibilização, pois diversas são as regras compatíveis com o processo do trabalho. É preciso, ainda, existindo diversas normas compatíveis, que se faça a escolha pela regra que mais se harmoniza com o processo laboral.

Assim, verificamos que, dentre os diversos ritos procedimentais estabelecidos no direito processual civil, os que mais se aproximam do processo laboral são justamente o sumário e o estabelecido para os Juizados Especiais.

Diga-se, aliás, que o processo sumário (antigo sumaríssimo) sofreu influência do processo trabalhista, como bem assinala *Alcides Mendonça Lima*[81].

Daí temos, então, que, com a reforma processual civil, inclusive no Juizado Especial, várias são as novas regras subsidiárias a serem aplicadas ao processo trabalhista, por serem mais compatíveis e harmônicas com este.

Ora, tudo isso nos leva, então, a concluir que, a se aplicar a regra subsidiária quanto à atuação ou não do revisor, haveria dos tribunais do trabalho adotar a norma do § 3º do art. 551 do CPC, que o dispensa nas causas de procedimento sumário. Procedimento este, em verdade, mais próximo ao processo do trabalho do que o procedimento ordinário.

Apesar de tudo quanto sustentado acima, de forma fundamentada, sabemos que a força da tradição é superior. Assim, dificilmente os tribunais do trabalho, com os fundamentos acima, iriam modificar seus procedimentos, até porque a figura do revi-

---

(81) *Processo civil no processo trabalhista*. 3. ed. São Paulo: LTr, 1991. p. 57.

sor tem lá suas vantagens para melhor prestação jurisdicional, ainda que com sacrifício da celeridade (e a busca da perfeição justifica esse sacrifício).

De qualquer modo, os tribunais do trabalho poderiam inovar, buscando a maior celeridade processual em alguns procedimentos.

Assim, por exemplo, a teor do que dispõe o art. 35 da Lei n. 6.830/80, poder-se-ia dispensar a figura do revisor no agravo de petição.

Aliás, a este respeito vale lembrar que quando o agravo de petição é interposto contra decisão interlocutória ele assume a mesma natureza do agravo de instrumento do processo civil (ao invés de apelação), o que dispensa a figura do revisor, ao contrário do que vem ocorrendo nos Tribunais do Trabalho.

Da mesma forma, poder-se-ia pensar na dispensa do revisor no recurso de revista e nos embargos de divergência para colaborar com a maior celeridade processual dos feitos no TST, diante do quadro dramático vivido pela Corte Superior.

Por fim, seria de todo aconselhável a dispensa do revisor no simples recurso de ofício (remessa obrigatória) e nos feitos que gozam de preferência na tramitação (contra a massa falida — arts. 768 e 652 da CLT —, para pagamento de salários — parágrafo único do art. 652 da CLT — e quando for parte pessoa maior de 60 anos — art. 71 da Lei n. 10.741/03, em vigência a partir de 3.1.04).

Medidas simples e regimentais que colaborariam com a celeridade de parte dos feitos trabalhistas.

Do argumentado, têm-se as seguintes conclusões:

a) a figura do revisor não é contemplada na legislação processual trabalhista;

b) a CLT não é omissa quanto à figura do revisor;

c) é incompatível com os princípios e normas do processo do trabalho a aplicação subsidiária do CPC quanto à atuação do revisor;

d) ainda que omissa a CLT, haveria de ser aplicada a regra do § 3º do art. 551 do CPC, que dispensa nas causas de procedimento sumário a figura do revisor, já que este está mais próximo do processo do trabalho do que o procedimento ordinário; e

e) ainda que mantida a figura do revisor nos processos trabalhistas, seria aconselhável, para maior celeridade processual, que ele fosse dispensado no agravo de petição, no recurso de ofício, no recurso de revista, nos embargos de divergência e nos feitos que gozam de preferência na tramitação (contra a massa falida — arts. 768 e 652 da CLT —, para pagamento de salários — parágrafo único do art. 652 da CLT — e quando for parte pessoa maior de 60 anos — art. 71 da Lei n. 10.741/03, em vigência a partir de 3.1.04).

Capítulo XIV

RECURSOS E SUCEDÂNEOS RECURSAIS EM ESPÉCIES

1. Recurso Ordinário (RO)

O recurso ordinário assemelha-se ao recurso de apelação do processo civil. Ambos têm a mesma natureza. Vale observar, todavia, que esse recurso ordinário tratado na CLT não se confunde com o recurso ordinário constitucional, mencionado na Carta Magna.

O recurso ordinário tem cabimento para a instância superior das decisões definitivas e terminativas proferidas pelas Varas do Trabalho e das decisões definitivas dos Tribunais Regionais do Trabalho em processos de sua competência originária, quer nos dissídios individuais (a exemplo do mandado de segurança e na ação rescisória), quer nos dissídios coletivos (art. 895 da CLT).

Cabe, também, a interposição do recurso ordinário para atacar a decisão que acolhe exceção de incompetência territorial, com a remessa dos autos para Tribunal Regional distinto daquele a que se vincula o juízo excepcionado, consoante o disposto no art. 799, § 2º, da CLT (Súmula n. 214 do TST).

Por ser situação análoga, deve se entender que também cabe o recurso ordinário para atacar a decisão que acolhe preliminar de exceção de incompetência material, com remessa dos autos para outro Órgão do Poder Judiciário, como, por exemplo, para Justiça Federal.

Neste mesmo sentido, também é admissível o recurso ordinário para atacar decisão semelhante que acolhe exceção de incompetência funcional com a remessa dos autos para Tribunal Regional distinto daquele a que se vincula o juízo excepcionado. Seria a hipótese do juiz do trabalho de determinada Região entender que competente funcionalmente seja o Tribunal Regional de outra Região.

Quando se fala em decisão definitiva a justificar o recurso ordinário, se quer se referir tanto à decisão que extingue o processo sem resolução de mérito, como à decisão que resolve o mérito (art. 269 do CPC).

Na Justiça do Trabalho, os recursos serão interpostos por simples petição e terão efeito meramente devolutivo (art. 899 da CLT). Contudo, o TST tem entendido pelo não conhecimento do recurso pela ausência do requisito de admissibilidade inscrito no art. 514, II, do CPC, quando as razões do recorrente não impugnam os fundamentos da decisão recorrida, nos termos em que fora proposta (Súmula n. 422).

Assim, o recurso ordinário, interposto por petição dirigida ao juiz, deve conter os nomes e a qualificação das partes, os fundamentos de fato e de direito e o pedido de nova decisão.

Com o recurso ordinário, é devolvido ao tribunal o conhecimento da matéria impugnada. Serão, ainda, objeto de apreciação e julgamento pelo tribunal todas as questões suscitadas e discutidas no processo, ainda que a sentença não as tenha julgado por inteiro. Igualmente, ficam também submetidas ao tribunal as questões anteriores à sentença, ainda não decididas.

Frise-se, todavia, que o TST entende que "o efeito devolutivo em profundidade do recurso ordinário, que se extrai do § 1º do art. 515 do CPC, transfere automaticamente ao Tribunal a apreciação de fundamento da defesa não examinado pela sentença, ainda que não renovado em contrarrazões. Não se aplica, todavia, ao caso de pedido não apreciado na sentença" (Súmula n. 393).

Não ofende, pois, o princípio do duplo grau de jurisdição a decisão que, após afastar questão prejudicial em sede de recurso ordinário, aprecia desde logo a lide, se a causa versar questão exclusivamente de direito e estiver em condições de imediato julgamento (Súmula n. 100 do TST).

Da mesma forma, quando o pedido ou a defesa tiver mais de um fundamento e o juiz acolher apenas um deles, a apelação devolverá ao tribunal o conhecimento dos demais. Já nos casos de extinção do processo sem julgamento do mérito (art. 267), o tribunal pode julgar desde logo a lide, se a causa versar questão exclusivamente de direito e estiver em condições de imediato julgamento.

Ressalte-se, no entanto, que, constatando a ocorrência de nulidade sanável, o tribunal poderá determinar a realização ou renovação do ato processual, intimadas as partes; cumprida a diligência, sempre que possível prosseguirá o julgamento da apelação.

No recurso, enquanto regra, descabe a inovação processual, ou seja, alegar fato novo. Essa regra, porém, cede quanto às questões de fato não propostas no juízo inferior se a parte provar que deixou de fazê-lo por motivo de força maior.

Interposto o recurso ordinário, cabe ao juiz ou Presidente do Tribunal Regional declarar os efeitos em que a recebe, dando vista ao recorrido para responder. Contudo, apresentada a resposta, é facultado ao juiz ou Presidente do Tribunal Regional, em cinco dias, o reexame dos pressupostos de admissibilidade do recurso.

O juízo recorrido, no entanto, não deve receber o recurso ordinário quando a decisão atacada estiver em conformidade com súmula do Tribunal Superior do Trabalho ou do Supremo Tribunal Federal (§ 1º do art. 518 do CPC).

Caso o Juízo recorrido negue seguimento ao recurso ordinário por deserção, se o recorrente provar o justo impedimento, caberá àquele relevar a pena de deserção, fixando-lhe prazo para efetuar o preparo. Frise-se, porém, que esta decisão é irrecorrível, cabendo ao Tribunal apreciar-lhe a legitimidade.

Cabe, ainda, destacar que, nas reclamações sujeitas ao procedimento, o recurso ordinário será imediatamente distribuído, uma vez recebido no Tribunal, devendo o relator liberá-lo no prazo máximo de dez dias, e a Secretaria do Tribunal ou Turma colocá-lo imediatamente em pauta para julgamento, sem revisor.

Neste caso, o recurso ordinário terá parecer oral do representante do Ministério Público presente a sessão de julgamento, se este entender necessário o parecer, com registro na certidão. Seu acórdão pode consistir unicamente na certidão de julgamento, com a indicação suficiente do processo e parte dispositiva, e das razões de decidir do voto prevalente. Se a sentença for confirmada pelos próprios fundamentos, a certidão de julgamento, registrando tal circunstância, servirá de acórdão.

A lei autoriza, ainda, que os Tribunais Regionais, divididos em Turmas, possa designar Turma para o julgamento dos recursos ordinários interpostos das sentenças prolatadas nas demandas sujeitas ao procedimento sumaríssimo.

Acrescente-se, ainda, que não cabe recurso ordinário para o TST de decisão proferida pelo Tribunal Regional do Trabalho em agravo regimental interposto contra despacho que concede ou não liminar em ação cautelar ou em mandado de segurança, uma vez que o processo ainda pende de decisão definitiva do Tribunal *a quo*.

Da mesma forma, não cabe recurso ordinário contra decisão em agravo regimental interposto em reclamação correicional ou em pedido de providência.

Por fim, cabe acrescer que na hipótese da parte impugnar as contas que acompanham a sentença líquida, ainda que esta tenha sido proferida no processo (ou fase) de conhecimento, deve o recorrente delimitar, justificadamente, as matérias e os valores impugnados, sob pena de não-conhecimento do recurso respectivo.

Observe-se que a CLT, em seu art. 897, § 1º, estabelece que, da sentença que quantifica o julgado, em ação proposta no processo de execução, cabe a interposição do agravo de petição, devendo a parte delimitar, justificadamente, as matérias e os valores impugnados, sob pena de não-conhecimento do recurso respectivo.

Óbvio, no entanto, que esse requisito, relativo à aptidão do recurso que impugna as contas de liquidação, não se limita ao agravo de petição. Em verdade, é da inteligência desse dispositivo processual que o mesmo se aplica a toda e qualquer decisão judicial contra a qual se interpõe recurso impugnando a quantificação do julgado. Seja apelação com *nomen juris* de "agravo de petição", seja a apelação com o *nomen juris* de "recurso ordinário" ou outro qualquer.

O que importa, *in casu*, é reconhecer a natureza substancial do recurso e o preenchimento dos pressupostos legais para incidência dos requisitos de aptidão do recurso que impugna as contas.

Daí se verifica, então, que o agravo de petição que ataca decisão de mérito tem a mesma natureza de apelação do recurso ordinário que impugna a decisão final proferida no processo de conhecimento.

Por outro lado, a decisão que quantifica o julgado no processo de conhecimento tem a mesma natureza da decisão que quantifica o julgado na ação de liquidação, na ação de execução ou, ainda, nos embargos à execução. Todas elas, em verdade, são decisões de conhecimento, de natureza declaratória do valor devido (*quantum debeatur*).

O recurso, logo, que ataca as contas de liquidação, tenha sido quantificado ou julgado na decisão proferida na ação de conhecimento, na ação de liquidação, na ação de execução ou, ainda, nos embargos à execução, deve preencher os requisitos estabelecidos no § 1º do art. 897 da CLT, sob pena de não-conhecimento.

1.1. Devolução da matéria não decidida

Muito se tem escrito a respeito do disposto no art. 515, § 1º do Código de Processo Civil, com sua nova redação, que trata da devolução de todas as matérias ao Tribunal, em apelação, ainda que não apreciadas e julgadas na sentença.

Tem-se dito que esse dispositivo não estabelece que o Tribunal deva julgar o mérito das matérias não decididas pelo Juízo de Primeiro Grau, sob pena de violação ao princípio do duplo grau de jurisdição e da supressão de instância.

Tais alegações, *data venia*, não procedem.

Isso porque, não há qualquer supressão de instância, já que o processo foi submetido à apreciação pelo Juízo de Primeiro Grau. Somente haveria essa supressão se a ação que devesse ser ajuizada perante o Juízo de Primeiro Grau, fosse intentada diretamente no Tribunal e este o apreciasse e julgasse. Aqui, sim, seria suprimida uma instância, com violação às mais elementares regras de direito procedimental quanto à competência.

Não é correto, pois, falar em supressão de instância pelo simples fato do Tribunal conhecer da matéria que não foi apreciada pelo Primeiro Grau, desde que submetido a seu julgamento.

Da mesma forma, não há qualquer violação ao princípio do duplo grau de jurisdição, pois a matéria posta à apreciação pelo Judiciário teria sido submetida às duas instâncias ordinárias. O princípio do duplo grau de jurisdição é respeitado quando se coloca à disposição da parte litigante o direito de recorrer a um Tribunal. Basta isso!

Aliás, por princípio do duplo grau de jurisdição devemos entender o direito assegurado à parte de recorrer a um tribunal hierarquicamente superior ao juízo que primeiro apreciou a causa e, mesmo assim, com as limitações impostas pela lei.

A regra estabelecida no art. 515, § 1º, do CPC, por sua vez, tem sua razão de ser no princípio da economia e celeridade processual, tendo, entretanto, como fundamento maior o princípio da unicidade da jurisdição.

O que devemos observar é que o princípio do duplo grau de jurisdição não implica em concluir que a parte tem o direito de ter sua causa julgada duas vezes de modo diferente, como se a decisão judicial pudesse, para o mesmo caso, ser diversa. Isso não é verdade, já que impera a unicidade de jurisdição. Não existem duas jurisdição, mas apenas uma. Não existem duas leis para serem aplicadas para o mesmo caso, mas apenas uma.

A decisão é única, dada pelo Poder Judiciário. Para se chegar à decisão final, entretanto, alguns procedimentos devem ser adotados, que, em alguns casos, a requerimento da parte ou por imposição da lei, somente é alcançada após apreciação por um Tribunal. E é somente para o aperfeiçoamento da decisão judicial e segurança das partes que se assegura o direito de recorrer da sentença proferida pelo Juiz de Primeiro Grau para um Tribunal.

Só razões históricas e sociológicas explicam a existência desse direito (ao duplo grau de jurisdição), pois, em tese, a decisão a ser proferida pelo Tribunal há de ser idêntica àquela prolatada pelo Juiz de Primeiro Grau e vice-versa, já que ambas estão calcadas no mesmo ordenamento jurídico. Não é porque o Tribunal tem mais ou menos autoridade ou mais ou menos conhecimento técnico que a causa pode ser submetida a sua apreciação.

E esses motivos encontram raízes na própria condição humana, pois todos somos passíveis de erros, daí por que se assegura o recurso a um Tribunal, que, por ser formado por diversos juízes, tende — digamos — a cometer menos erros. Por ser um julgamento colegiado, a margem de erros e de injustiças diminuem consideravelmente, até pelo maior debate existente em torno da matéria.

O que se está confundindo, no entanto, é o princípio ao duplo grau de jurisdição com os princípios do contraditório e o do direito de defesa. O que interessa para que o Tribunal possa apreciar a matéria, ainda que não decidida pelo Juiz de Primeiro Grau, é que o princípio do contraditório tenha sido respeitado. A oportunidade dada às partes para se manifestarem é o que interessa (suas razões e contrarrazões), pois, a decisão do Juízo de Primeiro Grau em nada interferirá na decisão a ser proferida pelo Tribunal, salvo pelos seus fundamentos jurídicos, que podem ser "adotados", se convincentes.

Não podemos esquecer, inclusive, que a decisão a ser proferida pelo Tribunal será, em tese, a mesma para a hipótese da matéria ter sido apreciada ou não pelo Juízo de Primeiro Grau. Não serão os fundamentos da sentença que alterará ou alteraria a decisão do Tribunal, mas, sim, os fatos alegados e comprovados pelas partes, se for o caso.

A doutrina se restringe a entender que essa regra somente se aplica na cumulação objetiva de causa de pedir. Defendo posição mais ousada. Entendo que o tribunal deve analisar, ainda, em grau de recurso, aqueles pedidos não apreciados pelo juízo de primeiro grau.

Um exemplo esclarece essa posição: admitamos que numa ação tenha sido pedido a condenação da requerida em honorários advocatícios e o juiz de primeiro grau tenha sido omisso a este respeito. Inconformado com a omissão, o autor recorre ao Tribunal, requerendo que esse seu pedido seja apreciado. Pelo entendimento aqui defendido, o Tribunal teria a obrigação de decidir, pondo fim à questão, seja qual for sua posição, pois a matéria lhe foi devolvida amplamente.

Se, entretanto, for adotada a posição daqueles que entendem que haveria de ser devolvido o processo para o Primeiro Grau, abre-se nova oportunidade para a parte, inconformada com a decisão proferida por este órgão (no re-julgamento), recorrer ao Tribunal para reapreciação da matéria. O Tribunal, então, neste segundo recurso, daria sua decisão final. Ocorre que, em tese, repito, em tese, esta decisão seria idêntica àquela que haveria de ter sido dada na hipótese de ter de apreciar de logo a matéria, sem devolvê-la ao juiz. Em suma, na primeira hipótese o Tribunal decidiria de acordo com a lei e nesta segunda hipótese decidiria de acordo com a lei (onde está a diferença?).

Daí se perguntar: para que devolver o processo ao Juiz de Primeiro Grau? Para que a parte possa se aproveitar do cochilo do seu adversário? Para que seu processo possa ser distribuído para outro relator? Para ser distribuído para outra Turma? Para retardar o feito?

O que não se pode esquecer é que estamos tratando da matéria em sua teoria, em tese.

Ora, em tese, o juiz ou o tribunal decidirá de acordo com a lei. Se o Tribunal, pois, já pode decidir de acordo com a lei, para que devolver o processo ao Juiz de Primeiro Grau? Para que este decida de acordo com a lei e que, posteriormente, em recurso, o Tribunal julgue de acordo com a lei?

No nosso exemplo, se o Tribunal já podia rejeitar o pedido de honorários, para que devolver o feito ao primeiro grau? Para este rejeitar o pedido e depois o próprio Tribunal, em novo recurso, confirmar a rejeição. Não seria mais lógico, rejeitar, de vez, o pedido, na primeira oportunidade, aplicando a lei?

O que não podemos esquecer e o que interessa é que, em tese, o Tribunal resolverá a matéria da mesma forma, tenha ela sido ou não apreciada pelo Juiz de Primeiro Grau, daí por que descabida sua devolução a este órgão. O que deve ser observado, porém, é o princípio do contraditório e não os argumentos do Juiz.

Diga-se, ainda, para arrematar, que, coerente com a posição aqui defendida, os Tribunais assim já têm procedido quando da apreciação da arguição da prescrição formulada em recurso. Nesta hipótese, o Tribunal aprecia matéria que sequer foi posta à apreciação pelo Juiz de Primeiro Grau, sem que ninguém afirme que tenha sido violado o princípio do duplo grau de jurisdição ou suprimida uma instância!

O mesmo ocorre, aliás, com todas as matérias que devem ser conhecidas de ofício pelo Juiz e somente são postas à decisão após a sentença de primeiro grau, como, por exemplo, em relação à alegação de violação à coisa julgada apresentada em grau de recurso. Se essas matérias podem ser arguidas a qualquer momento, inclusive em sustentação oral, perante o Tribunal, respeitados o contraditórios e o direito de defesa, como compatibilizar esse procedimento ao pretendido "duplo grau de jurisdição"?

Se assim age em relação à prescrição alegada em recurso, muito mais razões possui para apreciar os pontos submetidos ao Juiz de Primeiro Grau, plenamente debatido pelas partes, mas que não foram julgados.

Em suma, podemos concluir, em síntese, que, superada qualquer matéria preliminar ou prejudicial, e já estando as demais questões postas à apreciação "maduras", ou seja, foram debatidas pelas partes e produzidas todas as provas a respeito, cabe ao Tribunal, ao rejeitar aquelas, apreciar de logo essas outras, inclusive no mérito, se for o caso, em respeito ao princípio da economia processual.

Acrescente-se que essas conclusões somente se aplicam aos recursos com natureza de apelação, isto é, àqueles que devolvem ao Tribunal toda matéria posta a julgamento (apelação no processo civil e recurso ordinário no processo do trabalho).

2. Recurso Ordinário Constitucional (ROC) trabalhista

O art. 105, inciso II, alínea "c", da nossa Carta Magna, dispõe que nas "causas em que forem partes Estados estrangeiros ou organismo internacional, de um lado, e do outro, Município, ou pessoa residente ou domiciliada no país" caberá recurso ordinário para o Superior Tribunal de Justiça (STJ).

Este recurso substituiu o de mesmo nome, previsto no Estatuto Maior de 1969, em seu art. 119, inciso II, que era dirigido ao Supremo Tribunal Federal.

O texto da Constituição é cristalino. Contra toda e qualquer decisão proferida em ação em que sejam partes Estado estrangeiro ou organismo internacional, de um lado, e, do outro, Município ou pessoa, jurídica ou física, residente ou domiciliado no Brasil, poderá ser interposto o recurso ordinário constitucional, dirigido diretamente ao Superior Tribunal de Justiça.

Assim, contra as decisões das Varas do Trabalho em reclamação trabalhista contra Estado estrangeiro ou organismo internacional, como, por exemplo, a UNESCO, ONU, UNICEF, etc., somente caberá a interposição do recurso ordinário constitucional, e não o recurso ordinário (RO) previsto na CLT (art. 895). Isso porque a norma constitucional tem supremacia sobre qualquer dispositivo infraconstitucional.

Vale lembrar, ainda, que, também, será admitido este recurso nos processos conhecidos como de "alçada" e nas reclamações processadas pelo rito sumaríssimo, em decorrência da própria força da norma constitucional, que se sobrepõe à Lei n. 5.584/70 e à CLT.

Por óbvio, ainda, que a este recurso ordinário constitucional não se aplicam as regras da legislação processual trabalhista quanto ao seu preparo e processamento. *In casu*, aplicam-se, em verdade, as regras pertinentes previstas no CPC (arts. 539 e 540).

Na doutrina, encontramos entendimento em sentido oposto — entendendo não caber o recurso ordinário constitucional — de *José Augusto Rodrigues Pinto* e *Ísis de Almeida*.

Na trilha aqui defendida, temos respaldo em *Alcides de Mendonça Lima*. Diante do texto constitucional anterior, defendiam o recurso ordinário constitucional para o STF, naquelas hipóteses, hoje de competência do STJ, os doutos *Osíris Rocha* e *Tostes Malta*.

Na jurisprudência, tratando da matéria de forma mais genérica, o STF, na AC n. 9.711-1, Rel. Min. Paulo Brossard, já se pronunciou entendendo ser do STJ a competência para apreciar tal recurso. Já no STJ, duas decisões, ao certo, já foram proferidas neste mesmo sentido: no Ag n. 191.350 e, mais recentemente, tratando especificamente sobre dissídio trabalhista, na Reclamação Constitucional n. 879-RJ, Rel. Min. Sálvio de Figueiredo. Nesta última decisão, o STJ, em reclamação constitucional, firmou entendimento que lhe cabe apreciar o referido recurso e não ao Tribunal Regional do Trabalho.

Vale lembrar, que este recurso deve ser julgado por uma turma do STJ (inciso III do art. 13 do RISTJ), processando-se na classe de apelação cível (inciso III do parágrafo único do art. 67 do RISTJ).

Acrescente-se, ainda, que o recurso ordinário constitucional também é cabível, para o Supremo Tribunal Federal, contra decisão final proferida em mandados de segurança, *habeas data* e mandados de injunção decididos em única instância pelo Tribunal Superior do Trabalho, quando denegatória a decisão.

Observe-se, somente, que cabe esse recurso ordinário se a decisão for no sentido de denegar a segurança, o *habeas corpus* e a injunção.

A este recurso ordinário se aplica, quanto aos requisitos de admissibilidade e ao procedimento no juízo de origem, o regulado no CPC, observando-se, ainda, no Supremo Tribunal Federal e no Superior Tribunal de Justiça, o disposto nos seus regimentos internos.

3. Agravo de Instrumento (AI)

O agravo de instrumento, no processo do trabalho, somente tem cabimento para atacar decisão que nega seguimento a recurso (alínea "b" do art. 897 da CLT). Lembre-se, todavia, que o agravo de instrumento interposto contra o despacho que não receber agravo de petição não suspende a execução da sentença.

O agravo de instrumento será julgado pelo Tribunal que seria competente para conhecer o recurso cuja interposição foi denegada.

Na sua interposição, sob pena de não conhecimento, as partes promoverão a formação do instrumento do agravo de modo a possibilitar, caso provido, o imediato julgamento do recurso denegado, instruindo a petição de interposição:

"I — obrigatoriamente, com cópias da decisão agravada, da certidão da respectiva intimação, das procurações outorgadas aos advogados do agravante e do agravado, da petição inicial, da contestação, da decisão originária, da comprovação do depósito recursal e do recolhimento das custas;

II — facultativamente, com outras peças que o agravante reputar úteis ao deslinde da matéria de mérito controvertida."

Destaque-se, porém, que para a formação do agravo de instrumento, não é necessária a juntada de comprovantes de recolhimento de custas e de depósito recursal relativamente ao recurso ordinário, desde que não seja objeto de controvérsia no recurso de revista a validade daqueles recolhimentos.

É válido, entretanto, o traslado de peças essenciais efetuado pelo agravado, pois a regularidade da formação do agravo incumbe às partes e não somente ao agravante.

Outrossim, a juntada da ata de audiência, em que está consignada a presença do advogado do agravado, desde que não estivesse atuando com mandato expresso, torna dispensável a procuração deste, porque demonstrada a existência de mandato tácito.

Lembre-se, ainda, que o carimbo do protocolo da petição recursal constitui elemento indispensável para aferição da tempestividade do apelo, razão pela qual deverá estar legível, pois um dado ilegível é o mesmo que a inexistência do dado. Daí por que a etiqueta adesiva na qual consta a expressão "no prazo" não se presta à aferição de tempestividade do recurso, pois sua finalidade é tão-somente servir de controle processual interno do TRT e sequer contém a assinatura do funcionário responsável por sua elaboração (Súmula n. 285 do TST).

Interposto o agravo, o agravado deve ser intimado para oferecer resposta ao agravo e ao recurso principal, instruindo-a com as peças que considerar necessárias ao julgamento de ambos os recursos.

Provido, por sua vez, o agravo, a Turma deliberará sobre o julgamento do recurso principal, observando-se, se for o caso, daí em diante, o procedimento relativo a esse recurso.

Vale observar, ainda, que o fato de o juízo primeiro de admissibilidade do recurso de revista entendê-lo cabível apenas quanto à parte das matérias veiculadas não impede a apreciação integral pela Turma do Tribunal Superior do Trabalho, sendo imprópria a interposição de agravo de instrumento. Ou seja, se a decisão contiver partes autônomas, a admissão parcial, pelo presidente do tribunal *a quo*, de recurso que, sobre qualquer delas se manifestar, não limitará a apreciação de todas pelo Tribunal Superior, independentemente de interposição de agravo de instrumento.

Da mesma forma, no julgamento de agravo de instrumento, ao afastar o óbice apontado pelo TRT para o processamento do recurso de revista, pode o juízo *ad quem* prosseguir no exame dos demais pressupostos extrínsecos e intrínsecos do recurso de revista, mesmo que não apreciados pelo TRT.

4. Agravo contra decisão interlocutória nas causas trabalhistas contra Estado estrangeiro ou organismo internacional

Como já dito acima, no processo do trabalho, o agravo de instrumento somente é cabível contra decisão que nega seguimento a outro recurso (alínea "b" do art. 897 da CLT). Em outras palavras, são irrecorríveis as decisões interlocutórias (§ 1º do art. 893 da CLT), em regra.

O parágrafo único do art. 539 do CPC, no entanto, estabelece que "nas causas referidas no inciso II, alínea *b* (as causas em forem partes, de um lado, Estado estrangeiro ou organismo internacional e, do outro, Município ou pessoa residente ou domiciliada no País), caberá agravo das decisões interlocutórias".

A partir desse último dispositivo, fica a dúvida: na reclamação trabalhista proposta por pessoa residente ou domiciliada no Brasil contra Estado estrangeiro ou organismo internacional cabe agravo contra as decisões interlocutórias? Em outras palavras, nesta reclamação, aplica-se o disposto na alínea "b" do art. 897 da CLT c/c. § 1º do art. 893 da CLT, ou o parágrafo único do art. 539 do CPC, com a redação dada pela Lei n. 8.950/94?

Inclinamo-nos por essa segunda hipótese. Isso porque, a partir da promulgação da Carta da República de 1988, as reclamações trabalhistas promovidas contra Estado estrangeiro ou organismo internacional (por um cochilo constituinte ou não) passaram a ter o mesmo tratamento processual dado às ações cíveis equivalentes. É óbvio que, diante do texto constitucional, quis o legislador dar a qualquer ação judicial promovida contra Estado estrangeiro ou organismo internacional o mesmo tratamento recursal. Logo, numa interpretação sistemática e teleológica, temos que concluir que se aplica, *in casu*, o disposto no parágrafo único do art. 539 do CPC.

Acrescente a essa interpretação as regras de solução dos conflitos entre as leis: a posterior revoga a anterior (a Lei n. 8.950/94 é posterior à CLT) ou, ainda, a lei mais especial revoga a lei geral (o parágrafo único do art. 539 do CPC é norma mais especial do que a CLT, *in casu*, pois cuida de forma mais específica sobre o recurso cabível contra decisão interlocutória em ação (seja qual for a sua natureza) proposta contra Estado estrangeiro ou organismo internacional).

Temos, assim, a rara hipótese de cabimento de agravo contra decisão interlocutória em reclamação trabalhista (processo de conhecimento).

Óbvio lembrar que a esse agravo, dirigido ao STJ, aplicam-se as regras respectivas previstas no CPC (afastada a aplicação de qualquer norma da CLT).

Neste caso, caberá agravo, no prazo de 10 (dez) dias, na forma retida, salvo quando se tratar de decisão suscetível de causar à parte lesão grave e de difícil reparação, quando será admitida a sua interposição por instrumento. Lembre-se, ainda, que o agravo retido independe de preparo.

Na modalidade de agravo retido, o agravante requererá que o STJ dele conheça, preliminarmente, por ocasião do julgamento do recurso ordinário constitucional. Não se conhecerá do agravo se a parte não requerer expressamente, nas razões ou na resposta da apelação, sua apreciação pelo Tribunal.

Interposto, no entanto, o agravo, e ouvido o agravado no prazo de 10 (dez) dias, o juiz poderá reformar sua decisão.

Lembre-se, ainda, que das decisões interlocutórias proferidas na audiência de instrução e julgamento caberá agravo na forma retida, devendo ser interposto oral e imediatamente, bem como constar do respectivo termo, nele expostas sucintamente as razões do agravante.

Cabendo a interposição do agravo de instrumento para o STJ, este será dirigido diretamente ao Juízo de Primeiro Grau, mediante petição com os seguintes requisitos:

"I — a exposição do fato e do direito;

II — as razões do pedido de reforma da decisão;

III — o nome e o endereço completo dos advogados, constantes do processo."

A petição de agravo de instrumento será instruída:

"I — obrigatoriamente, com cópias da decisão agravada, da certidão da respectiva intimação e das procurações outorgadas aos advogados do agravante e do agravado;

II — facultativamente, com outras peças que o agravante entender úteis."

Neste caso, ainda, deve acompanhar a petição o comprovante do pagamento das respectivas custas e do porte de retorno, quando devidos.

"Recebido o agravo de instrumento no tribunal, e distribuído incontinenti, o relator:

I — negar-lhe-á seguimento, liminarmente, nos casos do art. 557 do CPC;

II — converterá o agravo de instrumento em agravo retido, salvo quando se tratar de decisão suscetível de causar à parte lesão grave e de difícil reparação, bem como nos casos de inadmissão da apelação e nos relativos aos efeitos em que a apelação é recebida, mandando remeter os autos ao juiz da causa;

III — poderá atribuir efeito suspensivo ao recurso (art. 558 do CPC), ou deferir, em antecipação de tutela, total ou parcialmente, a pretensão recursal, comunicando ao juiz sua decisão;

IV — poderá requisitar informações ao juiz da causa, que as prestará no prazo de 10 (dez) dias;

V — mandará ouvir o Ministério Público, se for o caso, para que se pronuncie no prazo de 10 (dez) dias."

5. Recurso de Revista (RR)

5.1. Cabimento

O recurso de revista é cabível para Turma do Tribunal Superior do Trabalho das decisões proferidas em grau de recurso ordinário, em dissídio individual, pelos Tribunais Regionais do Trabalho, quando:

a) derem ao mesmo dispositivo de lei federal interpretação diversa da que lhe houver dado outro Tribunal Regional, no seu Pleno ou Turma, ou a Seção de Dissídios Individuais do Tribunal Superior do Trabalho, ou a Súmula de Jurisprudência Uniforme dessa Corte;

b) derem ao mesmo dispositivo de lei estadual, Convenção Coletiva de Trabalho, Acordo Coletivo, sentença normativa ou regulamento empresarial de observância obrigatória em área territorial que exceda a jurisdição do Tribunal Regional prolator da decisão recorrida, interpretação divergente, na forma da alínea "a";

c) proferidas com violação literal de disposição de lei federal ou afronta direta e literal à Constituição Federal.

O recurso de revista deve ser recebido apenas no efeito devolutivo e interposto perante do Tribunal Regional recorrido, que poderá recebê-lo ou denegá-lo, fundamentando, em qualquer caso, a decisão.

O recurso de revista, porém, também tem cabimento para atacar as decisões proferidas pelos Tribunais Regionais do Trabalho ou por suas Turmas em execução de sentença, inclusive em processo incidente de embargos de terceiro, se diante de ofensa direta e literal de norma da Constituição Federal.

Já nas causas sujeitas ao procedimento sumaríssimo somente será admitido recurso de revista por contrariedade à súmula de jurisprudência uniforme do Tribunal Superior do Trabalho e violação direta da Constituição da República. Não se admite, porém, o recurso de revista por contrariedade à Orientação Jurisprudencial do Tribunal Superior do Trabalho, por ausência de previsão no art. 896, § 6º, da CLT.

Descabe, porém, em qualquer hipótese, o recurso de revista se a decisão recorrida estiver em consonância com enunciado da Súmula da Jurisprudência do Tribunal Superior do Trabalho, isto é, decisões superadas por iterativa, notória e atual jurisprudência.

Frise-se, ainda, que é incabível o recurso de revista para reexame de fatos e provas, assim como interposto contra acórdão regional prolatado em agravo de instrumento.

Incabível, ainda, o recurso de revista de ente público que não interpôs recurso ordinário voluntário da decisão de primeira instância, ressalvada a hipótese de ter sido ampliada na segunda instância a condenação imposta.

Em regra, descabe a interposição do recurso de revista para atacar decisão interlocutória prolatada pelo Regional quando do julgamento do recurso ordinário ou do agravo de petição (quando, por exemplo, anula o feito, devolvendo-o ao Primeiro Grau). Contudo, caberá recurso de revista para atacar a decisão interlocutória se for contrária à Súmula ou Orientação Jurisprudencial do Tribunal Superior do Trabalho (Súmula n. 214 do TST).

Lembre-se, ainda, que o Tribunal Superior do Trabalho, no recurso de revista, examinará previamente se a causa oferece transcendência com relação aos reflexos gerais de natureza econômica, política, social ou jurídica (art. 896-A da CLT). Essa regra, porém, ainda pende de regulamentação pelo TST.

De acordo, ainda, com a jurisprudência do TST, é preciso destacar que não se conhece de recurso de revista se a decisão recorrida resolver determinado item do pedido por diversos fundamentos e a jurisprudência transcrita não abranger a todos.

5.2. Revista por divergência

No que se refere ao recurso de revista por divergência, é preciso lembrar que a divergência apta a ensejar o Recurso de Revista deve ser atual, não se considerando como tal a ultrapassada por súmula ou superada por iterativa e notória jurisprudência do Tribunal Superior do Trabalho. É válida, todavia, para efeito de conhecimento do recurso de revista ou de embargos, a invocação de Orientação Jurisprudencial do Tribunal Superior do Trabalho, desde que, das razões recursais, conste o seu número ou conteúdo.

Já em relação à divergência, para sua comprovação, é necessário que o recorrente: a) exiba certidão ou cópia autenticada do acórdão paradigma ou cite a fonte oficial ou o repositório autorizado em que foi publicado; e b) transcreva, nas razões recursais, as ementas e/ou trechos dos acórdãos trazidos à configuração do dissídio, demonstrando o conflito de teses que justifique o conhecimento do recurso, ainda que os acórdãos já se encontrem nos autos ou venham a ser juntados com o recurso.

Não é servível ao conhecimento de recurso de revista, no entanto, aresto oriundo de mesmo Tribunal Regional do Trabalho, salvo se o recurso houver sido interposto anteriormente à vigência da Lei n. 9.756/98.

Lembre-se, ainda, que a concessão de registro de publicação como repositório autorizado de jurisprudência do TST torna válidas todas as suas edições anteriores.

É inadmissível, porém, o recurso de revista fundado tão-somente em divergência jurisprudencial, se a parte não comprovar que a lei estadual, a norma coletiva ou o regulamento da empresa extrapolam o âmbito do TRT prolator da decisão recorrida.

5.3. Revista por violação à lei

Já para a admissibilidade do recurso de revista por violação à lei é preciso, enquanto pressuposto recursal, a indicação expressa do dispositivo de lei ou da Constituição tido como violado. Lembre-se, todavia, que a interpretação razoável de preceito de lei, ainda que não seja a melhor, não dá ensejo à admissibilidade ou ao conhecimento de recurso de revista ou de embargos com base, respectivamente, na alínea "c" do art. 896 e na alínea "b" do art. 894 da CLT. Isso porque a violação há de estar ligada à literalidade do preceito.

Nesta hipótese, é necessário, ainda, que a decisão recorrida tenha se manifestado expressamente sobre a questão respectiva. E se diz prequestionada a matéria ou questão quando na decisão haja sido adotada, explicitamente, tese a respeito. E, em sendo ela omissa, incumbe à parte interessada, desde que a matéria haja sido invocada no recurso principal, opor embargos declaratórios objetivando o pronunciamento sobre o tema, sob pena de preclusão. Considera-se, todavia, prequestionada a questão jurídica invocada no recurso principal sobre a qual se omitiu o Tribunal de pronunciar tese inobstante opostos embargos de declaração.

Diga-se, por sua vez, que o conhecimento do recurso de revista ou de embargos, quanto à preliminar de nulidade por negativa de prestação jurisdicional, supõe indicação de violação do art. 832 da CLT, do art. 458 do CPC ou do art. 93, IX, da CF/1988.

Outrossim, a admissibilidade do recurso de revista interposto de acórdão proferido em agravo de petição, na liquidação de sentença ou em processo incidente na execução, inclusive os embargos de terceiro, depende de demonstração inequívoca de violência direta à Constituição Federal.

É necessário esclarecer, ainda, que o acórdão do Tribunal Superior do Trabalho que não conhece de recurso de embargos, analisando arguição de violação de dispositivo de lei material ou decidindo em consonância com súmula de direito material ou com iterativa, notória e atual jurisprudência de direito material da Seção de Dissídios Individuais (Súmula n. 333), examina o mérito da causa.

Igualmente, o fato de o juízo primeiro de admissibilidade do recurso de revista entendê-lo cabível apenas quanto à parte das matérias veiculadas não impede a apreciação integral pela Turma do Tribunal Superior do Trabalho, sendo imprópria a interposição de agravo de instrumento.

5.4. Decisão liminar

Como já dito, em qualquer hipótese, descabe o recurso de revista se a decisão recorrida estiver em consonância com enunciado da Súmula da Jurisprudência do Tribunal Superior do Trabalho, isto é, decisões superadas por iterativa, notória e atual jurisprudência. Neste caso, então, o Ministro Relator, indicando a súmula, deverá negar seguimento ao recurso de revista. A parte prejudicada poderá, porém, interpor agravo desde que à espécie não se aplique a súmula citada pelo Relator (parágrafo único do art. 9º da Lei n. 5.584/70).

Da mesma forma, será denegado seguimento ao recurso nas hipóteses de intempestividade, deserção, falta de alçada e ilegitimidade de representação, cabendo a interposição de agravo.

5.5. A importância do Tribunal Superior do Trabalho na formação do Direito

Como recurso de motivação vinculada que é a revista e pelo que restou estabelecido pelo legislador, conforme acima transcrito, além da própria natureza do referido recurso, é de se notar que ele não se presta ao reexame dos fatos.

Conquanto a delimitação do alcance da revista tenha sido descrita pelo legislador ordinário, o Tribunal Superior do Trabalho, a fim de afastar qualquer dúvida, resolveu, por meio da Súmula n. 126 deixar clara a regra de que incabível, nos domínios da revista, o reexame de matéria fática e a análise das provas.

Talvez nem precisasse assim dizer o Tribunal Superior do Trabalho, mediante a edição de Súmula específica para a matéria. Isto porque alguns temas, naturalmente, se encontram, de modo absoluto, fora do campo de atuação do recurso de revista.

Assim, por exemplo, ninguém ousaria dizer que contra uma sentença seria possível a interposição do recurso de revista. Todavia, no cotidiano forense, nem sempre é fácil se saber quando uma decisão perpetra no mundo fático, invadindo a esfera probatória. Ora, neste particular, os Tribunais Regionais do Trabalho são absolutos. Logo, a fim de se evitar a constante utilização do recurso de revista para o reexame de questões fáticas e probatórias, resolveu se editar a Súmula n. 126. Por conseguinte, não basta que na interposição do recurso de revista, o recorrente aponte a existência de dissídio jurisprudencial, é preciso ter em mente que a via estreita do recurso de revista exige a demonstração inequívoca do preenchimento dos pressupostos contidos no art. 896 da CLT, acima transcrito, a fim de que se possa, com isso, possibilitar o seu exame.

Desse modo, sempre que o acórdão recorrido tiver como base o contexto fático delineado nos autos, não há margem de atuação para a revista. Não cabe ao Tribunal Superior do Trabalho reexaminar as razões de fato que conduziram a Corte de origem no firmamento de suas conclusões, sob pena de usurpar a competência das instâncias ordinárias. Não se presta o recurso de revista à reapreciação do contexto fático-probatório, já firmado. O recurso de revista, como dito anteriormente, tem seu alcance limitado à preservação da legislação federal infraconstitucional das matérias de competência do Judiciário trabalhista.

Na prática, contudo, nem sempre é fácil perceber o alcance da matéria julgada. Assim, temos que não é dado aos limites do recurso de revista questões relativas aos acontecimentos ou a circunstâncias que ocorreram no passado, como, por exemplo, se a testemunha Maria, arrolada pelo autor, ao descrever o acidente de trabalho, o fez de modo melhor do que a testemunha Pedro, trazida pelo réu. Todavia, é possível, nos domínios da revista, verificar acerca da interpretação e alcance da norma, valorando ou não o próprio acontecimento, como, no exemplo, julgar, em grau de recurso de revista, se o valor do dano estético é ou não compatível com o ocorrido. Veja, portanto, a sutileza e como no dia-a-dia não é fácil enquadrar o caso concreto na contextualização da Súmula n. 126. Até porque, ainda que possa soar paradoxal, todo o julgamento resolve uma questão de direito, geralmente tendo como fonte primária um fato.

Urge ressaltar, contudo, que vem ocorrendo uma flexibilização quanto ao rigor literal — e por conseguinte a própria aplicação — da Súmula n. 126. Justamente em razão das dificuldades de se saber, em termos práticos, a correta distinção e alcance entre o fato e o direito, vem o Tribunal Superior do Trabalho, admitindo recurso de revista, inclusive, a pretexto de promover reparação de iniquidades praticadas em julgados regionais.

É muito tênue a linha que separa o fato do direito. A prova, por exemplo, pode deixar de ser vista como único e exclusivo elemento fático. Basta, para tanto, que o magistrado colha o depoimento de uma testemunha suspeita, indefira a produção de um meio de prova de um dos contendores ou julgue com base em prova reputada, por uma das partes, como clandestina, ilegal ou ilícita.

5.6. Inconstitucionalidade do recurso de revista em matéria constitucional. Usurpação de competência do STF

Como já visto anteriormente, na seara do processo do trabalho, o recurso de revista sempre coube, também, em matéria constitucional.

Se na ordem constitucional anterior tal possibilidade era possível, entendemos que a partir da promulgação da Carta Magna de 1988, essa hipótese deixou de existir em face da competência exclusiva assegurada ao Supremo Tribunal Federal para julgamento de recursos, na instância extraordinária, versando sobre matéria constitucional.

Ao cuidar do recurso extraordinário, o Constituinte de 1967-1969 tratou de estabelecer norma específica para a Justiça do Trabalho.

Enquanto no art. 119, inciso III, foram estabelecidas as regras gerais de cabimento do recurso extraordinário, aplicáveis a todos os processos judiciais em curso nos demais órgãos do Poder Judiciário, o art. 143 da CF de 1969 disciplinou, especificamente, esta matéria em relação aos feitos trabalhistas. E dispôs que apenas "das decisões do Tribunal Superior do Trabalho ... caberá recurso para o Supremo Tribunal Federal quando contrariarem esta Constituição".

Daí se tinha, então, que, na Justiça do Trabalho, o recurso extraordinário só era cabível contra decisão do TST, em última instância ou única instância, desde que contrária ao texto Constitucional.

A partir desse dispositivo, então, era plenamente compreensível e constitucional a regra da CLT que dispunha sobre o cabimento do recurso de revista para o TST (art. 896).

A Constituição Federal de 1988, porém, não repetiu esse dispositivo. Cuidou, assim, do recurso extraordinário em dispositivo único, aplicável a todo e qualquer feito judicial, ainda que em curso na Justiça do Trabalho.

Desse modo, o recurso extraordinário, mesmo na Justiça do Trabalho, está disciplinado pelo art. 102, inciso III, da CF/88.

Assim, cabe ao STF, já com redação dada pela Emenda Constitucional n. 45:

"III — julgar, mediante recurso extraordinário, as causas decididas em única ou última instância, quando a decisão recorrida:

a) contrariar dispositivo desta Constituição;

b) declarar a inconstitucionalidade de tratado ou lei federal;

c) julgar válida lei ou ato de governo local contestado em face desta Constituição;

d) julgar válida lei local contestada em face de lei federal."

Já o recurso de revista, além de outras hipóteses, cabe também das decisões proferidas pelos Tribunais Regionais do Trabalho em grau de recurso ordinário quando em "afronta direta e literal à Constituição Federal" (alínea "c" do art. 896 da CLT) ou em agravo de petição na "hipótese de ofensa direta e literal de norma da Constituição Federal" (§ 2º, *in fine*, do art. 896 da CLT).

Lembre-se, ainda, que, no procedimento sumaríssimo o recurso de revista é cabível quando a decisão regional for proferida em "violação direta da Constituição da República" (§ 6º, *in fine*, do art. 896 da CLT).

Ora, decidir em "afronta" ou "ofensa direta e literal" ou com "violação direta" à Constituição Federal ou da República é o mesmo que, ou "contrariar dispositivo desta Constituição", ou "declarar a inconstitucionalidade de tratado ou lei federal", ou "julgar válida lei ou ato de governo local contestado em face desta Constituição", ou, ainda, "julgar válida lei local contestada em face de lei federal" (alíneas "a" a "d" do inciso III do art. 102 da CF/88).

Ou seja, em todas as hipóteses em que cabe recurso de revista em matéria constitucional (por violação direta e literal da norma constitucional), também é cabível o recurso extraordinário. Daí se tem que os dois recursos se sobrepõem quando o recurso de revista cuida de matéria constitucional.

Ocorre, porém, que o recurso extraordinário está disciplinado na Constituição Federal, enquanto o recurso de revista foi regulamentado por norma infraconstitucional. E quando o constituinte estabeleceu que o recurso extraordinário cabe quando a decisão de única ou última instância em grau ordinário (instância ordinária) viola a Carta Magna, ela também reservou a competência exclusiva do STF para apreciar tal impugnação processual.

Daí se tem, então, que quando a lei infraconstitucional assegura a qualquer outro órgão jurisdicional a competência para julgar recurso, na instância extraordinária, quando a decisão viola a Constituição Federal, ela, em verdade, está afrontando o texto constitucional que reservou ao STF tal competência. A norma infraconstitucional, portanto, é inconstitucional ou foi revogada a partir da promulgação da Carta Magna de 1988, já que ela estaria usurpando a competência constitucional do STF, atraindo, inclusive, a possibilidade do ajuizamento da reclamação constitucional (alínea "l" do inciso I do art. 102 da CF/88).

Lógico que, para assim, concluirmos, é preciso ressaltar que o TST, ao julgar o recurso de revista, atua em instância extraordinária, tal como o STJ em relação ao recurso especial, já que não aprecia questões de fato e de prova.

Igualmente, é importante repetir que tal conclusão também se impõe já que não foi repetida a regra do art. 143 da CF de 1967-1969, que estabelecia que, em relação aos feitos trabalhistas, somente cabia recurso extraordinário "das decisões do Tribunal Superior do Trabalho ... quando contrariarem esta Constituição".

Destaque-se, ainda, que todo entendimento acima mencionado também se aplica ao recurso de embargos interposto da decisão das Turmas do TST quando "violarem literalmente preceito ... da Constituição da República" (alínea "b", *in fine*, do inciso III do art. 3º da Lei n. 7.701, de 21 de dezembro de 1988).

Não fossem os argumentos acima, outros nos conduzem à mesma conclusão.

É que, ao se estabelecer que cabe recurso de revista em matéria constitucional para uma turma do TST, que da decisão da Turma do TST cabe recurso de embargos em matéria constitucional para a Seção de Dissídios Individuais do TST e somente depois é que caberia o recurso extraordinário (em matéria constitucional) para o STF, o legislador infraconstitucional estaria atentando contra o princípio da razoabilidade. Isso porque, no processo do trabalho, caberiam até três recursos extraordinários: dois de competência do TST (recurso de revista e recurso de embargos) e um do STF (recurso extraordinário). E não é razoável se admitir a hipótese de cabimento de três recursos com a mesma finalidade.

Da mesma forma, tal situação atenta contra a novel regra constitucional da duração razoável do processo. Ora — repito — submeter um feito a três recursos com a mesma finalidade (decidir se a decisão regional viola ou não a Constituição) ao certo não contribuiu em nada para que o processo perdure por tempo razoável. Ao certo, essa sucessão de recursos idênticos apenas assegura o maior retardo do feito.

Atenta, pois, à norma constitucional gravada no inciso LXXVIII do art. 5º da CF de 1988, a previsão de recurso de revista e recurso de embargos em matéria constitucional no processo trabalhista.

Considerando inconstitucional a norma que assegura o cabimento do recurso de revista em matéria constitucional, tem-se, então, que da decisão regional, proferida em grau de recurso (e não em competência originária), podem ser interpostos dois recursos: o de revista, para demais hipóteses previstas na CLT, e o extraordinário, em matéria constitucional.

Na falta de regra a reger essa situação, deve ser adotado o rito previsto nos arts. 541 a 544 do CPC, que cuidam de situação semelhante possível de ocorrer no processo civil, quando cabível a interposição de recurso especial e do recurso extraordinário.

Podemos assim concluir que é da competência exclusiva do STF julgar, na instância extraordinária, recurso no qual se alegue violação à Constituição Federal. Usurpa, outrossim, a competência do STF qualquer decisão que aprecia, na instância extraordinária, recurso em matéria constitucional. Daí se tem que é inconstitucional a regra que prevê o cabimento de recurso para o TST em matéria constitucional, por violar a norma que reserva essa competência ao STF, por ferir o princípio da razoabilidade e por afrontar a norma que impõe a duração razoável ao processo.

5.7. Do recurso de revista em face de decisão de Tribunal Regional do Trabalho proferida em agravo de instrumento

Preocupado com a enorme quantidade de recurso de revista que pontificava no Tribunal Superior do Trabalho, em face das decisões proferidas pelos Tribunais Regionais nos domínios do agravo de instrumento, resolveu a referida Corte de Justiça trabalhista maior editar a Súmula n. 218 a fim de evitar a insistente prática do uso da revista em hipóteses como a que ora estamos a nos ocupar. Vejamos o que diz a Súmula n. 218:

"N. 218 RECURSO DE REVISTA. ACÓRDÃO PROFERIDO EM AGRAVO DE INSTRUMENTO. É incabível recurso de revista interposto de acórdão regional prolatado em agravo de instrumento."

O recurso de revista é espécie do gênero extraordinário, como já dito. Alinha-se, portanto, juntamente com o recurso especial. As hipóteses de seu cabimento encontram-se preconizadas no art. 896 da Consolidação das Leis do Trabalho. É um recurso de motivação vinculada, pois que somente pode carregar, como fundamento, as hipóteses predeterminadas na legislação. "A tipicidade do erro passível de alegação pelo recorrente, ou a crítica feita ao provimento impugnado, integra o cabimento do recurso, e, por conseguinte, a respectiva admissibilidade."[1] Por conseguinte, "abstendo-se o recorrente de alegar o tipo, fundamentando o recurso de acordo com a crítica exigida pelo tipo, e as razões do recurso nele não se fundarem, conforme exige o princípio da congruência, o órgão *ad quem* não conhecerá do recurso; alegado o tipo, se não houver o erro, o órgão *ad quem* desproverá o recurso"[2].

Pensamos, todavia, que em certas circunstâncias o Tribunal Superior do Trabalho poderá admitir a revista, em face de acórdão de Tribunal Regional prolatado em agravo de instrumento.

Explicamo-nos melhor: vamos imaginar que o agravo de instrumento não tenha sido conhecido por entender o Tribunal Regional não ser possível que o advogado reconheça como autênticas as peças que formam o instrumento do agravo, exigindo que a autenticidade seja declarada tão-somente por Cartório. A revista deve ser admitida, de modo que se possa estabelecer a unificação quanto à interpretação da legisla-

---
(1) Nas precisas palavras de ASSIS, Araken de. *Op. cit.*, p. 54.
(2) ASSIS, Araken de. *Op. cit.*, p. 54.

ção federal, como, aliás, preconizado pela alínea "a", ou mesmo alínea "c", do art. 896, da CLT[3], passando, ao jurisdicionado, a devida segurança jurídica.

É preciso se ter em mente que o Poder Judiciário, em busca da acomodação pacífica, deve evitar a imprevisibilidade dos julgamentos. O processo é técnica, que se utiliza de fórmulas, que, dentro do possível, deve primar pelo aprisionamento de suas formas. A excessiva liberdade quanto ao meio de condução processual por parte dos julgadores, é capaz de suscitar um sentimento de desconfiança e de estranheza, que há de ser evitado. A Justiça não deve ser vista como um problema a ser enfrentado pelo processo, mas como uma solução. O Poder Judiciário é amigo do cidadão; e não inimigo!

Se o legislador, diante da sua impossibilidade de editar, com a velocidade necessária, leis que possam regular as mais variadas situações cotidianas — e nem seria desejável que assim o fosse, mesmo que ele pudesse — vem se utilizando, cada vez mais, dos conceitos indeterminados ou fórmulas abertas, como, por exemplo, bem comum, prazo razoável, verossimilhança, atos contrários aos costumes, boa-fé, entre outros, competindo aos Tribunais — e as Súmulas são mecanismos válidos para tanto —, estabelecerem os limites interpretativos desses conceitos outorgados pelo legislador.

Como lembrado por *Couture*, em termos muitos simples, a autoridade do Judiciário não se limita as suas decisões, mas nos efeitos que estas podem impor, porque tudo mais será episódico ...

5.8. A necessidade de indicação do preceito legal violado, para fins de interposição do recurso de revista

Não basta alegar que o Tribunal Regional, ao decidir determinada questão, violou determinado preceito legal, é indispensável apontá-lo, como nos informa a Súmula n. 221 do Tribunal Superior do Trabalho, a saber:

"N. 221 RECURSOS DE REVISTA OU DE EMBARGOS. VIOLAÇÃO DE LEI. INDICAÇÃO DE PRECEITO. INTERPRETAÇÃO RAZOÁVEL.

I — A admissibilidade do recurso de revista e de embargos por violação tem como pressuposto a indicação expressa do dispositivo de lei ou da Constituição tido como violado.

II — Interpretação razoável de preceito de lei, ainda que não seja a melhor, não dá ensejo à admissibilidade ou ao conhecimento de recurso de revista ou de embargos com base, respectivamente, na alínea 'c' do art. 896 e na alínea 'b' do art. 894 da CLT. A violação há de estar ligada à literalidade do preceito."

---

(3) "Art. 896. Cabe recurso de revista ... a) derem ao mesmo dispositivo de lei federal interpretação diversa da que lhe houver dado outro Tribunal Regional, no seu Pleno ou Turma, ou a Seção de Dissídios Individuais do Tribunal Superior do Trabalho, ou a Súmula de Jurisprudência Uniforme dessa Corte; ... c) proferidas com violação literal de disposição de lei federal ou afronta direta e literal à Constituição Federal ..."

O art. 896 da Consolidação das Leis do Trabalho estabelece a possibilidade de recurso de revista nas hipóteses de ocorrência de violação literal de disposição de lei federal ou afronta direta e literal à Constituição Federal.

Conquanto tenha a verba legislativa deixado claro que a violação deve ser contra o texto da lei, ou seja, frontal, afastando-se a possibilidade de discussões acadêmicas, de violações pela via oblíqua ou principiológicas, para fins de conhecimento do apelo máximo trabalhista, não disse, contudo, que há necessidade do recorrente indicar, expressamente, qual o dispositivo de lei (constitucional ou infraconstitucional) tido como violado.

O aclaramento feito na Súmula n. 221 é de grande utilidade. Afinal, o recurso de revista tem nobre finalidade, qual a de garantir a integralidade, bem como a uniformidade quanto à interpretação do direito infraconstitucional. Trata-se de recurso que procura encontrar no Tribunal Superior do Trabalho a linha de chegada em matéria interpretativa do direito federal trabalhista.

A questão ganhou mais importância ainda, pois a Emenda Constitucional n. 45, de 2004, ao atribuir um leque competencial ainda maior à Justiça do Trabalho, passou a exigir dos órgãos que compõem o Judiciário trabalhista a aplicação de diversos institutos do direito comum e do direito tributário, reservando ao Tribunal Superior do Trabalho a missão maior de garantir a unificação interpretativa do direito em todas essas matérias, de modo a franquear a estabilidade e a segurança jurídica, já que fica garantida a uniformidade da interpretação de tais institutos.

A admissibilidade, portanto, do recurso de revista e de embargos para o Tribunal Superior do Trabalho depende de ofensa direta ao texto da lei, que precisa ser indicado expressamente na peça recursal.

Reconhecemos que não é uma empreitada fácil ao operador do direito ter que indicar, expressamente, a norma legal e demonstrar que houve direta violação a sua literalidade, mormente nos dias de hoje, em que inúmeras normas são editadas apenas de forma enunciativa, mencionado conceitos indeterminados, trazendo, pois, inúmeras complexidades injuntivas para a própria atividade jurisdicional. Por isso defendemos a tese de que sempre quando a questão envolver regras abertas, elásticas e pluralistas, mais razoável será que o Tribunal Superior cuide de admitir o recurso, para no âmbito de sua competência legal fixar o alcance conceitual que tema estiver a exigir.

Complementando o raciocínio do que até agora foi dito, o Tribunal Superior, por meio do item II, da referida Súmula n. 221, disse que "interpretação razoável de preceito de lei, ainda que não seja a melhor, não dá ensejo à admissibilidade ou ao conhecimento de recurso de revista ou de embargos com base, respectivamente na alínea 'c' do art. 896 e na alínea 'b' do art. 894 da CLT. A violação há de estar ligada à literalidade do preceito".

Como se pode depreender, não há que se pretender nos domínios do recurso de revista ou dos embargos do art. 894 da CLT, discutir o direito em tese, muitas vezes vergando para o campo meramente acadêmico. Se Tribunal Regional não afrontar diretamente o texto normativo, dando-lhe interpretação que entenda o Tribunal Superior do Trabalho razoável, não se admitirá a revista ou os embargos. Faz-se indispensável que o julgado viole frontalmente o texto normativo.

Assim, se o Tribunal Regional entender, após a avaliação dos elementos probatórios, que não houve culpa do patrão quanto ao acidente de trabalho, que culminou na morte do obreiro, aplicando, a teoria da responsabilidade subjetiva, não compete ao Tribunal Superior do Trabalho aquilatar o acerto ou desacerto desse julgamento.

O Tribunal Superior do Trabalho, mediante a Súmula n. 221, simplesmente demonstra que as hipóteses dos arts. 894 e 896 da Consolidação das Leis do Trabalho não devem ser vistas como mera recomendação, mas sim como uma autêntica limitação ao manuseio dos referidos recursos.

Vale lembrar que o rigorismo quanto ao cabimento de todos os recursos do gênero extraordinário é uma exigência de todos os Tribunais Superiores. O próprio Supremo Tribunal Federal também exige, para o cabimento do recurso extraordinário a violação de literal dispositivo constitucional, como nos dá notícia a sua Súmula n. 400.

É interessante notar que o Tribunal Superior do Trabalho, por meio do item II, da Súmula em comento, admite que existam julgamentos errados. Todavia, tal erro pode perdurar, desde que advenha de uma interpretação razoável da lei! Ora, ou o julgamento é correto e deve ser mantido ou é errado e deve ser reformado. Admitir que o mesmo prevaleça, ainda que errado, não me parece a melhor solução. Enfim ...

Vale lembrar que não é apenas a ofensa direta ao texto da lei que admite a revista, normas existem que não são leis, em sentido formal, mas detêm força semelhante. Em casos de violação direta e literal a tais normas, deve ser admitida a revista. Assim, se houver, por exemplo, violação à medida provisória ou à lei complementar, cabível se mostra a revista.

Fica a dúvida quanto à violação de decreto, portaria, instruções normativas, ordens de serviços ou atos do gênero. Pensamos que nessas situações não é cabível a revista, posto que os referidos atos não têm força de lei.

As leis que podem ser indicadas como violadas não são apenas as de caráter material. A lei federal que trata de matéria processual, quando violada, nos moldes a que estamos a tratar, admite a revista.

5.9. O recurso de revista e a execução

Aquele que se dispõe a procrastinar o feito ao máximo se vale de todo e qualquer expediente para alcançar tal desiderato.

Como já deixamos firmado em outra passagem desta obra, nem sempre é fácil se saber o limite entre o uso abusivo da lei e a sua utilização regular. A fim de espancar as eventuais dúvidas, em tão arenoso terreno, o Tribunal Superior do Trabalho resolveu deixar claro que não é a revista um remédio ordinário em execução, situação esta que demanda certa peculiaridade para o manuseio do recurso trabalhista maior. Tal entendimento restou patenteado nos termos da Súmula n. 266, vejamos:

"N. 266 RECURSO DE REVISTA. ADMISSIBILIDADE. EXECUÇÃO DE SENTENÇA. A admissibilidade do recurso de revista interposto de acórdão proferido em agravo de petição, na liquidação de sentença ou em processo incidente na execução, inclusive os embargos de terceiro, depende de demonstração inequívoca de violência direta à Constituição Federal."

A matéria era tratada na antiga Súmula n. 210, hoje cancelada, cuja redação era a seguinte: "A admissibilidade do recurso de revista contra acórdão proferido em execução de sentença depende de demonstração inequívoca de violação direta à Constituição Federal".

A Súmula cancelada (n. 210) não enfrentava as decisões proferidas em execução, nos domínios da ação autônoma de embargos de terceiro; como também era omissa com relação à liquidação de sentença.

Tais questões passaram a ser objeto da Súmula n. 266. Esta busca interpretar o que porventura tenha ficado obscuro no texto da lei. Dispõe o § 2º, do art. 896 da Consolidação das Leis do Trabalho que "das decisões proferidas pelos Tribunais Regionais do Trabalho ou por suas Turmas, em execução de sentença, inclusive em processo incidente de embargos de terceiro, não caberá recurso de revista, salvo na hipótese de ofensa direta e literal de norma da Constituição Federal".

A execução trabalhista tem se mostrado alvo de inúmeras críticas. Todavia, muitos se esquecem que a execução, por sua própria natureza, é o momento processual que apresenta o maior número de problemas. Talvez justamente pelo excesso de problemas que podem aparecer na execução que muitos procuram não entendê-la!

Do ponto de vista da sociologia jurídica já se identificaram alguns problemas na execução. O próprio tratamento que vem sendo dispensado ao ser humano — na qualidade de devedor — é um entrave para as soluções dos processos. O próprio sistema incentiva o débito. O cidadão vem sendo visto como um consumidor e, por conseguinte, será medido pelo critério quantitativo. Em outras palavras: quanto mais riqueza aparente tiver, mais respeitado será. Logo, pouco importam as virtudes do ser humano, como ser um bom pai de família, um bom trabalhador, bom médico, etc. O que vale é a quantidade de dinheiro que aquele indivíduo possui, para que possa ser atraído pelo jogo do *marketing* e se integrar como um homem de "valor".

Diante desse quadro, ficou bastante claro que não há interesse em se promover a resolução dos conflitos, quando o assunto é a efetividade da tutela jurisdicional, no sentido de dar a cada um o que é seu. Ora, se todos vivem devendo — porque todos fazem prestações —, se o homem é medido pelo critério valor-materialista, por que existir um ambiente processual profícuo, capaz de pôr fim com velocidade aos feitos?

A criação de novas leis por si só não será o bastante. De nada adianta termos reformas no processo civil ou no processo do trabalho, se não houver uma mudança de mentalidade. Admite-se, por exemplo, a penhora *on line*, quando esta, não raro tem-se mostrado inócua, pois vivemos hoje um novo ambiente sociológico e econômico. Ora, o devedor não detém mais ativos imobilizados, não coloca toda a sua fortuna em um único investimento. Aliás, pouco ou quase nada é deixado em solo brasileiro. O dinheiro encontra-se em mãos de terceiro, de difícil ou quase impossível localização pelo Judiciário; ou em paraísos fiscais, dos quais não se sabe o paradeiro.

De outro lado, para muitos, preferir o Judiciário é uma estratégia adotada, de longa data, pelo mau pagador. Nos domínios das lides trabalhistas, ainda que se veja pela ótica da nova competência (EC n. 45/04), é mais vantajoso dever e ser réu, pois ou se faz um acordo, dando-se quitação geral, por importes inferiores àqueles realmente devidos, ou se deixa executar, após um longo processo cognitivo, vias recursais quase intermináveis, além da própria liquidação de sentença, e o devedor ainda se beneficia do sistema de juros adotado pelo art. 39, da Lei n. 8.177, de 1991, sempre muito menores do que as vantagens econômicas que obtém empregando a quantia que deveria pagar em sua atividade econômica.

Essa cultura "demandista" que impera no Brasil, máxime no Judiciário trabalhista, tornou-se um grande negócio. Em bom momento, portanto, veio o Tribunal Superior do Trabalho e pôs uma pá de cal quanto à via recursal nos domínios executórios. Se já não bastassem todas as questões abordadas acima, admitir a revista, de forma liberal, em execução, seria contribuir ainda mais para o colapso do sistema. O Tribunal Superior do Trabalho disse que somente em situações excepcionais admitir-se-á a revista em execução. A possibilidade de se admitir a revista, apenas quando houver violação literal ao texto constitucional somente se deu para que se possa chegar ao Supremo Tribunal Federal, pois sendo este o Tribunal maior da nação, tendo como uma de suas funções precípuas guardar pela aplicação correta das normas constitucionais, correto o sistema nesse caso[4]. Portanto, apenas afigura-se admissível a revista, em execução, se demonstrar o recorrente a inequívoca violência direta à Constituição Federal. Portanto, violação à lei federal ou a qualquer outro ato normativo, nos domínios da execução, não autoriza a revista. Apenas a violação direta ao texto maior. Isso porque o Tribunal Superior do Trabalho é, no particular, uma Corte de passagem, já que a última decisão será proferida pelo Supremo Tribunal Federal. Concluímos, assim, que pouco ou nenhum espaço há para o TST decidir questões executórias, sendo, por via de consequência, o Tribunal Regional do Trabalho completamente absoluto para tanto[5].

Urge ressaltar que a Súmula em apreço permite a possibilidade de recurso nos domínios da liquidação de sentença. Campo normalmente destinado à inexistência

---

(4) Tudo aqui sustentado sem prejuízo do entendimento de que, neste caso, o recurso de revista é inconstitucional.
(5) Assim como também o é para as questões fáticas. O Tribunal Regional do Trabalho, por conseguinte, é absoluto em duas questões: a) fáticas; e b) executórias; quanto a estas desde que não haja violência direta à Constituição Federal.

dos recursos; contudo, em havendo hipótese de violação direta à Constituição Federal admite o Tribunal Superior do Trabalho recurso. Em primeiro lugar, o próprio agravo de petição e depois o recurso de revista. Na prática, entrementes, será muito difícil a possibilidade de recurso em liquidação de sentença, por ocorrência violadora ao texto maior. Melhor teria sido, no particular, que o Tribunal Superior do Trabalho não tivesse permitido o uso da via recursal em liquidação, mas apenas em outro momento, quando, por exemplo, do uso dos embargos à execução, que normalmente já é prevista a interposição de agravo de petição contra as suas sentenças (art. 897, "a", CLT).

Não podemos perder de vista, de outro lado, que em sua redação primária, a Consolidação das Leis do Trabalho, permitia que em face de toda e qualquer decisão de última instância — portanto, dos Tribunais Regionais — o uso do recurso de revista, não distinguia, naquela altura, o artigo 896, as decisões proferidas em fase cognitiva, daquelas prolatadas em execução. Todas poderiam ser alvo da revista.

Segundo a ótica do Tribunal Superior do Trabalho, naquela época, a possibilidade de se utilizar da revista, de modo indiscriminado, na execução, trazia, todavia, uma sobrecarga de processos. Tal ideia motivou a edição da Lei n. 5.442, de 24 de maio de 1968, que passou a limitar o uso do recurso de revista, acrescentando-se ao art. 896 o § 4º, dispondo que "das decisões proferidas pelos Tribunais Regionais ou por sua Turmas, em execução de sentença, não caberá recurso de revista para o Tribunal Superior do Trabalho".

É interessante notar que de *José Augusto Rodrigues Pinto*, a avaliação foi equivocada "em relação ao resultado a que visava, pois não causou diminuição significativa de movimento dos recursos para aquela alta Corte. Ao contrário, trouxe um complicador, o dilema de quem desejava levar até o Supremo Tribunal Federal a discussão de lesões constitucionais no julgamento de agravo de petição sem conseguir acesso em virtude do bloqueio da via ao TST"[6]. Com isso, passou a se observar que na exata medida em que houve a diminuição do número de revistas em execução, se deu o aumento dos agravos de instrumento e dos mandados de segurança.

Tal situação não passou desapercebida pelo Tribunal Superior do Trabalho que editou, em dezembro de 1987, o Enunciado n. 266. Com a aparente normalização da situação, em razão do êxito do Enunciado referido[7], veio a lume a Lei n. 9.756, de 1988, que nada mais fez do que materializar, no § 2º, do art. 896, da Consolidação das Leis do Trabalho, o que já estava pacificado pela jurisprudência de nossos tribunais.

A Súmula em comento aperfeiçoou o sistema; contudo, mostra o desgaste do tempo. E por quê? Simplesmente porque não enfrenta as hipóteses de cabimento do recurso de revista em face das execuções promovidas pelos títulos extrajudiciais. Já é,

---
(6) PINTO, José Augusto Rodrigues. *Execução trabalhista:* estática, dinâmica, prática. 11 ed. São Paulo: LTr, 2006. p. 456.
(7) Atualmente, Súmula n. 266, a que estamos, a propósito, a nos ocupar.

portanto, o momento do Tribunal Superior do Trabalho rever a Súmula n. 266, antecedendo-se, assim, aos prováveis problemas que virão.

5.10. O recurso de revista quando parcialmente admitido pelo Presidente de Tribunal Regional do Trabalho

O Tribunal Superior do Trabalho resolveu deixar claro que o juízo de admissibilidade exercido pelo Presidente do Regional não é, para o TST, vinculativo. Tal esclarecimento é prestado, de modo cristalino pela Súmula n. 285, vejamos:

"N. 285. RECURSO DE REVISTA. ADMISSIBILIDADE PARCIAL PELO JUIZ-PRESIDENTE DO TRIBUNAL REGIONAL DO TRABALHO. EFEITO. O fato de o juízo primeiro de admissibilidade do recurso de revista entendê-lo cabível apenas quanto a parte das matérias veiculadas não impede a apreciação integral pela Turma do Tribunal Superior do Trabalho, sendo imprópria a interposição de agravo de instrumento."

Não basta que a parte simplesmente interponha o recurso, para que se tenha certeza da análise da matéria que nele consta. Todo e qualquer recurso se submete à análise preliminar, independentemente da vontade dos litigantes, trata-se de verificação exclusiva do órgão jurisdicional. A esta análise chama-se de juízo de admissibilidade. É, pois, quando se examina "o conjunto das condições de seguimento de qualquer recurso"[8]. Portanto, é matéria de ordem pública.

No sistema processual em geral — e, portanto, no trabalhista —, de ordinário, os recursos são submetidos a uma dupla análise quanto à admissibilidade, feita esta primeiramente pelo órgão julgador *a quo* e, posteriormente, pelo órgão *ad quem*. Isto porque geralmente o recurso é interposto em face do juízo prolator da decisão que virá a ser atacada. Daí por que correta a afirmação no sentido de que o pronunciamento primário quanto à admissibilidade é sempre provisório.

Ora, se o órgão *ad quem* em hipótese alguma perde a competência para o reexame do juízo de admissibilidade, entendeu o Tribunal Superior do Trabalho ser desnecessária, à parte que teve o seguimento da revista parcialmente negada, interpor, apenas quanto a esta, agravo de instrumento. Por conseguinte, ao permitir o órgão *a quo* a subida dos autos e afigurando-se óbvio que o juízo *ad quem* receberá todas as matérias veiculadas no recurso de revista, passou a se entender pela impropriedade da interposição de agravo de instrumento em face da parcela da matéria reprovada pelo primeiro juízo de admissibilidade.

A matéria mereceu ser objeto de súmula porque, na prática, era comum o uso do agravo de instrumento. Na instância ordinária, contudo, dado ser impossível de rejeição do juízo originário de admissibilidade de apenas uma parcela do recurso ordinário, já que ao primeiro grau a competência é limitada apenas aos requisitos extrínsecos do recurso, não há como ocorrer situações idênticas às que motivaram a publicação da Súmula n. 285.

---

(8) ASSIS, Araken de. *Op. cit.*, p. 115.

5.11. O recurso de revista e a divergência jurisprudencial

Como vimos mais acima, é preciso que se tenha uma boa dose de experiência forense trabalhista, para se ter êxito quanto ao conhecimento do recurso de revista. Verificando a enorme dificuldade de diversos operadores do direito, quanto à forma de se confeccionar a revista, o Tribunal Superior do Trabalho achou por bem editar o Verbete n. 296, a saber:

"N. 296 RECURSO. DIVERGÊNCIA JURISPRUDENCIAL. ESPECIFICIDADE.

I — A divergência jurisprudencial ensejadora da admissibilidade, do prosseguimento e do conhecimento do recurso há de ser específica, revelando a existência de teses diversas na interpretação de um mesmo dispositivo legal, embora idênticos os fatos que as ensejaram.

II — Não ofende o art. 896 da CLT decisão de Turma que, examinando premissas concretas de especificidade da divergência colacionada no apelo revisional, conclui pelo conhecimento ou desconhecimento do recurso."

Já dissemos que recursos existem que são classificados como do gênero extraordinário, assim considerados em decorrência da sua excepcionalidade, pois sua função imediata não encontra lugar na solução do interesse particular tutelado pela ação[9]; mas tem em mira o próprio direito objetivo. É por isso que se costuma dizer que no terreno destinado ao tráfego do recurso extraordinário, a unificação da interpretação do direito, mediante o alcance de suas normas, é elemento imanente à legitimação das instâncias extraordinárias.

Evidente que o Poder Judiciário existe para atender ao jurisdicionado. Todavia, é preciso compreender que a função imediata do recurso de revista, por ser um recurso, digamos, revisional da jurisprudência dos Tribunais Regionais do Trabalho, está em uniformizar, a interpretação do direito aplicado por estes Tribunais, protegendo a integridade da norma infraconstitucional.

Mostra-se, pois, imperiosa a necessidade de se demonstrar, de modo inequívoco, a clara divergência jurisprudencial capaz de autorizar, não só a admissibilidade da revista, mas também o seu prosseguimento e conhecimento, devendo o recorrente revelar de forma segura a existência de teses conflitantes, entre julgados, quanto à interpretação de um mesmo dispositivo de lei, ainda que os fatos que ensejaram esta divergência sejam idênticos. A tarefa, como se pode depreender, é árdua e depende da talentosa pena do causídico.

E porque não basta a identidade dos fatos? Simplesmente, porque a regra é a inadmissibilidade do recurso de revista com o simples escopo de se reexaminar os fatos e as provas. Daí a razão pela qual não é suficiente a colação de acórdão paradigma, que tenha simplesmente atribuído aos fatos interpretação divergente. É necessário mais que isso, ou seja, a demonstração de teses diversas na interpretação de um

---

(9) Esta seria a função mediata.

mesmo dispositivo legal, malgrado idênticos os fatos que as ensejaram. A diferença é sútil; mas relevantíssima.

Na segunda parte da Súmula em comento, firmou entendimento o Tribunal Superior do Trabalho no sentido de que a dose de subjetividade apreciativa, quanto às premissas concretas de especificidade da divergência, devem ser avaliadas pelo magistrado, sem interferência usual ou ordinária pela via recursal.

Assim, a dosagem no equilíbrio entre a objetividade e a subjetividade devem ficar dentro do campo restrito do próprio julgador, sem perder de vista que as evidentes hipóteses teratológicas merecem reavaliação recursal.

5.12. O prequestionamento e o recurso de revista

Qual o limite do prequestionamento? O que é o prequestionamento? Quando que determinada matéria se diz prequestionada? Essas, entre tantas outras dúvidas, faziam da vida do operador do direito um verdadeiro martírio. Por conseguinte, o Tribunal Superior do Trabalho resolveu editar a Súmula n. 297, tendo como escopo dirimir, quanto ao prequestionamento, as dúvidas mais corriqueiras. Vejamos o que diz a referida Súmula, a saber:

"N. 297 PREQUESTIONAMENTO. OPORTUNIDADE. CONFIGURAÇÃO.

I — Diz-se prequestionada a matéria ou questão quando na decisão impugnada haja sido adotada, explicitamente, tese a respeito.

II — Incumbe à parte interessada, desde que a matéria haja sido invocada no recurso principal, opor embargos declaratórios objetivando o pronunciamento sobre o tema, sob pena de preclusão.

III — Considera-se prequestionada a questão jurídica invocada no recurso principal sobre a qual se omite o Tribunal de pronunciar tese, não obstante opostos embargos de declaração."

O prequestionamento sempre foi um assunto polêmico. Como os Tribunais Superiores têm a missão de unificar a interpretação do direito brasileiro, passou a se entender que somente poderia ser objeto de recurso, para tais Tribunais, as questões que tivessem sido expressamente apreciadas pelo Tribunal Regional. Do contrário, a matéria seria levada a julgamento pelo Tribunal Superior do Trabalho tendo o prequestionamento ocorrido de forma implícita, o que não se admite.

É evidente que tal exigência contribuiu para uma nova técnica de advocacia, destinada especificamente à atuação junto aos Tribunais Superiores. Uma das consequências práticas diretas da exigência do prequestionamento, passou a ser o exagerado número de embargos declaratórios utilizados em face dos acórdãos, pois que na incerteza quanto ao conhecimento do recurso de revista, o recorrente veio a se utilizar, habitualmente, dos declaratórios, de modo a provocar, expressamente, o julgamento acerca da matéria objeto da revista, sem que isso seja considerado como protelatório. Assim, criou-se, na prática, por conta da exigência do prequestionamento, uma verdadeira indústria dos declaratórios. Tudo, inclusive, com a chancela do próprio Supremo Tribunal Federal, que por meio da Súmula n. 356[10], abriu fértil terreno para o uso dos declaratórios.

O próprio Ministro Marco Aurélio, ainda julgador do Tribunal Superior do Trabalho, em artigo doutrinário, disse que "o prequestionamento fica revelado pela adoção de entendimento, no acórdão revisando, sobre matéria veiculada na revista. Esta assertiva decorre da razão de existir do próprio instituto, porque, a não se entender assim, melhor será expungi-lo do rol dos pressupostos pertinentes aos recursos de natureza extraordinária, dos quais a revista e os embargos, disciplinados respectivamente nos arts. 894 e 896 da Consolidação das Leis do Trabalho, são espécies"[11].

O prequestionamento é um dos temas mais controvertidos. Não é por outra razão que o Tribunal Superior do Trabalho, na linha do tempo, tem buscado aprimorar a redação do verbete em comento, de modo a tornar mais claros os limites desse requisito recursal, não previsto em lei. A redação originária da Súmula, datada de 14 de abril de 1989, não foi suficiente para satisfazer os inúmeros problemas a respeito dos limites objetivos do pré-questionamento, o que levou o Tribunal Superior a rever sua redação.

O primeiro item da atual redação da Súmula n. 297 é idêntico ao antigo enunciado. Todavia, a fim de melhorar a compreensão quanto ao pré-questionamento, no item II é possível se extrair que a parte deve invocar no recurso ordinário a matéria que buscará prequestionar nos declaratórios, se omisso o acórdão. Com isso, ficou claro que a matéria relativa ao prequestionamento não poderá ser invocada, pela primeira vez, nos domínios dos embargos de declaração, sob pena de preclusão. Este novo item é salutar, pois que obrigou a mudança de postura metodológica do litigante que objetiva recorrer de revista, já que anteriormente à nova redação, não raro, somente por ocasião dos declaratórios, em face do acórdão guerreado, é que a matéria vinha a lume pela primeira vez.

O item III, por seu turno, buscou facilitar a via recursal, já que "considera-se prequestionada a questão jurídica invocada no recurso principal sobre a qual se omite o Tribunal de pronunciar tese, não obstante opostos embargos de declaração".

A lógica do sistema é construída por meio de uma premissa muito simples: se o recurso de revista é de motivação vinculada, as questões que serão abordadas nele devem ter sido expressamente apreciadas pela decisão, que — ao contrário daquela que venha a ser guerreada mediante o recurso de motivação livre — não pode deixar de enfrentar todas as matérias trazidas no bojo do recurso originário.

Assim, se porventura o Tribunal Regional se recusar a enfrentar o tema trazido nos embargos de declaração, com escopo de pré-questionar matéria, não é admissível

---

(10) Súmula n. 356 do STF: "O ponto omisso da decisão, sobre o qual não foram opostos embargos declaratórios, não pode ser objeto de recurso extraordinário, por faltar o requisito do prequestionamento".
(11) *Revista LTr* 51-9/1.039-40.

a revista pelo fundamento motivado pelos declaratórios, pelo simples fato de que a matéria não foi apreciada no acórdão hostilizado. Em casos que tais, a decisão regional se mostrou *infra petita*, devendo, pois, este ser o argumento da revista, de modo a que o Tribunal Superior acolha a revista para determinar o recambiamento dos autos ao Tribunal Regional, para que supra a omissão e a revista, pelo argumento originário, e possa, finalmente, ser utilizada. Neste sentido, inclusive, temos a Súmula n. 211 do Superior Tribunal de Justiça, ao dizer que "inadmissível recurso especial quanto à questão que, a despeito da oposição de embargos declaratórios, não foi apreciada pelo tribunal *a quo*".

Ocorre que a metodologia acima mencionada trazia, em termos práticos, muito prejuízo à celeridade processual. Por conta disso, o Tribunal Superior do Trabalho passou a ter os olhos voltados para o campo prático, deixando de lado o mais puro tecnicismo. Prestigiadas restaram, pois, a economia e a celeridade processual. É evidente, contudo, que se o Tribunal Regional negar-se a julgar questão que venha a ser imprescindível para a atuação jurisdicional do Tribunal Superior, uma vez prequestionada a matéria, pela via dos declaratórios, devem os autos retornar ao Tribunal Regional para que a omissão seja sanada. Enfim, o caso prático é que via ditar o melhor caminho a se seguir.

6. Recurso de embargos no TST

Outro recurso, de natureza extraordinária, previsto na legislação trabalhista são os embargos no âmbito do Tribunal Superior do Trabalho. Podemos afirmar que seriam embargos por divergência.

Ele tem cabimento de:

a) decisão não unânime de julgamento que conciliar, julgar ou homologar conciliação em dissídios coletivos que excedam a competência territorial dos Tribunais Regionais do Trabalho e estender ou rever as sentenças normativas do Tribunal Superior do Trabalho, nos casos previstos em lei; e

b) das decisões das Turmas que divergirem entre si ou das decisões proferidas pela Seção de Dissídios Individuais, salvo se a decisão recorrida estiver em consonância com súmula ou orientação jurisprudencial do Tribunal Superior do Trabalho ou do Supremo Tribunal Federal.

Observem que são duas as hipóteses: a primeira, em dissídio coletivo; a segunda, em dissídio individual.

Neste trabalho, o que nos interessa é essa segunda hipótese. E, neste caso, o recurso de embargos somente caberá de decisão proferida por Turma do TST e será julgado pela Seção de Dissídios Individuais I do TST.

Em regra, no que couber, tudo que foi dito quanto às regras e entendimento sobre o recurso de revista se aplica ao recurso de embargos.

Cabe, porém, especificamente, esclarecer que não cabem embargos para a Seção de Dissídios Individuais de decisão de Turma proferida em agravo, salvo: a) da decisão que não conhece de agravo de instrumento ou de agravo pela ausência de pressupostos extrínsecos; b) da decisão que nega provimento a agravo contra decisão monocrática do Relator, em que se proclamou a ausência de pressupostos extrínsecos de agravo de instrumento; c) para revisão dos pressupostos extrínsecos de admissibilidade do recurso de revista, cuja ausência haja sido declarada originariamente pela Turma no julgamento do agravo; d) para impugnar o conhecimento de agravo de instrumento; e) para impugnar a imposição de multas previstas no art. 538, parágrafo único, do CPC, ou no art. 557, § 2º, do CPC.

Cabe observar, ainda, que, em face da última alteração legislativa, não mais cabe o recurso de embargos por violação à lei.

A partir dessa alteração legislativa, porém, surgiu uma nova situação jurídica não regulada na CLT. É que a decisão proferida pela Turma do TST, em recurso de revista, pode conter diversos capítulos. Pode surgir, assim, a possibilidade de se arguir contra um capítulo, a violação à Constituição e contra outro a existência de divergência jurisprudencial. Neste caso, contra a decisão que viola a Constituição, a parte pode manejar o recurso extraordinário. Já contra o capítulo que diverge de outra decisão cabe o recurso de embargos de divergência.

Tem-se, assim, que contra o mesmo acórdão podem ser interpostos dois recursos: o de embargos por divergência e o extraordinário em matéria constitucional.

Parece-nos, então, que, na falta de regra a reger essa situação, deve ser adotado o rito previsto nos arts. 541 a 544 do CPC, que cuidam de situação semelhante possível de ocorrer no processo civil, quando cabível a interposição de recurso especial e do recurso extraordinário.

Assim, admitidos ambos os recursos, os autos serão remetidos à SDI do TST para julgamento dos embargos de divergência. Concluído o julgamento respectivo, serão os autos enviados ao Supremo Tribunal Federal, para apreciação do recurso extraordinário, se este não estiver prejudicado.

Na hipótese de o relator dos embargos de divergência considerar que o recurso extraordinário é prejudicial àquele, em decisão irrecorrível, sobrestará o seu julgamento e remeterá os autos ao Supremo Tribunal Federal, para o julgamento do recurso extraordinário. Neste caso, porém, se o relator do recurso extraordinário, em decisão irrecorrível, não o considerar prejudicial, devolverá os autos ao Tribunal Superior do Trabalho para o julgamento do recurso de embargos.

6.1. Não-cabimento dos embargos em face de decisão proferida em agravo de instrumento

A esta altura, caro leitor, você certamente já percebeu quão complexo é o sistema recursal trabalhista, máxime se estivermos no terreno destinado à construção da instância extraordinária.

A fim de sedimentar o referido terreno recursal extraordinário, o Tribunal Superior do Trabalho editou a Súmula n. 183, com a finalidade de deixar claro o não-cabimento dos embargos para o Pleno em face de decisões proferidas em agravo de instrumento, quando este tiver origem em decisão interlocutória que negou seguimento ao recurso de revista. Posteriormente, a referida Súmula foi substituída pela de n. 353, vejamos, então:

"N. 353 EMBARGOS. AGRAVO. CABIMENTO. Não cabem embargos para a Seção de Dissídios Individuais de decisão de Turma proferida em agravo, salvo:

a) da decisão que não conhece de agravo de instrumento ou de agravo pela ausência de pressupostos extrínsecos;

b) da decisão que nega provimento a agravo contra decisão monocrática do Relator, em que se proclamou a ausência de pressupostos extrínsecos de agravo de instrumento;

c) para revisão dos pressupostos extrínsecos de admissibilidade do recurso de revista, cuja ausência haja sido declarada originariamente pela Turma no julgamento do agravo;

d) para impugnar o conhecimento de agravo de instrumento;

e) para impugnar a imposição de multas previstas no art. 538, parágrafo único, do CPC, ou no art. 557, § 2º, do CPC."

Vale lembrar, como já dito anteriormente, que o Tribunal Superior do Trabalho sempre buscou impor interpretação restritiva quanto ao alcance dos embargos. Tal ideologia, impregnada pela necessidade de se impor uma maior celeridade ao resultado final do processo, acabou sendo materializada pela recente alteração ao art. 894 da CLT e à alínea "b" do inciso III do art. 3º, da Lei n. 7.701, de 1988, que excluiu a possibilidade de interposição dos embargos quanto à violação à letra de lei federal, restringindo, pois, seu cabimento apenas nos casos de divergência jurisprudencial. Assim, como se pode depreender, o caminho para utilização dos embargos historicamente vem sendo estreitado.

A presente Súmula objetiva seguir a linha restritiva de interpretação quanto ao cabimento dos embargos, sendo que, desta feita, aprecia a matéria sob o enfoque da decisão proferida em agravo de instrumento.

No item "a", busca o Tribunal Superior do Trabalho explicitar o não cabimento dos embargos para a Seção de Dissídios Individuais, em face de decisão proferida nos domínios do não conhecimento do agravo de instrumento ou do agravo, pela ausência de qualquer pressuposto extrínseco de admissibilidade recursal. Assim, por exemplo, se o agravo não contiver o instrumento do mandato, qual a procuração, de seu subscritor ou lhe faltar um documento essencial, estará o recurso fadado ao não conhecimento e, justamente, esta decisão não poderá ser hostilizada mediante embargos.

No item "b", aduz a Súmula que também se afigura incabíveis embargos, em face da decisão que nega provimento ao agravo inominado de provimento jurisdicional exarado de forma monocrática pelo relator, que, igualmente, se prestou a analisar apenas os pressupostos extrínsecos do agravo de instrumento. Portanto, se o relator deixa de conhecer o agravo de instrumento por lhe faltar, *ad instar*, a decisão guerreada, contra tal decisão monocrática caberá agravo inominado, que, improvido, não desafiará os embargos. A medida é salutar, pois que se fossem permitidos os embargos para a Seção de Dissídios Individuais teríamos uma cadeia recursal imprópria e sem qualquer lógica processual. Andou, portanto, muito bem o Tribunal Superior do Trabalho.

O item "c" não permite o uso dos embargos com intuito de revisão dos pressupostos extrínsecos de admissibilidade do recurso de revista, quando a falta desses pressupostos extrínsecos for declarada no julgamento do agravo de instrumento, pelo mesmo órgão de competência para o julgamento da revista. Imaginemos, por exemplo, que o recurso de revista tenha sido denegado pelo Tribunal Regional em face de sua interposição extemporânea. Contra essa decisão interlocutória, a parte interpõe recurso de agravo de instrumento, que, apesar de conhecido; entrementes, no mérito, é improvido, ante o reconhecimento quanto à intempestividade da revista. Diante desta decisão — proferida nos domínios do agravo de instrumento — afiguram-se incabíveis os embargos para a Seção de Dissídios Individuais. Simplesmente foi isso o que quis a Súmula dizer!

Com relação ao item "d" temos que se afiguram incabíveis os embargos para a Seção de Dissídios Individuais, com escopo de impugnar o conhecimento do agravo de instrumento. Ora, se o juízo decisório é positivo, à evidência que o é irrecorrível. Aliás, sequer faria sentido entendimento em contrário. Portanto, conhecido o agravo de instrumento, não há se falar em embargos contra tal decisão.

O item "e" é interessante, não pelo aspecto que obstaculiza o uso dos embargos dirigidos para a Seção de Dissídios Individuais, mas pela possibilidade de utilização supletória das regras contidas no Código de Processo Civil relativas ao parágrafo único, do art. 538, bem como do § 2º, do art. 557.

Com relação ao parágrafo único, do art. 538, do CPC, admitiu o Tribunal Superior do Trabalho a possibilidade de aplicação da multa no caso dos embargos protelatórios e, por conseguinte, do próprio diploma processual comum, já que dispõe o referido dispositivo legal que "quando manifestamente protelatórios os embargos, o juiz ou o tribunal declarando que o são, condenará o embargante a pagar ao embargado multa não excedente de 1% (um por cento) sobre o valor da causa. Na reiteração de embargos protelatórios, a multa é elevada a até 10% (dez por cento), ficando condicionada *a interposição de qualquer outro recurso ao depósito do valor respectivo*"[12]. Mas não é só. Além de permitir o uso supletório do Código de Processo Civil no particular, a referida Súmula não permite o uso dos embargos para a Seção de Dissídios Individuais, com a finalidade de impugnar a imposição dessa multa.

Quanto ao § 2º do art. 557 do Código de Processo Civil, que diz "quando manifestamente indamissível ou infundado o agravo, o tribunal condenará o agravante a

---

(12) Em minha obra intitulada de *O moderno processo do trabalho*. São Paulo: LTr, 1995, defendi a aplicação desse dispositivo no processo do trabalho.

pagar ao agravado multa entre 1% (um por cento) e 10% (dez por cento) do valor corrigido da causa, ficando a interposição de qualquer outro recurso condicionada ao depósito do respectivo valor", a Súmula em comento, igualmente, objetivou obstaculizar o uso dos embargos para a Seção de Dissídios Individuais. Desse modo, manteve o Tribunal Superior do Trabalho coerência absoluta, quanto ao não cabimento dos embargos em face das decisões que impõem as multas quer para os embargos declaratórios procrastinatórios, como, outrossim, para os agravos manifestamente inadmissíveis ou infundados, objetivando, portanto, não estimular, o uso de tais remédios jurídicos.

7. Recurso Extraordinário (RE)

7.1. Cabimento

A Constituição anterior previa a interposição do recurso extraordinário em causas decididas em única ou última instância por outros Tribunais, quando a decisão recorrida: a) contrariasse dispositivo constitucional; b) declarasse a inconstitucionalidade de tratado ou lei federal; c) julgasse válida lei ou ato de governo local contestado em face da Constituição ou de lei federal; ou d) desse a lei federal interpretação divergente da que lhe tenha dado outro Tribunal ou o próprio Supremo Tribunal Federal (art. 119, III, da CF/67).

Atualmente, o recurso extraordinário, previsto no art. 102, III, do nosso Estatuto Básico, é cabível nas "causas decididas em única ou última instância" nas mesmas hipóteses acima mencionadas, exceto à última (d) e, ainda, naquelas referentes aos litígios decorrentes de lei ou ato de governo local contestado em face de lei federal ("c", *in fine*).

Observa-se, de logo, que o recurso extraordinário era admitido apenas nas causas decididas em única ou última instância "por outro Tribunal", não incluído entre estes os de primeira instância, como, por exemplo, as JCJ's ou os Tribunais de Júri.

A Carta Magna anterior, entretanto, em relação à Justiça do Trabalho, ainda restringia o recurso extraordinário às decisões proferidas pelo TST (art. 143, CF/69). A Constituição Federal de 1988, porém, não repetiu esse dispositivo. Cuidou, assim, do recurso extraordinário em dispositivo único, aplicável a todo e qualquer feito judicial, ainda que em curso na Justiça do Trabalho.

Assim, máxima vênia, não tem razão o mestre *Manoel Antonio Teixeira Filho*, para quem o art. 143 da CF de 1969 foi "recepcionado" pela atual, prevalecendo a "autoridade da tradição".

Ora, norma revogada, evidentemente não pode ser recepcionada. Nem em seu espírito ou princípio. E, muito menos, pode ser recepcionada quando a nova lei dispõe, exaustivamente, sobre a mesma matéria, ainda que repetindo algumas expressões.

Além disso, nem pela "autoridade da tradição" haveria de prevalecer a norma do art. 143 da CF de 1969, até porque a novel Carta Magna pretendeu, sim, romper, com o entulho autoritário que norteou o espírito do constituinte militar. E, vale lembrar, que, até a redação dada ao art. 143 da CF/69 pela Emenda n. 7, foi fruto de puro ato ditatorial, pois promulgada pelo então Presidente da República com fundamento no famigerado e de triste lembrança Ato Institucional n. 5!

Desse modo, no âmbito trabalhista, caberá a interposição do recurso extraordinário, desde que se enquadre nas hipóteses previstas constitucionalmente, contra as decisões de qualquer instância, desde que de única ou última instância.

Ressalte-se que nos processos de "alçada" caberá o recurso extraordinário nas hipóteses previstas na Lei Maior e não se "versar sobre matéria constitucional", como diz a Lei n. 5.584/70 (art. 2º, § 4º). Neste sentido, encontramos apoio também em *Alcides Mendonça Lima* e no Min. José Carlos Moreira Alves. Já em posição contrária, temos manifestações recentes de *Rodrigues Pinto* e de *Ísis de Almeida*.

O recurso extraordinário, assim, mesmo na Justiça do Trabalho, está disciplinado pelo art. 102, inciso III, da CF/88.

Ele, por sua vez, tem cabimento, para o STF, "*as causas decididas em única ou última instância, quando a decisão recorrida:*

a) contrariar dispositivo desta Constituição;

b) declarar a inconstitucionalidade de tratado ou lei federal;

c) julgar válida lei ou ato de governo local contestado em face desta Constituição".

Vale lembrar, entretanto, que o STF não tem conhecido de recurso extraordinário por violação indireta ou reflexa à Constituição. E "tem-se violação reflexa à Constituição, quando o seu reconhecimento depende de rever a interpretação dada à norma ordinária pela decisão recorrida, caso em que é a hierarquia infraconstitucional dessa última que define, para fins recursais, a natureza da questão federal. Admitir o recurso extraordinário por ofensa reflexa ao princípio constitucional da legalidade seria transformar em questões constitucionais todas as controvérsias sobre a interpretação da lei ordinária, baralhando as competências repartidas entre o STF e os tribunais superiores e usurpando até a autoridade definitiva da Justiça dos Estados para a inteligência do direito local".

Alguns outros aspectos, porém, devem ser destacados quanto ao cabimento do recurso extraordinário no âmbito trabalhista.

7.2. Causa

No que se refere à "causa", é entendimento já sedimentado, na doutrina e jurisprudência, que o seu conceito é o mais amplo, abrangendo "a totalidade dos processos em que tenha sido proferida decisão jurisdicional, tanto em jurisdição contenciosa como na denominada jurisdição voluntária".

O próprio STF já assentou que "são impugnáveis na via recursal extraordinária apenas as decisões finais proferidas no âmbito de procedimento judicial que se ajuste ao conceito de causa (CF, art. 102, III). A existência de uma causa — que atua como inafastável pressuposto de índole constitucional inerente ao recurso extraordinário — constitui requisito formal de admissibilidade do próprio apelo extremo. A locução constitucional 'causa' designa, na abrangência de seu sentido conceitual, todo e qualquer procedimento em cujo âmbito o Poder Judiciário, desempenhando função institucional típica, pratica atos de conteúdo estritamente jurisdicional".

Ficam excluídas, assim, do âmbito do recurso extraordinário, as causas de natureza eminentemente administrativa, já que nestas não há decisão jurisdicional. Neste sentido, descabe o recurso extraordinário em processamento de precatório (Súmula n. 733 do STF), pois aqui se trata de procedimento administrativo.

7.3. Decisão única ou de última instância

À luz da Constituição de 1969, o recurso extraordinário somente tinha cabimento contra decisão de única ou última instância decidida por outro tribunal (inciso III, art. 119). O recurso extraordinário, assim, não estava ao alcance de quem desejava recorrer de decisão monocrática, pois cabível somente contra decisão de "tribunal".

Daí se tinha, então, que não cabia recurso extraordinário contra decisão de qualquer órgão de primeiro grau. Isso porque, os órgãos jurisdicionais de primeira instância, salvo na Justiça do Trabalho, eram constituídos monocraticamente. Na Justiça do Trabalho, porém, ainda que os órgãos de primeiro grau fossem verdadeiros tribunais, o recurso extraordinário, apenas cabia contra as decisões proferidas pelo TST (art. 143, CF/69).

A Constituição Federal de 1988, no entanto, modificou esse panorama ao suprimir a exigência de que o recurso devesse ser interposto contra decisão proferida por outro tribunal. Logo, é de se concluir que, mesmo contra decisão de primeiro grau, em tese, cabe o recurso extraordinário.

Neste sentido, aliás, já sinalizou o STF em mais de uma oportunidade, tendo como *leading case* o RE n. 136.149-2-DF.

Dessa forma, tem-se que, sendo de única ou de última instância, cabe recurso extraordinário contra decisão que contrarie dispositivo da Constituição, declare a inconstitucionalidade de tratado ou lei federal ou julgue válida lei ou ato de governo local contestado em face da Carta da República.

Casos típicos de decisões de única instância são aquelas proferidas em processos irrecorríveis.

7.4. Hipóteses de cabimento do recurso extraordinário no processo de conhecimento trabalhista

Considerando que o recurso extraordinário cabe de decisão de única ou última instância, podemos vislumbrar diversas hipóteses de seu cabimento no processo do trabalho.

Como primeira hipótese podemos lembrar a decisão que homologa a conciliação judicial. Como se sabe, tal decisão é irrecorrível, salvo para a União em relação às contribuições que lhe são devidas (parágrafo único do art. 831 da CLT).

Poder-se-ia, no entanto, alegar que essa regra da irrecorribilidade não foi recepcionada pela CF/88, já que ela contraria o seu art. 102, inciso III, que estabelece, justamente, hipóteses de cabimento do recurso extraordinário em qualquer causa.

É de se entender, contudo, que quando o legislador se utilizou da expressão "irrecorrível" quis, em verdade, vedar, tão-somente, a interposição de recursos para as instâncias ordinárias. Não pretendeu, assim, impedir a interposição de recursos com matriz constitucional. Interpretado dessa forma, há de se entender recepcionada a norma contida no parágrafo único do art. 831 da CLT.

Conquanto esse dispositivo consolidado se refira às decisões proferidas pelo Juízo de Primeiro Grau, o princípio da "irrecorribilidade" se estende a todos os feitos individuais trabalhistas objeto de conciliação.

Assim, enquanto decisão proferida em instância única (ou última), já que irrecorrível para as instâncias ordinárias, tem-se como cabível a interposição do recurso extraordinário contra a sentença homologatória de conciliação, desde que configurada qualquer das hipóteses mencionadas no art. 102, III, da CF/88.

Como exemplo, ainda que absurdo, pode-se mencionar a hipótese em que juiz do trabalho homologa pedido de separação judicial. Conquanto passível de rescisão e, para muitos, verdadeira decisão inexistente, por ser prolatada por órgão absolutamente incompetente por regra constitucional, não se tem dúvida de que, neste exemplo, seria cabível a interposição do recurso extraordinário sob fundamento de violação direta da Constituição Federal nos seus dispositivos que tratam da competência jurisdicional. O Ministério Público, por exemplo, poderia interpor esse recurso extraordinário.

Vislumbramos, no entanto, além dessa hipótese, outra que pode ser objeto de recurso extraordinário.

O § 6º do art. 896 da CLT, por exemplo, dispõe que somente cabe recurso de revista, para o TST, contra decisão proferida pelo Tribunal Regional, em procedimento sumaríssimo, quando ela contrariar a súmula da sua jurisprudência ou violar diretamente a Constituição Federal.

Já mencionamos acima que o próprio TST entende que se a decisão estiver em consonância com iterativa, notória e atual jurisprudência da Seção Especializada em Dissídio Individual (SDI) também não caberá a revista (Súmula n. 333/TST). Daí se tem que, "ainda que se esteja discutindo tese constitucional e, portanto, aguardando-se a interpretação da Corte Suprema, o recurso de revista será denegado por estar em consonância com Enunciado de Súmula do TST, conforme expresso no § 5º do art. 896 da CLT".

Tem-se, então, uma outra hipótese de cabimento de recurso extraordinário, agora contra decisão proferida pelo Tribunal Regional no procedimento sumaríssimo, qual seja, quando a decisão esteja em desacordo com a Constituição Federal, mas em consonância com a jurisprudência iterativa e dominante do TST ou de acordo com sua súmula jurisprudencial.

Idêntica situação, aliás, temos em relação a qualquer outra decisão do Regional, não só no sumaríssimo, que esteja em desacordo com a Constituição Federal, mas em consonância com a jurisprudência iterativa e dominante do TST ou de acordo com sua súmula jurisprudencial.

As hipóteses, contudo, não terminam aqui.

Pode ocorrer da decisão do Regional julgar válida lei ou ato do governo local contestado em face da Constituição de 1988 ou, ainda, declarar a inconstitucionalidade de tratado ou lei federal, violando-as. Cabível, será, então, a interposição do extraordinário contra o acórdão que assim decidir, desde que enquadráveis nas hipóteses do art. 102, III, "b" e "c", da CF/88, pois não passíveis de ataque pela via do recurso de revista no feito processado pelo rito sumaríssimo na Justiça do Trabalho.

Assim, sendo de última instância a decisão proferida pelo Regional Trabalhista, quando não cabível a interposição da revista, é de se acatar o recurso extraordinário, se enquadrável nas situações mencionadas no art. 102, III, da CF/88.

7.5. Hipóteses de cabimento do recurso extraordinário na execução trabalhista

A doutrina trabalhista ainda vacila quanto à recorribilidade da decisão proferida na fase de liquidação.

Majoritariamente, doutrina e jurisprudência, entendem que, diante do texto do § 3º do art. 884, da CLT, "somente nos embargos à penhora poderá o executado impugnar a sentença de liquidação, cabendo ao exequente igual direito e no mesmo prazo".

Ao se utilizar da expressão "impugnar", de sentido mais amplo que contestação ou recurso, com conceito próximo ao de instrumento ou meio processual de defesa da parte, entende a doutrina que o legislador quis tornar irrecorrível a sentença de liquidação, reservando aos embargos à penhora o momento próprio para que a mesma seja impugnada.

Se esse entendimento for correto, não se pode, então, negar que a sentença de liquidação que julga improcedentes (ou improvados) os artigos de liquidação ou, *v. g.*, acolhe a prescrição em liquidação por cálculos ou, ainda, extingue a fase de liquidação por arbitramento, seria irrecorrível. Isso porque, como o momento próprio da sua impugnação seria nos embargos à penhora, meio nenhum estaria à disposição da parte para se insurgir contra tais decisões. Contraditoriamente, no entanto, as mesmas doutrina e jurisprudência, via de regra, entendem que, em casos que tais, cabe a interposição de recurso. Mas como, se "somente nos embargos à penhora poderá o executado impugnar a sentença de liquidação, cabendo ao exequente igual direito e no mesmo prazo"?

É preciso repensar essa questão. O que não se pode é ser contraditório.

Mais lógico, então, entender que o consolidador quis tornar irrecorrível a sentença de liquidação. O que não seria novidade em nosso ordenamento jurídico.

A parte, assim, não teria instrumento processual ao seu alcance para se insurgir contra a sentença de liquidação quando esta não for conclusiva por fixar o débito do devedor. Se, entretanto, houver decisão fixando esse débito, seguindo-se a execução, às partes restará reservado o direito de se insurgir contra a mesma, nos embargos à penhora ou na denominada impugnação à sentença de liquidação, quando oposta pelo credor.

De qualquer sorte, o que cabe destacar neste trabalho é que, consoante esta doutrina, a sentença de liquidação é tida como irrecorrível.

Ela, entretanto, em verdade, é recorrível, pois contra a mesma se pode, como contra qualquer outra decisão judicial, interpor os embargos de declaração (que são recursos) e o recurso extraordinário, sendo que este é cabível quando configuradas as hipóteses de cabimento previstas no art. 102, III, da CF/88.

Contra a decisão prolatada em liquidação de sentença trabalhista, pois, por ser de instância única, cabe a interposição do recurso extraordinário. Esta, aliás, seria a única hipótese de interposição de recurso extraordinário na fase de liquidação, seja ela processada em qualquer grau de instância. Assim, é cabível contra a decisão do juiz, nos feitos liquidados no primeiro grau, como é cabível contra a decisão do Juiz Presidente do Tribunal Regional ou Superior, quando liquidada a decisão perante estes órgãos em feito de sua competência originária (art. 877, CLT).

Diga-se, ainda, que, mesmo que seja meramente homologatória, a decisão proferida em liquidação trabalhista é uma sentença por própria definição legal (§ 2º, do art. 884, CLT).

Assim como no Primeiro Grau, as decisões proferidas pelos TRT's e pelo TST em liquidação de sentença nas ações de suas competências originárias, também são irrecorríveis. Logo, contra as mesmas cabe a interposição do recurso extraordinário.

Além dessas hipóteses acima, são de única instância as seguintes decisões proferidas pelo TST, contra as quais cabe o recurso extraordinário:

a) as decisões proferidas em conflitos de competência entre Tribunais Regionais e aqueles que envolvem Juízes de Direito investidos da jurisdição trabalhista e

Varas do Trabalho em processos de execução individual (Lei n. 7.701/88, art. 3º, inciso II, alínea "b"); e

b) as decisões proferidas nos feitos de competência originária do Órgão Especial do TST (RITST, art. 30, inciso I, "j").

Outrossim, da decisão proferida pelo Tribunal Regional em execução ou liquidação somente cabe a interposição do recurso de revista na hipótese de "ofensa direta à Constituição Federal" (art. 896, § 4º, *in fine*, CLT).

Assim, será de última instância a decisão do regional que não ofender diretamente a lei maior nacional. Contra a mesma, assim, caberá a interposição do recurso extraordinário, desde que preenchidos os pressupostos apontados no art. 102, II, da CF/88.

É, pois, mais uma hipótese de cabimento do recurso extraordinário no processo de execução trabalhista.

Já no Tribunal Superior do Trabalho, as hipóteses de decisões de última instância nos processos de execução, inclusive embargos de terceiros, igualam-se, às das ações de conhecimento.

Elas tanto podem ser proferidas por turmas, como pelas seções especializadas ou pelo Órgão Especial do TST.

No órgão de cúpula do TST, conforme art. 30, inciso I, do seu Regimento Interno, são decisões jurisdicionais de última instância, em execução, aquelas que cuidam:

a) da arguição de inconstitucionalidade de lei ou ato normativo do Poder Público, nos feitos remetidos pelas Seções Especializadas ou Turmas do TST; e

b) dos incidentes de uniformização da jurisprudência em execuções Individuais.

Já na SDI, são de última instância, na ação de execução, as decisões prolatadas:

a) nos recursos ordinários interpostos contra decisões dos Tribunais Regionais em processos de execução individual de sua competência originária (Lei n. 7.701/88, art. 3º, inciso III, "a");

b) nos embargos interpostos contra decisões das Turmas do TST (Lei n. 7.701/88, art. 3º, inciso III, "b");

c) nos agravos regimentais de despachos denegatórios dos presidentes das Turmas, em matéria de embargos (Lei n. 7.701/88, art. 3º, inciso III, "c");

d) nos agravos de instrumento interpostos contra despacho denegatório de recurso ordinário em processo de sua competência (Lei n. 7.701/88, art. 3º, inciso III, "f");

e) nas suspeições arguidas contra o presidente e demais ministros que integram essa seção, nos feitos pendentes de sua decisão (Lei n. 7.701/88, art. 3º, inciso III, "e").

Por fim, temos as seguintes decisões de última instância, proferidas pelas Turmas do TST em processos de execução:

a) nos recursos de revista quando não tenha cabimento a interposição dos embargos para a SDI do TST (Lei n. 7.701/88, art. 5º, a, c/c. art. 3º, inciso III, "b") 20;

b) nos agravos de instrumento (Lei n. 7.701/88, art. 5º, "b"); e

c) nos agravos regimentais de sua competência (Lei n. 7.701/88, art. 5º, "c").

Vale lembrar que os embargos à SDI do TST somente têm cabimento quando as decisões das Turmas divergirem entre si ou das decisões proferidas pela Seção de Dissídios Individuais, salvo se a decisão recorrida estiver em consonância com súmula ou orientação jurisprudencial do Tribunal Superior do Trabalho ou do Supremo Tribunal Federal.

Não sendo cabível, assim, o recurso de embargos para apreciação pela SDI, a decisão da turma do TST, nas execuções individuais, será de última instância, abrindo caminho para o recurso extraordinário.

7.6. Do processamento do recurso extraordinário

O processamento do recurso extraordinário está todo regrado no CPC e no Regimento Interno do STF.

Assim, é que ele deve ser interposto perante o presidente ou o vice-presidente do tribunal recorrido ou perante o juiz de primeiro grau (art. 541, CPC).

São seus requisitos (art. 541, CPC):

"I — a exposição do fato e do direito;

II — a demonstração do cabimento do recurso interposto; e

III — as razões do pedido de reforma da decisão recorrida."

Recebida a petição, será intimado o recorrido, abrindo-se-lhe vista para apresentar contrarrazões. Findo esse prazo, serão os autos conclusos para admissão ou não do recurso, no prazo de quinze dias, em decisão fundamentada.

Vale lembrar, ainda, que, no processo trabalhista, é pressuposto do recurso extraordinário, a realização do depósito recursal e do pagamento das custas, se for o caso.

7.7. Repercussão geral

A partir da Emenda Constitucional n. 45/04, dentre os pressupostos de admissibilidade dos recursos extraordinários, inclui-se a exigência de repercussão geral da questão constitucional suscitada.

Sua finalidade foi a de limitar a competência do STF, no julgamento de recursos extraordinários, às questões constitucionais com relevância social, política, econômica ou jurídica, que transcendam os interesses subjetivos da causa. Evita-se, desse modo, que o STF decida múltiplas vezes sobre uma mesma questão constitucional.

O STF, assim, poderá recusar o recurso extraordinário cuja questão constitucional não oferecer repercussão geral. Para efeito da repercussão geral, será considerada a existência, ou não, de questões que, relevantes do ponto de vista econômico, político, social ou jurídico, ultrapassem os interesses subjetivos das partes.

A existência da repercussão geral da questão constitucional suscitada passou, assim, a ser pressuposto de admissibilidade de todos os recursos extraordinários, inclusive em matéria penal.

Esse pressuposto de admissibilidade, porém, somente é exigido nos recursos extraordinários interpostos a partir de 3 de maio de 2007, data em que passou a vigorar a Emenda Regimental n. 21/07 ao RISTF, que estabeleceu as normas necessárias à execução das disposições legais e constitucionais sobre o novo instituto. Os recursos extraordinários anteriores interpostos, pois, continuam a ser regidos, quanto à sua admissibilidade, pelas disposições legais vigentes anteriormente à instituição deste pressuposto.

Destaque-se, porém, que os recursos extraordinários anteriores e posteriores, quando múltiplos, sujeitam-se a sobrestamento, retratação e reconhecimento de prejuízo (art. 543-B, §§1º e 3º do CPC).

Assim, os recursos interpostos antes de 3 de maio de 2007, não podem ter sua admissibilidade recusada por ausência de repercussão geral. Quando, porém, tais recursos versarem sobre matéria com repercussão geral reconhecida (matéria levada ao Plenário Virtual ou ao Plenário convencional para exame deste pressuposto), devem ser adotados pelos Juízos recorridos os procedimentos previstos no art. 543-B, especialmente seus §§ 1º e 3º do CPC.

Em consequência, nestes processos deve haver sobrestamento, até que haja decisão de mérito pelo STF sobre tema de repercussão geral, e poderá ocorrer, na sequencia, retratação das decisões contrárias ao entendimento do STF e reconhecimento de prejuízo, no caso das decisões consentâneas.

Quanto aos novos recursos, exige-se preliminar formal de repercussão geral, sob pena de não ser admitido o recurso extraordinário. A verificação da existência da preliminar formal, no entanto, é de competência concorrente do juízo recorrido e do STF. A análise sobre a existência ou não da repercussão geral, inclusive o reconhecimento de presunção legal de repercussão geral, é, no entanto, de competência exclusiva do STF.

O recorrente, assim, deverá demonstrar, em preliminar do recurso, para apreciação exclusiva do Supremo Tribunal Federal, a existência da repercussão geral. Dispõe a lei, no entanto, que haverá repercussão geral sempre que o recurso impugnar decisão contrária à súmula ou jurisprudência dominante do Tribunal.

Se a Turma decidir pela existência da repercussão geral por, no mínimo, 4 (quatro) votos, ficará dispensada a remessa do recurso ao Plenário. Negada a existência da repercussão geral, a decisão valerá para todos os recursos sobre matéria idêntica, que serão indeferidos liminarmente, salvo revisão da tese, tudo nos termos do Regimento Interno do Supremo Tribunal Federal.

Em seu processamento, quando não for o caso de inadmissibilidade do recurso por outra razão, o relator submeterá, por meio eletrônico, aos demais ministros, cópia de sua manifestação sobre a existência, ou não, de repercussão geral. Tal procedimento, no entanto, não terá lugar, quando o recurso versar questão cuja repercussão já houver sido reconhecida pelo Tribunal ou quando impugnar decisão contrária à súmula ou à jurisprudência dominante, casos em que se presume a existência de repercussão geral.

Mediante decisão irrecorrível, porém, antes de dar conhecimento aos demais ministros, poderá o relator admitir de ofício ou a requerimento, em prazo que fixar, a manifestação de terceiros, subscrita por procurador habilitado, sobre a questão da repercussão geral.

Recebida a manifestação do relator, os demais ministros encaminhar-lhe-ão, também por meio eletrônico, no prazo comum de 20 (vinte) dias, manifestação sobre a questão da repercussão geral. Decorrido, contudo, o prazo sem manifestações suficientes para recusa do recurso, reputar-se-á existente a repercussão geral.

O relator juntará cópia das manifestações aos autos, quando não se tratar de processo informatizado, e, uma vez definida a existência da repercussão geral, julgará o recurso ou pedirá dia para seu julgamento, depois da do Procurador-Geral, se necessário. Caso negada a existência da repercussão geral, caberá ao relator formalizar a decisão de recusa do recurso.

O teor da decisão preliminar sobre a existência da repercussão geral, que deve integrar a decisão monocrática ou o acórdão, constará sempre das publicações dos julgamentos no *Diário Oficial*, com menção clara à matéria do recurso.

Toda decisão de inexistência de repercussão geral é irrecorrível e, valendo para todos os recursos sobre questão idêntica, deve ser comunicada, pelo Relator, à Presidência do Tribunal. Isso porque, a partir daí, a Presidência do Tribunal recusará recursos, não só que não apresentem preliminar formal e fundamentada de repercussão geral, bem como aqueles cuja matéria carecer de repercussão geral, segundo precedente do Tribunal, salvo se a tese tiver sido revista ou estiver em procedimento de revisão. Igual competência, todavia, é assegurada ao Relator quando o recurso não tiver sido liminarmente recusado pela Presidência. Da decisão que recusar recurso, no entanto, caberá agravo.

7.8. Recursos sobre matérias com jurisprudência dominante do STF

Os recursos extraordinários e agravos de instrumento, no entanto, que tratam de matérias já decididas pelo STF, poderão ser solucionados nas instâncias de origem, depois de examinada a repercussão geral da matéria pelo STF e desde que confirmado, no mesmo julgamento, que a jurisprudência é dominante e se mantém.

Para as matérias já decididas, no entanto, será adotado o procedimento a seguir delineado.

O Presidente, antes da distribuição, suscitará questão de ordem em recurso remetido ao STF, para que os Ministros decidam se a matéria tem repercussão geral, se sobre a mesma já existe jurisprudência dominante do STF e, existindo jurisprudência dominante, se é caso de reafirmá-la ou se é caso de levar o tema à nova decisão, para eventual revisão da tese.

Confirmado que há jurisprudência dominante e que é o caso de reafirmá-la, o STF negará distribuição ao recurso e a todos os que forem remetidos e que versem sobre a mesma matéria. Com isso, os juízos recorridos poderão exercer juízo de retratação (quando suas decisões forem contrárias ao entendimento do STF) ou considerar prejudicados recursos (quando suas decisões forem consentâneas).

7.9. Efeitos múltiplos

Quando, no entanto, houver multiplicidade de recursos com fundamento em idêntica controvérsia, em relação à análise da repercussão geral, caberá ao Tribunal de origem selecionar um ou mais recursos representativos da controvérsia e encaminhá-los ao Supremo Tribunal Federal, sobrestando os demais até o pronunciamento definitivo da Corte.

Negada a existência de repercussão geral, os recursos sobrestados considerar-se-ão automaticamente não admitidos. Outrossim, julgado o mérito do recurso extraordinário, os recursos sobrestados serão apreciados pelos Tribunais, Turmas de Uniformização ou Turmas Recursais, que poderão declará-los prejudicados ou retratar-se.

Mantida a decisão e admitido o recurso, poderá o Supremo Tribunal Federal cassar ou reformar, liminarmente, o acórdão contrário à orientação firmada.

Ainda que não adotado o procedimento acima mencionado pelo Tribunal ou juiz local, protocolado ou distribuído recurso cuja questão for suscetível de reproduzir-se em múltiplos feitos, a Presidência do Tribunal ou o Relator, de ofício ou a requerimento da parte interessada, comunicará o fato aos juízes, tribunais ou turmas de juizado especial, a fim de que observem o disposto no art. 543-B do Código de Processo Civil, podendo pedir-lhes informações, que deverão ser prestadas em 5 (cinco) dias, e sobrestar todas as demais causas com questão idêntica.

Do mesmo modo, quando se verificar subida ou distribuição de múltiplos recursos com fundamento em idêntica controvérsia, a Presidência do Tribunal ou o relator selecionará um ou mais representativos da questão e determinará a devolução dos demais aos tribunais ou turmas de juizado especial de origem, para aplicação dos parágrafos do art. 543-B do Código de Processo Civil.

Nos casos previstos no art. 543-B, *caput*, do Código de Processo Civil, o Tribunal de origem não emitirá juízo de admissibilidade sobre os recursos extraordinários já sobrestados, nem sobre os que venham a ser interpostos, até que o *Supremo Tribunal Federal* decida os que tenham sido selecionados.

Nessas hipóteses, ainda, o Juízo de origem sobrestará os agravos de instrumento contra decisões que não tenham admitido os recursos extraordinários, julgando-os prejudicados na hipótese do art. 543-B, § 2º.

Julgado o mérito do recurso extraordinário em sentido contrário ao dos acórdãos recorridos, caberá ao Juízo de origem remeter ao *Supremo Tribunal Federal* os agravos em que não se retratar.

7.10. Recursos múltiplos nos Juízos recorridos

Já nos Juízos e Tribunais recorridos, cabe à autoridade respectiva, em juízo preliminar de admissibilidade, verificar se o recurso extraordinário trata de matéria isolada ou de matéria repetitiva (processos múltiplos).

Quanto às matérias isoladas, realiza-se diretamente o juízo de admissibilidade, exigindo-se, além dos demais requisitos, a presença de preliminar de repercussão geral, sob pena de inadmissibilidade.

Já quanto aos recursos extraordinários múltiplos, cabe à autoridade respectiva selecionar em torno de três recursos extraordinários representativos da controvérsia, com preliminar de repercussão geral e que preencham os demais requisitos para sua admissibilidade, os quais deverão ser remetidos ao STF, mantendo-se sobrestados todos os demais, inclusive os que forem interpostos a partir de então (§ 1º do art. 543-B do CPC). Não há necessidade de prévio, neste caso, do juízo de admissibilidade dos recursos que permanecerão sobrestados. Contudo, se a seleção ainda não foi feita para um assunto específico, mas houve a respectiva inclusão para julgamento do Plenário Virtual do STF, desnecessária a remessa de outros processos representativos da mesma controvérsia, podendo ocorrer o imediato sobrestamento de todos os recursos extraordinários e agravos de instrumento sobre o tema.

Proferida a decisão sobre repercussão geral, surgem duas possibilidades:

a) se o STF decidir pela inexistência de repercussão geral, consideram-se não admitidos os recursos extraordinários e eventuais agravos já interpostos (§ 2º do art. 543-B do CPC);

b) se o STF decidir pela existência de repercussão geral, aguarda-se a decisão do Plenário sobre o assunto.

Neste caso, duas situações podem surgir: a) se o acórdão de origem estiver em conformidade com a decisão que vier a ser proferida, consideram-se prejudicados os recursos (§ 3º do art. 543-B do CPC); b) se o acórdão de origem contrariar a decisão do STF, encaminha-se o recurso extraordinário ao órgão fracionário que proferiu o acórdão, para retratação (§ 3º do art. 543-B do CPC).

Em suma, em resumo, os Tribunais só devem encaminhar ao STF cerca de três recursos extraordinários de cada matéria, sobrestando todos os demais, inclusive os respectivos agravos. O STF analisará cada questão em um único processo, podendo devolver os demais.

Todos os recursos múltiplos sobrestados serão, depois da decisão do STF, considerados prejudicados ou poderão ser objeto de retratação pelos próprios recorridos.

O sobrestamento dos recursos extraordinários interpostos, para os efeitos da repercussão geral, poderá ocorrer antes do juízo de admissibilidade, evitando-se a dupla análise sobre o cabimento do recurso extraordinário e a interposição de sucessivos agravos.

Lembre-se, ainda, que ao agravo de instrumento, no Juízo de origem, aplicam-se todas essas regras, no que couber.

7.11. Do agravo de instrumento em recurso extraordinário

Não admitido o recurso extraordinário no juízo recorrido, contra essa decisão que tranca seu processamento, caberá agravo de instrumento, no prazo de dez dias, para o Supremo Tribunal Federal.

Esse agravo deverá ser instruído com as peças apresentadas pelas partes, devendo constar, obrigatoriamente, sob pena de não conhecimento, cópia do acórdão recorrido, da petição de interposição do recurso denegado, das contrarrazões, da decisão agravada, da certidão da respectiva intimação e das procurações outorgadas aos advogados do agravante e do agravado.

No STF, o agravo de instrumento será julgado, monocraticamente, pelo relator (art. 544, § 2º, CPC).

Interessante é que, na hipótese de provimento do agravo, se o instrumento contiver os elementos necessários ao julgamento do mérito do recurso extraordinário, o relator determinará a sua conversão, observando-se, daí em diante, o procedimento relativo a esse recurso (art. 544, §§ 3º e 4º, CPC).

Esse procedimento, porém, não se aplica quando, na mesma causa, houver recurso de revista ou embargos admitido e que deva ser julgado em primeiro lugar.

Já da decisão do relator que não admitir o agravo de instrumento, ou negar-lhe provimento, caberá agravo para o órgão julgador, no prazo de cinco dias.

O Regimento Interno do STF prevê, ainda, duas outras hipóteses de interposição do agravo de instrumento. Elas se configurarão quando o juízo recorrido retardar, injustificadamente, por mais de 30 dias, a decisão quanto à admissibilidade ou não do recurso extraordinário ou, ainda, retardar a remessa do processo ao Tribunal (art. 313, III, RISTF).

7.12. Agravos de instrumento sujeitos à repercussão geral

Os agravos de instrumentos interpostos das decisões que inadmitiram recursos extraordinários, já sujeitos ao requisito legal da repercussão geral, podem ser sobrestados quando relativos aos assuntos já levados à decisão sobre repercussão geral, no Plenário Virtual do STF (art. 328-A, § 1º, do RISTF).

Neste caso, decidida a questão da repercussão geral no Plenário Virtual, surgem as seguintes hipóteses:

a) negada a repercussão geral os agravos ficam prejudicados, assim como os recursos extraordinários;

b) admitida a repercussão geral os agravos ficam sobrestados, assim como os recursos extraordinários, até o julgamento do mérito do *leading case*, surgindo, então as seguintes hipóteses:

b.1) se a decisão do STF, no julgamento do mérito do *leading case*, seguir a mesma orientação dos acórdãos recorridos, ficam prejudicados os agravos e os recursos extraordinários (§ 3º do art. 543-B do CPC);

b.2) se a decisão do STF, no julgamento do mérito do *leading case*, seguir em sentido diverso dos acórdãos recorridos, abrem-se duas possibilidades:

b2.1) se não se verificar hipótese de retratação da própria decisão de inadmissibilidade do recurso extraordinário, proferida no agravo (art. 328-A, § 1º do RISTF), este deve ser remetido ao STF, já que a eventual possibilidade de retratação do acórdão recorrido, pressupõe a admissibilidade do recurso extraordinário;

b2.2) se for exercido o juízo de retratação nos agravos (admitindo-se o recurso extraordinário), abre-se a possibilidade da retratação do próprio acórdão recorrido (§ 3º do art. 543-B do CPC);

c) os agravos de instrumento já pendentes no STF, serão por este julgados.

7.13. Do processamento do recurso de revista, dos embargos e do recurso extraordinário

Assim como no processo civil é possível a interposição, na mesma causa, contra a mesma decisão, do recurso especial e do recurso extraordinário, semelhante hipótese ocorre nos feitos trabalhistas.

Como se pode deduzir do exposto acima, diversas são as situações onde, contra determinada decisão, poderá ser ajuizado o recurso de revista ou os embargos para as seções especializadas do TST e, concomitantemente, o recurso extraordinário para o STF.

A legislação processual trabalhista, porém, não dispõe de regras próprias disciplinando o processamento simultâneo desses recursos. É indispensável, assim, a aplicação subsidiária do CPC, igualando-se o recurso de revista e os embargos no TST ao recurso especial, pois todos possuem a mesma natureza revisional.

Desse modo, na hipótese de interposição do recurso de revista ou dos embargos conjuntamente com o recurso extraordinário, sendo os mesmos admitidos, os autos serão remetidos ao TST ou à sua seção especializada. Concluído, porém, o julgamento do recurso de revista ou dos embargos pela Seção Especializada, serão os autos remetidos ao Supremo Tribunal Federal, para apreciação do recurso extraordinário, se este não estiver prejudicado (art. 543, CPC).

Na hipótese, entretanto, de o relator do recurso de revista ou dos embargos no TST considerar que o recurso extraordinário é prejudicial à sua apreciação (da revista ou dos embargos), deverá, em decisão irrecorrível, sobrestar o seu julgamento e remeter os autos ao Supremo Tribunal Federal para apreciação do recurso extraordinário (art. 543, § 2º, CPC).

Tal decisão, contudo, não vincula o Relator do recurso extremo no STF. Assim, se ele entender que o recurso trabalhista não é prejudicial, deve, em decisão também irrecorrível, mandar devolver os autos para o Tribunal Superior do Trabalho de modo que este possa prosseguir no julgamento do recurso de revista ou dos embargos por qualquer de suas seções especializadas (art. 543, § 3º, CPC).

8. Embargos de Divergência no STF (EDiv)

No STF, à semelhança dos embargos no TST, também é possível a interposição dos embargos de divergência, quando a decisão da Turma, em recurso extraordinário, divergir do julgamento da outra turma ou do plenário.

A jurisprudência mais recente do STF, todavia, já aceita a interposição dos embargos de divergência da decisão proferida em agravo interposto contra decisão monocrática que aprecia recurso extraordinário.

Não caberá os embargos, no entanto, se a jurisprudência do Plenário ou de ambas as Turmas estiver firmada no sentido da decisão embargada.

Os embargos de divergência serão interpostos no prazo de quinze dias e juntos aos autos, independentemente de despacho. Feita a distribuição, serão conclusos os autos ao Relator, para serem ou não admitidos os embargos.

9. Agravo de Petição (AP)

9.1. Cabimento

O agravo de petição tem seu cabimento sujeito a duas restrições: primeiro, quanto à natureza da ação; e, segundo, quanto à natureza do ato recorrido.

Quanto à natureza da ação, a CLT reservou o agravo de petição à ação de execução (alínea "a" do art. 879). Em interpretação desse dispositivo, estendeu-se seu cabimento às ações incidentais ou preparatórias ajuizadas no curso, ou antes, da ação de execução (Súmula n. 266/TST). Incabível na ação de liquidação, já que a sentença nela proferida é irrecorrível, pois somente impugnável nos embargos à penhora ou em impugnação à sentença de liquidação (§ 3º do art. 884 da CLT).

Quanto ao ato recorrido, o consolidador reservou a interposição do agravo de petição contra as *"decisões"* do juiz nas execuções (alínea "a" do art. 897 da CLT).

Vale destacar aqui, e de logo, que o consolidador deu tratamento diverso ao recurso ordinário, pois estabeleceu que este fosse cabível contra a *decisão definitiva* ou terminativa, a teor da alínea "a" do art. 895 da CLT.

Decisão judicial, por sua vez, pode ser de duas espécies: interlocutória e sentencial (art. 162, §§ 1º e 2º, do CPC). Decisão sentencial, definitiva ou terminativa, é aquela que põe termo ao processo, extinguindo sem julgamento do mérito a causa, ou resolve o mérito (§ 1º do art. 162 do CPC). Já a decisão interlocutória é aquela que resolve uma questão no curso do processo (§ 2º do art. 162 do CPC). Tais atos do juiz diferenciam do despacho e dos atos ordinatórios (§§ 3º e 4º do art. 162 do CPC), já que nestes o magistrado nada decide, apenas ordena a execução de atos impulsionadores do processo.

A partir dos conceitos acima se pode, então, facilmente, alcançar a seguinte conclusão: o agravo de petição pode ser interposto contra a decisão interlocutória e contra a decisão definitiva ou terminativa proferida em execução.

Ocorre, porém, que o § 1º do art. 893 da CLT, que cuida de regra geral aplicável aos recursos, estabelece que "os incidentes do processo serão resolvidos pelo próprio juiz ou tribunal, admitindo-se a apreciação do merecimento das decisões interlocutórias somente em recurso da decisão definitiva".

A partir, então, desse dispositivo, fartas doutrina e jurisprudência passaram a sustentar, de forma majoritária, que não é cabível o agravo de petição contra decisão interlocutória. A interpretação é por demais lógica e compatibilizadora dos preceitos consolidados, pois a partir da aplicação do § 1º do art. 893 da CLT se conclui que a decisão a que se refere a alínea "a" do art. 897 da CLT é aquela de natureza sentencial. Com essa interpretação sistemática, ambos dispositivos são plenamente aplicáveis e coerentes entre si, um não negando o outro.

Tal entendimento, todavia, *data venia*, não se coaduna com a natureza da ação de execução e com a melhor interpretação que se deva dar. Como é sabido, na ação de execução se busca, por meio de medidas práticas, a satisfação do direito acertado no título executivo. E a execução é extinta por decisão terminativa, quando falta algum pressuposto para sua validade (extinção prematura, sem satisfação do crédito), ou por decisão que certifica a satisfação da obrigação, sua remissão ou a renúncia do crédito (art. 741 do CPC).

A ação de execução, contudo, ainda que, via de regra, não comporte o debate cognitivo, são diversos os incidentes que obrigam o juiz a decidir interlocutoriamente. Como regra, essas decisões são atacáveis por via dos embargos, instrumento próprio, inclusive, para discussão dos atos nulos ou anuláveis praticados na execução (arts. 741, 745 e 746 do CPC).

Ocorre, porém, que existem diversas situações que exigem do juiz uma decisão interlocutória e que não abre para a parte a oportunidade de atacar esse ato mediante os embargos. Podemos citar a hipótese em que, após diversas tentativas para encontrar bens do devedor, o credor requer a quebra do sigilo bancário do executado e tem sua pretensão indeferida pelo juiz, ficando, por conta disso, paralisado o processo. Ou ainda da hipótese em que, omisso o devedor, o credor reiteradamente indica bens à penhora e o juiz sempre indefere o pedido do exequente, nunca determinando a constrição judicial.

Prevalecendo o entendimento de que a decisão interlocutória não comporta agravo de petição, a parte não terá como levar essa questão para debate no Tribunal. Poder-se-á dizer: neste caso, o credor pode manejar o mandado de segurança.

Posso até admitir a impetração do mandado de segurança, mas questiono: é lógica essa interpretação, que não concede à parte o direito de recorrer da decisão interlocutória, obrigando-o utilizar outra ação para que esta (decisão) seja revista ou reformada? Não parece mais lógico se entender que tais decisões são recorríveis, estabelecendo a possibilidade de uso do instrumento processual de revisão no próprio processo ao invés de seu uso fora do processo.

Outro exemplo: o juiz indefere a adjudicação. Por ser decisão interlocutória, não caberia a interposição de recurso. Desta decisão, também não cabe a impugnação pela via dos embargos. Quando então o credor poderá recorrer dessa decisão? Dirão: ao fim do processo de execução, depois de proferida a sentença extintiva. Mas, pergunta-se: qual o sentido desse recurso, se a execução apenas é extinta quando o juiz declara a satisfação da obrigação, sua remissão ou a renúncia do crédito (art. 741 do CPC)? Será que o credor tem interesse em recorrer daquela decisão após receber seu crédito, perdoar a dívida ou renunciar ao seu direito?

Óbvio que essa interpretação majoritária não encontra respaldo, no mínimo, no que parece ser razoável. Vou além. Entendo que essa interpretação restritiva fere o direito de ação, na medida em que impede que a prestação jurisdicional seja entregue. Isso porque ao não possibilitar a revisão da decisão interlocutória por meio de recurso no próprio processo cria-se obstáculo intransponível à entrega da prestação jurisdicional, já que o feito pode não chegar ao seu fim.

Essa situação, aliás, difere daquelas hipóteses em que a sentença não comporta recurso. Aqui, a prestação jurisdicional, bem ou mal, é satisfeita. Na hipótese acima estabelecida, no entanto, o processo nunca chegará ao fim se o juiz, por exemplo, sempre indeferir o pedido de constrição judicial dos bens indicados pelo credor.

O mesmo se diga do processo cognitivo, pois nenhuma decisão interlocutória impede o prosseguimento da ação. O juiz pode indeferir a produção de provas, pode mandar desentranhar peças processuais, etc., mas nenhum de seus atos impedirá que se alcance a sentença, salvo, evidentemente, se se recusar a prolatar a decisão.

Aliás, conforme jurisprudência unânime e atual da SDI-II do TST, entende-se que contra as decisões proferidas na execução a parte dispõe :

"de instrumento processual específico e apto a combater os vícios tidos como existentes no processo de execução, nos termos do art. 897, alínea a, da CLT, que estabelece, como hipótese genérica de cabimento do agravo de petição, indistintamente, as decisões judiciais proferidas na fase de execução. Nesse sentido, tem-se a Orientação Jurisprudencial n. 92 desta colenda 2ª Subseção Especializada em Dissídios Individuais." (PROC.: ROMS n. 12850/2006-000-02-00, publicação: DJ 20.6.2008) Decisão idêntica: (PROC.: ROMS n. 13859/2005-000-02-00, publicação: DJ 20.6.2008)

É entendimento, ainda, que:

"o mandado de segurança não pode ser utilizado como sucedâneo de recurso ou de outro remédio jurídico idôneo a coibir ato ofensivo ao direito da Impetrante, pois o princípio regente da ação mandamental é o da inoponibilidade do mandado de segurança contra atos judiciais passíveis de correção eficaz, por qualquer meio processual admissível." (PROC.: ROMS n. 1583/2006-000-15-00, publicação: DJ 13.6.2008)

"Nesse passo, vem à baila a Orientação Jurisprudencial n. 92 da SBDI-2, segundo a qual — Não cabe mandado de segurança contra decisão judicial passível de reforma mediante recurso próprio, ainda que com efeito diferido —. Não é demais ressaltar que a expressão "recurso" a que alude o art. 5º, II, da Lei n. 1.533/51 e a OJ n. 92 não comporta a acanhada ilação de se referir unicamente aos recursos previstos nos arts. 894 a 897 da CLT ou 496 do CPC, abrangendo todos os instrumentos jurídicos aptos à defesa do direito pretensamente violado, a exemplo dos embargos de terceiro e dos embargos da execução." (PROC.: RXOF e ROMS n. 13420/2006-000-02-00, publicação: DJ 20.6.2008)

"Não é demais lembrar que o princípio da irrecorribilidade das interlocutórias, consagrado no art. 893, § 1º, da CLT, só se aplica ao processo de conhecimento, em virtude de não haver atividade cognitiva no processo de execução, em que os atos aí praticados se classificam como materiais e expropriatórios com vistas à satisfação da sanção jurídica. O que pode ocorrer durante a tramitação do processo de execução é a erupção de incidentes de cognição, quer se refiram aos embargos do devedor, quer se refiram a pretensões ali deduzidas marginalmente, em que as decisões que os examinam desafiam a interposição do agravo de petição do art. 897, alínea 'a', da CLT." (PROC.: ROMS n. 372/2006-000-04-00, publicação: DJ 4.5.2007)

O TST, no entanto, na linha de antiga jurisprudência do STF, entende também que somente em casos excepcionais é cabível o mandado de segurança, ainda que impugnável a decisão por outro instrumento processual (embargos ou recurso).

"No que concerne ao cabimento do mandado de segurança por existir no ordenamento jurídico meio próprio para impugnar o ato atacado, frise-se que este Tribunal Superior tem admitido ultrapassar a barreira do cabimento do *writ* em hipóteses excepcionais em que a inexistência de remédio jurídico imediato possa causar dano de difícil reparação e seja flagrante a ilegalidade ou abusividade do ato impugnado.

...

Assim, em casos excepcionais, em que seja manifesto o abuso de poder, ou a ilegalidade do ato impugnado pelo *mandamus*, tem-se admitido ultrapassar a barreira do cabimento do *writ*." (PROC.: ROMS n. 624/2006-000-10-00, publicação: DJ 18.3.2008)

Quando muito, por ter natureza de ação de cognição, pode-se afirmar que não tem cabimento a interposição de recurso contra as decisões interlocutórias proferidas nas ações incidentais propostas no curso da execução (nos embargos, em regra). Neste caso, prevalece a regra da irrecorribilidade das decisões interlocutórias nos feitos de cognição e cautelar.

Pode-se, assim, desde logo, concluir que o agravo de petição tem cabimento contra decisões interlocutórias e sentenciais proferidas no processo de execução e somente contra decisões sentenciais nas ações propostas incidentalmente na execução.

9.2. Regras do agravo de petição contra decisão interlocutória

O agravo de petição interposto contra decisão interlocutória, por sua vez, assemelha-se ao agravo de instrumento do processo civil. Logo, a ele se aplicam as regras pertinentes, no que for compatível com o processo do trabalho, tal como se aplica ao recurso ordinário ou ao agravo de petição contra decisões definitivas ou terminativas os preceitos pertinentes à apelação do processo civil.

E, dentre as regras compatíveis, pode-se citar aquela do art. 558 do CPC, que prevê, expressamente, a possibilidade do relator, a requerimento do agravante, suspender o cumprimento da decisão atacada "até o pronunciamento definitivo da turma ou câmara", "nos casos de prisão civil, adjudicação, remição de bens, levantamento de dinheiro sem caução idônea e em outros casos dos quais possa resultar lesão grave e de difícil reparação, sendo relevante à fundamentação ...".

Creio, ainda, que em nada é incompatível — ao contrário, é por demais compatível, em face dos princípios da celeridade e economia processual — a possibilidade de interposição do agravo de petição em sua forma retida, em se tratando de decisão interlocutória, com respaldo no art. 523 do CPC. Neste caso, o agravo retido apenas seria conhecido pelo Tribunal, a requerimento, por ocasião do agravo de petição (apelação) interposto contra decisão definitiva ou terminativa. Em sentido contrário, pode-se mencionar *Sérgio Pinto Martins*.

Equiparando-se ao agravo interposto contra decisão interlocutória, o agravo de petição neste caso teria o efeito da retratação, previsto no § 2º do art. 523 do CPC, depois de ouvido o agravado.

Admitir-se-ia, ainda, em face de sua manifesta compatibilidade, a interposição do agravo de petição contra decisão interlocutória proferida em audiência, em sua forma oral do agravo retido, a constar do respectivo termo, expostas sucintamente às razões que justifiquem o pedido de nova decisão (§ 3º do art. 523 do CPC). E mais, em face do princípio da celeridade, somente seria admitido em sua forma retida o agravo de petição contra decisão interlocutória proferida na audiência de instrução e julgamento e das posteriores à sentença, salvo nos casos de dano de difícil e de incerta reparação e nos relativos aos efeitos em que a apelação é recebida (§ 4º do art. 523 do CPC).

Aplicar-se-iam, ainda, ao agravo de petição o disposto nos arts. 524 a 529 do CPC, já que compatíveis.

Assim, o agravo de petição neste caso poderia ser dirigido diretamente ao tribunal competente, mediante petição com os seguintes requisitos:

"I — a exposição do fato e do direito;

II — as razões do pedido de reforma da decisão;

III — o nome e o endereço completo dos advogados, constantes do processo."

A petição de agravo de petição contra a decisão interlocutória deve ser instruída:

"I — obrigatoriamente, com cópias da decisão agravada, da certidão da respectiva intimação e das procurações outorgadas aos advogados do agravante e do agravado;

II — facultativamente, com outras peças que o agravante entender útil."

No prazo do recurso, a petição deve ser protocolada no tribunal, ou postada no correio sob registro com aviso de recebimento.

O agravante, no prazo de três dias, requererá juntada, aos autos do processo, de cópia da petição do agravo de petição e do comprovante de sua interposição, assim como a relação dos documentos que instruíram o recurso, importando em sua inadmissibilidade o não-cumprimento dessa diligência.

Recebido o agravo no tribunal, e distribuído incontinenti, o relator:

"I — negar-lhe-á seguimento, liminarmente, nos casos do art. 557 do CPC;

II — poderá converter o agravo de instrumento em agravo retido, salvo quando se tratar de provisão jurisdicional de urgência ou houver perigo de lesão grave e de difícil ou incerta reparação, remetendo os respectivos autos ao juízo da causa, onde serão apensados aos principais, cabendo agravo dessa decisão ao órgão colegiado competente;

III — poderá atribuir efeito suspensivo ao recurso (art. 558 do CPC), ou deferir, em antecipação de tutela, total ou parcialmente, a pretensão recursal, comunicando ao juiz sua decisão;

IV — poderá requisitar informações ao juiz da causa, que as prestará no prazo de 10 (dez) dias;

V — mandará intimar o agravado, na mesma oportunidade, por ofício dirigido ao seu advogado, sob registro e com aviso de recebimento, para que responda no prazo de 10 (dez) dias, facultando-lhe juntar cópias das peças que entender conveniente; nas comarcas sede de tribunal e naquelas cujo expediente forense for divulgado no diário oficial, a intimação far-se-á mediante a publicação no órgão oficial;

VI — ultimadas as providências referidas nos incisos I a V, mandará ouvir o Ministério Público, se for o caso, para que se pronuncie no prazo de 10 (dez) dias. Na sua resposta, o agravado deve observar o disposto no § 2º do art. 525."

Em prazo não superior a 30 (trinta) dias da intimação do agravado, o relator pedirá dia para julgamento. E, se o juiz comunicar que reformou inteiramente a decisão, o relator considerará prejudicado o agravo.

9.3. Agravo de petição contra decisão definitiva ou de mérito

Já o agravo de petição de natureza apelativa seria aquele interposto contra decisão definitiva ou que resolve o mérito, proferida na ação de execução ou nas ações que lhe são incidentais, a exemplo dos embargos.

Assim, caberia a interposição do agravo de petição contra a decisão que extingue a execução (art. 794 do CPC) ou que julga os embargos à execução, os embargos de terceiros, os embargos à alienação (à arrematação e à adjudicação), nas ações cautelares preparatórias e incidentais à execução e, por analogia, na ação anulatória de ato judicial realizado na execução.

Assim, em resumo, o agravo de petição pode ser interposto contra qualquer decisão proferida na ação de execução e contra as decisões sentenciais proferidas nas suas ações incidentais.

Ao agravo de petição interposto contra decisão interlocutória se aplicam as regras do CPC atinentes ao agravo de instrumento, desde que compatíveis com o procedimento laboral, além daquelas específicas previstas na legislação processual trabalhista.

Já ao agravo de petição interposto contra decisão sentencial, se aplicam as regras relativas à apelação, regulada pelo CPC, além daquelas específicas previstas na legislação processual trabalhista.

9.4. Agravo de petição que impugna contas de liquidação

O legislador, porém, exige que, para conhecimento do agravo de petição que ataca decisão de liquidação (entenda-se: que apreciar questão relativa ao valor devido), deve o recorrente delimitar, justificadamente, as matérias e os valores impugnados, de modo a se permitir a execução imediata da parte remanescente até o final.

Questionável, porém, é a exigência desse requisito quando o agravo é interposto pelo credor. Isso porque, a finalidade do requisito é permitir a execução imediata da parcela remanescente até o final. E, lógico, no recurso do credor, nada impede o prosseguimento da execução para satisfação do crédito reconhecido como devido pelo devedor.

9.5. Agravo de petição por instrumento

A CLT prevê, ainda, a possibilidade do agravo de petição ser processado por instrumento.

Neste caso, caberá ao juiz remeter as peças necessárias para o exame da matéria controvertida, em autos apartados, ou nos próprios autos, se tiver sido determinada a extração de carta de sentença.

Tal procedimento, aliás, deve ser adotado sempre que o agravo de petição versar apenas sobre as contribuições sociais, caso em que o juiz da execução determinará a extração de cópias das peças necessárias, que serão autuadas em apartado, e remetidas à instância superior para apreciação, após contraminuta.

10. Agravo inominado (agravinho ou agravo interno)

Nossa atual legislação prevê, ainda, a interposição do recurso denominado simplesmente de agravo. Também conhecido como "agravinho" ou agravo interno.

Esse recurso de agravo, tal como previsto na legislação, daí por que não se confunde com o agravo regimental (este sempre previsto em Regimento Interno), é cabível para atacar decisão monocraticamente adotada nos Tribunais, nas hipóteses previstas em lei.

É o caso, por exemplo, da decisão preferida com fundamento no art. 557 do CPC, contra a qual é passível de impugnação por agravo.

Observe-se que, neste caso, o legislador atribuiu ao relator apreciar, monocraticamente, o recurso. Porém, como que querendo evitar os abusos monocraticamente praticados, o legislador acabou por criar um novo recurso: o de agravo da decisão do relator quando fundamentada no *caput* do art. 557 ou em seu § 1º-A.

É preciso, porém, bem revelar qual seja o objeto desse recurso. Isso porque o § 1º do art. 557 do CPC dispõe que se "provido o agravo, o recurso terá seguimento".

Do texto legal se extrai a conclusão que o agravo não se presta a analisar os fundamentos de fundo da decisão do relator (inadmissibilidade, improcedência ou procedência do recurso em si), mas sim a própria competência ou atribuição do julgador no seu ato de decidir monocraticamente. Isso porque a lei menciona que o recurso "terá seguimento" se provido o agravo. Assim, por exemplo, se provido o agravo, na hipótese de recurso ordinário nos feitos trabalhistas, deverá o juiz relator dar prosseguimento ao trâmite natural do apelo, elaborando seu voto, dando vista ao revisor etc., para, somente depois levar o recurso para julgamento pelo órgão colegiado.

O que poderá, então, ser questionado no agravo é a própria competência ou poder do juiz relator em decidir monocraticamente. A parte poderá sustentar que a hipótese não é de "manifesta" inadmissibilidade, procedência ou improcedência, ou, ainda, a inconstitucionalidade do procedimento, etc., tentando levar o recurso originário para o órgão colegiado.

E é importante definir bem essa situação ou objeto do agravo, pois o recurso de revista apenas tem cabimento contra decisão proferida em recurso ordinário ou execução de sentença (agravo de petição). Assim, contra a decisão proferida em agravo contra a decisão do juiz relator não cabe a interposição do recurso de revista.

Desse modo, se se entender que no agravo poderá o órgão colegiado conhecer e julgar, de logo, o recurso inadmitido, improvido ou provido monocraticamente, depois de assegurado o contraditório (contrarrazões), o direito de defesa (sustentação oral), a publicidade (publicação da pauta) e o devido processo legal (vista ao revisor, manifestação do MP, etc.), ter-se-á essa decisão como de última instância, atraindo a possibilidade da interposição do recurso extraordinário se diante de matéria constitucional. Isso porque — repetimos —, o recurso de revista apenas tem cabimento contra decisão proferida em recurso ordinário ou agravo de petição. Incabível, portanto, contra decisão proferida em agravo (inclusive o regimental) interposto contra a decisão do juiz relator.

Entendendo-se, ainda, que se trata de verdadeiro recurso de revisão da matéria de fundo decidida pelo juiz relator, haverão de ser aplicadas às regras de preparo e admissibilidade do recurso, se for o caso (custas, depósito, etc.).

Óbvio, porém, que se pode entender que o Colegiado, ao apreciar o agravo interno, num primeiro momento, deverá apreciar o próprio agravo e, caso o mesmo seja provido, deve passar ao julgamento imediato do recurso anterior monocraticamente apreciado.

A aplicação do § 2º do art. 557 do CPC, contudo, é questionável no processo do trabalho. Isso porque, em verdade, o legislador processual civil acabou por criar verdadeiro novo recurso contra a decisão proferida pelo relator. Como, entretanto, a CLT é exaustiva quanto às hipóteses de cabimento de recurso, não se pode aplicar a regra subsidiária a respeito.

É bem verdade que, diante das regras regimentais que preveem a interposição do agravo regimental contra decisão monocrática do relator, chegaríamos ao mesmo lugar. Todavia, é preciso lembrar que o recurso de revista não é cabível contra decisão proferida em agravos.

Assim, no processo do trabalho, seria mais compatível com seus princípios entender que contra a decisão do juiz relator não cabe recurso para o mesmo grau de jurisdição (para o mesmo tribunal, salvo na hipótese de embargos no TST). Ter-se-ia, assim, como exaustiva da instância a decisão monocrática, abrindo-se oportunidade para interposição dos recursos verticais subsequentes, se for o caso (de revista, de embargos ou extraordinário).

Essa posição, inclusive, tem o mérito de encurtar, nas situações elencadas no *caput* do art. 557 do CPC e em seu § 1º-A, a via cruz recursal trabalhista. Ao invés de um novo recurso (agravo contra decisão do relator para o órgão colegiado), abre-se de logo a via recursal superior.

11. Embargos de Declaração (ED)

Os embargos declaratórios, por sua vez, cabem, no processo do trabalho, da sentença ou acórdão, se no prazo de cinco dias, houver obscuridade, contradição ou for omitido ponto sobre o qual devia pronunciar-se o juiz ou tribunal, bem como quando ocorrer manifesto equívoco no exame dos pressupostos extrínsecos do recurso.

Os embargos de declaração visam, em princípio, a complementar, integrar, a decisão embargada, quando diante de contradição, omissão ou obscuridade. Seu objetivo, pois, não é de buscar a reforma do julgado.

Admite-se, porém, o modificativo da decisão nos casos de omissão e contradição no julgado e manifesto equívoco no exame dos pressupostos extrínsecos do recurso.

Apesar de a legislação mencionar que os embargos de declaração somente cabem de sentença ou acórdão, doutrina dominante e farta jurisprudência entendem que os mesmos podem ser opostos em face de qualquer decisão judicial, inclusive as interlocutórias.

Os embargos, outrossim, não estão sujeitos a preparo. Eles, ainda, quando opostos, interrompem o prazo para a interposição de outros recursos, por qualquer das partes.

Cabe esclarecer, todavia, que a jurisprudência dominante apenas não tem aceito esse efeito interruptivo quando os embargos são opostos intempestivamente ou por quem não tem legitimidade *ad causam* (quem não é parte).

Quando manifestamente protelatórios os embargos, cabe ao juiz ou ao tribunal, declarando que o são, condenar o embargante a pagar ao embargado multa não excedente de 1% (um por cento) sobre o valor da causa. Na reiteração de embargos protelatórios, a multa pode ser elevada a até 10% (dez por cento), ficando condicionada à interposição de qualquer outro recurso ao depósito do valor respectivo.

Lembre-se, contudo, que os erros materiais poderão ser corrigidos de ofício ou a requerimento de qualquer das partes, daí por que incabíveis embargos para sanar esse vício.

11.1. A preclusão pela falta de embargos de declaração e o recurso de revista

A preclusão, fenômeno que atinge todo o sistema processual, não poderia escapar aos domínios destinados ao recurso de revista. Por conseguinte, disse o Tribunal

Superior do Trabalho, mediante a Súmula n. 184, que "ocorre preclusão se não forem opostos embargos declaratórios para suprir omissão apontada em recurso de revista ou de embargos".

Os embargos declaratórios, como recurso que são, têm por finalidade precípua aclarar as eventuais imperfeições de julgamento, sendo, por conseguinte, um instrumento de integração da atividade jurisdicional.

É natural que o órgão judicial veja os embargos com certa antipatia, pois que o julgador, não raro, os toma como uma crítica a sua própria decisão. Muitos, aliás, chegam mesmo a ver os embargos como uma crítica pessoal ao seu trabalho. Tais aspectos, conquanto difíceis de serem relegados ao óbvio, devem ser postos de lado. O julgador não deve ter o compromisso com a vaidade. "Integra a natureza humana tanto a soberba quanto a modéstia. Só homens e mulheres muito evoluídos e superiores exibem a humildade necessária para reconhecer e corrigir os próprios erros", como bem lembrado por expressivo processualista[13].

Por outro lado, todos que possuem um pouco de vivência forense sabem que, por diversas oportunidades, os embargos são opostos por nada. No caso das sentenças, ao argumento de que o juiz não analisou todas questões suscitadas durante a fase cognitiva, esquecendo-se o embargante que a atividade de primeiro grau pode ser revista em sua inteireza pelo tribunal, desde que guardadas as proporções autorizativas do § 1º, do art. 515, do Código de Processo Civil. Em face do acórdão, por sua vez, a título de pré-questionamento, se não vale tudo, ao menos quase tudo. Sua eliminação talvez seja a melhor solução. Enfim ...

O fato é que o Tribunal Superior do Trabalho, a fim de evitar que o Pleno enfrente pela primeira vez determinada questão, estabeleceu, por meio da Súmula em comento (184), uma parada obrigatória do recorrente. Assim, se a parte pretende levar adiante o feito, deverá se assegurar que seu inconformismo foi objeto de apreciação da Turma Julgadora do TST, quando do julgamento do recurso de revista, por intermédio dos declaratórios, quando assim for possível o seu manuseio. Do contrário, a sanção já se encontra imposta pela Súmula, qual a preclusão.

Vale lembrar que os embargos não se prestam a ànálise de questões novas, assim consideradas como aquelas que não foram trazidas à tona por ocasião do julgamento do recurso de revista e, por conseguinte, não sendo autorizada a devolutividade da matéria.

É de se ressaltar que o recurso a ser interposto, após a revista, é de motivação vinculada, ou seja, a matéria nele contida deve se basear, necessariamente, em questões predeterminadas. Daí por que a necessidade de prequestionamento mediante embargos de declaração, como sugerido pela Súmula.

Nesse sentido, já pacificou entendimento o Supremo Tribunal Federal, por meio da Súmula n. 356, a saber:

---

(13) ASSIS, Araken de. *Manual dos recursos*. São Paulo: RT, 2007. p. 581.

"O ponto omisso da decisão, sobre o qual não foram opostos embargos declaratórios, não pode ser objeto de recurso extraordinário, por faltar o requisito do pré-questionamento."

11.2. Os embargos de declaração e a possibilidade de se alterar o julgado

Embora os declaratórios não tenham como escopo alterar o julgado, posto que dirigidos contra a forma das decisões, não é impossível que ao se decidir determinados embargos, estes possam alterar o que restou decidido. A questão foi objeto de apreciação por diversas vezes do Tribunal Superior do Trabalho, que acabou editando a Súmula n. 278, a saber:

"EMBARGOS DE DECLARAÇÃO. OMISSÃO NO JULGADO. A natureza da omissão suprida pelo julgamento de embargos declaratórios pode ocasionar efeito modificativo no julgado."

O resultado judicial no sentido de favorecer a parte que manuseia os embargos declaratórios, é situação prática de difícil ocorrência, pois "os embargos declaratórios enfrentam relutância natural do órgão judiciário. À diferença dos recursos remetidos ao órgão *ad quem*, compete ao próprio juiz que emitiu o provimento apreciar a crítica direta que lhe é feita e deliberar acerca de defeitos que, objetivamente, não depõem a favor do anterior exame atento da causa"[14].

Ao espírito do julgador mais evoluído, todavia, cuja humildade necessária para reconhecer o próprio erro não deve faltar, não raro visualiza nos embargos de declaração a possibilidade de modificação do julgado. Durante muito tempo, não se admitia a modificação do decidido pela via dos declaratórios. É lugar comum se dizer que os declaratórios não se prestam à modificação do julgado, que esta deverá ser promovida pelo recurso próprio.

Entrementes, casos existem que o erro de julgamento, ocasionado pela omissão do julgado, ao ser suprimida, impõe a sua modificação. Esse foi, por conseguinte, o espírito que norteou o Tribunal Superior do Trabalho a editar a Súmula n. 278.

Não é só, no entanto. Dos mais relevantes de todos os motivos que autorizam a oposição dos declaratórios, a omissão é o que mais chama atenção. A omissão somente se caracteriza quando a decisão não aprecia questão importante para o julgamento. Não há omissão se o tema abordado pelos embargos não tiver o condão de influir no julgamento. Detalhes irrelevantes, não abordados pelo decidido ou teses que passaram ao largo do julgador, não se prestam a motivar os declaratórios.

A análise, portanto, de determinada questão, não abordada no julgado, pode ser objeto de apreciação pela instância julgadora imediata, qual o Tribunal Regional. Entretanto, sendo a matéria relevante para fins de apreciação do recurso de revista, deve o Tribunal abordá-la no acórdão, do contrário, autorizada estará a parte a embargar

---

(14) ASSIS, Araken de. *Op. cit.*, p. 580.

de declaração, sob o título de pré-questionamento, que na maioria das vezes constitui uma omissão do julgado.

Vale lembrar, contudo, que a omissão, para fins de prequestionamento, objetivando-se o uso do recurso de revista, é aquele que se deu em razão de questões de direito, pois que em matéria fática o Tribunal Regional é absoluto, não cabendo à revista para reexame de fatos e provas. Não constitui, a propósito, em omissão, o fato do julgado não atribuir a determinada prova, o valor que o embargante gostaria que ela tivesse. A avaliação da prova é ato exclusivo do julgador. Portanto, somente o juiz, com sua visão imparcial dos fatos que lhe são apresentados, cabe valorar as provas que lhe são apresentadas, nos moldes do disposto no art. 131 do Código de Processo Civil.

Não podemos perder de vista que a própria legitimidade do Judiciário repousa na motivação das questões de fato e de direito que lhe são apresentadas, pois o exercício da jurisdição, sem a devida fundamentação e os devidos esclarecimentos, constitui no puro e simples uso do poder.

Não deve o magistrado tomar como uma ofensa a oposição de embargos declaratórios, mormente se o seu fundamento repousa na omissão. É plenamente justificável e compreensível, diante da atual e esmagadora pletora de serviço que enfrenta todo e qualquer juiz da nação, que algo aqui ou acolá lhe passe desapercebido na hora de julgar. Ademais, como bem asseverado por notável processualista, "importa não olvidar que, na era da informática, advogados e juízes se valem de textos pré-concebidos e armazenados para uso futuro, mormente nas chamadas causas repetitivas, e não raro acontece de o juiz utilizar o modelo errôneo naquela causa ou, examinando de modo superficial o processo, não se dar conta da existência de questão que o diferencia dos congêneres"[15]. Portanto, que mal há em se corrigir eventual equívoco no julgamento, quando este é omisso?

A omissão tanto pode ser com relação a fatos ou a questões de direito. Pode o julgador, por exemplo, não ter atentado para uma norma de direito municipal — muito comum nos domínios trabalhistas, em razão de supostas contratações irregulares feitas por diversos municípios —, acostada aos autos e julgar sem considerar a referida lei, que ao ser levada em consideração, importará na mudança do julgado. Qual o problema de correção pela via dos declaratórios?

É importante trazer à baila lição muito difundida pela doutrina, no sentido de diferenciar, para fins de embargos de declaração, o que venha a ser questões e argumentos: "são coisas diferentes: deixar de conhecer de questão de que devia conhecer-se, e deixar de apreciar qualquer consideração, argumento ou razão produzida pela parte. Quando as partes põem ao tribunal determinada questão, socorrem-se, a cada passo, de várias razões ou fundamentos para fazer valer seu ponto de vista; o que

---

(15) ASSIS, Araken de. *Op. cit.*, p. 589.

importa é que o tribunal decida a questão posta; não lhe incumbe apreciar todos os fundamentos ou razões em que elas se apoiam para sustentar a sua pretensão"[16].

A omissão também não pode ser invocada para análise de questões novas, não suscitadas em momento algum durante o processo.

A omissão, por outro lado, pode ser objeto dos declaratórios quando a matéria trazida à tona se mostra passível de conhecimento *ex officio*.

Talvez o maior problema do efeito modificativo seja no fato de que não é possível o debate oral dos embargos, pois que assim é a verba legislativa do art. 554 do Código de Processo Civil, aplicado subsidiariamente ao processo do trabalho. A fim de evitar, por conseguinte, qualquer vício na análise das questões ventiladas nos declaratórios, que objetivem a modificação do julgado, recomenda-se o uso do contraditório. Ora, se o efeito principal dos embargos declaratórios consiste no aperfeiçoamento do julgado, revela crucial a permissão de manifestação da parte adversa a do embargante, de sorte a contribuir com o escopo do recurso em apreço.

Na prática, o efeito modificativo pode alcançar toda a extensão do julgado, o que não há nada de mais. Ora, se a função da jurisdição é dar a cada um o que é seu e se a decisão embargada encontra-se viciada por omissão, que ao ser suprida impõe a necessidade de rever o que se julgou, não há por que se restringir os limites da decisão que julga os declaratórios, sob pena de se constituir injustificável artificialismo, mutilando-se, sem sentido, o instituto[17].

O exemplo mais comum de omissão, que importa em modificação do julgado, é a prescrição. Ao decidir, olvida-se o órgão julgador de apreciar a prescrição extintiva, devolvido o tema ao magistrado, este se vê na obrigação de enfrentá-lo, o eventual acolhimento dos declaratórios, para reconhecer a prescrição extintiva, levará a necessidade de emissão de novo julgamento, que certamente substituirá o primitivo.

A doutrina costuma distinguir o efeito modificativo do efeito infringente. Aquele se dá quando a incoerência entre o julgado primitivo e aquele que veio a ser objeto dos embargos de declaração não alcança o seu resultado. É o caso, por exemplo, de se alterar a fundamentação do julgado primitivo sem que a ele se tenha modificado o resultado. Já no efeito infringente, a decisão dos embargos declaratórios exige a completa revisão do que foi julgado anteriormente, posto que a segunda decisão é manifestamente incoerente com a primeira, sendo necessário se reconhecer, neste caso, a completa substituição do julgado primário.

Problemática que costumeiramente ocupa as lides é a questão relativa à incidência dos limites da *reformatio in pejus*. Se partirmos da premissa que os recorrentes sempre buscam uma situação mais favorável, em princípio, não seria admitida a inci-

---

(16) A lição é do processualista português José Alberto dos Reis, em seus comentários ao *Código de processo civil anotado*, v. 5, p. 143.
(17) A observação é feita por Antonio Carlos de Araújo Cintra, quando escreveu *Sobre os embargos de declaração*. Repro 94, ano 24, 1999.

dência da *reformatio in pejus* nos domínios dos declaratórios. Todavia, tal princípio não vigora no terreno destinado à construção dos embargos. O julgador ao suprimir determinada omissão poderá retirar do próprio embargante algo que já havia ganho pela decisão primária. Ocorre que tendo os embargos de declaração finalidade de aclarar e de precisar a prestação jurisdicional, eliminando, assim, os eventuais vícios do julgamento, é preferível que o embargante se situe em posição desfavorável, se comparada à situação que se encontrava primitivamente, do que se submeter, no futuro, a perder muito mais, por exemplo, quando da propositura de eventual ação rescisória. Aliás, o próprio Superior Tribunal de Justiça tem entendido que não há incidência da *reformatio in pejus* em embargos declaratórios, a saber:

"Não se configura *reformatio in pejus* quando a alteração do julgado se dá por reconhecimento de erro material. Neste caso, não há reforma do *decisum* para pior, mas revogação ou anulação do julgamento anterior, que deixa de existir no mundo jurídico, não havendo para o recorrente qualquer direito à sua manutenção." (2ª Turma, AgRg no REsp n. 712.667-MG, 6.12.2005, rela. Ministra Eliana Calmon, DJU 6.3.2006, p. 333)

A possibilidade de modificação do julgado atualmente encontra amparo na legislação, qual o art. 897-A, da Consolidação das Leis do Trabalho, assim redigido, a saber:

"Art. 897-A. Caberão embargos de declaração da sentença ou acórdão, no prazo de cinco dias, devendo seu julgamento ocorrer na primeira audiência ou sessão subsequente a sua apresentação, registrado na certidão, admitido efeito modificativo da decisão, nos casos de omissão e contradição no julgado e manifesto equívoco no exame dos pressupostos extrínsecos do recurso."

Como a Súmula não foi revista, pressupõe-se que, em razão da má redação do art. 897-A da CLT, apenas para nos casos de omissão é possível se admitir a modificação do julgado. Todavia, não podemos deixar de aceitar o efeito modificativo também para a hipótese de manifesto equívoco no exame dos pressupostos extrínsecos do recurso. Admitimos, por exemplo, que o Tribunal tenha julgado extemporâneo o recurso e por meio dos declaratórios se verificou o equívoco na contagem do prazo. Ao reformar seu julgado e ingressar no mérito, o Tribunal nada mais se fez do que se impor o efeito modificativo, a outra situação que não aquela da omissão. Talvez fosse o caso da Súmula sofrer uma revisão, mormente porque ela é de 1988 e o referido art. 897-A foi introduzido na CLT em 2000, pela Lei n. 9.957.

11.3. Os embargos de declaração em face de decisão monocrática

É interessante notar que se discute a possibilidade de se opor embargos declaratórios em face de decisões monocráticas do relator, quando este atua dentro dos limites do art. 557 do Código de Processo Civil. O Tribunal Superior do Trabalho mais uma vez se viu compelido, pelas necessidades do dia-a-dia forense, a pôr uma pá de cal no tema, mediante a Súmula n. 421, vejamos:

"EMBARGOS DECLARATÓRIOS CONTRA DECISÃO MONOCRÁTICA DO RELATOR CALCADA NO ART. 557 DO CPC. CABIMENTO.

I — Tendo a decisão monocrática de provimento ou denegação de recurso, prevista no art. 557 do CPC, conteúdo decisório definitivo e conclusivo da lide, comporta ser esclarecida pela via dos embargos de declaração, em decisão aclaratória, também monocrática, quando se pretende tão-somente suprir omissão e não, modificação do julgado.

II — Postulando o embargante efeito modificativo, os embargos declaratórios deverão ser submetidos ao pronunciamento do Colegiado, convertidos em agravo, em face dos princípios da fungibilidade e celeridade processual."

A primeira questão que versa a Súmula em comento diz respeito à possibilidade de se opor embargos de declaração em face de decisão monocrática. A Súmula não esclarece, nem tampouco enfrenta, a matéria muito discutida nos domínios da jurisprudência e com reflexo na doutrina, qual a de se permitir o uso dos declaratórios em face de decisão interlocutória.

É bem verdade que na hipótese em apreço não se trata de decisão interlocutória propriamente dita. Tanto isso é verdade que se a decisão proferida, de modo monocrática, não for hostilizada pela via do agravo inominado, haverá o seu trânsito em julgado. De qualquer sorte, a Súmula poderia ter aproveitado o ensejo e abordado a matéria, de sorte a se dissipar toda e qualquer dúvida quanto à admissibilidade dos declaratórios em face das decisões interlocutórias.

O item I não enfrenta a possibilidade de se impor, de modo monocrático, a modificação do julgado. Apenas permite o manuseio dos declaratórios com finalidade de que sejam prestados os esclarecimentos necessários ao que restou decidido. Sua redação é muito clara: "comporta ser esclarecida pela via dos embargos de declaração, em decisão aclaratória, também monocrática, quando se pretende tão-somente suprir omissão e não modificação do julgado".

A eventual possibilidade de modificação do julgado foi enfrentada pelo item II da Súmula, que diz "postulando o embargante efeito modificativo, os embargos declaratórios deverão ser submetidos ao pronunciamento do Colegiado, convertidos em agravo, em face dos princípios da fungibilidade e celeridade processual".

Bastante inteligente foi a postura do Tribunal Superior do Trabalho. Ora, se parte pretende modificar a decisão monocrática, exarada nos moldes do art. 557 do Código de Processo Civil, deverá interpor agravo inominado. Todavia, se ao invés disso opuser embargos declaratórios, objetivando impor o efeito modificativo à decisão monocrática, melhor que o recurso seja apreciado pelo Colegiado, que o receberá como agravo inominado (princípio da fungibilidade recursal) e julgará, mantendo ou reformando a decisão do relator, em atenção ao princípio da celeridade processual, tudo sem se perder de vista o contraditório. Com isso, se elimina uma etapa, qual a do julgamento dos embargos monocráticos com a possibilidade de ser mantida a decisão originária, para que esta seja guerreada pela via do agravo. Optou-se, acertadamente, pela otimização do processo.

12. Recurso de revisão

Outra espécie de recurso cabível no processo do trabalho é o de revisão da decisão que fixa o valor da alçada para efeito de interposição de recurso.

Como se sabe, ao juiz do trabalho, nos dissídios individuais, cabe, antes de passar à instrução, fixar o valor da causa para a determinação da alçada, se este for indeterminado no pedido.

Já em razões finais, poderá qualquer das partes interessadas, impugnar esse valor fixado pelo juiz. Se o Juiz o mantiver (e somente se mantiver), poderá, então, a parte interessada, interpor o recurso de revisão dessa decisão, no prazo de 48 (quarenta e oito) horas.

Este recurso será julgado pelo Presidente do Tribunal Regional.

Ele, por sua vez, que não tem efeito suspensivo e deverá ser processado por instrumento, sendo instruído com a petição inicial e a ata da audiência, em cópia autenticada, devendo ser julgado em 48 (quarenta e oito) horas, a partir do seu recebimento pelo Presidente do Tribunal Regional.

13. Remessa necessária

Geralmente, tratado como recurso, temos, ainda, a possibilidade da remessa necessária ou recurso *ex officio*.

Ele tem cabimento, em dissídio individual, contra toda decisão contrária aos interesses da Fazenda Pública. Tais decisões, assim, estão sempre sujeitas ao duplo grau de jurisdição, salvo quando a condenação não ultrapassar o valor correspondente a 60 (sessenta) salários mínimos ou estiver em consonância com decisão plenária do Supremo Tribunal Federal ou com súmula ou orientação jurisprudencial do Tribunal Superior do Trabalho.

Ele tem cabimento mesmo na ação rescisória, quando a decisão proferida pelo juízo de primeiro grau (Tribunal Regional) for desfavorável ao ente público, salvo nas mesmas hipóteses acima mencionadas.

Já em mandado de segurança somente cabe remessa *ex officio* se, na relação processual, figurar pessoa jurídica de direito público como parte prejudicada pela concessão da ordem. Tal situação não ocorre na hipótese de figurar no feito como impetrante ou terceiro interessado pessoa de direito privado, ressalvada a hipótese de matéria administrativa.

14. Ações de impugnações

Além dos recursos, utilizados internamente nos próprios feitos, com intuito de impugnar a decisão judicial, a legislação prevê outros instrumentos com o mesmo objetivo (impugnar a decisão judicial). Podemos lembrar, assim, do mandado de segurança para atacar decisão judicial, a ação rescisória, a ação anulatória, os embargos à execução, os embargos à alienação, etc.

Dois desses instrumentos, no entanto, merecem destaque nesta quadra. A correição parcial e a reclamação constitucional.

15. *Correição parcial*

Ainda controversa na doutrina é a denominada correição parcial (ou reclamação correicional). Diversos aspectos podem ser abordados quanto a este instituto jurídico presente há longos anos no direito processual brasileiro.

Antes, porém, de definirmos a natureza jurídica da correição parcial cumpre identificar esse instituto para evitar confusões, tão comuns quando se trata de matéria pouco estudada.

A correição está tratada na CLT em dois dispositivos. O primeiro — art. 709 — cuida da competência do Corregedor-Geral da Justiça do Trabalho para "I — exercer funções de inspeção e correição permanente com relação aos Tribunais Regionais e seus presidentes" e para "II — decidir reclamações contra os atos atentatórios da boa ordem processual praticados pelos Tribunais Regionais e seus presidentes quando inexistir recurso específico".

O segundo dispositivo consolidado a se referir à correição é o art. 682, inciso XI, que confere poderes ao presidente do Tribunal Regional do Trabalho ou ao corregedor regional, onde houver, para "exercer correição, pelo menos uma vez por ano, sobre as Juntas, ou parcialmente, sempre que se fizer necessário, e solicitá-la, quando julgar conveniente, ao presidente do Tribunal de Justiça, relativamente aos juízes de direito investidos na administração da Justiça do Trabalho".

Da análise desses dois preceitos consolidados fica patente que são duas as espécies de correições: a primeira de natureza administrativa e a segunda de cunho processual (a correição parcial).

Observa-se do inciso I do art. 709 e da primeira parte do inciso XI do art. 682, ambos da CLT, que ao corregedor cumpre realizar, permanente ou anualmente, a inspeção e correição sobre os juízos imediatamente inferiores (tribunais regionais ou varas). Aqui se trata de instituto de natureza administrativa, pois ao corregedor é imposta a obrigação de realizar a inspeção ou correição dos serviços judiciais, dos órgãos que lhe são imediatamente inferiores, independentemente de qualquer requerimento de eventual interessado.

Essa competência da Corregedoria, aliás, hoje, tem matriz constitucional, pois o art. 96, inciso I, alínea "b", da CF/88, assegura aos tribunais a competência privativa para *"organizar suas secretarias e serviços auxiliares e os dos juízos que lhes forem vinculados,* velando pelo exercício da atividade correicional respectiva" (grifo nosso).

A segunda espécie correicional é a denominada correição parcial. Esta foi regulada no inciso II do art. 709 e na segunda parte do inciso XI do art. 682 ambos da CLT quando assegura ao Corregedor a competência para "decidir reclamações contra os atos atentatórios da boa ordem processual".

Aqui, não se trata mais de competência administrativa do Corregedor, mas sim de competência judicial, pois a ele é conferida a atribuição de modificar ou alterar o ato que atenta contra a boa ordem processual. Ato este, lógico, praticado em ação de natureza judicial.

Tal competência é judicial, pois o ato judicial, praticado pelo juiz em qualquer processo, contra a boa ordem processual (ainda que ilegal ou abusivo) ou não, não pode ser modificado por ato de natureza administrativa, por maior que seja a autoridade administrativa. São duas funções distintas — a judicial e a administrativa —, que não se confundem, sendo aquela de maior autoridade.

A primeira atribuição do corregedor é administrativa, exercida obrigatoriamente; a segunda é de natureza judicial, exercida por provocação ("decidir reclamações"). A primeira constitui mera inspeção dos serviços judiciais (o funcionamento dos órgãos judiciais), exercida pelo corregedor enquanto gestor administrativo; a segunda implica em apreciação de ato judicial, praticado em processo de natureza judicial, e, portanto, somente realizado mediante provocação do interessado.

Identificada essa segunda espécie de correição (a parcial), tratamos de sua natureza.

A doutrina identifica dois instrumentos de impugnação ao ato judicial: o recurso e as ações autônomas[18].

Como ensina *José Carlos Barbosa Moreira*, "o traço distintivo consiste em que, através de recurso, se impugna a decisão no próprio processo em que foi proferida, ao passo que o exercício de ação autônoma de impugnação dá sempre lugar à instauração de outro processo"[19]. Tudo, aliás, é uma questão de política legislativa[20]. Exemplos de ações autônomas de impugnação ao ato judicial são a ação rescisória, o mandado de segurança contra ato judicial[21], os embargos à execução (contra atos de execução) e a ação anulatória de ato judicial[22].

Calmon de Passos ensina, ainda, que o recurso, enquanto impugnação à decisão judicial, visa a obstar que a preclusão se consuma, mediante interposição de instrumento revisional "no mesmo processo", enquanto "a ação de impugnação visa des-

---

(18) MOREIRA, José Carlos Barbosa. *Comentários ao CPC*. 7. ed. Rio de Janeiro: Forense, 1998. v. V, p. 99; NERY JÚNIOR, Nelson. *Teoria geral dos recursos — princípios fundamentais*. 4. ed. São Paulo: RT, 1997. p. 79; PASSOS, J. J. Calmon de. O mandado de segurança contra atos jurisdicionais. In: GONÇALVES, Aroldo Plínio (coord.). *Mandado de segurança*. Belo Horizonte: Del Rey, 1996. p. 102.
(19) *Op. cit.*, mesma página.
(20) *Ibidem*, mesma página.
(21) PASSOS, J. J. Calmon de. *Op. cit.*, mesma página.
(22) MAGRI, Berenice Soubhie Nogueira. *Ação anulatória*. São Paulo: RT, 1999. p. 36-40.

constituir preclusão já consumada, mediante o reexame da decisão em processo autônomo"[23]. Este último caso é o que ocorre, como já lembrado, na ação rescisória, no mandado de segurança contra ato judicial ou mesmo nos embargos à execução que visa a desconstituir ato judicial (penhora ilegal, título judicial ineficaz, etc.).

Já entre as ações autônomas de impugnação ao ato judicial a ação rescisória se diferencia das demais por ela somente ser cabível quando operada a preclusão máxima (coisa julgada) que atinge a decisão de mérito. Já as demais ações buscam a desconstituição das preclusões de decisões terminativas e interlocutórias[24] ou mesmo de despachos de mero expediente, acrescentamos nós.

Traçado o quadro de impugnações ao ato judicial, cumpre-nos, assim, para alcançar o que foi proposto na introdução, definir em quais das suas espécies se enquadra a correição parcial trabalhista, definindo sua natureza jurídica.

É certo — e isso deve ficar bem claro — que a correição parcial é instrumento de impugnação ao ato judicial, pois ela visa a reapreciação do ato processual, praticado pelo juiz, que atenta contra a boa ordem processual. Exemplo de ato que causa tumulto processual é aquele em que o juiz ordena a apresentação das razões finais antes de finalizar a instrução, por exemplo[25].

De logo, ainda, afastamos completamente a natureza administrativa da correição parcial, defendida por parte da doutrina[26], pois não se pode admitir que um ato judicial possa ser revisto por ato de natureza administrativa!

Na doutrina, prevalece a opinião de que a correição parcial tem natureza de recurso[27]. *Calmon de Passos*, no entanto, enquadra a correição parcial no rol das ações autônomas de impugnação ao ato judicial[28].

Atenta contra o entendimento de que a correição parcial tem natureza de recurso o fato de que ela não está arrolada entre os dessa espécie (art. 893 da CLT). *Manoel Antonio Teixeira Filho*, porém, argumenta que "a possibilidade ... de a correição parcial acarretar a reforma ou a cassação do ato judicial atacado revela o seu perfil recursal"[29]. Já vimos, no entanto, que o ato judicial pode ser reformado ou cassado por

---

(23) *Op. cit.,* p. 102-103.
(24) PASSOS, J. J. Calmon de. *Op. cit.,* p. 103.
(25) Aliás, esse procedimento tem sido muito comum, ao mesmo na 5ª Região. Isso ocorre quando o juiz colhe as razões finais em audiência e concede prazo para a parte se manifestar sobre documento que foi juntado aos autos na audiência e depois determina a conclusão do feito para julgamento. Aqui, há evidente inversão da ordem processual, já que as razões finais são colhidas antes do fim da fase de instrução (que envolve a manifestação sobre as provas produzidas nos autos). Lógico, porém, que a nulidade processual somente subsistirá se dela decorrer prejuízo para as partes.
(26) Nesse sentido: BEBBER, Júlio César. A correição parcial no processo do trabalho. In: *Revista LTr,* 60-08/1044-1045.
(27) Nesse sentido, e onde é citada a doutrina nacional, LIMA, Edilson Soares de. *A correição parcial.* São Paulo: LTr, 2000. p. 85; SANTOS, Aloyiso. *A correição parcial. Reclamação ou recurso acessório?* São Paulo: LTr, 1985. p. 25; TEIXEIRA FILHO, Manoel Antonio. *Sistema dos recursos trabalhistas.* 9. ed. São Paulo: LTr, p. 423; e, LUDUVICE, Ricardo Verta. *Correição parcial no processo trabalhista.* São Paulo: Método, 2000. p. 24. Entendendo não ser recurso, mas sem definir sua natureza: DAVIS, Roberto. *Correição trabalhista.* Rio de Janeiro: Forense, 2001. p. 37.
(28) *Comentários ao código de processo civil.* São Paulo: RT, 1984. v. X, tomo I, p. 278, nota de rodapé 81.
(29) *Op. cit.,* p. 423.

ações autônomas (mandado de segurança, por exemplo). Logo, não se pode, tão-somente, em face de sua finalidade (reforma do ato judicial), concluir que a correição parcial tem natureza recursal.

Outro argumento a pesar contra a natureza recursal é o disposto no art. 5º, inciso II da Lei n. 1.533/51, que trata do mandado de segurança. Este dispositivo dispõe que "não se dará mandado de segurança quando se tratar ... II — de despacho ou decisão judicial, quando haja recurso previsto nas leis processuais ou possa ser modificado por via de correição". Ora, fosse mero recurso a correição parcial, não seria necessário se acrescer a este dispositivo a sua parte final ("... ou possa ser modificado por via de correição"), pois ela já estaria embutido na primeira alternativa (... quando haja recurso previsto nas leis processuais ...).

Além disso, deve ser acrescido que a correição parcial é tratada pela CLT como uma reclamação (ao Corregedor-Geral da Justiça do Trabalho compete "II — decidir reclamações contra os atos atentatórios da boa ordem processual praticados pelos Tribunais Regionais e seus presidentes quando inexistir recurso específico"), dando a entender sua natureza autônoma, de reclamação.

Dessa forma, afastado o entendimento de que a correição parcial tenha natureza recursal, forçoso é acolher a opinião de *Calmon de Passos* quanto à natureza de ação da reclamação correicional.

Assim, a correição parcial ou reclamação correicional aproximar-se-ia do mandado de segurança contra ato judicial, pois aquela somente terá cabimento quando "inexistir recurso específico", enquanto este será inadmissível "... quando haja recurso previsto nas leis processuais ou possa ser modificado por via de correição".

A diferença entre o mandado de segurança e a reclamação correicional estaria no fato desta última buscar proteger o dano processual sem atingir o direito subjetivo da parte. Já o mandado de segurança seria cabível sempre que atingido o direito subjetivo da parte por ato judicial, inclusive seu direito material ao devido processo legal. Um exemplo pode aclarar a distinção: quando o juiz inverte a ordem de interrogatório das testemunhas, assegurando, entretanto, a produção dessa prova às partes litigantes, ele está atentando contra a boa ordem processual, mas não está ferindo o direito subjetivo das partes, pois assegurada à produção da prova. Já quando aceita o aditamento da inicial após a conclusão da fase de instrução, ele inverte, também, a boa ordem processual, mas atingindo o direito (subjetivo) de defesa do réu.

A correição parcial, no entanto, não teria cabimento quando do ato atacado não derivar qualquer prejuízo às partes, pois "nada se invalida, no processo, se da violação da lei não decorreu lesão a direito subjetivo (caso de segurança) ou prejuízo para os fins da justiça do processo"[30]. "Remédio de direito objetivo, a violação da lei, que por intermédio dela se busca corrigir, só poderá ser acolhida se dessa violação resultou

---

(30) PASSOS, J. J. Calmon de. *O mandado de segurança contra atos jurisdicionais*, p. 109.

prejuízo para os fins de justiça do processo. Em caso negativo, a reclamação, mesmo quando admissível, deve ser indeferida"[31].

Enquanto ação de natureza mandamental e diante da lacuna legislativa quanto as suas normas de processamento, por analogia e em face de suas semelhanças, deve-se aplicar as regras que disciplinam o mandado de segurança quando da propositura da correição parcial.

Quanto ao prazo prescricional, não tendo os tribunais competência para legislar sobre o direito material de ação, é de se concluir que ele segue as regras gerais. Contudo, como a correição parcial busca corrigir ato tumultuário praticado no processo, corrigindo seu processamento, é lógico se concluir que ela somente pode ser ajuizada até a subsequente decisão terminativa ou definitiva do feito, seja no primeiro ou no segundo grau.

Já quanto à competência, a lei não é lacunosa. Cabe ao juiz corregedor apreciar, de forma monocrática e originariamente, a correição parcial. Contra sua decisão, cabe agravo regimental, a ser julgado pelo Tribunal Pleno ou Órgão Especial, onde houver (§ 1º do art. 709 da CLT).

16. Da reclamação constitucional

Outro instrumento jurídico, com natureza de ação, mas com finalidade de impugnar a decisão judicial é a reclamação constitucional.

Tal ação está prevista na Constituição Federal.

Ela pode ser proposta no STF ou no STJ.

No STJ, para a preservação de sua competência e garantia da autoridade de suas decisões (art. 105, inciso I, alínea "f", da CF).

Já no STF, essa demanda constitucional tem cabimento, não só para a preservação de sua competência e garantia da autoridade de suas decisões (art. 102, inciso I, alínea "l", da CF), como também para impugnar o ato administrativo ou a decisão judicial que contrariar a súmula vinculante aplicável ou que indevidamente a aplicar (art. 103-A, § 3º, CF).

O procedimento desta ação está regulado na Lei n. 8.038/90.

Tal ação, por sua vez, pode ser proposta pela parte interessada ou do Ministério Público.

Ao despachar a reclamação, o relator requisitará informações da autoridade a quem for imputada a prática do ato impugnado, que as prestará no prazo de 10 (dez) dias, e ordenará, se necessário, para evitar dano irreparável, a suspensão do processo ou do ato impugnado.

---

(31) *Ibidem*, p. 110.

Julgando procedente a reclamação, o Tribunal cassará a decisão exorbitante de seu julgado ou determinará medida adequada à preservação de sua competência. Na hipótese de desrespeito à súmula vinculante, no entanto, caso o Supremo Tribunal Federal julgue a reclamação procedente, anulará o ato administrativo ou cassará a decisão judicial reclamada, e determinará que outra seja proferida com ou sem a aplicação da súmula, conforme o caso.

Observe-se, ainda, que cabe ao Presidente do Tribunal determinar o imediato cumprimento da decisão, lavrando-se o acórdão posteriormente.

Exemplo de cabimento da reclamação constitucional, no âmbito do STF, ocorre quando o juízo recorrido trancar o processamento do agravo de instrumento ou, ainda, remeter o recurso extraordinário para outro tribunal que não o STF. Contra qualquer dessas decisões caberá o ajuizamento da reclamação constitucional, perante a Corte Suprema, para "preservação de sua competência".

Nessa referida ação constitucional, ajuizada diretamente perante o STF, poderá ser concedida a tutela em medida cautelar.

Acrescente-se, ainda, que, a depender do caso, julgada procedente a reclamação, o Plenário ou a Turma poderá avocar o conhecimento do processo em que se verifique usurpação de sua competência, ordenar que lhe sejam remetidos, com urgência, os autos do recurso para ele interposto ou cassar decisão exorbitante de seu julgado, ou determinar medida adequada à observância de sua jurisdição.

O Regimento Interno do STF autoriza, ainda, ao Relator julgar a reclamação quando a matéria for objeto de jurisprudência consolidada no Tribunal.

Capítulo XV

PROCEDIMENTOS ESPECIAIS NA JUSTIÇA DO TRABALHO

1. Introdução

Um das questões de maior importância quanto ao processamento das demandas na Justiça do Trabalho se refere ao procedimento judicial a ser adotado nas ações respectivas, especialmente as que passaram a ser da sua competência a partir da EC n. 45.

Essa controvérsia é, ao certo, a mais relevante e complexa, em decorrência das consequências que dela advêm, principalmente se for levado em consideração que há uma tendência dos juízes do trabalho em aplicar as regras procedimentais disciplinados na CLT para toda e qualquer espécie de ação proposta na Justiça do Trabalho.

A matéria, no entanto, merece maiores reflexões.

Cabe, porém, de logo, destacar que, no Brasil, a ação trabalhista tem sido objeto de estudo de forma destacada em relação ao processo civil.

Fatores como uma legislação especial disciplinando o procedimento laboral e a existência de órgãos judicantes especializados, numa estrutura orgânica autônoma, contribuiu para o afastamento do processo do trabalho do denominado processo civil. Contudo, a primeira questão que podemos levantar é se o processo do trabalho guarda, verdadeiramente, autonomia em relação ao processo civil e se o processo do trabalho não se encontra agasalho pela teoria geral do processo civil.

2. Dos procedimentos e do procedimento trabalhista

Sem querer nos aprofundarmos nas diversas teorias que definem o processo e o procedimento, podemos ter este último, para fins de compreensão do que se fala, como o rito processual a ser observado em cada processo judicial, a partir da propositura da ação.

Tendo em vista o grande ramo do direito processual, a doutrina majoritariamente, o divide em dois sub-ramos. O processo civil e o processo penal. Eles se distinguem claramente pelos princípios que os regem, daí por que são estudados, mais detalhadamente, de forma separada.

Tal, no entanto, não ocorre com o processo civil, pois, qual seja o procedimento adotado ou o órgão jurisdicional competente, toda ação judicial de natureza civil guarda, entre si, coerência em seus fundamentos e institutos.

E, em relação ao procedimento civil, a legislação brasileira e alhures, procuram regulamentá-lo dividindo-o em procedimento comum e procedimento especial. Por força de lei, aquele primeiro, subdivide-se em ordinário e sumário (art. 272 do CPC); o segundo, em procedimentos especiais de jurisdição voluntária e de jurisdição contenciosa (arts. 890 a 1.210 do CPC).

Ensina, sinteticamente, *Adroaldo Fabrício Furtado*, que:

"[...] em tema de procedimento (ou rito, ou forma do processo), a técnica legislativa usual é a de começar-se pela definição de um modelo procedimental básico, destinado à adoção na generalidade dos casos, verdadeiro rito-padrão, para se estabelecerem depois, com base nele, as variações por supressão, acréscimo ou modificação de atos, donde resultarão procedimentos mais ou menos distanciados do modelo fundamental, segundo a intensidade e número dessas alterações.

Em regra, o procedimento-tipo é formal e solene, procurando cercar o exercício da função jurisdicional das mais amplas garantias e franquear às partes os mais largos caminhos de discussão, de prova e de impugnação das decisões. O procedimento assim estruturado — geralmente denominado comum ou ordinário — serve ao volume maior e principal das causas, às situações mais frequentes e destituídas de peculiaridades aptas a justificar um tratamento diferenciado... Esse procedimento por assim dizer genérico funciona também como um *standard* básico, seja no sentido de que a partir dele se constroem os outros, específicos, seja porque em numerosos casos a diversidade destes em confronto com aquele é parcial e condicionada, de tal sorte que o trâmite processual, iniciado em forma diferenciada, retorna ao leito comum do rito básico a partir de certo momento ou a depender de uma dada condição. A tudo isso se acresça que, exatamente por terem sido fixados como um modelo, os termos do procedimento especial prevalecem também no especial, na medida em que as regras jurídicas a este pertinentes sejam omissas: vale dizer, as normas do rito genérico enchem os vazios da regulação dos especiais, a estes se aplicando subsidiariamente [...]"[1].

Neste sentido, basta lembrar o disposto do parágrafo único do art. 272 do CPC, que impõe a regra subsidiária de aplicação das disposições que regem o procedimento ordinário.

Os motivos que induzem a criação dos procedimentos especiais são diversos. Eles podem ser desde a modesta expressão econômica ou jurídica, a fatores de ordem política, social, vinculadas ao próprio direito material, etc., ou, ainda, dadas às peculiaridades que cercam a tutela jurisdicional pretendida.

Em regra, os ordenamentos jurídicos criam um procedimento sumário para atender situações especiais ainda que não dispense a cognição exauriente. Ela é sumária,

---

[1] *Justificação teórica dos procedimentos especiais*, p. 4.

limitada, daí por que se dispensa solenidades, abreviam-se prazos, restringe-se a atuação das partes, podam-se recursos, etc.

Como ensina *Cândido Rangel Dinamarco*,

"[...] a realidade dos conflitos e das variadas crises jurídicas em que eles se traduzem gera a necessidade de instituir procedimentos diferentes entre si, segundo peculiaridades de diversas ordens, colhidos no modo-de-ser dos próprios conflitos, na natureza das soluções ditadas pelo direito substancial e nos resultados que cada espécie de processo propõe-se a realizar [...]"[2].

Em suma, por ser o processo instrumental, [...] sempre, o procedimento deve ser adaptado à realidade dos conflitos e das soluções buscadas[3].

E aqui cabe outra ressalva para melhor compreensão do debate.

A partir do disposto no parágrafo único do art. 272 do CPC, podemos, para fins didáticos, incluir o procedimento ordinário na categoria de procedimento comum. Já o procedimento sumário (que o CPC, no art. 272, *caput*, inclui dentre os procedimentos comuns) na categoria de procedimentos especiais. Procedimento especial, nesta nossa classificação didática, entendido como sendo aquele que não adota o rito comum-ordinário, valendo de regras mais especiais e tão-somente se socorrendo das regras do procedimento ordinário de forma subsidiária.

Assim, temos que todos os procedimentos previstos em lei que não adota o rito do procedimento comum-ordinário, tendo as disposições que regem este último procedimento como fonte subsidiária, são classificados como de rito especial, para fins didáticos e de compreensão do que se segue.

Daí se tem, então, que, considerando apenas a jurisdição civil, devemos incluir entre as ações com ritos especiais não só o procedimento sumário e os procedimentos especiais tratados no Livro IV do CPC, como, também, todas as outras ações de natureza civil que possuem ritos específicos, tratados na legislação esparsa e mesmo no CPC, e que têm as regras do procedimento comum-ordinário como fontes subsidiárias. Aqui, portanto, incluímos, dentre outros, o mandado de segurança, a ação rescisória, a ação cautelar, a ação de execução, a ação judicial que corre perante a Justiça Eleitoral, as ações perante os Juizados Especiais e a ação trabalhista (reclamação trabalhista, inquérito judicial, ação de cumprimento, procedimento sumaríssimo e dissídio coletivo de greve e de natureza jurídica)[4].

Neste sentido, a ação trabalhista, em verdade, é um procedimento especial, disciplinado em legislação específica (esparsa, em relação ao CPC) e que tem, inclusive, expressamente, as regras do procedimento ordinário regido pelo CPC como fonte subsidiária (art. 769 da CLT), desde a teoria geral do processo aos meios de impugna-

---

(2) *Instituições de direito processual civil*, p. 332-333.
(3) *Ibidem*, p. 333.
(4) Preferimos deixar de fora desse rol o dissídio coletivo de natureza econômica, pois no mesmo a Justiça do Trabalho atua legislando, no exercício do seu poder legislativo constitucionalmente assegurado.

ção às decisões judiciais, tal como ocorre em relação aos demais procedimentos especiais disciplinados por outras leis.

2.1. Do procedimento da CLT

O direito do trabalho surgiu a partir de sua separação do direito civil. E este divórcio decorreu do fato do direito do trabalho ser dotado de um princípio incompatível com a relação jurídica disciplinada, em regra, pelo direito civil: o princípio da proteção.

Alcançada sua autonomia, inclusive com a expedição de um diploma legal próprio, disciplinador das regras pertinentes e mais especiais, o legislador percebeu que, ao lado do direito material, haveria de ser criado um procedimento judicial próprio para tratar dos litígios decorrentes da relação de emprego. E não só um procedimento especial, mas também um órgão judicial especializado, formado por juízes dotados de capacidade adequada e compatível com o novo direito surgido, impregnado de normas de caráter social.

De nada adiantaria, portanto, criar o direito material do trabalho e deixar que o litígio respectivo fosse apreciado por meio do procedimento civil-ordinário e por juízes impregnados da doutrina individualista, que pautava o direito material até então.

Aliás, a própria evolução do direito do trabalho no Brasil é fato revelador do quanto foi correta a decisão de se criar um procedimento especial próprio para esses litígios (a reclamação trabalhista) e o órgão judicial especializado (a Justiça do Trabalho).

Assim, fácil concluir que o procedimento da ação trabalhista é fruto de uma decisão político-legislativa, tendo em vista, ainda, o próprio direito material subjacente ao conflito judicial respectivo.

É preciso destacar, ainda, que esse procedimento trabalhista (a ação trabalhista) se deixou contaminar pelo principal princípio regente da relação jurídica de emprego: o princípio protetor. Só ele justifica as regras de inversão do ônus da prova, da dispensa do depósito recursal por parte do empregado, do encurtamento dos prazos processuais, da concentração dos atos, etc., que imperam na ação trabalhista[5].

E nisto não há qualquer novidade ou regra de natureza extraordinária. Isso porque esse mesmo princípio protetor é inerente ao processo do consumidor e ao processo penal. Sim. Porque, da mesma forma que o princípio da proteção ao hipossuficiente na relação de emprego contagia o processo do trabalho, ao ponto deste ter regras que visam a compensar a inferioridade do trabalhador, mesmo na relação processual, ele mesmo (o princípio protetor) é encontrado na ação civil que tem por objeto a relação jurídica de consumo e nas demandas penais.

Tanto isso é verdade que o princípio de direito material de proteção ao consumidor contamina a ação civil que cuida dos seus litígios, o que se exemplifica com a

---

(5) Neste sentido, por todos, cf. FERRAZ, Sérgio. *A norma processual trabalhista*, p. 24-64.

regra de inversão do ônus da prova. Já no processo penal, basta citar a ineficácia isolada da confissão do indiciado como meio de prova para sua condenação.

Não podemos esquecer, ainda, que o princípio da proteção também contamina as ações nas quais a Fazenda Pública seja parte, daí por que seus privilégios processuais.

Dessa forma, podemos concluir, nesta quadra, que o procedimento da ação trabalhista, disciplinado na legislação respectiva (CLT), tem por fundamento valorativo a relação de direito material subjacente (a relação de emprego).

Neste sentido, dispõe o art. 643 da CLT que "os dissídios oriundos das relações entre empregados e empregadores, bem como de trabalhadores avulsos e seus tomadores de serviços em atividades reguladas na legislação social, serão dirimidos pela Justiça do Trabalho, de acordo com o presente título e na forma estabelecida pelo processo judiciário do trabalho".

Tal regra, por sua vez, foi repetida no art. 763 da CLT, quando ela se refere aos dissídios individuais e coletivos tratados neste diploma legal, o que acobertaria as ações de pequena empreitada (art. 652, alínea "a", inciso III, da CLT).

Assim, por expressa menção legal, apenas os dissídios oriundos das relações de emprego, das relações travadas pelo trabalhador avulso e, ainda, a ação relativa à pequena empreitada, estão submetidas ao rito procedimental estabelecido na CLT.

É bem verdade, no entanto, que, apesar de restritivos esses preceitos, sempre se adotou o mesmo procedimento para as ações propostas pelos sindicatos cobrando suas contribuições sindicais em face do empregador (litígio entre sindicato e empresa e não, entre empregado e empregador) e em outras que historicamente tiveram curso na Justiça do Trabalho.

Aqui, no entanto, seja por comodidade, praxe judiciária ou por razões teleológicas, considerando que esses outros conflitos giram em torno da relação de emprego, adotou-se o rito da reclamação trabalhista.

É certo, porém, que essas exceções não desmentem a regra geral de que somente estão submetidas ao rito da CLT as ações oriundas das relações de emprego, das relações travadas pelo trabalhador avulso e, ainda, a ação relativa à pequena empreitada, por expressa previsão legal.

3. A busca equivocada da autonomia e o esquecimento do processo do trabalho

Ao certo, qualquer estudioso do processo civil brasileiro já deve ter percebido que, apesar do processo do trabalho não ser autônomo, há um fosso enorme, e muitas vezes um esforço monumental, para separar um do outro.

Esse distanciamento do processo do trabalho em relação ao processo civil tem raízes na equivocada doutrina juslaboralista que sustenta sua autonomia, buscando distanciar o feito trabalhista das formalidades excessivas da demanda civil, bem como no não menos equívoco dos processualistas civis, que têm, em geral, ojeriza ao processo laboral.

Ambas as posições, no entanto, são equivocadas, em prejuízo ao desenvolvimento do processo.

Esse prejuízo fica bem claro quando verificamos que as reformas processuais levadas a efeito nos últimos anos têm deixado de lado o processo do trabalho, que acaba por ficar "para trás", tendo que se socorrer a "malabarismos" para compatibilizar as regras processuais da CLT às novas normas do CPC, muitas vezes, quase que inconciliáveis.

Exemplo mais recente temos em relação ao fim da ação de execução por título executivo judicial, que foi retirada do CPC, mas ainda permanece na CLT! Isso sem esquecer que a liquidação por simples cálculos ainda continua a ser previsto na CLT apesar de retirada do CPC há mais de cinco anos!

Por outro lado, a falta de estudo do processo do trabalho por parte dos processualistas civis conduz à falta de percepção de práticas processuais que, transportadas para o processo civil, apenas contribuiriam para seu aperfeiçoamento. Podemos mencionar, como exemplo a ser seguido, a regra de contagem do prazo a partir da data da comunicação à parte e não, da juntada aos autos do mandado respectivo (com isso se evitam "custos por fora", perda de tempo e artimanhas abusivas). Essa é uma prática salutar do processo do trabalho, existente há mais de sessenta anos e que, ao certo, iria contribuir para celeridade do feito civil.

Aliás, estamos certo, hoje, que o processo civil precisa, antes de tudo, de uma reforma "cartorária", ou seja, é preciso mudar o processo civil em suas práticas burocráticas. Quanto mais se eliminar a atividade do servidor, ao certo mais o processo irá se desenvolver normalmente.

Assim, além da mudança da regra da contagem do prazo acima mencionado (eliminando um ato do servidor para início da contagem do prazo, lembrando que a juntada do mandado será indispensável para verificação do dia *a quo*), podemos destacar a regra da CLT que determina a citação do réu pelo distribuidor ou pelo diretor da vara quando este recebe diretamente a demanda, o que, ao certo, contribuiria para maior celeridade do feito cível.

Desse modo, podemos concluir, neste ponto, que em nada contribui para o aperfeiçoamento da legislação processual brasileira a tentativa de afastar o processo do trabalho do processo civil, além de faltar consistência científica a qualquer argumento neste sentido.

4. A nova Justiça do Trabalho: novas ações e procedimentos

Com a Reforma do Judiciário, verdadeiramente, criou-se uma nova Justiça do Trabalho.

Tal conclusão decorre da simples ampliação de sua competência. A Justiça do Trabalho deixou de ser uma Justiça que, grosso modo, apenas julgava os litígios decorrentes das relações de emprego, para se tornar competente para uma gama enorme de ações que têm fundamento em inúmeras e diversas relações jurídicas de direito material. Relações jurídicas estas que não têm, entre si, um único fundamento axiológico, sociológico ou político comum.

Basta lembrar, por exemplo, das ações que podem ser propostas contra a União relativas às penalidades administrativas impostas aos empregadores pelos órgãos de fiscalização das relações de trabalho. Aqui, ao certo, poder-se-á cuidar tanto da ação de execução fiscal, como de qualquer outra ação (anulatória, declaratória, mandado de segurança, etc.), entre o empregador e a União. Tais ações, portanto, não têm nada em comum com a reclamação trabalhista, ou mesmo com as ações propostas por trabalhadores autônomos cobrando seus honorários, etc.

É preciso, pois, para bem compreender a nova Justiça do Trabalho, que ela deixou de ser uma Justiça puramente Especializada ("Justiça da CLT"), para se tornar uma Justiça Comum-Especial, tal como a Justiça Federal. Comum, porque competente para os mais diversos tipos de ações; especializada, porque competente para as causas expressamente previstas em lei (e não, com competência remanescente).

Estamos a ressaltar tais características da nova Justiça do Trabalho por estarmos certos que há — e esta já se revelou na prática — uma tendência do juiz do trabalho em querer aplicar o procedimento judicial regulado pela CLT a toda e qualquer nova ação proposta neste órgão especializado, à exceção daquelas de ritos especialíssimos, a exemplo do mandado de segurança, *habeas corpus* e *habeas data*[6]. Acho até, *de lege ferenda*, que isso seria o ideal, com algumas exceções, até por entender como satisfatório, à prestação jurisdicional efetiva, o rito da ação trabalhista.

Essa posição, no entanto, somente encontra respaldo jurídico em se tratando de "dissídios oriundos das relações entre empregados e empregadores, bem como de trabalhadores avulsos e seus tomadores de serviços em atividades reguladas na legislação social" ante a expressa determinação do art. 643 da CLT para que se aplique, nas ações respectivas, a "forma estabelecida pelo processo judiciário do trabalho". Regra esta repetida no art. 763 da CLT, quando ela se refere aos dissídios individuais e coletivos tratados neste diploma legal, o que acobertaria as ações de pequena empreitada (art. 652, alínea "a", inciso III, da CLT).

Ora, como já dito, o processo é instrumental. Ele faz atuar o direito material. Logo, o processo do trabalho está contaminado pelo princípio protetor do direito do trabalho (dos empregados). Ele foi criado tendo em vista a relação jurídica de emprego. E o procedimento especial trabalhista (sumário e sumaríssimo), com especial ênfase na celeridade, na economia processual, na inversão do ônus da prova, concentração

---

(6) Neste sentido, aliás, dispõe a Instrução Normativa n. 27, de 2005 do TST.

dos atos processuais, restrições processuais (descabimento de intervenção de terceiros, irrecorribilidade das interlocutórias, dentre outras), etc., justifica-se em face da natureza da relação de direito material que lhe é subjacente.

Em suma, são os valores inerentes à relação de emprego que justificam o rito da ação trabalhista. Incorreto pensar, portanto, que o rito se justifica em face do órgão julgador (porque na Justiça do Trabalho, deve ser rito da CLT). Não à-toa que perante o juiz de direito, no exercício da jurisdição trabalhista, é adotado o rito da CLT nas reclamações trabalhistas, assim como tal ocorria junto à Justiça Federal quando esta tinha competência para julgar essas causas em relação à União, suas autarquias e suas empresas públicas (art. 125, I, da CF de 1967/69).

Como lembram *Orlando Gomes* e *Elson Gottschalk*,

"[...] nunca será demasia insistir na necessidade de distinguir situações jurídicas, que não devem ser confundidas. O Direito do Trabalho não protege todos os economicamente fracos, mas, sim, uma grande parte dos que têm esta condição, aqueles, precisamente, que têm o estado jurídico de empregados, ou seja, de trabalhadores subordinados. Outros há, também, economicamente, fracos, que precisam de proteção jurídica. Mas, essa proteção não pode ser a mesma que dispensa aos empregados, pela razão mui simples de que as medidas de tutela do Direito do Trabalho são tomadas no pressuposto de que o trabalhador é subordinado a alguém [...]"[7].

O rito da ação trabalhista, portanto, tem razão neste substrato de direito material. E, ainda que a tendência seja de inserir no objeto do direito do trabalho outras categorias de trabalhadores, dando-lhes, ao menos, um mínimo de proteção, é certo que esta jamais poderá se igualar àquela dispensada aos empregados, enquanto regra geral (a todos os trabalhadores), inclusive em seus reflexos no direito processual. E tal não se deve dar em face da condição dos empregados de trabalhadores subordinados e, portanto, em situação mais desfavorável do que os não-subordinados.

É certo, porém, que a dependência econômica e a debilidade contratual dos trabalhadores não-subordinados podem justificar a criação de um rito judicial especial para as ações respectivas, sendo, inclusive, possível que ele seja o próprio procedimento já regulado na CLT. Contudo, será preciso que haja uma lei assim estabelecendo, em uma opção político-legislativa, já que há uma gama enorme de variedades que podem justificar uma opção ou outra.

Exemplo se pode dar em relação aos contratos firmados pelos prestadores de serviços, inclusive profissionais liberais. Quando alguém contrata outrem para prestar serviços de forma autônoma, sem exercer sua atividade em favor do destinatário final ou lançada no mercado de consumo, se sujeita, tão-somente, às regras materiais do Código Civil. Se, entretanto, esta mesma pessoa fornece sua atividade "no mercado de consumo, mediante remuneração" (§ 2º do art. 3º do CDC), prestando-a a um

---

(7) *Curso de direito do trabalho*, p. 126, nota de rodapé 24.

destinatário final (art. 2º do CDC), a este contrato se aplicam, também, as regras de defesa do consumidor (inclusive de proteção processual). A relação continua sendo de trabalho, mas sujeita às regras materiais de direito civil (direitos e deveres dos contratantes, etc.) e também às de proteção do consumidor (responsabilidade civil, cláusulas abusivas, propaganda enganosa, etc.).

Assim, tem-se que, se a relação for de natureza somente civil, as partes devem ser tratadas em equilíbrio, em igualdade de condições (ou, quando muito, protegendo-se o trabalhador-prestador de serviços). Se, entretanto, a relação também for de consumo, o CDC manda proteger o tomador dos serviços e não, o prestador da atividade.

Ora, tal variedade de situação de direito material justifica o tratamento diverso no aspecto processual. Na lide do consumidor, invertem-se ônus da prova e se protege o tomador dos serviços; na lide civil, a princípio, as partes devem ser tratadas em igualdade de armas.

Assim, mesmo em face das ações oriundas das mais diversas relações de trabalho não encontramos um denominador comum a justificar que seja adotado o rito procedimental regulado pela CLT. A opção, portanto, haverá de ser político-legislativa, em respeito ao próprio Estado Democrático de Direito e ao princípio do devido processo legal.

É preciso, ainda, destacar que, ao lado da enorme gama de relações jurídicas de trabalho que passaram para a competência da Justiça do Trabalho, outras causas não diretamente derivadas da relação de trabalho (fiscais, administrativas, etc.), sujeitas a princípios de direito material diversos e distintos, induz a concluir que não se pode, precipitadamente, querer igualá-los à relação de emprego para efeito de aplicação do direito processual.

Neste desiderato, podem ser lembradas as ações que envolvam exercício do direito de greve (inciso II do art. 114). Em face desse dispositivo, na Justiça do Trabalho podem, v. g., ser ajuizadas ações pelas empresas prejudicadas pela greve abusiva, ou por qualquer outro interessado que tenha sido atingido pelo movimento paredista. Neste caso, então, poder-se-á estar diante de lide formada entre pessoas que não merecem qualquer proteção especial tendo em vista sua qualidade (empresa x sindicato; usuários do serviço paralisado x sindicato, etc.).

E as ações entre sindicatos, entre sindicatos e seus filiados e entre sindicatos e empresas sobre representação sindical? Já em algumas hipóteses essa situação se mostra gritante, como, por exemplo, em relação à execução fiscal das multas administrativas aplicadas pela Delegacia Regional do Trabalho, pois não há justificativa razoável para a adoção do rito da execução trabalhista ao invés daquele estabelecido para o executivo fiscal (Lei n. 6.830/80).

A partir desses exemplos se pode verificar, então, que não há harmonia de princípios que justifique a aplicação do mesmo rito processual (da CLT) a toda ação judicial de competência da Justiça do Trabalho.

Descabido, assim, *data maxima venia*, querer impor às partes, nestas ações, o rito próprio da ação trabalhista, só porque proposta perante a Justiça do Trabalho, quando sequer, nas referidas causas, se está diante de algum hipossuficiente[8].

Obviamente, ainda, que não se pode querer mesclar os dois ritos (exemplo: citação, audiência, contestação, provas, etc., conforme CLT; recursos, conforme CPC), sob pena de se violar o devido processo legal e se instalar a mais completa e caótica prestação jurisdicional, pois ninguém, ao certo, saberá o que deve ser aplicado deste ou daquele diploma processual, sem falar na mais absoluta insegurança jurídica daí advinda.

Igualmente, cabe destacar — e este argumento deve ser considerado firmemente — que inexiste lei a respaldar o entendimento de que às novas ações se deve aplicar o rito consolidado, lembrando, mais uma vez, que os arts. 643 e 763 da CLT submetem ao procedimento ali previsto apenas as ações entre empregado e empregador, as ações dos avulsos e as de pequena empreitada[9].

Concordo, porém, que deve ser editada, com máxima urgência, lei disciplinando essa matéria, sob pena de se instalar verdadeiro caos na Justiça do Trabalho em face da disparidade de entendimentos que, ao certo, serão adotados pelos juízes e tribunais. Indispensável, portanto, a edição de nova lei a que se refere o art. 113 da CF.

Em suma, nada justifica mudar o procedimento só porque se alterou o órgão competente para julgar a causa, ao menos sem que haja lei expressa neste sentido[10].

Data maxima venia, tal procedimento por parte dos juízes (mudança dos ritos sem lei autorizando), em todos os casos, seria violador do princípio do devido processo legal e do próprio Estado Democrático de Direito.

É certo que a adoção do rito procedimental previsto no CPC e na legislação esparsa conduzirá a um verdadeiro tumulto administrativo-jurisdicional, num primeiro momento, já que a Justiça do Trabalho não está preparada, em todos os sentidos, para tão radical mudança. Contudo, não podemos ser levados por este despreparo momentâneo para caminhos à margem da lei ou, simplesmente, a adotar posições (políticas) do que entendemos ser o ideal em termos de prestação jurisdicional.

É preciso, portanto, perceber, em sua profundidade, a grandeza da mudança, aceitando-se, quer queira ou não, o entendimento de que a Justiça do Trabalho deixou de ser apenas uma "justiça da CLT", inclusive em sua parte processual.

---

(8) No mesmo sentido, por outras razões, MENEZES, Cláudio Couce de e BORGES, Leonardo Dias. *Algumas questões relativas à nova competência material da Justiça do Trabalho*, p. 41-42.
(9) Cabe ressaltar, porém, que o art. 789 da CLT, quanto ao regime das custas, estabelece que devem ser adotadas as regras ali mencionadas "nos dissídios individuais e nos dissídios coletivos do trabalho, nas ações e procedimentos de competência da Justiça do Trabalho ...". Assim, às novas ações de competência da JT se aplicam as regras da CLT quanto às custas processuais, inclusive no que se refere ao seu recolhimento quando da interposição do recurso (seja ele qual for).
(10) A exemplo do projeto de lei do Senado n. 288, em trâmite na Câmara dos Deputados, que prevê para as ações ali mencionadas (representantes comerciais, corretor, transportador, empreiteiro, etc.) a adoção do rito procedimental regulado na CLT.

Assim, *data venia* dos doutos que se posicionam em contrário, às novas ações de competência da Justiça do Trabalho, até ulterior alteração legislativa, aplicam-se as regras procedimentais previstas no CPC e na legislação processual esparsa, em toda sua extensão e com todas as suas consequências, inclusive quanto ao sistema recursal.

Não fosse essa nossa posição, como sabido, o TST, por meio da Instrução Normativa, n. 27, de 2005, estabeleceu a regra de que as novas demandas de competência da Justiça do Trabalho devem ser processadas conforme os ritos, rito ordinário ou sumaríssimo, previstos na CLT, excepcionando-se, apenas, as que, por disciplina legal expressa, estejam sujeitas a rito especial, tais como o mandado de segurança, *habeas corpus*, *habeas data*, ação rescisória, ação cautelar, ação de consignação em pagamento, etc.

Estabeleceu, ainda, que o regime recursal a ser observado é aquele também previsto na CLT, inclusive no tocante à nomenclatura, à alçada, aos prazos e às competências, ainda que as ações estejam sujeitas a rito especial. Neste mesmo sentido, na 1ª Jornada de Direito Material e Processual na Justiça do Trabalho, realizada em novembro de 2007, aprovou-se o Enunciado n. 65 com idêntico entendimento.

Fixou-se, ademais, o entendimento de que o depósito recursal a que se refere o art. 899 da CLT é sempre exigível como requisito extrínseco do recurso, quando houver condenação em pecúnia.

O mesmo se estabeleceu em relação ao regime das custas processuais, ainda que, contraditoriamente, tenha esclarecido que, salvo nas lides decorrentes da relação de emprego, é aplicável o princípio da sucumbência recíproca.

O TST, mediante precipitada Instrução Normativa, lançou, ainda, seu entendimento de que, exceto nas lides decorrentes da relação de emprego, os honorários advocatícios são devidos pela mera sucumbência.

Indo adiante, creio que de forma também precipitada, o TST ainda cancelou sua Orientação Jurisprudencial n. 227, da SDI-I, que esclarecia que era incompatível com o procedimento trabalhista o instituto da denunciação da lide.

As disposições mencionadas acima, estabelecidas pelo TST, no entanto, merecem severas críticas.

No que se refere à denunciação da lide, é preciso lembrar que a sua inaplicabilidade ao rito das ações trabalhistas não decorre, como à primeira vista poder-se-ia pensar, de incompatibilidade em face da competência da Justiça do Trabalho. Em verdade, sua inaplicabilidade decorre da incompatibilidade de ritos. Ou seja, por ser o rito trabalhista célere, torna-se incompatível com esse desiderato admitir a denunciação da lide. Essa, aliás, é a inteligência do art. 280 do CPC, em relação ao procedimento sumário civil, não havendo razões para ser diferente quanto aos ritos trabalhistas.

A ampliação da competência da Justiça do Trabalho, portanto, em nada interfere com essa incompatibilidade.

É certo, no entanto, que, em relação a esse entendimento aqui sustentado, pode-se fazer a mesma crítica que se faz em relação à regra acima mencionada do CPC. É inadmissível a denunciação da lide no procedimento sumário, mas nada impede do réu da ação ingressar com uma demanda contra quem seria o denunciado e como essas ações são conexas, elas devem ser reunidas. Logo, pelas vias transversas, chega-se ao mesmo lugar: a propositura de duas ações conexas, sejam a principal e a formulada em denunciação da lide, seja por meio de suas ações autônomas.

No que se refere aos procedimentos aplicáveis às novas demandas, o entendimento do TST de que devem ser adotados os ritos da CLT se mostra violador do princípio do devido processo legal.

Ora, se determinada demanda estava sujeita ao um rito quando em curso na Justiça Comum ou Federal, inexistem razões para, com sua remessa para Justiça do Trabalho, alterar seu procedimento. Não se pode confundir regra de procedimento, com regra de competência. A regra de procedimento se aplica a todo e qualquer Órgão Judicial, não à-toa, quando era de competência da Justiça Federal a reclamação trabalhista em face da União, suas autarquias e empresas públicas (na vigência da CF de 1969) nela se adotava o procedimento da CLT para essas demandas. Isso porque, às demandas trabalhistas se aplica o procedimento previsto na CLT, independentemente do Órgão competente para seu julgamento.

O TST, por outro lado, incorreu em contradição ao mesmo tempo em determinar que fosse respeitado o rito mais especial de algumas demandas, a exemplo do mandado de segurança e da ação de consignação, e, concomitantemente, preceituou que o sistema recursal a ser observado deva ser aquele previsto na CLT, inclusive no tocante à nomenclatura, à alçada, aos prazos e às competências.

Aqui, o TST resolveu aplicar o rito mais especial pela metade! Só se aplica o mais especial no primeiro grau. Já quanto ao rito recursal, adota-se o que dispõe a CLT. Qual a razão jurídica para essa cisão, se não a da comodidade?

A partir desse entendimento, se chega ao absurdo, por exemplo, de que, para atacar uma decisão liminar em mandado de segurança em trâmite no Primeiro Grau, a parte deve se valer de outro mandado de segurança, já que irrecorríveis as decisões interlocutórias na Justiça do Trabalho! Seria mandado de segurança para atacar decisão proferida em mandado de segurança.

Tudo isso atenta, não só contra o princípio do devido processo legal, como os da celeridade e economia processuais. Lógico que é mais econômico e célere admitir o agravo (interposto diretamente no Tribunal, na forma do CPC) contra decisão interlocutória do que o mandado de segurança para atacar decisão interlocutória.

Observem, ainda, que se adotado o entendimento de que o mandado de segurança é cabível para atacar essa mesma decisão interlocutória, o pedido, na prática, ficará sujeito a três graus de jurisdição: sujeito à decisão interlocutória de primeiro grau, ao mandado de segurança no segundo grau impetrado para atacar a decisão interlocutória e ao recurso ordinário em mandado de segurança dirigido ao TST. Se admitido o agravo de instrumento, no entanto, da decisão do Tribunal Regional, neste caso, não caberá a interposição de qualquer recurso ao TST, já que o recurso de revista é reservado às decisões proferidas em recurso ordinário ou em agravo de petição.

Assim, *data venia*, se for para adotar o rito mais especial, que ele seja aplicado em sua inteireza, da inicial à sua última decisão, ainda que no Tribunal.

Quanto ao depósito recursal, apesar de ser medida salutar, por criar obstáculos à protelação do feito e, ao mesmo tempo, contribuir para celeridade do cumprimento da sentença, sua exigência em relação aos feitos civis viola os mais elementares princípios do devido processo legal e da defesa.

Por fim, o entendimento do TST quanto aos honorários advocatícios — admitindo-os nas ações civis — apenas revela toda a contradição e resistência à sua aplicação às lides trabalhistas. Aliás, a este respeito, na 1ª Jornada de Direito Material e Processual na Justiça do Trabalho, realizada em novembro de 2007, aprovou-se o Enunciado n. 79 sustentando entendimento justamente oposto.

O TST passou a entender que aos honorários advocatícios apenas seriam devidos nas ações civis. Daí se tem a possibilidade do autor pretender o menos para ganhar o mais. Explico com um exemplo: imaginem um trabalhador que, rompido seu contrato, queira haver o aviso prévio que, contratualmente, foi fixado em 30 dias. Ele pode, então, reclamar o mais pedindo o reconhecimento da relação de emprego e o pagamento do aviso prévio, acrescido do FGTS e seus 40% sobre o mesmo (100 + 8% + 40% de 8% = 112). Mas também pode reclamar o menos, ou seja, o aviso prévio enquanto prestador de serviços. Neste último caso, no entanto, se vencedor da demanda, fará jus aos honorários advocatícios de 20%. Logo, receberá o aviso prévio mais 20% (100 + 20% = 120).

Adotando-se o entendimento do TST, portanto, será melhor financeiramente para o trabalhador não pedir o reconhecimento da relação de emprego. Tem lógica? É razoável?

Observem, ainda, que tais pedidos podem ser cumulados em uma única ação. Por exemplo, o autor pode pedir o mais (para receber o menos), isto é, pedir o reconhecimento da relação emprego, mais pagamento do aviso prévio com o acréscimo do FGTS e seus 40% incidentes sobre essa verba rescisória, ou, de forma sucessiva, caso não acolhido o primeiro pedido, mas reconhecido o contrato de prestação de serviço, o pagamento do aviso prévio mais honorários advocatícios. Ou seja, numa demanda, o pedido principal será financeiramente menor do que o sucessivo. Tem lógica?

5. Conclusões preliminares

A partir do que foi dito acima em concisas palavras podemos, também em apertada síntese, concluir afirmando que o processo do trabalho não guarda autonomia em relação ao processo civil brasileiro, não passando aquele de mais um dentre muitos procedimentos especiais previstos em nosso ordenamento processual.

Outrossim, a tentativa de ressaltar a autonomia do processo do trabalho por parte dos processualistas trabalhistas e, por outro lado, o "esquecimento" do processo laboral por parte dos processualistas civis, somente têm contribuído para frear o desenvolvimento daquele e retardar a modernização deste outro.

Por fim, concluímos que não há razões doutrinárias que justifiquem que as demandas não reguladas na CLT fiquem submetidas ao procedimento ali previsto.

6. Procedimentos especiais em espécies

Vários são os procedimentos especiais cabíveis de processamento na Justiça do Trabalho. Dentre eles, os mais comuns na prática forense são a ação de consignação, o mandado de segurança e o *habeas corpus*. Com menor incidência, constatamos o uso na Justiça do Trabalho das ações de prestação de contas, de *habeas data* e monitória.

Cuidaremos, assim, adiante, desses procedimentos especiais, ao lado de outros que têm sido mencionados como cabíveis de ajuizamento na Justiça do Trabalho, adotando a divisão clássica do processo civil em procedimentos de jurisdição voluntária e jurisdição contenciosa.

7. Ação de consignação

7.1. Introdução

Dentre todos os procedimentos especiais previstos no CPC, com processamento no primeiro grau de jurisdição, talvez o que mais seja utilizado na Justiça do Trabalho seja o relativo à ação de consignação.

Cuidaremos, assim, desse procedimento na Justiça do Trabalho.

7.2. Cabimento

Como a próprio nome já induz, por meio do procedimento cognitivo o devedor ou terceiro pode requerer, com efeito de pagamento, a consignação da quantia ou da coisa devida.

Observe-se que apenas cabe a consignação da obrigação de dar, seja na modalidade dar dinheiro, seja na modalidade entregar a coisa.

As hipóteses de cabimento estão reguladas tanto no CPC, como no Código Civil. Assim é que, na forma do art. 335 do CC, cabe a consignação quando:

"I — o credor não puder, ou, sem justa causa, recusar receber o pagamento ou dar quitação na devida forma;

II — o credor não for, nem mandar receber a coisa no lugar, tempo e condição devidos;

III — o credor for incapaz de receber, for desconhecido, declarado ausente, ou residir em lugar incerto ou de acesso perigoso ou difícil;

IV — ocorrer dúvida sobre quem deva legitimamente receber o objeto do pagamento;

V — pender litígio sobre o objeto do pagamento."

Ressalte-se, ainda, que o novo Código Civil preceitua, expressamente, a hipótese de consignação em pagamento de imóvel e de bem corpóreo enraizado (fixo no lugar), em seu art. 341.

Observe-se, ainda, que para que a consignação tenha força de pagamento, é necessário que concorram, em relação às pessoas, ao objeto, modo e tempo, todos os requisitos sem os quais não é válido o pagamento.

7.3. Legitimação

Legitimados para ação de consignação são o credor e o terceiro interessado no cumprimento da obrigação.

Esse terceiro, por sua vez, na forma do inciso III do art. 346 do CC, somente pode ser aquele que paga a dívida pela qual era ou podia ser obrigado, no todo ou em parte.

Já no polo passivo, a legitimidade pertence ao credor da obrigação. A legislação, no entanto, prevê, ainda, em caso de dúvida, que essa legitimação passiva será concorrente entre as pessoas que se apresentam como credores (art. 898 do CPC).

7.4. Consignação extrajudicial

O CPC prevê duas modalidades de consignação: a judicial e a extrajudicial. Ambas têm cabimento na relação de emprego.

A consignação extrajudicial, no entanto, limita-se ao pagamento de dinheiro. Neste caso, o devedor ou terceiro interessado poderá optar pelo depósito da quantia devida em estabelecimento bancário oficial, onde houver, ou particular se não houver, situado no lugar do pagamento, em conta bancária com correção monetária, notificando o credor por carta com aviso de recepção para que este, no prazo de 10 (dez) dias, manifeste a sua recusa em receber (§ 1º do art. 890 do CPC).

Decorrido esse prazo de dez dias, sem que o credor tenha manifestado sua recusa, o devedor ficará liberado da obrigação, ficando à disposição do credor a quantia depositada. Se, entretanto, o credor se recusar a receber, por manifestação por escrito dirigida ao estabelecimento bancário, o devedor ou terceiro poderá propor, no prazo de 30 (trinta) dias, a ação de consignação, devendo instruir a inicial com a prova do depósito e da recusa. E, caso o devedor não proponha a ação neste prazo, ficará sem efeito o depósito, podendo levantá-lo o depositante.

7.5. Competência

O CPC prevê que a competência para a ação de consignação é do foro do lugar do pagamento (art. 891). Da mesma forma, dispõe que, quando a coisa devida for corpo que deva ser entregue no lugar em que está, a consignação deve ser proposta no foro em que ela se encontra. Contudo, na seara trabalhista, a competência se define na forma do art. 651 da CLT.

Assim, na Justiça do Trabalho, a demanda de consignação deverá, em regra geral, ser proposta no local da prestação de serviços.

7.6. Efeitos da consignação

Expressamente, a lei preceitua que com o depósito cessam, para o devedor, os juros da dívida e os riscos, salvo se for julgada improcedente a ação respectiva.

7.7. Procedimento da consignação judicial

A ação de consignação deve observar o procedimento ordinário do CPC, com aplicação das regras especiais relativas aos atos de consignação.

Na Justiça do Trabalho, a tendência é de adaptar o procedimento ordinário ao procedimento previsto na CLT para a reclamação trabalhista, só que com a incidência das mesmas regras especiais do processo civil que revelam o caráter especial dessa ação.

Assim, é preciso lembrar, dentre essas regras especiais, que, se o objeto da prestação for coisa indeterminada e a escolha couber ao credor, será este citado para exercer o direito dentro de 5 (cinco) dias, se outro prazo não constar de lei ou do contrato, ou para aceitar que o devedor o faça, devendo o juiz, ao despachar a petição inicial, fixar lugar, dia e hora em que se fará a entrega, sob pena de depósito.

Igualmente, se ocorrer dúvida sobre quem deva legitimamente receber o pagamento, o autor requererá o depósito e a citação dos que disputam o crédito para que estes venham provar o seu direito.

Da mesma forma, se a coisa devida for imóvel ou corpo certo que deva ser entregue no mesmo lugar onde está, o devedor será citado para vir ou mandar receber o imóvel ou a coisa enraizada, sob pena de ser depositado em juízo, com sua entrega a depositário, que ficará com o *munus* de guardá-lo e conservá-lo.

Importante, ainda, destacar que, o autor, na petição inicial, deve requerer:

"I — o depósito da quantia ou da coisa devida, a ser efetivado no prazo de 5 (cinco) dias contados do deferimento, ressalvada a hipótese do depósito extrajudicial;

II — a citação do réu para levantar o depósito ou oferecer resposta."

Deve, ainda, o credor, se for o caso de ter procedido no depósito extrajudicial, fazer a prova deste e da recusa do devedor em receber o dinheiro.

Observe-se, assim, que, ajuizada a demanda de cognição, deve o juiz despachar conferindo prazo para o autor efetuar o depósito, salvo se já houver depósito extrajudicial. E, em o credor não o fazendo no prazo consignado, deve o juiz extinguir a ação de consignação. Na Justiça do Trabalho, no entanto, há uma tendência em se tolerar que esse depósito seja efetivado até o momento da audiência de conciliação, instrução e julgamento.

Frise-se, ainda, que se tratando de prestações periódicas, uma vez consignada a primeira, pode o devedor continuar a consignar, no mesmo processo e sem mais formalidades, as que se forem vencendo, desde que os depósitos sejam efetuados até 5 (cinco) dias, contados da data do vencimento. A falta desses novos depósitos, no entanto, não afeta a demanda judicial em relação aos anteriores.

Diga-se, ainda, que, enquanto o credor não declarar que aceita o depósito, ou não o impugnar, poderá o devedor requerer o levantamento do mesmo, arcando com as despesas. Julgado, porém, procedente o depósito, o devedor já não poderá levantá-lo, ainda que o credor consinta, salvo se não houver outros co-devedores e fiadores.

O réu, por sua vez, é citado para receber a coisa depositada ou contestar. Na Justiça do Trabalho, porém, em face da adaptação do rito ao previsto na CLT, essa contestação somente deve ser realizada em audiência.

Em sua defesa, por sua vez, o réu poderá alegar que:

"I — não houve recusa ou mora em receber a quantia ou coisa devida;

II — foi justa a recusa;

III — o depósito não se efetuou no prazo ou no lugar do pagamento;

IV — o depósito não é integral, devendo, neste caso, o réu, indicar o montante que entende devido."

Se, porém, o consignado não oferecer contestação, ainda que em decorrência da revelia, o juiz julgará procedente o pedido, declarando extinta a obrigação e condenando o réu nas despesas processuais. O mesmo ocorrerá se o credor receber e der quitação.

Na hipótese em que a consignação se funda em dúvida sobre quem deva legitimamente receber a coisa devida, não comparecendo nenhum dos réus, o depósito converter-se-á em arrecadação de bens de ausentes.

Neste caso, ainda, caso compareça apenas um dos litisconsortes passivos, o juiz decidirá de plano a demanda. Comparecendo mais de um dos litisconsortes, no entanto, o juiz deve declarar efetuado o depósito e extinta a obrigação, se não houver qualquer dúvida quanto ao mesmo em si, devendo continuar o processo a correr unicamente entre os credores. Neste último caso, portanto, o autor da demanda se retira da mesma, após sentença declaratória de extinção de sua obrigação, continuando o feito entre os litisconsortes que se apresentam como credores, caso em que o juiz decidirá esse outro litígio.

Diga-se, ainda, que quando o réu alega que o depósito não é integral é lícito ao autor completá-lo, no prazo de 10 (dez) dias consignado pelo juiz, salvo se corresponder à prestação cujo inadimplemento acarrete a rescisão do contrato.

Mas, mesmo neste caso em que se alega a insuficiência do depósito, pode o réu levantar, desde logo, a quantia ou a coisa depositada, com a consequente liberação parcial do autor, prosseguindo o processo quanto à parcela controvertida. Outrossim, a sentença que concluir pela insuficiência do depósito determinará, sempre que possível, o montante devido, e, neste caso, valerá como título executivo, facultado ao credor promover-lhe a execução nos mesmos autos.

7.8. Objeto da consignação e coisa julgada

Cabe ressaltar, ainda, que a ação de consignação tem por objeto a declaração de extinção da obrigação pela satisfação da prestação devida.

Desse modo, a coisa julgada somente se formará derredor da questão relativa ao pagamento, não se estendendo para outras alegações porventura efetuadas nos autos.

Assim, por exemplo, se a empresa alega a despedida por justa causa e a recusa do empregado despedido em receber as verbas rescisórias pertinentes, ainda que o juiz conclua que a recusa foi injustificada, os efeitos da eventual coisa julgada decorrente da decisão de procedência da ação de consignação não açambarcará a alegação do motivo da extinção do contrato. Isso porque, neste caso, a causa de pedir é a alegação de recusa em receber e não a despedida motivada.

Em verdade, a coisa julgada apenas afetará a alegação de justa causa para despedida se o interessado propuser ação declaratória neste sentido.

Óbvio, no entanto, que o acordo judicial firmado na ação de consignação no qual se firmou a quitação abrangente de todo o contrato de trabalho faz coisa julgada (TST, ROAR n. 651166, SBDI-2, Rel. Min. Gelson de Azevedo, DJU 19.12.2002).

8. Ação monitória

8.1. Introdução

A ação monitória é outro procedimento especial com plena aplicação na Justiça do Trabalho, apesar de seu pouco uso nos foros trabalhistas.

Ela, no entanto, constitui-se em importante instrumento para satisfação mais célere do crédito trabalhista.

8.2. Cabimento

Disciplinada em três artigos e três parágrafos, a lei define plenamente qual o objeto e finalidade da ação monitória.

Em resumo, "a ação monitória compete a quem pretender, com base em prova escrita sem eficácia de título executivo, pagamento de soma de dinheiro, entrega de coisa fungível ou de determinado bem móvel" (art. 1.102a, CPC).

O legislador brasileiro optou por inserir no nosso ordenamento jurídico o que se denomina na Europa de "processo monitório documental", fundado em prova escrita. Deixou de lado, portanto, o procedimento monitório puro, em que o credor não precisa apresentar prova escrita, bastando para seu ajuizamento mera alegação, cabendo ao juiz examinar a postulação e ordenar o mandado injuntivo.

Possuindo o credor da obrigação, prova escrita de seu crédito, pode, então, ao invés de se submeter a um processo de conhecimento, provavelmente dispendioso e longo, requerer a citação do devedor para que, de logo, este efetue o pagamento de soma em dinheiro ou para que entregue coisa fungível ou outro bem móvel.

Dentre os bens móveis, devem-se incluir os semoventes, além dos direitos reais sobre objetos móveis e as ações correspondentes, os direitos de obrigação e as ações respectivas e os direitos de autor. Além desses, todos os outros direitos tidos, por força de lei, como móveis podem ser objeto da ação monitória.

A coisa a ser entregue, pode, ainda, ser certa ou incerta, já que o legislador remeteu a execução respectiva ao Capítulo II, do Título II, do Livro II do CPC, que trata tanto da entrega de coisa certa (bem móvel), como incerta (coisa fungível), tal como regulado nos arts. 621 a 631 do CPC.

Ficam excluídos, assim, do âmbito da ação monitória, as obrigações de fazer e não-fazer, as pretensões não patrimoniais e as que se refiram às coisas imóveis, assim como aquelas relativas a meras declarações ou à constituição de situação jurídica nova.

Frise-se, ainda, que nada impede ao credor fazer pedido alternativo para entrega de coisa móvel ou pagamento (devolução) de soma em dinheiro. O devedor, então, será citado para cumprir com qualquer dessas obrigações, devolvendo-se ao credor o direito de opção em caso de não exercitado pelo réu (§ 1º, art. 571, CPC).

8.3. Facultatividade

Deve ser ressaltado, ainda, é que a doutrina tem se inclinado por compreender o procedimento monitório como um instrumento de ação do credor por opção. Caberá a ele decidir se prefere ajuizar a ação de conhecimento ou a ação monitória.

Essa faculdade inexistirá em relação aos créditos certificados mediante títulos executivos judiciais ou extrajudiciais. Nesta hipótese, é óbvio, que o autor carecerá de interesse em agir monitoriamente. O art. 1.102a, aliás, sinaliza neste sentido.

Essa opção, por sua vez, tem razão de ser no próprio procedimento tendente à conversão da prova escrita em título executivo. Como essa conversão dependerá de uma deliberação do juiz, ao apreciar o pedido inicial, poderá o credor optar pelas vias ordinárias para obter o título executivo, sempre que, *v. g.*, duvidosa ou incompleta a prova escrita.

Por outro lado, o credor que não desejar renunciar ao seu direito aos honorários de sucumbência e demais despesas processuais, certo de que o devedor poderá gozar dessa isenção (§ 1º, art. 1.102c), poderá optar pelo processo de conhecimento, ao invés de propor a ação monitória.

8.4. Legitimidade ativa e passiva

A ação monitória está à disposição de quem seja credor da obrigação, podendo ser manejada, também, pelo cessionário, sucessor ou sub-rogado. Está ao alcance das pessoas físicas e jurídicas.

No lado passivo, deve figurar na relação processual o devedor da obrigação, como é óbvio, ou seu sucessor, tanto a título universal, como singular.

A ação monitória pode ser utilizada contra os sócios, solidários ou subsidiariamente responsáveis. Nas obrigações solidárias, ao credor cabe optar contra quem pretende demandar, se não preferir se dirigir contra todos.

Em resumo, podemos concluir que, no polo passivo da ação monitória, podem figurar todas as pessoas legitimadas para responder a ação executiva, ou seja, o devedor, reconhecido como tal no título executivo, o espólio, os herdeiros ou os sucessores do devedor, o novo devedor, que assumiu com o consentimento do credor a obrigação resultante do título executivo, o fiador judicial e o responsável tributário, assim definido na legislação própria (art. 568, CPC), além dos sócios, nas hipóteses previstas na legislação material (art. 592, II, do CPC), e outros devedores solidários ou subsidiários.

8.5. Foro competente

Em relação ao foro competente, aplicam-se, à ação monitória, as regras gerais pertinentes à espécie.

Assim, prevalecerá, a princípio, para fixação da competência territorial, o local do pagamento ou da entrega da coisa (art. 100, inciso IV, alínea "d", do CPC) ou, ainda, no foro do domicílio do réu (art. 94, do CPC), salvo se as partes elegerem o foro para dirimir as controvérsias decorrentes da relação jurídica pactuada.

Cabe lembrar, ainda, que, como a ação monitória tem curso na Justiça Federal (ao menos naquelas em que empresa pública federal seja parte) e na Justiça do Trabalho, aplicando-se, em relação às mesmas, as suas regras de competência territorial.

8.6. Natureza da ação monitória

Majoritariamente, a doutrina entende que a ação monitória tem natureza mista ou diferenciada pela sua natureza, pois se cuida de ação de conhecimento com "predominante função executiva".

Isso porque a ação monitória visa a propiciar ao credor uma rápida e eficaz constituição do título executivo, com condenação do devedor, conferindo-se eficácia executiva ao pedido do autor ou constituindo-se título executivo. Por meio dela se possibilita a prestação jurisdicional de cognição sumária.

8.7. Prova escrita

O art. 1.102a do CPC estabelece que a ação monitória tem por base "prova escrita sem eficácia de título executivo". De logo, pois, devem ser excluídos aqueles documentos que são considerados, por lei, títulos executivos, sejam judiciais ou extrajudiciais.

Vale frisar, entretanto, que se o credor entende não ser a prova escrita título executivo extrajudicial, pode optar pela ação monitória, ainda que o julgador tenha entendimento contrário quanto à natureza do título. Isso porque, neste caso, não se pode obrigar o credor a seguir a via executiva quando ele próprio tem dúvida sobre a liquidez e certeza do título.

É certo que existem documentos que, por si só, já demonstram elevada carga de certeza, liquidez e exigibilidade da obrigação neles registrada. Existem, ainda, inúmeros documentos que, isoladamente ou em conjunto com outros, também atestam a existência de um crédito, mas em menor grau de certeza.

Entre aqueles primeiros, encontram-se os títulos executivos extrajudiciais enumerados no art. 585 do CPC e em algumas legislações esparsas. Contudo, todos eles, apesar do elevado grau de certeza da obrigação, só são considerados títulos executivos (extrajudiciais) por mera opção legislativa. Assim, ainda que espelhe soberbamente a obrigação, sendo esta certa, líquida e exigível, se o documento não for considerado por lei como título executivo extrajudicial, não servirá para a ação executiva.

Daí decorre, então, uma realidade patente: a de que, inúmeros credores, portadores de robusta prova escrita de seus créditos, não podem, de logo, executar os devedores, sendo obrigados a propor a ação de conhecimento competente, de modo a constituir, via Judiciário, o título executivo. Ocorre, inclusive, situação onde determinado documento de crédito, por si só, já demonstra maior certeza, liquidez e exigibilidade do que aqueles documentos considerados como títulos executivos extrajudiciais, mas, como já dito, por mera opção legislativa, não são dotados dessa eficácia executiva.

Foi justamente, pois, procurando sanar essa deficiência da legislação, tendo por objetivo facilitar o acesso e a efetividade da justiça, de modo mais célere e econômico (não só no seu sentido financeiro, mas, também, no tempo), que o legislador colocou à disposição dos jurisdicionados a ação monitória. Por meio desse procedimento, então, o credor pode obter o título executivo necessário à execução do seu crédito mediante a simples deliberação do juiz, sem contraditório e sem as formalidades próprias de uma ação judicial.

O credor, então, ao invés de ser obrigado a propor uma ação de conhecimento, em um processo longo e dispendioso, em face da documentação que possui, pede ao juiz que delibere sobre a executividade de sua prova escrita. Por essa ação, aqueles que são portadores de uma "prova escrita" a respeito de uma obrigação, não considerada, enquanto documento, por si só, como título executivo, poderão propor a sua execução, a partir desse pré-título. Mas, como é sabido, toda execução tem por base um título certo, líquido e exigível. Assim, para ter seu crédito satisfeito por meio de execução, comprovado mediante prova escrita referida no art. 1.102a do CPC, será necessário, antes, que ela — a prova escrita — seja dotada de eficácia executiva, isto é, em outras palavras, transforme essa prova escrita em título executivo.

Assim, a primeira atribuição do juiz, ao analisar o pedido monitório, será a de dar eficácia executiva ao título (prova escrita) apresentado pelo autor da demanda. Antes, portanto, de ordenar a expedição do mandado injuntivo, deverá o juiz examinar a prova escrita apresentada pelo autor, de modo a dotá-la ou não de executividade.

O que, contudo, pode ser considerada "prova escrita"? Quais as características exigidas para ela ser transformada em título executivo?

A essa segunda pergunta, encontraremos a resposta no art. 586 do CPC, ou seja, da prova escrita deve emanar a certeza, liquidez e exigibilidade do crédito.

A exigibilidade está vinculada ao próprio interesse de agir. Se a obrigação não é exigível, pois não vencido seu prazo, não cumprida a prestação pelo credor ou já satisfeita, ao autor faltará interesse para agir, isto é, demandar contra o apontado devedor.

A certeza da exigibilidade, entretanto, decorre de simples presunção, pois, vencido o prazo para adimplemento, o juiz, ao despachar a peça inicial da ação executiva, nunca terá, em verdade, a confirmação de que a obrigação exequenda efetivamente ainda não foi satisfeita. Somente a terá se, no momento exato em que estiver despachando a inicial, o devedor esteja a lhe assegurar que não cumpriu com sua obrigação. Mas, mesmo nesta hipótese, por razões inconfessáveis, poderá o devedor estar faltando com a verdade.

A liquidez também é indispensável para conversão da prova escrita em título executivo, pois não se admite a expedição de ordem de pagamento sem se saber o valor cobrado, assim como a ordem de entrega de coisa sem a identificação dos bens móveis exigidos, inclusive em suas quantidades, qualidades, etc., a depender do caso.

Evidentemente, entretanto, que essa liquidez não precisa estar expressamente apontada na prova escrita. Ela poderá ser obtida mediante dedução, principalmente quando por simples cálculos. Assim, por exemplo, se da prova se extrai a obrigação do devedor pagar quantia equivalente a cinco salários mínimos, a prova será líquida, bastando efetuar os cálculos aritméticos necessários a se obter o valor cobrado.

O mesmo se diga em relação à aplicação de índices de juros ou de correção monetária. Bastará, para tanto, que o credor apresente, com a inicial, demonstrativo de cálculos.

Indispensável, ainda, para conversão da prova escrita em título executivo, que esta traga consigo a certeza da obrigação. A certeza da obrigação, entretanto, ao contrário dos outros requisitos do título executivo, pode ser mensurada por graus.

O título executivo que dá maior certeza quanto à obrigação é a sentença condenatória transitada em julgado, em face do seu acertamento por decisão judicial. Mas, mesmo assim, somente alcançará, em nosso ordenamento jurídico, a absoluta certeza depois de transcorridos dois anos do trânsito em julgado, sem ajuizamento de ação rescisória contra a sentença condenatória e, ainda, se não tiver ocorrido a falta ou nulidade da citação no processo de conhecimento, se este correu à revelia do executado.

Em face das suas próprias naturezas, formalidades e conteúdos, por mera vontade política, o legislador dotou, ainda, diversos outros títulos de eficácia executiva. São os títulos extrajudiciais. Estes instrumentos executivos, entretanto, não carregam consigo a mesma certeza obrigacional que os títulos judiciais. Daí por que o legislador assegurou ao executado o direito de, nos embargos do devedor, alegar como matéria de defesa qualquer alegação que lhe seria lícito deduzir como defesa no processo de conhecimento.

Em outras palavras, o legislador permite que, na execução por título extrajudicial, o devedor leve à apreciação judicial toda e qualquer matéria de defesa, como se a obrigação necessitasse, antes de ser exigida concretamente, em suas últimas consequências (= satisfação da obrigação exequenda), de prévio acertamento judicial.

Pode-se afirmar, inclusive, que, na execução de título extrajudicial, a obrigação exequível obtém seu acertamento judicial, ainda que de forma indireta, pela preclusão — quando não opostos os embargos — ou pela rejeição dessa ação incidental. Assim, de forma indireta, por mera opção legislativa, o acertamento judicial da obrigação estampada em instrumento executivo extrajudicial ficou diferido para momento posterior ao início da execução, seja pela rejeição dos embargos do devedor, seja pela preclusão decorrente de sua não oposição.

Ressalte-se que os embargos do devedor, quando rejeitados, nesta hipótese de execução por título extrajudicial, servem, ainda que indiretamente, para certificar a obrigação exequenda. O juiz, desse modo, ao julgar improcedentes os embargos, está, em verdade, indiretamente, acertando a obrigação executada pelo credor, dela decorrendo os efeitos da coisa julgada.

Não haverá coisa julgada, entretanto, se não forem opostos os embargos ou se rejeitados sem julgamento do mérito. Nestas hipóteses, ao devedor sempre restará o ajuizamento de outra ação de conhecimento para questionar a obrigação que lhe é executada.

Têm, assim, os títulos extrajudiciais — todos arrolados em lei —, elevado grau de certeza quanto à obrigação, daí por que dotados de eficácia executiva.

Em grau mais abaixo, tem-se, hoje, ainda, os títulos monitórios, que, entretanto, somente adquirem eficácia executiva após pronunciamento do juiz, ao examinar a prova escrita apresentada pelo autor da ação monitória.

A certeza da obrigação, entretanto, ainda que em grau menos elevado, há de ser patente. Da análise da prova escrita, o juiz há de extrair a certeza da obrigação, pois requisito indispensável à execução do título, até porque, não se pode conceber a expedição de ordem de pagamento ou entrega de coisa sem que se tenha certeza da obrigação.

Sem razão, no nosso modo de entender, quem defende que basta se inferir razoável certeza quanto à existência do crédito ou aparente idoneidade. A obrigação há de ser certa, idônea e absoluta, ainda que comprovada por meio de prova não tão robusta como um título executivo extrajudicial. Essa obrigação, entretanto, poderá ser atestada mediante presunções e indícios (meios de prova), o que acaba por tornar a obrigação certa e idônea, a partir da apreciação da prova produzida.

Difere dos demais títulos extrajudiciais porque estes são dotados, por força de lei, de plena eficácia executiva, a partir da natureza e conteúdo de seus instrumentos (a prova escrita relativa ao título extrajudicial), o que dispensa, por parte do juiz, maior análise, enquanto a prova escrita apresentada na ação monitória só se constitui em título executivo a partir de deliberação do juiz, após sua detida apreciação. Vale lembrar, inclusive, que na execução por título extrajudicial, nada impede do juiz — ao contrário, é de sua obrigação —, ao analisar a petição inicial, indeferi-la, *v. g.*, por falta de idoneidade do instrumento executivo, em apreciação sumária da prova da obrigação que se pretende executar.

Desse modo, o que diferencia a execução de título extrajudicial da execução de título monitório, é exatamente essa: enquanto aquela tem por base uma prova escrita (= instrumento, título) dotada de plena eficácia executiva por força de lei — o que dá robustez e elevada certeza quanto à obrigação — dispensando o juiz de sua maior análise —, a execução monitória terá por título a prova escrita apresentada pelo autor que — não sendo dotada de eficácia executiva por força de lei — exigirá do juiz uma apreciação mais aprofundada quanto à certeza da obrigação. E nisso reside a grande vantagem da ação monitória, que é a possibilidade de se executar uma obrigação comprovada mediante prova escrita não dotada de eficácia executiva por força de lei, mas, sim, por delibação do juiz.

Ampliou-se, assim, o campo dos títulos executivos, que agora passam a ser de três espécies: judicial, extrajudicial e monitório, sendo este último constituído *ope iudicis*.

Assim, para a execução da obrigação objeto da ação monitória, necessário se faz extrair a certeza da obrigação a partir da análise da prova escrita apresentada. Nessa análise, no entanto, o juiz valorará a prova de acordo com as regras gerais de convencimento, podendo se utilizar, inclusive, das presunções e indícios para concluir quanto à certeza da obrigação. Dará certeza à obrigação, ainda que em juízo de probabilidade, a partir da apreciação da documentação escrita.

A obrigação executada por meio da ação monitória, em resumo, deve ter a mesma certeza extraída dos demais títulos executivos. Contudo, como dotado de eficácia executiva por mera delibação do juiz, sua execução observará rito próprio, onde, antes mesmo de qualquer ato constritivo do patrimônio do devedor, será assegurado a este o direito de se opor à execução.

Em suma, a prova escrita deve ter todas as características que se exigem para o título executivo extrajudicial. Portanto, a prova escrita deve conter os elementos de certeza (= *an debeatur*) e liquidez (= *quantum debeatur*).

A lei fala em "prova escrita", o que excluiu, por óbvio, todas as outras formas documentais não grafadas. Ficam excluídas, assim, do âmbito da ação monitória, a prova documental *lato sensu*, como tal a gravada em fita cassete, videoteipe, DVD, eletrônica, enfim, todo sistema visual ou auditivo, ou produto da combinação de ambos, bem como a prova testemunhal.

A lei, também, não limita a prova escrita a apenas um documento. Ela pode, assim, ser formada por dois ou mais documentos, cada um por si só insuficiente, mas que, somados, sejam capazes de induzir a probabilidade da obrigação.

Também não há impedimento de a obrigação ser comprovada por meio de prova escrita não produzida pelo devedor ou não assinada por este. A "prova escrita" pode ter sido produzida por terceiro ou mesmo pelo próprio credor, mas dela há de se inferir a obrigação do requerido.

Nada impede, ainda, que a prova escrita seja fruto de prova emprestada ou produzida antecipadamente, apesar de guardar a mesma eficácia e natureza da prova produzida na ação originária (exemplo: se fruto de depoimento testemunhal, terá o mesmo valor e eficácia).

Isso porque, quando se referiu à prova escrita, quis o legislador limitar a prova da ação monitória àquela que pode, de logo, ser examinada, com a petição inicial, tal como ocorreu no mandado de segurança (a prova há de ser pré-constituída). O legislador não limitou à "prova escrita" aqueles documentos com força probante.

Hipótese bastante plausível de prova robusta da obrigação produzida pelo próprio credor temos em relação aos extratos de débitos expedidos pelas concessionárias de energia, de fornecimento de água e de serviços telefônicos. É quase impossível, aliás, comprovar que esses lançamentos de débito não são corretos. Podemos, inclusive, equipará-los, neste aspecto, às certidões da dívida ativa produzidas pelos entes de direito público interno.

Podemos, assim, considerar como "prova escrita", para efeito de constituição do título executivo monitório, toda demonstração, por via documental grafada (escrita), de uma obrigação, certa, líquida e exigível, onde já estejam definidos o credor e o devedor ou, ao menos, o caminho a percorrer para defini-los.

Em síntese, a prova escrita, para fins do procedimento monitório, é o documento (escrito) dotado de eficácia particular, a qual consiste em que o juiz deve inferir dele a existência da relação jurídica correspondente à pretensão aos fins da injunção, salvo seu controle mediante processo de cognição quando este seja provocado com a oposição.

Os exemplos são diversos, tais como:

a) o título executivo extrajudicial cuja ação de execução esteja prescrita;

b) os extratos de débitos produzidos pelas concessionárias de fornecimento de energia e de água, além da concessionária de telefonia;

c) confissões de dívida por instrumento particular assinado pelo devedor, sem testemunhas;

d) contrato sem assinatura de testemunhas;

e) qualquer documento assinado pelo empregador, ou por ele incontroversamente produzido, que implique o reconhecimento de uma dívida para com o trabalhador;

f) não se admitindo a sua execução imediata, os títulos definidos como extrajudiciais;

g) o contrato de trabalho escrito para fins de cobrança de salários e outras vantagens nele estabelecido;

h) extrato da conta vinculada do FGTS, juntamente com outros documentos (recibos de pagamento de salários), que revele o débito do empregador;

i) cartões de ponto atestando a prestação de labor extraordinário e os recibos dos meses equivalentes, onde se verifiquem que as horas extras devidas não foram quitadas; e

j) recibos de salários atestando a não concessão de vantagem pecuniária prevista em lei ou em norma coletiva (inclusive reajuste salarial).

Dos exemplos acima, alguns, por si só, já dão a certeza da obrigação (contrato assinado somente pelo devedor e pelo credor, por exemplo). Outros, entretanto, somente revelam a certeza, liquidez e exigibilidade da obrigação quando apresentados com outras provas escritas. Exemplo dessa hipótese ocorre, no contrato de emprego, em relação ao FGTS. Não bastará o extrato da conta vinculada do trabalhador. É necessário, ainda, que o credor demonstre com outros documentos escritos que é empregado do apontado devedor e que recebeu salários cuja base de cálculo não foi respeitada para efeito de incidência do FGTS.

8.8. Decisão inicial

Dada a própria natureza da ação monitória, o primeiro contato do juiz com a causa se reveste de maior complexidade do que numa ação ordinária ou executiva. Isso porque, ao lado de apreciar os pressupostos processuais e as condições da ação, deve emitir juízo de admissibilidade da ação monitória em si.

O juiz deve, pois, verificar a ausência ou regularidade de um pressuposto processual, inclusive quanto à competência absoluta e a existência ou inexistência de uma condição para o exercício do direito de ação. Mas, além desses requisitos comuns às ações judiciais, o juiz deve investigar o preenchimento dos pressupostos próprios da ação monitória. Há, de início, pois, de verificar se a natureza ou objeto da ação monitória é compatível com esse procedimento, ou seja, se o autor pede, "com base em prova escrita sem eficácia de título executivo, pagamento de soma de dinheiro, entrega de coisa fungível ou de determinado bem móvel" (art. 1.102a, CPC).

Se o título for executivo, o juiz deve extinguir o feito, pois faltará ao autor um dos requisitos para a ação monitória, qual seja, "prova escrita sem eficácia de título executivo". Do mesmo modo, se pretender a satisfação de uma obrigação que não seja "pagamento de soma de dinheiro, entrega de coisa fungível ou de determinado bem móvel", a ação monitória estará fadada ao indeferimento liminar. Nestes casos, quando não presentes os mencionados requisitos, o autor será carecedor de ação monitória, o que ocasionará a extinção do feito.

Além, todavia, de aferir o preenchimento de todos esses requisitos (pressupostos processuais e condições da ação), inclusive aqueles específicos da ação monitória, o juiz deve apreciar a "prova escrita", de modo a certificar se a mesma, em seu conjunto, induz à certeza, liquidez e exigibilidade da obrigação alegada pelo credor, perante o requerido.

Se concluir pela inexistência de qualquer desses requisitos próprios do título executivo (certeza, liquidez e exigibilidade), deverá, também, indeferir a inicial, extinguindo o feito, sem prévia citação do demandado.

Se, por outro lado, deferir a inicial, mandará expedir a ordem de pagamento ou de entrega do bem pretendido pelo autor.

A natureza da decisão inicial do juiz advirá do seu pronunciamento. Se indeferir a inicial, seu ato terá natureza sentencial, pois põe termo ao processo. Se, ao invés, deferir a inicial, será mera decisão interlocutória (art. 162, § 2º, CPC).

Em sendo uma decisão interlocutória, contra ela, em tese e a princípio, caberia a interposição do agravo de instrumento no processo civil. Contudo, ao réu faltará interesse processual para recorrer, pois possuidor de outro meio mais idôneo para atacar a decisão inicial, qual seja, os embargos monitórios. E essa falta de interesse se mostra mais premente por não se exigir a garantia do juízo para a oposição dos embargos monitórios. Fosse uma ação de execução ordinária, interesse recursal haveria para o devedor, pois este sofreria um gravame ao ter que garantir o juízo para poder opor os embargos à execução.

Hipótese duvidosa ocorrerá se deferir em parte o pedido da inicial. Esclarecemos: se o juiz entender de apenas determinar a expedição de mandado de pagamento de parte da soma de dinheiro pedida pelo autor ou, ainda, expedir mandado de entrega de parte da coisa requerida na inicial, indeferindo o restante. Qual a natureza dessa decisão?

À luz das novas regras processuais, que definem a sentença, podemos afirmar que estaremos, neste caso, diante de duas decisões com naturezas distintas. Terá natureza de sentença a parte que indefere parcialmente a inicial e de interlocutória a que a defere em parte. Logo, é de se concluir, facilmente, que ao credor, portanto, restará o direito de apelar da parte em que não lhe foi favorável.

Ocorrendo o indeferimento parcial, o contraditório poderá se formar antes mesmo do mandado ser expedido contra o devedor (art. 527, CPC), pois, havendo recurso do autor, em contrarrazões, o requerido manifestar-se-á. Seria, assim, uma exceção à regra de que somente nos embargos o devedor pode questionar a procedência do pedido monitório.

Esse recurso, entretanto, não impedirá que seja expedido o mandado para cumprimento da obrigação acertada pelo juiz na sua decisão inicial, ao acolher parcialmente o pedido do credor. Caso, entretanto, a decisão que indeferiu a outra parte do pedido inicial for reformada pelo Tribunal, para acolher a pretensão do autor, novo mandado há de ser expedido, dele fazendo-se constar a parte da obrigação ainda não executada.

Lembre-se, ainda, que a matéria ventilada e decidida no apelo fará coisa julgada entre as partes, desde que tenha havido contraditório, não podendo ser objeto de ataque por meio dos embargos monitórios. Obviamente que a coisa julgada far-se-á derredor da matéria ventilada no recurso, que, a princípio, não deve ser ater às questões de mérito propriamente dito (pagamento do crédito que se pretende executar, etc.), mas, sim, àquelas que dizem respeito às condições da ação e aos pressupostos processuais da ação monitória (se é ou não prova escrita, se é líquida a obrigação, se é título executivo a prova escrita, etc.).

Assim, em caso de indeferimento parcial do pedido da inicial, caberá apelo contra a decisão na sua parte indeferitória, no processo civil. No processo trabalhista, o recurso cabível será o recurso ordinário.

Pode ocorrer, no entanto, do juiz indeferir toda a pretensão do credor. Antes de indeferir a inicial, porém, deve mandar o autor complementá-la ou emendá-la, se sanável o vício, consoante hipóteses dos arts. 282 e 283 do CPC, por força do determinado no art. 284 desse mesmo diploma legal, inclusive quanto à prova escrita. Se inepta, deve indeferi-la de plano, não sendo hipótese de mandar sanar o vício.

Indeferida a inicial, o autor poderá apresentar apelação, no processo civil. Na Justiça do Trabalho, esse recurso será o recurso ordinário.

Adota-se, nesta hipótese, o procedimento do art. 296 do CPC: o juiz, diante da apelação, pode reformar sua decisão, no prazo de 48 (quarenta e oito) horas. Não reformando, deverá encaminhar os autos ao Tribunal. Ressalte-se, entretanto, que, se esse recurso for julgado sem se abrir o direito de defesa do réu, ainda que o Tribunal reforme a decisão, para deferir a inicial, esta não fará coisa julgada em detrimento do devedor, pois enquanto não observado o contraditório, nenhuma matéria lhe precluirá.

Entendendo-se que o réu deve apresentar contrarrazões, o contraditório estabelecer-se-á antes da expedição do mandado, fazendo-se coisa julgada quanto à matéria decidida.

Discute-se, por outro lado, na doutrina, qual deva ser natureza do provimento judicial quando o juiz não considera a prova escrita apresentado pelo autor suficiente para comprovação da obrigação objeto da ação monitória. Ela seria extintiva do feito sem julgamento do mérito ou com apreciação do mérito?

Creio que, neste caso, não se retirando da prova escrita os requisitos da certeza, liquidez e exigibilidade necessárias à expedição do mandado inicial, o juiz deva julgar extinta a ação sem julgamento do mérito, pois se estará diante da ausência de um dos pressupostos específicos da ação monitória.

Assim, parece-me que a prova escrita destituída dos requisitos necessários à comprovação da obrigação, certa, líquida e exigível, torna o autor carecedor da ação monitória, por ser este um pressuposto específico desse procedimento judicial. E isso tanto é verdade que, quem não possui a prova escrita com esses requisitos, pode ajuizar a ação de conhecimento como meio de alcançar o título executivo.

Hipótese, ainda, corrente, e, evidentemente, a pretendida pelo requerente é o acolhimento integral do seu pedido inicial, isto é, a expedição de mandado de satisfação da obrigação exigida pelo autor tal como requerido na exordial.

Essa decisão, então, terá natureza meramente interlocutória, não sendo agravável pelo demandado, já que a lei reservou aos embargos monitórios o momento para apresentação de sua contrariedade. Eventualmente, entretanto, essa decisão poderá ser objeto de mandado de segurança, se flagrantemente ilegal ou abusiva, ferindo direito líquido e certo do requerido, desde que cause dano irreparável ou de difícil reparação a simples expedição do mandado de entrega ou pagamento de dinheiro, pois, a princípio, a decisão do juiz é atacável mediante embargos monitórios.

Assim como qualquer outra decisão judicial, aquela a ser proferida inicialmente no processo monitório há de ser fundamentada, seja para deferir ou indeferir a pretensão do autor.

Terá forma de sentença a decisão que indeferir a inicial, com todos os seus requisitos, ainda que concisa (art. 459, CPC). Bastará mera decisão interlocutória para as hipóteses de acolhimento, ainda que parcial, da pretensão do credor.

Mister, pois, se faz, que o juiz, ao decidir, explicite, claramente, suas razões de convencimento. Não bastará, na ação monitória, mero despacho do tipo "cite-se" ou "execute-se". Necessário se faz que o juiz aponte os motivos que o convenceram da certeza da obrigação que se pretende cobrar mediante procedimento monitório, apontando nos autos os elementos probatórios que se valeu na sua decisão.

Da mesma forma, indeferindo a inicial ou deferindo em parte a pretensão do autor, deverá indicar, de forma irrefutável, os elementos de sua convicção, de modo a assegurar às partes o exercício pleno de seu direito de defesa. Sem conhecer os motivos da rejeição do pedido ou do seu acolhimento, ainda que parcial, a parte sequer pode exercer plenamente seu direito de defesa, pois não saberá ao certo as razões que levaram o juiz a decidir dessa ou daquela maneira.

Em relação à ação monitória, entretanto, cumpre lembrar que o juiz não só deve apreciar os requisitos para a propositura da ação, como, ainda, certificar a obrigação pretendida pelo autor. Nesta segunda tarefa, entretanto, não precisará ser exaustivo.

Isso não quer dizer, entretanto, que o juiz deva agir irresponsavelmente, deferindo pedido descabido ou sem prova cabal da obrigação, sob o argumento de que cabe ao devedor opor embargos para se defender.

8.9. Honorários advocatícios

Lembre-se, por fim, que na decisão inicial que mandar citar o devedor, o juiz, de logo, deverá estabelecer o valor dos honorários advocatícios, se for o caso, de modo a permitir, se for o caso, a constrição de bens suficientes à garantia integral da execução, inclusive em suas despesas e ônus da sucumbência (art. 19, *in fine*, c/c. art. 659, CPC), mesmo que sem pedido.

Aliás, não é só isso. Deve o juiz arbitrar no despacho inicial essa parcela para, também, notificar o executado do valor dos honorários advocatícios que terá que pagar caso a ação monitória prospere, além de estabelecer os parâmetros para penhora de bens suficientes à garantia integral da execução, tudo em respeito ao devido processo legal e ao contraditório, até porque seu valor poderá ser atacado em eventuais embargos monitórios.

Sua fixação, ainda, coaduna-se com a isenção prevista no § 1º do no art. 1.102, pois a partir do seu valor o devedor estará com mais condições de avaliar se vale a pena pagar o débito principal, livrando-se dos acessórios (honorários advocatícios e custas).

Vale ressaltar, contudo, que parte da jurisprudência entende que o valor desses honorários advocatícios podem ser aumentados se, no curso do processo de execução, ocorrerem incidentes que justifiquem uma melhor remuneração do advogado, em face dos critérios estabelecidos nas alíneas "a" a "c" do § 3º c/c. § 4º do art. 20 do CPC.

8.10. Do mandado inicial

Deferida a pretensão inicial do autor, o juiz determina a expedição do mandado dirigido contra o réu. Ele será expedido para que o devedor efetue o "pagamento de soma em dinheiro, entrega de coisa fungível ou de determinado bem móvel".

Por meio dele, evidentemente, procede-se na citação do réu, ato este que precede a intimação para pagamento ou entrega da coisa. Em suma, o devedor é citado, por meio do mandado, formando-se, assim, o contraditório, angularizando-se a relação processual, e, concomitantemente, é intimado para efetuar o pagamento da soma em dinheiro pedida pelo autor ou para que lhe entregue a coisa pretendida, no prazo de quinze dias.

Nada impede a citação por edital ou com hora certa, que são formas de chamamento a juízo, tal como quando realizada por oficial de justiça.

A lei não menciona, mas a doutrina se firma por entender que, no mandado, deve constar a advertência de que, não pagando ou entregando, e não opondo embargos naquele mesmo prazo, permitirá que a fase executiva tenha início, sem mais oportunidade para discutir o mérito. Diria que deve constar a advertência de que, se o devedor não pagar ou entregar a coisa, não opondo embargos, prosseguir-se-á na execução, com a constrição de bens ou busca e apreensão da coisa.

Da mesma forma, é de bom alvitre, até para que o leigo tome conhecimento, de modo a se atingir a finalidade maior da ação monitória, de que se conste do mandado que se o devedor satisfizer a obrigação pretendida pelo autor, no prazo de quinze dias, ficará isento do pagamento das custas e dos honorários advocatícios.

Entendo, também, que deve constar do mandado a advertência de que o devedor, caso não deseje pagar a soma em dinheiro objeto do mandado e não deseje opor embargos, pode nomear bens à penhora. Essa advertência, não só assegurará o respeito ao devido processo legal, como, ainda, tornará mais célere a fase executiva propriamente dita (que preferimos denominar de fase de apreensão e satisfação da obrigação).

De qualquer modo, existindo ou não essa última intimação — de nomeação de bens à penhora —, em respeito ao princípio da eventualidade, o devedor que embargar monitoriamente, deverá, precavido, indicar esses bens, resguardando seus direitos em caso de rejeição dos embargos.

Em qualquer hipótese, se o devedor indicar esses bens, deverá ser dado conhecimento ao credor, para que sobre isto se manifeste e o juiz possa, adiante, deliberar a respeito, tudo conforme rito estabelecido para os processos de execução por quantia certa contra devedor solvente.

Não podemos esquecer, ainda, que no mandado deve constar o valor das custas e dos honorários advocatícios a serem arcados pelo devedor, em caso de não satisfação da obrigação no prazo de quinze dias, independentemente de oposição dos embargos monitórios (art. 19 c/c. § 4º do art. 20, CPC).

Aqui, então, cria-se uma cumulação de execuções quando ela tem por objeto principal a entrega de coisa. O devedor será citado não só para entregar a coisa, como, ainda, para pagar os honorários e as custas adiantadas pelo credor e que devem ser ressarcidas. Duas execuções aparelhadas seguir-se-ão, então: para entrega de coisa e para pagamento de quantia certa contra devedor solvente.

Em relação à execução para entrega de coisa incerta, cabe, ainda, fazer algumas ressalvas.

Se a escolha da coisa couber ao credor, este já deverá indicar na petição inicial a sua escolha, de modo que o mandado seja expedido de forma determinada.

Se a escolha, porém, couber ao devedor, o autor deverá formular pedido de entrega da coisa incerta indicando seu gênero e quantidade. Acolhida a inicial, o juiz expedirá mandado para que o devedor cumpra com sua obrigação, procedendo na entrega da coisa, quando, então, procederá na escolha. Do mandado, portanto, constará essa determinação.

Assim, deferido o pedido inicial, nessa hipótese de cumulação alternativa, no mandado de citação deve constar, não só a ordem para que o réu entregue ou deposite a coisa, como, ainda, caso impossível o seu cumprimento *in natura*, o pagamento do valor correspondente do bem que se busca receber.

Ainda que expedido mandado nesse sentido (entregar/depositar a coisa ou pagar o equivalente), antes de se proceder na penhora de bens para garantia da execução por quantia certa correspondente ao valor do bem não entregue ou depositado, é preciso, entretanto, que se realize a sua busca e apreensão (art. 625, CPC).

Essa mesma providência, aliás, deve ser adotada, conforme interesse e requerimento do credor, na hipótese do réu efetuar o referido pagamento, alegando a impossibilidade do cumprimento da obrigação *in natura*, salvo se comprovar desde logo, esse impedimento fático. Isso porque, ao credor pode mais convir receber a coisa do que o dinheiro. Logo, se não demonstrada, *prima facie*, a impossibilidade do cumprimento da obrigação *in natura* (entrega da coisa), restará, ainda, ao credor, o direito de exigir a busca e apreensão da coisa.

Verificada, contudo, de forma efetiva, a inexistência da coisa, com a impossibilidade do cumprimento natural da obrigação (entrega da coisa), ao credor restará receber o dinheiro depositado pelo devedor ou prosseguir na execução por quantia certa. Se, todavia, a coisa for apreendida, devolver-se-á o dinheiro eventualmente depositado pelo devedor.

8.11. Satisfação da ordem monitória

No prazo de quinze dias, o devedor poderá, voluntariamente, satisfazer a obrigação que lhe é exigível: pagará a soma em dinheiro ou entregará a coisa requerida pelo credor.

Satisfazendo o mandado monitório, gozará o devedor do benefício da isenção das custas e honorários advocatícios (art. 1.102c, § 1º, do CPC), *ex vi legis*. Custas em seu sentido amplo, envolvendo todas as despesas processuais. Essa "isenção", entretanto, somente é assegurada na fase injuntiva, se satisfeita a obrigação no prazo de quinze dias após citação pelo mandado monitório. Não gozará, portanto, desse benefício, o réu que satisfizer a obrigação após esse prazo de quinze dias.

Questionável é essa isenção quando ocorrer a extinção do feito, mesmo no prazo de quinze dias após a citação, em virtude de transação ou qualquer outro meio onde o devedor obtenha a remissão total da dívida (inciso II, art. 794, CPC).

Já me parece possível a isenção quando a obrigação monitória é satisfeita por terceiro. Neste caso, o terceiro assumiria verdadeira posição do devedor, ao satisfazer a obrigação, gozando este da isenção legal.

Do texto legal, entretanto, pode se concluir, apressadamente, que, por força de lei, o credor arcará com todas as despesas processuais, inclusive os honorários de seu advogado, podendo, evidentemente, ser beneficiado da assistência judiciária gratuita, se preencher os requisitos legais.

Pode ocorrer de o devedor satisfazer parcialmente o mandado monitório. Neste caso, então, é de se isentar o devedor de modo proporcional das despesas processuais, inclusive honorários advocatícios.

Na parte em que não satisfizer o mandado injuntivo, a ação prosseguirá em todos os seus termos, apurando-se, ao final, a responsabilidade pelas despesas e honorários advocatícios.

O maior efeito da satisfação do mandado monitório, porém, é a extinção do feito (art. 794, inciso I, CPC), até pela perda do seu objeto.

Essa extinção, entretanto, somente se dará por sentença (art. 795, CPC), ainda que concisa.

Diga-se, aliás, que essa extinção também ocorrerá nas hipóteses em que o devedor obtém, por transação ou qualquer outro meio, a remissão total da dívida (inciso

II, art. 794, CPC), no prazo de quinze dias após a citação, ou quando terceiro satisfaça a obrigação monitória.

8.12. Dos embargos monitórios

Grande dúvida paira na doutrina, ainda, a respeito da natureza jurídica dos embargos monitórios.

De um lado, encontramos aqueles que entendem que os embargos têm natureza de ação de conhecimento, assemelhando-se, assim, aos embargos do devedor. Do outro, estão aqueles que, considerando a natureza cognitiva da ação monitória, defendem ser os embargos monitórios meros ato de contestação, considerando a natureza cognitiva da ação monitória.

Ao lado desses últimos, curiosamente, encontramos todos os doutrinadores trabalhistas.

Os doutrinadores, que defendem a natureza de contestação para os embargos monitórios apresentam diversos argumentos, dentre eles que, em sendo ação de conhecimento, o réu se defende utilizando esse instrumento de defesa (a contestação).

A posição majoritária na doutrina, no entanto, é que os embargos têm natureza de ação.

O principal objeto dos embargos monitórios será uma pretensão à sentença que declare inexistir o crédito reclamado pelo autor-embargado ou existir por *quantum* mais reduzido.

Nos embargos, enquanto defesa, poderão ser arguidas todas as matérias que são lícitas deduzir como defesa em qualquer processo de conhecimento.

Desse modo, além das matérias diretamente referentes ao mérito (quitação, transação, etc.), também constitui matéria de embargo a existência de termo não ocorrido ou de condição não realizada, o que se torna impeditivo da execução (arts. 572 e 615, IV), e de contraprestação a cargo do autor, nos casos em que é defeso a um contratante, antes cumprida a sua obrigação, exigir o cumprimento da do outro (arts. 582 e 640).

Ajuizados os embargos monitórios, no prazo peremptório de quinze dias, estes serão processados pelo procedimento ordinário, por força do mandamento do § 2º do art. 1.102c, *in fine*, do CPC. Vale observar, aliás, que são os embargos que se processam pelo rito ordinário e não a ação monitória.

Adotar-se-á, assim, o rito dispensado para os processos cognitivos de conhecimento, assegurando-se às partes todos os benefícios e vantagens inerentes aos mesmos, imputando-se, também, todos os ônus decorrentes dessa espécie de ação, inclusive em matéria de prova. O chamamento do embargado, entretanto, deverá se proceder por intermédio de seu advogado constituído nos autos.

Terá lugar, nesses embargos, inclusive, a tentativa de conciliação das partes, como, aliás, é dever, hoje, do juiz, em qualquer feito e momento processual (art. 125, IV, do CPC), conquanto sua omissão não conduza à nulidade da demanda.

Ocorrendo revelia — nos embargos monitórios —, é de se considerar o embargado confesso em relação aos fatos alegados pelo embargante. Isso porque em face da remissão do texto comentado ao procedimento ordinário e porque a presunção que emana do documento é mais fraca do que a que decorre de título executivo e pode, portanto, ser desfeita por outra presunção, que é decorrente da revelia nos casos previstos no processo comum.

Tal consequência da revelia, no entanto, deve ser apreciada em cada caso concreto, pois o juiz, ainda que revel o embargado, pode se convencer que a prova escrita produzida pelo autor da ação monitória seja mais robusta que aquela porventura produzida nos embargos ao mandado. Além disso, ao decidir, pode se apoiar naquela prova escrita em detrimento da presunção ficta que decorre da revelia, ou seja, de que as alegações do autor-embargante sejam verdadeiras diante da inexistência de contestação.

Em suma, mesmo diante da revelia, o juiz há de decidir de acordo com o seu convencimento a partir das provas produzidas nos embargos e daquela apresentada com a inicial da ação monitória.

Destaque-se, ainda, que a se considerar que os embargos têm natureza de contestação, é óbvio que eles não poderão ser rejeitados liminarmente.

Assim, se, por exemplo, os embargos forem intempestivos, caberá ao juiz declarar precluso o direito do devedor em opor defesa, convertendo, por via de consequência, em face da revelia, o mandado inicial em título executivo judicial. Não rejeitará, liminarmente, a contestação, mas, em face da sua intempestividade, declarará a conversão do título, determinando o início da fase executiva propriamente dita.

8.13. Sentença e seus efeitos

Será nos embargos monitórios que o juiz prolatará sentença confirmando o mandado injuntivo ou lhe desconstituindo, ainda que parcialmente. A ação monitória somente comportará, assim, sentença de sua extinção nas hipóteses elencadas no art. 794 do CPC, isto é, quando o devedor satisfizer a obrigação, obtiver por transação ou qualquer outro meio a remissão total da dívida ou quando o credor renunciar seu crédito ou, evidentemente, quando não preenchidos seus pressupostos processuais ou condições da ação.

Deve-se lembrar, contudo, que, em qualquer hipótese, a sentença terá natureza constitutiva, convertendo a prova escrita em título judicial.

Sendo procedentes os embargos, estes terão o efeito de tornar inexistente o crédito do credor, se atacado integralmente o mandado injuntivo, ou parcialmente, nas hipóteses em que o embargante se insurge apenas em parte contra a ordem inicial.

Se improcedentes os embargos, o primeiro efeito da sentença declaratória negativa, será a liberação da eficácia do mandado como título executivo, tendo início a fase executiva do procedimento monitório.

O efeito maior da sentença, entretanto, será a de formar a autoridade da coisa julgada material.

Proferida a sentença, evidentemente as partes dela deverão ser intimadas, de modo a se assegurar o direito de defesa recursal.

Lembre-se, ainda, que a sentença há de ser sempre líquida. Assim, se o juiz julgar procedentes em parte os embargos monitórios, há de necessariamente fixar o *quantum debeatur*, sendo impertinente qualquer decisão que remeta para a fase liquidatória a sua quantificação. Se isso vier a ocorrer, o processo monitório, ao invés de caminhar para frente, voltaria a momento anterior ao ajuizamento da ação, que pressupõe título líquido.

8.14. Recurso e efeitos

Contra a decisão proferida nos embargos monitórios, caberá a interposição de apelação (art. 520, do CPC) no processo civil ou recurso ordinário no processo trabalhista (art. 897, "a", da CLT).

Nessa última hipótese, o recurso trabalhista terá efeito meramente devolutivo (art. 899, CLT). No processo civil, entretanto, terá ambos os efeitos, isto é, devolutivo e suspensivo, salvo se rejeitados liminarmente os embargos ou julgados improcedentes, quando, então, somente será recebido naquele primeiro efeito (devolutivo), consoante art. 520, V, do CPC.

8.15. Desistência da ação monitória

É possível, ainda, que caso o embargado desista da ação monitória, já tendo sido opostos os embargos, há de se aplicar o disposto no art. 569 do CPC.

Assim, diante da desistência da ação monitória, os embargos ao mandado deverão ser extintos, por perda de objeto, se esses versarem apenas sobre questões processuais (§ 1º, art. 569, CPC). Essas questões processuais seriam, por exemplo, de incompetência absoluta, carência de ação, falta de capacidade processual, etc.

Nos demais casos, entretanto, a extinção dos embargos dependerá da concordância do embargante. Esses casos seriam, por exemplo, de pagamento, quitação, novação ou outra causa qualquer de extinção da dívida, etc.

Em verdade, nesses casos, a extinção dos embargos dependeria de requerimento de desistência do embargante, pois esse, independentemente do prosseguimento da ação monitória ou não, tem interesse em obter decisão judicial reconhecendo como verdadeira a sua alegação meritória de modo a alcançar a coisa julgada derredor da questão alegada. E esse fenômeno ocorre justamente por terem os embargos monitórios (assim como os embargos à execução) autonomia em relação à ação monitória, apesar de lhe ser incidental.

Desse modo, havendo alegação de mérito nos embargos, desistindo o autor da ação monitória do seu prosseguimento, não tendo o embargante concordado na extinção daqueles (dos embargos), esses continuaram a ter curso, ainda que extinta a ação principal (monitória), já que autônoma, apesar de incidental.

8.16. Revelia

Quando o devedor não satisfaz a ordem injuntiva, nem opõe embargos monitórios, estamos diante de situação análoga à revelia do processo de conhecimento, ou seja, apesar de citado, o devedor não se defendeu. O processo há de continuar, ainda que sem manifestação do devedor, mas essa revelia não induz às consequências próprias do processo cognitivo.

Seu principal efeito é de tornar definitiva a execução, "de pleno direito", de modo que não pode ser mais atacada, via embargos monitórios, pelo devedor. Tem-se, assim, como legitimado o crédito cobrado pelo autor da ação monitória, convertendo-se o mandado injuntivo, *ex vi legis*, em título executivo judicial em favor deste.

A decisão inicial que ordenou a expedição do mandado, então, por força de lei, por equiparação, faz coisa julgada material, com eficácia de sentença condenatória.

Coisa julgada material, mas sem a tradicional sentença de mérito. Existirá coisa julgada material por equiparação e não propriamente pelos efeitos da sentença, que, *in casu*, inexiste, até porque a decisão que declara o efeito da revelia, na ação monitória, não põe termo ao processo.

8.17. Conversão do título. Declaração

Diga-se, ainda, que, ao contrário do que se possa pensar, o simples fato do devedor se manter inerte, em revelia, não implica afirmar que a execução prosseguirá sem qualquer declaração judicial convertendo o mandado inicial em título executivo judicial. Não. O juiz deve, em verdade, constatando a revelia e a não satisfação do mandado, declarar, em decisão interlocutória, essa consequência jurídica, ou seja, de que a ordem injuntiva foi convertida em título executivo judicial, não só para que as partes possam eventualmente exercer seus direitos recursais, como, ainda, para que se tenha como certo o início da fase de constrição ou satisfação coercitiva da obrigação monitória.

Nessa mesma decisão, aliás, o juiz determinará a expedição da ordem de penhora ou busca e apreensão da coisa. Na execução para pagamento de soma em dinheiro, se ainda não tiver sido dada essa oportunidade ao devedor, será o caso de lhe assegurar, antes da penhora, o direito de indicar bens para garantia do Juízo.

De qualquer sorte, da decisão caberá recurso, seja agravo de instrumento, seja apelação. Aquele, somente com efeito devolutivo e este (apelação), em ambos os efeitos, pois interposto em processo de conhecimento. O agravo caberá se se entender como sendo executivo o procedimento monitório, bem como ser este formado por duas fases distintas, mas que formam uma única ação. A apelação será cabível se se entender como sendo cognitiva a ação monitória e que esta se encerra com a conversão do mandado injuntivo em título executivo judicial, iniciando-se, posteriormente, nova ação, agora de execução.

8.18. Atos de apreensão e satisfação coercitiva

Convertido o mandado injuntivo em título executivo judicial, *ex vi legis*, seja pela não oposição dos embargos ou pela rejeição ou improcedência destes, prossegue-se na forma prevista no Livro I, Título VIII, Capítulo X do Código de Processo Civil (art. 1.102c, § 3º, CPC). A ação monitória, assim, prosseguirá em nova fase, de apreensão e de satisfação coercitiva do crédito assegurado ao autor da demanda.

Em suma, a ação prosseguirá conforme a fase de cumprimento da sentença judicial.

8.19. Novos embargos

Pode ocorrer, entretanto, do devedor ter interesse em opor embargos à execução depois de efetivada a penhora. Evidentemente que, nesses embargos, o devedor não poderá rediscutir a matéria acobertada pela coisa julgada apenas formal ou, também, material, a depender do entendimento, em decorrência da decisão proferida em embargos monitórios ou da ocorrência da preclusão, na hipótese de não oposição dessa medida processual em tempo e momento adequado.

Nesses novos embargos, o devedor poderá, então, alegar todas as matérias elencadas no art. 741 do CPC — que sejam compatíveis — desde que tenham por fundamento fato ou direito supervenientes à decisão prolatada nos embargos monitórios, ressalvadas as matérias de ordem pública, que podem ser suscitadas a qualquer momento. Poderá, ainda, se for o caso, opor embargos de retenção (art. 744, CPC).

Entre os motivos que podem levar à nulidade da execução até a penhora, parte da doutrina e jurisprudência aceita a oposição dos embargos para atacar o ato de constrição em si. Teríamos, aqui, então, verdadeiros embargos à penhora e não à execução propriamente dita.

8.20. Parte incontroversa

Pode ocorrer do réu-embargante se insurgir apenas contra parte do mandado monitório. Nesse caso, é inexorável se concluir que, em parte, em face da incontrovérsia, o título monitório se converte em instrumento executivo judicial.

Daí se tem, então, a conclusão de que, independentemente dos embargos terem sido opostos contra parte da injunção, ao credor será lícito prosseguir no feito com a execução da parcela incontroversa (art. 739, § 2º, do CPC).

8.21. Contra a Fazenda Pública

Parte da doutrina se posicionou contra o cabimento da ação monitória para pagamento de determinada quantia contra a Fazenda Pública, já que a execução de sua dívida somente pode ser efetivada por meio de precatório, daí por que não teria como cumprir o mandado injuntivo.

Em relação à entrega de coisa, não se tem dúvida, entretanto, do cabimento da ação monitória contra a Fazenda Pública.

Já quanto ao pedido de soma em dinheiro, cabe destacar que, em verdade, na fase inicial da ação monitória, este não se faz por força de condenação. É, em verdade, satisfação voluntária, tanto quanto o que se faz em atendimento a uma cobrança. Somente se não pagar nem opuser embargos, ou se forem rejeitados os que opuserem, é que se expedirá precatório ou a requisição, conforme normas de execução contra a Fazenda Pública.

E isso ocorre efetivamente. O juiz, quando ordena a expedição do mandado injuntivo, não determina a execução coercitiva da obrigação que lhe contém. Ao contrário, intima a parte para que, voluntariamente, cumpra com sua obrigação, sob pena de se prosseguir o feito em execução forçada.

Nada impede, por outro lado, que a Fazenda Pública cumpra, voluntariamente, a ordem injuntiva (arts. 63 e 64 da Lei n. 4.320/64). Se assim agir, por certo, estará, inclusive, cumprindo lei orçamentária, até porque o agente público não pode dispor das verbas locadas de forma arbitrária. Seu uso há de ter, sempre, uma prévia previsão orçamentária.

8.22. Na Justiça do Trabalho

8.22.1. Cabimento

Pode se afirmar que já se tornou pacífico, ao menos majoritariamente, na doutrina e jurisprudência trabalhistas o cabimento da ação monitória na Justiça do Trabalho.

Curiosamente, entretanto, os doutrinadores e a jurisprudência são acordes, majoritariamente, em reconhecer como de natureza cognitiva a ação monitória e como de contestação a defesa oferecida pelo devedor em embargos.

Defendem, ainda, os doutos juslaboralistas, com fundamento no art. 643, *in fine*, da CLT, a sua adaptação ao rito previsto para o processo judiciário trabalhista.

Tais entendimentos, entretanto, partem dos pressupostos — como já lembrado — a) de que a ação monitória tem natureza cognitiva, não sendo ação de execução; e b) que o procedimento monitório se esgota com conversão do mandado injuntivo em título executivo ou com decisão desfavorável ao autor. Daí se chega, inexoravelmente, à conclusão de que, em sendo assim, a ação monitória, na Justiça do Trabalho, não passa de mera reclamação trabalhista, a nosso ver, em versão piorada, conforme argumentado ao final do Capítulo III.

8.22.2. Procedimento

A se aplicar fielmente o determinado no art. 643, *in fine*, da CLT, é de se adaptar a ação monitória, em seu rito, ao processo judiciário trabalhista. Ela, então, se transformará em verdadeira reclamação trabalhista, perdendo, por completo, suas características básicas. E mais, a celeridade buscada na ação monitória cederá espaço ao rito menos célere da reclamação trabalhista, que, neste caso, somente dificultará a efetividade da Justiça.

O art. 643 da CLT não deve, pois, servir de apoio a essa aplicação e adaptação. Devemos, aliás, interpretá-lo de forma razoável e sistemática, de modo que, na sua aplicação gramatical, não se coloque a segundo plano o instituto jurídico, que, por sua própria natureza ou procedimento especial, deva ser tratado de forma extraordinária.

Ademais, este dispositivo da CLT (art. 643) cuida de afirmar o rito a ser observado na típica reclamação trabalhista e não, em qualquer dissídio envolvendo empregado e empregador, pois, se assim não fosse, toda e qualquer ação que tenha raiz no processo civil, haveria de ser adaptada ao procedimento laboral, como a ação consignatória, a ação rescisória, as medidas cautelares, etc. Comprometeríamos, assim, a própria razão de ser dos ritos especiais dessas outras espécies de ação.

E, como veremos adiante, a modificação e adaptação da ação monitória ao processo judiciário trabalhista trará, consigo, diversas dificuldades procedimentais que revelarão, em verdade, o quanto não se pode, sem alterar a natureza daquela, simplesmente aplicar as normas da CLT, desprezando o rito previsto na lei processual civil.

Assim, entendo que se deve observar o rito da ação monitória, ainda que seja considerada como de natureza cognitiva, na forma prevista no CPC, sem qualquer modificação ou adaptação ao processo trabalhista.

De qualquer modo, admitindo-se a adaptação de seu procedimento ao processo trabalhista, como se fosse ação cognitiva, algumas questões devem ser ressaltadas.

Inicialmente, ajuizada e distribuída a ação monitória, não caberá ao Diretor de Secretaria, de ofício, expedir a notificação inicial (art. 841, CLT). Os autos deverão ser conclusos para o Juiz Presidente, de modo que este aprecie o pedido monitório, expedindo ou não o mandado injuntivo.

Deferido o pedido inicial, o demandado será, ao mesmo tempo, citado e intimado para que efetue o pagamento de soma em dinheiro ou entrega da coisa. O prazo para cumprimento desse mandado é duvidoso. Poderá ser de quinze dias, como previsto na lei processual civil ou de cinco dias, já que o interstício para apresentação da defesa no processo trabalhista.

Vencido o prazo sem a satisfação do mandado, sendo ação cognitiva, entendo que o Juiz deve designar audiência para apresentação da contestação, pois este ato deve ser realizado de forma oral. Daí em diante, a ação monitória se processará, então, na forma de uma reclamação trabalhista típica, inclusive na revelia. Vencida sua fase injuntiva, iniciar-se-á a execução propriamente dita, observadas as regras específicas do processo trabalhista neste aspecto.

Em qualquer hipótese, antes de se iniciar a fase executiva, será necessário um pronunciamento judicial, convertendo o mandado injuntivo em título executivo judicial.

Contra as decisões interlocutórias não caberá recurso. Já as definitivas ou terminativas do feito, comportarão recurso ordinário na fase injuntiva.

Na fase executiva da ação monitória, parece-nos mais lógico aceitar a interposição de agravo de petição contra as decisões proferidas no feito.

Vale lembrar, no entanto, que a ação monitória, conforme melhor doutrina, não se esgota com a conversão do mandado injuntivo em título executivo judicial. Não. A ação monitória prossegue, numa segunda fase, conforme rito estabelecido Livro I, Título VIII, Capítulo X do CPC, por expressa determinação do disposto no § 3º do art. 1.102c do CPC.

A tendência na Justiça do Trabalho, no entanto, é pela aplicação das regras de execução contidas na CLT.

9. Habeas corpus

9.1. Introdução

Em relação ao *habeas corpus*, a Emenda Constitucional n. 45 veio solucionar uma séria divergência então existente: quanto à competência para apreciar esse remédio heróico quando a autoridade coatora apontada era o juiz ou tribunal do trabalho. Isso porque, tanto o STF, como o STJ, sustentavam até então a competência da Justiça Federal, enquanto a Justiça do Trabalho, como um todo, reclamava para si essa atribuição.

Com o novo texto constitucional, no entanto, essa controvérsia restou solucionada.

Foi, contudo, por conta da jurisprudência trabalhista que esse remédio heróico sempre teve curso na Justiça do Trabalho.

9.2. Competência

Com a Emenda Constitucional n. 45, o constituinte derivado assegurou a competência da Justiça do Trabalho para conhecer do *habeas corpus* "quando o ato questionado envolver matéria sujeita à sua jurisdição".

Daí se tem que essa competência não envolve, tão-somente, os atos praticados pela autoridade judiciária, mas de qualquer autoridade ou pessoa que esteja, ilegalmente ou em abuso do poder, restringindo a liberdade de outrem.

Assim, tem-se a possibilidade da Justiça do Trabalho julgar o *habeas corpus* impetrado em face do empregador que restringe a liberdade de locomoção do empregado (mantém o empregado no ambiente de trabalho quando do movimento grevista); o *habeas corpus* em face da autoridade policial que restringe a liberdade do grevista diante dos atos por este praticado durante o movimento paredista (ação que envolve o exercício do direito de greve, aliás); o remédio heróico perante a autoridade pública que restringe a liberdade de locomoção do empregado público (impede, ilegalmente ou em abuso do poder, dele se ausentar da cidade, da localidade, etc.).

Em suma, alargou-se a competência da Justiça do Trabalho para julgar o *habeas corpus* para além dos atos praticados pela autoridade judiciária trabalhista.

Vale ressaltar, ainda, que compete ao Supremo Tribunal Federal conhecer do *habeas corpus* quando for paciente o Presidente da República, o Vice-Presidente, os membros do Congresso Nacional, seus próprios Ministros e o Procurador-Geral da República, os Ministros de Estado e os Comandantes da Marinha, do Exército e da Aeronáutica, os membros dos Tribunais Superiores, os do Tribunal de Contas da União e os chefes de missão diplomática de caráter permanente (art. 102, I, "d", da CF).

Da mesma forma, compete ao STF o processamento do *habeas corpus* quando o coator Tribunal Superior ou quando o coator ou o paciente for autoridade ou funcionário, cujos atos estejam sujeitos diretamente à jurisdição do Supremo Tribunal Federal, ou se trate de crime sujeito à mesma jurisdição em uma única instância (art. 102, I, "i", da CF).

Já ao STJ compete julgar o *habeas corpus* quando os pacientes forem os Governadores dos Estados e do Distrito Federal, os desembargadores dos Tribunais de Justiça dos Estados e do Distrito Federal, os membros dos Tribunais de Contas dos Estados e do Distrito Federal, os dos Tribunais Regionais Federais, dos Tribunais Regionais Eleitorais e do Trabalho, os membros dos Conselhos ou Tribunais de Contas dos Municípios e os do Ministério Público da União que oficiem perante tribunais, bem como quando o coator for tribunal sujeito à sua jurisdição, Ministro de Estado ou Comandante da Marinha, do Exército ou da Aeronáutica, ressalvada a competência da Justiça Eleitoral (art. 105, I, "c", da CF).

No âmbito da Justiça do Trabalho, pode-se afirmar, assim, respeitada a competência do STF e do STJ, que: ao TST compete conhecer do *habeas corpus* "quando o ato questionado envolver matéria sujeita à sua jurisdição" ou for coator membro dos Tribunais Regionais do Trabalho; aos TRT's compete conhecer do *habeas corpus* "quando o ato questionado envolver matéria sujeita à sua jurisdição" ou for coator juiz de primeiro grau sujeito à sua jurisdição; e aos juízes do trabalho de primeiro grau compete conhecer do *habeas corpus* "quando o ato questionado envolver matéria sujeita à sua jurisdição".

Diga-se, porém, que é regra que a competência do juiz cessará sempre que a violência ou coação provier de autoridade judiciária de igual ou superior jurisdição.

9.3. Cabimento

O *habeas corpus* é cabível quando alguém sofre ou se acha ameaçado de sofrer violência ou coação em sua liberdade de locomoção, por ilegalidade ou abuso de poder.

O CPP, em seu art. 468, dispõe, por sua vez, que a coação é considerada ilegal:

"I — quando não houver justa causa para prisão;

II — quando alguém estiver preso por mais tempo do que determina a lei;

III — quando quem ordenar a coação não tiver competência para fazê-lo;

IV — quando houver cessado o motivo que autorizou a coação;

V — quando não for alguém admitido a prestar fiança, nos casos em que a lei a autoriza;

VI — quando o processo for manifestamente nulo;

VII — quando extinta a punibilidade."

O mais comum do *habeas corpus* na Justiça do Trabalho é aquele para proteger a liberdade do depositário judicial. E, neste caso, verificamos que nas hipóteses acima delineadas se enquadram todas as possibilidades possíveis para concessão do *habeas corpus* em favor do depositário, especialmente quando impetrado sob a argumentação de injustiça da prisão ou de nulidade processual.

A depender da decisão no *habeas corpus*, em seus fundamentos, o incidente processual promovido contra o depositário poderá ser trancado (art. 651, CPP), podendo, entretanto, ser renovado em caso de nulidade (art. 652, CPP).

Acrescente-se, ainda, que os Juízes ou Tribunais têm competência para expedir de ofício ordem de *habeas corpus*, quando no curso do processo verificarem que alguém sofre ou está na iminência de sofrer coação ilegal (art. 654, § 2º, CPP).

No *habeas corpus,* poder-se-á questionar o próprio procedimento que acarretou a decretação de sua prisão, extinguindo-o (trancando), se for o caso, mesmo que já esteja sob apreciação do Órgão Superior (art. 651, CPP).

Aqui, as normas processuais que regem o *habeas corpus* na Justiça Criminal teriam ampla aplicabilidade, transportadas e adaptadas à lide civil, inclusive quanto à possibilidade do trancamento do incidente que gerou a ordem de prisão.

Deve ser ressaltado, contudo, que se tem entendido que no *habeas corpus* não se pode examinar questões controvertidas relacionadas ao incidente que gerou a prisão como, por exemplo, a falsidade ou não da assinatura no auto de depósito[11] ou outro incidente da execução[12].

Exemplificativamente, a ordem mandamental de liberdade serve para as hipóteses de incompetência do juízo, violação ao direito de defesa do depositário, omissão do prazo para defesa, recusa injustificada para abertura da instrução do incidente de decretação de prisão, decisão de prisão prematura, inexistência ou insuficiência de motivação do ato que decreta a prisão, impossibilidade de entrega da coisa depositada e prisão por prazo indeterminado.

Vale observar, todavia, que, em qualquer ação, seja ela qual for, os juízes e os tribunais têm competência para expedir de ofício ordem de *habeas corpus,* quando no curso de processo verificarem que alguém sofre ou está na iminência de sofrer coação ilegal (art. 654, § 2º, do CPP).

9.4. Procedimento

O procedimento do *habeas corpus* está todo regulamentado no CPP.

Essa ação pode ser impetrada por qualquer pessoa, em seu favor ou de outrem, bem como pelo Ministério Público.

A petição inicial do *habeas corpus* deve conter:

a) o nome da pessoa que sofre ou está ameaçada de sofrer violência ou coação e o de quem exercer a violência, coação ou ameaça;

b) a declaração da espécie de constrangimento ou, em caso de simples ameaça de coação, as razões em que funda o seu temor; e

c) a assinatura do impetrante, ou de alguém a seu rogo, quando não souber ou não puder escrever, e a designação das respectivas residências.

Recebida a inicial, o juiz ou relator verificará se a hipótese é de concessão de ordem de *habeas corpus* liminar ou não.

---

[11] STJ, DJU 1º.8.94, p. 18.663.
[12] STJ, DJU 11.9.95, p. 28.861.

Pode, ainda, se julgar necessário e estiver preso o paciente, mandar que este lhe seja imediatamente apresentado em dia e hora que designar. Neste caso, na hipótese de desobediência, deverá expedir mandado de prisão contra o detentor, que será processado na forma da lei, e o juiz providenciará para que o paciente seja tirado da prisão e apresentado em juízo.

Aliás, a escusa na apresentação do preso somente se justificará quando o paciente estiver com grave enfermidade do paciente ou não estiver sob a guarda da pessoa a quem se atribui a detenção.

Na hipótese de doença, no entanto, o juiz poderá ir ao local em que o paciente se encontrar.

Efetuadas essas diligências e interrogado o paciente, se for o caso, o juiz decidirá, fundamentadamente, dentro de 24 (vinte e quatro) horas, quanto ao pedido de *habeas corpus*.

Pode, ainda, o juiz, se achar necessário, requisitar informações ao coator. Estas devem ser prestadas no prazo fixadas pelo juiz.

Nos tribunais, recebidas as informações ou dispensadas, o *habeas corpus* será julgado na primeira sessão, podendo, entretanto, adiar-se o julgamento para a sessão seguinte. A decisão será tomada por maioria de votos. Havendo empate, se o presidente não tiver tomado parte na votação, proferirá voto de desempate; no caso contrário, prevalecerá a decisão mais favorável ao paciente.

Ao juiz de primeiro grau cabe, também, julgar, de imediato, o *habeas corpus*, recebidas as informações ou dispensadas.

Cabe lembrar, ainda, que ao Ministério Público será sempre concedida, nos tribunais, vista dos autos relativos aos processos de *habeas corpus*, originários ou em grau de recurso, pelo prazo de 2 (dois) dias (art. 1º do Decreto-Lei n. 552/69). Findo esse prazo, os autos, com ou sem parecer, serão conclusos ao relator para julgamento, independentemente de pauta. Contudo, em qualquer hipótese, será assegurada a intervenção oral do representante do Ministério Público.

Observe-se, ainda, que, para viabilizar o cumprimento desses prazos, especialmente de julgamento na primeira sessão, ao MP poderão ser encaminhadas as cópias de todas as peças do processo, devendo seu representante, se for o caso, oferecer parecer oralmente.

A vista ao Ministério Público, porém, será concedida após a prestação das informações pela autoridade coatora, salvo se o relator entender desnecessário solicitá-las, ou se, solicitadas, não tiverem sido prestadas.

Vale lembrar que se a ordem de *habeas corpus* for concedida para evitar ameaça de violência ou coação ilegal, dar-se-á ao paciente salvo-conduto assinado pelo juiz.

Decidida, outrossim, pela concessão do *habeas corpus*, será incontinenti enviada cópia da decisão à autoridade que tiver ordenado a prisão ou tiver o paciente à sua disposição.

Dispõe a lei, ainda, que ordenada a soltura do paciente em virtude de *habeas corpus*, será condenada nas custas a autoridade que, por má-fé ou evidente abuso de poder, tiver determinado a coação. Neste caso, será remetida ao Ministério Público cópia das peças necessárias para ser promovida a responsabilidade da autoridade.

A partir das lições acima podemos verificar que são três os procedimentos possíveis.

Pelo primeiro, apresenta da petição inicial, o juiz de logo pode conceder o *habeas corpus*, independentemente de qualquer outra informação ou manifestação do interessado, desde que verificado que a petição inicial já esteja acompanhada dos documentos necessários e suficientes à apreciação da demanda. Nos Tribunais, no entanto, antes de levar a julgamento, o relator deve ouvir o Ministério Público.

Numa segunda hipótese, o juiz ou relator, antes de julgar a causa ou mesmo conceder medida liminar, pode mandar que o paciente lhe seja apresentado. Depois de cumprida essa diligência, o juiz então pode julgar, de logo, o pedido ou conceder prazo para o coator se manifestar e em seguida proceder no julgamento. Nos Tribunais, relembro, antes do julgamento o *Parquet* deve ser ouvido.

Por fim, numa terceira hipótese, o juiz ao receber o *habeas corpus*, concede prazo para o coator se manifestar e em seguida procede no julgamento, ouvindo-se antes o Ministério Público se processado nos Tribunais.

10. Habeas data

10.1. Introdução

Inovando, em dispositivo sem precedente, o constituinte derivado assegurou, mediante a Emenda Constitucional n. 45, à Justiça do Trabalho a competência para apreciar o *habeas data* "quando o ato questionado envolver matéria sujeita à sua jurisdição".

O *habeas data*, por sua vez, está previsto no inciso LXXII do art. 5º da CF e regulamentado pela Lei n. 9.507/97.

10.2. Cabimento

O *habeas data*, que se assemelha ao mandado de segurança, é passível de ser concedido para "assegurar o conhecimento de informações relativas à pessoa do impetrante, constantes de registros ou bancos de dados de entidades governamentais ou de caráter público" ou para "retificação de dados, quando não se prefira fazê-lo por processo sigiloso, judicial ou administrativo" (alíneas "a" e "b" do inciso LXXII do art. 5º da CF).

Em suma, o *habeas data* é um instrumento de garantia a direito individual, previsto na Constituição Federal, cujo objetivo principal é a garantia do registro correto de dados relativos à pessoa, assegurando o seu conhecimento, e quando necessária for, a sua retificação ou complementação.

A Lei n. 9.507/97 também assegura a impetração do *habeas data* "para a anotação nos assentamentos do interessado, de contestação ou explicação sobre dado verdadeiro, mas justificável e que esteja sob pendência judicial ou amigável" (inciso III do art. 7º).

Do texto constitucional, extrai-se que o conhecimento da informação deve constar de registros ou banco de dados de: a) entidades governamentais; ou b) de caráter público.

As entidades governamentais, como da própria expressão já se deduz, são aquelas vinculadas ao Poder Público. Já a de caráter público, na definição do parágrafo único do art. 1º da Lei n. 9.507/97, é "todo registro ou banco de dados contendo informações que sejam ou que possam ser transmitidas a terceiros ou que não sejam de uso privativo do órgão ou entidade produtora ou depositária das informações".

Nesta segunda hipótese, portanto, o *habeas data* pode se voltar também contra o particular. Exemplos que podem ser citados são os museus, arquivos particulares com acesso público, as agências de empregos, as entidades de proteção ao crédito e os bancos de dados jornalísticos, que mantêm registros contendo informações sobre terceiros.

Assim, sempre que queira ter conhecimento ou se deseje fazer a retificação do registro, e o ato contrário envolver matéria sujeita à jurisdição da Justiça do Trabalho, a esta competirá julgar o *habeas data*.

Frise-se, no entanto, que o STF já decidiu que a ficha do empregado não é registro de caráter público (RE n. 165.304-3, Rel. Min. Octavio Gallotti).

Também já se decidiu que o *habeas data* não é instrumento próprio para "o propósito de revolver os critérios utilizados por instituição de ensino na correção de prova discursiva realizada com vista ao preenchimento de cargos na Administração Pública" (STJ, AgRg-HD n. 127/DF, 2005/0210018-3, 1ª S., Rel. Min. João Otávio de Noronha, DJU 14.8.2006).

Ele pode, no entanto, ser manuseado para obter dados sobre o recolhimento de tributos (por exemplo, das contribuições previdenciárias recolhidas), desde que se refiram as informações relativas à pessoa do impetrante (TRF, 5ª R., AC n. 2007.83.08.000856-8/PE, 4ª T., Relª Desª Fed. Margarida Cantarelli, DJU 8.2.2008 — p. 2149).

Lógico, ainda, que o *habeas corpus* permite conhecer informações constantes de dados de órgãos públicos sobre a sua própria pessoa e não de terceiros (TRF 4ª R., AC n. 2007.71.09.000964-1/RS, 4ª T., Rel. Des. Fed. Edgard Lippman Jr., de 20.11.2007).

Outrossim, descabe o *habeas data* para o fito de ter acesso aos resultados de exame psicológico realizado em concurso público, pois, neste caso, cabível é o mandado de segurança, "visto que o acesso aos laudos do concurso não se enquadram entre as hipóteses previstas na Lei n. 9.507/97" (TJMS, AC, Lei Especial n. 2007.003556-1/0000-00, Campo Grande, 2ª T. Cív., Rel. Des. Horácio Vanderlei Nascimento Pithan , j. 15.5.2007).

10.3. Procedimento e peculiaridades

Na regulamentação do procedimento a ser adotado no *habeas data*, o legislador se inspirou no mandado de segurança.

Assim é que a petição inicial deve ser apresentada em duas vias, sendo que os documentos que instruírem a primeira serão reproduzidos por cópia na segunda.

São indispensáveis, ainda, à propositura da referida ação, sob pena de indeferimento da inicial, a prova:

- da recusa ao acesso às informações ou do decurso de mais de dez dias sem decisão;
- da recusa em fazer-se a retificação ou do decurso de mais de quinze dias, sem decisão; ou
- da recusa em fazer-se a anotação pedida administrativamente pelo impetrante ou do decurso de mais de quinze dias sem decisão do seu requerimento.

Diz a lei regulamentadora, ainda, que ao despachar a inicial, o juiz deve ordenar que se notifique o coator do conteúdo da petição, entregando-lhe a segunda via apresentada pelo impetrante, com as cópias dos documentos, a fim de que, no prazo de dez dias, preste as informações que julgar necessárias.

Feita a notificação, o serventuário em cujo cartório corra o feito, juntará aos autos cópia autêntica do ofício endereçado ao coator, bem como a prova da sua entrega a este ou da recusa, seja de recebê-lo, seja de dar recibo.

Findo o prazo para prestar as informações, o juiz deve ouvir o Ministério Público no prazo de cinco dias. Em seguida, os autos serão conclusos ao juiz para decisão a ser proferida em cinco dias.

Destaque-se, ainda, que "os processos de *habeas data* terão prioridade sobre todos os atos judiciais, exceto *habeas corpus* e mandado de segurança". E, "na instância superior, deverão ser levados a julgamento na primeira sessão que se seguir à data em que, feita a distribuição, forem conclusos ao relator" (art. 19 da Lei n. 9.507/97), sendo gratuito o procedimento respectivo (art. 21 da Lei n. 9.507/97).

10.4. Decisão

Caso o juiz conclua pela procedência do pedido formulado no *habeas data*, o juiz marcará data e horário para que o coator:

• apresente ao impetrante as informações a seu respeito, constantes de registros ou bancos de dadas; ou

• apresente em juízo a prova da retificação ou da anotação feita nos assentamentos do impetrante.

Essa decisão, por sua vez, poderá ser comunicada ao coator por correio, com aviso de recebimento, ou por telegrama, radiograma ou telefonema, conforme o requerer o impetrante. Óbvio, ainda, que, observadas as regras pertinentes, essa comunicação poderá ser efetuada por meios eletrônicos.

A regra geral, ainda, é que, nos casos de competência dos Tribunais, cabe ao relator a instrução do processo.

10.5. Recurso

O sistema recursal do *habeas data* também foi regulamentado à semelhança do mandado de segurança.

Assim é que, da decisão final (de mérito ou sem mérito), cabe apelação, no prazo de 15 dias, sendo que, quando a sentença conceder o *habeas data*, o recurso terá efeito meramente devolutivo.

Pode, contudo, o Presidente do Tribunal ao qual competir o conhecimento do recurso conceder efeito suspensivo à execução da sentença. Dessa decisão, no entanto, caberá agravo para o Tribunal a que presida.

É certo, ainda, que, em havendo condenação de ente público, cabe a remessa necessária.

10.6. Competência

A Lei n. 9.507/97 regulamentou a competência para processar o *habeas data* ao pressuposto, à época, que esta demanda não tinha curso na Justiça do Trabalho. Com a reforma constitucional operada pela Emenda Constitucional n. 45, no entanto, podemos afirmar que, considerando o disposto na Lei n. 9.507/97 e observadas as regras constitucionais pertinentes, o julgamento do *habeas data* compete:

"I — originariamente:

a) ao Supremo Tribunal Federal, contra atos do Presidente da República, das Mesas da Câmara dos Deputados e do Senado Federal, do Tribunal de Contas da União, do Procurador-Geral da República e do próprio Supremo Tribunal Federal (alínea 'd', do inciso I, do art. 102, da CF);

b) ao Superior Tribunal de Justiça, contra atos de Ministro de Estado, dos Comandantes da Marinha, do Exército e da Aeronáutica e do próprio Tribunal (alínea 'b', do inciso I, do art. 105, da CF);

c) ao Tribunal Superior do Trabalho 'quando o ato questionado envolver matéria sujeita à sua jurisdição', salvo em relação às pessoas e órgãos referidos nas alíneas anteriores;

d) aos Tribunais Regionais do Trabalho contra atos do próprio Tribunal ou de juiz do trabalho, bem como 'quando o ato questionado envolver matéria sujeita à sua jurisdição';

e) ao juiz do trabalho, contra ato de autoridade federal, excetuados os casos de competência dos tribunais, 'quando o ato questionado envolver matéria sujeita à sua jurisdição'.

II — em grau de recurso:

a) ao Supremo Tribunal Federal quando a decisão denegatória for proferida em única instância pelos Tribunais Superiores;

b) ao Tribunal Superior do Trabalho quando a decisão for proferida em única instância pelos Tribunais Regionais do Trabalho; e

c) aos Tribunais Regionais do Trabalho quando a decisão for proferida por juiz do trabalho.

III — mediante recurso extraordinário ao Supremo Tribunal Federal, nos casos previstos na Constituição."

11. Ação de prestação de contas

11.1. Introdução

A ação de prestação de contas, dentre todas processadas pelo rito especial, é a que tem menos curso na Justiça do Trabalho. Aliás, raro é encontrar uma dessas ações sendo ajuizada na Justiça do Trabalho.

Cabe, porém, o seu estudo, até porque pode ser necessária a sua utilização.

11.2. Legitimação

A ação de prestação de contas pode ser proposta tanto por quem tem direito de exigi-las (a prestação de contas), como por quem tem a obrigação de prestá-las.

Assim, por exemplo, essa ação pode ser proposta pelo empregador em face do empregado vendedor viajante para que este preste contas das vendas realizadas, como este pode prestá-las judicialmente.

11.3. Procedimento

O procedimento da ação de prestação de contas é complexo, dividindo-se em duas fases bem distintas.

Seu procedimento também se altera a partir da qualidade jurídica do autor — se credor da prestação ou do obrigado a prestar as contas.

Quando a ação é proposta por quem tem o direito de exigi-las, o réu será citado para, no prazo de 5 (cinco) dias, apresentá-las ou contestar a ação.

Neste caso, se prestadas as contas, terá o autor 5 (cinco) dias para se manifestar sobre elas (réplica). Após essa manifestação, em havendo necessidade de produzir provas, o juiz designará audiência de instrução e julgamento. Do contrário, proferirá desde logo a sentença (julgamento antecipado).

Observe-se que, nesta primeira hipótese, o juiz decidirá se as contas foram prestadas a contento ou não. Em concluindo pela correta prestação de contas, tê-las-á como cumpridas. E, em concluindo pela ineficácia da prestação de contas, condenará o réu a prestá-las no prazo de 48 (quarenta e oito) horas, sob pena de não lhe ser lícito impugnar as que o autor apresentar.

Ocorrerá, ainda, o julgamento antecipado da lide se o réu não contestar a ação ou não negar a obrigação de prestar contas. Nestes casos, julgada procedente a ação, o juiz condenará o réu a prestar as contas no prazo de 48 (quarenta e oito) horas, sob pena de não lhe ser lícito impugnar as que o autor apresentar.

Já nesta segunda fase, caso o réu venha a apresentar as contas dentro do prazo, será adotado o mesmo procedimento acima mencionado para hipótese de sua prestação logo no prazo da contestação. Em não a apresentando, o credor ficará com a faculdade de apresentá-las no prazo de 10 (dez) dias. Após essa apresentação, em respeito ao direito de defesa, o réu será ouvido, devendo, em seguida, o juiz julgar as contas segundo seu prudente arbítrio, podendo, antes, determinar, se necessário, a realização do exame pericial contábil.

Já na hipótese em que a ação é proposta pelo obrigado a prestar as contas, o réu será citado para, no prazo de 5 (cinco) dias, aceitá-las ou contestar a ação. Neste caso, se o réu não contestar a ação ou declarar que aceita as contas oferecidas, serão estas julgadas antecipadamente, dentro de 10 (dez) dias.

Se, porém, o réu contestar a ação ou impugnar as contas e houver necessidade de produzir provas, o juiz designará audiência de instrução e julgamento.

Cabe frisar que as contas, em qualquer hipótese, devem ser apresentadas em forma mercantil, especificando-se as receitas e a aplicação das despesas, bem como o respectivo saldo, sendo instruídas com os documentos pertinentes.

Julgadas as contas, o juiz pode concluir, ainda, que o obrigado é devedor de determinada quantia. Neste caso, então, declarará em sentença esse valor, que poderá ser executado forçadamente. A ação de prestação de contas, neste caso, então, seguirá em uma terceira fase, de cumprimento da sentença condenatória da prestação pecuniária.

Cabe destacar, por fim, que as contas do curador judicial, do depositário e de outro qualquer administrador serão prestadas em apenso aos autos do processo em que tiver sido nomeado. Sendo condenado a pagar o saldo e não o fazendo no prazo legal, o juiz poderá destituí-lo, sequestrar os bens sob sua guarda e glosar o prêmio ou gratificação a que teria direito.

11.4. Na Justiça do Trabalho

É plenamente cabível a propositura da ação de prestação de contas na Justiça do Trabalho, ainda que litigantes sejam empregado e empregador. Basta lembrar a hipótese em que o empregador exige a prestação de contas do empregado vendedor viajante.

No que se refere ao procedimento, por ser este tão especial, ao certo ele não deve ser adaptado ao rito ordinário da CLT, sob pena de perder sua característica de procedimento especial.

12. Mandado de segurança

12.1. Cabimento

O mandado de segurança é uma garantia constitucional assegurada nos incisos LXIX e LXX do art. 5º da Constituição Federal.

Ele tem cabimento para proteger direito líquido e certo, não amparado por *habeas corpus* ou *habeas data*, quando o responsável pela ilegalidade ou abuso de poder for autoridade pública ou agente de pessoa jurídica no exercício de atribuições do Poder Público.

A Lei n. 1.533/51, no entanto, estabelece que não cabe o mandado de segurança quando se busca atacar:

• de ato de que caiba recurso administrativo com efeito suspensivo, independente de caução;

• de despacho ou decisão judicial, quando haja recurso previsto nas leis processuais ou possa ser modificado por via de correção; e

• de ato disciplinar, salvo quando praticado por autoridade incompetente ou com inobservância de formalidade essencial.

É certo, ainda, que não cabe mandado de segurança contra a coisa julgada (Súmula n. 33 do TST e Súmula n. 268 do STF). A doutrina e jurisprudência, no entanto, têm admitido a impetração do mandado de segurança para atacar a coisa julgada fruto de decisão teratológica ou flagrantemente ilegal.

Diga-se, porém, que a existência de recurso administrativo com efeito suspensivo não impede o uso do mandado de segurança contra omissão da autoridade (Súmula n. 429 do STF).

Já em relação ao mandado de segurança em face de decisão judicial, entende-se que este visa a atacar o *error in procedendo,* desde que inexista recurso, caso haja, não tenha efeito suspensivo ou havendo recurso, não foi concedido o efeito suspensivo ou não foi interposto, inexistindo a possibilidade de o ato ser corrigido por meio da correição parcial (Súmula n. 267 do STF).

Observe-se, ainda, que é entendimento pacífico que o mandado de segurança não é substitutivo da ação de cobrança (Súmula n. 269 do STF). Da mesma forma, "não há direito líquido e certo, amparado pelo mandado de segurança, quando se escuda em lei cujos efeitos foram anulados por outra, declarada constitucional pelo Supremo Tribunal Federal (Súmula n. 479 do STF).

Descabe, ainda, a impetração do *mandamus* quando já opostos embargos de terceiro para atacar o mesmo ato judicial (OJ n. 51 da SDI-I do TST), assim como para impugnar a decisão que defere pedido de alienação judicial em execução (OJ n. 66 da SDI-I do TST).

Aliás, conforme jurisprudência unânime e atual da SDI-II do TST, entende-se que contra as decisões proferidas na execução a parte dispõe:

"de instrumento processual específico e apto a combater os vícios tidos como existentes no processo de execução, nos termos do art. 897, alínea *a*, da CLT, que estabelece, como hipótese genérica de cabimento do agravo de petição, indistintamente, as decisões judiciais proferidas na fase de execução. Nesse sentido, tem-se a Orientação Jurisprudencial n. 92 desta colenda 2ª Subseção Especializada em Dissídios Individuais." (PROC.: ROMS n. 12850/2006-000-02-00, publicação: DJ 20.6.2008). Decisão idêntica: (PROC.: ROMS 13859/2005-000-02-00, publicação: DJ 20.6.2008)

É entendimento, ainda, que:

"o mandado de segurança não pode ser utilizado como sucedâneo de recurso ou de outro remédio jurídico idôneo a coibir ato ofensivo ao direito da Impetrante, pois o princípio regente da ação mandamental é o da inoponibilidade do mandado de segurança contra atos judiciais passíveis de correção eficaz, por qualquer meio processual admissível." (PROC.: ROMS n. 1583/2006-000-15-00, publicação: DJ 13.6.2008)

"Nesse passo, vem à baila a Orientação Jurisprudencial n. 92 da SBDI-2, segundo a qual — Não cabe mandado de segurança contra decisão judicial passível de reforma mediante recurso próprio, ainda que com efeito diferido. Não é demais ressaltar que a expressão 'recurso' a que alude o art. 5º, II, da Lei n. 1.533/51 e a OJ n. 92 não comporta a acanhada ilação de se referir unicamente aos recursos previstos nos arts. 894 a 897 da CLT ou 496 do CPC, abrangendo todos os instrumentos jurídicos aptos à defesa do direito pretensamente violado, a exemplo dos embargos de terceiro e dos embargos da execução." (PROC.: RXOF e ROMS n. 13420/2006-000-02-00, publicação: DJ 20.6.2008)

"Não é demais lembrar que o princípio da irrecorribilidade das interlocutórias, consagrado no art. 893, § 1º, da CLT, só se aplica ao processo de conhecimento, em virtude de não haver atividade cognitiva no processo de execução, em que os atos aí praticados se classificam como materiais e expropriatórios com vistas à satisfação da sanção jurídica. II — O que pode ocorrer durante a tramitação do processo de execução é a erupção de incidentes de cognição, quer se refiram aos embargos do devedor, quer se refiram a pretensões ali deduzidas marginalmente, em que as decisões que os examinam desafiam a interposição do agravo de petição do art. 897, alínea 'a', da CLT." (PROC.: ROMS n. 372/2006-000-04-00, publicação: DJ 4.5.2007)

O TST, no entanto, na linha de antiga jurisprudência do STF, entende também que somente em casos excepcionais é cabível o mandado de segurança, ainda que impugnável a decisão por outro instrumento processual (embargos ou recurso).

"No que concerne ao cabimento do mandado de segurança por existir no ordenamento jurídico meio próprio para impugnar o ato atacado, frise-se que este Tribunal Superior tem admitido ultrapassar a barreira do cabimento do *writ* em hipóteses excepcionais em que a inexistência de remédio jurídico imediato possa causar dano de difícil reparação e seja flagrante a ilegalidade ou abusividade do ato impugnado.

...

Assim, em casos excepcionais, em que seja manifesto o abuso de poder, ou a ilegalidade do ato impugnado pelo *mandamus*, tem-se admitido ultrapassar a barreira do cabimento do *writ*." (PROC.: ROMS n. 624/2006-000-10-00, publicação: DJ 18.3.2008)

A partir de pesquisa realizada nos acórdãos publicados nos anos de 2007 e 2008, verificamos as seguintes hipóteses de cabimento e não-cabimento do mandado de segurança para atacar decisão proferida na execução:

a) CABIMENTO (casos excepcionais)

PENHORA SOBRE O FATURAMENTO DA EMPRESA

PROC.: ROMS N. 4276/2005-000-04-00, PUBLICAÇÃO: DJ 21.9.2007

PENHORA EM CONTA SALÁRIO

PROC.: ROMS N. 4435/2006-000-01-00, PUBLICAÇÃO: DJ 27.6.2008

PROC.: ROMS N. 1053/2006-000-15-00, PUBLICAÇÃO: DJ 8.2.2008

PROC.: ROMS N. 190/2006-000-04-00, PUBLICAÇÃO: DJ 30.3.2007

PROC.: ROMS N. 830/2005-000-15-00, PUBLICAÇÃO: DJ 20.4.2007

PENHORA EM CONTA CORRENTE (cabível, mas negada a segurança)

PROC.: ROMS N. 63/2006-000-19-00, PUBLICAÇÃO: DJ 13.6.2008

PENHORA EM DINHEIRO. EXECUÇÃO DEFINITIVA (cabimento, mas nega a segurança)

PROC.: ROMS N. 11750/2006-000-02-00, PUBLICAÇÃO: DJ 18.4.2008

DE PROVENTOS DE APOSENTADORIA

PROC.: ROMS N. 3369/2006-000-01-00, PUBLICAÇÃO: DJ 6.6.2008

PROC.: ROMS N. 407/2005-000-18-00, PUBLICAÇÃO: DJ 23.3.2007

PENHORA DE SALÁRIOS E PROVENTOS

PROC.: ROMS N. 732/2004-000-12-00, PUBLICAÇÃO: DJ 25.4.2008

PROC.: ROMS N. 73/2006-000-23-00, PUBLICAÇÃO: DJ 8.6.2007

PENHORA DE HONORÁRIOS MÉDICOS

PROC.: ROMS N. 168.2007-000-23-00, PUBLICAÇÃO: DJ 29.2.2008

FORMA DE PROCESSAMENTO DA EXECUÇÃO CONTRA FAZENDA PÚBLICA (DE PRECATÓRIO PARA RPV)

PROC.: RXOF e ROAG N. 845/2005-000-05-05, PUBLICAÇÃO: DJ 20.6.2008

PROC.: RXOFROAG N. 382/2002-000-08-00, PUBLICAÇÃO: DJ 6.6.2008

PROC.: RXOF e ROMS N. 1245/2006-000-03-00, PUBLICAÇÃO: DJ 9.5.2008

PROC.: RXOF e ROMS N. 13398/2003-000-02-00, PUBLICAÇÃO: DJ 4.4.2008

PROC.: RXOF e ROMS N. 674/2005-000-15-00, PUBLICAÇÃO: DJ 4.4.2008

PROC.: ROAG N. 2987/2005-000-04-40, PUBLICAÇÃO: DJ 16.3.2007

ORDENOU A TRANSFERÊNCIA DOS VALORES BLOQUEADOS EM EXCESSO, PARA GARANTIR EXECUÇÕES DE OUTROS PROCESSOS (cabível, mas negada a segurança)

PROC.: ROMS N. 474/2005-000-08-00, PUBLICAÇÃO: DJ 6.6.2008

ATO COATOR PROFERIDO EM SEDE DE EXECUÇÃO PROVISÓRIA QUE DETERMINOU O BLOQUEIO DOS ATIVOS FINANCEIROS DA EXECUTADA, VIA SISTEMA BACENJUD

PROC.: ROMS N. 309.2007-000-08-00, PUBLICAÇÃO: DJ 4.4.2008

PROC.: ROMS N. 399/2006-909-09-00, PUBLICAÇÃO: DJ 4.4.2008

INDEFERIMENTO DE PEDIDO DE INDICAÇÃO DE CARTA DE FIANÇA BANCÁRIA PARA GARANTIA DA EXECUÇÃO

PROC.: ROMS N. 624/2006-000-10-00, PUBLICAÇÃO: DJ 18.3.2008

REINTEGRAÇÃO. OBRIGAÇÃO DE FAZER EM EXECUÇÃO PROVISÓRIA

PROC.: ROMS N. 14093/2006-000-02-00, PUBLICAÇÃO: DJ 29.2.2008

DETERMINOU A TRANSFERÊNCIA DE NUMERÁRIO DO PRÓPRIO BANCO DO BRASIL S.A., PARA GARANTIR EXECUÇÃO EM AÇÃO TRABALHISTA NA QUAL NÃO FIGUROU COMO PARTE, EM FACE DE SUA DESOBEDIÊNCIA QUANTO À ORDEM DE PENHORA *ON LINE* NA CONTA DO EXECUTADO

PROC.: ROMS N. 62/2005-000-12-00, PUBLICAÇÃO: DJ 4.5.2007

b) NÃO-CABIMENTO

PENHORA DE DINHEIRO DO SUS REPASSADO PARA PARTICULAR

PROC.: RXOF e ROMS N. 11427/2006-000-02-00, PUBLICAÇÃO: DJ 20.6.2008

PROC.: RXOF e ROMS N. 13420/2006-000-02-00, PUBLICAÇÃO: DJ 20.6.2008

PROC.: RXOF e ROMS N. 13507/2006-000-02-00, PUBLICAÇÃO: DJ 9.5.2008

DECLAROU INEFICAZ A NOMEAÇÃO À PENHORA, PELA EXECUTADA, DE BENS MÓVEIS, DEFERINDO-SE A PRETENSÃO DO EXEQUENTE, NO SENTIDO DE PENHORAR-SE DINHEIRO

PROC.: ROAG N. 417.2007-000-05-00, PUBLICAÇÃO: DJ 9.5.2008

DECISÃO QUE DECRETA NULIDADE DA EXECUÇÃO

PROC.: ROMS N. 13859/2005-000-02-00, PUBLICAÇÃO: DJ 20.6.2008

INDEFERE EXPEDIÇÃO DE OFÍCIO

PROC.: ROMS N. 12850/2006-000-02-00, PUBLICAÇÃO: DJ 20.6.2008

PROC.: ROMS N. 10196/2006-000-02-00, PUBLICAÇÃO: DJ 13.6.2008

PROCESSAR REMESSA *EX OFFICIO*

PROC.: RXOF e ROAG N. 683/2006-000-05-00, PUBLICAÇÃO: DJ 20.6.2008

PENHORA DE CRÉDITOS (SALÁRIOS) HAVIDOS EM OUTRA RECLAMAÇÃO

PROC.: ROMS N. 1583/2006-000-15-00, PUBLICAÇÃO: DJ 13.6.2008

DETERMINOU SE PROCEDESSE À REUNIÃO DE EXECUÇÕES BEM COMO O BLOQUEIO E TRANSFERÊNCIA DE CRÉDITO DA EXECUTADA

PROC.: RXOF e ROMS N. 2258/2003-000-06-00, PUBLICAÇÃO: DJ 30.5.2008

EM EXECUÇÃO PROVISÓRIA, LIBERAÇÃO DOS VALORES BLOQUEADOS, DETERMINANDO AINDA A INSTAURAÇÃO DE CONCURSO DE CREDORES, TENDO EM VISTA A NOTÍCIA DA EXISTÊNCIA DE PENHORA ANTERIOR EM OUTRO PROCESSO TRABALHISTA MOVIDO CONTRA A EMPRESA EXECUTADA

PROC.: ROMS N. 1464/2004-000-05-00, PUBLICAÇÃO: DJ 23.5.2008

PEDIDO DE PROSSEGUIMENTO DA EXECUÇÃO NAS PESSOAS DOS SÓCIOS, EM FACE DA DECRETAÇÃO DA FALÊNCIA DA EMPRESA EXECUTADA, E DETERMINAÇÃO DE HABILITAÇÃO DO CRÉDITO TRABALHISTA NO JUÍZO FALIMENTAR

PROC.: ROMS N. 12466/2006-000-02-00, PUBLICAÇÃO: DJ 23.5.2008

ATO JUDICIAL QUE DETERMINOU FOSSE DADA CIÊNCIA À UNIÃO DA CERTIDÃO DE DECURSO DE PRAZO

PROC.: RXOF e ROAG N. 431/2006-000-17-00, PUBLICAÇÃO: DJ 23.5.2008

SE DEFERIU O PEDIDO DA UNIÃO DE ADEQUAÇÃO DO VALOR APRESENTADO PELA ASSESSORIA ECONÔMICA DO TRT À DECISÃO DO JUÍZO DE EXECUÇÃO, EM QUE SE DETERMINOU A NÃO-INCIDÊNCIA DOS JUROS DE MORA APÓS A INTERVENÇÃO DA UNIÃO NO PROCESSO DE DISSOLUÇÃO DA EMPRESA-EXECUTADA

PROC.: ROMS N. 10674/2002-000-02-00, PUBLICAÇÃO: DJ 9.5.2008

PENHORA. ATO JUDICIAL ATACÁVEL MEDIANTE REMÉDIO JURÍDICO PRÓPRIO

PROC.: ROAG N. 10095.2007-000-02-00, PUBLICAÇÃO: DJ 9.5.2008

PROC.: ROAG N. 290/2006-000-15-00, PUBLICAÇÃO: DJ 18.4.2008

PENHORA DE DINHEIRO EXISTENTE EM CONTA CORRENTE

PROC.: ROMS N. 336/2001-000-01-00, PUBLICAÇÃO: DJ 4.4.2008

PENHORA DE NUMERÁRIO DEPOSITADO EM CONTAS BANCÁRIAS

PROC.: ROMS N. 11868/2005-000-02-00, PUBLICAÇÃO: DJ 18.3.2008

PROC.: ROMS N. 287/2005-000-17-00, PUBLICAÇÃO: DJ 26.10.2007

PROC.: ROAG N. 442/2006-000-15-00, PUBLICAÇÃO: DJ 14.9.2007

PROC.: ROAG N. 12063/2006-000-02-00, PUBLICAÇÃO: DJ 31.8.2007

PROC.: ROMS N. 1352/2004-000-05-00, PUBLICAÇÃO: DJ 25.5.2007

PENHORA EM CONTA BANCÁRIA DE TERCEIRO

PROC.: ROMS N. 12238/2005-000-02-00, PUBLICAÇÃO: DJ 9.11.2007

ATO JUDICIAL QUE INDEFERE PEDIDO DE DEVOLUÇÃO DE PRAZO RECURSAL

PROC.: ROMS N. 1240/2002-000-01-00, PUBLICAÇÃO: DJ 9.5.2008

ATO JUDICIAL QUE, EM FASE DE EXECUÇÃO, DETERMINOU A INCORPORAÇÃO DA COMPLEMENTAÇÃO DE APOSENTADORIA NOS CÁLCULOS DAS VERBAS DEVIDAS AO EXEQUENTE, BEM COMO A COMPROVAÇÃO DESSA INCLUSÃO NO PRAZO DE 60 (SESSENTA) DIAS, A CONTAR DA CITAÇÃO, SOB PENA DE MULTA.

PROC.: ROMS N. 4.2007-000-15-001, PUBLICAÇÃO: DJ 9.5.2008

ATO DO TRT EM AGRAVO DE PETIÇÃO QUE DETERMINOU O BLOQUEIO DE 20% DOS RENDIMENTOS MENSAIS DOS SÓCIOS DA EXECUTADA, ATÉ A SATISFAÇÃO INTEGRAL DA OBRIGAÇÃO. HIPÓTESE EM QUE OS RECORRENTES JÁ SE INSURGIRAM COM RELAÇÃO À PENHORA EM DINHEIRO, EM SEDE DE EXECUÇÃO DEFINITIVA, MEDIANTE APRESENTAÇÃO DE RECURSO DE REVISTA.

PROC.: ROAG N. 1390.2007-000-15-00, PUBLICAÇÃO: DJ 25.4.2008

ATO OMISSIVO DO JUÍZO DE 1º GRAU, CONSISTENTE NA FALTA DE INTIMAÇÃO DA SENTENÇA COGNITIVA

PROC.: ROMS N. 74.2007-000-05-00, PUBLICAÇÃO: DJ 18.4.2008

PRETENDE A DECLARAÇÃO DE NULIDADE DE DECISÃO JUDICIAL QUE HOMOLOGOU OS CÁLCULOS DE LIQUIDAÇÃO

PROC.: ROMS N. 11750/2006-000-02-00, PUBLICAÇÃO: DJ 18.4.2008

ILEGITIMIDADE PASSIVA

PROC.: ROAG N. 11774.2007-000-02-00, PUBLICAÇÃO: DJ 18.4.2008

PROC.: ROAG N. 293/2005-000-10-00, PUBLICAÇÃO: DJ 18.3.2008

PROC.: ROMS N. 12067/2005-000-02-00, PUBLICAÇÃO: DJ 9.5.2008

PROC.: ROMS N. 10153/2006-000-02-00, PUBLICAÇÃO: DJ 18.4.2008

PROC.: ROMS N. 10296/2006-000-22-00, PUBLICAÇÃO: DJ 29.2.2008

PROC.: ROMS N. 21/2004-000-05-00, PUBLICAÇÃO: DJ 29.2.2008

PROC.: ROMS N. 12913/2004-000-02-00, PUBLICAÇÃO: DJ 3.11.2007

PROC.: ROAG N. 442/2006-000-15-00, PUBLICAÇÃO: DJ 14.9.2007

PROC.: ROAG N. 12063/2006-000-02-00, PUBLICAÇÃO: DJ 31.8.2007

DETERMINAÇÃO, PELO JUÍZO DA EXECUÇÃO, DE CUMPRIMENTO DE OBRIGAÇÃO DE FAZER CONSISTENTE NA INCLUSÃO DE VALORES EM FOLHA DE PAGAMENTO, SOB PENA DE MULTA DIÁRIA

PROC.: ROMS N. 278/2006-000-15-00, PUBLICAÇÃO: DJ 4.4.2008

FASE DE LIQUIDAÇÃO. ATO DO JUIZ QUE INDEFERE PEDIDO DA EMPRESA DE CHAMAMENTO DO FEITO À ORDEM E APLICA MULTA POR ATO ATENTATÓRIO À DIGNIDADE DA JUSTIÇA

PROC.: ROMS N. 3930/2003-000-01-00, PUBLICAÇÃO: DJ 4.4.2008

EM FASE DE EXECUÇÃO, INDEFERIU PEDIDO DE NULIDADE DOS ATOS PROCESSUAIS A PARTIR DE DECISÃO MONOCRÁTICA DE MINISTRO DO TST, EM RAZÃO DE SUPOSTO ERRO DE PUBLICAÇÃO RELATIVAMENTE AO NOME E NÚMERO DA OAB DA ADVOGADA DA EMPRESA-IMPETRANTE

PROC.: ROMS N. 12862/2005-000-02-00, PUBLICAÇÃO: DJ 4.4.2008

HOMOLOGAÇÃO DE ACORDO E INDEFERIMENTO DO PEDIDO DO ADVOGADO DE PROSSEGUIMENTO DA EXECUÇÃO COM RELAÇÃO AOS HONORÁRIOS ADVOCATÍCIOS.

PROC.: ROMS N. 10156/2002-000-02-00, PUBLICAÇÃO: DJ 7.3.2008

DECISÃO DEFERITÓRIA DA ADJUDICAÇÃO REQUERIDA PELO EXEQUENTE

PROC.: ROMS N. 2480/2005-000-04-00, PUBLICAÇÃO: DJ 26.10.2007

DETERMINOU A ENTREGA DE BEM DIVERSO DAQUELE ESPECIFICADO NO AUTO DE PENHORA

PROC.: ROMS N. 318/2006-000-06-00, PUBLICAÇÃO: DJ 26.10.2007

DETERMINOU A INCLUSÃO DOS BENS PENHORADOS EM PRAÇA PARA ALIENAÇÃO JUDICIAL

PROC.: ROMS N. 10039/2006-000-22-00, PUBLICAÇÃO: DJ 31.8.2007

CONSIDEROU PREJUDICADA A HOMOLOGAÇÃO DA ARREMATAÇÃO EFETUADA PELO IMPETRANTE, DEFERINDO O PEDIDO DO EXEQUENTE DE ADJUDICAÇÃO DOS BENS QUE GARANTIAM A EXECUÇÃO.

PROC.: ROMS N. 372/2006-000-04-00, PUBLICAÇÃO: DJ 4.5.2007

12.2. Espécies e legitimação

A Carta Magna, inovando, prevê duas espécies de mandado de segurança: o individual e o coletivo. Aquele para proteção de direito individual do impetrante; o segundo, para defesa de interesses coletivos.

Qualquer pessoa interessada, inclusive o próprio Poder Público, pode impetrar o mandado de segurança.

Óbvio, ainda, que quando o direito ameaçado ou violado couber a várias pessoas, qualquer delas poderá requerer o mandado de segurança.

A lei permite, ainda, que o titular de direito líquido e certo decorrente de direito, em condições idênticas, de terceiro, poderá impetrar mandado de segurança a favor do direito originário, se o seu titular não o fizer, em prazo razoável, apesar de para isso notificado judicialmente. Neste caso, o titular do direito irá substituir o terceiro, na defesa de seu direito, que poderá refletir no interesse do impetrante.

Uma hipótese possível para essa hipótese ocorre quando violada a ordem de classificação em concurso público. Se, por exemplo, for nomeado o terceiro colocado no concurso, sendo preteridos os dois primeiros colocados, o segundo colocado poderá impetrar mandado de segurança em favor do primeiro. Isso porque, o segundo colocado somente poderá reclamar seu direito à nomeação após a satisfação do direito do primeiro colocado.

Na hipótese de mandado de segurança coletivo, no entanto, essa legitimação é restrita a partido político com representação no Congresso Nacional e a organização sindical, a entidade de classe ou a associação legalmente constituída e em funcionamento há pelo menos um ano, em defesa dos interesses de seus membros ou associados.

Na hipótese do mandado de segurança coletivo, os entes legitimados agem em substituição processual, na defesa da coletividade ou do grupo social que representam, independe da autorização destes (Súmula n. 629 do STF).

Diga-se, ainda, que "a entidade de classe tem legitimação para o mandado de segurança ainda quando a pretensão veiculada interesse apenas a uma parte da respectiva categoria" (Súmula n. 629 do STF).

No polo passivo, por sua vez, atua como parte o ente de direito público que deve arcar com o cumprimento da ordem, ou seja, que pode ter seu interesse afetado pela ordem mandamental.

12.3. Direito líquido e certo

A doutrina já discutiu muito no passado (e ainda hoje se encontra doutrina equivocada) quanto ao conceito da expressão "direito líquido e certo".

Doutrina já superada entendia que o mandado de segurança somente poderia ser impetrado quando diante de violação de um direito claro, induvidoso.

Atualmente, no entanto, já se chegou ao entendimento de que, em verdade, a lei quis se referir à prova líquida e certa, ou seja, quando se está diante de fato comprovado por prova líquida e certa, imune de maiores questionamentos. Tanto que o STF, por meio da sua Súmula n. 625, revelou o entendimento de que a "controvérsia sobre matéria de direito não impede concessão de mandado de segurança".

12.4. Autoridade

Para fins de impetração do mandado de segurança, consideram-se autoridades todo e qualquer representante ou administrador dos entes de direito público interno, das entidades autárquicas e das pessoas naturais ou jurídicas com funções delegadas do Poder Público, neste caso, somente no que entender com essas funções (Súmula n. 510 do STF).

12.5. Procedimento

O mandado de segurança deve ser impetrado mediante petição inicial, que deverá preencher os requisitos estabelecidos no CPC, será apresentada, no mínimo, em duas vias.

Em caso de urgência, no entanto, é permitido, observados os requisitos legais, impetrar o mandado de segurança por telegrama ou radiograma ao juiz competente, que poderá determinar seja feita pela mesma forma a notificação à autoridade coatora. No atual estágio do nosso desenvolvimento, seria possível aceitar o mandado de segurança apresentado por meio eletrônico.

A peça exordial, no entanto, deve estar acompanhada de documentos, sendo que aqueles que instruírem a primeira via deverão ser reproduzidos, por cópia, na segunda, para que os mesmos sejam encaminhados à autoridade apontada como coatora, sob pena de indeferimento da inicial.

Caso, porém, o documento necessário à prova do alegado se achar em repartição ou estabelecimento publico ou em poder de autoridade que recuse fornecê-lo por certidão, o juiz pode ordenar, preliminarmente, a exibição do mesmo em original ou em cópia autêntica e marcará para cumprimento da ordem o prazo de dez dias. Frise-se, no entanto, que se a autoridade que tiver procedido dessa maneira for a própria coatora, a ordem far-se-á no próprio instrumento da notificação.

Aceita a petição inicial, o juiz, ao despachá-la, ordenará:

• que se notifique o coator do conteúdo da petição entregando-lhe a segunda via apresentada pelo requerente com as cópias dos documentos a fim de que no prazo de dez dias preste as informações que achar necessárias;

• que se suspenda o ato que deu motivo ao pedido quando for relevante o fundamento e do ato impugnado puder resultar a ineficácia da medida, caso seja deferida.

O TST tem entendimento, ainda, pela inaplicação do disposto no art. 284 do CPC em mandado de segurança, de modo que descabe a concessão de prazo para exibição de documentos indispensáveis à sua propositura ou sua autenticação (OJ n. 51 da SDI-I do TST).

Findo o prazo para que a autoridade apontada coatora preste informações, será ouvido o representante do Ministério Público em cinco dias. Em seguida, os autos serão conclusos ao juiz, independente de solicitação da parte, para a decisão, a qual deverá ser proferida em cinco dias, tenham sido ou não prestadas as informações pela autoridade coatora.

Julgado procedente o pedido, o juiz transmitirá em ofício, por mão do oficial do juízo ou pelo correio, mediante registro com recibo de volta, ou por telegrama, radiograma ou telefonema, conforme o requerer o peticionário, o inteiro teor da sentença a autoridade coatora.

Cabe destacar, no entanto, que se extingue o processo de mandado de segurança se o impetrante não promove, no prazo assinado, a citação do litisconsorte passivo necessário (Súmula n. 631 do STF).

Diga-se, ainda, que "não cabe condenação em honorários de advogado na ação de mandado de segurança" (Súmula n. 512 do STF).

Outrossim, na Justiça do Trabalho não se aplicam ao mandado de segurança as regras dos processos trabalhistas de alçada (Súmula n. 365 do TST).

12.6. Medida liminar

A medida liminar poderá ser concedida quando preenchidos os pressupostos para sua concessão, quais sejam, o *fumus boni iuri* e o *periculum in mora*.

A medida liminar, no entanto, somente terá eficácia pelo prazo de 90 (noventa) dias a contar da data da respectiva concessão, prorrogável por 30 dias quando provadamente o acúmulo de processos pendentes de julgamento justificar a prorrogação.

A lei, no entanto, veda a concessão de medida liminar quando o mandado de segurança é impetrado visando à reclassificação ou equiparação de servidores públicos ou à concessão de aumento ou extensão de vantagens.

Dispõe, ainda, a lei que será decretada a peremção ou a caducidade da medida liminar *ex officio* ou a requerimento do Ministério Público quando, concedida a medida, o impetrante criar obstáculo ao normal andamento do processo, deixar de promover por mais de três dias os atos e diligências que lhe cumprirem ou abandonar a causa por mais de 20 dias.

12.7. Recurso

Da decisão proferida em mandado de segurança, cabe o recurso de apelação. Ela, ainda, fica sujeita ao duplo grau de jurisdição, podendo, entretanto, ser executada provisoriamente. Ressalte-se, no entanto, que o recurso voluntário ou *ex officio*, interposto de decisão concessiva de mandado de segurança, que importe em liberação de recursos, inclusão em folha de pagamento, outorga ou adição de vencimento ou ainda reclassificação funcional, terá efeito suspensivo.

A remessa *ex officio*, por sua vez, em mandado de segurança, somente é cabível se, na relação processual, figurar pessoa jurídica de direito público como parte prejudicada pela concessão da ordem. Tal situação não ocorre na hipótese de figurar no feito como impetrante e terceiro interessado pessoa de direito privado, ressalvada a hipótese de matéria administrativa (Súmula n. 303 do TST).

Cabe ressaltar, ainda, que processos de mandado de segurança terão prioridade sobre todos os atos judiciais, salvo *habeas corpus*. Na instância superior, deverão ser levados a julgamento na primeira sessão que se seguir a data em que, feita a distribuição, forem conclusos ao relator.

O Presidente do Tribunal ao qual competir o conhecimento do recurso poderá, no entanto, conceder efeito suspensivo ao recurso, cabendo, desse seu ato agravo para o Tribunal a que presida.

Lembre-se, ainda, que, quando julgado originariamente no Tribunal Regional do Trabalho, da decisão proferida em mandado de segurança cabe recurso ordinário para o TST.

12.8. Recurso contra liminar e suspensão de segurança

Contra a decisão que aprecia o pedido de concessão de medida liminar, podem ser interpostos dois recursos: agravo de instrumento ou agravo regimental e suspensão de segurança, sendo que neste último caso somente se concedida a liminar. Descabe, igualmente, a impetração do mandado de segurança para impugnar despacho que acolheu ou indeferiu liminar em outro mandado de segurança (OJ n. 140 da SDI-I do TST).

O agravo de instrumento cabe contra a decisão de primeiro grau, sendo competente para seu julgamento o Tribunal a qual está vinculado o juiz prolator do provimento liminar. Frise-se, todavia, que, se mantida a liminar, é cabível a interposição da suspensão de segurança.

O agravo regimental, por sua vez, é cabível para atacar a decisão do relator que dirige o mandado de segurança no Tribunal. Neste caso, o agravo regimental será julgado pelo Colegiado a qual está vinculado o relator. E, da mesma forma, se mantida a liminar, é cabível a interposição da suspensão de segurança.

"STF 622 — Não cabe agravo regimental contra decisão do relator que concede ou indefere liminar em mandado de segurança."

A suspensão da segurança, por sua vez, tem cabimento, independentemente do agravo. Ela pode ser requerida pela pessoa jurídica de direito público interessada para evitar grave lesão à ordem, à saúde, à segurança e à economia públicas.

Cabe ao Presidente do Tribunal ao qual couber o conhecimento do respectivo recurso apreciar esse pedido, podendo, em despacho fundamentado, suspender a execução da liminar ou da sentença. De sua decisão, no entanto, caberá agravo, sem efeito suspensivo, no prazo de 10 dias, contados da publicação do ato.

Caso mantida a liminar ou a execução da sentença, da decisão do Tribunal caberá nova suspensão de segurança para o Presidente do Tribunal Superior, sendo que, em caso de matéria infraconstitucional, essa medida será dirigida ao TST e, em caso de matéria constitucional, para o STF.

Da decisão do Presidente do Tribunal que mantiver a liminar ou a segurança, cabe novo recurso de agravo para o Tribunal respectivo. A decisão do Presidente do STF que suspende a liminar ou a segurança, no entanto, é irrecorrível.

"626 — A suspensão da liminar em mandado de segurança, salvo determinação em contrário da decisão que a deferir, vigorará até o trânsito em julgado da decisão definitiva de concessão da segurança ou, havendo recurso, até a sua manutenção pelo Supremo Tribunal Federal, desde que o objeto da liminar deferida coincida, total ou parcialmente, com o da impetração."

"405 — Denegado o mandado de segurança pela sentença, ou no julgamento do agravo, dela interposto, fica sem efeito a liminar concedida, retroagindo os efeitos da decisão contrária."

12.9. Prazo

O direito de requerer mandado de segurança deve ser exercido no prazo de cento e vinte dias contados da ciência, pelo interessado, do ato impugnado.

Vale frisar que o STF já decidiu que "é constitucional lei que fixa o prazo de decadência para a impetração de mandado de segurança" (Súmula n. 632).

O pedido de reconsideração, no entanto, na via administrativa, não interrompe o prazo para o mandado de segurança (Súmula n. 430 do STF).

12.10. Preparo

Na Justiça do Trabalho, julgado o mandado de segurança, a parte interessada, ao recorrer, se for o caso, deve recolher as custas processuais.

É inexigível, no entanto, o depósito recursal.

12.11. Mandado de segurança na relação de emprego

A jurisprudência trabalhista, acompanhando larga doutrina laboral, há longos anos, tem como incabível a impetração de mandado de segurança contra ato praticado pela autoridade pública quando este está no exercício do poder de gestão.

Tal pensamento, no entanto, está hoje superado por firme e reiterada jurisprudência do Superior Tribunal de Justiça e do Supremo Tribunal Federal.

12.12. Do ato de gestão como ato de autoridade

Como dito, a jurisprudência trabalhista, respaldada em farta doutrina, sempre distinguiu os atos de império dos atos de gestão praticados pela administração pública. Os atos de império seriam aqueles exercidos pelo agente público em sua função de preeminência diante dos administrados. Tais atos, assim, por decorrem da autoridade pública, seriam passíveis de mandado de segurança, quando ilegais ou abusivos.

Já o ato de gestão seria aquele em que a administração pública "realiza sem fazer uso de sua supremacia institucional perante os administrados"[13]. Seriam os atos de administração de bens, serviços ou meramente negocial. Aqui, a administração pública estaria exercendo, em verdade, um ato de natureza privada nas suas relações mantidas com o particular, daí por que não seria passível de ataque pela via mandamental, pois o ato não partiria do agente público no exercício da autoridade pública.

Nessa trilha, *Francisco Antonio de Oliveira* é peremptório em afirmar que "não são de direito público os atos emanados de relação empregatícia que se consumam em cunho exclusivamente de direito privado. Também não é autoridade nos moldes em que a lei legítima para figurar no polo passivo *mandamus* ente público participante de contrato de trabalho nas vestes de empregador"[14].

Doutrina moderna, todavia, apesar de reconhecer essa distinção, dela não retira qualquer consequência prática. Como ensina *José da Silva Pacheco*, "essa distinção, embora importante, não tem o dom de ressuscitar a velha teoria sob a dúplice personalidade do Estado, agindo como pessoa de direito público (ato de império), insuscetíveis de reexame ou controle, e como pessoa de direito privado (ato de gestão), muito salientado no direito francês. Nada disso. O Estado, atualmente, atua, sempre como pessoa de direito público (art. 18, CF) e seus atos, todos eles, são passíveis de serem apreciados pelo Poder Judiciário... se forem ilegais ou abusivos e ameaçarem ou prejudicarem direito líquido e certo, nada impede que contra eles se impetre mandado de segurança"[15].

Seguindo essa trilha, o excelso STF, em decisão datada de 1993 (e lá se vão mais de oito anos!), em acórdão elucidativo, decidiu, em mandado de segurança impetrado contra ato do Presidente da República, que, *verbis*:

"A atividade Estatal é sempre pública, ainda que inserida em relações de Direito Privado e sobre elas irradiando efeitos; sendo, pois, ato de autoridade, o Decreto Presidencial que

---

(13) TEIXEIRA FILHO, Manoel Antonio. *Mandado de segurança na Justiça do Trabalho*. São Paulo: LTr, 1992. p. 171.
(14) *Mandado de segurança e controle jurisdicional*. São Paulo: Revista dos Tribunais, 1992. p. 59.
(15) *O mandado de segurança e outras ações constitucionais típicas*. 2. ed. São Paulo: Revista dos Tribunais, 1991. p. 144.

dispensa servidor público, embora regido pela legislação trabalhista, a sua desconstituição pode ser postulada em Mandado de Segurança. 2. Legitimação passiva do Presidente da República se a questionada dispensa do impetrante foi objeto de decreto, que o arrolou nominalmente entre os dispensados, reduzindo-se o ato subsequente de rescisão do contrato de trabalho a mera execução material de ordem concreta do Chefe do Governo. 3. Mandado de Segurança contra ato do Presidente da República, embora versando matéria trabalhista. A competência originária para julgar Mandado de Segurança é determinada segundo a hierarquia da autoridade coatora e não, segundo a natureza da relação jurídica alcançada pelo ato coator. A competência do Supremo Tribunal Federal, órgão solitário de cúpula do Poder Judiciário Nacional, não se pode opor a competência especializada, *ratione materiae*, dos seus diversos ramos." (STF, MS n. 21.109-DF, TP, Rel. Min. Sepúlveda Pertence, DJU 19.2.1993)

Em seu voto condutor, o Min. Rel. Sepúlveda Pertence adotou lições de *Agustin Gordilho*, para quem "a administração é sempre pessoa de direito público, que realiza operações públicas, com fins públicos e dentro dos princípios e das formas de direito público, ainda que revista seus atos com formas que são comuns ao direito privado e use dos meios que este autoriza e para objetos análogos"[16].

As mesmas lições são extraídas do administrativista baiano *Lafayette Pondé*, para quem "a vontade da Administração é formada sempre mediante um processo de direito público, ainda quando os efeitos do seu ato sejam definidos pelo direito privado. Da mesma forma que a vontade dos indivíduos não se altera, qualquer que seja o regime jurídico regulador dos seus efeitos, também a vontade da Administração é sempre obtida mediante o processo estabelecido na lei de sua organização. Esta lei especifica o órgão, o modo de exercício desses poderes, os requisitos e formalidades de sua atuação".

E, prossegue o professor baiano: "na atividade da Administração, a norma externa (norma de relação) é que pode ser de direito privado ou de Direito Administrativo. Mas a norma interna, que regula a composição e os poderes dos órgãos administrativos (norma de ação) é sempre, por definição, uma norma de direito público, pois dispõe sobre o funcionamento mesmo do Estado".

Daí por que — ensina *Lafayette Pondé* —, "numa hipótese, ou na outra, isto é, seja a relação externa de direito público ou de direito privado, a vontade jurídica é imputada à Administração em termos de direito público. Por isto mesmo, ainda quando submetida ao direito privado, a atividade é uma atividade da Administração, isto é, uma atividade administrativa, submetida, no seu processo de formação do Direito Administrativo"[17].

A partir de tais lições, portanto, é que o STF — como lembrado — asseverou que "sendo, pois, ato de autoridade, o Decreto Presidencial que dispensa servidor

---

(16) *Apud* MUKAI, Toshio. *Direito administrativo e empresas do Estado*. Rio de Janeiro: Forense, 1984. p. 36.
(17) Sobre o campo de aplicação do direito administrativo. In: *Estudos de direito administrativo*. Belo Horizonte: Del Rey, 1995. p. 80.

público, embora regido pela legislação trabalhista, a sua desconstituição pode ser postulada em Mandado de Segurança". E como afirmado pelo Min. Carlos Velloso, "o entendimento em sentido contrário seria meramente preconceituoso, *data venia*"[18]. Preconceituoso para com a Justiça do Trabalho e com o Direito do Trabalho que sempre foram considerados os "patinhos feios" da Justiça e do Direito Nacional. Não convinha, portanto, assegurar à Justiça do Trabalho qualquer competência para rever o ato administrativo em mandado de segurança.

E o entendimento acima mencionado, voltou a ser reafirmado, de forma implícita, pelo excelso STF, como, por exemplo, no AGRMS n. 21.200-DF, quando decidiu que "a competência para processar e julgar mandado de segurança impetrado por ex-empregado contra o empregador, muito embora sociedade de economia mista, de estatura federal, em fase de liquidação, é da Justiça do Trabalho, por enquadrar-se no art. 114 da Constituição Federal" (STF, AGRMS n. 21.200-DF, TP, Rel. Min. Marco Aurélio, DJU 10.9.1993).

No STJ, por sua vez, são encontradas diversas decisões no sentido de que sendo "pleito de natureza trabalhista competente é a justiça laboral. A matéria objeto da demanda é trabalhista, disciplinada por acordo coletivo de trabalho, irrelevantes as questões processuais discutidas nos autos. Competente é a justiça do trabalho de primeiro grau para apreciar o mandado de segurança originalmente proposto" (STJ, CC n. 21937-DF, 2ª S., Rel. Min. Bueno de Souza, DJU 14.12.1998, p. 88).

Nessa esteira, pode ser citado, ainda, o seguinte aresto:

"COMPETÊNCIA — MANDADO DE SEGURANÇA IMPETRADO POR EMPREGADO DO BANCO DE BRASÍLIA S/A. CONTRA ATO DISCIPLINAR IMPOSTO PELA COMISSÃO DE ACUMULAÇÃO DE CARGOS DO EMPREGADOR — LIDE QUE SE REVELA DE CUNHO TRABALHISTA — PRECEDENTES — COMPETÊNCIA DA JUSTIÇA DO TRABALHO. Segundo reiterado entendimento da Seção, se a inicial expõe lide de natureza trabalhista, demarcada pela *causa petendi* e pelo pedido, competente é a Justiça Laboral para apreciar a espécie" (STJ, Ac. n. 199800321691, CC n. 22257-DF, 2ª S., Rel. Min. Sálvio de Figueiredo Teixeira, DJU 17.12.1999, p. 315).

Assim, não resta dúvida que, mesmo quando esteja atuando no campo do direito do trabalho, em relação de natureza privada, a Administração Pública, em seus atos, age como autoridade pública. Desse modo, sendo ilegal ou abusivo seu ato, ele é passível de ataque pela via mandamental.

Teríamos, assim, como exemplos de atos passíveis de reforma pelo mandado de segurança trabalhista, se ilegais ou abusivos, aqueles pertinentes ao rompimento contratual (exemplo que se extrai da decisão do STF acima citada), reclassificação, concessão de aumento ou extensão de vantagens (Lei n. 4.348/64, art. 5º), transferência, punição, etc.

---

(18) Voto proferido no MS n. 21.109-DF, p. 463 dos autos.

12.13. Competência

A competência da Justiça do Trabalho para processar o mandado de segurança hoje está expressa na Carta Magna (inciso IV do art. 114).

Este dispositivo, aliado ao estabelecido no inciso VII (quanto às penalidades administrativas aplicadas aos empregadores pelos órgãos de fiscalização), retira, em parte, a competência da Justiça Federal para conhecer dessa espécie de ação quando a autoridade coatora for a autoridade federal (inciso VIII do art. 109 da CF).

Ora, ainda que neste outro dispositivo constitucional não faça a ressalva tal como aquela existente no inciso I do art. 109 (no que se refere às ações de competência da Justiça do Trabalho), não é razoável supor que a emenda constitucional, ao atrair para a Justiça do Trabalho todas as "ações relativas às penalidades administrativas impostas aos empregadores pelos órgãos de fiscalização das relações de trabalho" (inciso VII) e o mandado de segurança "quando o ato questionado envolver matéria sujeita à sua jurisdição" (inciso IV), quis excluir o *mandamus* no qual a autoridade apontada como coatora é uma autoridade federal (lembrando que aqui não estamos tratando do mandado de segurança de competência dos tribunais superiores, expressamente elencados na CF).

Outrossim, é óbvio que as leis estaduais de organização judiciária não podem excluir da competência da Justiça do Trabalho os mandados de segurança, assim como os *habeas corpus* mencionados na CF, ainda que a autoridade coatora seja o governador, o prefeito ou qualquer outra autoridade estadual ou municipal.

Aqui, portanto, em face do mandamento constitucional, a competência é definida em face da matéria, seja qual for a autoridade apontada coatora.

Óbvio, porém, que, interpretando-se sistematicamente a Constituição, deve ser ressalvado que, quando ela define a competência em face da autoridade para atribuí-la aos Tribunais Superiores, esta, por ser mais especial, prevalece sobre a competência em decorrência da matéria (da Justiça do Trabalho). A competência do STJ e do STF, em verdade, é mais especial em relação a qualquer outra.

O mesmo não se diga em relação à competência dos juízes e tribunais que compõem a Justiça Federal — como se deduz do já dito acima. Isso porque, em relação à Justiça Federal, a Justiça do Trabalho é mais especializada.

Assim, numa interpretação que me parece razoável, é de se ter como excluída da competência da Justiça Federal os mandados de segurança quando o ato questionado envolver matéria sujeita à jurisdição trabalhista, ainda que a autoridade coatora seja federal (inciso VIII do art. 109 da CF).

Definido que é possível a impetração do mandado de segurança contra ato da autoridade pública, ainda que relacionado ao contrato de emprego, resta definir os órgãos competentes para apreciar, em primeiro grau, da ação de segurança.

A jurisprudência é farta em entender que a competência, em matéria de mandado de segurança, é definida de acordo com a autoridade apontada como coatora do ato ilegal ou abusivo. Somente em segundo plano é que deve se ater à competência material[19].

Assim, e até por força de mandamento constitucional, compete ao STF apreciar mandado de segurança contra ato do Presidente da República, das Mesas da Câmara dos Deputados e do Senado Federal, do Tribunal de Contas da União, do Procurador-Geral da República e do próprio Supremo Tribunal Federal ainda que de índole trabalhista (art. 102, I, "d", *in fine*, da CF/88).

Já ao STJ, independentemente da matéria discutida, competente apreciar mandado de segurança contra o ato de Ministro de Estado, dos Comandantes da Marinha, do Exército e da Aeronáutica ou do próprio Tribunal (art. 105, I, "b", da CF/88).

De resto, se o ato for praticado por autoridade federal, inexistindo lei dispondo sobre foro especial, a competência para apreciar o mandado de segurança aonde se discute matéria trabalhista será do juiz do trabalho de primeiro grau. Exclui-se dessa regra a competência dos tribunais para apreciar os mandados de segurança contra seus próprios atos ou dos juízes que lhes são vinculados, ainda que na lide se discuta matéria trabalhista (LOMAN, art. 21, II).

Quando a autoridade estadual for apontada como coatora, sendo a lide de direito trabalhista, à Justiça do Trabalho compete, também, apreciar o mandado de segurança, por força do disposto no art. 114 da CF/88.

O STJ, todavia, já decidiu que se o ato for praticado pelo Governador do Estado compete ao Tribunal de Justiça local apreciar o mandado de segurança respectivo, ainda que se discuta matéria trabalhista. A competência, portanto, dar-se-ia em decorrência da autoridade apontada como coatora. Assim decidiu, por exemplo, no seguinte aresto:

"MANDADO DE SEGURANÇA — ATO DE GOVERNADOR DE ESTADO — INDEFERIMENTO DE PEDIDO DE REINTEGRAÇÃO POR ANISTIA — ADCT, CF/88 E DO ESTADO DO PARANÁ, ARTS. 8º E 39, § 3º, RESPECTIVAMENTE — COMPETÊNCIA. 1. É a categoria da autoridade coatora que define a competência para o julgamento do mandado de segurança, independentemente da eventual índole trabalhista do fundo de direito. 2. Havendo o ato dito coator sido praticado pelo senhor governador do estado, a competência para apreciar o mandado de segurança é do tribunal de justiça do estado. 3. Precedentes do STJ. 4. Recurso provido." (STJ, ROMS n. 1902-PR, 5ª T., Rel. Min. Edson Vidigal, DJU 24.5.1999, p. 180)

Data venia, não comungamos da mesma opinião. Em verdade, a competência dos Tribunais de Justiça para apreciar mandado de segurança contra ato do governador do Estado, em geral, está definida ou nas leis estaduais de organização judiciária ou nas respectivas Constituições Estaduais. A competência dos Tribunais de Justiça

---

[19] Nesse sentido, o STF no MS n. 21.109-DF já citado acima.

encontraria respaldo analógico na própria Constituição Federal ao atribuir ao STF a competência para apreciar o mandado de segurança contra ato imputado ao Chefe do Poder Executivo Federal.

A legislação estadual, todavia, não tem o condão ou a força de afastar a incidência das regras constantes na Carta da República. Assim, *data maxima venia*, entendemos que, mesmo quando o ato seja praticado pelo Governador do Estado, a competência para apreciar a lide trabalhista, ainda que em mandado de segurança, é da Justiça do Trabalho.

É razoável, no entanto, entender que, nesse caso, ainda que lacunosa a lei (o que induziria a competência do juiz de primeiro grau), compete ao Tribunal Regional do Trabalho conhecer, originariamente, do mandado de segurança contra ato do Governador do Estado. Se nas demais matérias a competência é do Tribunal de Justiça local, considerando a autoridade apontada como coatora, por analogia, ao TRT local competiria apreciar o mandado de segurança em matéria trabalhista.

O mesmo se diga, ainda, em relação aos atos praticados pelos Secretários Estaduais. Como, via de regra, a competência é do Tribunal de Justiça para apreciar mandado de segurança contra seus atos, ao TRT seria assegurada essa mesma competência em matéria trabalhista.

Já em relação às demais autoridades estaduais e às municipais, inexistindo regra especial, a competência é do juiz do trabalho de primeiro grau.

É bem verdade que o art. 678, inciso I, alínea "b", n. 3 da CLT, estabelece que, nos Tribunais do Trabalho divididos em Turmas, compete, especialmente, ao Pleno a competência para julgar o mandado de segurança.

Tal dispositivo, no entanto, deve ser bem interpretado.

Parece-nos que esse preceito não define a competência originária dos Tribunais para todo e qualquer mandado de segurança interposto na Justiça do Trabalho. Em verdade, esse comando legal define a competência interna do Tribunal para os mandados de segurança de competência do Regional. Trata-se, pois, de uma regra que apenas cuida da divisão de competência dentre os diversos órgãos fracionados do Tribunal. Já a competência do Tribunal para julgar o mandado de segurança está estabelecida em outros dispositivos legais.

Assim, por exemplo, o inciso VI do art. 21 da LOMAN (LC n. 35/79) estabelece que compete aos Tribunais "julgar, originariamente, os mandados de segurança contra seus atos, os dos respectivos Presidentes e os de suas Câmaras, Turmas ou Seções". E, em face dessa competência, o art. 678, inciso I, alínea "b", n. 3 da CLT, enquanto regra de divisão interna das competências do Tribunal, estabelece que esse mandado de segurança referido na LOMAN deve ser julgado pelo Pleno do Colegiado.

A competência dos Tribunais para o julgamento originário do mandado de segurança, portanto, deve ser expressa, com referência explícita à matéria ou à autoridade coatora.

Já a competência remanescente será do juiz do trabalho de primeiro grau, quando o ato questionado envolver matéria sujeita à sua jurisdição e a autoridade apontada como coatora não for juiz ou tribunal do trabalho ou aquelas autoridades expressamente mencionadas na Constituição Federal como sujeitas à jurisdição do STF e do STJ.

Poder-se-ia admitir, contudo, diante da lacuna e se socorrendo das normas existentes no nosso ordenamento jurídico, bem como dos princípios que norteiam a definição da competência para julgar o mandado de segurança, quando muito, que em relação aos atos do Governador do Estado e dos Secretários de Estado, a competência respectiva deve ser do Tribunal do Trabalho e não, do juiz de primeiro grau.

A competência da Vara do Trabalho, por sua vez, enquanto regra geral, estaria estabelecida no art. 652, inciso IV, da CLT.

12.14. Súmulas e orientações jurisprudenciais

12.14.1. Súmulas do STF

266 — Não cabe mandado de segurança contra lei em tese.

267 — Não cabe mandado de segurança contra ato judicial passível de recurso ou correição.

268 — Não cabe mandado de segurança contra decisão judicial com trânsito em julgado.

269 — O mandado de segurança não é substitutivo da ação de cobrança.

271 — Concessão de mandado de segurança não produz efeitos patrimoniais em relação a período pretérito, os quais devem ser reclamados administrativamente ou pela via judicial própria.

304 — Decisão denegatória de mandado de segurança, não fazendo coisa julgada contra o impetrante, não impede o uso da ação própria.

405 — Denegado o mandado de segurança pela sentença, ou no julgamento do agravo, dela interposto, fica sem efeito a liminar concedida, retroagindo os efeitos da decisão contrária.

429 — A existência de recurso administrativo com efeito suspensivo não impede o uso do mandado de segurança contra omissão da autoridade.

430 — Pedido de reconsideração na via administrativa não interrompe o prazo para o mandado de segurança.

433 — É competente o Tribunal Regional do Trabalho para julgar mandado de segurança contra ato de seu presidente em execução de sentença trabalhista.

474 — Não há direito líquido e certo, amparado pelo mandado de segurança, quando se escuda em lei cujos efeitos foram anulados por outra, declarada constitucional pelo Supremo Tribunal Federal.

510 — Praticado o ato por autoridade, no exercício de competência delegada, contra ela cabe o mandado de segurança ou a medida judicial.

512 — Não cabe condenação em honorários de advogado na ação de mandado de segurança.

622 — Não cabe agravo regimental contra decisão do relator que concede ou indefere liminar em mandado de segurança.

623 — Não gera por si só a competência originária do Supremo Tribunal Federal para conhecer do mandado de segurança com base no art. 102, I, *n*, da Constituição, dirigir-se o pedido contra deliberação administrativa do tribunal de origem, da qual haja participado a maioria ou a totalidade de seus membros.

624 — Não compete ao Supremo Tribunal Federal conhecer originariamente de mandado de segurança contra atos de outros tribunais.

625 — Controvérsia sobre matéria de direito não impede concessão de mandado de segurança.

626 — A suspensão da liminar em mandado de segurança, salvo determinação em contrário da decisão que a deferir, vigorará até o trânsito em julgado da decisão definitiva de concessão da segurança ou, havendo recurso, até a sua manutenção pelo Supremo Tribunal Federal, desde que o objeto da liminar deferida coincida, total ou parcialmente, com o da impetração.

629 — A impetração de mandado de segurança coletivo por entidade de classe em favor dos associados independe da autorização destes.

630 — A entidade de classe tem legitimação para o mandado de segurança ainda quando a pretensão veiculada interesse apenas a uma parte da respectiva categoria.

631 — Extingue-se o processo de mandado de segurança se o impetrante não promove, no prazo assinado, a citação do litisconsorte passivo necessário.

632 — É constitucional lei que fixa o prazo de decadência para a impetração de mandado de segurança.

701 — No mandado de segurança impetrado pelo Ministério Público contra decisão proferida em processo penal, é obrigatória a citação do réu como litisconsorte passivo.

12.14.2. *Súmulas do TST*

33 — MANDADO DE SEGURANÇA. Não cabe mandado de segurança contra decisão judicial transitada em julgado.

201 — RECURSO ORDINÁRIO EM MANDADO DE SEGURANÇA. Da decisão do Tribunal Regional do Trabalho em mandado de segurança, cabe recurso ordinário, no prazo de 8 (oito) dias, para o Tribunal Superior do Trabalho, correspondendo igual dilatação para o recorrido e interessados apresentarem razões de contrariedade.

303 — FAZENDA PÚBLICA. DUPLO GRAU DE JURISDIÇÃO.

I — Em dissídio individual, está sujeita ao duplo grau de jurisdição, mesmo na vigência da CF/1988, decisão contrária à Fazenda Pública, salvo:

a) quando a condenação não ultrapassar o valor correspondente a 60 (sessenta) salários mínimos;

b) quando a decisão estiver em consonância com decisão plenária do Supremo Tribunal Federal ou com súmula ou orientação jurisprudencial do Tribunal Superior do Trabalho.

II — Em ação rescisória, a decisão proferida pelo juízo de primeiro grau está sujeita ao duplo grau de jurisdição obrigatório quando desfavorável ao ente público, exceto nas hipóteses das alíneas "a" e "b" do inciso anterior.

III — Em mandado de segurança, somente cabe remessa *ex officio* se, na relação processual, figurar pessoa jurídica de direito público como parte prejudicada pela concessão da ordem. Tal situação não ocorre na hipótese de figurar no feito como impetrante e terceiro interessado pessoa de direito privado, ressalvada a hipótese de matéria administrativa.

365 — ALÇADA. AÇÃO RESCISÓRIA E MANDADO DE SEGURANÇA. Não se aplica a alçada em ação rescisória e em mandado de segurança.

12.14.3. Orientações jurisprudenciais da SDI-II do TST

49. MANDADO DE SEGURANÇA. AÇÃO DE CUMPRIMENTO FUNDADA EM DECISÃO NORMATIVA QUE SOFREU POSTERIOR REFORMA, QUANDO JÁ TRANSITADA EM JULGADO A SENTENÇA CONDENATÓRIA PROFERIDA NA AÇÃO DE CUMPRIMENTO. É cabível o Mandado de Segurança para extinguir a execução fundada em sentença proferida em Ação de Cumprimento, quando excluída da sentença normativa a cláusula que lhe serviu de sustentáculo.

50. MANDADO DE SEGURANÇA. ANTECIPAÇÃO DE TUTELA. CABIMENTO. A tutela antecipada concedida antes da prolação da sentença é impugnável mediante Mandado de Segurança, por não comportar recurso próprio.

51. MANDADO DE SEGURANÇA. ANTECIPAÇÃO DE TUTELA CONCEDIDA EM SENTENÇA. REINTEGRAÇÃO. NÃO-CABIMENTO. A antecipação da tutela conferida na sentença não comporta impugnação pela via do Mandado de Segurança, por ser impugnável mediante Recurso Ordinário. A Ação Cautelar é o meio próprio para se obter efeito suspensivo a recurso.

52. MANDADO DE SEGURANÇA. ART. 284, CPC. APLICABILIDADE. Exigindo o Mandado de Segurança prova documental pré-constituída, inaplicável se torna o art. 284 do CPC quando verificada na petição inicial do *mandamus* a ausência de documento indispensável ou sua autenticação.

54. MANDADO DE SEGURANÇA. EMBARGOS DE TERCEIRO. CUMULAÇÃO. INVIABILIDADE. Ajuizados embargos de terceiro (art. 1.046 do CPC) para pleitear a desconstituição da penhora, inviável a interposição de Mandado de Segurança com a mesma finalidade.

58. MANDADO DE SEGURANÇA PARA CASSAR LIMINAR CONCEDIDA EM AÇÃO CIVIL PÚBLICA. Cabível. É cabível o Mandado de Segurança visando a cassar liminar concedida em Ação Civil Pública.

60. MANDADO DE SEGURANÇA. PENHORA EM DINHEIRO. BANCO. Não fere direito líquido e certo do impetrante o ato judicial que determina penhora em dinheiro de banco, em execução definitiva, para garantir crédito exequendo, uma vez que obedece à gradação prevista no art. 655 do CPC.

61. MANDADO DE SEGURANÇA. PENHORA EM DINHEIRO. EXECUÇÃO DEFINITIVA. DEPÓSITO EM BANCO OFICIAL NO ESTADO. ARTS. 612 E 666 DO CPC.

Havendo discordância do credor, em execução definitiva, não tem o executado direito líquido e certo a que os valores penhorados em dinheiro fiquem depositados no próprio banco, ainda que atenda aos requisitos do art. 666, I, do CPC.

62. MANDADO DE SEGURANÇA. PENHORA EM DINHEIRO. EXECUÇÃO PROVISÓRIA. Em se tratando de execução provisória, fere direito líquido e certo do impetrante a determinação de penhora em dinheiro, quando nomeados outros bens à penhora, pois o executado tem direito a que a execução se processe da forma que lhe seja menos gravosa, nos termos do art. 620 do CPC.

63. MANDADO DE SEGURANÇA. REINTEGRAÇÃO. AÇÃO CAUTELAR. Comporta a impetração de Mandado de Segurança o deferimento de reintegração no emprego em Ação Cautelar.

64. MANDADO DE SEGURANÇA. REINTEGRAÇÃO LIMINARMENTE CONCEDIDA. Não fere direito líquido e certo a concessão de tutela antecipada para reintegração de empregado protegido por estabilidade provisória decorrente de lei ou norma coletiva.

65. MANDADO DE SEGURANÇA. REINTEGRAÇÃO LIMINARMENTE CONCEDIDA. DIRIGENTE SINDICAL. Ressalvada a hipótese do art. 494 da CLT, não fere direito líquido e certo a determinação liminar de reintegração no emprego de dirigente sindical, em face da previsão do inciso X do art. 659 da CLT.

66. MANDADO DE SEGURANÇA. SENTENÇA HOMOLOGATÓRIA DE ADJUDICAÇÃO. INCABÍVEL. Incabível o Mandado de Segurança contra sentença homologatória de adjudicação, uma vez que existe meio próprio para impugnar o ato judicial, consistente nos embargos à adjudicação (CPC, art. 746).

67. MANDADO DE SEGURANÇA. TRANSFERÊNCIA. ART. 659, IX, DA CLT. Não fere direito líquido e certo a concessão de liminar obstativa de transferência de empregado, em face da previsão do inciso IX do art. 659 da CLT.

69. FUNGIBILIDADE RECURSAL. INDEFERIMENTO LIMINAR DE AÇÃO RESCISÓRIA OU MANDADO DE SEGURANÇA. RECURSO PARA O TST. Recebimento como Agravo Regimental e Devolução dos Autos ao TRT. Inserida em 20.9.00. Recurso ordinário interposto contra despacho monocrático indeferitório da petição inicial de ação rescisória ou de mandado de segurança pode, pelo princípio de fungibilidade recursal, ser recebido como agravo regimental. Hipótese de não conhecimento do recurso pelo TST e devolução dos autos ao TRT, para que aprecie o apelo como agravo regimental.

86. MANDADO DE SEGURANÇA. ANTECIPAÇÃO DE TUTELA. SENTENÇA SUPERVENIENTE. PERDA DE OBJETO. Perde objeto o mandado de segurança que impugna tutela antecipada pelo fato de haver sido proferida sentença de mérito nos autos originários.

87. MANDADO DE SEGURANÇA. REINTEGRAÇÃO EM EXECUÇÃO PROVISÓRIA. IMPOSSIBILIDADE. O art. 899 da CLT, ao impedir a execução definitiva do título executório, enquanto pendente recurso, alcança tanto as execuções por obrigação de pagar quanto as por obrigação de fazer. Assim, tendo a obrigação de reintegrar caráter definitivo, somente pode ser decretada, liminarmente, nas hipóteses legalmente previstas, em sede de tutela antecipada ou tutela específica.

88. MANDADO DE SEGURANÇA. VALOR DA CAUSA. CUSTAS PROCESSUAIS. CABIMENTO. Incabível a impetração de mandado de segurança contra ato judicial que, de ofício, arbitrou novo valor à causa, acarretando a majoração das custas processuais, uma vez que cabia à parte, após recolher as custas, calculadas com base no valor dado à causa na inicial, interpor recurso ordinário e, posteriormente, agravo de instrumento no caso de o recurso ser considerado deserto.

91. MANDADO DE SEGURANÇA. AUTENTICAÇÃO DE CÓPIAS PELAS SECRETARIAS DOS TRIBUNAIS REGIONAIS DO TRABALHO. REQUERIMENTO INDEFERIDO. Art. 789, § 9º, da CLT. Não sendo a parte beneficiária da assistência judiciária gratuita, inexiste direito líquido e certo à autenticação, pelas Secretarias dos Tribunais, de peças extraídas do processo principal, para formação do agravo de instrumento.

92. MANDADO DE SEGURANÇA. EXISTÊNCIA DE RECURSO PRÓPRIO. Não cabe mandado de segurança contra decisão judicial passível de reforma mediante recurso próprio, ainda que com efeito diferido.

98. MANDADO DE SEGURANÇA. CABÍVEL PARA ATACAR EXIGÊNCIA DE DEPÓSITO PRÉVIO DE HONORÁRIOS PERICIAIS. É ilegal a exigência de depósito prévio para custeio dos honorários periciais, dada a incompatibilidade com o processo do trabalho e com a Súmula n. 236 do TST, sendo cabível o mandado de segurança visando à realização da perícia independentemente do depósito.

99. MANDADO DE SEGURANÇA. ESGOTAMENTO DE TODAS AS VIAS PROCESSUAIS DISPONÍVEIS. TRÂNSITO EM JULGADO FORMAL. DESCABIMENTO. Esgotadas as vias recursais existentes, não cabe mandado de segurança.

100. RECURSO ORDINÁRIO PARA O TST. DECISÃO DE TRT PROFERIDA EM AGRAVO REGIMENTAL CONTRA LIMINAR EM AÇÃO CAUTELAR OU EM MANDADO DE SEGURANÇA. INCABÍVEL. Não cabe recurso ordinário para o TST de decisão proferida pelo Tribunal Regional do Trabalho em agravo regimental interposto contra despacho que concede ou não liminar em ação cautelar ou em mandado de segurança, uma vez que o processo ainda pende de decisão definitiva do Tribunal *a quo*.

113. AÇÃO CAUTELAR. EFEITO SUSPENSIVO AO RECURSO ORDINÁRIO EM MANDADO DE SEGURANÇA. INCABÍVEL. AUSÊNCIA DE INTERESSE. EXTINÇÃO. É incabível medida cautelar para imprimir efeito suspensivo a recurso interposto contra decisão proferida em mandado de segurança, pois ambos visam, em última análise, à sustação do ato atacado. Extingue-se, pois, o processo, sem julgamento do mérito, por ausência de interesse de agir, para evitar que decisões judiciais conflitantes e inconciliáveis passem a reger idêntica situação jurídica.

127. MANDADO DE SEGURANÇA. DECADÊNCIA. CONTAGEM. EFETIVO ATO COATOR. Na contagem do prazo decadencial para ajuizamento de mandado de segurança, o efetivo ato coator é o primeiro em que se firmou a tese hostilizada e não aquele que a ratificou.

137. MANDADO DE SEGURANÇA. DIRIGENTE SINDICAL. ART. 494 DA CLT. APLICÁVEL. Constitui direito líquido e certo do empregador a suspensão do empregado, ainda que detentor de estabilidade sindical, até a decisão final do inquérito em que se apure a falta grave a ele imputada, na forma do art. 494, *caput* e parágrafo único, da CLT.

139. MANDADO DE SEGURANÇA. LIMINAR EM AÇÃO CIVIL PÚBLICA. SENTENÇA DE MÉRITO SUPERVENIENTE. PERDA DE OBJETO. Perde objeto o mandado de segurança que impugna liminar em ação civil pública substituída por sentença de mérito superveniente.

140. MANDADO DE SEGURANÇA CONTRA LIMINAR, CONCEDIDA OU DENEGADA EM OUTRA SEGURANÇA. INCABÍVEL (ART. 8º DA LEI N. 1.533/51). Não cabe mandado de segurança para impugnar despacho que acolheu ou indeferiu liminar em outro mandado de segurança.

141. MANDADO DE SEGURANÇA PARA CONCEDER LIMINAR DENEGADA EM AÇÃO CAUTELAR. A concessão de liminar constitui faculdade do juiz, no uso de seu poder discricionário e de cautela, inexistindo direito líquido e certo tutelável pela via do mandado de segurança.

142. MANDADO DE SEGURANÇA. REINTEGRAÇÃO LIMINARMENTE CONCEDIDA. Inexiste direito líquido e certo a ser oposto contra ato de Juiz que, antecipando a tutela jurisdicional, determina a reintegração do empregado até a decisão final do processo, quando demonstrada a razoabilidade do direito subjetivo material, como nos casos de anistiado pela da Lei n. 8.878/94, aposentado, integrante de comissão de fábrica, dirigente sindical, portador de doença profissional, portador de vírus HIV ou detentor de estabilidade provisória prevista em norma coletiva.

144. MANDADO DE SEGURANÇA. PROIBIÇÃO DE PRÁTICA DE ATOS FUTUROS. SENTENÇA GENÉRICA. EVENTO FUTURO. INCABÍVEL. O mandado de segurança não se presta à obtenção de uma sentença genérica, aplicável a eventos futuros, cuja ocorrência constitui uma incógnita.

148. CUSTAS. MANDADO DE SEGURANÇA. RECURSO ORDINÁRIO. EXIGÊNCIA DO PAGAMENTO. É responsabilidade da parte, para interpor recurso ordinário em mandado de segurança, a comprovação do recolhimento das custas processuais no prazo recursal, sob pena de deserção.

149. CONFLITO DE COMPETÊNCIA. INCOMPETÊNCIA TERRITORIAL. HIPÓTESE DO ART. 651, § 3º, DA CLT. IMPOSSIBILIDADE DE DECLARAÇÃO DE OFÍCIO DE INCOMPETÊNCIA RELATIVA. Não cabe declaração de ofício de incompetência territorial no caso do uso, pelo trabalhador, da faculdade prevista no art. 651, § 3º da CLT. Nessa hipótese, resolve-se o conflito pelo reconhecimento da competência do juízo do local onde a ação foi proposta.

150. AÇÃO RESCISÓRIA. DECISÃO RESCINDENDA QUE EXTINGUE O PROCESSO SEM RESOLUÇÃO DE MÉRITO POR ACOLHIMENTO DA EXCEÇÃO DE COISA JULGADA. CONTEÚDO MERAMENTE PROCESSUAL. IMPOSSIBILIDADE JURÍDICA DO PEDIDO. Reputa-se juridicamente impossível o pedido de corte rescisório de decisão que, reconhecendo a configuração de coisa julgada, nos termos do art. 267, V, do CPC, extingue o processo sem resolução de mérito, o que, ante o seu conteúdo meramente processual, a torna insuscetível de produzir a coisa julgada material.

151. AÇÃO RESCISÓRIA E MANDADO DE SEGURANÇA. IRREGULARIDADE DE REPRESENTAÇÃO PROCESSUAL VERIFICADA NA FASE RECURSAL. PROCURAÇÃO OUTORGADA COM PODERES ESPECÍFICOS PARA AJUIZAMENTO DE RE-

CLAMAÇÃO TRABALHISTA. VÍCIO PROCESSUAL INSANÁVEL. A procuração outorgada com poderes específicos para ajuizamento de reclamação trabalhista não autoriza a propositura de ação rescisória e mandado de segurança, bem como não se admite sua regularização quando verificado o defeito de representação processual na fase recursal, nos termos da Súmula n. 383, item II, do TST.

152. AÇÃO RESCISÓRIA E MANDADO DE SEGURANÇA. RECURSO DE REVISTA DE ACÓRDÃO REGIONAL QUE JULGA AÇÃO RESCISÓRIA OU MANDADO DE SEGURANÇA. PRINCÍPIO DA FUNGIBILIDADE. INAPLICABILIDADE. ERRO GROSSEIRO NA INTERPOSIÇÃO DO RECURSO. A interposição de recurso de revista de decisão definitiva de Tribunal Regional do Trabalho em ação rescisória ou em mandado de segurança, com fundamento em violação legal e divergência jurisprudencial e remissão expressa ao art. 896 da CLT, configura erro grosseiro, insuscetível de autorizar o seu recebimento como recurso ordinário, em face do disposto no art. 895, "b", da CLT.

153. MANDADO DE SEGURANÇA. EXECUÇÃO. ORDEM DE PENHORA SOBRE VALORES EXISTENTES EM CONTA SALÁRIO. ART. 649, IV, DO CPC. ILEGALIDADE. Ofende direito líquido e certo decisão que determina o bloqueio de numerário existente em conta salário, para satisfação de crédito trabalhista, ainda que seja limitado a determinado percentual dos valores recebidos ou a valor revertido para fundo de aplicação ou poupança, visto que o art. 649, IV, do CPC contém norma imperativa que não admite interpretação ampliativa, sendo a exceção prevista no art. 649, § 2º, do CPC espécie e não gênero de crédito de natureza alimentícia, não englobando o crédito trabalhista.

13. Ações possessórias

13.1. Introdução

Já se foi o tempo em que o Judiciário trabalhista não apreciava questões relativas à posse. Como lembrado certa feita por eminente processualista do trabalho, "as ações possessórias (arts. 920 e segs. do CPC) não se apropinquam ao processo do trabalho. À Justiça do Trabalho compete decidir a problemática do salário-habitação e sua imbricação no contrato de trabalho, mas não interditos possessórios. As "outras controvérsias oriundas da relação de trabalho (Constituição, art. 142) carecem de lei que dê competência à Justiça do Trabalho para apreciá-las e por isso aí não se encaixam as possessórias"[20][21]. Todavia, com o advento da Emenda Constitucional n. 45, de 2004, passou a Justiça do Trabalho a ter competência para processar e julgar as ações possessórias[22]. Por conseguinte, faz-se necessário tecermos algumas considerações a respeito do tema.

"O pressuposto fundamental para que uma demanda seja considerada possessória é a circunstância de buscar-se com ela a tutela de um possuidor contra algum fato que ofenda a relação possessória existente."[23]

---

(20) COSTA, Coqueijo. *Op. cit.*, p. 102.
(21) Também questionando a competência da Justiça do Trabalho, antes da Emenda Constitucional n. 45, temos BATALHA, Wilson de Souza Campos. In: *Tratado de direito judiciário do trabalho*. 3. ed. São Paulo: LTr, v. II, p. 241.
(22) *Vide* Capítulo destinado ao tema Competência.
(23) SILVA, Ovídio A. Baptista da. *Op. cit.*, p. 194.

É a partir do art. 920 do Código de Processo Civil que vamos encontrar o norte legislativo processual regulatório das ações possessórias.

Dispõe o mencionado art. 920 que "a propositura de uma ação possessória em vez de outra não obstará a que o juiz conheça do pedido e outorgue a proteção legal correspondente àquela, cujos requisitos estejam provados". Este dispositivo abarca o princípio da fungibilidade, que se encontra diretamente atrelado a um princípio maior, qual o do aproveitamento dos atos processuais, na medida em que permite que o julgador aproveite a ação de esbulho, ainda que ajuizada como ação de manutenção ou vice-versa, abrangendo também o interdito proibitório.

É também possível cumular ao pedido possessório a condenação em perdas e danos; a cominação de pena para o caso de nova turbação ou esbulho, bem como o desfazimento de construção ou plantação feita em detrimento de sua posse[24]. Trata-se de questão relevante para o processo civil, pois permite-se a cumulação de ações com ritos diferentes, uma vez que a regra é que a cumulação somente se dê quando o autor se submete ao procedimento ordinário. Todavia, no processo do trabalho, em razão da simplificação dos procedimentos adotados, não há, em termos práticos, qualquer dificuldade na cumulação em apreço. Por conseguinte, à ação possessória admite-se a cumulação conjunta com mais três outras ações.

13.2. Das possessórias e seu procedimento

É no direito material que devemos encontrar o tratamento relativo aos efeitos da posse[25]. Ocorre que o legislador processual resolveu também cuidar do tema. "A distinção entre as ações possessórias de manutenção e reintegração faz-se segundo a intensidade da respectiva agressão à posse, desde que o interdito de manutenção, como o próprio nome está a indicar, pressupõe que o possuidor haja sido vítima de um simples incômodo no exercício da posse, sem todavia dela ser privado pelo ato do agressor. O interdito terá, então, a função de assegurar o exercício de uma posse existente, apenas turbada pela atividade ilegítima de terceiro. A ação de reintegração de posse, ou ação de esbulho possessório, ao contrário, pressupõe a perda da posse, em virtude da agressão do esbulhador. A ação de manutenção de posse tem por fim reter em mãos do possuidor a posse de cujo exercício fora ele apenas turbado, ao passo que a ação de reintegração é um interdito recuperatório de uma posse de que o possuidor fora privado pelo ato do terceiro esbulhador"[26][27].

Desse modo, ocorrendo uma das situações acima descritas, deverá o autor ajuizar ação possessória trabalhista, que segundo a orientação sugerida pelo Tribunal Superior do Trabalho, mediante a Instrução Normativa n. 27, de 2005, observando o

---

(24) CPC, art. 921.
(25) CCB, art. 1.210 e ss.
(26) SILVA, Ovídio A. Baptista da. *Op. cit.*, p. 235.
(27) Vejamos o que dispõe o art. 926 do CPC: "O possuidor tem direito a ser mantido na posse em caso de turbação e reintegração no de esbulho".

procedimento do Código de Processo Civil. Nessa esteira, portanto, incumbirá ao autor, com a petição inicial, provar *a sua posse; a turbação ou o esbulho praticado pelo réu; a data da turbação ou do esbulho e a continuação da posse, embora turbada, na ação de manutenção ou a perda da posse, na ação de reintegração*[28].

As provas a serem adotadas são aquelas permitidas pelo sistema, ou seja, qualquer meio de prova. É importante frisar que a indicação, bem como a prova da data do esbulho ou mesmo da turbação é elemento crucial no âmbito das possessórias interditais, pois que é por meio do elemento temporal que se abre a porta para as ações possessórias novas, assim consideradas aquelas cuja demonstração da agressão à posse tiver ocorrida antes de um ano e dia, sendo que ultrapassado este prazo, a ação será considerada velha, deixando o autor da possessória de se valer do benefício da reintegração ou manutenção liminar, de que trata do art. 928 do CPC.

Verificando o juiz que o autor preencheu os requisitos necessários para, cuidará de deferir, sem ouvir o réu, liminarmente a manutenção ou a reintegração, sendo permitido ao julgador, se assim entender necessário, designar audiência de justificação prévia, de modo a formar, com mais convicção, seu convencimento. Pensamos que nos domínios da audiência de justificação prévia, é possível ao magistrado dispensar a presença do réu. Isto se deve ao fato de que é na referida audiência, que o juiz exigirá do autor a produção das provas alegadas na petição inicial. Portanto, as mesmas premissas que existiam por ocasião do ajuizamento da ação, ainda podem existir no ato da audiência, ocasião em que o juiz poderá determinar a expedição do mandado liminar de manutenção ou de reintegração[29].

Em razão do princípio da irrecorribilidade das decisões interlocutórias, que norteia o sistema recursal trabalhista, mesmo sendo a possessória uma típica ação cível, tem-se entendido, em termos práticos, inaplicável o sistema de recursos do processo civil. Por conseguinte, concedida ou não a liminar, incabível recurso, o que tem gerado um exagerado número de mandados de segurança[30].

Após a fase postulatória, com o ingresso ainda que parcial nas questões probatórias — que acompanharam a inicial ou que foram demonstradas na audiência de justificação prévia — o réu será citado para que em 5 (cinco) dias apresente sua contestação. Esse prazo de 5 (cinco) dias não é novidade alguma no processo do trabalho, já que é o tempo previsto na Consolidação das Leis do Trabalho, desde sua origem, para que o reclamado compareça em Juízo e se defenda[31]. Ocorre que temos notícia de que alguns juízes observam o rito do Código de Processo Civil até o momento da citação, sendo que a partir daí seguem o rito padrão do processo do trabalho, ou seja, citando o réu para comparecer à audiência e apresentar sua defesa, mesmo que em sentido contrário tenha sugerido o Tribunal Superior do Traba-

---

(28) CPC, art. 927
(29) Em sentido contrário, Ovídio Baptista, que aduz que "neste caso, o réu deverá ser citado para comparecer à audiência". *Op. cit.,* p. 263.
(30) Em face dos entes de direito público interno, a lei expressamente proíbe a concessão de liminar sem a prévia audiência dos respectivos representantes judiciais (CPC, art. 928, parágrafo único).
(31) CLT, art. 841.

lho[32]. A justificativa utilizada por muitos é no sentido de que o rito trabalhista favorece a realização da conciliação, o que não se observa pelas regras adotadas pelo CPC, além de uma maior familiarização dos magistrados trabalhistas com o procedimento trabalhista. Ademais, se o procedimento é alterado na fase recursal, por que não alterá-lo a partir da contestação? Por fim, dizem ainda, o próprio CPC remete o intérprete ao procedimento ordinário[33], que seriam as regras, em nosso caso, adotadas pela CLT. Enfim ...

13.3. Do interdito proibitório

O legislador processual resolveu, topograficamente, colocar o interdito proibitório à parte, como se tem notícia da Seção III, art. 932, do Código de Processo Civil, cuja redação encontra-se assim registrada:

"Art. 932. O possuidor direto ou indireto, que tenha justo receio de ser molestado na posse, poderá impetrar ao juiz que o segure da turbação ou esbulho iminente, mediante mandado proibitório, em que se comine ao réu determinada pena pecuniária, caso transgrida o preceito."

Trata-se de uma ação assecuratória, tendo, pois, a natureza satisfativa. A hipótese é, portanto, daquelas em que se dá uma evidente ameaça de violência à posse. Mas por que o legislador resolveu separar o interdito possessório dos outros dois interditos? A resposta é simples: a separação se deu pelo fato de que no interdito proibitório, ao contrário do que ocorre com os outros dois interditos possessórios, temos uma situação preventiva, legitimada pela ameaça de ofensa à posse. É também possível se extrair do interdito proibitório, a possibilidade de utilização da cumulação com outra ação, qual a cominatória.

Além dos requisitos exigidos pelos demais interditos possessórios, no proibitório, o autor deverá demonstrar justo receio e a efetiva ameaça de agressão à posse. Portanto, "que sofre fundado temor de ser ofendido em sua posse"[34].

Por fim, tudo o que foi dito com relação as outras duas modalidades de ações possessórias pode ser aproveitado no presente interdito, como, aliás, se encontra previsto no art. 933 do Código de Processo Civil[35].

14. Procedimentos de jurisdição voluntária

É óbvio, ainda, que na Justiça do Trabalho podem ter curso as ações de jurisdição voluntária. Difícil, no entanto, é citar exemplos. Isso porque, em regra, esses

---

(32) Instrução Normativa n. 27, de 2005.
(33) CPC, art. 931.
(34) SILVA, Ovídio A. Baptista da. *Op. cit.*, p. 284.
(35) CPC, art. 933: "Aplica-se ao interdito proibitório o diposto na seção anterior".

procedimentos são voltados para debates que envolvem questões relacionadas ao estado da pessoa (separação consensual, interdição, tutela, curatela, etc.), à sucessão (bens dos ausentes, testamento, coisas vagas, herança jacente, etc.), alienações ou garantia de bens (alienação de bens ou especialização de hipoteca legal) e fiscalização de fundações.

Quando da realização da 1ª Jornada de Direito Material e Processual na Justiça do Trabalho, no entanto, foi aprovada a Súmula n. 63 dispondo que compete a esta Especializada o processamento do procedimento de jurisdição voluntária com pedido de expedição de alvará para liberação do FGTS e de ordem judicial para pagamento do seguro-desemprego, "ainda que figurem como interessados os dependentes de ex-empregado falecido".

Trataremos, pois, desse procedimento de jurisdição voluntária.

15. Alvará judicial

Para delimitar bem o objeto do procedimento referido na Súmula n. 63, acima referida, é preciso visualizar as diversas situações possíveis.

A partir do texto da mencionada Súmula, podemos ter a hipótese de pedido de expedição de alvará judicial para recebimento dos depósitos do FGTS, que poderá ser formulado pelo próprio empregado, pelo ex-empregado ou pelo seu sucessor. E temos, ainda, a hipótese de pedido de expedição de ordem judicial para recebimento do seguro-desemprego. Neste último caso, no entanto, esse pedido somente pode ser formulado pelo ex-empregado, pois tal benefício não é acessível ao trabalhador empregado, nem se transmite aos seus sucessores.

Podemos lembrar também da hipótese não mencionada na Súmula n. 63 de expedição de alvará judicial para recebimento dos valores devidos pelos empregadores aos ex-empregados, quando não pagos em vida. Neste caso, então, somente os sucessores podem formular o pedido de expedição do alvará judicial.

Analisaremos, adiante, cada uma dessas hipóteses.

15.1. Do procedimento para expedição do alvará judicial

O procedimento de jurisdição voluntária para expedição de alvará judicial para recebimento de créditos está regulado na Lei n. 6.858, de 24 de novembro de 1980.

O procedimento é simples. Nele, a parte interessada formula pedido ao juiz para que este expeça o alvará judicial. Apreciando o pedido, o juiz, então, decide, verificando a legitimidade material do requerente.

Neste procedimento, inexiste contrainteressado, ou seja, inexiste réu. Lógico, no entanto, que terceiros interessados podem intervir no feito. É certo, ainda, que, da decisão comporta recurso, seja pelo requerente, seja por terceiros interessados.

Algumas questões controvertidas, no entanto, devem ser destacadas, conforme abordaremos adiante.

15.2. Alvará judicial para recebimento do FGTS e dos créditos trabalhistas

O procedimento tendente a obter o alvará para recebimento dos depósitos do FGTS, como dito acima, tanto poderá ser formulado pelo próprio empregado, pelo ex-empregado ou pelo seu sucessor.

A Lei n. 6.858/80, no entanto, apenas regula a hipótese de pedido de expedição de alvará judicial pelos sucessores do empregado. Esta lei dispõe que "os valores devidos pelos empregadores aos empregados e os montantes das contas individuais do Fundo de Garantia do Tempo de Serviço e do Fundo de Participação PIS-PASEP", quando não recebidos em vida, poderão ser pagos, "em quotas iguais, aos dependentes habilitados perante a Previdência Social ou na forma da legislação específica dos servidores civis e militares, e, na sua falta, aos sucessores previstos na lei civil, indicados em alvará judicial, independentemente de inventário ou arrolamento".

Tal procedimento, portanto, não está ao alcance do empregado ou do ex-empregado vivo. Isso porque, a princípio, os mesmos, enquanto titulares dos direitos respectivos, podem receber diretamente seus créditos, não havendo necessidade de expedição de alvará judicial para tanto.

Sói ocorrer, no entanto, em relação aos empregados ou ex-empregado, a possibilidade de existir resistência da entidade bancária em liberar os depósitos ou, ainda, do empregador não entregar as guias respectivas.

Nesta última hipótese, entretanto, estaremos diante de um verdadeiro litígio entre empregado e empregador, que poderá ser resolvido por meio da típica reclamação trabalhista.

Já na primeira hipótese, qual seja, da entidade bancária resistir em liberar os depósitos fundiários, estaremos diante de um outro conflito, agora envolvendo o titular do crédito e o banco depositário. Em suma, numa lide entre empregado e Caixa Econômica Federal.

Como exemplo, podemos citar a hipótese do empregado pretender sacar seu crédito fundiário para pagamento da casa própria ou em razão de doença grave e a entidade bancária se recusar a liberar o crédito. Pode ocorrer também a hipótese do ex-empregado, pelos mesmos motivos ou, ainda, *v. g.*, depois de decorridos três anos de sua despedida por justa causa, pretender receber seus créditos fundiários e, da mesma forma, a entidade depositária se recusar a liberá-los.

Em todas essas situações, no entanto, estaremos diante de um conflito entre o titular dos créditos e a entidade bancária. Logo, descabe o ajuizamento do procedimento de jurisdição voluntária de alvará judicial nestas hipóteses. Em verdade, se o titular do direito fundiário pretender haver seus créditos ele, então, nestes casos, deverá ajuizar a respectiva ação de conhecimento em face da entidade bancária.

Tal ação, por sua vez, ainda é da competência da Justiça Federal, já que inexiste lei reservando-a para a Justiça do Trabalho, ainda que envolva lide decorrente da relação de trabalho. Tal competência pode ser da Justiça do Trabalho, portanto, mediante lei, com fundamento no disposto no inciso IX do art. 114 da CF.

Equivoca-se, assim, *data venia*, a Súmula n. 63 aprovada na 1ª Jornada de Direito Material e Processual na Justiça do Trabalho quando revela o entendimento de que compete à Justiça do Trabalho a competência para processar o procedimento proposto pelo empregado ou ex-empregado para obter alvará judicial para recebimento dos depósitos do FGTS.

Já em relação ao pedido de alvará judicial formulado pelo sucessor do empregado falecido, *data venia*, também entendemos pela incompetência da Justiça do Trabalho. Isso porque, nesta hipótese, no procedimento respectivo, o juiz, antes de mandar expedir o alvará judicial, deve verificar se o requerente é dependente habilitado perante a Previdência Social ou na forma da legislação específica dos servidores civis e militares, ou, na sua falta, é sucessor do falecido conforme previsto na lei civil.

Em suma, neste caso, o juiz decide uma questão relacionada à sucessão do falecido. Não à-toa, o STJ, conforme sua Súmula n. 161, entende que "é da competência da Justiça Estadual autorizar o levantamento dos valores relativos ao PIS/PASEP e FGTS, em decorrência do falecimento do titular da conta".

É certo, no entanto, que podemos afirmar que esse procedimento tem embutido em si uma questão que decorre da relação de trabalho. Contudo, se assim for, tal competência somente será da Justiça do Trabalho quando expedida lei com fundamento no disposto no inciso IX do art. 114 da CF.

Já em relação aos créditos devidos pelos empregadores aos empregados quando não pagos em vida aos respectivos titulares todas as lições acima se aplicam integralmente. O mesmo se diga em relação ao crédito existente em face do Fundo de Participação do PIS-PASEP.

Acrescente-se, ainda, que as lições acima se aplicam, ainda, às restituições relativas ao Imposto de Renda e outros tributos, recolhidos por pessoa física, e, não existindo outros bens sujeitos a inventário, aos saldos bancários e de contas de cadernetas de poupança e fundos de investimento.

15.3. Ordem judicial para recebimento do seguro-desemprego

Inovando totalmente no campo do direito processual, quando da 1ª Jornada de Direito Material e Processual na Justiça do Trabalho, este congresso, aprovou a tese de que compete também à Justiça do Trabalho o processamento do procedimento de jurisdição voluntária com pedido de expedição de ordem judicial para pagamento do seguro-desemprego, "ainda que figurem como interessados os dependentes de ex-empregado falecido".

Primeiro, é preciso lembrar que, conforme Lei n. 7.998/90, em seu art. 6º, "o seguro-desemprego é direito pessoal intransferível do trabalhador ...". O benefício do seguro-desemprego, assim, é intransmissível, inclusive em caso de morte. Tanto que ele é cancelado com a morte do segurado (inciso IV do art. 8º da Lei n. 7.998/90).

Daí se tem que descabe qualquer procedimento tendente a expedir ordem de pagamento do seguro-desemprego por parte do dependente do ex-empregado falecido. Quando muito, será possível o pagamento do benefício devido até a data da morte cuja prestação vencida se incorpora ao patrimônio do trabalhador e que, por isso mesmo, tal crédito se transmite ao sucessor do falecido.

Em tal caso, no entanto, estaremos diante da hipótese regulada na Lei n. 6.858/80, aplicada por analogia ou em interpretação ampliativa. Ou seja, neste caso, o crédito devido ao falecido será pago ao seu dependente ou sucessor, bastando, para tanto, o pedido de expedição do alvará judicial respectivo.

Ao que parece, no entanto, a Súmula n. 63 acima mencionada quis se referir a um procedimento no qual o desempregado requer a expedição de ordem para pagamento do seguro-desemprego.

Nesta hipótese, podemos estar diante de duas situações. Na primeira, o empregador se recusa a fornecer as guias de habilitação respectiva e pretendendo receber esse benefício pede a expedição da ordem judicial.

Neste caso, no entanto, estaremos diante de um típico conflito trabalhista. Logo, cabe a reclamação trabalhista. Nela, por sua vez, o juiz pode expedir um alvará judicial para habilitação ao recebimento do benefício do seguro-desemprego. A ação a ser proposta, portanto, será uma reclamação trabalhista típica.

Frisamos, no entanto, que nesta hipótese cabe ao juiz do trabalho apenas expedir alvará para habilitação ao recebimento do seguro-desemprego (e não ordem de pagamento). Isso porque, o juiz do trabalho, neste caso, apenas decide (na lide entre empregado e empregador) quanto à obrigação do empregador em fornecer ou não as guias do seguro-desemprego para habilitação de seu pagamento perante o Poder Público. A ele, nesta lide, não cabe decidir se o reclamante tem direito ao recebimento da prestação, mas, sim, se tem direito a receber as guias respectivas[36].

Numa segunda hipótese, podemos estar diante de uma situação na qual o Poder Público se recusa a pagar o benefício do seguro-desemprego. Neste caso, então, o desempregado pede a expedição da ordem de pagamento.

---

(36) Cabe frisar que essa hipótese — do pedido de entrega das guias do seguro-desemprego — é diversa daquele em que se pede o pagamento da indenização substitutiva em face do não-recebimento do seguro-desemprego. Na primeira, o juiz apenas decide se o empregador devia ou não entregar as guias respectivas. Na segunda hipótese, por sua vez, o juiz do trabalho, ao apreciar o pedido de indenização, deve decidir, incidentalmente, se a prestação do seguro-desemprego era devida para daí condenar na indenização substitutiva. Observe-se, no entanto, que mesmo nesta segunda hipótese o juiz apenas decide a questão relativa à prestação ser devida ou não de forma incidental, sem fazer coisa julgada, até porque o devedor dessa obrigação (o Poder Público) não participa da lide.

Aqui, porém, estaremos diante de uma hipótese em que o desempregado está em litígio com a União (pagadora do seguro desemprego). Em sendo assim, descabe qualquer procedimento de jurisdição voluntária diante desse contencioso instalado. Nesta hipótese, o interessado deve propor a ação de cobrança das prestações do seguro-desemprego em face da União.

Qual, então, será a hipótese de processamento de procedimento de jurisdição voluntária para expedição da ordem de pagamento do seguro-desemprego? Sinceramente, desconhecemos. Cabe ao autor da proposta sumulada aprovada apontá-la.

Em suma, não vislumbramos nenhuma hipótese de procedimento de jurisdição voluntária para expedição de ordem judicial para pagamento do seguro-desemprego.

Referências Bibliográficas

ABRÃO, Carlos Henrique et al. *Lei de execução fiscal*. São Paulo: Revista dos Tribunais, 1997.

ABREU, Jorge Manuel Coutinho de. *Do abuso do direito*. Coimbra: Almedina, 1999.

ADAMOVICHI, Eduardo Von. *A nova lei do rito sumaríssimo trabalhista:* uma primeira visão crítica. In: <http://www.sintese.com/jornal/jor_dout_1.htm>.

AGOSTINI, Eric. *Direito comparado*. Trad. Fernando Couto. Porto: Resjurídica, s/d.

AKEL, Hamilton Elliot. *O poder judicial e a criação da norma individual*. São Paulo: Saraiva, 1995.

ALMEIDA, Amador Paes de. *Curso prático de processo do trabalho*. 12. ed. São Paulo: Saraiva, 1999.

ALMEIDA, Carlos Ferreira. *Introdução ao direito comparado*. 2. ed. Coimbra: Almedina, 1998.

ALMEIDA, Ísis de. *Manual de direito processual do trabalho*. São Paulo: LTr, 1995. v. I.

_____. *Manual de direito processual do trabalho*. 8. ed. São Paulo: LTr, 1998. v. I.

ALONSO, Diego Alvarez *La garantía de indemnidad del trabajador frente a represálias empresariales*. Albacete: Bomarzo, 2005.

ÁLVARES, Manoel et al. *Execução fiscal, doutrina e jurisprudência*. São Paulo: Saraiva, 1998.

ALVES, José Carlos Moreira. O recurso extraordinário no âmbito trabalhista, antes e depois da nova Constituição Brasileira. In: BERNARDES, Hugo Gueiros (coord.). *Processo do trabalho*. São Paulo: LTr, 1989.

ALVIM, Arruda. Erro material — inexistência de trânsito em julgado. In: *Revista de Processo*, n. 74, p. 195.

_____. *Código de processo civil comentado*. São Paulo: Revista dos Tribunais, 1979.

_____. *Manual de direito processual civil*. 3. ed. São Paulo: Revista dos Tribunais, 1990.

ALVIM, Eduardo Carreira. *Código de processo civil reformado*. 2 ed. Belo Horizonte: Del Rey, 1995.

ALVIM, Thereza. *O direito processual de estar em juízo*. São Paulo: Revista dos Tribunais, 1996.

_____. *Questões prévias e os limites objetivos da coisa julgada*. São Paulo: Revista dos Tribunais, 1977.

AMARAL, José Amir do. Algumas considerações sobre a ação monitória. In: *Revista da AJURIS*, n. 66, Porto Alegre, ano XXIII, 1996. p. 252-257.

ANCEL, Marc. *Utilidade e métodos do direito comparado*. Porto Alegre: Sérgio Antonio Fabris, 1980.

ANDRADE, Christiano José de. *O problema dos métodos da interpretação jurídica*. São Paulo: Revista dos Tribunais, 1992.

_____. *Hermenêutica jurídica no Brasil*. São Paulo: Revista dos Tribunais, 1991.

ANDRIGHI, Fátima Nancy. Disponibilidade do rito na ação monitória. In: *Revista Síntese Trabalhista*, n. 82, Porto Alegre, abr. 96. p. 7-10.

ARAGÃO, Egas Dirceu Moniz de. *Comentários ao código de processo civil*. 3. ed. Rio de Janeiro: Forense, 1979.

_____. *Sentença e coisa julgada*. Rio de Janeiro: Aide, 1992.

_____. *Exegese do código de processo civil*. Rio de Janeiro: Aide, s/d.

ARANHART, Sérgio Cruz. A nova postura do relator no julgamento dos recursos. In: *Revista de Processo*, n. 42, Revista dos Tribunais, 2001. p. 48-49.

ARAÚJO, Francisco Fernandes de. *Ação monitória*. São Paulo: Copola, 1996.

ARAÚJO, Francisco Rossal. A natureza jurídica da relação de trabalho (novas competências da Justiça do Trabalho — Emenda Constitucional n. 45/04). In: COUTINHO, Grijalbo Fernandes e FAVA, Marcos Neves. *Nova competência da Justiça do Trabalho*. São Paulo: LTr, 2005.

_____. *A boa-fé no contrato de emprego*. São Paulo: LTr, 1996.

ARMELIN, Donaldo. Ainda o procedimento monitório. In: *Revista da Escola Paulista da Magistratura*, ano 2, n. 4, nov./jun. 1998. p. 61-70.

ARRUDA, Hélio Mário de. O procedimento sumaríssimo trabalhista e a conciliação extrajudicial prévia. In: *Boletim IOB de Jurisprudência* n. 5/2000, São Paulo, Texto 2/15828, 2000.

_____. *Processo civil em perguntas e respostas*. 10. ed. Rio de Janeiro: Destaque, 2000.

ASSIS, Arakem de. *Manual do processo de execução*. 2. ed. São Paulo: Revista dos Tribunais, 1995

_____. *Execução civil nos juizados especiais*. São Paulo: Revista dos Tribunais, 1996.

_____. *Cumprimento da sentença*. Rio de Janeiro: Forense, 2006.

_____. *Da ação no novo código de processo civil*. Porto Alegre: Sulina, 1977.

ASSIS, Carlos Augusto de. Mudou o conceito de sentença? In: *Revista IOB de Direito Civil e Processual Civil*, n. 41, maio/jun. 2006. p. 86-96.

ATONIDO, Ramón Jáurigui et al. *Un futuro para el trabajo en la nueva sociedad laboral*. Valencia: Tirant lo Blanch, 2004.

BAAMONDE, María Emilia Casas. Tutela judicial efectiva y garantía de indemnidad. In: BAAMONDE, María Emilia Casas et al. (coords.). *Las transformaciones del derecho del trabajo en el marco de la Constitución Española*. Madrid: La Ley, 2006.

BARBAGELATA, Héctor-Hugo. *O particularismo do direito do trabalho*. Trad. Edilson Alkimim Cunha. São Paulo: LTr, 1996.

BARBI, Celso Agrícola. *Comentários ao CPC*. 7. ed. Rio de Janeiro: Forense, 1992. v. I.

BARROS, Luiz Celso de. *A nova execução fiscal*. São Paulo: Jalovi, 1981.

BASTOS, Celso Ribeiro. *Hermenêutica e interpretação constitucional*. 3. ed. São Paulo: Celso Bastos, 2002.

BATALHA, Wilson de Campos Souza. *Tratado de direito judiciário do trabalho*. 3. ed. São Paulo: LTr, 1995. v. I.

_____. *Direito processual das coletividades e dos grupos*. São Paulo: LTr, 1991.

BAYLOS, Antonio. Proteção de direitos fundamentais na ordem social. O direito do trabalho como direito constitucional. In: *Revista Trabalhista*, v. X, Rio de Janeiro: Forense, 2004. p. 21-52.

BEBBER, Júlio César. A correição parcial no processo do trabalho. In: *Revista LTr*, 60-08/1044-1045.

BEVILACQUA, Clóvis. *Teoria geral do direito civil*. Atual. Caio Mário da Silva Pereira. Rio de Janeiro: Rio, 1975.

BITTAR, Carlos Alberto. *Direito dos contratos e dos atos unilaterais*. Rio de Janeiro: Forense, 1990.

BOBBIO, Norberto. *Teoria do ordenamento jurídico*. 4. ed. Trad. Maria Celeste Cordeiro Leite dos Santos. Brasília: UnB, 1994.

BOCORNY, Leonardo Raupp. *A valorização do trabalho humano no estado democrático de direito*. Porto Alegre: Sérgio Fabris, 2003.

BOISSONNAT, Jean. *Le travail dans vingt ans*. Paris: Odile Jacob, 1995.

_____. *2015 horizontes do trabalho e do emprego*. São Paulo: LTr, 1998.

BORGES, Leonardo Dias. *Direito processual do trabalho*. 4. ed. Rio de Janeiro: Impetus, 2003.

BORGES, Marcos Afonso. *Comentários ao código de processo civil*. São Paulo: LEUD, 1975.

BORTOWSKI, Marco Aurélio Moreira. A carga probatória segundo a doutrina e o código de defesa do consumidor. In: *Revista do Consumidor*, v. 7, São Paulo: Revista dos Tribunais.

BRANDÃO, Cláudio Mascarenhas. Relação de trabalho: enfim, paradoxo superado. In: COUTINHO, Grijalbo Fernandes e FAVA, Marcos Neves. *Nova competência da Justiça do Trabalho*. São Paulo: LTr, 2005.

BRAVO-FERRER, Miguel Rodríguez-Piñero. Tutela efectiva, garantía de indemnidad y represálias empresariales. In: DACRUZ, Efrén Borrajo et al. (coords.). *Derecho vivo del trabajo y Constitución*. Madrid: La Ley/MTSS, 2003.

CAHALI, Yussef Said. *Honorários advocatícios*. 2. ed. São Paulo: Revista dos Tribunais, 1990.

CALAMANDREI, Piero. *Istituzioni di diritto processuale civile*. Nápoles: Jovene, 1970. v. IV.

CÂMARA, Alexandre Freitas. *Lineamentos do novo processo civil*. Belo Horizonte: Del Rey, 1995.

CANARIS, Claus-Wilhelm. *Pensamento sistemático e conceito de sistema na ciência do direito*. Trad. Antonio Manuel da Rocha e Menezes Cordeiro. 2. ed. Lisboa: Calouste Gulbenkian, 1996.

CARNEIRO, Athos Gusmão. *Jurisdição e competência*. 5. ed. São Paulo: Saraiva, 1993.

_____. *Da antecipação de tutela no processo civil*. Rio de Janeiro: Forense, 1998.

CARNELUTTI, Francesco. *Instituições do processo civil*. Trad. Adrián Sotero de Witt Batista. São Paulo: Servanda, 1999. v. I e III.

_____. *Teoria geral do direito*. Trad. Antônio Carlos Ferreira. São Paulo: Lejus, 1999.

_____. *Sistema de direito processual civil*. Trad. Hiltomar Martins Oliveira. São Paulo: Classic Book, 2000. v. 1.

CARRAZA, Roque Antônio. *Princípios constitucionais e tributários e competência tributária*. São Paulo: Revista dos Tribunais, 1986.

CARRION, Valentin. *Comentários à CLT*. 11. ed. São Paulo: Revista dos Tribunais, 1989.

CASTILLO, Niceto Alcalá-Zamora y. *Proceso, autocomposción y autodefesa*. 2. ed. México: Unam, 1970.

CATHARINO, José Martins. *Contrato de emprego*. Rio de Janeiro: Edições Trabalhistas, 1965.

_____. *Compêndio universitário de direito do trabalho*. São Paulo: Jurídica e Universitária, 1972. v. 1.

CEZARINO JR., A. F. *Direito social*. São Paulo: LTr, 1995. v. I.

CHIOVENDA, Giuseppe. *Instituições de direito processual civil*. 3. ed. Campinas: Bookseller, 2002. v. III.

_____. *Instituições de direito processual civil*. 2. ed. São Paulo: Saraiva, 1969. v. I.

COÊLHO, Fábio Ulhoa. *Desconsideração da personalidade jurídica*. São Paulo: Revista dos Tribunais, 1989.

_____. *Comentários ao código de proteção ao consumidor*. São Paulo: Saraiva, 1991.

COÊLHO, Luiz Fernando. *Teoria crítica do direito*. Curitiba: UFPR, 1986.

CONSTANTINESCO, Leontin-Jean. *Tratado de direito comparado. Introdução ao direito comparado*. Trad. Maria Cristina de Cicco. Rio de Janeiro: Renovar, 1998.

COSTA, Coqueijo. *Direito processual do trabalho*. 4. ed. Atual. Washington Luís da Trindade Rio de Janeiro: Forense, 1985.

COSTA, Elcias Ferreira da. *Analogia jurídica e decisão judicial*. Porto Alegre: Sérgio Antonio Fabris, 1987.

COSTA, Mário Júlio de Almeida. *Direito das obrigações*. 9. ed. Coimbra: Almedina, 2003.

COSTA, Orlando Teixeira. Interpretação e aplicação do direito do trabalho. In: MAGANO, Octavio Bueno (coord.). *Curso de direito do trabalho*. São Paulo: Saraiva, 1990.

COUTINHO, Grijalbo Fernandes. O mundo que atrai a competência da Justiça do Trabalho. In: COUTINHO, Grijalbo Fernandes e FAVA, Marcos Neves. *Nova competência da Justiça do Trabalho*. São Paulo: LTr, 2005.

_____ e FAVA, Marcos Neves. *Nova competência da Justiça do Trabalho*. São Paulo: LTr, 2005.

CUNHA, Maria Inês Moura Santos Alves da. *A equidade e os meios alternativos de solução de conflitos*. São Paulo: LTr, 2001.

DALAZEN, João Oreste. Sobre a ação monitória no processo trabalhista. In: *Revista LTr*, v. 59, dez. 1996. p. 1.602-1.160.

_____. *Competência material trabalhista*. São Paulo: LTr, 1994.

_____. A reforma do Judiciário e os novos marcos da competência material da Justiça do Trabalho no Brasil. In: COUTINHO, Grijalbo Fernandes e FAVA, Marcos Neves. *Nova competência da Justiça do Trabalho*. São Paulo: LTr, 2005.

DALLEGRAVE NETO, José Affonso. Primeiras linhas sobre a nova competência da Justiça do Trabalho fixada pela Reforma do Judiciário (EC n. 45/2004). In: COUTINHO, Grijalbo Fernandes e FAVA, Marcos Neves. *Nova competência da Justiça do Trabalho*. São Paulo: LTr, 2005.

DAVID, René. *Os grandes sistemas do direito contemporâneo*. 3. ed. Trad. Hermínio A. Carvalho. São Paulo: Martins Fontes, 1998.

_____. *O direito inglês*. Trad. Eduardo Brandão. 2. tirag. São Paulo: Martins Fontes, 2000.

DAVIS, Roberto. *Correição trabalhista*. Rio de Janeiro: Forense, 2001.

DELGADO, Mauricio Godinho. Fontes do direito do trabalho. In: BARROS, Alice Monteiro de (coord.). *Curso de direito do trabalho*. São Paulo: LTr, 1993. v. 1.

_____. *Introdução ao direito do trabalho*. São Paulo: LTr, 1991.

_____. *Princípios de direito individual e coletivo do trabalho*. São Paulo: LTr, 2001.

DIDIER JR., Fredie. Inovações na antecipação dos efeitos da tutela e a resolução parcial do mérito. In: *Gênesis — Revista de Direito Processual*, n. 26, p. 711-734.

DINAMARCO, Cândido Rangel. *Instituições de direito processual civil*. São Paulo: Malheiros, 2001. v. III.

_____. *Intervenção de terceiros*. São Paulo: Malheiros, 1997.

_____. *Manual das pequenas causas*. São Paulo: Revista dos Tribunais, 1986.

_____. *A instrumentalidade do processo*. 2. ed. São Paulo: Revista dos Tribunais, 1990.

_____. *A reforma do código de processo civil*. 3. ed. São Paulo: Malheiros, 1996.

_____. *Fundamentos do processo vivil moderno*. 2. ed. São Paulo: Revista dos Tribunais, 1987.

_____. *Litisconsórcio*. 3. ed. São Paulo: Malheiros, 1994.

DINIZ, Maria Helena. *Curso de direito civil brasileiro*. 20. ed. São Paulo: Saraiva, 2004. v. 3.

_____. *As lacunas no direito*. 2. ed. São Paulo: Saraiva, 1989.

_____. *Lei de introdução ao código civil brasileiro interpretada*. São Paulo: Saraiva, 1994.

_____. *Curso de direito civil brasileiro*: responsabilidade civil. 9. ed. São Paulo: Saraiva, 1995.

DOMINGUES, Marcos Abílio. As relações de trabalho no mundo globalizado. In: BUENO, Roberto (coord.). *Dilemas da globalização*. São Paulo: Cultural Paulista, 2000.

ENGISCH, Karl. *Introdução ao pensamento jurídico*. 7. ed. Trad. João Baptista Machado. Lisboa: Calouste Gulbenkian, 1996.

FABRÍCIO, Adroaldo Furtado. *Comentários ao CPC*. Rio de Janeiro: Forense, 1993. v. VIII, t. III.

_____. *Justificação teórica dos procedimentos especiais*. In: <http://www.abdpc.org.br/artigos/artigo57.htm> Acesso em: 13.2.2005.

_____. As novas necessidades do processo civil e os poderes do juiz. In: *Revista Direito do Consumidor*, v. 7, Revista dos Tribunais, p. 33.

FADEL, Sérgio Sahione. *Código processual civil comentado*. Rio de Janeiro: Konfino, 1974.

FÁVERO, Flamínio. *Medicina legal*. Rio de Janeiro: Freitas Bastos, 1942.

FEDERIGHI, Wanderley José. *Jurisprudência e direito*. São Paulo: Juarez Oliveira, 1999.

FERRARA, Francesco. *Interpretação e aplicação das leis*. 3. ed. Trad. Manuel A. Domingues de Andrade. Coimbra: Armênio Amado, 1978.

FERRAZ, Sérgio. *A norma processual trabalhista*. São Paulo: Revista dos Tribunais, 1983.

FERRAZ JR., Tercio Sampaio. *Introdução ao estudo do direito. Técnica, decisão, dominação*. 2. ed. São Paulo: Atlas, 1994.

FERREIRA, Arnaldo Amado. *Da técnica médico-legal na investigação forense*. São Paulo: Revista dos Tribunais, 1962.

FERREIRA, Aurélio Buarque de Holanda. *Pequeno dicionário brasileiro da língua portuguesa*. 11. ed. Rio de Janeiro: Civilização Brasileira, 1987.

FIGUEIRA JÚNIOR, Joel Dias. *Comentários à lei dos juizados especiais cíveis e criminais*. São Paulo: Revista dos Tribunais, 1997.

FONS, Daniel Martinez. La interpretación extensiva del alcance de la garantía de indemnidad en las relaciones laborales. STC 16/2006, de 19 de enero de 2006. p. 3. In: <http://www.upf.edu/iuslabor/022006/STC16-2006.pdf> Acesso em: 8.5.2006.

FONTES, Saulo Tarcísio de Carvalho. Acidente do trabalho — Competência da Justiça do Trabalho: os reflexos da Emenda Constitucional n. 45. In: COUTINHO, Grijalbo Fernandes e FAVA, Marcos Neves. *Nova competência da Justiça do Trabalho*. São Paulo: LTr, 2005.

FORNACIARI JR., Clito. *A reforma processual civil*. São Paulo: Saraiva, 1996.

FRANÇA, R. Limongi. *Instituição de direito civil*. 2. ed. São Paulo: Saraiva, 1991.

_____. *Hermenêutica jurídica*. 6. ed. São Paulo: Saraiva, 1997.

_____. *Princípios gerais de direito*. 2. ed. São Paulo: Revista dos Tribunais, 1971.

FRIEDE, Roy Reis. *Reforma do direito processual civil brasileiro*. 2. ed. Rio de Janeiro: Forense, 1995.

_____. *Principais inovações no direito processual civil brasileiro*. Rio de Janeiro: Forense, 1996.

FURTADO, Paulo. *Execução*. 2. ed. São Paulo: Saraiva, 1988.

GARCIA, Juvêncio Gomes. *Função criadora do juiz*. Brasília: Brasília, 1996.

GARCIA, Maria. *Desobediência civil*. São Paulo: Revista dos Tribunais, 1994.

GIDI, Antonio. Aspectos da inversão do ônus da prova no código do consumidor. In: *Revista de Direito do Consumidor*, v. 13, jan./mar. 1995. p. 34.

GIGLIO, Wagner. *Direito processual do trabalho*. 7. ed. São Paulo: LTr, 1998.

_____. *Justa causa*. 2. ed. São Paulo: LTr, 1986.

GOMES, Geraldo. Tóxicos — do exame pericial toxicológico. In: *Revista dos Tribunais*, v. 535, p. 251.

GOMES, Hélio. *Medicina legal*. Rio de Janeiro: Freitas Bastos, 1961.

GOMES, Luiz Roldão de Freitas. *Da assunção de dívida e sua estrutura negocial*. Rio de Janeiro: Liber Juris, 1982.

GOMES, Orlando. O princípio da boa-fé no código civil português. In: *Ensaios de direito civil e de direito do trabalho*. Rio de Janeiro: Aide, 1986.

_____. *Introdução ao direito civil*. 9. ed. Rio de Janeiro: Forense, 1987.

_____. *Obrigações*. 8. ed. Rio de Janeiro: Forense, 1988.

_____. *Contratos*. 12. ed. Rio de Janeiro: Forense, 1990.

_____. *Questões de direito do trabalho*. São Paulo: LTr, 1974.

_____. *Direito do trabalho — Estudos*. 3. ed. São Paulo: LTr, 1978.

_____. *Direitos reais*. 6. ed. Rio de Janeiro: Forense, 1978.

GOMES, Orlando; GOTTSCHALK, Elson. *Curso de direito do trabalho*. Rio de Janeiro: Forense, 1990.

GRECO FILHO, Vicente. *Direito processual civil brasileiro*. 10. ed. São Paulo: Saraiva, 1995. v. III.

GRINOVER, Ada Pellegrini. Tutela jurisdicional nas obrigações de fazer e não-fazer. In: *Reforma do Código de Processo Civil*. São Paulo: Saraiva, 1996.

_____. et al. *Código brasileiro de defesa do consumidor*. 5. ed. Rio de Janeiro: Forense, 1998.

_____. Da coisa julgada no código de defesa do consumidor. In: *Livro de estudos jurídicos*. Rio de Janeiro: Instituto de Estudos Jurídicos, 1990.

_____. Novas tendências do processo civil. Processo e justiça no limiar do novo século. In: *Livro de estudos jurídicos*. v. 7. Rio de Janeiro: Instituto de Estudos Jurídicos, 1993.

_____. *A conciliação extrajudicial na justiça do trabalho:* o processo em evolução. Rio de Janeiro: Forense, 1996.

_____. et al. *As nulidades no processo penal*. 4. ed. São Paulo: Malheiros, 1995.

GUASP, Jaime. Significación del proceso del trabajo en la teoría general del derecho procesal. In: *Estudios jurídicos*. Madrid: Civitas, 1996.

GUIMARÃES, Flávia Lefèvre. *Desconsideração da personalidade jurídica no código do consumidor*. São Paulo: Max Limonad, 1998.

HOUAISS, Instituto Antônio. *Dicionário Houaiss da língua portuguesa*. Rio de Janeiro: Objetiva, 2001.

JESUS, Damásio E. de. *Código de processo penal anotado*. 11. ed. São Paulo: Saraiva, 1994.

JORGE, Flávio Cheim; DIDIER JR., Fredie; RODRIGUES, Marcelo Abelha. *A terceira etapa da reforma processual civil*. São Paulo: Saraiva, 2006.

JUSTEN FILHO, Marçal. *Desconsideração da personalidade societária no direito brasileiro*. São Paulo: Revista dos Tribunais, 1987.

KELSEN, Hans. *Teoria pura do direito*. 6 ed. 3. tir. Trad. João Baptista Machado. São Paulo: Martins Fontes, 1999.

_____. *Teoria geral das normas*. Trad. José Florentino Duarte. Porto Alegre: Sérgio Antonio Fabris, 1986.

LAMARCA, Antonio. *O livro da competência*. São Paulo: Revista dos Tribunais, 1979.

_____. *Processo do trabalho comentado*. São Paulo: Revista dos Tribunais, 1982.

LARENZ, Karl. *Metodologia da ciência do direito*. 3. ed. Trad. José Lamago. Lisboa: Calouste Gulbenkian, 1997.

LIEBMAN, Enrico Tullio. *Manual de direito processual civil*. 3. ed. Trad. Cândido Rangel Dinamarco. São Paulo: Malheiros, 2005.

_____. *Manuale de diritto processuale civile*. Milão: Giuffrè, 1968.

LIMA, Alcides de Mendonça. *Processo civil no processo trabalhista*. 3. ed. São Paulo: LTr, 1991.

_____. *Comentários ao CPC*. 7. ed. Rio de Janeiro: Forense, 1991. v. VI.

LIMA, Augusto César Moreira. *Precedentes no direito*. São Paulo: LTr, 2001.

LIMA, Edilson Soares de. *A correição parcial*. São Paulo: LTr, 2000.

LIMA, Enio Galarça. A equidade e o direito do trabalho. In: *O acesso à Justiça do Trabalho e outros estudos*. São Paulo: LTr, 1994.

LIMA, Francisco Gérson Marques de. *Lei de introdução ao código civil e aplicação do direito do trabalho*. São Paulo: Malheiros, 1996.

_____. *Elementos de direito do trabalho e processo trabalhista*. São Paulo: LTr, 2000.

_____. *Princípios de direito do trabalho na lei e na jurisprudência*. São Paulo: LTr, 1999.

LOGUERCIO, José Eymard. Dos recursos extraordinários no âmbito trabalhista. In: *Revista LTr* 58-12/1.438.

LUDIVICE, Ricardo Verta. *Correição parcial no processo trabalhista* São Paulo: Método, 2000.

LYON-CAEN, Gérard. *Le droit du travail. Une technique reversible*. Paris: Dalloz, 1995.

MACIEL, José Alberto Couto. *Comentários às decisões do STF em matéria trabalhista*. São Paulo: LTr, 1982. v. I.

_____. *Comentários às decisões do STF em matéria trabalhista*. São Paulo: LTr, 1988. v. II.

MAGANO, Octavio Bueno. *Manual de direito do trabalho*: direito coletivo do trabalho. 2. ed. São Paulo: LTr, 1990.

MAGRI, Berenice Soubhie Nogueira. *Ação anulatória*. São Paulo: Revista dos Tribunais, 1999.

MALLET, Estêvão. A irrecorribilidade das decisões nos dissídios de alçada em face da nova Constituição. *Jornal Trabalhista*, n. 365, Brasília: Consulex, p. 981/982, 1992.

MALTA, Christovão Piragibe Tostes. *Prática do direito processual do trabalho*. 22. ed. São Paulo: LTr, 1996.

MANCUSO, Rodolfo de Camargo. *Recurso extraordinário e recurso especial*. 2. ed. São Paulo: Revista dos Tribunais, 1991.

_____. *Comentários ao código de proteção do consumidor*. Coord. Juarez de Oliveira. São Paulo: Saraiva, 1991.

MANDELBAUM, Renata. *Contratos de adesão e contratos de consumo*. São Paulo: Revista dos Tribunais, 1996.

MANGARELLI, Cristina. Costume. In: RODRIGUEZ, Américo Plá (coord.). *Estudos sobre as fontes do direito do trabalho*. São Paulo: LTr, 1998.

MARANHÃO, Délio et al. *Instituições de direito do trabalho*. 11. ed. São Paulo: LTr, 1991. v. I.

_____. *Direito do trabalho*. 16. ed. Rio de Janeiro: Fundação Getúlio Vargas, 1992.

MARCATO, Antonio Carlos. *Procedimentos especiais*. 8. ed. 2 t. São Paulo: Malheiros, 1999.

MARINONI, Luiz Guilherme. *A jurisdição no estado contemporâneo. Estudos de direito processual civil. homenagem ao professor Egas Dirceu Moniz de Aragão*. São Paulo: Revista dos Tribunais, 2005.

_____. *Técnica processual e tutela dos direitos*. São Paulo: Revista dos Tribunais, 2004.

_____. *Teoria geral do processo*. São Paulo: Revista dos Tribunais, 2006.

_____. *Tutela cautelar e tutela antecipatória*. São Paulo: Revista dos Tribunais, 1992.

_____. *Tutela antecipatória, julgamento antecipado e execução imediata da sentença*. 3. ed. São Paulo: Revista dos Tribunais, 1999.

_____. *Novas linhas do processo civil*. 3. ed. São Paulo: Malheiros, 1999.

_____. *Questões do novo direito processual brasileiro*. Curitiba: Juruá, 1999.

_____ ; ARENHART, Sérgio Cruz. *Manual do processo de conhecimento*. 5. ed. São Paulo: Revista dos Tribunais, 2006.

MARQUES, José Frederico. *Manual de direito processual civil*. São Paulo: Saraiva, 1974. v. I.

_____. *Manual de direito processual civil*. Atual. Vilson Rodrigues Alves. São Paulo: Bookseller, 1997.

MARTINS FILHO, Ives Gandra da Silva. O direito comparado como fonte de direito coletivo do trabalho. *Revista do Tribunal Regional* da 15ª Região, Campinas, n. 1, 1991. p. 44-48.

_____. *Processo coletivo do trabalho*. 2. ed. São Paulo: LTr, 1996.

MARTINS, Sérgio Pinto. *Direito processual do trabalho*. 24. ed. São Paulo: Atlas, 2006.

_____. *Comentários à CLT*. 6. ed. São Paulo: Atlas, 2003.

MATOS, Cecília. O ônus da prova no CDC. *Revista de Direito do Consumidor*, n. 11, Revista dos Tribunais, jul./set. 1994. p. 166.

MAXIMILIANO, Carlos. *Hermenêutica e aplicação do direito*. 10. ed. Rio de Janeiro: Forense, 1988.

MAZZILI, Hugo Nigro. *A defesa dos interesses difusos em juízo*. 6. ed. São Paulo: Revista dos Tribunais, 1994.

MEIRELES, Edilton. Litigância de má-fé e justa causa. In: *Revista do Direito Trabalhista* — RDT, Brasília, v. 6, n. 2, p. 5-0, 2000.

_____. Homologação judicial da transação extrajudicial. In: *Temas de direito e processo do trabalho*. Belo Horizonte: Leditathi, 1997. v. II.

_____. Normas subsidiárias aplicáveis ao processo trabalhista. O procedimento sumário e dos juizados especiais. In: *Temas de direito e processo do trabalho*. Belo Horizonte: Leditathi, 1997. v. II.

_____. *Procedimento sumaríssimo na Justiça do Trabalho*. São Paulo: LTr, 2000.

_____. *Competência e procedimento na justiça do trabalho. Primeiras linhas da reforma do judiciário*. São Paulo: LTr, 2005.

_____. Recursos constitucionais. *Jornal Trabalhista*, Brasília: Consulex, n. 402, p. 537-538, 1992.

_____. Princípio do não-retrocesso social no direito do trabalho. *Gênesis — Revista de Direito do Trabalho*, Curitiba, v. 129, 2003. p. 339-342.

_____. A nova Justiça do Trabalho. Competência e procedimento. In: COUTINHO, Grijalbo Fernandes e FAVA, Marcos Neves. *Nova competência da Justiça do Trabalho*. São Paulo: LTr, 2005.

_____. Natureza normativa dos enunciados do TST e suas consequências. *Revista Justiça do Trabalho*, Porto Alegre: HS, n. 195, p. 33-35, 2000.

_____. O poder legislativo da justiça do trabalho. In: *Revista Ciência Jurídica do Trabalho*, Minas Gerais, Nova Alvorada, n. 7, jul. 1998. p. 128-138;

_____. Sucessão trabalhista e assunção da dívida. Da solidariedade empresarial. In: *Temas de direito e processo do trabalho*. Belo Horizonte: Leditathi, 1997. v. I.

_____. *Ação de execução monitória*. 2. ed. São Paulo: LTr, 1998.

_____. Cabimento do agravo de petição. In: *Revista Trabalhista Direito e Processo*, Rio de Janeiro: Forense, 2004. v. XI, p. 65-72.

_____. *A nova reforma processual e seu impacto no processo do trabalho*. 2. ed. São Paulo: LTr, 2007.

MEIRELLES, Ana Cristina Costa. *Eficácia dos direitos sociais*. Salvador: Podivn, 2008.

MELHADO, Reginaldo. Da dicotomia ao conceito aberto: as novas competências da Justiça do Trabalho. In: COUTINHO, Grijalbo Fernandes e FAVA, Marcos Neves. *Nova competência da Justiça do Trabalho*. São Paulo: LTr, 2005.

MELLO, Celso Antônio Bandeira de. *Curso de direito administrativo*. 7. ed. São Paulo: Malheiros, 1995.

_____. *Curso de direito administrativo*. 17. ed. São Paulo: Malheiros, 2004.

MENEZES, Cláudio Armando Couce de. *Direito processual do trabalho*. São Paulo: LTr, 1996.

_____ ; BORGES, Leonardo Dias. Algumas questões relativas à nova competência da Justiça do Trabalho. In: COUTINHO, Grijalbo Fernandes e FAVA, Marcos Neves. *Nova competência da Justiça do Trabalho*. São Paulo: LTr, 2005.

METIDIERO, Daniel. Comentário. In: OLIVEIRA, Carlos Alberto Álvaro de. *A nova execução — Comentários à Lei n. 11.232, de 22 de dezembro de 2005*. Rio de Janeiro: Forense, 2006.

MILHOMENS, Jonatas. *Hermenêutica do direito processual civil*. Rio de Janeiro: Forense, s/d.

_____. *A prova no processo*. Rio de Janeiro: Forense, 1982.

_____. *Da intervenção de terceiros*. Rio de Janeiro: Forense, 1985.

MIRANDA, Francisco Cavalcanti Pontes de. *Tratado das ações*. São Paulo: Revista dos Tribunais. t. VI.

_____. *Comentários ao CPC*. 3. ed. Rio de Janeiro: 1995. t. I.

_____. *Comentários ao código de processo civil*. Rio de Janeiro: Forense, 1974. v. IV.

_____. *Comentários ao código de processo civil* (1939). Rio de Janeiro: Forense, 1947.

MONTORO, André Franco. *Introdução à ciência do direito*. 20. ed. São Paulo: Revista dos Tribunais, 1991.

MORAES FILHO, Evaristo. Influência do direito alemão no direito brasileiro do trabalho. In: *Temas atuais de trabalho e previdência*. São Paulo: LTr, 1976.

MORATALLA, José Francisco Escudero; VALLINA, Joaquim Frigola; HERREROS, Teresa Cordella. *El princípio de buena fe en el contrato del trabajo*. Barcelona: Bosch, 1996.

MOREIRA, Carlos Roberto Barbosa. A defesa do consumidor em juízo. In: *Revista Direito do Consumidor*, São Paulo: Revista dos Tribunais, v. 5, jan./mar. 1993.

MOREIRA, José Carlos Barbosa. *Comentários ao CPC*. 7. ed. Rio de Janeiro: Forense, 1998. v. V.

_____. A nova definição de sentença. In: *Revista IOB de Direito Civil e Processual Civil*, v. 41, maio/jun. 2006. p. 51-60.

_____. *O novo processo civil brasileiro*. 12. ed. Rio de Janeiro: Forense, 1992.

MUKAI, Toshio. *Direito administrativo e empresas do Estado*. Rio de Janeiro: Forense, 1984.

NASCIMENTO, Amauri Mascaro. A competência da Justiça do Trabalho para a relação de trabalho. In: COUTINHO, Grijalbo Fernandes e FAVA, Marcos Neves. *Nova competência da Justiça do Trabalho*. São Paulo: LTr, 2005.

_____. *Curso de direito processual do trabalho*. 11. ed. São Paulo: Saraiva, 1990.

NERY JUNIOR, Nelson. *Teoria geral dos recursos — princípios fundamentais*. 4. ed. São Paulo: Revista dos Tribunais, 1997.

_____. *Atualidades sobre o processo civil*. 2. ed. São Paulo: Revista dos Tribunais, 1996.

_____. *Princípios fundamentais — teoria geral dos recursos*. São Paulo: Revista dos Tribunais, 1990.

_____. *Princípios do processo civil na Constituição Federal*. São Paulo: Revista dos Tribunais, 1992.

NEVES, Celso. *Comentários ao código de processo civil*. 2. ed. Rio de Janeiro: Forense, 1977.

NOGUEIRA, Tania Lis Tizzoni. Direitos básicos do consumidor: a facilitação da defesa dos consumidores e a inversão do ônus da prova. In: *Revista de Direito do Consumidor*, abr./jun. 1994. v. 10, p. 58.

NORONHA, E. Magalhães. *Direito penal*. 26. ed. São Paulo: Saraiva, 1989. v. 1.

NORONHA, Fernando. *O direito dos contratos e seus princípios fundamentais*. São Paulo: Saraiva, 1994.

OLIVEIRA, Carlos Alberto Álvaro de. *A nova execução — Comentários à Lei n. 11.232, de 22 de dezembro de 2005*. Rio de Janeiro: Forense, 2006.

OLIVEIRA, Francisco Antonio. *Mandado de segurança e controle jurisdicional*. São Paulo: Revista dos Tribunais, 1992.

OPITZ JÚNIOR, João Batista. *Perícia médica na justiça do trabalho*. São Paulo: LTr, 1997.

PACHECO, José da Silva. *O mandado de segurança e outras ações constitucionais típicas*. 2. ed. São Paulo: Revista dos Tribunais, 1991.

_____. *Curso de teoria geral do processo*. Rio de Janeiro: Forense, 1985.

PAMPLONA FILHO, Rodolfo M. V. A equidade no direito do trabalho. *Informativo Semanal COAD*, Consultoria Trabalhista. São Paulo: COAD, p. 131-139, 1999.

PANCOTTI, José Antônio. A nova competência da Justiça do Trabalho. In: *Estudos jurídicos*, ano 2, n. 1, jul. 2005. Escola da Magistratura da 15ª Região.

PASSOS, José Joaquim Calmon de. *Comentários ao Código de Processo Civil*. 8. ed. Rio de Janeiro: Forense, 1998. v. III.

_____. *Inovações no Código de Processo Civil*. Rio de Janeiro: Forense, 1995.

_____. O mandado de segurança contra atos jurisdicionais. In: GONÇALVES, Aroldo Plínio (coord.). *Mandado de segurança*. Belo Horizonte: Del Rey, 1996.

_____. *Comentários ao Código de Processo Civil*. São Paulo: Revista dos Tribunais, 1984. v. X, t. I.

PASUKANIS, Eugeny Bronislanivich. *A teoria geral do direito e o marxismo*. Trad. Paulo Bessa. Rio de Janeiro: Renovar, 1989.

PAULA, Jônatas Luiz Moreira de. *O costume no direito*. Campinas: Bookseller, 1997.

PEDREIRA, Luiz da Silva Pinho. *Principiologia de direito do trabalho*. Salvador: Constante, 1996.

PEDROSO, Antonio Carlos de Campos. *Integração normativa*. São Paulo: Revista dos Tribunais, 1985.

PEIXOTO, Afrânio. *Medicina legal*. Rio de Janeiro: Francisco Alves, 1918.

PEREIRA, Caio Mário da Silva. *Instituições de direito civil*. Rio de Janeiro: 1970. v. III.

PERELMAN, Chaïm. *Ética e direito*. Trad. Maria Ermantina Galvão. 2. tir. São Paulo: Martins Fontes, 1999.

PEZZELLA, Maria Cristina Cereser. O princípio da boa-fé objetiva no direito privado alemão e brasileiro. In: *Revista Síntese Trabalhista*, Porto Alegre: Síntese, p. 131 e segs., 1998.

PINTO, José Augusto Rodrigues. *Processo trabalhista de conhecimento*. São Paulo: LTr, 1991.

_____. *Recursos nos dissídios do trabalho*. Rio de Janeiro: Forense, 1990.

PISANI, Andrea Proto. *Lezione di diritto processuale civile*. Náplos: Jovene, 1994.

PONDÉ, Lafayette. Sobre o campo de aplicação do direito administrativo. In: *Estudos de direito administrativo*. Belo Horizonte: Del Rey, 1995.

PRATA, Edson. *Comentários ao código de processo civil*. Rio de Janeiro: Forense, 1987. t. 1.

RÁO, Vicente. *O direito e a vida dos direitos*. 3. ed. São Paulo: Revista dos Tribunais, 1991. v. 1.

REALE, Miguel. *Lições preliminares de direito*. 3. ed. São Paulo: Saraiva, 1976.

REIS, José Alberto dos. *Código de processo civil*. 2. ed. Coimbra: Coimbra, 1982.

RIBEIRO JÚNIOR, José Hortêncio. Competência laboral — aspectos processuais. In: COUTINHO, Grijalbo Fernandes e FAVA, Marcos Neves. *Nova competência da Justiça do Trabalho.* São Paulo: LTr, 2005.

ROCHA, Osíris. Reclamações trabalhistas contra embaixadas: uma competência inegável e uma distinção imprescindível. In: *Revista LTr,* São Paulo: LTr, v. 37, p. 600-602.

RODRIGUEZ, Américo Plá. *Princípios de direito do trabalho.* 3. ed. 3. tirag. São Paulo: LTr, 2004.

_____. (coord.). *Sobre as fontes do direito do trabalho.* São Paulo: LTr, 1998.

ROMITA, Arion Sayão. O poder normativo da Justiça do Trabalho: antinomias constitucionais. In: *Revista LTr,* v. 65, n. 3, mar. 2001.

ROSAS, Roberto. *Direito processual constitucional.* 2. ed. São Paulo: Revista dos Tribunais, 1997.

RUPRECHT, Alfredo J. *Os princípios do direito do trabalho.* Trad. Edilson Alkimin Cunha. São Paulo: LTr, 1995.

RUSSOMANO, Mozart Victor. *Comentários à CLT.* 13. ed. Rio de Janeiro: Forense, 1990.

SAAD, Eduardo Gabriel. *Direito processual do trabalho.* São Paulo: LTr, 1994.

SALEM NETO, José. *Prática dos princípios do direito do trabalho.* São Paulo: LED, s/d.

SALGADO, Graça *et al. Fiscais e meirinhos.* Arquivo Nacional. 2. ed. Rio de Janeiro: Nova Fronteira, 1985.

SANTANA, Jair Eduardo. *Limites da decisão judicial na colmatação de lacunas.* Belo Horizonte: Del Rey, 1998.

SANTORO-PASSARELLI, Giuseppe. Dal contratto d'opera al lavoro autonomo economicamente dipendente, attraverso il lavoro a progetto. In: *Rivista Italiana di Diritto del Lavoro,* ano XXIII, v. 4, Milão: Giuffrè, 2004. p. 543-570.

SANTOS, Aloysio. *A correição parcial. Reclamação ou recurso acessório?* São Paulo: LTr, 1985.

SANTOS, Ernane Fidélis dos. *Novos perfis do processo civil brasileiro.* Belo Horizonte: Del Rey, 1995.

_____. *Dos procedimentos especiais do CPC.* 3. ed. Rio de Janeiro: Forense, 1999. v. VI.

_____. *Manual de direito processual civil.* 4. ed. São Paulo: Saraiva, 1996. v. II.

_____. *Introdução ao direito processual civil brasileiro.* Salvador: Nova Alvorada, 1995.

SANTOS, Moacyr Amaral. *Primeiras linhas de direito processual civil.* 14. ed. São Paulo: Saraiva, 1990. v. I.

_____. *As ações cominatórias no direito brasileiro.* São Paulo: Max Livraria, 1962.

_____. *Comentários ao código de processo civil.* Rio de Janeiro: Forense, 1982. v. IV.

_____. *Prova judiciária no cível e comercial.* São Paulo: Max Livraria, 1955.

SANTOS, Ulderico Pires dos. *Meios de prova.* Rio de Janeiro: UPS, 1994.

SATTA, Salvatore. *Diritto processuale civile.* 9. ed. Pádua: Cedam, 1981.

SEPÚLVEDA, Nylson. Questões controvertidas em ação rescisória. In: PAMPLONA FILHO, Rodolfo (coord.). *Processo do trabalho.* São Paulo: LTr, 1997.

SÈROUSSI, Roland. *Introdução ao direito inglês e norte-americano.* Trad. Renata Maria Parreira Cordeiro. São Paulo: Landy, 2001.

SERRANO, Nicolas Gonzales-Cuellar. *Proporcionalidade y derechos fundamentales en el processo penal.* Madrir: Colex, 1990.

SERVAIS, Jean-Michel. *Elementos de direito internacional e comparado do trabalho.* Trad. Edilson Alkimim Cunha. São Paulo: LTr, 2001.

SIDOU, J. M. Othon. *O direito legal:* história, interpretação, retroatividade e elaboração das leis. Rio de Janeiro: Forense, 1985.

SILVA, Antônio Carlos Costa e. *Tratado do processo de execução.* 2. ed. Rio de Janeiro: Aide, 1986. v. 2.

SILVA, Jorge Alberto Quadros de Carvalho. *Lei dos juizados especiais cíveis anotada.* São Paulo: Saraiva, 1999.

SILVA, José Afonso da. *Curso de direito constitucional positivo.* 9 ed. São Paulo: Malheiros, 1994. t. 4.

SILVA, Ovídio Baptista da. *Da sentença liminar à nulidade da sentença.* Rio de Janeiro: Forense, 2001.

_____. *Curso de processo civil.* 3. ed. Porto Alegre: Sérgio Antonio Fabris, 1996. v. I.

_____. *Curso de processo civil.* 2. ed. Porto Alegre: Sérgio Antonio Fabris, 1990. v. II.

SOARES, Guido Fernando Silva. *Common law. Introdução ao direito dos EUA.* São Paulo: Revista dos Tribunais, 1999.

SOUZA, Luiz Sérgio Fernandes de. *O papel da ideologia no preenchimento das lacunas no direito.* São Paulo: Revista dos Tribunais, 1993.

SPÍNOLA, Eduardo; SPÍNOLA FILHO, Eduardo. *A lei de introdução ao código civil brasileiro.* Atual. Silva Pacheco. Rio de Janeiro: Renovar, 1995.

STUM, Raquel Denize. *Princípio da proporcionalidade no direito constitucional brasileiro.* Porto Alegre: Livraria do Advogado, 1995.

SUPIOT, Alain et al. *Au-delà de l'emploi. Transformations du droit du travail et devenir du droit du travail en Europe.* Paris: Flammarion, 1999.

_____. *Transformações do trabalho e futuro do trabalho na Europa.* Coimbra: Coimbra, 2003.

TALAMINI, Eduardo. *Tutela relativa aos deveres de fazer e de não-fazer.* São Paulo: Revista dos Tribunais, 2001.

TEIXEIRA, Sálvio de Figueiredo. A efetividade do processo e a reforma processual. In: *Processo civil — evolução 20 anos de vigência.* São Paulo: Saraiva, 1995.

_____. A reforma processual. In: Revista *In Verbis,* n. 0, Rio de Janeiro, p. 12-13.

_____. A reforma processual na perspectiva de uma nova justiça. In: *Reforma do código de processo civil.* São Paulo: Saraiva, 1996.

TEIXEIRA FILHO, João de Lima. *Repertório de jurisprudência trabalhista.* Rio de Janeiro: Freitas Bastos, 1995. v. V.

TEIXEIRA FILHO, Manoel Antonio. *Sistema dos recursos trabalhistas.* 9. ed. São Paulo: LTr, 1989.

_____. *Petição inicial e resposta do réu.* São Paulo: LTr, 1996.

_____. As recentes alterações no processo civil e suas repercussões no processo do trabalho. In: *Suplemento Trabalhista,* São Paulo, LTr, 011/95. p. 111.

_____. *Litisconsórcio, assistência e intervenção de terceiros no processo do trabalho.* São Paulo: LTr, 1991.

_____. *Mandado de segurança na justiça do trabalho.* São Paulo: LTr, 1992.

_____. A justiça do trabalho e a Emenda Constitucional n. 45/04. In: *Revista LTr,* São Paulo: LTr, v. 60, n. 1. 2005. p. 5-29.

_____. *O procedimento sumaríssimo no processo do trabalho.* São Paulo: LTr, 2000.

_____. *As alterações no CPC e suas repercussões no processo do trabalho.* 3. ed. São Paulo: LTr, 1996.

THEODORO JÚNIOR, Humberto. Os princípios do direito processual civil e o processo do trabalho. In: BARROS, Alice Monteiro de (coord.). *Compêndio de direito processual do trabalho. Obra em memória de Celso Agrícola Barbi.* São Paulo: LTr, 1998.

_____. *As novas reformas do código de processo civil.* Rio de Janeiro: Forense, 2006.

_____. *Curso de direito processual civil.* 2. ed. Rio de Janeiro: Forense, 1991. v. I.

_____. *Curso de direito processual civil.* 3. ed. Rio de Janeiro: Forense, 1991. v. I.

_____. *Curso de direito processual civil.* 16 ed. Rio de Janeiro: Forense, 1996. v. II.

_____. *As inovações no código de processo civil.* 6. ed. Rio de Janeiro: Forense, 1996.

TORNAGHI, Hélio. *Instituições de processo penal.* 2. ed. São Paulo: Saraiva, 1978. v. III.

TRINDADE, Washington Luiz da. *Regras de aplicação e de interpretação no direito do trabalho.* São Paulo: LTr, 1995.

_____. *O superdireito nas relações de trabalho.* Salvador: Distribuidora de Livros, 1982.

TUCCI, José Rogério Cruz e. *Processo civil — realidade e justiça.* São Paulo: Saraiva, 1994.

_____. Tutela processual do direito do executado. In: *O processo de execução.* Porto Alegre: Sergio Antonio Fabris, 1995.

VASCONCELOS, Arnaldo. *Teoria da norma jurídica.* 5. ed. São Paulo: Malheiros, 2000.

VIDAL NETO, Pedro. Fontes de direito do trabalho. In: MAGANO, Octavio Bueno (coord.). *Curso de direito do trabalho.* São Paulo: Saraiva, 1991.

VIEHWEG, Theodor. *Tópica e jurisprudência.* Trad. Tercio Sampaio Ferraz Jr. Brasília: Imprensa Nacional, 1979.

WALD, Arnoldo. *Obrigações e contratos.* 11. ed. São Paulo: Revista dos Tribunais.

WAMBIER, Luiz Rodrigues; WAMBIER, Teresa Arruda Alvim; MEDINA, José Miguel Garcia. *Breves comentários à nova sistemática processual civil.* São Paulo: Revista dos Tribunais, 2006. v. 2.

_____ (coord.). *Curso avançado de processo civil.* São Paulo: Revista dos Tribunais, 1998. v. II.

_____. *Liquidação de sentença*. São Paulo: Revista dos Tribunais, 1997.

WATANABE, Kazuo. *Código brasileiro de defesa do consumidor*. 4. ed. Rio de Janeiro: Forense, 1995.

_____. *Da cognição no processo civil*. São Paulo: Revista dos Tribunais, 1987.

WINTER, Vera Regina Loureiro. A boa-fé no direito privado e no direito público: breve estudo comparativo e suas aplicações práticas. In: *Revista Síntese Trabalhista*, Porto Alegre: Síntese, n. 104, p. 133 e segs., 1998.

XAVIER, Alberto. *Administradores de sociedades*. São Paulo: Revista dos Tribunais, 1979.

Produção Gráfica e Editoração Eletrônica: **R. P. TIEZZI**
Capa: **ELIANA C. COSTA**
Impressão: **PROL EDITORA GRÁFICA**